Emílio
ou sobre a educação

Dados Internacionais de Catalogação na Publicação (CIP)
(Câmara Brasileira do Livro, SP, Brasil)

Rousseau, Jean-Jacques, 1712-1778
  Emilio ou sobre a educação / Jean-Jacques Rousseau ; tradução de Rosemary Abílio. – 1. ed. – Petrópolis, RJ : Vozes, 2023.

Título original: Emile ou de l'éducation
ISBN 978-65-5713-711-6

1. Educação – Trabalhos iniciais até 1800 I. Título.

22-136232   CDD-370.1

Índices para catálogo sistemático:
1. Educação : Filosofia 370.1

Aline Graziele Benitez – Bibliotecária – CRB-1/3129

JEAN-JACQUES ROUSSEAU

Emílio
ou sobre a educação

Tradução de Rosemary Abílio

Petrópolis

Traduzido a partir da versão digitalizada por Jean-Marie Tremblay, professor de Sociologia no Collège d'enseignement général et professionnel (Cégep) de Chicoutimi, Saguenay, Canadá.

Tradução realizada a partir do original em francês intitulado *Emile ou de l'éducation*

© desta tradução:
2023, Editora Vozes Ltda.
Rua Frei Luís, 100
25689-900 Petrópolis, RJ
www.vozes.com.br
Brasil

Todos os direitos reservados. Nenhuma parte desta obra poderá ser reproduzida ou transmitida por qualquer forma e/ou quaisquer meios (eletrônico ou mecânico, incluindo fotocópia e gravação) ou arquivada em qualquer sistema ou banco de dados sem permissão escrita da editora.

CONSELHO EDITORIAL

Diretor
Volney J. Berkenbrock

Editores
Aline dos Santos Carneiro
Edrian Josué Pasini
Marilac Loraine Oleniki
Welder Lancieri Marchini

Conselheiros
Elói Dionísio Piva
Francisco Morás
Gilberto Gonçalves Garcia
Ludovico Garmus
Teobaldo Heidemann

Secretário executivo
Leonardo A.R.T. dos Santos

Diagramação: Raquel Nascimento
Revisão gráfica: Alessandra Karl
Capa: Renan Rivero

ISBN 978-65-5713-711-6

Este livro foi composto e impresso pela Editora Vozes Ltda.

Sumário

Prefácio, 7

Livro I – A idade da natureza: o bebê (*infans*), 11

Livro II – A idade da natureza: de 2 a 12 anos (*puer*), 59

Livro III – A idade da força: de 12 a 15 anos, 169

Livro IV – A idade da razão e das paixões: de 15 a 20 anos, 227

Livro V – A idade da sabedoria e do casamento: de 20 a 25 anos, 403

Prefácio

Este conjunto de reflexões e observações, sem ordem e quase sem sequência, foi iniciado para contentar uma boa mãe que sabe pensar. No início eu havia planejado apenas uma explanação de algumas páginas; como meu assunto me arrastou contra minha vontade, essa explanação insensivelmente se tornou uma espécie de obra, sem dúvida volumosa demais para o que contém, mas pequena demais para a matéria que aborda. Hesitei muito tempo em publicá-la; ao redigi-la, ela frequentemente me fez sentir que não basta haver escrito alguns folhetos para saber compor um livro. Após esforços vãos para fazer melhor, creio que devo entregá-la como está, considerando que é importante dirigir a atenção pública para esse assunto e que, mesmo se minhas ideias forem errôneas, se com elas eu fizer nascer boas ideias em outros, não terei perdido totalmente meu tempo. Um homem que, de seu retiro, joga suas páginas para o público, sem panegiristas, sem partido que as defenda, sem sequer saber o que pensam e dizem delas, não deve temer que, caso se engane, admitam sem exame seus erros.

Pouco falarei da importância de uma boa educação; tampouco me deterei em provar que essa que está em uso é ruim: mil outros fizeram-no antes de mim e não gosto de encher um livro com coisas que todo mundo sabe. Observarei apenas que, desde tempos infinitos, há uma grita unânime contra a prática estabelecida, sem que ninguém pense em propor uma melhor. A literatura e o saber de nosso século tendem muito mais a destruir que a edificar. Censuram em tom professoral; para propor é preciso adotar outro, com o qual a altivez filosófica se compraz menos. Apesar de tantos escritos que, dizem, têm como único objetivo a utilidade pública, a primeira de todas as utilidades, que é a arte de formar homens, continua esquecida. Meu assunto era totalmente novo depois do livro de Locke e muito receio que ainda o seja depois do meu.

Nada se sabe sobre a infância; com base nas ideias falsas que dela se têm, quanto mais se avança mais perdido se fica. Os mais sábios aferram-se ao que é importante os homens saberem, sem considerarem o que as crianças têm condições de aprender. Procuram sempre o homem no menino, sem pensarem no que ele é antes de ser homem. Este é o estudo ao qual mais me apliquei, para que, mesmo se todo meu método for quimérico e errôneo, sempre se possa tirar proveito de minhas observações. Posso ter visto muito mal o que é preciso fazer; mas creio ter visto bem o sujeito no qual se deve operar. Portanto, começai por estudar melhor vossos alunos, pois muito seguramente não os conheceis; mas, se lerdes este livro tendo isso em vista, creio que ele não vos será inútil.

Quanto ao que chamarão de parte sistemática, que aqui é tão somente a marcha da natureza, essa é a que mais desnorteará o leitor; também é por ela que sem dúvida me atacarão, e talvez não estejam errados. Julgarão que estão lendo não tanto um tratado de educação quanto os devaneios de um visionário sobre a educação. Fazer o quê? Não é sobre as ideias de outrem que escrevo; é sobre as minhas. Não vejo as coisas como os outros homens; já há muito tempo vêm criticando-me por isso. Mas acaso depende de mim dar-me outros olhos e atribuir-me outras ideias? Não. De mim depende não concordar inteiramente comigo mesmo, não acreditar que só eu sou mais sábio que todo mundo; de mim não depende mudar de opinião, depende desconfiar da minha: isso é tudo o que posso fazer e o que faço. E, se às vezes adoto um tom afirmativo, não é para impô-lo ao leitor; é para falar-lhe como penso. Por que proporia em forma de dúvida algo de que pessoalmente não duvido? Digo exatamente o que se passa em minha mente.

Ao expor com liberdade minha opinião pretendo tampouco que ela tenha força de autoridade que sempre lhe acrescento minhas razões, para que as pesem e me julguem; mas, embora não queira obstinar-me em defender minhas ideias, não me julgo menos obrigado a propô-las, pois as máximas sobre as quais sou de parecer contrário ao dos outros não são indiferentes. São aquelas cuja verdade ou falsidade é importante conhecer e que fazem a felicidade ou o infortúnio do gênero humano.

"Deveis propor o que é factível", repetem-me sem cessar. É como se me dissessem: "Propondes fazer o que fazemos; ou, pelo menos, propondes algum bem que combine com o mal existente". Um projeto desses, sobre determinadas matérias, é muito mais quimérico do que os meus; pois nessa combinação o bem arruína-se e o mal não se cura. Eu preferiria seguir em tudo a prática estabelecida a adotar uma meio boa; haveria menos contradição no homem: ele não pode tender simultaneamente para dois fins opostos. Pais e mães, factível é o que quereis fazer. Devo eu responder por vossa vontade?

Em toda espécie de projeto há duas coisas a considerar: primeiramente, a bondade absoluta do projeto; em segundo lugar, a facilidade de execução.

Quanto ao primeiro aspecto, para que o projeto seja admissível e praticável em si mesmo basta que o que ele tiver de bom esteja na natureza da coisa; aqui, por exemplo, que a educação proposta seja adequada para o homem e bem adaptada ao coração humano.

A segunda consideração depende de relações que se dão em certas situações – relações acidentais à coisa, as quais, portanto, não são necessárias e podem variar infinitamente. Assim, uma determinada educação pode ser praticável na Suíça e não o ser na França; outra pode ser praticável entre os burgueses e outra, entre os grandes. A maior ou menor facilidade de execução depende de mil circunstâncias que só é possível determinar numa aplicação particular do método a este ou àquele país, a esta ou àquela condição. Mas todas essas aplicações particulares, por não serem essenciais ao meu assunto, não entram em meu plano. Outros poderão ocupar-se delas, se quiserem, cada qual para o país ou a condição que tiver em vista. Basta-me que, em toda parte onde nascerem homens, possa-se fazer deles o que proponho; e que, tendo feito deles o que proponho, tenham feito o que há de melhor tanto para eles mesmos como para os outros. Se eu não cumprir esse compromisso, sem dúvida estarei errado; mas, se o cumprir, também estará errado quem exigir mais de mim, pois isso é tudo o que prometo.

Livro I
A idade da natureza: o bebê (*infans*)

Tudo está bem ao sair das mãos do Autor das coisas, tudo degenera nas mãos do homem. Ele força uma terra a alimentar as produções de outra, uma árvore a dar os frutos de outra; mistura e confunde os climas, os elementos, as estações; mutila seu cão, seu cavalo, seu escravo; altera tudo, desfigura tudo, ama a deformidade, os monstros; não quer nada como a natureza fez, nem sequer o homem: precisa amestrá-lo para si, como a um cavalo de picadeiro; tem de modelá-lo à sua moda, como a uma árvore de seu jardim.

Sem isso, tudo iria pior ainda e nossa espécie não quer ser moldada pela metade. No estado em que se encontram agora as coisas, um homem que ao nascer ficasse entregue a si mesmo no meio dos outros seria o mais desfigurado de todos. Os preconceitos, a autoridade, a necessidade, o exemplo, todas as instituições sociais nas quais estamos submersos sufocariam nele a natureza e nada colocariam em seu lugar. Ela seria ali como uma arvorezinha que o acaso faz nascer no meio de um caminho e que os passantes, esbarrando nela e vergando-a em todos os sentidos, logo acabam matando.

É a ti que me dirijo, mãe terna e previdente[1] que soubeste sair da estrada principal e proteger a arvorezinha nascente do choque das opiniões huma-

---

1. A primeira educação é a mais importante e essa primeira educação cabe incontestavelmente às mulheres – se o Autor da natureza quisesse que coubesse aos homens, teria dado a eles leite para amamentar os filhos. Portanto, em vossos tratados sobre educação sempre deveis falar preferencialmente às mulheres; pois, além de terem condições de vigiá-la mais de perto do que os homens e de influenciarem-na sempre mais, o sucesso também lhes interessa muito mais, visto que a maioria das viúvas se veem quase à mercê dos filhos e então eles as fazem sentir vivamente, para bem ou para mal, o efeito do modo como os criaram. As leis, sempre tão ocupadas com os bens e tão pouco com as pessoas, porque têm como objeto a paz e não a virtude, não dão às mães autoridade suficiente. Entretanto, seu estado é mais seguro do que o dos pais, seus deveres são mais árduos; seus cuidados são mais importantes para a boa ordem da família; geralmente têm mais apego aos filhos. Há ocasiões em que um filho que falta ao respeito para com seu pai pode, de certo modo, ser desculpado; mas, se em qualquer ocasião que seja, um filho for desnaturado o bastante para faltar ao respeito para com

nas! Deves cultivar, regar a jovem planta antes que ela morra: um dia seus frutos haverão de deliciar-te. Forma desde logo uma muralha em torno da alma de teu filho; outrem pode marcar-lhe o circuito, mas só tu deves colocar a barreira[2].

As plantas são formadas pelo cultivo e os homens, pela educação. Se o homem nascesse grande e forte, seu tamanho e sua força lhe seriam inúteis até que aprendesse a utilizá-los; seriam prejudiciais, impedindo os outros de pensarem em dar-lhe assistência[3]; e, entregue a si mesmo, morreria de miséria antes de conhecer suas necessidades. Lamenta-se o estado da infância; não se vê que, se o homem não tivesse começado por ser criança, a raça humana teria perecido.

Nascemos fracos, precisamos de força; nascemos desprovidos de tudo, precisamos de assistência; nascemos estúpidos, precisamos de discernimento. Tudo o que não temos ao nascer e de que necessitamos quando adultos nos é dado pela educação.

Essa educação nos vem da natureza, ou dos homens, ou das coisas. O desenvolvimento interno de nossas faculdades e de nossos órgãos é a educação da natureza; o uso que nos ensinam a fazer desse desenvolvimento é a educação dos homens; e a bagagem de nossa própria experiência sobre os objetos que nos afetam é a educação das coisas.

Portanto, cada um de nós é formado por três tipos de mestres. O discípulo no qual as diferentes lições deles se contrariam é educado mal e nunca estará em harmonia consigo mesmo; o discípulo no qual todas elas recaem sobre os

---

sua mãe, aquela que o carregou no ventre, que o alimentou com seu leite, que durante anos esqueceu de si mesma para ocupar-se apenas dele, deveriam sufocar imediatamente esse miserável, como um monstro indigno de viver. Diz-se que as mães mimam os filhos. Nisso sem dúvida estão erradas, mas talvez menos erradas do que vós que os depravais. A mãe quer que seu filho seja feliz, que o seja desde já. Nisso ela tem razão; quando se engana sobre os meios, é preciso esclarecê-la. A ambição, a avareza, a tirania, a falsa previdência dos pais, sua negligência, sua dura insensibilidade são cem vezes mais funestas para os filhos do que a ternura cega das mães. Aliás, é preciso explicar o sentido que dou à palavra *mãe*, e é o que será feito mais adiante.

2. Asseguram-me que o Sr. Formey julgou que aqui eu estava falando de minha mãe e que ele disse isso em alguma obra. É zombar cruelmente do Sr. Formey ou de mim. [N.T.: Trata-se de Jean Henri Samuel Formey (1711-1797), pastor protestante e intelectual alemão; suas obras *Anti-Émile* (comentários esparsos) e *Émile Chrétien* (uma versão expurgada e truncada do *Emílio*) são críticas ferozes à pessoa e ao método pedagógico de Rousseau.]

3. Exteriormente igual aos outros e privado tanto da fala como das ideias que ela expressa, esse homem não teria como fazê-los entender sua necessidade de ajuda e nada nele lhes manifestaria essa necessidade.

mesmos pontos e tendem para os mesmos fins é o único que caminha para seu objetivo e vive consequentemente. Só ele é educado bem.

Mas, dessas três educações diferentes, a da natureza não depende de nós; a das coisas só depende sob certos aspectos. A dos homens é a única da qual somos realmente senhores; e ademais só o somos por suposição, pois quem pode ter esperança de dirigir inteiramente os discursos e as ações de todos os que estão ao redor de uma criança?

Assim, uma vez que a educação é uma arte, é quase impossível que tenha êxito, pois a conjunção necessária para seu sucesso não depende de ninguém. Tudo o que é possível fazer à custa de cuidados é aproximar-se mais ou menos do objetivo, mas é preciso sorte para atingi-lo.

Qual é esse objetivo? É o mesmo da natureza; isso acaba de ser provado. Visto que o concurso das três educações é necessário para sua perfeição, é para aquela na qual nada podemos que precisamos dirigir as duas outras. Mas talvez a palavra *natureza* tenha um sentido muito vago; é preciso tentar determiná-lo aqui.

A natureza, dizem-nos, nada mais é do que o hábito[4]. O que significa isso? Não haverá hábitos que só contraímos à força e que nunca sufocam a natureza? Assim é, por exemplo, o hábito das plantas cuja direção vertical foi alterada. Posta em liberdade, a planta mantém a inclinação que a forçaram a tomar; mas apesar disso a seiva não mudou sua direção primitiva e, se a planta continuar a vegetar, seu prolongamento volta a ser vertical. Isso ocorre com as inclinações dos homens. Enquanto permanecemos no mesmo estado, podemos manter as que resultam do hábito e que nos são menos naturais; mas, tão logo a situação muda, o hábito cessa e o natural retorna. A educação certamente é apenas um hábito. Ora, acaso não há pessoas que esquecem e perdem sua educação e outras que a conservam? De onde provém essa diferença? Se tivermos de limitar o nome de natureza aos hábitos conformes com a natureza, podemos poupar-nos esta algaravia.

Nascemos sensíveis e já desde o nascimento somos afetados de diversas maneiras pelos objetos que nos cercam. Tão logo temos, digamos assim, cons-

---

4. O Sr. Formey garante-nos que não dizem precisamente isso. Entretanto, parece-me dito muito precisamente nestes versos aos quais eu pretendia responder: *A natureza, crede-me, é o simples hábito.* O Sr. Formey, que não quer encher de orgulho seus semelhantes, dá-nos modestamente a medida de seu cérebro como medida da inteligência humana.

ciência de nossas sensações, ficamos dispostos a procurar ou evitar os objetos que as produzem, primeiramente conforme elas nos sejam agradáveis ou desagradáveis; depois, segundo a compatibilidade ou incompatibilidade que encontramos entre nós e esses objetos; e, por fim, segundo os juízos que deles fazemos com base na ideia de felicidade ou de perfeição que a razão nos dá. Essas disposições ampliam-se e firmam-se à medida que vamos nos tornando mais sensíveis e mais esclarecidos; mas, restringidas por nossos hábitos, são mais ou menos alteradas por nossas opiniões. Antes dessa alteração, são em nós o que chamo de natureza.

Portanto, é com essas disposições primitivas que se deveria relacionar tudo; e isso seria possível se nossas três educações fossem apenas diferentes; mas o que fazer quando são opostas; quando, em vez de educar um homem para ele mesmo, querem educá-lo para os outros? Então a concordância é impossível. Forçados a combater a natureza ou as instituições sociais, precisamos optar entre formar um homem ou um cidadão, pois não é possível formar ambos ao mesmo tempo.

Toda sociedade parcial, quando é restrita e coesa, aliena-se da grande. Todo compatriota é duro com os estrangeiros: eles são apenas homens, nada são a seus olhos[5]. Esse inconveniente é inevitável, mas é pequeno. O essencial é ser bom com as pessoas com quem se vive. Fora de sua terra o espartano era ambicioso, avarento, iníquo; mas o desinteresse, a equidade, a concórdia reinavam no interior de suas muralhas. Desconfiai desses cosmopolitas que em seus livros vão buscar longe deveres que não se dignam cumprir a seu redor. Há filósofo que ama os tártaros para ser dispensado de amar seus próprios vizinhos.

O homem natural é tudo para si: ele é a unidade numérica, o inteiro absoluto que tem relação apenas consigo mesmo ou com seu semelhante. O homem civil é apenas uma unidade fracionária que está ligada ao denominador e cujo valor está em sua relação com o inteiro, que é o corpo social. As instituições sociais boas são as que melhor souberem desnaturar o homem, tirar-lhe sua existência absoluta para dar-lhe uma relativa e transportar o eu para a unidade comum, de tal modo que cada particular já não se considere um e sim parte da unidade e passe a ser perceptível somente no todo. Um cidadão de Roma

---

5. Por isso, as guerras das repúblicas são mais cruéis do que as das monarquias. Mas, ao passo que a guerra dos reis é moderada, sua paz é terrível: mais vale ser seu inimigo do que seu súdito.

não era Caio nem Lúcio: era um romano; amava a pátria com exclusão até mesmo de si. Régulo pretendia-se cartaginês, como se tivesse se tornado um bem de seus senhores. Na qualidade de estrangeiro, recusava-se a ter assento no senado de Roma; foi preciso que um cartaginês lhe ordenasse isso. Indignava-se por quererem salvar-lhe a vida. Venceu e regressou triunfante para morrer sob torturas. Isso não tem muita relação, parece-me, com os homens que conhecemos.

O lacedemônio Pedareto apresenta-se para ser admitido no conselho dos trezentos; é rejeitado; vai embora jubiloso por serem encontrados em Esparta trezentos homens de mais valor do que ele. Suponho que essa demonstração fosse sincera e há motivo para crer que o era. Esse é cidadão.

Uma mulher de Esparta tinha cinco filhos no exército e estava esperando notícias da batalha. Chega um hilota; ela lhe pede notícias, tremendo. *Vossos cinco filhos foram mortos. – Vil escravo, acaso te perguntei isso? – Conseguimos a vitória!* A mãe corre para o templo e rende graças aos deuses. Essa é a cidadã.

Aquele que, na ordem civil, quiser conservar a primazia dos sentimentos da natureza não sabe o que quer. Sempre em contradição consigo mesmo, sempre flutuando entre suas inclinações e seus deveres, nunca será nem homem nem cidadão; não será bom para si nem para os outros. Será um desses homens de nossos dias, um francês, um inglês, um burguês; será nada.

Para alguém ser alguma coisa, para ser ele mesmo e sempre um, precisa agir como fala; precisa estar sempre decidido quanto ao partido que deve tomar, tomá-lo abertamente e segui-lo sempre. Aguardo que me mostrem esse prodígio para saber se é homem ou cidadão, ou como faz para ser um e outro ao mesmo tempo.

Desses objetos necessariamente opostos provêm duas formas de instituições contrárias: uma pública e comum, a outra particular e doméstica.

Se quiserdes formar uma ideia da educação pública, lede a *República* de Platão. Não é uma obra sobre política, como pensam os que julgam os livros apenas por seus títulos: é o mais belo tratado de educação que já foi escrito. Quando querem remeter ao país das quimeras, citam a instituição de Platão; se Licurgo não tivesse feito a sua somente por escrito, eu a acharia muito mais quimérica. Platão não fez mais do que depurar o coração do homem; Licurgo desnaturou-o.

A instituição pública não existe mais, e não pode mais existir, porque onde não há mais pátria não pode mais haver cidadãos. Estas duas palavras, *pátria* e *cidadão*, devem ser eliminadas das línguas modernas. Sei bem a razão disso, mas não quero dizê-la; não tem a ver com meu assunto.

Não vejo como uma instituição pública esses risíveis estabelecimentos que chamam de colégios[6]. Tampouco incluo a educação do mundo, porque essa educação que tende para dois fins contrários falha em ambos: é própria apenas para fazer homens duplos que parecem sempre remeter tudo aos outros e nunca remeter algo apenas a si. Mas, como essas demonstrações são comuns a todo mundo, não enganam ninguém. São cuidados perdidos.

Dessas contradições nasce a que sentimos continuamente em nós mesmos. Impulsionados pela natureza e pelos homens para caminhos opostos, forçados a dividirmo-nos entre esses diferentes impulsos, seguimos um caminho composto que não nos leva nem a um objetivo nem ao outro. Assim combatidos e flutuantes durante todo o percurso de nossa vida, encerramo-la sem termos conseguido entrar em acordo conosco e sem termos sido bons para nós nem para os outros.

Resta, por fim, a educação doméstica ou a da natureza, mas o que se tornará para os outros um homem educado unicamente para si? Talvez se o duplo objeto que nos propomos pudesse reunir-se num único, eliminando as contradições do homem, eliminaríamos um grande obstáculo a sua felicidade. Para avaliar isso precisaríamos ver o homem totalmente formado; precisaríamos ter observado suas inclinações, visto seus progressos, seguido seu andamento; numa palavra, precisaríamos conhecer o homem natural. Creio que terá dado alguns passos nessas pesquisas quem ler este escrito.

Para formar esse homem raro o que temos de fazer? Muito, sem dúvida: impedir que nada seja feito. Quando se trata apenas de ir contra o vento, bordeja-se; mas, se o mar estiver revolto e desejar-se permanecer parado, é preciso lançar âncora. Atenta bem, piloto jovem, que teu cabo não folgue ou tua âncora não desagarre do fundo e o navio derive antes que o percebas.

---

6. Há em várias escolas, e principalmente na Universidade de Paris, professores que amo, que estimo muito e julgo muito capazes de instruir bem a juventude, se não fossem forçados a seguir o uso estabelecido. Exorto um deles a publicar o projeto de reforma que concebeu. Talvez finalmente fiquemos tentados a curar o mal ao ver que ele não é sem remédio.

Na ordem social, em que todos os lugares estão marcados, cada qual deve ser educado para o seu. Se um particular formado para seu lugar sair dele, já não está apto para nada. A educação só é útil na medida em que a sorte se coaduna com a vocação dos pais; em qualquer outro caso ela é prejudicial para o aluno, mesmo que seja apenas pelos preconceitos que lhe deu. No Egito, onde o filho era obrigado a abraçar a profissão do pai, a educação pelo menos tinha um objetivo claro; mas entre nós, onde somente as posições sociais se mantêm e os homens mudam continuamente, nenhum pai sabe se, ao educar o filho para a sua, não está trabalhando contra ele.

Na ordem natural, como todos os homens são iguais, sua vocação comum é o estado de homem; e quem for bem educado para este não pode cumprir mal os que se relacionam com ele. Quer destinem meu aluno para a espada, para a igreja ou para o tribunal, pouco me importa. Antes da vocação dos pais a natureza chama-o para a vida humana. Viver é o ofício que quero ensinar-lhe. Ao sair de minhas mãos ele não será, admito-o, nem magistrado nem soldado nem sacerdote; será primeiramente homem: tudo o que um homem deve ser ele saberá ser, se necessário tão bem quanto qualquer outro; e, por mais que a fortuna o faça mudar de lugar, ele estará sempre no seu. *Occupavi te, Fortuna, atque cepi; omnesque aditos tuos interclusi, ut ad me aspirare non posses*[7].

Nosso verdadeiro estudo é o da condição humana. Aquele dentre nós que melhor souber arcar com os bens e os males desta vida é, em minha opinião, o mais bem educado; de onde se conclui que a verdadeira educação consiste menos em preceitos que em exercícios. Começamos a instruir-nos quando começamos a viver; nossa educação começa conosco; nosso primeiro preceptor é nossa nutriz, é quem nos amamenta. Por isso a palavra *educação* tinha entre os antigos outro sentido que não lhe damos mais: significava alimento. *Educit obstetrix, educat nutrix, instituit paedagogus, docet magister*[8], diz Varrão. Assim a educação, a formação e a instrução são três coisas tão diferentes em seu objeto quanto a governanta, o preceptor e o professor. Mas essas distinções são mal compreendidas; e para ser bem conduzida a criança só deve seguir um único guia.

---

7. "Antecipei-me a ti, Fortuna, e apanhei-te de surpresa; bloqueei todos os acessos para que não possas chegar até mim". Frase atribuída por Cícero (*Tusc.* V, ix) a Metrodoro de Lampsaco, 331-278 a.C. [N.T.].

8. "A parteira traz à luz, a ama de leite alimenta, o pedagogo instrui, o mestre ensina" [N.T.].

Portanto, precisamos generalizar nossos pontos de vista e considerar em nosso aluno o homem abstrato, o homem exposto a todos os acidentes da vida humana. Se os homens nascessem cravados no solo de um país, se a mesma estação durasse o ano inteiro, se cada qual fosse tão cioso de sua sorte que nunca pudesse mudá-la, sob certos aspectos a prática estabelecida seria boa: a criança educada para seu estado e sem nunca sair dele não poderia ver-se exposta aos inconvenientes de outro. Mas, em vista da mobilidade das coisas humanas, em vista do espírito inquieto e movediço deste século que em cada geração desarranja tudo, seria possível conceber um método mais insensato do que educar uma criança como se nunca fosse precisar sair de seu quarto, como se devesse estar continuamente cercada de sua gente? Se a infeliz der um único passo na terra, se descer um único degrau, estará perdida. Isso não é ensiná-la a suportar as penas; é exercitá-la em senti-las.

Pensa-se somente em conservar o filho; isso não é suficiente; deve-se ensiná-lo a conservar-se quando homem, a suportar os golpes da sorte, a enfrentar a opulência e a miséria, a viver, se preciso, nas geleiras da Islândia ou no ardente rochedo de Malta. Por mais que tomeis precauções para que não morra, ele terá de morrer; e, ainda que sua morte não seja obra de vossos cuidados, eles ainda seriam mal entendidos. Trata-se menos de impedi-lo de morrer do que de fazê-lo viver. Viver não é respirar, é agir; é fazer uso de nossos órgãos, de nossos sentidos, de nossas faculdades, de todas as partes de nós mesmos, que nos dão a sensação de que existimos. O homem que viveu mais não é aquele que somou mais anos e sim aquele que sentiu mais a vida. Há quem seja enterrado com cem anos e morreu ao nascer. Mais lhe valeria ter ido para o túmulo quando jovem, se pelo menos até então tivesse vivido.

Toda nossa sabedoria consiste em preconceitos servis; todos nossos usos não passam de sujeição, incômodo e restrição. O homem civil nasce, vive e morre na escravidão: quando nasce, amarram-no num invólucro; quando morre, pregam-no dentro de um ataúde; enquanto tem figura humana é acorrentado por nossas instituições.

Diz-se que muitas parteiras pretendem, apertando a cabeça das crianças recém-nascidas, dar-lhe um formato mais adequado – e permite-se isso! Nossas cabeças como as formou o Autor de nosso ser estariam mal: precisamos moldá-las exteriormente pelas parteiras e interiormente pelos filósofos. Os caribes são duas vezes mais felizes do que nós.

> Mal a criança saiu do ventre da mãe e mal desfrutou a liberdade de mover e estender os membros, já lhe dão novas amarras. Enfaixam-na, deitam-na com a cabeça fixa, as pernas esticadas e os braços pendentes ao longo do corpo; cercam-na de panos e faixas de toda espécie, que não lhe permitem mudar de posição. Feliz dela se não a houverem apertado a ponto de impedi-la de respirar e se tomaram a precaução de deitá-la de lado, para que a água que sair-lhe da boca possa cair por si, pois ela não teria liberdade para virar a cabeça de lado a fim de facilitar seu escoamento[9].

A criança recém-nascida tem necessidade de esticar e mover os membros para tirá-los do entorpecimento em que, enovelados, permaneceram durante tanto tempo. É bem verdade que os estendem, mas os impedem de mover-se; imobilizam-lhe até mesmo a cabeça com testeiras: é como se temessem que pareça estar viva.

Assim o impulso das partes internas de um corpo que tende ao crescimento encontra um obstáculo insuperável aos movimentos que lhe pede. O bebê faz continuamente esforços inúteis que esgotam suas forças ou lhes retardam o aumento. Ele estava menos apertado, menos desconfortável, menos comprimido no âmnio do que em seus cueiros; não vejo o que ganhou com nascer.

A inação, a coerção com que são retidos os membros de um bebê só podem atrapalhar a circulação do sangue e dos humores, impedir que ele se fortaleça, cresça e mude sua constituição. Nos lugares onde não adotam essas precauções extravagantes, os homens são todos altos, fortes, bem proporcionados. São os países onde enfaixam os bebês que estão apinhados de corcundas, de coxos, de cambaios, de mirrados, de raquíticos, de pessoas com malformações de toda espécie. Temendo que movimentos livres deformem os corpos, apressam-se em deformá-los colocando-os na prensa. De bom grado os entrevariam para impedir que se estropiassem.

Como uma coerção tão cruel poderia não influir no humor e no temperamento das crianças? Sua primeira sensação é uma sensação de dor e dificuldade: só encontram obstáculos a todos os movimentos que precisam fazer; mais infelizes que um criminoso acorrentado, fazem esforços vãos, irritam-se, gritam. Dizeis que seus primeiros sons são de choro? Acredito: vós as contrariais desde que nascem; as primeiras dádivas que recebem de vós são correntes; os

---

9. Buffon, *Histoire naturelle de l'homme*, vol. II [N.T.].

primeiros tratamentos que sentem são tormentos. Tendo livre somente a voz, como não a utilizariam para queixar-se? Gritam devido ao mal que lhes causais; amarrados assim, gritaríeis mais do que elas.

De onde vem esse uso insensato? De um uso desnaturado. Desde que as mães, desprezando seu primeiro dever, não quiseram mais amamentar os filhos, foi preciso confiá-los a mulheres mercenárias, que, vendo-se assim mães de filhos alheios em favor dos quais a natureza nada lhes dizia, procuraram apenas se poupar de trabalhos. Precisariam zelar continuamente por uma criança em liberdade; mas, quando ela está bem atada, jogam-na num canto sem perturbarem-se com seu berreiro. Contanto que não haja provas da negligência da ama de leite, contanto que o bebê não quebre braço nem perna, que importa que morra ou fique deficiente pelo resto de seus dias? Preservam-lhe os membros à custa do corpo e, aconteça o que for, não é culpa da ama.

Essas ternas mães que, desembaraçando-se dos filhos, entregam-se alegremente às diversões da cidade, sabem acaso que tratamento o bebê empacotado em seus panos e faixas recebe na aldeia? Ao menor problema que ocorrer, penduram-no a um prego, como a um monte de trapos; e enquanto, sem apressar-se, a ama cuida de seus assuntos, o infeliz permanece assim, crucificado. Todos os que foram encontrados nessa situação estavam com o rosto arroxeado; como o peito fortemente comprimido impedia a circulação, o sangue subia à cabeça; e achavam o paciente muito tranquilo, porque não tinha forças para gritar. Ignoro quantas horas uma criança pode permanecer nesse estado sem perder a vida, mas duvido que possa durar muito. Aí está, penso eu, uma das maiores comodidades de enfaixar um bebê.

Pretende-se que os bebês em liberdade poderiam colocar-se em posições ruins e fazer movimentos capazes de prejudicar a boa conformação de seus membros. Esse é um dos argumentos vãos de nossa falsa sabedoria e que nunca experiência alguma confirmou. Dessa multidão de bebês que, em povos mais sensatos do que nós, são criados com os membros totalmente livres, não se vê um sequer que se machuque ou se aleije; eles não conseguiriam dar a seus movimentos a força que pode torná-los perigosos; e, quando se colocam numa posição violenta, a dor imediatamente os avisa para que a mudem.

Ainda não tivemos a ideia de enfaixar os filhotinhos dos cães e dos gatos; acaso essa negligência resulta em algum inconveniente para eles? Bebês são mais pesados, concordo; mas proporcionalmente são também mais fracos.

Mal conseguem mover-se; como se estropiariam? Se os deitassem de costas, morreriam nessa posição, como a tartaruga, sem nunca conseguirem virar-se.

Não contentes com terem deixado de amamentar os filhos, as mulheres deixam de querer fazê-los; a consequência é natural. Visto que o estado materno é pesado, logo encontram meio de livrar-se totalmente dele; querem fazer uma obra inútil, a fim de recomeçá-la sempre, e transformam em prejuízo à espécie o atrativo destinado a multiplicá-la. Esse uso, somado às outras causas de despovoamento, anuncia-nos o destino que se aproxima da Europa. As ciências, as artes, a filosofia e os costumes que esta gera não tardarão a torná-la um deserto. Será povoada por animais ferozes: não terá mudado muito de habitantes.

Vi algumas vezes as pequenas manobras das jovens senhoras que fingem querer amamentar seus filhos. Sabem ser pressionadas a desistir desse capricho: levam habilmente os esposos, os médicos[10] e principalmente as mães a intervirem. Um marido que ousasse consentir que sua mulher amamentasse seu filho seria um homem perdido: fariam dele um assassino que quer livrar-se da esposa. Maridos prudentes, deveis imolar à paz o amor paterno. Alegrai-vos por no campo encontrarem-se mulheres mais continentes que as vossas; alegrai-vos mais ainda se o tempo que estas ganham assim não for destinado a outros homens!

O dever das mulheres é indubitável; mas é discutível se, do modo como elas o menosprezam, para os filhos não é indiferente ser alimentados com seu leite ou com o de outra. Considero essa questão, cujos juízes são os médicos, decidida ao gosto das mulheres; e, de minha parte, eu pensaria também que é melhor o bebê mamar o leite de uma ama saudável do que o de uma mãe com a saúde arruinada, se houvesse algum novo mal a temer do mesmo sangue de que ele é formado.

Mas devemos pensar somente no lado físico da questão? E o bebê tem menos necessidade dos cuidados de uma mãe do que de seu peito? Outras mulheres e até mesmo animais poderão dar-lhe o leite que ela lhe recusa; mas a solicitude materna não é substituível. Aquela que amamenta o filho de outra

---

10. A liga das mulheres e dos médicos sempre me pareceu uma das mais divertidas singularidades de Paris. É por meio das mulheres que os médicos adquirem sua reputação e é por meio dos médicos que as mulheres fazem suas vontades. Por aí podemos imaginar de que tipo de habilidade um médico de Paris precisa para tornar-se famoso.

em vez do seu não é boa mãe; como poderia ser uma boa ama de leite? Poderá vir a sê-lo, mas lentamente; será preciso que o hábito mude a natureza; e a criança mal cuidada terá tempo para morrer cem vezes antes de sua ama sentir por ela uma ternura de mãe.

Dessa mesma vantagem resulta um inconveniente que, por si só, deveria tirar de toda mulher sensível a coragem de fazer seu filho ser criado por outra: o inconveniente de compartilhar o direito de mãe, ou melhor, de aliená-lo; de ver seu filho amar outra mulher tanto quanto a ela e mais; de sentir que a ternura que ele conserva por sua própria mãe é um favor e a que tem pela mãe adotiva é um dever: pois acaso não devo afeição filial àquela de quem recebi os cuidados maternos?

O modo como sanam esse inconveniente é, tratando-as como simples criadas, inspirarem nos filhos desprezo por suas amas de leite. Quando a tarefa delas termina, retiram a criança ou despedem a ama; de tanto recebê-la mal, desencorajam-na de vir ver seu bebê. Ao cabo de alguns anos ele não a vê mais, não a conhece mais. A mãe, que julga substituí-la e pela crueldade reparar sua negligência, engana-se. Em vez de fazer de um bebê desnaturado um filho amoroso, exercita-o na ingratidão; ensina-o a um dia desprezar a que lhe deu a vida, como desprezou a que o alimentou com seu leite.

Quanto eu insistiria nesse ponto, se fosse menos desanimador ficar repisando em vão assuntos úteis! Isso está ligado a mais coisas do que se pensa. Quereis devolver para cada um seus principais deveres? Começai pelas mães; ficareis espantados com as mudanças que produzireis. Tudo provém sucessivamente dessa primeira depravação: toda a ordem moral altera-se; o natural extingue-se em todos os corações; o interior das casas assume um ar menos vivo; o espetáculo comovente de uma família nascente não mais inspira apego aos maridos, não mais impõe consideração aos estranhos; respeita-se menos a mãe cujos filhos não são vistos; não há lar nas famílias; o hábito já não reforça os laços de sangue; já não há pais nem mães nem filhos nem irmãos ou irmãs: todos mal se conhecem, como poderiam amar-se? Cada qual pensa apenas em si. Quando a casa nada mais é do que uma triste solidão, é preciso ir alegrar-se em outro lugar.

Mas, se as mães dignarem-se alimentar seus filhos, os costumes vão reformar-se por si sós, os sentimentos naturais vão renascer em todos os corações; o Estado vai repovoar-se. Esse primeiro ponto, esse ponto único vai reunir tudo. Os atrativos da vida doméstica são o melhor antídoto contra os maus costumes. A algazarra das crianças, considerada importuna, torna-se agradável; torna o pai e a mãe mais necessários, mais caros um ao outro; estreita seus laços conjugais. Quando a família é viva e animada, os cuidados domésticos são a mais cara ocupação da mulher e a mais doce diversão do marido. Assim, da correção unicamente desse abuso resultaria em breve uma reforma geral, em breve a natureza teria recuperado todos os seus direitos. Que as mulheres voltem a ser mães e logo os homens voltarão a ser pais e maridos.

Discursos supérfluos! Mesmo o tédio dos prazeres do mundo nunca leva de volta àqueles prazeres. As mulheres deixaram de ser mães; não mais o serão; não querem mais sê-lo. Ainda que quisessem, dificilmente o poderiam; hoje que o uso contrário está estabelecido, cada uma teria de combater a oposição de todas as que lhe são próximas, unidas contra um exemplo que umas não deram e as outras não querem seguir.

Entretanto, às vezes ainda se encontram jovens de boa índole que, ousando enfrentar sobre esse ponto o império da moda e os clamores de seu sexo, cumprem com virtuosa intrepidez esse dever tão doce que a natureza lhes impõe. Possa seu número aumentar graças ao atrativo dos benefícios destinados às que o cumprem! Fundamentado em consequências que o mais simples raciocínio mostra e em observações que nunca vi desmentidas, ouso prometer a essas dignas mães uma afeição firme e constante da parte de seus maridos, uma ternura verdadeiramente filial da parte de seus filhos, a estima e o respeito do público, partos felizes sem acidentes nem sequelas, uma saúde firme e vigorosa e, por fim, o prazer de verem-se um dia imitadas por suas filhas e citadas como exemplo às de outras.

Sem mãe, sem filho. Entre ambos os deveres são recíprocos; e, se forem mal cumpridos de um lado, serão negligenciados do outro. A criança deve amar sua mãe antes de saber que o deve. Se a voz do sangue não for fortalecida pelo hábito e pelos cuidados, cala-se nos primeiros anos e o coração morre, digamos assim, antes de nascer. Então já nos primeiros passos estaremos fora da natureza.

Também se sai da natureza por um caminho oposto, quando, em vez de negligenciar os cuidados maternos, uma mulher leva-os ao excesso; quando faz do filho seu ídolo, quando aumenta e alimenta sua fragilidade para impedi-lo de senti-la e, esperando subtraí-lo às leis da natureza, afasta dele choques penosos, sem levar em conta quantos acidentes e perigos futuros está acumulando sobre sua cabeça para preservá-lo por um momento de alguns desconfortos, e como é uma precaução bárbara prolongar a fragilidade da infância sob as fadigas dos homens feitos. Diz a fábula que Tétis, para tornar invulnerável seu filho, mergulhou-o na água do Estige. Essa alegoria é bela e clara. As mães cruéis de que falo agem de modo diferente: à força de mergulharem seus filhos na tibieza, preparam-nos para o sofrimento; abrem-lhes os poros para males de toda espécie, dos quais inevitavelmente eles serão presos quando adultos.

Observai a natureza e tomai o caminho que ela vos traça. Ela exercita continuamente as crianças; enrijece-lhes o temperamento com provações de toda espécie; ensina-lhes logo cedo o que são sofrimento e dor. Os dentes que despontam causam-lhes febre; cólicas agudas provocam-lhes convulsões; longas tosses sufocam-nas; os vermes atormentam-nas; a pletora corrompe-lhes o sangue; fungos diversos fermentam no sangue e causam-lhes erupções perigosas. Quase toda a primeira idade é doença e perigo: metade das crianças que nascem morre antes do oitavo ano. Vencidas as provações, a criança ganhou forças; e, tão logo pode fazer uso da vida, seu princípio torna-se mais seguro.

Essa é a regra da natureza. Por que a contrariais? Não vedes que, pensando corrigi-la, destruís sua obra, impedis o efeito de seus cuidados? Segundo vós, fazer fora o que ela faz dentro é redobrar o perigo; mas, ao contrário, é desviá-lo, é extenuá-lo. A experiência ensina que morrem ainda mais crianças educadas com muita delicadeza do que outras. Contanto que não se ultrapasse a medida de suas forças, arrisca-se menos as utilizando do que as poupando. Portanto, exercitai-as para os golpes que um dia terão de suportar. Robustecei seus corpos para as intempéries das estações, dos climas, dos elementos; para a fome, a sede, o cansaço; mergulhai-as na água do Estige. Antes que o hábito do corpo seja adquirido, pode-se dar aquele que se quiser, sem risco; mas, depois que ele adquire consistência, toda alteração torna-se perigosa. Uma criança suportará mudanças que um homem não suportaria; as fibras dela, moles e flexíveis, tomam sem esforço o feitio que lhes for dado; as do homem, mais enrijecidas, só com violência mudam o feitio que receberam. Assim, é possível fortalecer uma criança sem arriscar sua vida e sua saúde; e, ainda que houvesse algum risco, não se deveria hesitar. Pois são riscos inseparáveis da vida humana; Pode-se fazer melhor do que jogá-los para o período em que são menos desastrosos?

Um filho torna-se mais precioso à medida que avança em idade. Ao valor de sua pessoa soma-se o dos cuidados que custou; à perda de sua vida soma-se o pesar de sua morte. Portanto, é principalmente no futuro que deveis pensar ao zelar por sua conservação; é contra os males da juventude que deveis armá-lo antes que ela chegue; pois, se o valor da vida aumenta até a idade de torná-la útil, que grande loucura é poupar à infância alguns males multiplicando-os na idade da razão! São essas as lições do mestre?

O destino do homem é sofrer em todas as épocas. Mesmo o zelo por sua conservação está ligado ao sofrimento. Felizmente, na infância, ele só conhece os males físicos, males bem menos cruéis, bem menos dolorosos do que os outros e que muito mais raramente nos levam a desistir da vida! Ninguém se mata por causa das dores da gota; apenas as dores da alma causam desespero. Lamentamos a sorte da infância; é nossa sorte que deveríamos lamentar. Nossos maiores males vêm de nós mesmos.

Ao nascer, a criança berra; sua primeira infância é passada chorando. Ora a sacodem, adulam-na para acalmá-la; ora a ameaçam, batem-lhe para silenciá-la. Ou fazemos o que lhe agrada ou exigimos dela o que nos agrada; ou nos submetemos a seus caprichos ou a submetemos aos nossos: sem meio-termo, é preciso que ela dê ordens ou que as receba. Assim, suas primeiras ideias são as de dominação e servidão. Antes de saber falar manda, antes de poder agir obedece; e às vezes castigam-na antes que possa entender suas faltas ou até mesmo cometê-las.

É assim que logo cedo vertem em seu jovem coração as paixões que mais tarde imputam à natureza e que, depois de empenharem-se em torná-lo mau, queixam-se de achá-lo mau.

Uma criança passa seis ou sete anos dessa maneira nas mãos das mulheres, vítima dos caprichos delas e dos seus; e, depois de fazerem-na aprender isto e aquilo, ou seja, depois de sobrecarregarem-lhe a memória com palavras que ela não pode entender ou com coisas que de nada lhe servem; depois de sufocarem o natural com as paixões que fizeram nascer, entregam esse ser artificial às mãos de um preceptor, que acaba de desenvolver os germes artificiais que encontra já totalmente formados e ensina-lhe tudo, exceto conhecer a si mesma, exceto tirar partido de si mesma, exceto saber viver e tornar-se feliz. Por fim, quando essa criança, escrava e tirana, repleta de conhecimento e desprovida de senso, igualmente débil de corpo e de alma, é jogada no mundo e nele mostra sua inépcia, seu orgulho e todos os seus vícios, faz deplorarmos a miséria e a perversidade humanas. Mas estamos enganados: esse é o homem de nossas fantasias; o da natureza tem outra forma.

Se desejais que ela mantenha sua forma original, preservai-a desde o instante em que o bebê vem ao mundo. Assim que nascer, apossai-vos dele e não o deixeis mais até que seja homem: sem isso nunca tereis êxito. Assim como a nutriz verdadeira é a mãe, o preceptor verdadeiro é o pai. Que ambos entrem em acordo sobre a ordem de suas funções e sobre seus sistemas; que das mãos de uma a criança passe para as mãos do outro. Ela será mais bem educada por um pai judicioso e limitado do que pelo mestre mais hábil do mundo, pois o zelo substituirá melhor o talento do que o talento substituiria o zelo.

Mas os negócios, as funções, os deveres... Ah, os deveres, sem dúvida o dever paterno é o último![11] Não deve espantar-nos que um homem cuja mulher desdenhou alimentar o fruto da união de ambos desdenhe educá-lo. Não há quadro mais encantador que o da família; mas um único traço falho desfigura todos os outros. Se a mãe tiver saúde frágil demais para ser nutriz, o pai terá compromissos demais para ser preceptor. Os filhos, afastados, dispersos em pensões, conventos, colégios, colocarão em outro lugar o amor à casa paterna ou, melhor dizendo, voltarão a ela com o hábito de não ser apegados a coisa alguma. Os irmãos e as irmãs mal se conhecerão. Quando todos estiverem reunidos por cerimônia, poderão ser muito polidos entre si; irão tratar-se como estranhos. Desde que não há mais intimidade entre os pais, desde que a sociedade familiar deixa de dar doçura à vida, é preciso recorrer aos maus costumes para supri-la. Onde está o homem tão estúpido que não enxerga o encadeamento de tudo isso?

Um pai, quando gera e sustenta filhos, não está cumprindo mais do que um terço de sua tarefa. Ele deve a sua espécie homens, deve à sociedade homens sociáveis, deve ao Estado cidadãos. Todo homem que pode pagar essa dívida tripla e não o faz é culpado, e talvez mais culpado quando a paga pela

---

11. Quando se lê em Plutarco que o censor Catão, que governou Roma com tanta glória, criou pessoalmente seu filho já desde o berço, e com tanto zelo que largava tudo para estar presente quando a nutriz, ou seja, a mãe, lavava-o e trocava-lhe as fraldas; quando se lê em Suetônio que Augusto, senhor do mundo que conquistara e governava, ensinava pessoalmente seus netos a escrever, a nadar, os elementos das ciências, e que os tinha constantemente junto de si, não se pode deixar de rir da boa gente daqueles tempos, que se divertia com tais bobagens – seguramente tacanhos demais para saberem dedicar-se aos grandes assuntos dos grandes homens de nossos dias...

metade. Quem não puder cumprir os deveres paternos não tem o direito de tornar-se pai. Não há pobreza nem trabalhos nem respeito humano que o dispensem de sustentar seus filhos e educá-los pessoalmente. Leitores, podeis crer em mim. Predigo a quem tiver entranhas e negligenciar deveres tão santos que durante muito tempo derramará lágrimas amargas sobre seu erro e nunca se consolará dele.

Mas o que faz esse homem rico, esse pai de família tão atarefado e, segundo ele, forçado a deixar os filhos ao abandono? Paga a outro homem para cumprir esses cuidados que estão a seu cargo. Alma venal! Acreditas que com dinheiro dás a teu filho outro pai? Não te enganes: não é sequer um mestre que lhe dás, é um criado. Em pouco tempo este formará um segundo.

Muito argumentam sobre as qualidades de um bom governante[12]. A primeira que eu exigiria dele, e a única que pressupõe muitas outras, é não ser um homem à venda. Há ofícios tão nobres que ninguém pode exercê-los por dinheiro sem mostrar-se indigno de exercê-los; é assim o ofício do guerreiro; é assim o ofício do educador. *Então, quem educará meu filho? – Já te disse: tu mesmo. – Não posso. – Não podes?... Então arranja um amigo. Não vejo outro recurso.*

Um governante! Oh, que alma sublime!... Na verdade, para formar um homem é preciso ser pai ou ser pessoalmente mais do que homem. É essa a função que confiais tranquilamente a mercenários.

Quanto mais se pensa nisso, mais dificuldades novas vão surgindo. Seria preciso que o governante houvesse sido educado para seu aluno, que seus criados houvessem sido educados para seu amo, que todos os que dele se acercassem houvessem recebido as impressões que devem transmitir-lhe; seria preciso, de educação em educação, remontar até não se sabe onde. Como é possível uma criança ser bem educada por alguém que não foi bem educado?

Esse raro mortal é inencontrável? Ignoro. Nestes tempos de aviltamento, quem sabe qual grau de virtude uma alma humana ainda pode alcançar? Mas suponhamos que esse prodígio foi encontrado. É considerando o que ele deve fazer que veremos o que ele deve ser. O que acredito ver de antemão é que um

---

12. Algumas páginas adiante o autor explica por que utiliza o termo *gouverneur* (governante) em vez de *précepteur* (preceptor). Aqui o termo em português deve ser entendido também como a forma masculina de *governanta*: "mulher contratada numa casa de família para cuidar da educação das crianças" (Dicionário Houaiss) [N.T.].

pai que sentisse quanto vale um bom governante decidiria passar sem ele, pois teria mais trabalho em consegui-lo do que em ele mesmo tornar-se governante. Ele quer conseguir um amigo? Crie seu filho para sê-lo; fica dispensado de procurá-lo em outra parte e a natureza já terá feito metade do trabalho.

Alguém de quem conheço apenas a alta posição mandou proporem-me que eu educasse seu filho. Foi para mim uma grande honra, sem dúvida; mas, em vez de queixar-se de minha recusa, ele deve louvar minha prudência. Se eu aceitasse sua oferta e errasse em meu método, seria uma educação fracassada; se tivesse sucesso, seria bem pior: seu filho renegaria seu título, não desejaria mais ser príncipe.

Sou consciente demais da grandeza dos deveres de um preceptor e sinto demais minha incapacidade para algum dia aceitar tal emprego, de qualquer parte que me seja oferecido; e o próprio interesse da amizade só seria para mim mais um motivo de recusa. Creio que depois de lerem este livro poucas pessoas ficarão tentadas a fazer-me essa oferta; e peço aos que poderiam ficar que não se deem esse trabalho inútil. Há tempos fiz uma tentativa desse ofício, suficiente para ter certeza de que não sou apto para ele; e, ainda que meus talentos me capacitassem, meu estado me dispensaria. Julguei que devo esta declaração pública aos que parecem não ter por mim estima bastante para considerarem-me sincero e fundamentado em minhas resoluções.

Sem condições de cumprir a tarefa mais útil, ousarei pelo menos tentar a mais fácil: a exemplo de tantos outros, não porei mãos à obra, mas à pena; e em vez de fazer o que é preciso, procurarei dizê-lo.

Sei que, em empreendimentos como este, o autor, sempre à vontade em sistemas que está dispensado de pôr em prática, dá sem dificuldade muitos belos preceitos impossíveis de seguir e que, por falta de detalhes e exemplos, o que diz, mesmo que praticável, fica sem uso quando ele não houver mostrado sua aplicação.

Portanto, tomei o partido de dar-me um aluno imaginário, de supor em mim a idade, a saúde, os conhecimentos e todos os talentos adequados para trabalhar em sua educação, conduzi-la desde o momento de seu nascimento até o momento em que, tornando-se homem feito, não precisará de outro guia além de si mesmo. Esse método me parece útil para impedir que um autor que desconfia de si se perca em visões; pois, assim que se afastar da prática habitual, basta-lhe testar a sua em seu aluno e sentirá imediatamente – ou o leitor sentirá por ele – se está acompanhando o progresso da infância e a marcha natural do coração humano.

Eis o que procurei fazer em todas as dificuldades que se apresentaram. Para não aumentar inutilmente o livro, limitei-me a pôr os princípios cuja verdade todos deviam sentir. Mas, quanto às regras que podiam necessitar de provas, apliquei-as todas em meu Emílio ou em outros exemplos, e mostrei em detalhes muito extensos como o que eu estabelecia podia ser praticado; esse, pelo menos, foi o plano que me propus seguir. Cabe ao leitor julgar se consegui.

Disso decorreu que inicialmente pouco falei de Emílio, porque minhas primeiras máximas de educação, embora contrárias às que estão estabelecidas, são de uma evidência com a qual é difícil qualquer homem sensato recusar-se a concordar. Mas, à medida que avanço, meu aluno, conduzido de modo diferente dos vossos, já não é uma criança comum: necessita de um regime especial. Então ele aparece em cena com mais frequência e nestes últimos tempos já não o perco de vista nem por um momento, até que, apesar do que me diga, não necessite mais de mim para nada.

Não falo aqui das qualidades de um bom governante; suponho-as, e suponho-me dotado de todas essas qualidades. Lendo esta obra vereis de quanta liberalidade uso para comigo.

Observarei apenas, contrariando a opinião comum, que o governante de uma criança deve ser jovem, e mesmo tão jovem quanto pode sê-lo um homem de senso. Gostaria que ele mesmo fosse criança, se isso fosse possível, que pudesse tornar-se companheiro de seu aluno e atrair sua confiança compartilhando de suas diversões. Não há entre a infância e a idade madura coisas em comum suficientes para que a essa distância venha a formar-se um apego bem firme. As crianças às vezes adulam os velhos, mas nunca os amam.

Gostariam que o governante já houvesse conduzido outra educação. É demais: um mesmo homem só pode conduzir uma; se fossem necessárias duas para ter êxito, com que direito empreenderia a primeira? Com mais experiência saberia fazer melhor, mas não o conseguiria mais. Quem uma vez cumpriu essa função suficientemente bem para sentir-lhe todas as dificuldades não tenta engajar-se novamente nela; e, se na primeira vez cumpriu-a mal, esse é um mau prognóstico para a segunda.

É muito diferente, concordo, acompanhar um jovenzinho durante quatro anos ou conduzi-lo durante vinte e cinco. Dais um governante a vosso filho já totalmente formado; eu quero que ele tenha um antes de nascer. Vosso homem pode mudar de aluno cada cinco anos; o meu nunca terá mais de um. Distinguis o preceptor do governante: outra loucura! Acaso distinguis o discípulo do aluno? Há somente uma ciência a ser ensinada às crianças: a dos deveres do homem. Essa ciência é una; e, apesar do que disse Xenofonte sobre a educação dos persas, ela não se divide. Ademais, prefiro chamar de governante e não de preceptor o mestre dessa ciência, porque para ele se trata menos de instruir que de conduzir. Ele não deve dar preceitos, deve fazer que os encontrem.

Se é preciso escolher com tanto cuidado o governante, então lhe é permitido também escolher seu aluno, principalmente quando se trata de um modelo a propor. Essa escolha não pode recair na inteligência nem no caráter da criança, que só são conhecidos ao fim do trabalho e que assumo antes de ela nascer. Se eu pudesse escolher, escolheria um espírito comum, tal como suponho meu aluno. Apenas os homens comuns precisam ser educados; apenas sua educação deve servir de exemplo para a de seus semelhantes. Os outros educam-se com ou sem exemplos.

O país não é indiferente no cultivo dos homens; somente nos climas temperados eles são tudo o que podem ser. Nos climas extremos a desvantagem é visível. Um homem não é plantado como uma árvore num país para nele permanecer sempre; e aquele que sai de um dos extremos para chegar ao outro é forçado a fazer o dobro do caminho que faz para chegar ao mesmo marco daquele que parte do marco médio.

Se o habitante de um país temperado percorrer sucessivamente os dois extremos, ainda assim sua vantagem é evidente; pois, embora seja tão modificado quanto aquele que vai de um extremo ao outro, afasta-se, no entanto, da metade de sua constituição natural. Um francês vive em Guiné ou na Lapônia; mas um negro não viverá do mesmo modo em Tornea nem um samoiedo, em Benin. Parece também que a organização do cérebro é menos perfeita nos dois extremos. Os negros e os lapões não têm o senso dos europeus. Portanto, se eu quiser que meu aluno possa ser habitante da Terra, devo escolhê-lo numa zona temperada – na França, por exemplo – e não em outro lugar.

No Norte os homens consomem muito em um solo ingrato; no Midi consomem pouco em um solo fértil; nasce daí uma nova diferença que torna uns laboriosos e os outros, contemplativos. A sociedade oferece-nos num mesmo lugar a imagem destas diferenças entre os pobres e os ricos: os primeiros habitam o solo ingrato e os outros, a região fértil.

O pobre não necessita de educação; a de seu estado é forçosa, ele não poderia ter outra; ao contrário, a educação que o rico recebe de seu estado é a que menos lhe convém, tanto para ele mesmo como para a sociedade. Por outro lado, a educação natural deve tornar o homem apto para todas as condições humanas; e é menos lógico educar um pobre para ser rico do que um rico para ser pobre; pois, proporcionalmente ao número de pessoas dos dois estados, há mais ricos arruinados do que pobres enriquecidos. Portanto, devemos escolher um rico; pelo menos teremos certeza de haver formado um homem a mais, ao passo que um pobre pode tornar-se homem por si só.

Pela mesma razão, não me desagradará que Emílio seja de berço ilustre. Será sempre uma vítima arrancada do preconceito.

Emílio é órfão. Não importa que tenha pai e mãe. Encarregado dos deveres deles, herdo todos os seus direitos. Ele deve honrar seus pais, mas só a mim deve obedecer. Essa é minha primeira, ou melhor, minha única condição.

Devo acrescentar-lhe esta, que é apenas uma decorrência: nunca nos privarão um do outro sem nosso consentimento. Essa cláusula é essencial, e eu até mesmo gostaria que o aluno e o governante se vissem como tão inseparáveis que a sorte de seus dias fosse sempre um objeto comum a ambos. Tão logo eles divisarem ao longe sua separação, tão logo preverem o momento que deve torná-los estranhos um ao outro, já o são; cada um faz seu pequeno sistema à parte; e ambos, ocupados com aquele tempo em que não estarão mais juntos, continuam neste a contragosto. O discípulo vê o mestre apenas como o símbolo e o flagelo da infância; o mestre vê o discípulo apenas como um fardo pesado do qual anseia ser desobrigado; aspiram em conjunto ao momento de verem-se livres um do outro; e, como nunca há entre eles um afeto verdadeiro, um terá pouca vigilância e o outro, pouca docilidade.

Mas, quando ambos se olham como devendo passar juntos seus dias, importa-lhes fazerem-se amados um pelo outro e por isso mesmo tornam-se mutuamente caros. O aluno não se envergonha de seguir na infância o amigo que deverá ter quando adulto; o governante interessa-se por cuidados cujo fruto deverá colher, e todo o mérito que der a seu aluno é um fundo que investe em benefício de seus dias de velhice.

Esse acordo, feito previamente, pressupõe um parto feliz, uma criança bem formada, vigorosa e saudável. Um pai não tem escolha e não deve ter preferência na família que Deus lhe dá; todos os seus filhos são igualmente seus filhos; deve a todos eles os mesmos cuidados e a mesma ternura. Sejam aleijados ou não, sejam fracos ou robustos, cada um deles é um depósito do qual deve prestar contas à mão da qual o recebe, e o casamento é um contrato feito com a natureza tanto quanto entre os cônjuges.

Mas quem impuser a si um dever que a natureza não lhe impôs deve certificar-se previamente dos meios de cumpri-lo; de outra forma, torna-se responsável até mesmo pelo que não terá conseguido fazer. Quem se encarrega de um aluno deficiente e enfermiço troca sua função de governante pela de enfermeiro; perde cuidando de uma vida inútil o tempo que destinava a aumentar seu valor; arrisca-se a ver uma mãe desconsolada culpá-lo um dia pela morte de um filho que ele lhe terá conservado por longo tempo.

Eu não me encarregaria de uma criança enfermiça e achacosa, mesmo que ela devesse viver oitenta anos. Não desejo um aluno sempre inútil a si mesmo e aos outros, que se ocupe unicamente em conservar-se e cujo corpo prejudique a educação da alma. Que estaria fazendo ao proporcionar-lhe inutilmente meus cuidados, senão duplicar a perda da sociedade e privá-la de dois homens em vez de um? Concordo que em minha falta outro se encarregue desse deficiente e aprovo sua caridade; mas meu talento não é esse: não sei ensinar a viver quem só pensa em escapar de morrer.

O corpo precisa ter vigor para obedecer à alma: um bom serviçal deve ser robusto. Sei que a intemperança excita as paixões; com o passar do tempo, também extenua o corpo; as mortificações, os jejuns frequentemente produzem o mesmo efeito, por uma causa oposta. Quanto mais fraco for o corpo, mais ele comanda; quanto mais forte, mais obedece. Todas as paixões sensuais alojam-se em corpos afeminados; quanto menos eles podem satisfazê-las, mais elas os excitam.

Um corpo débil enfraquece a alma. Daí o poder da medicina, arte mais perniciosa aos homens do que todos os males que pretende curar. Quanto a mim, não sei de qual doença os médicos nos curam, mas sei que nos dão outras muito funestas: frouxidão, pusilanimidade, credulidade, pavor da morte; se curam o corpo, matam o ânimo. Que nos importa que façam cadáveres andar? Precisamos é de homens, e não os vemos sair das mãos deles.

A medicina está na moda entre nós; tem de estar. É a diversão das pessoas ociosas e inativas que, não sabendo o que fazer de seu tempo, passam-no conservando-se. Se houvessem tido a infelicidade de nascer imortais, seriam os mais míseros dos seres: uma vida que nunca tivessem medo de perder não teria para eles valor algum. Essas pessoas precisam de médicos que as ameacem para agradá-las e lhes deem diariamente o único prazer de que são capazes: não estarem mortas.

Não tenho intenção alguma de estender-me aqui sobre a inutilidade da medicina. Meu objetivo é considerá-la apenas pelo lado moral. Entretanto, não posso deixar de observar que os homens fazem sobre seu uso os mesmos sofismas que sobre a busca da verdade. Supõem sempre que, se tratarem um doente, curam-no e, se buscarem uma verdade, encontram-na. Não veem que é preciso contrapor a vantagem de uma cura que o médico opera à morte de cem doentes que ele matou, e a utilidade de uma verdade descoberta ao mal que causam os erros que passam ao mesmo tempo. A ciência que instrui e a medicina que cura são muito boas, sem dúvida; mas a ciência que engana e a medicina que mata são más. *Então ensinai-nos a distingui-las.* É esse o nó da questão. Se soubéssemos ignorar a verdade, nunca seríamos vítimas da mentira; se soubéssemos não querer curar apesar da natureza, nunca morreríamos pela mão do médico; essas duas abstinências seriam sábias; sujeitando-nos a elas é evidente que ganharíamos. Portanto, não discordo que a medicina seja útil para alguns homens, mas afirmo que é funesta para o gênero humano.

Irão dizer-me, como fazem continuamente, que os erros são dos médicos, mas a medicina propriamente dita é infalível. Ótimo; mas, então, que ela venha sem médico; pois, enquanto vierem juntos, haverá cem vezes mais a temer dos erros do artista do que a esperar do socorro da arte.

Essa arte mentirosa, feita mais para os males do espírito do que para os do corpo, não é mais útil para estes do que para aqueles: menos nos cura de nossas doenças do que nos infunde pavor delas; menos recua a morte do que nos faz senti-la antecipadamente; gasta a vida em vez de prolongá-la; e, mesmo que a prolongasse, ainda seria em prejuízo da espécie, visto que nos tira da sociedade pelos cuidados que nos impõe e de nossos deveres pelos temores que nos causa. É o conhecimento dos perigos que nos faz temê-los: quem se julgasse invulnerável não teria medo de nada. De tanto armar Aquiles contra o perigo, o poeta tira-lhe o mérito do valor; pelo mesmo preço qualquer outro no lugar dele teria sido Aquiles.

Quereis encontrar homens verdadeiramente corajosos? Buscai-os nos lugares onde não há médicos, onde se ignoram as consequências das doenças e não se pensa na morte. Naturalmente o homem sabe sofrer com firmeza e morre em paz. São os médicos com suas receitas, os filósofos com seus preceitos, os sacerdotes com suas exortações que lhe aviltam o ânimo e fazem-no desaprender de morrer.

Deem-me um aluno que não necessite de todas essas pessoas ou o recuso. Não quero que outros estraguem minha obra; quero educá-lo sozinho ou não me meter nisso. O sábio Locke, que passara uma parte da vida estudando medicina, recomenda fortemente que nunca deem remédios para as crianças, nem por precaução nem para incômodos leves. Vou mais longe e declaro que, assim como nunca chamo um médico para mim, nunca o chamarei para meu Emílio, exceto se sua vida estiver em perigo evidente; pois então ele não pode fazer pior do que matá-lo.

Bem sei que o médico não deixará de tirar vantagem dessa demora. Se a criança morrer, terá sido chamado tarde demais; se escapar, terá sido ele que a salvou. Pois bem, que o médico triunfe, mas, principalmente, que só seja chamado em caso extremo.

Não sabendo curar-se, que a criança saiba estar doente: essa arte substitui a outra, e frequentemente com muito mais sucesso; é a arte da natureza. O animal, quando está doente, sofre em silêncio e permanece quieto; ora, não vemos mais animais enfermiços do que homens. A impaciência, o temor, a inquietude e principalmente os remédios mataram quantas pessoas que a doença teria poupado e o tempo sozinho teria curado! Irão dizer-me que os animais, vivendo de modo mais conforme com a natureza, certamente estão sujeitos a menos males do que nós. Pois bem, essa maneira de viver é precisamente a que desejo dar a meu aluno; portanto, ele certamente obterá dela o mesmo proveito.

A única parte útil da medicina é a higiene; e ademais, a higiene é menos uma ciência do que uma virtude.

A temperança e o trabalho são os dois médicos verdadeiros do homem; o trabalho aguça-lhe o apetite e a temperança impede-o de abusar dele.

Para saber qual regime é mais útil à vida e à saúde basta saber que regime observam os povos que se mostram mais saudáveis, são mais robustos e vivem mais tempo. Se pelas observações gerais não se achar que o uso da medicina dá aos homens uma saúde mais firme ou uma vida mais longa, justamente por não ser útil essa arte é prejudicial, pois emprega em pura perda o tempo, os homens e as coisas. Não somente o tempo que se gasta em conservar a vida está perdido para o uso dela e é preciso deduzi-lo: mais ainda, quando esse tempo é empregado em atormentar-nos, é pior do que nulo, é negativo; e para calcular equitativamente temos de descontar o mesmo tempo daquele que nos resta. Um homem que viver dez anos sem médicos vive mais para si mesmo e para os outros do que aquele que viver trinta anos vítima deles. Como fiz ambas as provas, julgo-me com mais direito que ninguém de tirar essa conclusão.

São essas minhas razões para querer somente um aluno robusto e saudável, e meus princípios para mantê-lo assim. Não me deterei em provar longamente a utilidade dos trabalhos manuais e dos exercícios corporais para fortalecer o temperamento e a saúde; isso ninguém discute; os exemplos das vidas mais longas são todos de homens que mais exercícios fizeram, que mais fadiga e trabalho suportaram[13]. Tampouco entrarei em longos detalhes sobre os cuidados que darei a esse único objeto: vereis que eles entram tão necessariamente em minha prática que basta captar-lhe o espírito para não precisar de outras explicações.

Com a vida começam as necessidades. O recém-nascido precisa de uma nutriz. Se a mãe concordar em cumprir seu dever, ótimo: suas orientações lhe serão dadas por escrito, pois esse benefício tem seu contrapeso e mantém o governante um pouco afastado do aluno. Mas é de crer que o interesse do filho e a estima por aquele a quem ela quer confiar um depósito tão precioso tornarão a mãe atenta aos pareceres do mestre; e tudo o que ela desejar fazer temos

---

13. Eis um exemplo extraído dos jornais ingleses e que não posso deixar de relatar, pelas muitas reflexões que motiva com relação a meu assunto:
"Um indivíduo chamado Patrice Oneil, nascido em 1647, acaba de casar-se em 1760 pela sétima vez. Ele serviu nos Dragões no décimo sétimo ano do reinado de Carlos II e em diferentes corpos até 1740, quando se reformou. Fez todas as campanhas do Rei Guilherme e do duque de Marlborough. Esse homem nunca bebeu nada além de cerveja comum; sempre se alimentou de vegetais e comeu carne apenas em alguns jantares que dava para sua família. Seu costume sempre foi levantar-se e deitar-se com o Sol, a menos que os deveres o impedissem. Está atualmente em seu centésimo décimo terceiro ano de vida, ouvindo bem, saudável e andando sem bengala. Apesar da idade avançada, não fica ocioso nem por um momento; e todos os domingos vai à sua paróquia, acompanhado dos filhos, netos e bisnetos".

certeza de que fará melhor do que outra. Se precisamos de uma nutriz de fora, comecemos por escolhê-la bem.

Uma das misérias dos ricos é ser enganados em tudo. Se avaliam mal os homens, por que isso nos espantaria? São as riquezas que os corrompem; e, como era de se esperar, são os primeiros a sentir os defeitos do único instrumento que conhecem. Em suas casas tudo é mal feito, exceto o que eles mesmos fizerem – e quase sempre nada fazem. Se o problema é encontrar uma ama de leite, mandam o médico parteiro escolhê-la. O que resulta disso? Que a melhor é sempre a que lhe pagou mais. Portanto, para a de Emílio não irei consultar um médico parteiro; terei o cuidado de escolhê-la eu mesmo. Nisso possivelmente não discorrerei com tanta eloquência quanto um cirurgião, mas indiscutivelmente serei de melhor fé e meu zelo me enganará menos do que sua avareza.

Essa escolha não é um mistério tão grande; suas regras são conhecidas; mas não sei se não se deveria dar um pouco mais de atenção para a idade do leite, tanto quanto para sua qualidade. O leite novo é totalmente soroso e deve ser quase aperitivo para purgar o resto do mecônio espessado nos intestinos da criança que acaba de nascer. Pouco a pouco o leite vai adquirindo consistência e fornecendo um alimento mais sólido para o bebê, já mais forte para digeri-lo. Seguramente não é à toa que nas fêmeas de todas as espécies a natureza dosa a consistência do leite de acordo com a idade do lactente.

Seria preciso, portanto, uma ama de leite que recentemente tenha dado à luz um recém-nascido. Isso tem suas dificuldades, bem sei; mas, tão logo saímos da ordem natural, tudo tem suas dificuldades para fazermos bem. O único expediente cômodo é fazer mal; também é esse que se escolhe.

Seria preciso uma ama de leite tão sadia de coração quanto de corpo: a intempérie das paixões pode, assim como a dos humores, alterar seu leite; além disso, ater-se unicamente ao físico é ver só metade do objeto. O leite pode ser bom e má a ama; um bom caráter é tão essencial quanto um bom temperamento. Se escolhermos uma mulher viciosa, não quero dizer que seu lactente contrairá seus vícios, mas digo que se ressentirá deles. Não lhe deve ela, com seu leite, cuidados que requerem zelo, paciência, brandura, higiene? Se for gulosa, imoderada, logo terá estragado seu leite; se for negligente ou irascível, o que vai tornar-se um pobre infeliz que à mercê dela não pode defender-se nem queixar-se? Nunca, seja no que for, os maus são bons para algo bom.

A escolha da ama de leite é ainda mais importante porque seu lactente não deve ter outra ama além dela, assim como não deve ter outro preceptor além de mim. Esse era o costume dos antigos, menos argumentadores e mais sábios do que nós. Depois de alimentar crianças de seu sexo, as amas de leite não as deixavam mais. É por isso que nas peças teatrais a maioria das confidentes são amas de leite. É impossível uma criança que passa sucessivamente por tantas mãos diferentes acabar bem educada. A cada mudança ela faz em silêncio comparações que tendem sempre a diminuir sua estima pelos que a dirigem e consequentemente a autoridade que têm sobre ela. Se uma vez vier a pensar que há adultos que não têm mais razão do que crianças, toda a autoridade da idade fica perdida e a educação fracassa. Uma criança não deve conhecer outros superiores além do pai e da mãe ou, na falta deles, sua ama de leite e seu governante, e ainda um deles já está demais; mas essa divisão é inevitável e tudo o que se pode fazer para saná-la é as pessoas dos dois sexos que a governam estarem tão de acordo que ambas sejam apenas uma para ela.

É preciso que a ama de leite viva um pouco mais confortavelmente, que consuma alimentos um pouco mais substanciais, mas não que mude totalmente seu modo de vida; pois uma mudança rápida e total, ainda que para melhor, sempre é perigosa para a saúde; e, visto que seu regime habitual a deixou ou a tornou saudável e bem constituída, para que mandar que o mude?

As camponesas comem menos carne e mais legumes e verduras que as mulheres da cidade; e esse regime vegetal parece mais favorável do que contrário a elas e aos filhos. Quando têm lactentes burgueses, servem-se a elas legumes e carnes cozidos, acreditando que a sopa e o caldo de carne lhes formam um melhor quilo e fornecem mais leite. Esse não é de modo algum meu parecer; e tenho a meu favor a experiência que nos ensina que as crianças alimentadas assim são mais sujeitas a cólicas e vermes do que as outras.

Isso não é surpreendente, visto que a substância animal em putrefação fervilha de vermes, o que não acontece com a substância vegetal. O leite, apesar de elaborado no corpo do animal, é uma substância vegetal[14]; sua análise demonstra isso; ele azeda facilmente e, longe de apresentar algum vestígio de

---

14. As mulheres comem pão, verduras e legumes, laticínios; as cadelas e as gatas também; mesmo as lobas pastam. São sucos vegetais para seu leite. Falta examinar o leite das espécies que só podem alimentar-se exclusivamente de carne, se houver alguma – coisa de que duvido.

álcali volátil, como fazem as substâncias animais, dá, como as plantas, um sal neutro essencial.

O leite das fêmeas herbívoras é mais doce e mais salutar do que o das carnívoras. Formado de uma substância homogênea à sua, conserva melhor sua natureza e é menos sujeito a putrefação. Se considerarmos a quantidade, todos sabem que os farináceos formam mais sangue do que a carne; portanto, também devem formar mais leite. Não posso acreditar que uma criança que não fosse desmamada cedo demais ou que fosse desmamada somente com alimentos vegetais e cuja ama de leite também só se alimentasse de vegetais chegasse a ter vermes.

É possível que os alimentos vegetais deem um leite que azede mais rápido; mas estou muito longe de ver o leite azedo como um alimento malsão: povos inteiros que não têm outro sentem-se muito bem com ele, e todo esse aparato de substâncias absorventes parece-me pura charlatanice. Há temperamentos para os quais o leite não convém e então nenhum absorvente vai torná-lo tolerável; os outros toleram-no sem absorventes. Teme-se o leite talhado, coalhado: é loucura, pois sabemos que o leite sempre coalha no estômago. É assim que ele se torna um alimento suficientemente sólido para alimentar os bebês e os filhotes dos animais; se não coalhasse, não faria mais do que passar, não os alimentaria[15]. Mesmo que se corte o leite de mil maneiras, que se usem mil absorventes, quem tomar leite digere queijo e isso não tem exceção. O estômago é tão bem feito para coalhar o leite que é com estômago de vitelo que se faz o coalho.

Penso, portanto, que, em vez de mudar a alimentação habitual das amas de leite, basta dar-lhes uma alimentação mais abundante e mais selecionada em sua espécie. Não é pela natureza dos alimentos que a refeição sem carne causa prisão de ventre, é somente a condimentação que os torna malsãos. Reformai as normas de vossa cozinha, eliminai as frituras e os pratos preparados com farinha dourada ao fogo; que a manteiga, o sal, os laticínios não passem pelo fogo; que vossos legumes cozidos em água só levem sal ao chegarem quentes à mesa: a alimentação sem carne, longe de constipar a nutriz, irá fornecer-lhe leite em abundância e da melhor qualidade[16]. Seria possível que, sendo o regi-

---

15. Embora os sucos que nos alimentam estejam líquidos, devem ser espremidos de alimentos sólidos. Um trabalhador que vivesse somente de caldo, logo definharia. Ele se sustentaria muito melhor com leite, porque este coalha.

16. Quem quiser discutir mais longamente as vantagens e os inconvenientes do regime pitagórico poderá consultar os tratados que os doutores Cocchi e Bianchi, seu adversário, escreveram sobre esse importante assunto.

me vegetal reconhecido como o melhor para o bebê, o regime animal fosse o melhor para a nutriz? Isso é contraditório.

É principalmente nos primeiros anos de vida que o ar age sobre a constituição das crianças. Numa pele delicada e macia ele penetra por todos os poros, afeta poderosamente esses corpos nascentes, deixa-lhes impressões que não desaparecem. Portanto, eu não seria favorável a tirarem uma camponesa de sua aldeia para fechá-la num quarto na cidade e o bebê ser amamentado em casa; penso que ele ir respirar o bom ar do campo é melhor do que ela respirar o mau ar da cidade. Ele adotará a condição de sua nova mãe, morará em sua casa rústica e seu governante o acompanhará. O leitor está lembrado de que esse governante não é um homem pago, é o amigo do pai. Mas, irão dizer-me, quando o amigo não é encontrado, quando esse transporte não é fácil, quando nada que aconselhais é viável, o que fazer?... Já vos disse o que fazer; para isso não é necessário um conselho.

Os homens são feitos não para ficar amontoados em formigueiros e sim, espalhados na terra que devem cultivar. Quanto mais se aglomeram, mais se corrompem. As enfermidades do corpo, assim como os vícios da alma, são o efeito infalível desse ajuntamento excessivamente numeroso. O homem é de todos os animais o que menos pode viver em rebanho. Homens amontoados como carneiros morreriam todos em pouquíssimo tempo. A respiração do homem é mortal para seus semelhantes: isso é tão verdadeiro no sentido próprio como no figurado.

As cidades são o sorvedouro da espécie humana. Ao cabo de algumas gerações as estirpes perecem ou degeneram; é preciso renová-las, e é sempre o campo que proporciona essa renovação. Portanto, enviai vossos filhos para renovarem-se, digamos assim, e recuperarem no meio dos campos o vigor que se perde no ar malsão dos lugares excessivamente povoados. As mulheres grávidas que estão no campo apressam-se a voltar para a cidade para darem à luz; deveriam fazer exatamente o contrário, sobretudo as que querem amamentar seus filhos. Teriam menos a lamentar do que pensam; e, alojadas num lugar mais natural para nossa espécie, os prazeres ligados aos deveres da natureza logo lhes tirariam o gosto pelos que não têm a ver com ela.

Primeiramente, depois do parto, lava-se a criança com água morna, à qual costuma-se misturar vinho. Essa adição de vinho não me parece necessária.

Como a natureza não produz nada fermentado, não é de crer que o uso de uma bebida artificial seja importante para a vida de suas criaturas.

Pela mesma razão, também essa precaução de aquecer a água não é indispensável; e, de fato, infinidades de povos lavam os recém-nascidos no rio ou no mar, sem outros preparativos; mas os nossos, enfraquecidos antes de nascer pela tibieza dos pais e das mães, trazem ao vir ao mundo um temperamento já estragado, que é preciso não expor imediatamente a todas as provas que devem restabelecê-lo. Apenas gradativamente é possível reconduzi-los a seu vigor primitivo. Portanto, começai por seguir o costume e afastai-vos dele pouco a pouco. Lavai com frequência os bebês; sua sujidade mostra a necessidade disso. Quando somente os enxugam, machucam-lhes a pele; mas, à medida que ficarem mais fortes, deveis diminuir gradualmente a quentura da água, até que por fim os laveis no inverno e no verão com água fria e mesmo gelada. Como, para não os expor, é importante que essa diminuição seja lenta, sucessiva e insensível, podeis utilizar o termômetro para medi-la com exatidão.

Uma vez estabelecido, esse uso do banho não deve mais ser interrompido e é importante mantê-lo a vida inteira. Considero-o necessário não só para a higiene e a saúde atual, mas também como uma precaução salutar para tornar mais flexível a textura das fibras e fazê-las ceder sem esforço nem risco aos diferentes graus de calor e de frio. Para isso eu gostaria que, ao crescer, as pessoas se acostumassem pouco a pouco a banhar-se às vezes em água quente em todos os graus suportáveis e frequentemente em água fria em todos os graus possíveis. Assim, depois de habituarem-se a suportar as diversas temperaturas da água – que, sendo um fluido mais denso, toca-nos em mais pontos e afeta-nos mais –, elas se tornariam quase insensíveis às do ar.

No momento em que, saindo de seus envoltórios, o bebê respira, não admitais que lhe deem outros que o mantenham mais apertado. Nada de testeiras, nada de faixas, nada que o comprima; panos soltos e amplos, que deixem livres todos os seus membros e não sejam tão pesados que atrapalhem seus movimentos nem tão quentes que o impeçam de sentir as impressões do ar[17].

---

17. Nas cidades, sufocam as crianças à força de mantê-las fechadas e muito vestidas. Os que cuidam delas ainda não aprenderam que o ar frio, longe de fazer-lhes mal, fortalece-as e que o ar quente as enfraquece, causa-lhes febre e mata-as.

Colocai-o num grande berço[18] bem acolchoado onde ele possa mover-se à vontade e sem perigo. Quando começar a ter força, deixai-o arrastar-se pelo quarto; deixai-o desenvolver e esticar seus membrinhos; vereis como irão fortalecendo-se dia a dia. Comparai-o com um bebê bem enfaixado da mesma idade: a diferença entre os progressos dos dois irá surpreender-vos[19].

Devemos esperar fortes oposições da parte das amas de leite, para as quais o bebê bem cerceado dá menos trabalho do que aquele que precisa de atenção incessante. Além disso, sua sujidade fica mais perceptível numa roupa aberta: é preciso limpá-lo com mais frequência. Por fim, o costume é um argumento que nunca será refutado em certos países e agrada ao povo de todos os Estados.

Não argumenteis com as amas: ordenai, observai cumprirem e nada poupeis para facilitar na prática os cuidados que tereis prescrito. Por que não participaríeis deles? No modo habitual de criar, em que só se olha o físico, contanto que a criança viva e não definhe, o restante não importa; mas aqui, onde a educação começa com a vida, ao nascer a criança já é discípulo, não do governante e sim da natureza. O governante não faz mais do que estudar com esse primeiro mestre e impedir que seus cuidados sejam contrariados. Ele vigia o bebê, observa-o, acompanha-o, espreita atentamente o primeiro clarão de seu fraco entendimento, como ao aproximar-se o quarto crescente os muçulmanos espreitam o momento em que a Lua surgirá.

---

18. Digo "berço" [*berceau*] para empregar uma palavra corrente, na falta de outra, pois, aliás, estou convencido de que nunca é necessário embalar [*bercer*] os bebês e de que esse costume muitas vezes lhes é prejudicial.

19. "Os antigos peruanos deixavam os bebês com os braços livres em um envoltório muito largo; quando o tiravam, colocavam-nos soltos dentro de um buraco feito na terra e forrado de panos, no qual os desciam até metade do corpo; desse modo eles ficavam com os braços livres e podiam mover a cabeça e dobrar o corpo à vontade, sem caírem e sem machucarem-se. Assim que conseguiam dar um passo, ofereciam-lhes o peito de certa distância, como um chamariz para obrigá-los a andar. As criancinhas negras às vezes ficam numa posição bem mais cansativa para mamar: abraçam com os joelhos e os pés uma anca da mãe e apertam-na com tanta força que conseguem sustentar-se sem ajuda dos braços da mãe. Agarram o seio com as mãos e mamam continuamente, sem deslocarem-se nem caírem, apesar dos diversos movimentos da mãe, que enquanto isso faz suas tarefas habituais. Essas crianças começam a andar já no segundo mês, ou melhor, a arrastar-se sobre os joelhos e as mãos. Tal exercício lhes proporciona mais tarde facilidade para correr nessa posição quase tão rápido como correriam usando os pés" (*Hist. nat.*, tomo IV in-12, p. 192).

O Sr. de Buffon poderia acrescentar a esses exemplos o da Inglaterra, onde a extravagante e bárbara prática de enfaixar os bebês vai sendo abolida dia a dia. Vede também La Loubère, *Voyage de Siam*; Le Beau, *Voyage du Canada* etc. Eu poderia encher vinte páginas de citações, se precisasse confirmar com fatos o que disse.

Nascemos capazes de aprender, mas nada sabendo, nada conhecendo. A alma, enclausurada em órgãos imperfeitos e semiformados, nem sequer tem percepção de sua própria existência. Os movimentos, os berros do recém-nascido são efeitos puramente mecânicos, desprovidos de conhecimento e de vontade.

Suponhamos que uma criança tivesse ao nascer a estatura e a força de um homem feito, que saísse, digamos assim, totalmente armada do ventre da mãe, como Palas saiu do cérebro de Júpiter; esse homem-criança seria um perfeito imbecil, um autômato, uma estátua imóvel e quase insensível: nada veria, nada ouviria, não conheceria ninguém, não saberia voltar os olhos para o que precisasse ver; não só não perceberia objeto algum fora de si mesmo, como nem sequer remeteria algum para o órgão dos sentidos que o faria percebê-lo; as cores não estariam em seus olhos, os sons não estariam em seus ouvidos, os corpos que tocasse não estariam junto do seu e nem sequer saberia que tem um corpo; o contato de suas mãos estaria em seu cérebro; todas as suas sensações se reuniriam num único ponto; ele existiria apenas no *sensorium* comum; teria uma única ideia, a do eu, com a qual relacionaria todas suas sensações; e essa ideia, ou melhor, essa impressão, seria a única coisa que teria a mais do que um bebê comum.

Esse homem, formado de uma só vez, tampouco saberia ficar em pé; precisaria de muito tempo para aprender a manter-se em equilíbrio; talvez nem mesmo o tentasse, e veria aquele corpo grande, forte e robusto permanecer no lugar como uma pedra ou rastejar e arrastar-se como um filhotinho de cão.

Ele sentiria o desconforto das necessidades sem conhecê-las e sem imaginar algum meio de satisfazê-las. Não há entre os músculos do estômago e os dos braços e das pernas uma comunicação imediata que, mesmo cercado de alimentos, fizesse-o dar um passo para aproximar-se deles ou estender a mão para pegá-los; e, como seu corpo já teria crescido completamente e seus membros estariam totalmente desenvolvidos, ele não teria nem a inquietação nem os movimentos contínuos das crianças e poderia morrer de fome antes de mover-se para buscar sua subsistência. Por pouco que tenhamos refletido sobre a ordem e o avanço de nossos conhecimentos, não podemos negar que esse fosse aproximadamente o estado de ignorância e de estupidez natural do homem antes de ele aprender algo da experiência ou de seus semelhantes.

Portanto, conhecemos ou podemos conhecer o primeiro ponto do qual cada um de nós parte para chegar ao grau comum do entendimento; mas quem conhece a outra extremidade? Cada um avança mais ou menos de acordo com seu engenho, seu gosto, suas necessidades, seus talentos, seu zelo e com as oportunidades que tem para exercê-los. Que eu saiba, ainda nenhum filósofo foi bastante ousado para dizer: este é o termo a que o homem pode chegar e do qual não conseguiria passar. Ignoramos o que nossa natureza nos permite ser; nenhum de nós mediu a distância que pode haver entre um homem e outro homem. Qual é a alma baixa que essa ideia nunca excitou e que em seu orgulho não diz consigo algumas vezes: Quantos já suplantei! Quantos ainda posso alcançar! Por que um igual a mim iria mais longe do que eu?

Repito, a educação do homem começa no nascimento; antes de falar, antes de entender ele já está instruindo-se. A experiência antecede as lições; no momento em que conhece sua nutriz, ele já adquiriu muito. Ficaríamos surpresos com os conhecimentos do homem mais rústico se acompanhássemos seu avanço desde o momento em que nasceu até o momento a que chegou. Se dividíssemos todo o conhecimento humano em duas partes, uma comum a todos os homens e a outra particular dos eruditos, esta seria muito pequena em comparação com a outra. Mas não pensamos nas aquisições gerais, porque são feitas sem que se pense nelas e mesmo antes da idade da razão; e, além disso, porque o saber só se destaca por suas diferenças e, como nas equações algébricas, as quantidades comuns não contam para nada.

Até mesmo os animais adquirem muito. Eles têm sentidos e precisam aprender a utilizá-los; têm necessidades e precisam aprender a satisfazê-las; precisam aprender a comer, a andar, a voar. Os quadrúpedes que ficam em pé já ao nascer nem por isso sabem andar; vemos que seus primeiros passos são tentativas inseguras. Os canários que fogem da gaiola não sabem voar, porque nunca voaram. Tudo é instrução para os seres animados e sensíveis. Se as plantas tivessem um movimento progressivo, precisariam ter sentidos e adquirir conhecimentos; de outro modo as espécies logo pereceriam.

As primeiras sensações das crianças são puramente afetivas; percebem apenas o prazer e a dor.

Como não podem andar nem pegar, precisam de muito tempo para formarem pouco a pouco as sensações representativas que lhes mostram os objetos fora delas mesmas; mas, antes que esses objetos se estendam, se afastem de seus olhos, digamos assim, e assumam para elas dimensões e figuras, o retorno das sensações afetivas começa a submetê-las ao poder do hábito; vemos seus olhos voltarem-se continuamente para a luz e, se ela lhes vier de lado, tomarem insensivelmente essa direção; de modo que devemos cuidadosamente voltar-lhes o rosto de frente para a luz, a fim de evitar que fiquem vesgas ou habituem-se a olhar de esguelha. Também é preciso que desde cedo se acostumem com a escuridão; de outro modo chorarão e gritarão quando ficarem no escuro. A alimentação e o sono calculados com excessiva exatidão passam a ser-lhes necessários ao cabo dos mesmos intervalos; e em breve o desejo não vem mais da necessidade e sim do hábito, ou melhor, o hábito acrescenta uma nova necessidade à da natureza; isso precisa ser evitado.

O único hábito que devemos deixar a criança adquirir é o de não contrair nenhum: não a carregar mais num braço do que no outro; não habituá-la a apresentar uma mão mais do que a outra e a utilizá-la com mais frequência, a querer comer, dormir, agir nas mesmas horas, a não poder ficar sozinha de noite nem de dia. Preparai de antemão o reinado de sua liberdade e o uso de suas forças, deixando a seu corpo o hábito natural e colocando-o em condições de ser sempre senhor de si e fazer em tudo sua vontade, tão logo a tenha.

Quando a criança começar a distinguir os objetos, é importante selecionar os que lhe são mostrados. Todos os novos objetos interessam naturalmente ao homem. Ela se sente tão frágil que teme tudo o que não conhece: o hábito de ver novos objetos sem que lhe causem dano elimina esse temor. Crianças criadas em casas limpas, onde não se toleram aranhas, têm medo de aranhas e esse medo pode persistir até quando adultas. Nunca vi camponeses, fosse homem, mulher ou criança, terem medo de aranha.

Então, por que a educação de uma criança não começaria antes de ela falar e entender, visto que a simples escolha dos objetos que lhe apresentarem é capaz de torná-la tímida ou corajosa? Quero que a habituem a ver novos objetos, animais feios, repugnantes, bizarros, mas pouco a pouco, de longe, até que se acostume com eles e, de tanto ver outras pessoas manejá-los, por fim ela mesmo os maneje. Se durante a infância houver visto sem temor sapos, serpentes, lagostas, quando for adulta verá sem horror qualquer animal que seja. Já não há objetos assustadores para quem os vê diariamente.

Todas as crianças têm medo de máscaras. Começo mostrando a Emílio a máscara de um rosto agradável; em seguida alguém diante dele coloca no rosto essa máscara; começo a rir, todo mundo ri e a criança ri como os outros. Pouco a pouco vou habituando-o a máscaras menos agradáveis e, por fim, a figuras horrendas. Se eu houver calculado bem minha gradação, em vez de assustar-se com a última máscara ele rirá dela como da primeira. Depois disso não temo mais que o assustem com máscaras.

Quando, na despedida de Andrômaca e Heitor, o pequeno Astianax, assustado com o penacho que flutua no capacete de seu pai, não o reconhece, joga-se chorando no colo da ama e arranca da mãe um sorriso molhado de lágrimas, o que deve ser feito para curar esse medo? Precisamente o que Heitor faz: põe o capacete no chão e depois afaga a criança. Num momento mais tranquilo, não se limitariam a isso: teriam se aproximado do capacete, brincariam com as plumas, fariam o menino manejá-las; por fim a ama pegaria o capacete e, rindo, o colocaria na cabeça, se acaso a mão de uma mulher ousasse tocar nas armas de Heitor.

Quando o objetivo é habituar Emílio ao barulho de uma arma de fogo, primeiro queimo uma espoleta numa pistola. Essa chama brusca e passageira, essa espécie de relâmpago alegra-o; repito a mesma coisa com mais pólvora; pouco a pouco acrescento à pistola uma pequena carga sem bucha; depois, uma maior e, por fim, acostumo-o com os tiros de fuzil, os foguetes de artifício, os canhões, as detonações mais terríveis.

Observei que as crianças raramente têm medo de raio, exceto se os trovões forem terríveis e realmente agredirem o ouvido; do contrário, esse medo só surge depois de saberem que o raio às vezes fere ou mata. Quando a razão começar a assustá-las, fazei com que o hábito as tranquilize. Com uma gradação lenta e controlada consegue-se tornar o homem e a criança intrépidos em tudo.

No início da vida, quando a memória e a imaginação ainda estão inativas, a criança só atenta para o que lhe afeta os sentidos no momento; como suas sensações são o primeiro material de seus conhecimentos, oferecê-las a ela numa ordem adequada é preparar sua memória para um dia fornecê-las na mesma ordem a seu entendimento; mas, como ela só está atenta para suas sensações, de início basta mostrar-lhe muito distintamente a ligação dessas mesmas sensações com os objetos que as causam. Ela quer tocar tudo, manipular tudo; não contrarieis essa inquietude que lhe sugere um aprendizado muito necessário. É assim que a criança aprende a sentir o calor, o frio, a dureza, a maciez, o peso e a leveza dos corpos, a avaliar-lhes o tamanho, a figura e todas as suas qualidades sensíveis, olhando, apalpando[20], ouvindo, principalmente comparando a visão com o tato, estimando com o olhar a sensação do que eles produziriam sob seus dedos.

É somente por meio do movimento que aprendemos que há coisas que não são nós; e é apenas por meio de nosso próprio movimento que adquirimos a ideia de extensão. É porque a criança não tem essa ideia que ela estende a mão para pegar indiferentemente o objeto que a está tocando ou o objeto que está a cem passos. Esse esforço que ela faz parece-vos um sinal de autoridade, uma ordem que dá ao objeto para que se aproxime ou a vós para que o traga; de modo algum: é apenas porque os mesmos objetos que inicialmente ela via no cérebro e depois diante dos olhos agora vê na ponta de seu braço e a única extensão que imagina é a que seu braço pode alcançar. Por isso deveis ter o cuidado de passeá-la com frequência, de transportá-la de um lugar para outro, de fazê-la sentir a mudança de lugar, para ensiná-la a avaliar as distâncias. Quando começar a conhecê-las, deveis mudar de método e levá-la como vos aprouverdes, e não como aprouver a ela; pois, tão logo não for mais enganada pelos sentidos, seu esforço muda de causa; essa mudança é digna de nota e requer explicação.

O mal-estar causado pelas necessidades expressa-se por sinais quando o socorro de outrem é necessário para satisfazê-las; daí os berros das crianças. Elas choram muito e assim deve ser. Visto que todas suas sensações são afetivas, quando são agradáveis desfrutam-nas em silêncio; quando são ruins, dizem isso em sua linguagem e pedem alívio. Mas, quando estão acordadas, quase não podem permanecer num estado de indiferença; ou dormem ou são afetadas.

Todas as nossas línguas são obra da arte. Durante muito tempo indagou-se se havia uma língua natural e comum a todos os homens; seguramente há uma, e é aquela que as crianças falam antes de saberem falar. Essa língua não é articulada, mas é acentuada, sonora, inteligível. O uso das nossas levou-nos a negligenciá-la a ponto de esquecê-la totalmente. Estudemos as crianças e logo a reaprenderemos com elas. As amas são nossas mestras nessa língua; entendem tudo o que seus bebês dizem; respondem-lhes; mantêm com eles diálogos muito coerentes e, embora pronunciem palavras, essas palavras são totalmente

---

20. De todos os sentidos, o olfato é o que se desenvolve mais tarde nas crianças; até a idade de dois ou três anos não parece que elas sejam sensíveis aos bons nem aos maus odores; sob esse aspecto, têm a indiferença, ou melhor, a insensibilidade que observamos em vários animais.

inúteis; o que os bebês ouvem não é o sentido das palavras e sim o tom que as acompanha.

À linguagem da voz soma-se a do gesto, não menos enérgica. Esse gesto não está nas fracas mãos das crianças, está em seus rostos. É surpreendente como essas fisionomias mal formadas já têm expressão; seus traços mudam de um momento para outro com uma rapidez inconcebível; neles vedes o sorriso, o desejo, o pavor nascerem e passarem como relâmpagos; cada vez pensais estar vendo outro rosto. Seguramente seus músculos da face são mais móveis do que os nossos. Em contrapartida, seus olhos baços quase nada dizem. Os sinais devem ser desse gênero numa idade em que têm somente necessidades corporais; a expressão das sensações está nas caretas, a expressão dos sentimentos está nos olhares.

Como o primeiro estado do homem é a miséria e a fraqueza, seus primeiros sons são a queixa e o choro. A criança sente suas necessidades, não pode satisfazê-las e implora o socorro de outrem com gritos: se tiver fome ou sede, chora; se sentir muito frio ou muito calor, chora; se precisa de movimento e estão mantendo-a parada, chora; se quer dormir e agitam-na, chora. Quanto menos seu modo de ser estiver a sua disposição, mais frequentemente ela pede que o mudem. Possui somente uma linguagem, porque, digamos assim, tem apenas uma espécie de mal-estar: pela imperfeição de seus órgãos, não lhes distingue as impressões diversas; todos os males formam para ela uma única sensação de dor.

Desses choros que julgaríamos tão pouco dignos de atenção nasce a primeira relação do homem com tudo que o cerca: aqui se forja o primeiro elo dessa longa corrente da qual é formada a ordem social.

Quando a criança chora, está incomodada, tem alguma necessidade que não pode satisfazer: alguém examina, procura essa necessidade, encontra-a, atende-a. Quando não a encontra ou não consegue atendê-la, o choro continua; a pessoa fica importunada, afaga a criança para silenciá-la, nina-a, canta-lhe para que adormeça; se teimar, impacienta-se, ameaça-a; amas brutais às vezes batem nelas. São estranhas lições para seu ingresso na vida.

Nunca esquecerei como vi um desses chorões incômodos em quem a ama bateu. Ele se calou imediatamente; julguei que se intimidara. Dizia comigo: será uma alma servil da qual nada se conseguirá sem rigor. Estava enganado: o infeliz sufocava de raiva, perdera a respiração; vi que ficou roxo. Um momento depois vieram os gritos agudos; todos os sinais do ressentimento, do furor, do desespero dessa idade estavam em seus tons; receei que expirasse nessa agitação. Se eu duvidasse de que o sentimento do justo e do injusto é inato no coração do homem, esse exemplo teria bastado para convencer-me. Tenho certeza de que um tição ardente que por acaso caísse na mão daquele bebê lhe teria sido menos doloroso do que o tapa bastante leve, mas dado com a intenção manifesta de agredi-lo.

Essa disposição das crianças para a exaltação, o despeito, a raiva requer precauções excessivas. Boerhaave[21] pensa que a maioria de suas doenças são da classe das convulsivas, porque, como proporcionalmente a cabeça é maior e o sistema nervoso é mais extenso do que nos adultos, o gênero nervoso é mais propenso a excitação. Afastai delas com a maior atenção os criados que as aborreçam, irritem, impacientem: eles lhes são cem vezes mais perigosos, mais funestos do que as injúrias do ar e das estações. Enquanto as crianças encontrarem resistência apenas nas coisas e nunca nas vontades, não se tornarão rebeldes nem coléricas e permanecerão mais saudáveis. Essa é uma das razões pelas quais as crianças do povo, mais livres, mais independentes, geralmente são menos enfermiças, menos frágeis, mais robustas do que as que se supõe criar melhor contrariando-as continuamente; mas é preciso pensar sempre que há muita diferença entre não as contrariar e lhes obedecer.

Os primeiros choros das crianças são pedidos; se não tomarmos cuidado, logo se tornam ordens: elas começam fazendo-se assistir e acabam fazendo-se servir. Assim, de sua própria fragilidade, da qual provém inicialmente o sentimento de sua dependência, nasce em seguida a ideia de poder e dominação; mas, como essa ideia é menos provocada por suas necessidades do que por nossos cuidados, aqui começam a revelar-se os efeitos morais cuja causa imediata não está na natureza; e assim estamos vendo por que já nessa primeira idade é importante decifrar a intenção oculta que dita o gesto ou o grito.

Quando a criança estende com esforço a mão sem nada dizer, julga alcançar o objeto porque não calcula a distância e está errada; mas, quando se queixa e berra estendendo a mão, então já não está enganada quanto à distância: está ordenando ao objeto que se aproxime ou a vós que o leveis a ela. No

---

21. Herman Boerhaave (1668-1738), médico e humanista holandês, demonstrou a relação entre os sintomas e as lesões [N.T.].

primeiro caso, levai-a até o objeto lentamente e dando passos pequenos; no segundo, não deveis sequer fingir que entendestes; quanto mais ela gritar, menos deveis escutá-la. É importante habituá-la desde cedo a não comandar nem os homens, porque não é senhora deles, nem as coisas, porque não a entendem. Assim, quando uma criança desejar alguma coisa que vê e que quereis dar-lhe, é melhor levá-la até o objeto do que levar o objeto até ela: o bebê extrai dessa prática uma conclusão que é de sua idade, e não há outro meio de sugeri-la.

O abade de Saint-Pierre chamava os homens de crianças grandes; poderíamos reciprocamente chamar as crianças de homens pequenos. Essas proposições têm sua veracidade como sentenças; como princípios necessitam de esclarecimento. Mas, quando Hobbes chamou o homem maldoso de "uma criança robusta", disse algo absolutamente contraditório. Toda maldade provém da fraqueza; a criança só é maldosa porque é fraca; tornai-a forte e será boa; quem tudo pudesse nunca praticaria o mal. De todos os atributos da Divindade Onipotente, a bondade é aquele sem o qual menos podemos concebê-la. Todos os povos que reconheceram dois princípios sempre viram o mau como inferior ao bom; sem isso teriam feito uma suposição absurda. Vede mais adiante[22] a Profissão de Fé do vigário saboiano.

Somente a razão ensina-nos a conhecer o bem e o mal. A consciência que nos faz amar um e odiar o outro, apesar de independente da razão, não pode desenvolver-se sem ela. Antes da idade da razão fazemos o bem e o mal sem saber; e não há moralidade em nossas ações, embora às vezes ela exista no sentimento causado pelas ações de outrem que têm a ver conosco. Uma criança quer desarranjar tudo o que vê: quebra, parte tudo o que consegue pegar; agarra um passarinho como agarraria uma pedra e sufoca-o sem saber o que faz.

Por que isso? Primeiramente a filosofia vai explicá-lo por meio de vícios naturais: o orgulho, o espírito de dominação, o amor-próprio, a maldade do homem; poderá acrescentar que o sentimento de sua fraqueza torna a criança ávida por praticar atos de força e provar a si mesma seu próprio poder. Mas vede esse velho enfermiço e alquebrado, reconduzido pelo círculo da vida humana à fraqueza da infância: ele não só permanece imóvel e tranquilo como também quer que tudo permaneça assim a seu redor; mesmo a menor mudança perturba-o e inquieta-o; gostaria de ver reinar uma calmaria universal.

---

22. No Livro IV [N.T.].

Como a mesma impotência somada às mesmas paixões produziria nas duas idades efeitos tão diferentes, se a causa primitiva não houvesse mudado? E onde podemos buscar essa diversidade de causas, se não for no estado físico dos dois indivíduos? O princípio ativo, comum a ambos, está desenvolvendo-se em um e extinguindo-se no outro; um está formando-se e o outro, finando-se; um tende à vida e o outro, à morte. A atividade enfraquecida concentra-se no coração do velho; no da criança, é superabundante e estende-se para fora; ela sente em si, digamos assim, vida suficiente para animar tudo que a cerca. Quer faça ou desfaça, não importa; basta que mude o estado das coisas, e toda mudança é uma ação. Se parece ter mais inclinação para destruir, não é por maldade: é porque a ação que forma é sempre lenta e a que destrói, por ser mais rápida, adapta-se melhor a sua vivacidade.

Ao mesmo tempo que dá às crianças esse princípio ativo, o Autor da natureza cuida que ele seja pouco danoso dando-lhes pouca força para praticá-lo. Mas, tão logo podem considerar as pessoas que as cercam como instrumentos que delas depende pôr em ação, utilizam-nas para seguirem sua inclinação e suprirem sua própria fraqueza. É assim que se tornam incômodas, tirânicas, imperiosas, maldosas, indomáveis. Essa mudança não provém de um espírito natural de dominação, mas lhes dá esse espírito; pois não é preciso uma longa experiência para sentir como é agradável agir pelas mãos de outrem e precisar somente mover a língua para mover o Universo.

Ao crescer adquirimos forças, tornamo-nos menos inquietos, menos irrequietos, fechamo-nos mais em nós mesmos. A alma e o corpo colocam-se em equilíbrio, digamos assim, e a natureza não nos pede mais do que o movimento necessário para nossa conservação. Mas o desejo de mandar não se extingue com a necessidade que o fez nascer; o poder desperta e lisonjeia o amor-próprio e o hábito fortalece-o; assim a fantasia sucede a necessidade, assim formam suas primeiras raízes os preconceitos da opinião geral.

Uma vez conhecido o princípio, vemos claramente o ponto em que se abandona o caminho da natureza; vejamos o que é preciso fazer para manter-se nele.

Longe de ter forças supérfluas, as crianças nem mesmo têm forças suficientes para tudo o que a natureza lhes pede; portanto, precisamos deixar-lhes o uso de todas as que ela lhes dá e das quais não podem abusar. Primeira máxima.

Precisamos ajudá-las e suprir o que lhes falta, seja em inteligência ou em força, em tudo o que for necessidade física. Segunda máxima.

No auxílio que lhe prestarmos, precisamos limitarmo-nos unicamente ao realmente útil, sem nada conceder à fantasia ou ao desejo sem razão; pois a fantasia não as atormentará se não a fizermos nascer, visto que não faz parte da natureza. Terceira máxima.

Precisamos estudar com cuidado sua linguagem e seus sinais para, numa idade em que não sabem dissimular, distinguirmos em seus desejos o que provém imediatamente da natureza e o que provém da opinião. Quarta máxima.

O espírito destas regras é conceder às crianças mais liberdade verdadeira e menos domínio, deixá-las fazer mais por si sós e exigirem menos de outrem. Assim, habituando-se desde cedo a delimitar seus desejos de acordo com suas forças, sentirão pouco a privação do que não estiver em seu poder.

Essa é, portanto, uma razão nova e muito importante para deixar os corpos e os membros das crianças absolutamente livres, apenas com a precaução de evitar-lhes o perigo de quedas e afastar de suas mãos tudo que possa feri-las.

Infalivelmente, uma criança com o corpo e os braços livres chorará menos do que uma criança estreitamente enfaixada. A que conhece somente as necessidades físicas chora apenas quando sofre, e isso é uma grande vantagem; pois então sabemos com exatidão quando precisa de socorro e não devemos tardar sequer um momento em prestá-lo, se for possível. Mas, se não for possível atendê-la, ficai tranquilos, sem afagá-la para acalmá-la; vossas carícias não curarão sua cólica. Entretanto, ela se lembrará do que precisa fazer para ser afagada; e, se uma vez souber ocupar-vos dela a seu gosto, terá se tornado vossa senhora: tudo estará perdido.

Menos contrariadas em seus movimentos, as crianças chorarão menos; menos importunados por seu choro, nos atormentaremos menos para silenciá-las; ameaçadas ou aduladas com menos frequência, serão menos medrosas ou menos obstinadas e permanecerão melhor em seu estado natural. É menos deixando as crianças chorarem do que nos apressando em acalmá-las que lhes provocamos hérnias; e minha prova disso é que as crianças mais negligenciadas são menos sujeitas a elas do que as outras. Longe de mim querer por isso que as negligenciemos; ao contrário, é importante anteciparmo-nos a elas e não deixarmos que seus gritos nos avisem de suas necessidades. Mas tampouco quero que os cuidados que lhes prestarmos sejam mal compreendidos. Por que deixariam de chorar quando veem que seu choro serve para tantas coisas? Instruídas sobre o valor que damos a seu silêncio, evitam proporcioná-lo. Por fim, fazem-no valer tanto que não podemos mais pagá-lo; e é então que, de tanto chorarem sem sucesso, elas ficam herniadas, esgotam-se e matam-se.

Os choros prolongados de uma criança que não está enfaixada nem doente e à qual não se deixa faltar nada são apenas choros de hábito e de obstinação. Não são obra da natureza e sim da ama de leite, que por não saber suportar esse incômodo multiplica-o, sem pensar que fazendo a criança calar-se hoje incita-a a chorar mais amanhã.

O único modo de curar ou prevenir esse hábito é não lhe dar atenção alguma. Ninguém gosta de fazer um esforço inútil, nem mesmo as crianças. Elas são obstinadas em suas tentativas; mas, se vossa constância for maior do que sua teimosia, desanimam e não recomeçam. É assim que lhes poupamos lágrimas e as habituamos a só derramá-las quando a dor obrigá-las a isso.

Ademais, quando choram por capricho ou por teimosia, um meio seguro de impedi-las de continuar é distraí-las com algum objeto agradável e chamativo que as faça esquecer que queriam chorar. A maioria das amas é excelente nessa arte que, bem aplicada, é muito útil; mas é da máxima importância que a criança não perceba a intenção de distraí-la e divirta-se sem julgar que se está pensando nela; e é nisso que todas as amas são desastradas.

Todas as crianças são desmamadas cedo demais. A hora do desmame é indicada pela erupção dos dentes e essa erupção costuma ser difícil e dolorosa. Por um instinto maquinal, então a criança leva frequentemente à boca tudo que estiver segurando, para mascá-lo. Pensa-se facilitar a operação dando-lhe como brinquedo algum corpo duro, como marfim ou dente de lobo. Creio que é um equívoco. Aplicados nas gengivas, esses corpos duros, em vez de amolecê-las, tornam-nas calosas, endurecem-nas, preparam uma ruptura mais difícil e mais dolorosa. Devemos sempre tomar como exemplo o instinto. Não vemos os filhotes de cães exercitarem seus dentes nascentes em pedregulhos, ferro, osso e sim em madeira, couro, trapos – matérias moles que cedem e nas quais o dente deixa marca.

Não se sabe mais ser simples em nada, nem mesmo em torno das crianças. Chocalhos de prata, de ouro, corais, cristais lapidados, brinquedos de todo preço e de toda espécie: quantos apetrechos inúteis e perniciosos! Nada disso tudo! Nada de chocalhos, nada de brinquedos: raminhos de árvore com suas folhas e frutos, uma cabeça de dormideira dentro da qual se ouve soarem os grãos, um bastão de alcaçuz que ela pode sugar e mascar vão diverti-la tanto quanto essas bugigangas magníficas e não terão o inconveniente de habituá-la ao luxo já desde o nascimento.

Foi reconhecido que o mingau não é um alimento muito saudável. O leite cozido e a farinha crua criam muita saburra e não convêm a nosso estômago. No mingau a farinha é menos cozida do que no pão e além disso não é fermentada; a açorda[23], o creme de arroz parecem-me preferíveis. Caso se queira absolutamente dar mingau, convém grelhar um pouco a farinha antes. Em minha terra fazem com a farinha assim torrada uma sopa muito saborosa e saudável. O caldo de carne e a sopa também são alimentos medíocres, que só devem ser usados o menos possível. É importante que as crianças logo se acostumem a mastigar; esse é o verdadeiro meio de facilitar a erupção dos dentes; e, quando começam a engolir, os sucos salivares misturados com os alimentos facilitam a digestão.

Assim, eu faria que mastigassem frutas secas, côdeas. Daria para brincarem bastõezinhos de pão duro ou de biscoito semelhante ao pão de Piemonte, que naquela região chamam de *grisses*. De tanto amolecerem esse pão na boca, elas por fim engoliriam um pouco: os dentes teriam despontado e elas estariam desmamadas quase antes que se percebesse. Os camponeses costumam ter estômago muito bom e não são desmamados com mais cerimônias do que isso.

As crianças ouvem falar desde que nascem; falamos com elas não só antes que compreendam o que lhes dizemos, mas antes que possam repetir o que ouvem. Seu órgão ainda entorpecido só pouco a pouco se presta a imitar os sons que lhes ditamos, e nem mesmo é certeza de que esses sons cheguem inicialmente a seus ouvidos tão distintamente quanto aos nossos. Não desaprovo que a ama de leite divirta a criança com cantos e entoações muito alegres e variados; mas desaprovo que a atordoe continuamente com uma infinidade de palavras inúteis das quais ela só compreende o tom que ouve. Gostaria que as primeiras articulações que a fazem ouvir fossem poucas, fáceis, claras, repetidas com frequência, e que as palavras que elas expressam só se referissem a objetos sensíveis que pudessem ser mostrados imediatamente à criança. A

---

23. No original, *panade*, papa composta de pão, manteiga e água, longamente apurada em fogo brando e às vezes enriquecida com leite ou gema de ovo [N.T.].

malfadada facilidade que temos em contentar-nos com palavras que não compreendemos começa mais cedo do que se pensa. O escolar escuta na aula o palavreado do professor como escutava a tagarelice de sua ama de leite quando bebê. Parece-me que educá-lo para nada compreender disso seria instruí-lo muito utilmente.

As reflexões surgem em massa quando se pretende tratar da formação da linguagem e das primeiras falas das crianças. Não importa o que se faça, elas sempre aprenderão a falar da mesma maneira e neste caso todas as especulações filosóficas são da maior inutilidade.

Primeiramente elas têm, digamos assim, uma gramática própria de sua idade, cuja sintaxe tem regras mais gerais que a nossa; e, se prestarmos bastante atenção, ficaremos surpresos com a exatidão com que seguem certas analogias, muito viciosas, talvez, mas muito regulares e que só são chocantes por sua rudeza ou porque o uso não as admite. Acabo de ouvir uma pobre criança repreendida pelo pai porque lhe disse: *Papai, eu não cabo aí*. Ora, vemos que essa criança seguia melhor a analogia do que nossos gramáticos, pois, visto que lhe diziam *bebo, percebo*, por que ela não diria *cabo* em vez de *caibo*?[24] É um pedantismo intolerável e um cuidado dos mais supérfluos empenhar-se em corrigir nas crianças todos esses errinhos contra o uso, dos quais elas mesmas nunca deixarão de corrigir-se com o tempo. Falai sempre corretamente diante delas, fazei com que se sintam mais à vontade convosco do que com qualquer outra pessoa e podeis ter certeza de que insensivelmente sua linguagem se refinará seguindo a vossa sem que nunca a tenhais corrigido.

Mas outro erro importante e não menos fácil de evitar é apressar-se demais a fazê-las falar, como que receando que não aprendam a falar por si sós. Essa precipitação inconveniente produz um efeito diretamente oposto ao desejado. Elas irão falar mais tarde e mais confusamente; a extrema atenção dada a tudo o que dizem dispensa-as de articular bem; e, como mal têm o trabalho de abrir a boca, muitas conservam disso durante toda a vida um vício de pronúncia e uma fala confusa que as torna quase ininteligíveis.

Vivi muito entre camponeses e nunca ouvi nenhum deles falar guturalmente – nem homem, nem mulher, nem menino, nem menina. Qual a causa

---

24. A construção verbal que o menino faz por analogia foi substituída na tradução por outra facilmente compreensível em português [N.T.].

disso? Acaso os órgãos dos camponeses estão construídos diferentemente dos nossos? Não, mas são exercitados diferentemente. Na frente de minha janela há um pequeno outeiro onde as crianças do lugar reúnem-se para brincar. Embora estejam bastante distantes de mim, ouço perfeitamente tudo o que dizem e frequentemente obtenho assim boas anotações para este texto. Todo dia meu ouvido engana-me sobre a idade delas: ouço vozes de crianças de dez anos; olho, vejo a estatura e os traços de crianças de três a quatro. Não limito apenas a mim essa experiência: as pessoas da cidade que vêm visitar-me e que consulto sobre isso caem todas no mesmo erro.

O que o produz é que até os cinco ou seis anos as crianças das cidades, criadas dentro do quarto e debaixo da asa de uma governanta, não precisam mais do que balbuciar para ser compreendidas: tão logo mexem os lábios, todos se esforçam para escutá-las; ditam-lhe palavras que elas repetem mal e, de tanto prestarem atenção, as mesmas pessoas que estão continuamente em volta delas adivinham o que quiseram dizer e não o que disseram.

No campo, é muito diferente. Uma camponesa não está o tempo todo em volta do filho: ele é forçado a aprender a dizer muito claramente e em voz bem alta o que precisa que ela ouça. Nos campos, as crianças, espalhadas, longe do pai, da mãe e das outras crianças, exercitam-se em fazerem-se ouvir a distância e em medir a força da voz pelo intervalo que as separa daqueles pelos quais desejam ser ouvidas. É assim que realmente se aprende a pronunciar, e não gaguejando algumas vogais ao ouvido de uma governanta atenta. Por isso, quando fazemos uma pergunta ao filho de um camponês, a vergonha pode impedi-lo de responder, mas o que disser será dito claramente; ao passo que a empregada precisa servir de intérprete para a criança da cidade; sem isso não se entende nada do que ela resmunga entre os dentes[25].

Quando crescem, os meninos deveriam corrigir-se desse defeito nos colégios e as meninas, nos conventos; de fato, em geral, falam mais distintamente do que os que sempre foram educados na casa paterna. Mas o que os impede de chegar a adquirir uma pronúncia tão clara como a dos camponeses é a ne-

---

25. Isso tem exceções; e muitas vezes as crianças que inicialmente menos se fazem entender são depois as mais ensurdecedoras quando começam a soltar a voz. Mas, se eu precisasse entrar em todas essas minúcias, nunca terminaria; todo leitor sensato deve ver que o excesso e a falta, derivados do mesmo erro, são igualmente corrigidos por meu método. Considero inseparáveis estas duas máximas: sempre o suficiente e nunca em excesso. Da primeira bem estabelecida a outra deriva necessariamente.

cessidade de aprenderem de cor muitas coisas e de recitarem em voz alta o que aprenderam; pois ao estudar eles se habituam a titubear, a pronunciar descuidadamente e mal; quando recitam é ainda pior: buscam as palavras com esforço, arrastam e alongam as sílabas; não é possível que, quando a memória vacila, a língua também não balbucie. Assim se adquirem ou se conservam os vícios de pronúncia. Veremos adiante que meu Emílio não os terá, ou pelo menos não os terá adquirido pelas mesmas causas.

Concordo que o povo e os aldeões caem num outro extremo, que quase sempre falam mais alto do que deveriam, que, pronunciando com excessiva exatidão, articulam de modo forte e rude, que têm muita entonação, que escolhem mal os termos etc.

Mas, em primeiro lugar, esse extremo parece-me muito menos vicioso do que o outro, visto que, como a primeira lei de quem fala é fazer-se entender, a maior falta que se pode cometer é falar sem ser entendido. Gabar-se de falar sem entonação é gabar-se de privar as frases de graça e energia. A entonação é a alma da fala, dá-lhe sentimento e veracidade. A entonação mente menos do que as palavras; talvez seja por isso que as pessoas bem educadas temem-na tanto. É do uso de dizer tudo no mesmo tom que veio o de zombar das pessoas sem que elas percebam. À proscrição da entonação sucedem maneiras de pronunciar ridículas, afetadas e sujeitas à moda, como as que observamos principalmente nos jovens da corte. Essa afetação da fala e do comportamento é o que geralmente torna o primeiro contato com um francês repulsivo e desagradável para as outras nações. Em vez de colocar entonação em sua fala, ele coloca ar. Esse não é o meio de predispor em seu favor.

Todos esses pequenos defeitos de linguagem que tanto tememos deixar que as crianças contraiam nada são; é muito fácil evitá-los ou corrigi-los; mas aqueles que as fazemos contrair tornando sua fala abafada, confusa, tímida, criticando-lhes continuamente o tom, esmiuçando todas as suas palavras, nunca se corrigem. Um homem que só aprendeu a falar em salinhas de senhoras não será compreendido à frente de um batalhão e não se imporá ao povo num motim. Ensinai primeiramente as crianças a falarem para homens; elas saberão falar às mulheres quando for preciso.

Criados no campo, em toda a rusticidade campestre, vossos filhos ganharão lá uma voz mais sonora; não adquirirão o gaguejar confuso das crianças da cidade; também não adquirirão as expressões e o tom da aldeia, ou pelo menos irão perdê-los facilmente quando o mestre, vivendo com eles desde o nascimento e lá vivendo cada dia mais exclusivamente, com a correção de sua linguagem evitará ou apagará a impressão da linguagem dos camponeses. Emílio falará um francês tão puro quanto o sei, mas o falará mais claramente e articulará muito melhor do que eu.

A criança que começa a falar deve ouvir apenas as palavras que pode compreender e dizer apenas as que pode articular. Os esforços que faz para isso levam-na a duplicar a mesma sílaba, como para exercitar-se em pronunciá-la mais claramente. Quando começar a balbuciar, não vos afaneis tanto para adivinhar o que está dizendo. Pretender ser ouvida sempre também é uma espécie de poder e a criança não deve exercer nenhum. Basta a vós proporcionar com muita atenção o necessário; cabe a ela tentar fazer-vos entender o que não o é. Menos ainda deveis apressar-vos em exigir que fale; ela saberá falar por si só à medida que for sentindo a utilidade disso.

Observa-se, é verdade, que as crianças que começam a falar muito tarde nunca falam tão claramente quanto as outras; mas não é porque falaram tarde que o órgão fica embaraçado; ao contrário, é porque nasceram com um órgão embaraçado que começam a falar tarde; pois sem isso por que falariam mais tarde do que as outras? Têm menos oportunidades de falar? Incentivam-nas menos a isso? Ao contrário, a inquietação que o atraso causa tão logo é percebido faz com que as pessoas se afanem muito mais fazendo-as balbuciar do que às que articularam mais cedo; e esse zelo mal compreendido pode contribuir muito para tornar confusa sua fala, que com menos precipitação elas teriam tido tempo de aperfeiçoar mais.

As crianças que são excessivamente pressionadas para falar não têm tempo de aprender a pronunciar bem nem de conceber bem o que os outros as fazem dizer; ao passo que, quando as deixam ir por si sós, exercitam-se primeiro nas sílabas mais fáceis de pronunciar; e, acrescentando-lhes pouco a pouco algum significado que entendeis por seus gestos, dão-vos as palavras delas antes de receberem as vossas; desse modo, só recebem as vossas depois de compreendê--las. Não sendo pressionadas para utilizá-las, começam por observar bem que sentido lhes dais e, quando têm certeza dele, adotam-nas.

O maior dano da precipitação com que fazem as crianças falarem antes da hora não é que as primeiras frases que lhes dissermos e as primeiras palavras que disserem não tenham sentido algum para elas e sim, que tenham um sentido diferente do nosso, sem que consigamos perceber isso; de modo que, parecendo responder-nos com muita exatidão, falam-nos sem entender-nos e sem que as entendamos. Equívocos desse tipo costumam ser o motivo da surpresa que às vezes nos causam suas palavras, às quais atribuímos ideias que elas não lhes associaram. Essa desatenção de nossa parte para com o sentido verdadeiro que as palavras têm para as crianças parece-me ser a causa de seus primeiros erros; e esses erros, mesmo depois de sanados, influenciam-lhes o modo de pensar durante o restante da vida. Mais adiante terei mais de uma oportunidade de esclarecer isso com exemplos.

Deveis, portanto, restringir tanto quanto possível o vocabulário da criança. É um grave inconveniente ela ter mais palavras do que ideias e saber dizer mais coisas do que pode pensá-las. Creio que uma das razões pelas quais os camponeses geralmente têm a mente mais exata do que as pessoas da cidade é seu dicionário ser menos extenso. Têm poucas ideias, mas comparam-nas muito bem.

Os primeiros desenvolvimentos da infância acontecem quase todos ao mesmo tempo. A criança aprende a falar, a comer, a andar mais ou menos simultaneamente. Essa é propriamente a primeira época de sua vida. Antes disso ela não é nada além do que era no ventre da mãe; não tem nenhum sentimento, nenhuma ideia, mal tem sensações; nem sequer percebe sua própria existência:

Vivit, et est vitae nescius ipse suae.[26]

---

26. "Vive, e não tem ciência de sua própria vida". Ovídio, *Tristes*, I, 3 [N.T.].

Livro II
A idade da natureza: de 2 a 12 anos (*puer*)

Esta é a segunda etapa da vida e é nela que propriamente termina a infância; pois as palavras *infans* e *puer* não são sinônimas. A primeira está compreendida na segunda e significa *que não pode falar*; é por isso que em Valério Máximo encontramos *puerum infantem*. Mas continuo a empregar essa palavra seguindo o uso da língua francesa[27], até a idade para a qual ela tem outros nomes.

Quando as crianças começam a falar, choram menos. Esse progresso é natural: uma linguagem substitui a outra. Tão logo podem dizer com palavras que estão sofrendo, por que o diriam gritando, exceto quando a dor for forte demais para a palavra conseguir expressá-la? Se então continuarem a chorar, a falha é das pessoas que a cercam. Quando Emílio disser uma vez *dói*, somente dores fortíssimas poderão forçá-lo a chorar.

Se a criança for delicada, sensível e naturalmente começar a berrar por nada, tornando inúteis e sem efeito esses gritos, imediatamente lhes seco a fonte: enquanto chorar, não vou até ela; acudo-a assim que se calar. Em pouco tempo sua maneira de chamar por mim será calar-se ou, quando muito, dar somente um grito. É pelo efeito sensível dos sinais que as crianças avaliam seu significado, e para elas não há outra convenção: mesmo que uma criança se machuque, é muito raro que chore quando estiver sozinha, a menos que tenha esperança de ser ouvida.

Se ela cair, se fizer um calombo na cabeça, se sangrar pelo nariz, se cortar o dedo, em vez de afobar-me à sua volta com ar alarmado ficarei parado, pelo menos por um pouquinho de tempo. O mal já está feito e ela precisa suportá-lo; toda minha precipitação só serviria para assustá-la mais e aumentar sua

---

27. Em francês o termo *enfant*, derivado do latim clássico *infans*, é do gênero masculino e significa *criança* [N.T.].

sensibilidade. No fundo, quando nos ferimos, o que atormenta é menos o golpe do que o temor. Pelo menos lhe pouparei essa última angústia, pois seguramente ela avaliará seu mal como perceber que eu o avalio; se me vir acorrer inquieto, consolá-la, lamentá-la, pensará que está perdida; se vir que mantenho meu sangue-frio, imediatamente recuperará o dela e acreditará que o mal está curado quando não o sentir mais. É nessa idade que se tomam as primeiras lições de coragem e, sofrendo sem medo dores leves, gradativamente se aprende a suportar as grandes.

Longe de estar atento em evitar que Emílio se machuque, eu ficaria muito aborrecido se ele nunca se machucasse e crescesse sem conhecer a dor. Sofrer é a primeira coisa que deve aprender e a que lhe será mais necessário saber. Parece que, se as crianças são pequenas e frágeis, é somente para receberem sem perigo essas importantes lições. Se a criança cair do chão para o chão, não quebrará a perna; se bater em si com um pedaço de pau, não quebrará o braço; se segurar um ferro afiado, não o apertará e quase nem se cortará. Que eu saiba, nunca se viu uma criança em liberdade matar-se, aleijar-se ou causar-se um dano considerável, a menos que imprudentemente a tenham largado em lugares altos ou sozinha perto do fogo, ou deixado a seu alcance instrumentos perigosos. Que dizer desse arsenal de coisas que juntam ao redor de uma criança para armá-la dos pés à cabeça contra a dor, até que, tornando-se adulta, ela fica à mercê da dor, sem coragem nem experiência, julgando-se já morta ante a primeira picada e desmaiando ao ver correr a primeira gota de seu sangue?

Nossa mania professoral e pedantesca é sempre ensinar às crianças o que aprenderiam muito melhor por si sós e esquecer o que somente nós poderíamos ensinar-lhes. Haverá algo mais tolo do que o trabalho que se tem para ensiná-las a andar, como se já se tivesse visto alguém que, por negligência de sua ama, não soubesse andar quando adulto? Ao contrário, quantas pessoas vemos andarem mal durante toda a vida porque foram mal ensinadas a andar!

Emílio não terá protetores de cabeça nem cesto com rodinhas nem voadores nem andadeiras; ou pelo menos, quando começar a saber pôr um pé na frente do outro, só o sustentaremos em lugares pavimentados, pelos quais só passaremos rapidamente com ele[28]. Em vez de deixá-lo mofar no ar viciado de

---

[28]. Não há nada mais ridículo e inseguro que a marcha das pessoas que usaram demais as andadeiras quando pequenas: mais uma daquelas observações triviais por serem exatas e que são exatas em mais de um sentido.

um quarto, devemos levá-lo diariamente para o meio de um prado. Lá ele há de correr, brincar, cair cem vezes por dia; tanto melhor: aprenderá mais cedo a levantar-se. O bem-estar da liberdade compensa muitos ferimentos. Meu aluno sofrerá contusões com frequência; em contrapartida, estará sempre alegre. Se os vossos machucam-se menos, estão sempre contrariados, sempre amarrados, sempre tristes. Duvido que a vantagem seja deles.

Há outro progresso que torna o choro menos necessário para as crianças: o avanço de suas forças. Podendo mais por si sós, necessitam com menos frequência recorrer a outrem. Juntamente com a força desenvolve-se o conhecimento que as torna capazes de dirigi-la. É nesse segundo grau que começa propriamente a vida do indivíduo; é então que ele toma consciência de si mesmo. A memória estende para todos os momentos de sua existência o sentimento de identidade; ele se torna realmente um, o mesmo, e consequentemente já capaz de felicidade ou de miséria. Portanto, é importante começar agora a considerá-lo um ser moral.

Embora estabeleçamos aproximadamente qual é o término mais distante para a vida humana e as probabilidades que temos de nos aproximarmos desse término em cada idade, nada é mais incerto do que a duração da vida de cada homem em particular; pouquíssimos chegam a esse término mais distante. Os maiores riscos da vida estão em seu início; quanto menos se viveu, menos se deve esperar viver. Das crianças que nascem, metade, quando muito, chega à adolescência; e é provável que vosso aluno não atinja a idade adulta.

Portanto, o que pensar dessa educação bárbara que sacrifica o presente a um futuro incerto, que sobrecarrega uma criança de grilhões de toda espécie, que começa tornando-a miserável a fim de preparar-lhe para mais à frente não sei que pretensa felicidade que possivelmente ela nunca desfrutará? Mesmo que eu supusesse razoável o objeto dessa educação, como ver sem indignação pobres crianças desafortunadas submetidas a um jugo insuportável e condenadas a trabalhos contínuos, como prisioneiros nas galés, sem ter certeza de que tantos cuidados um dia lhes serão úteis? A idade da alegria é passada em meio a lágrimas, castigos, ameaças, escravidão. Atormentam a infeliz para o bem dela e não veem a morte que estão atraindo e que vai agarrá-la no meio desse triste aparato. Como saber quantas crianças perecem vítimas da sabedoria extravagante de um pai ou de um mestre? Felizes por escaparem de sua crueldade, a única vantagem que obtêm dos males que ele as fez sofrer é morrerem sem chorar pela vida, da qual conheceram apenas os tormentos.

Homens, sede humanos: é vosso primeiro dever; sede humanos para com todas as condições, todas as idades, tudo que não for alheio ao homem. Que sabedoria haveria para vós fora da humanidade? Amai a infância; favorecei suas brincadeiras, seus prazeres, seu instinto amável. Quem de vós às vezes não sentiu saudade dessa idade em que o riso está sempre nos lábios e a alma está sempre em paz? Por que desejais privar esses pequenos inocentes de desfrutarem um período tão curto que lhes escapa e um bem tão precioso do qual não poderiam abusar? Por que desejais encher de amargura e de dores esses primeiros anos tão rápidos, que não voltarão para eles, assim como não podem voltar para vós? Pais, acaso sabeis em que momento a morte espera vossos filhos? Não prepareis vosso arrependimento tirando-lhes os poucos instantes que a natureza lhes dá: tão logo eles puderem sentir o prazer de existir, fazei com que o desfrutem; fazei com que, em qualquer hora em que Deus os chame, não morram sem haver gozado a vida.

Quantas vozes irão erguer-se contra mim! Ouço de longe os clamores dessa falsa sabedoria que continuamente nos lança para fora de nós, que sempre conta como nada o tempo presente e, perseguindo sem descanso um futuro que foge à medida que avançamos, à custa de transportar-nos para onde não estamos transporta-nos para onde nunca estaremos.

Respondeis-me que esse é o momento de corrigir as más inclinações do homem; que é na infância, quando os padecimentos são menos sentidos, que é preciso multiplicá-los a fim de evitá-los na idade da razão. Mas quem vos diz que todo esse arranjo está a vossa disposição e que todas essas belas instruções com que sobrecarregais o espírito frágil de uma criança um dia não lhe serão mais perniciosas do que úteis? Quem vos garante que prodigalizando-lhe tristezas estareis poupando-a de alguma coisa? Por que lhe proporcionais mais males do que seu estado comporta, sem ter certeza de que esses males presentes eximem de males o futuro? E como me provareis que essas más tendências de que pretendeis curá-la não provêm de vossos cuidados mal compreendidos, bem mais do que da natureza? Infeliz previdência que atualmente torna miserável um ser, com a bem ou mal fundada esperança de torná-lo feliz um dia! E, se esses argumentadores vulgares confundem licença com liberdade e criança feliz com criança mimada, devemos ensiná-los a diferenciá-las.

Para não corrermos atrás de quimeras, não esqueçamos o que convém a nossa condição. A humanidade tem seu lugar na ordem das coisas; a infância tem o seu na ordem da vida humana: precisamos considerar o homem no homem e a criança na criança. Atribuir a cada um seu lugar e fixá-lo aí, ordenar as paixões humanas de acordo com a constituição do homem é tudo o que podemos fazer para seu bem-estar. O restante depende de causas externas que não estão em nosso poder.

Não sabemos o que sejam felicidade ou infelicidade absolutas. Nesta vida tudo está misturado: não experimentamos nenhum sentimento puro, não permanecemos dois momentos no mesmo estado. Os afetos de nossas almas, assim como as modificações de nossos corpos, estão num fluxo contínuo. O bem e o mal são comuns a todos nós, mas em diferentes medidas. O mais feliz é aquele que padece menos agruras; o mais desgraçado é aquele que usufrui menos prazeres. Sempre mais sofrimentos do que alegrias: eis a diferença comum a todos. Portanto, a felicidade do homem neste mundo não é mais do que um estado negativo: devemos medi-la pela menor quantidade de males que ele sofre.

Todo sentimento de sofrimento é inseparável do desejo de nos livrarmos dele; toda ideia de prazer é inseparável do desejo de desfrutá-lo; todo desejo pressupõe privação e todas as privações que sentimos são penosas; portanto, é na desproporção entre nossos desejos e nossas faculdades que consiste nossa miséria. Um ser sensível cujas faculdades se igualassem aos desejos seria um ser absolutamente feliz.

Em que consiste, portanto, a sabedoria humana ou o caminho da verdadeira felicidade? Não é precisamente em diminuir nossos desejos; pois, se eles estivessem abaixo de nosso poder, uma parte de nossas faculdades ficaria ociosa e não usufruiríamos todo nosso ser. Também não consiste em aumentar nossas faculdades, pois, se simultaneamente nossos desejos aumentassem mais do que elas, somente nos tornaríamos mais miseráveis; consiste em diminuir o excesso de desejos com relação às faculdades e igualar perfeitamente o poder e a vontade. É só então que, enquanto todas as forças estão em ação, a alma permanecerá serena e o homem estará bem ordenado.

Foi assim que a natureza, que faz tudo o melhor possível, instituiu-o inicialmente. Ela lhe dá de imediato apenas os desejos necessários para sua conservação e as faculdades suficientes para satisfazê-los. Colocou-lhe todas as outras em reserva no fundo da alma, para ali desenvolverem-se quando necessário. É somente nesse estado primitivo que o equilíbrio entre o poder e o desejo é encontrado e o homem não é infeliz. Tão logo suas faculdades virtuais entram em ação, a imaginação, a mais ativa de todas, desperta e ultrapassa-as. É a imaginação que alonga para nós a medida dos possíveis, seja para o bem ou para o mal, e que, consequentemente, excita e alimenta os desejos com a esperança de satisfazê-los. Mas o objeto que de início parecia ao alcance da mão foge mais rápido do que podemos persegui-lo; quando julgamos alcançá-lo, ele se transforma e mostra-se ao longe diante de nós. Como não vemos mais o chão percorrido, não o contamos para nada; o chão que nos falta percorrer aumenta, estende-se sem parar. Assim nos esgotamos sem chegar ao termo; e, quanto mais terreno ganhamos em busca do gozo, mais a felicidade se afasta de nós.

Ao contrário, quanto mais próximo de sua condição natural o homem permanecer, menor é a diferença entre suas faculdades e seus desejos e, portanto, menos distante ele está de ser feliz. Ele nunca é menos miserável do que quando parece desprovido de tudo, pois a miséria não consiste na privação das coisas e sim na necessidade delas que sentimos.

O mundo real tem seus limites, o mundo imaginário é infinito; não podendo ampliar um, reduzamos o outro; pois é unicamente de sua diferença que nascem todos os padecimentos que nos tornam realmente infelizes. Com exceção da força, da saúde, do bom testemunho de si, todos os bens desta vida estão na opinião geral; com exceção das dores do corpo e dos remorsos da consciência, todos nossos males são imaginários. Dirão que esse princípio é comum, concordo; mas sua aplicação prática não é comum, e é unicamente a prática que importa aqui.

Quando se diz que o homem é fraco, o que se quer dizer? A palavra *fraqueza* indica uma relação, uma relação do ser ao qual é aplicada. Aquele cuja força ultrapassa as necessidades, mesmo que seja um inseto, um verme, é um ser forte; aquele cujas necessidades ultrapassam a força, mesmo que seja um elefante, um leão, mesmo que seja um conquistador, um herói, um deus, é um ser fraco. O anjo rebelde que desconheceu sua natureza era mais fraco do que o feliz mortal que vive de acordo com a sua. O homem é muito forte quando se contenta em ser o que é; é muito fraco quando quer elevar-se acima da humanidade. Portanto, não comeceis a imaginar que ampliando vossas faculdades ampliais vossas forças; ao contrário, se vosso orgulho ampliar-se mais do que elas, estareis diminuindo-as. Devemos medir o raio de nossa esfera e ficar no centro como o inseto no meio de sua teia: bastaremos a nós mesmos sempre e não teremos de lamentar nossa fraqueza, pois nunca a sentiremos.

Todos os animais têm exatamente as faculdades necessárias para conservar-se. Apenas o homem tem faculdades supérfluas. Acaso não é muito estranho que esse supérfluo seja o instrumento de sua miséria? Em todos os países os braços de um homem valem mais do que sua subsistência. Se ele fosse suficientemente sábio para contar como nada esse excedente, sempre teria o necessário, porque nunca teria nada em excesso. As grandes necessidades, dizia Favorino[29], nascem dos grandes bens; e muitas vezes o melhor meio de obtermos as coisas que nos faltam é privarmo-nos das que temos. É de tanto nos afanarmos para aumentar nossa felicidade que a convertemos em miséria. Todo homem que quisesse tão somente viver viveria feliz; consequentemente, viveria sendo bom, pois qual vantagem teria em ser mau?

Se fôssemos imortais, seríamos muito infelizes. É duro morrer, sem dúvida; mas é doce esperar que não viveremos para sempre e que uma vida melhor acabará com os sofrimentos desta. Se nos oferecessem a imortalidade na Terra, quem[30] desejaria aceitar essa triste dádiva? Que recursos, que esperança, que consolo nos restariam contra os rigores da sorte e contra as injustiças dos homens? O ignorante, que nada prevê, pouco sente o valor da vida e pouco teme perdê-la; o homem esclarecido vê bens mais valiosos, que prefere a ela. Apenas o meio conhecimento e a falsa sabedoria, prolongando nossos desígnios até a morte e não além dela, fazem-nos o pior dos males. Para o homem sábio a necessidade de morrer é simplesmente uma razão para suportar as agruras da vida. Se não tivéssemos certeza de perdê-la um dia, seria penoso demais conservá-la.

Nossos males morais estão todos na opinião geral, exceto um único, que é o crime, e ele depende de nós: nossos males físicos eliminam-se ou eliminam-nos. O tempo ou a morte são nossos remédios; mas sofremos tanto mais quanto menos soubermos sofrer; e atormentamo-nos mais para curar nossas doenças do que nos atormentaríamos suportando-as. Vive segundo a natureza, sê paciente e expulsa os médicos: não evitarás a morte, mas só a sentirás uma vez, ao passo que eles a trazem diariamente para tua imaginação pertur-

---
29. Favorino de Arelate (c. 80-c.160 d.C.), sofista e filósofo cético romano. Citação em Aulo Gélio, *Noctes Atticae*, IX, 8 [N.T.].
30. Está entendido que falo dos homens que refletem e não, de todos os homens.

bada, e sua arte mentirosa, em vez de prolongar teus dias, impede-te de usufruí-los. Continuarei perguntando sempre qual benefício real essa arte trouxe para os homens. Alguns que ela cura morreriam, é verdade; mas milhões que ela mata continuariam vivos. Homem sensato, não apostes nessa loteria na qual há chances demais contra ti. Deves sofrer, morrer ou sarar, mas principalmente viver até tua hora derradeira.

Tudo é apenas loucura e contradição nas instituições humanas. Inquietamo-nos mais por nossa vida à medida que vai perdendo seu valor. Os velhos choram por ela mais do que os moços; não querem perder os preparativos que fizeram para usufruí-la; aos sessenta anos é muito cruel morrer antes de começar a viver. Acredita-se que o homem tem um amor ardente por sua conservação, e isso é verdade; mas não se vê que esse amor, tal como o sentimos, é em grande parte obra dos homens. Naturalmente o homem só se inquieta por conservar-se enquanto os meios para isso estão em seu poder; tão logo esses meios lhe escapam, tranquiliza-se e morre sem atormentar-se inutilmente. A primeira lei da resignação vem-nos da natureza. Os selvagens, assim como os animais, debatem-se pouquíssimo contra a morte e suportam-na quase sem lamentar-se. Suprimida essa lei, forma-se outra, que provém da razão; mas poucos sabem extraí-la de lá e essa resignação artificial nunca é tão plena e integral como a primeira.

A previdência! A previdência, que sem descanso nos leva para além de nós e frequentemente nos coloca aonde não chegaremos: eis a verdadeira origem de todas nossas misérias. Que mania, num ser tão passageiro como o homem, olhar sempre longe para um futuro que chega tão raramente e negligenciar o presente, do qual tem certeza! Mania ainda mais funesta porque vai aumentando continuamente com a idade e os velhos, sempre desconfiados, previdentes, avaros, preferem privar-se hoje do necessário a carecer do supérfluo dentro de cem anos. Assim somos ciosos de tudo, agarramo-nos a tudo; os tempos, os lugares, os homens, as coisas, tudo o que é, tudo o que será importa para cada um de nós; nosso indivíduo não é mais do que a menor parte de nós mesmos. Cada qual se estende, digamos assim, sobre a Terra inteira e torna-se sensível em toda essa grande superfície. Acaso é de espantar que nossos males se multipliquem em todos os pontos por onde é possível ferir-nos? Quantos príncipes se desolam pela perda de um país que nunca viram! Quantos mercadores basta algo tocar nas Índias para gritarem em Paris!

Será a natureza que leva assim os homens para tão longe de si mesmos? Será ela que quer que cada um aprenda dos outros seu próprio destino e às vezes seja o último a aprendê-lo e morra, feliz ou miserável, sem nunca haver sabido nada sobre ele? Vejo um homem bem disposto, alegre, robusto, saudável; sua presença inspira alegria; seus olhos proclamam contentamento, bem-estar; ele porta consigo a imagem da felicidade. O correio traz uma carta; o homem olha-a, está-lhe endereçada; abre-a, lê. No mesmo instante sua fisionomia muda; ele empalidece, cai desfalecido. Voltando a si, chora, agita-se, geme, arranca os cabelos, seus gritos ressoam no ar, parece atacado de terríveis convulsões. Insensato! Que mal te fez esse papel? Que membro te decepou? Que crime te fez cometer? Por fim, o que ele mudou em ti mesmo para deixar-te no estado em que te vejo?

Se a carta houvesse se extraviado, se uma mão compassiva a tivesse jogado no fogo, parece-me que a sorte desse mortal, feliz e infeliz ao mesmo tempo, teria sido um estranho problema. Sua infelicidade era real, direis. Muito bem, mas ele não a sentia. Onde estava ela então? Sua felicidade era imaginária. Ou seja, a saúde, a alegria, o bem-estar, o contentamento interior não são mais do que visões. Não existimos mais onde estamos, existimos somente onde não estamos. De que serve ter um medo tão grande da morte, contanto que aquilo em que vivemos permaneça?

Ó, homem! Estreita tua existência dentro de ti e já não serás miserável. Permanece no lugar que a natureza te atribui na cadeia dos seres e nada poderá fazer-te sair dele; não te rebeles contra a dura lei da necessidade e não esgotes, tentando resistir a ela, forças que o céu não te deu para ampliar ou prolongar tua existência, mas somente para conservá-la como lhe apraz e tanto quanto lhe aprouver. Tua liberdade, teu poder estendem-se tão longe quanto tuas forças naturais, e não mais além; todo o restante é apenas escravidão, ilusão, prestidigitação. Mesmo a dominação é servil quando depende da opinião geral; pois dependes dos preconceitos daqueles que governas por meio de preconceitos. Para conduzi-los como te apraz precisas conduzir-te como lhes apraz. Basta eles mudarem seu modo de pensar e serás forçado a mudar teu modo de agir. Os que te cercam têm apenas de saber governar as opiniões do povo que julgas governar, ou dos favoritos que te governam, ou de tua família, ou as tuas próprias: esses vizires, esses cortesãos, esses sacerdotes, esses soldados, esses criados, essas comadres e até crianças, ainda que fosses um

Temístocles[31] em genialidade, vão conduzir-te, como se tu mesmo fosses uma criança no meio de tuas legiões. Por mais que faças, nunca tua autoridade real irá mais longe do que tuas faculdades reais. Tão logo precises ver pelos olhos dos outros, precisas querer pelas vontades deles. Meus povos são meus vassalos, dizes altivamente. Que seja. Mas tu, tu és o quê? Vassalo de teus ministros. E teus ministros, por sua vez, são o quê? Vassalos de seus escreventes, de suas amantes, valetes de seus valetes. Tomai tudo, usurpai tudo e depois esparramai o dinheiro a mancheias; montai baterias de canhão; erguei forcas, rodas de tortura; lançai leis, éditos; multiplicai os espiões, os soldados, os carrascos, as prisões, os grilhões; pobres homenzinhos, de que vos adianta tudo isso? Não sereis mais bem servidos nem menos roubados nem menos logrados, nem mais absolutos. Continuareis dizendo *nós queremos* e continuareis fazendo o que os outros quiserem.

O único que faz sua própria vontade é aquele que para fazê-la não precisa pôr os braços de outro na ponta dos seus; segue-se disso que o primeiro de todos os bens não é a autoridade e sim a liberdade. O homem verdadeiramente livre só quer aquilo que pode e faz o que lhe apraz. Essa é minha máxima fundamental. Trata-se apenas de aplicá-la à infância e todas as regras da educação vão decorrer dela.

A sociedade enfraqueceu o homem, não só tirando-lhe o direito que ele tinha sobre suas próprias forças, mas principalmente tornando-as insuficientes. É por isso que seus desejos se multiplicam com sua fraqueza e é isso que constitui a fraqueza da infância, comparada com a idade adulta. Se o homem é um ser forte e a criança é um ser fraco, não é porque o homem tenha mais força absoluta do que a criança e sim porque ele pode naturalmente bastar a si mesmo e ela, não. Portanto, o homem deve ter mais vontades e a criança, mais fantasias; por fantasias entendo todos os desejos que não são necessidades reais e que só podem ser atendidos com auxílio de outrem.

Expliquei a razão desse estado de fraqueza. A natureza supre-o com o apego dos pais e das mães; mas esse apego pode ter seu excesso, sua falta, seus abusos. Pais que vivem em estado civil transportam seu filho para ele antes

---

31. *Esse menininho que ali vedes*, dizia Temístocles aos amigos, *é o árbitro da Grécia; pois ele governa sua mãe, sua mãe me governa, eu governo os atenienses e os atenienses governam os gregos*. Ah, que pequenos condutores dos maiores impérios encontraríamos com frequência, se do príncipe fôssemos descendo gradativamente até a primeira mão que dá o impulso em segredo!

da idade. Ao dar-lhe mais necessidades do que tem, não aliviam sua fraqueza, aumentam-na. Também aumentam-na exigindo-lhe o que a natureza não exigia, submetendo às vontades deles as poucas forças que tem a fim de servir às suas, transformando em escravidão de um lado ou do outro a dependência recíproca em que seu apego e a fraqueza do filho os mantêm.

O homem sábio sabe permanecer em seu lugar; mas a criança, que não conhece o dela, não pode manter-se nele. Há entre nós mil saídas para deixá-lo; cabe aos que a governam retê-las ali, e essa tarefa não é fácil. Ela não deve ser bicho nem homem, mas criança; deve sentir sua própria fraqueza e não, sofrê-la; deve depender e não, obedecer; deve pedir e não, mandar. Somente por causa de suas necessidades está subordinada aos outros, e porque eles veem melhor o que lhe é útil, o que pode auxiliar ou prejudicar sua conservação. Ninguém, nem mesmo o pai, tem o direito de ordenar para uma criança o que não lhe servir para nada.

Antes de os preconceitos e as instituições humanas alterarem nossas tendências naturais, a felicidade das crianças, assim como a dos homens, consiste no uso de sua liberdade; mas nas crianças essa liberdade é delimitada por sua fraqueza. Quem faz o que deseja é feliz, se bastar a si mesmo; é o caso do homem vivendo no estado de natureza. Quem faz o que deseja não é feliz, se suas necessidades ultrapassarem suas forças; é o caso da criança no mesmo estado. Mesmo no estado de natureza as crianças gozam apenas uma liberdade imperfeita, semelhante à que os homens gozam no estado civil. Cada um de nós, não podendo mais passar sem os outros, sob esse aspecto se torna novamente fraco e miserável. Fomos feitos para ser homens; as leis e a sociedade mergulharam-nos novamente na infância. Os ricos, os grandes, os reis são todos crianças que, vendo outros apressarem-se a aliviar sua miséria, extraem justamente disso uma vaidade pueril e orgulham-se muito dos cuidados que não lhes seriam prestados se fossem homens feitos.

Essas considerações são importantes e servem para resolver todas as contradições do sistema social. Há duas espécies de dependência: a das coisas, que é da natureza; a dos homens, que é da sociedade. A dependência das coisas, por não ter moralidade, não prejudica a liberdade e não gera vícios; a dependência dos homens, por ser desordenada[32], gera todos os vícios e é por ela que

---

32. Em meu *Principes du Droit politique* é demonstrado que no sistema social nenhuma vontade particular pode ser ordenada.

o amo e o escravo se depravam mutuamente. Se há um meio de sanar esse mal na sociedade, é substituir o homem pela lei e armar as vontades gerais com uma força real, superior à ação de toda vontade particular. Se as leis das nações pudessem, como as da natureza, ter uma inflexibilidade que nenhuma força humana jamais pudesse vencer, a dependência dos homens voltaria então a ser a das coisas; reuniríamos na república todas as vantagens do estado natural com as do estado civil; juntaríamos à liberdade que mantém o homem isento de vícios a moralidade que o eleva para a virtude.

Mantende a criança na dependência unicamente das coisas e tereis seguido a ordem da natureza no progresso de sua educação. Nunca ofereçais a suas vontades imprudentes nada além de obstáculos físicos ou de punições que procedam das próprias ações e das quais ela se lembre quando necessário; sem proibi-la de agir mal, basta impedi-la. Apenas a experiência ou a impotência devem servir-lhe de lei. Não cedais a seus desejos porque ela está pedindo e sim porque necessita. Que ela não saiba o que é obediência quando age nem o que é poder quando agem por ela. Que sinta sua liberdade igualmente em suas ações e nas vossas. Fornecei a força que lhe falta, tão precisamente quanto lhe for necessário para ser livre e não, dominadora; que, recebendo vossos serviços com uma espécie de humilhação, aspire ao momento em que poderá dispensá-los e terá a honra de servir a si mesma.

A natureza, para fortalecer o corpo e fazê-lo crescer, tem meios que nunca devemos contrariar. Não devemos forçar uma criança a ficar parada quando deseja andar nem a andar quando deseja ficar parada. Quando a vontade das crianças não é estragada por erro nosso, elas nada querem inutilmente. Precisam pular, correr, gritar quando tiverem vontade. Todos seus movimentos são necessidades de sua constituição, que busca fortalecer-se; mas devemos desconfiar do que desejarem sem poder fazê-lo sozinhas e que outros são obrigados a fazer por elas. Então é preciso distinguir cuidadosamente a necessidade real, a necessidade natural, da necessidade fantasiosa que começa a nascer ou da que provém da superabundância de vida de que falei.

Eu já disse o que é preciso fazer quando uma criança chora para ter isto ou aquilo. Acrescentarei apenas que, quando ela pode pedir falando o que deseja e, para obtê-lo mais depressa ou para vencer uma recusa, reforça com lágrimas seu pedido, ele deve ser-lhe irrevogavelmente recusado. Se a necessidade levou-a a falar, deveis saber e fazer imediatamente o que ela pede; mas ceder a suas lágrimas é incentivá-la a derramá-las, é ensiná-la a duvidar de vossa boa vontade e a crer que a insistência tem mais poder sobre vós do que a benevolência. Se ela não vos julgar bondoso, em breve será maldosa; se julgar-vos fraco, em breve será teimosa; é importante sempre conceder ante o primeiro sinal aquilo que não quereis recusar. Não sejais pródigo em recusas, mas nunca as revogueis.

Evitai principalmente ensinar à criança fórmulas de cortesia inúteis que, se precisar, lhe sirvam de palavras mágicas para sujeitar à sua vontade tudo que a cerca e obter imediatamente o que lhe apraz. Na educação cerimoniosa dos ricos, nunca deixam de torná-las polidamente imperiosas ao prescreverem-lhes os termos que devem utilizar para que ninguém ouse resistir-lhes; seus filhos não têm tom nem maneiras de quem pede; são tão arrogantes quando pedem como quando mandam, e mesmo mais, como se estivessem muito mais seguros de ser obedecidos. Logo vemos que em sua boca *por favor* significa *porque eu quero* e que *vos peço* significa *ordeno-vos*. Admirável polidez que para eles resulta apenas em mudar o sentido das palavras e nunca conseguir falar sem imperiosidade! Quanto a mim, receio menos que Emílio seja grosseiro do que arrogante, gosto muito mais que ele diga *fazei isso* pedindo do que *eu vos peço* ordenando. O que me importa não é o termo que ele usa e sim o significado que lhe dá.

Há um excesso de rigor e um excesso de indulgência, e ambos devem ser igualmente evitados. Se deixardes as crianças sofrerem, estareis expondo sua saúde, sua vida e tornando-as miseráveis atualmente; se lhes poupardes com excesso de zelo toda espécie de mal-estar, estareis preparando-lhes grandes misérias; estareis tornando-as delicadas, sensíveis e tirando-as de seu estado de adultos, no qual entrarão um dia apesar de vós. Para não as expor a alguns males da natureza, sois o artesão dos que ela não lhes deu.

Direis que estou incorrendo no caso daqueles maus pais que critiquei por sacrificarem a felicidade dos filhos à consideração de um tempo distante que pode nunca chegar. De modo algum; pois a liberdade que dou a meu aluno compensa-o amplamente dos pequenos desconfortos a que o deixo exposto. Vejo garotinhos brincando na neve, roxos, transidos de frio e mal conseguindo mexer os dedos. Depende apenas deles irem aquecer-se e não o fazem; se os forçassem a isso, sentiriam os rigores da coerção cem vezes mais do que estão sentindo os rigores do frio. Então, de que vos queixais? Acaso tornarei vosso filho miserável expondo-o apenas aos desconfortos que ele quer sofrer? Faço seu bem no momento presente ao deixá-lo livre; faço seu bem no futuro ao armá-lo contra os males que deve suportar. Se ele pudesse escolher entre ser aluno meu ou vosso, julgais que hesitaria um instante sequer?

Concebeis alguma felicidade verdadeira que seja possível para algum ser fora de sua constituição? E querer isentar o homem igualmente de todos os males de sua espécie não é tirá-lo de sua constituição? Sim, eu afirmo: para sentir os grandes bens ele precisa conhecer os pequenos males; essa é sua natureza. Se o físico vai bem demais, o moral corrompe-se. O homem que não conhecesse a dor não conheceria o enternecimento da humanidade nem a doçura da comiseração; seu coração não se comoveria com nada, ele não seria sociável, seria um monstro entre seus semelhantes.

Sabeis qual é o meio mais seguro de tornar miserável vosso filho? É habituá-lo a obter tudo; pois, com seus desejos aumentando continuamente devido à facilidade de satisfazê-los, cedo ou tarde a impotência vai forçar-vos, contra vossa vontade, a uma recusa; e essa recusa insólita lhe será mais dolorosa do que a própria privação do que deseja. Primeiro ele desejará a bengala que carregais; logo depois desejará vosso relógio; em seguida desejará o pássaro que voa; desejará a estrela que vê brilhar; desejará tudo o que vê. Se não sois Deus, como o contentareis?

É uma disposição natural do homem considerar como seu tudo que estiver em seu poder. Nesse sentido, o princípio de Hobbes é verdadeiro até certo ponto: multiplicai com nossos desejos os meios de satisfazê-los e cada qual será dono de tudo. Portanto, a criança à qual basta querer para obter julga-se proprietária do Universo; vê todos os homens como escravos seus; e quando, por fim, são forçados a recusar-lhe algo, ela, julgando tudo possível quando comanda, toma essa recusa como um ato de rebelião; todas as razões que lhe apresentarem numa idade incapaz de raciocínio são em sua opinião meros pretextos; vê má vontade em toda parte: Com o sentimento de uma suposta injustiça amargurando-lhe a índole, passa a odiar todo mundo e, sem nunca agradecer a complacência, indigna-se com toda e qualquer oposição.

Como conceber que uma criança assim dominada pela raiva e devorada pelas paixões mais irascíveis possa algum dia ser feliz? Feliz, ela! É um déspota; é ao mesmo tempo o mais vil dos escravos e a mais miserável das criaturas. Vi crianças educadas desse modo que queriam que derrubassem a casa com um empurrão, que lhes dessem o galo que viam no alto de um campanário, que detivessem um regimento em marcha para ouvirem os tambores por mais tempo e que rasgavam o ar com seus gritos, sem escutarem ninguém, porque demoravam a obedecer-lhes. Todos se afanavam em vão para comprazê-las; como seus desejos se excitavam com a facilidade de obter, elas se obstinavam em coisas impossíveis e em toda parte encontravam apenas contradições, obstáculos, sofrimento, dores. Sempre reclamando, sempre rebeldes, sempre furiosas, passavam os dias gritando e lamentando-se. Acaso esses seres eram venturosos? A fraqueza e a dominação reunidas geram somente loucura e miséria. De duas crianças mimadas, uma bate na mesa e a outra manda chicotear o mar; muito terão de bater e chicotear antes de viverem contentes.

Se essas ideias de poder e de tirania tornam-nas miseráveis já na infância, como será quando crescerem e suas relações com os outros homens começarem a ampliar-se e multiplicar-se? Habituadas a ver tudo se curvar diante delas, que surpresa, ao ingressarem no mundo, sentir que tudo lhes resiste e verem-se esmagadas pelo peso desse universo que julgavam mover a seu bel-prazer!

Seus modos insolentes, sua vaidade pueril atraem-lhes apenas mortificações, desdém, zombarias; engolem insultos como água; provações cruéis logo lhes ensinam que não conhecem seu estado nem suas forças; como não podem tudo, julgam nada poder. Tantos obstáculos insólitos desencorajam-nas, tanto desprezo avilta-as: tornam-se pessoas covardes, medrosas, subservientes e caem tão abaixo de si mesmas quanto se elevaram acima.

Voltemos à regra primitiva. A natureza fez as crianças para ser amadas e socorridas; mas acaso as fez para ser obedecidas e temidas? Acaso lhes deu um ar impositivo, um olhar severo, uma voz rude e ameaçadora para causar medo? Compreendo que o rugido de um leão apavore os animais e que eles tremam ao ver sua juba terrível; mas, se algum dia se viu um espetáculo indecente, odioso, ridículo, é um corpo de magistrados, o chefe à frente, em trajes de cerimônia, prosternados diante de um bebê que eles arengam em termos pomposos e que berra e baba como única resposta.

Se considerarmos a infância em si mesma, haverá no mundo um ser mais frágil, mais miserável, mais à mercê de tudo que o cerca, mais necessitado de compaixão, de cuidados, de proteção do que uma criança? Não parece que ela mostra um semblante tão meigo e um ar tão tocante somente para que tudo que dela se aproximar se interesse por sua fragilidade e se apresse a ajudá-la? Então o que é mais chocante, mais contrário à ordem do que ver uma criança imperiosa e rebelde comandar tudo que a cerca e assumir impudentemente um tom autoritário para com aqueles a quem basta abandonarem-na para que pereça?

Por outro lado, quem não vê que a fragilidade da primeira idade aprisiona as crianças de tal modo que é bárbaro acrescentar a essa sujeição a de nossos caprichos, tirando-lhes uma liberdade tão limitada, da qual podem abusar tão pouco e da qual privá-la é tão pouco útil a elas e a nós? Se não há um objeto tão merecedor de zombaria quanto uma criança arrogante, não há objeto tão digno de piedade quanto uma criança medrosa. Visto que com a idade da razão começa a servidão civil, por que antecipá-la com a servidão privada? Aceitemos que um momento da vida seja isento desse jugo que a natureza não nos impôs e deixemos a infância exercer a liberdade natural, que a afasta, pelo menos durante algum tempo, dos vícios que são contraídos com a escravidão. Portanto, que esses professores severos, esses pais escravizados a seus filhos venham todos com suas frívolas objeções e, antes de gabarem seus métodos, aprendam de uma vez por todas o método da natureza.

Retorno à prática. Já disse que vosso filho não deve obter alguma coisa porque a pede e sim porque necessita dela[33] nem fazer algo por obediência, mas somente por necessidade. Assim, as palavras *obedecer* e *mandar* serão banidas de seu dicionário, e mais ainda as palavras *dever* e *obrigação*; mas as palavras referentes a força, necessidade, impotência e urgência devem ocupar um grande espaço nele. Antes da idade da razão não é possível ter ideia alguma dos seres morais nem das relações sociais; portanto, é preciso evitar, tanto quanto possível, empregar termos que os expressem, para que a criança inicialmente não associe a essas palavras ideias errôneas que depois não saberemos ou não conseguiremos mais eliminar. A primeira ideia falsa que entrar na cabeça da criança é o germe do erro e do vício nela; é principalmente a esse primeiro passo que precisamos dar atenção. Fazei com que, enquanto apenas coisas sensíveis chegarem a ela, todas suas ideias parem nas sensações; fazei

---

33. Devemos perceber que, assim como o sofrimento frequentemente é uma inevitabilidade, o prazer às vezes é uma necessidade. Assim, há um único desejo das crianças ao qual nunca devemos ceder: o de ser obedecidas. Segue-se disso que, em tudo que pedirem, devemos atentar principalmente para o motivo que as leva a pedir. Concedei-lhes, tanto quanto possível, tudo que possa causar-lhes um prazer real; recusai-lhes sempre o que pedirem apenas por capricho ou para mostrar autoridade.

com que de todos os lados perceba a seu redor apenas o mundo físico; sem isso, podeis ter certeza de que não vos ouvirá ou criará do mundo moral de que lhe falais noções fantasiosas que nunca mais eliminareis.

Argumentar com as crianças era a grande máxima de Locke e é a mais em voga hoje. Entretanto, seu sucesso não me parece muito adequado para valorizá-la; e de minha parte não vejo nada mais tolo do que essas crianças com as quais tanto argumentaram. De todas as faculdades do homem, a razão, que, digamos assim, é apenas um composto de todas as outras, é a que se desenvolve mais dificilmente e mais tarde; e é ela que querem utilizar para desenvolver as outras! A obra-prima de uma boa educação é formar um homem racional; e pretendem educar uma criança por meio da razão! É começar pelo fim, é querer transformar a obra em instrumento. Se as crianças ouvissem a voz da razão, não precisariam que as educassem; mas, falando-lhes já desde cedo uma língua que não entendem, habituam-nas a contentar-se com palavras, a controlar tudo o que lhes é dito, a julgarem-se tão sábias quanto seus mestres, a tornarem-se polemizadoras e rebeldes; e tudo o que pensarem obter delas por motivos racionais só obtêm por motivos como cobiça, temor ou vaidade, que sempre são forçados a acrescentar aos racionais.

Esta é a fórmula à qual podemos reduzir aproximadamente todas as lições de moral que dão e que podem dar às crianças:

O MESTRE:
Não se deve fazer isso.
A CRIANÇA:
E por que não se deve fazer isso?
O MESTRE:
Porque é errado.
A CRIANÇA:
Errado... O que é errado?
O MESTRE:
O que te proíbem.
A CRIANÇA:
Qual é o problema em fazer o que me proíbem?
O MESTRE:
Vão punir-te porque desobedeceste.

A CRIANÇA:
Darei um jeito de ninguém ficar sabendo.
O MESTRE:
Vão espionar-te.
A CRIANÇA:
Esconderei-me.
O MESTRE:
Vão fazer-te perguntas.
A CRIANÇA:
Mentirei.
O MESTRE:
Não se deve mentir.
A CRIANÇA:
Por que não se deve mentir?
O MESTRE:
Porque é errado etc.

Esse é o círculo inevitável. Saís dele e a criança não vos entenderá mais. Não são instruções utilíssimas? Eu teria muita curiosidade de saber o que poderia substituir esse diálogo. O próprio Locke certamente ficaria muito atrapalhado. Conhecer o bem e o mal, compreender a razão dos deveres do homem – isso não é assunto para uma criança.

A natureza quer que as crianças sejam crianças antes de ser adultos. Se quisermos perverter essa ordem, produziremos frutos precoces, que não terão maturidade nem sabor e não tardarão a corromper-se; teremos garotos doutores e velhos crianças. A infância tem modos de ver, de pensar, de sentir que lhe são próprios; nada é menos sensato do que desejar substituí-los pelos nossos; e eu gostaria tanto de exigir que uma criança tivesse cinco pés de altura como discernimento com dez anos. Realmente, de que lhe serviria a razão nessa idade? A razão é o freio da força e a criança não necessita desse freio.

Ao tentar persuadir vossos alunos de que a obediência é um dever, somais a essa pretensa persuasão a força e as ameaças ou, o que é pior, a adulação e as promessas. Assim, atraídos pelo interesse ou coagidos pela força, fingem ser convencidos pela razão. Veem muito bem que a obediência lhes é vantajosa e a rebeldia, prejudicial tão logo percebeis uma ou a outra. Mas, como não exigis deles nada que não lhes seja desagradável e é sempre penoso fazer as vontades de outrem, escondem-se para fazer as vontades deles, persuadidos de que agem bem se sua desobediência não for conhecida, mas prontos para concordar que agem mal se forem descobertos, por medo de um mal maior. Como a razão do dever não faz parte de sua idade, não há homem no mundo que consiga torná-la realmente sensível para eles; mas o medo do castigo, a esperança do perdão, a insistência, o embaraço de responder arrancam-lhes todas as confissões exigidas; e acreditais que os convencestes, sendo que apenas os entediastes ou intimidastes.

O que resulta disso? Em primeiro lugar, que, ao impor-lhes um dever que eles não sentem, estais indispondo-os contra vossa tirania e dissuadindo-os de amar-vos; que estais ensinando-os a tornar-se dissimulados, falsos, mentirosos, para extorquirem recompensas ou escaparem de castigos; por fim, que, ao habituá-los a sempre encobrir com um motivo aparente um motivo oculto, vós mesmos estais dando-lhes o meio para vos enganarem constantemente, para privar-vos de conhecer seu verdadeiro caráter e para contentarem-vos e aos outros com palavras vãs, quando for oportuno. Direis que as leis, apesar de obrigatórias para a consciência, também usam de coerção para com os homens feitos. Concordo. Mas o que são esses homens senão crianças estragadas pela educação? É precisamente isso que deveis prevenir. Empregai a força com as crianças e a razão com os homens; essa é a ordem natural; o sábio não necessita de leis.

Tratai vosso aluno de acordo com sua idade. Primeiramente colocai-o em seu lugar e mantende-o ali tão bem que não tente mais sair. Então, antes de saber o que é sabedoria, ele praticará a mais importante lição de sabedoria. Nunca lhe ordeneis nada, o que quer que seja no mundo, absolutamente nada. Não o deixeis sequer imaginar que pretendeis ter alguma autoridade sobre ele. Que saiba apenas que é fraco e que sois forte; que, devido a seu estado e ao vosso, está necessariamente à mercê de vós; que saiba isso, que o aprenda, que o sinta; que sinta desde cedo sobre sua cabeça altiva o duro jugo que a natureza impõe ao homem, o pesado jugo da necessidade, sob o qual todo ser finito precisa curvar-se; que ele veja essa necessidade nas coisas, nunca no capricho[34]

---

34. Podemos ter certeza de que a criança tratará como capricho toda vontade contrária à sua e cuja razão não sinta. E uma criança não sente a razão de nada em tudo o que se opuser a suas fantasias.

dos homens; que o freio que o retém seja a força e não a autoridade. Não lhe proibais aquilo de que deve abster-se; impedi-o de fazê-lo, sem explicações, sem argumentos; o que lhe concederdes, concedei-o ante sua primeira palavra, sem solicitações, sem súplicas, principalmente sem condições. Concedei com prazer, recusai com aversão; mas que todas vossas recusas sejam irrevogáveis; que nenhuma insistência vos abale; que o *não* pronunciado seja um muro de bronze contra o qual ele não chegará a esgotar cinco ou seis vezes suas forças e não tentará mais derrubá-lo.

É assim que o tornareis paciente, equilibrado, resignado, sereno, mesmo quando não obtiver o que desejou; pois está na natureza do homem sofrer pacientemente a necessidade das coisas, mas não a má vontade de outrem. Estas palavras: *não há mais* são uma resposta contra a qual criança alguma jamais se revoltou, a menos que pensasse que era mentira. Ademais, aqui não há meio-termo: é preciso ou não exigir dele absolutamente nada ou curvá-lo de início à mais completa obediência. A pior educação é deixá-lo flutuando entre suas vontades e as vossas, e ambos disputarem continuamente qual dos dois será o senhor; eu preferiria cem vezes que ele o fosse sempre.

É muito estranho que, desde que os homens se puseram a educar crianças, não tenham imaginado outro instrumento para conduzi-las que não a emulação, o ciúme, a inveja, a vaidade, a avidez, o temor vil, todas as paixões mais perigosas, mais rápidas em fermentar e mais capazes de corromper a alma antes mesmo que o corpo esteja formado. A cada instrução precoce que querem enfiar-lhes na cabeça plantam-lhes um vício no fundo do coração; professores insensatos julgam fazer maravilhas tornando-os maus para ensinar-lhes o que é a bondade; e depois dizem-nos gravemente: *Assim é o homem.* Sim, assim é o homem que formastes.

Tentaram-se todos os instrumentos, exceto um, justamente o que pode ter êxito: a liberdade bem regulada. Não deve encarregar-se de educar uma criança quem não souber conduzi-la para onde deseja unicamente pelas leis do possível e do impossível. Como ela desconhece igualmente a esfera de um e do outro, podemos estendê-la, estreitá-la a seu redor como quisermos. Tendo como laço unicamente a necessidade, nós a cerceamos, a impulsionamos, a retemos, sem que se queixe; tornamo-la maleável e dócil tão somente pela força das coisas, sem que nenhum vício tenha oportunidade de germinar nela, pois as paixões nunca se ativam quando não produzem efeito algum.

Não deis a vosso aluno nenhum tipo de lição verbal: ele deve recebê-las apenas da experiência; não lhe inflijais nenhum tipo de castigo, pois ele não sabe o que é ter culpa; nunca o façais pedir desculpas, pois não poderia ofender-vos. Desprovido de toda moralidade em suas ações, ele nada pode fazer que seja moralmente mau e mereça castigo ou censura.

Já estou vendo o leitor assustado avaliar essa criança pelas nossas; está enganado. O constrangimento perpétuo em que mantendes vossos alunos excita sua vivacidade; quanto mais inibidos estiverem em vossa presença, mais turbulentos serão quando escaparem: precisam compensar quando podem a dura coerção com que os retendes. Dois escolares da cidade farão mais estrago num país do que a juventude de toda uma aldeia. Trancai num aposento um cavalheirinho e um camponesinho: o primeiro terá derrubado e quebrado tudo antes que o segundo saia de seu lugar. Por que isso, se não for porque um se apressa em abusar de um momento de licença, enquanto o outro, sempre seguro de sua liberdade, nunca tem pressa de utilizá-la? E entretanto os filhos dos aldeães, frequentemente adulados ou contrariados, ainda estão bem longe do estado em que quero que os mantenham.

Estabeleçamos como máxima incontestável que os primeiros movimentos da natureza são sempre retos: não há perversidade original no coração humano; não se encontra nele um só vício do qual não possamos dizer como e por onde entrou. A única paixão natural no homem é o amor por si mesmo, ou amor-próprio compreendido em sentido amplo. Esse amor-próprio, tanto em si mesmo como relativamente a nós, é bom e útil; e, como não tem uma relação necessária com outrem, sob esse aspecto é naturalmente indiferente; só se torna bom ou mau pela aplicação que dele fazemos e pelas relações que lhe damos. Portanto, até que o guia do amor-próprio, que é a razão, possa nascer, é importante que uma criança nada faça porque a estão vendo ou ouvindo, ou seja, nada com relação aos outros, mas apenas o que a natureza lhe pede; e assim nada fará que não seja bom.

Não estou dizendo que ele nunca estragará algo, não se machucará, não quebrará talvez um objeto valioso que estiver à mão. Poderá causar muito mal sem agir mal, porque a má ação depende da intenção de causar dano e ele nunca terá essa intenção. Se a tivesse uma única vez, tudo já estaria perdido; ele seria mau quase sem remédio.

Uma coisa pode ser má do ponto de vista da avareza e não o ser do ponto de vista da razão. Ao deixar as crianças em plena liberdade para exercerem seu estouvamento, convém afastar delas tudo que possa torná-lo dispendioso e não lhe deixar ao alcance nada frágil ou valioso. Seus aposentos devem ser guarnecidos com móveis toscos e sólidos; nada de espelhos, nada de porcelanas, nada de objetos de luxo. Quanto a meu Emílio que crio no campo, seu quarto nada terá que o diferencie do quarto de um camponês. Para que adorná-lo com tanto cuidado, se ele deve permanecer ali tão pouco? Mas me enganei: ele mesmo o adornará e em breve veremos com quê.

E se, apesar de vossas precauções, a criança vier a fazer alguma desordem, a quebrar algum objeto útil, não deveis puni-la por vossa negligência nem repreendê-la; que ela não ouça nem uma única palavra de censura; nem mesmo deixeis que perceba que vos aborreceu; deveis agir exatamente como se o objeto tivesse se quebrado sozinho; por fim, acreditai que fizestes muito se pudestes nada dizer.

Ousarei expor aqui a regra maior, mais importante, mais útil de toda a educação? Não é ganhar tempo, é perder tempo. Leitores comuns, perdoai-me meus paradoxos: precisamos fazê-los quando refletimos; e, dizei o que quiserdes, prefiro ser homem de paradoxos a ser homem de preconceitos. O intervalo mais perigoso da vida humana é o do nascimento até os 12 anos de idade. É o período em que germinam os erros e os vícios, sem que já se disponha de algum instrumento para eliminá-los; e, quando o instrumento vem, as raízes estão tão profundas que passou a hora de arrancá-las. Se as crianças pulassem de uma vez do peito que as amamenta para a idade da razão, a educação que lhes é dada poderia convir-lhes; mas, seguindo o progresso natural, precisam de uma totalmente oposta. Seria preciso que elas nada fizessem de sua alma até que esta tivesse todas suas faculdades; pois é impossível que perceba o archote que lhe apresentais enquanto é cega e que siga, na imensa planície das ideias, um caminho que a razão traça ainda tão levemente, mesmo para os melhores olhos.

Assim, a primeira educação deve ser puramente negativa. Consiste não em ensinar a virtude ou a verdade, mas em proteger o coração do vício e o espírito, do erro. Se pudésseis nada fazer e nada deixar fazer; se pudésseis levar vosso aluno saudável e vigoroso à idade de 12 anos sem que ele soubesse distinguir sua mão direita de sua mão esquerda, já em vossas primeiras lições os olhos de seu entendimento se abririam para a razão; sem preconceitos, sem hábitos, ele não teria em si nada que pudesse contrapor-se aos efeitos de vossos cuidados. Em breve ele se tornaria em vossas mãos o mais sábio dos homens; e, começando por nada fazer, teríeis realizado um prodígio de educação.

Tomai o contrapé do uso e quase sempre agireis bem. Como não desejam fazer de uma criança uma criança e sim um doutor, para os pais e os mestres nunca é cedo demais para admoestar, corrigir, repreender, adular, ameaçar, prometer, instruir, tentar convencer. Fazei melhor: sede racional e nunca argumenteis com vosso aluno, principalmente para fazê-lo aprovar o que lhe desagrada; pois sempre introduzir a razão nas coisas desagradáveis é somente torná-la tediosa e desacreditá-la cedo numa mente que ainda não é capaz de entendê-la. Exercitai-lhe o corpo, os órgãos, os sentidos, as forças, mas mantende-lhe a alma ociosa tanto tempo quanto possível. Temei todos os sentimentos anteriores ao juízo que os avalie. Detende, barrai as impressões alheias; e para impedir que o mal nasça não vos apresseis em produzir o bem; pois ele somente o é quando a razão o ilumina. Considerai proveitosas todas as demoras: avançar para o termo sem nada perder é ganhar muito; deixai a infância amadurecer nas crianças. Por fim, quando alguma lição lhes for necessária, evitai dá-la hoje, se puderdes adiá-la até amanhã sem risco.

Outra consideração que confirma a utilidade deste método é a da índole particular da criança, que é preciso conhecer bem para saber que regime moral lhe convém. Cada espírito tem sua forma própria, de acordo com a qual precisa ser governado; e para o êxito dos cuidados que assumis é importante que ele seja governado por essa forma e não por outra. Homem prudente, espreitai por muito tempo a natureza, observai bem vosso aluno antes de dizer-lhe a primeira palavra; inicialmente, deixai o germe de seu caráter em plena liberdade para mostrar-se, não o cerceeis em coisa alguma, a fim de melhor vê-lo por inteiro. Pensais que esse tempo de liberdade seja perdido para ele? Muito ao contrário, será o tempo mais bem empregado; pois é assim que aprendereis a não perder um só momento num tempo precioso; ao passo que, se começardes a agir antes de saber o que é preciso fazer, agireis ao acaso; sujeito a vos enganardes, tereis de voltar atrás; estareis mais distante do objetivo do que se houvésseis vos apressado menos a alcançá-lo. Portanto, não façais como o avarento que perde muito por nada querer perder. Sacrificai na primeira idade um tempo que recuperareis com juros numa idade mais avançada. O médico sábio não vai dando impensadamente receitas à primeira vista: estuda primeiro a compleição do doente antes de prescrever-lhe algo; começa tarde a tratá-lo, mas cura-o, ao passo que o médico muito apressado mata-o.

Mas, onde colocaremos essa criança para educá-la assim, como um ser insensível, como um autômato? Vamos colocá-la no globo da Lua, numa ilha deserta? Afastá-la de todos os seres humanos? Não terá continuamente no mundo o espetáculo e o exemplo das paixões de outrem? Nunca verá outras crianças de sua idade? Não verá seus pais, seus vizinhos, sua ama de leite, sua governanta, seu lacaio, nem mesmo seu governante, que afinal de contas não será um anjo?

Essa objeção é forte e sólida. Mas acaso eu vos disse que uma educação natural seria um empreendimento fácil? Ó, homens, é culpa minha se tornastes difícil tudo que é bom? Percebo essas dificuldades, admito-as; talvez sejam insuperáveis; mas apesar de tudo é certo que empenhando-nos em evitá-las conseguimos evitá-las até certo ponto. Estou mostrando o objetivo que devemos propor-nos; não estou dizendo que podemos alcançá-lo; mas digo que quem se aproximar mais dele terá obtido mais êxito.

Lembrai-vos de que, antes de alguém ousar empreender a formação de um homem, precisa ter-se feito homem ele mesmo; precisa encontrar em si o exemplo que deve adotar. Enquanto a criança ainda não tem conhecimento, há tempo para preparar tudo que a cerca para que seus primeiros olhares encontrem apenas objetos que lhe convém ver. Fazei-vos respeitável para todo mundo, começai fazendo-vos amado, para que todos procurem agradar-vos. Não sereis senhor da criança se não fordes senhor de tudo que a cerca; e essa autoridade nunca será suficiente se não se fundamentar na estima da virtude. Não se trata de esvaziardes vossa bolsa e soltar dinheiro a mancheias; nunca vi o dinheiro fazer alguém ser amado. Não deveis ser avarento e duro nem lamentar a miséria que podeis aliviar; porém, por mais que abrais vossos cofres, se não abrirdes também vosso coração o dos outros continuará fechado para vós. Vosso tempo, vossos cuidados, vossa afeição, vós mesmo é o que precisais dar; pois, não importa o que possais fazer, continuarão sentindo que vosso dinheiro não sois vós. Há demonstrações de interesse e de bem-querer que fazem mais efeito e são realmente mais úteis do que todas as doações; quantos infelizes, quantos doentes necessitam mais de consolo do que de esmolas! Quantos oprimidos a quem a proteção serve melhor do que o dinheiro! Reconciliai as pessoas que se desentendem, evitai os processos; levai os filhos ao dever, os pais à indulgência; facilitai casamentos felizes; impedi as vexações; empregai, prodigalizai o crédito dos pais de vosso aluno em favor do fraco a quem recusam justiça e que o poderoso oprime. Declarai-vos abertamente protetor dos desafortunados. Sede justo, humano, benfazejo. Não vos limiteis a dar esmolas, fazei caridade: as obras de misericórdia aliviam mais males do que o dinheiro; amai os outros e eles vos amarão; servi-os e eles vos servirão; sede seu irmão e eles serão vossos filhos.

Este é mais um motivo pelo qual quero educar Emílio no campo, longe da corja de criados, os últimos dos homens depois de seus amos; longe dos sombrios costumes das cidades, que o verniz com que os cobrem torna sedutores e contagiosos para as crianças; ao passo que os vícios dos camponeses, sem afetação e com toda sua rudeza, conseguem mais chocar do que seduzir, quando não há interesse algum em imitá-los.

Na aldeia, o governante terá muito mais domínio dos objetos que quiser apresentar à criança; sua reputação, suas palavras, seu exemplo terão uma autoridade que não poderiam ter na cidade; sendo útil a todo mundo, cada qual se empenhará em ser-lhe prestativo, em ser estimado por ele, em mostrar-se para o discípulo como o mestre gostaria que efetivamente fosse; e, se não se corrigirem do vício, irão abster-se do escândalo – e isso é tudo de que necessitamos para nosso objeto.

Deixai de culpar os outros por vossos próprios erros: o mal que as crianças veem corrompe-as menos do que o mal que lhes ensinais. Sempre sentenciosos, sempre moralistas, sempre pedantes, por uma ideia que lhes dais julgando-a boa dais-lhes ao mesmo tempo vinte outras que nada valem: mergulhados no que se passa em vossa cabeça, não vedes o efeito que produzis na deles. No meio desse longo fluxo de palavras com que os exasperais incessantemente, pensais que não haja uma que eles compreendam erroneamente? Pensais que não interpretam a seu modo vossas explicações difusas e não encontram nelas material para construírem um sistema a seu alcance e que saberão contrapor-vos quando precisarem?

Escutai um desses homenzinhos que acabais de doutrinar; deixai-o tagarelar, questionar, delirar à vontade e ficareis surpreso com o aspecto estranho que vossas argumentações assumiram em sua mente: ele confunde tudo, inverte tudo, impacienta-vos, desola-vos às vezes com objeções imprevistas; obriga-

-vos a vos calardes ou a fazê-lo calar-se; e que poderá ele pensar desse silêncio da parte de um homem que tanto gosta de falar? Se algum dia conseguir essa vantagem e percebê-la, adeus educação: nesse momento tudo está acabado: ele não buscará mais instruir-se, buscará refutar-vos.

Mestres zelosos, sede simples, discretos, moderados; só vos apresseis a agir para impedir os outros de agirem; repetirei sem descanso: adiai, se possível, uma boa instrução para não dar uma instrução má. Nesta Terra da qual a natureza fez o primeiro paraíso do homem, evitai exercer a função do tentador querendo dar à inocência o conhecimento do bem e do mal; não podendo impedir que a criança se instrua com exemplos de fora, limitai toda vossa vigilância a imprimir em seu espírito esses exemplos sob a imagem que lhe convém.

As paixões impetuosas produzem forte efeito na criança que as testemunha, porque têm sinais muito sensíveis que a impressionam e forçam-na a dar-lhes atenção. A raiva, principalmente, é tão ruidosa em seus arrebatamentos que é impossível não percebê-la estando perto. Não indagueis se para um pedagogo essa é a oportunidade para iniciar um belo discurso. Ei, nada de belos discursos, absolutamente nada, nem uma única palavra! Deixai a criança manifestar-se: atônita com o espetáculo, não deixará de questionar-vos. A resposta é simples; é extraída dos mesmos objetos que impressionam seus sentidos. Ela vê um rosto inflamado, olhos chamejantes, um gesto ameaçador, ouve gritos; tudo sinais de que um corpo não se encontra em seu estado normal. Dizei-lhe seriamente, sem mistério: *Esse pobre homem está doente, está sofrendo um acesso de febre.* Podeis aproveitar a ocasião para dar-lhe, mas em poucas palavras, uma ideia das doenças e seus efeitos; pois isso também é da natureza e é um dos laços da necessidade aos quais ela deve sentir-se sujeita.

Não é possível que com essa ideia, que não é falsa, ela adquira desde cedo certa repugnância de entregar-se aos excessos das paixões, que verá como doenças? E julgais que uma noção como essa, dada oportunamente, não produzirá um efeito tão salutar quanto o mais tedioso sermão de moral? Mas vede as consequências dessa noção no futuro: ficais autorizado, se algum dia fordes forçado a isso, a tratar uma criança rebelde como uma criança doente; a fechá-la em seu quarto, acamada se preciso, a mantê-la em dieta, a fazê-la assustar-se com seus vícios nascentes, tornando-os detestáveis e temíveis, sem que algum dia possa ver como castigo a severidade que talvez sejais forçado a utilizar para curá-la deles. E, se acontecer a vós mesmo, em algum momento de vivacidade, perder o sangue-frio e a moderação pelos quais deveis zelar, não procureis esconder-lhe vosso deslize e sim dizei-lhe francamente, numa censura carinhosa: *Meu amigo, tu me fizeste mal.*

Ademais, é importante que todas as tiradas ingênuas que a simplicidade de ideias com que é criada pode produzir numa criança nunca sejam destacadas em sua presença nem citadas de modo que ela possa vir a saber. Uma gargalhada inoportuna pode estragar o trabalho de seis meses e causar um dano irreparável por toda a vida. Não cansarei de repetir que para ser senhor da criança é preciso ser senhor de si mesmo. Imagino meu pequeno Emílio, no auge de uma briga entre duas vizinhas, andando até a mais furiosa e dizendo-lhe, em tom de comiseração: *Boa senhora, estais doente, eu sinto muito.* Com toda certeza essa tirada não ficará sem efeito entre os espectadores e talvez nem entre as atrizes. Sem rir, sem censurá-lo, sem elogiá-lo, levo-o dali, queira ele ou não, antes que possa perceber esse efeito ou pelo menos antes que pense nele, e apresso-me a distraí-lo com outros objetos que o façam esquecê-lo rapidamente.

Minha intenção não é entrar em todos os detalhes, mas somente expor as máximas gerais e dar exemplos nas ocasiões difíceis. Considero impossível que no seio da sociedade se possa levar uma criança até os 12 anos de idade sem dar-lhe uma ideia das relações entre os homens e da moralidade das ações humanas. Basta que se procure dar-lhe essas noções necessárias o mais tarde possível e, quando se tornarem inevitáveis, limitá-las à utilidade presente, apenas para que ela não se julgue senhora de tudo e não cause mal a outrem sem ter escrúpulo e sem o saber. Há caracteres afáveis e serenos que podemos sem risco levar longe em sua primeira inocência, mas também há índoles violentas cuja ferocidade se desenvolve cedo e que precisamos apressar-nos a tornar homens para não sermos obrigados a acorrentá-los.

Nossos primeiros deveres são para conosco; nossos sentimentos primitivos concentram-se em nós mesmos; todos os nossos movimentos naturais estão relacionados inicialmente com nossa conservação e nosso bem-estar. Assim, o primeiro sentimento de justiça não nos vem da que devemos e sim da que nos é devida; e é mais um dos contrassensos das educações comuns falar às crianças primeiro sobre seus deveres e nunca sobre seus direitos, começando assim por dizer-lhes o contrário do que é preciso, o que eles não conseguem entender e não pode interessar-lhes.

Se eu tivesse de conduzir uma dessas que acabo de supor, diria comigo: Uma criança não ataca as pessoas[35] e sim as coisas, e logo aprende por experiência a respeitar quem tiver mais idade e força do que ela; mas as coisas não se defendem sozinhas. Portanto, a primeira ideia que deveis dar-lhe é menos a de liberdade que a de propriedade; e para que ela possa ter essa ideia é preciso que possua alguma coisa exclusivamente sua. Mencionar-lhe suas roupas, seus móveis, seus brinquedos é nada lhe dizer, porque, embora disponha dessas coisas, não sabe por que nem como as tem. Dizer-lhe que as tem porque lhe foram dadas é não fazer melhor, pois para dar é preciso ter; portanto, há uma propriedade anterior à sua, e é o princípio da propriedade que quereis explicar-lhe; além disso, a doação é uma convenção e a criança ainda não pode saber o que é convenção[36]. Leitores, peço-vos, observai no exemplo abaixo e em mil outros como, enfiando na cabeça das crianças palavras que não têm sentido algum a seu alcance, muitos julgam, entretanto, que as instruíram muito bem.

É preciso, portanto, remontar à origem da propriedade, pois é daí que a primeira ideia desta deve nascer. Vivendo no campo, meu aluno terá adquirido alguma noção dos trabalhos rurais; para isso bastam olhos e tempo disponível, e ele os terá. É característico de todas as idades, principalmente da sua, querer criar, imitar, produzir, dar sinais de poder e de atividade. Basta que umas duas vezes veja cavarem uma horta, semearem, os legumes brotarem e crescerem e já estará querendo fazer a sua.

Pelos princípios acima estabelecidos, não me oponho a seu desejo; ao contrário, facilito-o, compartilho seu gosto, trabalho junto, não para seu prazer, mas para o meu – pelo menos ele assim crê; torno-me seu ajudante; enquanto seus braços ainda não conseguem, cavo eu a terra; ele toma posse do terreno plantando uma fava; e seguramente essa posse é mais sagrada e mais respeitável do que a que Nuñes Balboa tomou da América meridional em nome do rei da Espanha, fincando seu estandarte na costa do mar do Sul.

---

35. Nunca devemos tolerar que uma criança desafie os adultos como inferiores ou mesmo como iguais a ela. Se ousar agredir seriamente alguém, seja seu lacaio, seja o carrasco, fazei com que este sempre lhe devolva os golpes com juros e de modo a tirar-lhe o desejo de repeti-los. Vi governantas imprudentes estimularem a rebeldia da criança, incitá-la a bater, deixar que ela lhes bata e rir de seus golpes fracos, sem pensar que na intenção do pequeno furioso eram golpes mortais e que quem deseja agredir quando pequeno desejará matar quando adulto.

36. É por isso que a maioria das crianças quer reaver aquilo que doou e chora quando não se quer devolvê-lo. Isso deixa de acontecer-lhes quando compreendem bem o que doação e presente significam; somente se tornam mais circunspectos em dar.

Vamos diariamente regar as favas, ao vê-las brotar manifestamos nossa grande alegria. Aumento essa alegria dizendo-lhe: *isto te pertence*; e então lhe explico o termo *pertencer*, faço-o sentir que colocou nisso seu tempo, seu trabalho, seu esforço, sua pessoa enfim; que há nessa terra algo seu que ele pode reivindicar contra quem quer que seja, como poderia tirar seu braço da mão de outro homem que quisesse retê-lo contra sua vontade.

Um belo dia ele chega afobado, com o regador na mão. Oh, espetáculo, oh, dor! Todas as favas estão arrancadas, todo o terreno está remexido, o lugar todo está irreconhecível. Ah, o que foi feito de meu trabalho, de minha obra, do doce fruto de meus cuidados e meu suor? Quem me roubou meu bem? Quem me tomou minhas favas? Esse jovem coração revolta-se; o primeiro sentimento de injustiça vem verter nele seu triste amargor; correm rios de lágrimas; desolado, ele enche o ar de gemidos e gritos. Compartilho seu sofrimento, sua indignação; procuramos, informamo-nos, investigamos. Por fim, descobrimos que o hortelão é o responsável; pedimos que venha.

Mas eis que estamos redondamente enganados. Ao ouvir nossas reclamações, o hortelão começa a reclamar mais alto do que nós: – *Quê?! Senhores, vós é que arruinastes meu trabalho! Eu havia semeado lá melões de Malta, as sementes me foram dadas como um tesouro, e esperava regalar-vos com eles quando estivessem maduros; mas então, para plantar vossas míseras favas destruístes meus melões, que já haviam despontado e que nunca conseguirei substituir. Vós me causastes um dano irreparável e vos privastes de comer melões deliciosos!*

JEAN-JACQUES:
Perdoai-nos, meu pobre Robert. Pusestes ali vosso trabalho, vosso esforço. Vejo que agimos mal ao destruir vossa obra; mas mandaremos vir outras sementes de Malta e não cavaremos mais um pedaço de terra antes de sabermos que ninguém pôs a mão nele antes de nós.

ROBERT:
Ah! bom, meus senhores, então podeis descansar, pois não há mais terra por cultivar. Eu, por exemplo, trabalho a que meu pai beneficiou; cada um faz a mesma coisa de seu lado e todas as terras que vedes estão ocupadas há muito tempo.

EMÍLIO:
Senhor Robert, então é frequente perderem sementes de melão?

ROBERT:

Perdão, meu jovem, porque não é frequente termos mocinhos tão estouvados como vós. Ninguém mexe na plantação do vizinho; cada um respeita o trabalho dos outros, para o dele mesmo ficar em segurança.

EMÍLIO:

Mas eu não tenho uma horta.

ROBERT:

Que me importa isso? Se estragardes a minha, não vos deixarei mais passear por lá; pois, vede bem, não quero perder meu trabalho.

JEAN-JACQUES:

Não poderíamos propor um arranjo ao bom Robert? Que ele nos ceda, a meu amiguinho e a mim, um canto de sua horta para cultivarmos, com a condição de que ele terá metade do que for produzido.

ROBERT:

Concordo, e sem essa condição. Mas lembrai que irei revirar vossas favas se mexerdes nos meus melões.

Nesse ensaio do modo de inculcar nas crianças as noções primitivas, vemos como a ideia de propriedade remonta naturalmente ao direito do primeiro ocupante pelo trabalho. Isso é claro, óbvio, simples e sempre ao alcance da criança. Daí até o direito de propriedade e as trocas é só um passo, depois do qual não deveis ir adiante.

Podeis ver também que uma explicação que enquadro aqui em duas páginas escritas talvez seja trabalho de um ano quanto à prática; pois no caminho das ideias morais só é possível avançar com muita lentidão e firmando muito bem cada passo. Jovens mestres, rogo-vos, pensai nesse exemplo e lembrai que em todas as coisas vossas lições devem ser mais por meio de ações do que de discursos; pois as crianças esquecem facilmente o que disseram e o que lhes foi dito, mas não o que fizeram e o que lhes foi feito.

Tais instruções, como eu disse, devem ser dadas mais cedo ou mais tarde, dependendo de a índole serena ou turbulenta do aluno acelerar ou retardar a necessidade delas; seu uso é de uma evidência que salta aos olhos; mas, para não omitir nada importante nas coisas difíceis, vejamos mais um exemplo.

Vosso filho díscolo estraga tudo o que toca: não vos aborreçais; colocai fora de seu alcance tudo que ele possa danificar. Ele quebra os objetos que utiliza; não vos apresseis a dar-lhe outros: deixai-o sentir o prejuízo da privação. Quebra as janelas de seu quarto; deixai o vento soprar ali dia e noite sem vos preocupardes com os resfriados, pois mais vale que fique resfriado do que louco. Nunca vos queixeis dos incômodos que vos causa, mas fazei com que seja o primeiro a senti-los. Por fim, mandais substituir as vidraças, sempre sem nada dizer. Ele torna a quebrá-las? Então mudai de método: dizei-lhe secamente, mas sem raiva: – *As janelas são minhas; fui eu que mandei colocá-las ali e quero preservá-las.* Depois o fechareis num lugar escuro sem janelas. Ante esse procedimento tão novo ele se põe a gritar, a protestar com veemência; ninguém lhe dá ouvidos. Logo se cansa e muda de tom: queixa-se, geme; um criado apresenta-se, o rebelde suplica-lhe que o liberte. Sem buscar um pretexto para não o fazer, o criado responde: – *Eu também tenho janelas para preservar*, e vai embora. Por fim, depois que o menino permaneceu ali várias horas – tempo suficiente para entediar-se e lembrar-se disso –, alguém lhe sugere que vos proponha um acordo segundo o qual vós lhe devolvereis a liberdade e ele não quebrará mais janelas. Isso é tudo o que deseja. Mandará pedir-vos que vá vê-lo; ireis; ele vos fará sua proposta e vós a aceitareis imediatamente, dizendo: *Muito bem pensado! Nós dois sairemos ganhando. Por que não tiveste antes essa boa ideia?* E depois, sem pedir-lhe contestação nem confirmação de sua promessa, abraçai-o com alegria e levai-o imediatamente para seu quarto, considerando esse acordo tão inviolável e sagrado como se tivesse havido um juramento. Com esse procedimento, que ideia pensais que ele formará sobre a fé dos compromissos e sua utilidade? Muito me engano ou não há no mundo uma única criança ainda não corrompida que resista a tal conduta e volte a pensar em quebrar intencionalmente uma janela. Acompanhai o encadeamento de tudo isso. Ao fazer um buraco para plantar sua fava, o maldozinho não pensava que estava cavando um calabouço onde seu conhecimento não tardaria a prendê-lo[37].

---

37. Ademais, mesmo que esse dever de cumprir seus compromissos não se firmasse na mente da criança pelo peso de sua utilidade, em breve o sentimento interior, começando a despontar, iria impô-lo como uma lei da consciência, como um princípio inato que para desenvolver-se precisa apenas dos conhecimentos aos quais se aplica. Esse primeiro traço não é marcado pela mão dos homens e sim gravado em nossos corações pelo autor de toda justiça. Eliminai das convenções a lei primitiva e a obrigação que ela impõe e tudo será ilusório e vão na sociedade humana. Quem apenas para proveito próprio cumpre sua promessa não está mais comprometido do que se nada tivesse prometido; ou, quando muito, estará comprometido com o poder de violá-la, como jogadores de cartas que demoram a prevalecer-se de um trunfo apenas para aguardar o momento mais vantajoso. Esse princípio

Estamos agora no mundo moral, está aberta a porta para o vício. Com as convenções e os deveres nascem o logro e a mentira. A partir do momento em que alguém pode fazer o que não deve, deseja esconder o que não devia ter feito. Tão logo um interesse faz prometer, um interesse maior pode levar a violar a promessa; já não se trata de violá-la impunemente: o recurso é natural; a pessoa esconde-se e mente. Não tendo conseguido prevenir o vício, estamos agora no caso de puni-lo. Essas são as misérias da vida humana que começam com seus erros.

Falei o suficiente para ficar entendido que nunca devemos infligir às crianças o castigo como castigo: ele deve sempre lhes chegar como uma sequência natural de sua má ação. Assim, não declamareis contra a mentira, não as punireis precisamente porque mentiram; fareis com que todos os maus efeitos da mentira – como não lhes darem crédito quando disserem a verdade, ser acusadas de uma falta que não cometeram, mesmo quando o negarem – reúnam-se sobre sua cabeça quando mentirem. Mas expliquemos o que para as crianças significa mentir.

Há dois tipos de mentira: a de fato, que diz respeito ao passado, e a de direito, que diz respeito ao futuro. O primeiro tipo ocorre quando alguém nega que fez o que fez ou quando afirma que não fez o que fez e, em geral, quando fala conscientemente contra a verdade das coisas. O outro tipo ocorre quando alguém promete o que não tem intenção de cumprir e, em geral, quando mostra uma intenção contrária à que tem. Às vezes essas duas mentiras podem juntar-se na mesma[38], mas aqui as considero no que as diferencia.

Quem percebe a necessidade que tem dos outros e sente continuamente sua benevolência não tem interesse algum em enganá-los; ao contrário, tem um interesse evidente de que eles vejam as coisas como são, para que não se enganem em prejuízo seu. Está claro, portanto, que a mentira de fato não é natural nas crianças: é a lei da obediência que gera a necessidade de mentir, porque, como a obediência é penosa, eximem-se dela o mais sigilosamente possível e o interesse atual de evitar o castigo ou a represão leva a melhor sobre o distante interesse de expor a verdade. Portanto, na educação natural e

---

é da máxima importância e merece ser aprofundado, pois é aqui que o homem começa a entrar em contradição consigo mesmo.

38. Como, ao ser acusado de uma má ação, o culpado defende-se afirmando que é um homem de bem: está mentindo de fato e de direito.

livre por que vosso filho vos mentiria? O que tem a esconder? Não o repreendeis, não o punis por coisa alguma, nada exigis dele. Por que não vos diria tudo o que fez, tão simplesmente quanto a seu coleguinha? Ele não pode ver nessa confissão mais perigo de um lado do que do outro.

A mentira de direito é ainda menos natural, visto que as promessas de fazer ou se abster são atos convencionais, que saem do estado de natureza e violam a liberdade. Mais ainda: todos os compromissos das crianças são nulos por si sós, pois, como sua visão limitada não pode estender-se além do presente, quando se comprometem não sabem o que estão fazendo. Dificilmente a criança pode mentir quando se compromete; pois, pensando apenas em sair do apuro no momento presente, todo meio que não tiver um efeito atual lhe é indiferente; ao prometer para um tempo futuro, nada está prometendo, e sua imaginação ainda entorpecida não sabe estender seu ser sobre dois tempos diferentes. Se pudesse evitar o chicote ou ganhar um saquinho de balas caso prometesse jogar-se pela janela amanhã, prometeria imediatamente. Por isso as leis não respeitam os compromissos das crianças; e, quando os pais e os mestres mais severos exigem que os cumpram, é somente quanto ao que a criança deveria fazer, mesmo que não o tenha prometido.

Portanto, como não sabe o que está fazendo quando se compromete, a criança não pode mentir ao comprometer-se. Isso não acontece quando quebra sua promessa, o que também é uma espécie de mentira retroativa, pois lembra-se muito bem de ter feito a promessa, mas o que não vê é a importância de cumpri-la. Incapaz de enxergar o futuro, não pode prever as consequências das coisas; e quando viola seus compromissos nada está fazendo contra a razão de sua idade.

Segue-se disso que todas as mentiras das crianças são obra dos mestres e desejar ensiná-las a dizer a verdade nada mais é do que ensiná-las a mentir. No afã de dar-lhes regras, governá-las, instruí-las, eles nunca encontram instrumentos suficientes para conseguir isso. Querem obter novos pontos de influência sobre seus espíritos por meio de máximas sem fundamento, de preceitos sem razão, e preferem que saibam suas lições e mintam a permanecerem ignorantes e verdadeiras.

Quanto a nós, que damos a nossos alunos somente lições da prática e preferimos que sejam bons a serem doutos, não exigimos deles a verdade, para evitar que a encubram, e não os levamos a prometer nada que fiquem tentados a não cumprir. Se em minha ausência for cometido algum mal cujo autor eu ignore, cuidarei de não acusar Emílio ou de perguntar-lhe: *Foste tu?*[39] Pois nesse caso que estaria eu fazendo, senão ensiná-lo a negar? E, se sua índole difícil forçar-me a fazer com ele algum acordo, adotarei minhas medidas de tal modo que a proposta proceda sempre dele, nunca de mim; que, depois de comprometer-se, tenha sempre um interesse presente e sensível em cumprir seu compromisso; e que, se algum dia quebrá-lo, essa mentira lhe atraia males que ele veja procederem da própria ordem das coisas e não da vingança de seu governante. Mas, longe de precisar recorrer a expedientes tão cruéis, tenho quase certeza de que Emílio aprenderá muito tarde o que é mentir e ao aprendê-lo ficará muito surpreso, sem poder conceber para que a mentira pode servir. Está muito claro que, quanto mais eu tornar seu bem-estar independente das vontades ou dos juízos dos outros, mais lhe corto todo interesse em mentir.

Quando não temos pressa de instruir, não temos pressa de exigir e temos tempo para só exigir oportunamente. Então a criança forma-se sem sofrer estrago. Mas, quando um preceptor desastrado, sem saber como agir, a todo momento a faz prometer isto ou aquilo, sem distinção, sem escolha, sem medida, a criança, entediada, sobrecarregada com todas essas promessas, negligencia-as, esquece-as, por fim despreza-as e, vendo-as como fórmulas vãs, brinca de fazê-las e quebrá-las. Portanto, se quereis que ela mantenha fielmente sua palavra, sede prudente ao exigi-la.

Sob muitos aspectos, os detalhes em que acabo de entrar a respeito da mentira podem aplicar-se a todos os outros deveres, que só se prescrevem às crianças tornando-os não apenas detestáveis, mas impraticáveis. Para parecer que lhes pregam a virtude fazem-nas amar todos os vícios: proibindo-as de tê-los, vão dando-os a elas. Querendo torná-las piedosas, levam-nas para entendiarem-se na igreja; fazendo-as resmungar orações a toda hora, fazem-nas aspirar à felicidade de não orar mais a Deus. Para inspirar-lhes caridade mandam-nas dar esmolas, como se não se dignassem dá-las pessoalmente. Ei, não é a criança que deve dar, é o mestre: por mais afeto que tenha por seu aluno, deve não lhe ceder essa honra; deve fazê-la entender que em sua idade ainda

---

39. Nada é mais imprudente do que uma pergunta como essa, principalmente se a criança for culpada: se ela julgar que sabeis o que fez, verá que lhe preparais uma armadilha, e essa opinião não poderá deixar de indispô-la contra vós. Se julgar que não sabeis, dirá consigo: Por que eu haveria de revelar minha culpa? Surge assim, como efeito de vossa pergunta imprudente, a primeira tentação da mentira.

não é digno dela. Dar esmola é uma ação de homem que conhece o valor do que dá e a necessidade de seu semelhante. A criança, que não conhece nada disso, não pode ter mérito algum em dar; dá sem caridade, sem beneficência; quase se envergonha de dar quando, baseando-se em seu exemplo e no vosso, acredita que somente as crianças dão e que os adultos não dão mais esmolas.

Observai que sempre mandam a criança dar somente coisas cujo valor ignora, como as peças de metal que carrega no bolso e que só servem para isso. Uma criança daria mais facilmente cem luíses do que um bolo. Mas incitai esse distribuidor pródigo a doar as coisas que lhe são caras – brinquedos, balas, seu lanche – e logo saberemos se o tornastes realmente liberal.

Encontram mais um expediente para isso: rapidamente dar de novo para a criança o que ela doou, de modo que se acostuma a doar tudo o que sabe muito bem que voltará a ter. Tenho visto nas crianças somente estas duas espécies de generosidade: dar o que de nada lhes serve ou dar o que têm certeza de que vão reaver. Fazei de modo, diz Locke, que por experiência se convençam de que o mais liberal é sempre o que acaba mais favorecido. Isso é tornar uma criança liberal na aparência e avarenta na realidade. Ele acrescenta que assim as crianças adquirirão o hábito da liberalidade. Sim, de uma liberalidade usurária, que dá um ovo para receber dez galinhas. Mas, quando a questão for pura e simplesmente doar, adeus, hábito: quando deixarem de devolver-lhes, imediatamente deixarão de doar. É preciso levar em conta o hábito da alma e não o das mãos. Todas as outras virtudes que ensinam às crianças assemelham-se a essa. E é em pregar-lhes tão sólidas virtudes que lhes gastam os jovens anos na tristeza! Não é realmente uma educação sábia?

Mestres, deixai de lado os amaneiramentos, sede virtuosos e bons; que vossos exemplos se gravem na memória de vossos alunos até que possam entrar em seus corações. Em vez de apressar-me a exigir do meu ato de caridade, prefiro fazê-lo em sua presença e mesmo impedi-lo de imitar-me, como uma honra que não é para sua idade; pois é importante que não se habitue a ver os deveres dos homens somente como deveres de crianças. E se, vendo-me assistir os pobres, ele me fizer perguntas e for hora de responder-lhe[40], direi: – *Meu amigo, é porque, quando os pobres aceitaram que houvesse ricos, os ricos*

---

40. Fica entendido que não resolvo suas questões quando ele quer e sim quando eu quero; o contrário seria sujeitar-me a suas vontades e colocar-me na mais perigosa dependência em que um preceptor possa estar de seu aluno.

prometeram sustentar todos os que não tivessem como viver de seus bens nem de seu trabalho. – E vós prometestes isso? indagará ele. *– Sem dúvida; só sou dono do bem que passa por minhas mãos com a condição que está vinculada a sua propriedade.*

Depois de ouvir esse discurso – e vimos como é possível tornar uma criança capaz de entendê-lo –, outro que não Emílio ficaria tentado a imitar-me e comportar-se como homem rico; nesse caso, eu, pelo menos, impediria que o fizesse com ostentação; preferiria que me roubasse meu direito e se escondesse para doar. É uma fraude própria de sua idade e a única que eu lhe perdoaria.

Sei que todas essas virtudes por imitação são falsas virtudes e que toda boa ação é moralmente boa somente quando é feita por ser boa e não porque outros a fazem. Mas, numa idade em que o coração nada sente ainda, precisamos fazer as crianças imitarem os atos aos quais queremos habituá-las, até que possam fazê-los por discernimento e por amor ao bem. O homem é imitador, mesmo o animal o é; o gosto pela imitação é próprio da natureza bem ordenada, mas degenera em vício na sociedade. O macaco imita o homem, que ele teme, e não imita os animais que despreza; considera bom o que um ser faz melhor do que ele. Entre nós, ao contrário, nossos arlequins de toda espécie imitam o belo para degradá-lo, para torná-lo ridículo; buscam no sentimento de sua própria baixeza igualar a si o que vale mais do que eles; ou, quando se empenham em imitar o que admiram, vemos na escolha dos objetos o falso gosto dos imitadores: querem muito mais impô-lo aos outros ou fazê-los aplaudir seu talento do que se tornarem melhores ou mais sábios. O fundamento da imitação entre nós provém de o desejo de sempre se transportar para fora de si. Se meu empreendimento for bem-sucedido, seguramente Emílio não terá esse desejo. Portanto, devemos passar sem o bem aparente que ele pode produzir.

Aprofundai todas as regras de vossa educação e encontrareis todas assim em contrassenso, principalmente com relação às virtudes e aos costumes. A única lição de moral que convém para a infância – e a mais importante em qualquer idade – é nunca fazer mal a pessoa alguma. O próprio preceito de fazer o bem, se não for subordinado a esse, é perigoso, falso, contraditório. Quem não faz o bem? Todo mundo o faz, o maldoso como os outros; ele torna alguém feliz à custa de cem miseráveis; e daí provêm todas nossas calamidades. As virtudes mais sublimes são negativas; são também as mais difíceis, porque não são ostentosas e mesmo estão acima desse prazer, tão doce para o coração do homem, de fazer outro sair contente conosco. Oh, quanto bem faz necessariamente a seus semelhantes aquele – se houver algum – que nunca lhes causar mal! De quanta intrepidez de alma, de quanto vigor de caráter ele necessita! Não é argumentando sobre essa máxima, é tentando praticá-la que sentimos como é grandioso e árduo conseguir isso[41].

Essas são algumas pequenas ideias sobre as precauções com as quais eu gostaria que fossem dadas às crianças as instruções que às vezes não podem ser-lhes recusadas sem expô-las a prejudicar a si mesmas ou aos outros e principalmente a adquirir maus hábitos dos quais depois seria difícil corrigi-las. Mas podemos ter certeza de que essa necessidade raramente surgirá com crianças educadas como devem sê-lo, porque é impossível que se tornem indóceis, más, mentirosas, ávidas quando não foram semeados em seus corações os vícios que as tornam assim. Portanto, o que eu disse sobre esse ponto serve mais para as exceções do que para as regras; mas tais exceções são mais frequentes na medida em que as crianças tiverem mais oportunidades de sair de seu estado e contraírem os vícios dos homens. As que forem educadas no meio do mundo necessitam obrigatoriamente de instruções mais precoces do que as educadas longe dele. Assim, essa educação solitária seria preferível, mesmo quando não fizesse mais do que dar à infância tempo para amadurecer.

Há outro gênero de exceções contrárias para aqueles que uma índole feliz eleva acima de sua idade. Assim como há homens que nunca saem da infância, há outros que, digamos assim, não passam por ela e são homens quase já ao nascerem. O mal é que esta última exceção é muito rara, muito difícil de ser reconhecida e que toda mãe, imaginando que uma criança pode ser um prodígio, não tem dúvida de que seu filho o seja. Elas fazem mais: veem como indícios extraordinários os mesmos que marcam a ordem habitual: a vivacidade, as tiradas imprevistas, o estouvamento, a ingenuidade picante – todos si-

---

41. O preceito de nunca prejudicar alguém prevalece sobre o de ligar-se com a sociedade humana o menos possível, pois no estado social o bem de um causa necessariamente o mal de outro. Essa relação está na essência da coisa e nada pode mudá-la. Indagai por esse princípio qual é melhor, homem social ou solitário. Um autor ilustre diz que apenas o homem mau é sozinho; eu digo que apenas o bom é sozinho. Apesar de menos sentenciosa, esta última afirmação é mais verdadeira e mais consequente do que a anterior. Se o homem mau fosse sozinho, que mal poderia causar? É na sociedade que ele monta suas maquinações para prejudicar os outros. Se quiserem reverter para o homem de bem esse argumento, respondo com o artigo ao qual esta nota pertence.

nais característicos da idade e que melhor mostram que uma criança é apenas uma criança. Será surpreendente que aquela que fazem falar muito e a quem permitem dizer tudo, que não é tolhida por nenhum respeito, por nenhum decoro solte por acaso algum dito certeiro? Mais surpreendente seria se nunca o fizesse, como seria surpreendente se junto com mil mentiras um astrólogo nunca predissesse alguma verdade. Eles mentirão tanto que no fim acertarão, dizia Henrique IV. Quem quiser achar umas frases espirituosas só precisa dizer muitas tolices. Deus guarde do mal as pessoas em moda, que não têm outro mérito para ser festejadas!

Os pensamentos mais brilhantes podem cair no cérebro das crianças, ou antes, as melhores palavras caírem em sua boca ou diamantes do maior valor em suas mãos, sem que por isso nem os pensamentos nem os diamantes lhes pertençam; nessa idade não há propriedade verdadeira de espécie alguma. As coisas que uma criança diz não são para ela o que são para nós: ela não lhes associa as mesmas ideias. Essas ideias, se é que existem, em sua cabeça não têm sequência nem ligação; em tudo o que pensa nada é fixo, nada é seguro. Examinai vosso suposto prodígio. Em certos momentos encontrareis nele o ímpeto de uma atividade extrema, uma clareza mental de varar as nuvens. Quase sempre essa mesma mente vos parece frouxa, úmida e como que cercada de uma névoa espessa. Ora ele vos ultrapassa, ora permanece imóvel. Em um momento diríeis: *é um gênio*, e no momento seguinte: *é um tolo*. Errareis sempre: é uma criança. É uma aguiazinha que num momento fende os ares e no momento seguinte cai novamente no ninho.

Portanto, apesar das aparências, tratai-a de acordo com sua idade e evitai esgotar suas forças por havê-las exercitado demais. Se esse jovem cérebro aquecer-se, se perceberdes que começa a ferver, primeiro deixai-o fermentar em liberdade, mas nunca o exciteis, para evitar que tudo se exale; e, quando os primeiros espíritos[42] evaporarem-se, deveis reter, comprimir os outros, até que, com o passar dos anos, tudo se transforme em calor vivificante e em força verdadeira. Do contrário, perdereis vosso tempo e vossos cuidados, destruireis vossa própria obra; e, depois de vos embriagardes insensatamente com todos esses vapores inflamáveis, somente vos restará um bagaço sem vigor.

---

42. Segundo uma teoria fisiológica muito conhecida nessa época, corpúsculos invisíveis nos quais reside a vida animal de um ser [N.T.].

Das crianças atoleimadas provêm os homens vulgares: não conheço uma observação mais geral e mais certeira do que essa. Nada é mais difícil do que distinguir na infância a estupidez real daquela estupidez aparente e enganadora que anuncia as almas fortes. Inicialmente parece estranho que os dois extremos tenham sinais tão semelhantes; e, entretanto, tem de ser assim; pois, numa idade em que o homem ainda não tem nenhuma ideia verdadeira, toda a diferença encontrada entre o que tem muito engenho e o que não o tem consiste em que este último aceita apenas ideias falsas e o primeiro, por achar todas falsas, não aceita nenhuma: portanto, assemelha-se ao estúpido por um não ser capaz de nada e nada convir ao outro. O único sinal que pode distingui-los depende do acaso, que pode oferecer ao último alguma ideia a seu alcance, enquanto o primeiro é sempre o mesmo em toda parte. Catão, o Jovem, durante a infância parecia um imbecil dentro de casa. Era taciturno e obstinado: esse era todo o juízo que faziam dele. Foi somente na antecâmara de Sila que seu tio aprendeu a conhecê-lo. Se ele não tivesse entrado naquela antecâmara, talvez tivesse sido considerado um bruto até a idade da razão. Se César não tivesse vencido, talvez tivessem continuado a tratar de visionário esse mesmo Catão que lhe intuiu a genialidade funesta e de tão longe previu todos seus projetos. Oh, como os que julgam tão precipitadamente as crianças estão sujeitos a enganar-se! Muitas vezes são mais crianças do que elas. Vi, numa idade bastante avançada, um homem que me honrava com sua amizade ser considerado na família e entre os amigos como uma mente tacanha: aquela cabeça excelente maturava-se em silêncio. De repente ele se revelou filósofo, e não tenho dúvida de que a posteridade lhe atribuirá um lugar distinto e honroso entre os melhores pensadores e os mais profundos metafísicos de seu século.

Respeitai a infância e não vos apresseis a julgá-la, seja bem ou mal. Deixai que as exceções se anunciem, sejam provadas e confirmadas durante muito tempo, antes de adotardes para elas métodos específicos. Deixai a natureza agir longamente antes de pensardes em agir em seu lugar, para não contrariardes suas operações. Dizeis que sabeis o valor do tempo e que não quereis perdê-lo. Não vedes que mais o perdeis usando-o do que nada fazendo, e que uma criança mal instruída está mais distante da sabedoria do que a que não recebeu instrução alguma. Alarma-vos vê-la consumir seus primeiros anos em não fazer nada. Como?! Ser feliz é nada? Pular, brincar, correr o dia inteiro é nada? Em toda sua vida ela nunca estará tão ocupada. Platão, em sua *República* que julgam tão austera, educa as crianças somente com festas, jogos, canções, passatempos; parece que, quando as ensinou bem a divertirem-se, fez tudo. E Sêneca, falando da antiga juventude romana, disse que ela estava sempre em pé: não lhe ensinavam nada que precisasse aprender sentada. Acaso, quando chegava à idade viril, ela valia menos? Portanto, não vos assusteis com essa suposta ociosidade. O que diríeis de um homem que para tirar proveito da vida inteira nunca quisesse dormir? Diríeis: esse homem é insensato; não usufrui o tempo, priva-se dele; para fugir do sono corre para a morte. Pensai que aqui é a mesma coisa e que a infância é o sono da razão.

A aparente facilidade para aprender é causa da perda das crianças. As pessoas não veem que justamente essa facilidade é a prova de que elas nada aprendem. Seu cérebro liso e polido devolve como um espelho os objetos que lhe são apresentados; mas nada permanece, nada penetra. A criança retém as palavras, as ideias refletem-se; os que a ouvem entendem-nas, só ela não as entende.

Embora a memória e o raciocínio sejam duas faculdades essencialmente diferentes, uma só se desenvolve realmente com a outra. Antes da idade da razão a criança não recebe ideias e sim imagens; e a diferença entre estas e aquelas é que as imagens são apenas pinturas absolutas dos objetos sensíveis e as ideias são noções dos objetos, determinadas por relações. Uma imagem pode estar sozinha na mente que a imagina, mas toda ideia supõe outras. Quando imaginamos, não fazemos mais do que ver; quando concebemos, comparamos. Nossas sensações são puramente passivas, ao passo que todas nossas percepções ou ideias nascem de um princípio ativo que julga. Isso será demonstrado adiante.

Digo, portanto, que, não sendo capazes de julgar, as crianças não têm uma memória real. Retêm sons, figuras, sensações, raramente ideias, ainda mais raramente as ligações destas. Objetando-me que elas aprendem alguns elementos de geometria, alguns acreditam que estão apresentando uma prova contra mim; e, muito ao contrário, a prova é a meu favor: mostra que, longe de saberem raciocinar por si mesmas, elas nem mesmo sabem reter os raciocínios de outrem; pois acompanhai esses pequenos geômetras em seu método e imediatamente vereis que retiveram apenas a exata impressão da figura e os termos da demonstração. Ante uma mínima objeção nova, desnorteiam-se; invertei a figura e desnorteiam-se. Todo seu saber está na sensação, nada chegou até o entendimento. Mesmo sua memória não é mais perfeita do que as outras faculdades, visto que quase sempre precisam reaprender, quando adultas, as coisas cujos nomes aprenderam na infância.

Entretanto, estou muito longe de pensar que as crianças não tenham qualquer espécie de raciocínio[43]. Ao contrário, vejo que raciocinam muito bem em tudo o que conhecem e que se relaciona com seu interesse atual e sensível. Mas é sobre seus conhecimentos que nos enganamos ao atribuir-lhes os que não têm e ao fazê-las raciocinar sobre o que não podem compreender. Enganamo-nos também ao querer que deem atenção a considerações que não as afetam de modo algum, como as de seu interesse futuro, de sua felicidade quando homens, da estima que terão por elas quando forem adultas – discursos que, feitos para seres desprovidos de toda capacidade de previsão, significam absolutamente nada para eles. Mas todos os estudos forçados desses pobres infelizes tendem para esses objetos totalmente alheios a seus espíritos. Avaliai quanta atenção podem dar-lhes.

Os pedagogos que nos exibem com grande aparato as instruções que dão a seus discípulos são pagos para falar de outro modo; entretanto vemos, por sua própria conduta, que pensam exatamente como eu. Pois afinal o que lhes ensinam? Palavras, mais palavras e sempre palavras. Entre as diversas ciências que se gabam de ensinar-lhes, evitam cuidadosamente escolher as que lhes seriam realmente úteis, porque seriam ciências de coisas e eles não se sairiam bem; escolhem aquelas que parecemos saber quando sabemos seus termos: a heráldica, a geografia, a cronologia, as línguas etc. – todos estudos tão distantes do homem, e principalmente da criança, que será assombroso se algo de tudo isso puder ser-lhe útil uma única vez na vida.

Ficarão surpresos por eu incluir o estudo das línguas no número de inutilidades da educação; mas é preciso lembrar que estou falando aqui somente

---

43. Ao escrever, fiz cem vezes a reflexão de que numa obra longa é impossível dar sempre os mesmos sentidos às mesmas palavras. Não há uma língua rica o bastante para fornecer tantos termos, expressões e frases quantas modificações nossas ideias podem sofrer. O método de definir todos os termos e substituir continuamente o definido pela definição é bonito, mas impraticável; pois, como evitar o círculo? As definições poderiam ser boas se não empregássemos palavras para fazê-las. Apesar disso, estou convencido de que podemos ser claros, mesmo na pobreza de nossa língua, não dando sempre as mesmas acepções para as mesmas palavras e sim fazendo de modo que, sempre que empregarmos cada palavra, a acepção que lhe dermos seja suficientemente determinada pelas ideias que se relacionam com ela, e cada período em que a palavra aparecer lhe sirva, digamos assim, de definição. Ora digo que as crianças são incapazes de raciocínio ora as faço raciocinar com bastante agudeza. Com isso não creio contradizer-me em minhas ideias, mas não posso discordar de que frequentemente me contradigo em minhas expressões.

dos estudos da primeira idade; e, não importa o que possam dizer, não creio que até os 12 ou 15 anos alguma criança, com exceção dos prodígios, jamais tenha realmente aprendido duas línguas.

Admito que, se o estudo das línguas fosse apenas o das palavras, ou seja, das figuras ou dos sons que as expressam, esse estudo poderia convir às crianças; mas ao mudar os signos as línguas modificam também as ideias que eles representam. As cabeças formam-se pelas linguagens, os pensamentos tomam a cor dos idiomas. Apenas a razão é comum; em cada língua o espírito tem sua forma particular – diferença que em parte poderia ser a causa ou o efeito dos caracteres nacionais; e o que parece confirmar essa conjectura é que em todas as nações do mundo a língua segue as vicissitudes dos costumes e conserva-se ou se altera como eles.

Dessas formas diversas, o uso dá uma à criança e essa é a única que ela guarda até a idade da razão. Para ter duas precisaria saber comparar ideias; e como as compararia quando mal é capaz de concebê-las? Cada coisa pode ter para ela mil signos diferentes, mas cada ideia só pode ter uma forma; portanto, ela pode aprender a falar apenas uma língua. Entretanto aprende várias, dizem-me; nego isso. Vi alguns desses pequenos prodígios que julgavam falar cinco ou seis línguas. Ouvi-os falar alemão sucessivamente com termos latinos, termos franceses, termos italianos; na verdade utilizavam cinco ou seis dicionários, mas continuavam falando só alemão. Resumindo, dai às crianças tantos sinônimos quantos quiserdes: mudareis as palavras, não a língua; elas continuarão a saber só uma.

É para ocultar sua inaptidão nesse ponto que [os mestres] as exercitam de preferência nas línguas mortas, das quais já não há juízes que não possam ser recusados. Como o uso familiar dessas línguas perdeu-se há muito tempo, limitam-se a imitar o que encontram escrito nos livros e chamam isso de falá-las. Se o grego e o latim dos mestres são assim, imaginai o das crianças! Tão logo elas decoram seus rudimentos, dos quais não entendem absolutamente nada, ensinam-lhes primeiro a reescrever um texto francês com palavras latinas; depois, quando estão mais avançadas, a costurar em prosa frases de Cícero e em versos, centões de Virgílio. Então elas acreditam que falam latim, e quem virá contradizê-las?

Em qualquer estudo que seja, sem a ideia das coisas representadas os signos representantes nada são. Entretanto, sempre limitam a criança a esses signos, sem nunca conseguirem fazê-la compreender alguma das coisas que eles representam. Julgando ensinar-lhe a descrição da Terra, ensinam-na apenas a conhecer mapas; ensinam-lhe nomes de cidades, de países, de rios que ela imagina existirem em outros lugares apenas no papel em que lhe são mostrados. Lembro-me de ter visto em algum lugar um manual de geografia que começava assim: "O que é o mundo? É um globo de papelão". Essa é precisamente a geografia das crianças. Considero assente que depois de dois anos de globo e de cosmografia não há uma única criança de 10 anos que, com as regras que lhe deram, saiba ir de Paris a Saint-Denis. Considero assente que não há uma única que com uma planta do parque da casa paterna seja capaz de seguir-lhe os meandros sem perder-se. Esses são doutores que sabem precisamente onde ficam Pequim, Ispahan, o México e todos os países da Terra.

Ouço dizer que convém ocupar as crianças com estudos que precisem somente de olhos; poderia ser, se houvesse algum estudo que precisasse somente de olhos, mas não conheço nenhum.

Por um erro ainda mais ridículo, fazem-nas estudar História; imaginam que a História está a seu alcance, porque é apenas uma compilação de fatos. Mas o que entendem por *fatos*? Acreditam que as relações que determinam os fatos históricos sejam tão facilmente compreensíveis que as ideias sobre eles se formem sem dificuldade na mente das crianças? Acreditam que o conhecimento real dos fatos seja separável do conhecimento de suas causas e de seus efeitos e que o histórico possa estar tão desvinculado do moral que seja possível conhecer um sem o outro? Se virdes nas ações dos homens apenas os movimentos externos e puramente físicos, o que aprendereis na História? Absolutamente nada; e esse estudo, desprovido de todo interesse, não vos será prazeroso nem instrutivo. Se quereis avaliar essas ações por suas relações morais, tentai fazer vossos alunos entenderem essas relações e então vereis se a História é para sua idade.

Leitores, lembrai-vos sempre de que este que vos fala não é um cientista nem um filósofo e sim um homem simples, amigo da verdade, sem partido, sem sistema; um solitário que, vivendo pouco com os homens, tem menos oportunidades de impregnar-se de seus preconceitos e mais tempo para refletir sobre o que lhe causa impressão quando tem contato com eles. Meus argumentos são menos fundamentados em princípios do que em fatos; e creio que o melhor meio de dar-vos condições de avaliá-los é relatar-vos com frequência algum exemplo das observações que os sugerem a mim.

Fui passar alguns dias no campo, na casa de uma boa mãe de família que zelava muito pelos filhos e por sua educação. Uma manhã em que eu estava presente nas aulas do primogênito, seu governante, que o instruíra muito bem em História Antiga, retomando a de Alexandre falou do conhecido episódio com seu médico Filipe[44], sobre o qual foi pintado um quadro e que seguramente merecia isso. O governante, homem de mérito, fez sobre a intrepidez de Alexandre várias reflexões que não me agradaram, mas que evitei refutar para não o desacreditar no espírito de seu aluno. À mesa, seguindo o método francês, não deixaram de fazer o rapazinho tagarelar muito. A vivacidade natural a sua idade e a expectativa de aplausos garantidos fizeram-no soltar mil tolices, no meio das quais apareciam de vez em quando algumas frases felizes que faziam esquecer todo o restante. Por fim veio a história do médico Filipe; contou-a muito claramente e com muita graça. Após o habitual tributo de elogios que a mãe exigia e o filho esperava, todos discutiram sobre o que ele havia dito. A maioria criticou a temeridade de Alexandre; alguns, como o preceptor, admiravam sua firmeza, sua coragem; isso me fez compreender que nenhum dos presentes via em que consistia a verdadeira beleza daquele episódio. Quanto a mim, disse eu, parece-me que, se é que houve alguma firmeza, alguma coragem na ação de Alexandre, ela não passa de uma loucura. Então todo mundo se uniu e concordou que fora uma loucura. Eu ia responder e exaltar-me quando uma mulher que estava a meu lado e não havia aberto a boca curvou-se para meu ouvido e disse-me baixinho: *Cala-te, Jean-Jacques, eles não vão entender-te*. Olhei-a, fiquei impressionado e calei-me.

Depois do almoço, suspeitando por vários indícios que meu jovem doutor nada compreendera da história que narrara tão bem, peguei-lhe a mão, dei com ele uma volta pelo parque e, fazendo-lhe perguntas à vontade, descobri que ele admirava mais do que todos a tão elogiada coragem de Alexandre; mas sabeis onde ele via essa coragem? Unicamente em tomar de um só gole uma

---

44. Alexandre o Grande gravemente doente, recebe uma carta acusando seu médico Filipe de tentar envenená-lo. Quando o médico lhe apresenta a beberagem que viria a salvá-lo, Alexandre bebe todo o remédio sem hesitar. O autor provavelmente se refere ao quadro de Jean Restout (1692-1768): Alexandre, acamado e cercado de cortesãos, entregando com uma das mãos a carta a Filipe e com a outra aceitando o copo com a beberagem [N.T.].

beberagem com gosto ruim, sem hesitar, sem mostrar repugnância alguma. A pobre criança, que menos de quinze dias atrás fora obrigada a tomar remédio, sofrera infinitamente para tomá-lo, ainda tinha seu travo amargo na boca. Em sua mente, a morte, o envenenamento eram apenas sensações desagradáveis e ele não concebia para si outro veneno que não o purgante. Entretanto, é preciso admitir que a firmeza do herói causara forte impressão em seu coração jovem e que, quando tivesse de tomar o próximo remédio, estava decidido a ser um Alexandre. Sem entrar em esclarecimentos que evidentemente estavam além de seu alcance, apoiei-o nessas disposições louváveis e voltei rindo interiormente da alta sabedoria dos pais e mestres que julgam ensinar História às crianças. É fácil colocar-lhes na boca as palavras para reis, impérios, guerras, conquistas, revoluções, leis; mas, quando estiver em questão vincular a essas palavras ideias claras, haverá uma longa distância da conversa com o hortelão Robert até todas essas explicações.

Prevejo que alguns leitores, descontentes com o *cala-te, Jean-Jacques*, perguntarão o que afinal vejo de tão belo na ação de Alexandre. Desventurados! Se preciso dizer-vos, como compreendereis? É que Alexandre acreditava na virtude; acreditava nela acima de sua saúde, de sua própria vida; é que sua grande alma era feita para acreditar nela. Oh, que bela profissão de fé foi engolir aquele remédio! Não, jamais um mortal fez uma tão sublime. Se existir algum Alexandre moderno, mostrai-o a mim em episódios semelhantes.

Se não há ciência de palavras, não há um estudo próprio para as crianças. Se elas não têm ideias reais, não têm uma memória real, pois não chamo assim a que retém somente sensações. De que adianta inscrever-lhes na cabeça um catálogo de signos que nada representam para elas? Acaso quando aprenderem as coisas não aprenderão os signos? Por que lhes dar o trabalho inútil de aprendê-los duas vezes? E, entretanto, quantos preconceitos perigosos começam a inspirar-lhes ao fazê-las considerar como conhecimento palavras que não têm sentido para elas! É na primeira palavra vazia que a criança recebe, é na primeira coisa que aprende porque outrem assim diz e sem que ela veja a utilidade disso que seu discernimento é perdido: ela passará muito tempo brilhando aos olhos dos tolos antes de sanar essa perda[45].

---

45. A maioria dos eruditos o são à maneira das crianças. A vasta erudição resulta menos de uma infinidade de ideias que de uma infinidade de imagens. As datas, os nomes próprios, os lugares, todos os objetos isolados ou destituídos de ideias são retidos unicamente pela memória dos sinais e

Não, se a natureza dá ao cérebro de uma criança essa maleabilidade que o torna capaz de receber toda espécie de impressões, não é para que gravemos nele nomes de reis, datas, termos de heráldica, de astronomia, de geografia e todas essas palavras sem sentido algum para sua idade e sem utilidade para qualquer idade que seja, com as quais sobrecarregam sua triste e estéril infância; mas é para que todas as ideias que ela pode conceber e que lhe são úteis, todas as que têm a ver com sua felicidade e devem um dia esclarecê-la sobre seus deveres sejam traçadas cedo nele em caracteres indeléveis e sirvam-lhe para conduzir-se ao longo da vida de um modo que convenha a seu ser e a suas faculdades.

Sem estudar nos livros, a espécie de memória que uma criança pode ter não permanece ociosa por isso: tudo o que ela vê, tudo o que ouve impressiona-a e é lembrado; registra interiormente as ações, as falas dos homens; e tudo que a cerca é o livro no qual, sem perceber, vai enriquecendo continuamente sua memória até que seu discernimento possa tirar proveito disso. É na escolha desses objetos, é no cuidado de apresentar-lhe sem cessar os que ela pode conhecer e ocultar-lhe os que deve ignorar que consiste a verdadeira arte de cultivar nela essa primeira faculdade; e é desse modo que é preciso procurar formar-lhe um repertório de conhecimentos que sirvam para sua educação durante a juventude e para sua conduta em todas as épocas. É bem verdade que esse método não forma prodígios mirins nem faz as governantas e os preceptores brilharem; mas forma homens judiciosos, robustos, saudáveis de corpo e de entendimento, que, sem se terem feito admirar quando jovens, fazem-se honrar quando adultos.

Emílio nunca aprenderá nada de cor, nem mesmo fábulas, nem mesmo as de La Fontaine, por mais ingênuas e encantadoras que sejam, pois as palavras das fábulas não são as fábulas, como as palavras da História não são a História. Como se pode ser cego a ponto de chamar as fábulas de moral das crianças, sem pensar que ao diverti-las o apólogo as engana; que, seduzidas pela mentira, elas deixam escapar a verdade, e o que é feito para tornar agradável a ins-

---

raramente nos lembramos de alguma dessas coisas sem ao mesmo tempo vermos a frente ou o verso da página em que a lemos ou a figura sob a qual a vimos na primeira vez. Essa era aproximadamente a ciência em moda nos últimos séculos. A de nosso século é diferente: não estudam mais, não observam mais: sonham, e apresentam-nos gravemente como filosofia os sonhos de algumas noites ruins. Irão dizer-me que também sonho, concordo; mas, ao contrário dos outros, apresento meus sonhos como sonhos, deixando o leitor buscar se têm algo útil para as pessoas despertas.

trução impede-as de tirar proveito dela? As fábulas podem instruir os homens, mas para as crianças precisamos dizer a verdade nua: tão logo a cobrimos com um véu, elas não se dão mais o trabalho de tirá-lo.

Faz-se todas as crianças aprenderem as fábulas de La Fontaine e não há uma única que as entenda. Se as entendessem, seria ainda pior, pois ali a moral está tão misturada e é tão desproporcional à idade delas que as levaria mais ao vício do que à virtude. Mais paradoxos, direis. Pois sejam, mas vejamos se são verdades.

Digo que uma criança não entende as fábulas que as fazem aprender porque, por mais que se esforcem para simplificá-las, a instrução que desejam extrair força-os a introduzir ideias que a criança não consegue captar; e porque a própria forma de poesia ao facilitar a memorização dificulta o entendimento, de modo que compram a recreação à custa da clareza. Sem citar essa infinidade de fábulas que nada têm de inteligível ou de útil para as crianças e que imprudentemente as fazem aprender porque estão misturadas com as outras, limitemo-nos às que o autor parece ter feito especialmente para elas.

De toda a coletânea de La Fontaine conheço apenas cinco ou seis fábulas em que brilha eminentemente a simplicidade infantil; dessas cinco ou seis tomo como exemplo a primeira[46], porque é aquela cuja moral é mais válida para qualquer idade, aquela que as crianças compreendem melhor, a que aprendem com mais prazer e, por fim, a que justamente por isso o autor preferiu colocar no início de seu livro. Supondo que realmente tenha como objetivo ser entendida pelas crianças, agradar-lhes e instruí-las, essa fábula é seguramente sua obra-prima; portanto, permiti que eu a percorra e a analise em poucas palavras.

O corvo e a raposa
Fábula
Mestre corvo estava um dia / Numa árvore pousado,
"Mestre": qual é o significado exato dessa palavra? O que significa diante de um nome próprio? Que sentido tem neste caso?

O que é um corvo?

---

46. É a segunda e não a primeira, como o Sr. Formey observou muito bem.

O que é "numa árvore pousado"? Não se diz "numa árvore pousado", diz-se "pousado numa árvore". Consequentemente, precisais falar das inversões da poesia; precisais dizer o que é prosa e o que é verso.

E segurava no bico / Um bom pedaço de queijo.

Qual queijo? Era um queijo suíço, de Brie ou holandês? Se a criança nunca viu um corvo, o que ganha falando dele? Se já viu, como conceberá que segure no bico um queijo? Devemos sempre criar imagens de acordo com a natureza.

Atraída pelo cheiro / Mestra raposa matreira.

De novo "mestra"! Mas esta aqui se justifica: a raposa é mestra nas artimanhas de seu ofício. Precisais dizer o que é uma raposa e distinguir sua natureza verdadeira do caráter convencional que ela tem nas fábulas.

"Matreira": Essa não é uma palavra de uso comum. Deveis explicá-la; deveis dizer que hoje só é utilizada em versos. A criança perguntará por que se fala de um modo em verso e de outro em prosa. O que lhe respondereis?

Atraída pelo cheiro de um queijo! Esse queijo, preso no bico de um corvo empoleirado numa árvore, devia ter um cheiro muito forte para que a raposa o sentisse na mata ou em sua toca! É assim que exercitais em vosso aluno aquele espírito de crítica judiciosa que só se deixa impor com boas provas e sabe discernir a verdade da mentira nas narrativas de outrem?

Faltou-lhe desta maneira:

"Faltou-lhe": Então as raposas falam? E falam a mesma língua que os corvos? Preceptor prudente, acautelai-vos, pesai bem vossa resposta antes de dizê-la; ela importa mais do que pensastes.

"Bons dias", senhor dom Corvo!

"Senhor": título que a criança vê ser ridicularizado antes mesmo de saber que é um título honroso. Os que dizem "senhor dom Corvo" terão muitas outras questões antes de explicarem esse "dom".

Que bonito estou vos vendo! / Que belo me pareceis!

Redundância inútil. Ao ver repetir a mesma coisa com outras palavras a criança aprende a falar desleixadamente. Se explicardes que essa redundância é um recurso do autor, que é intencional na raposa porque ela quer parecer que multiplica os elogios com palavras, essa desculpa será boa para mim, mas não para meu aluno.

Sem mentir, se vossa voz.

"Sem mentir": Então às vezes se mente? Como ficará a criança se lhe explicardes que a raposa diz "sem mentir" justamente por que está mentindo?

Igualar vossa plumagem,

"Igualar": O que significa essa palavra? Ensinai a criança a comparar qualidades tão diferentes quanto a voz e a plumagem e vereis como ela vos entenderá.

"Sois a fênix perfeita / Dos hóspedes destas matas."

"A fênix": O que é uma fênix? De repente nos vemos lançados na mentirosa Antiguidade, quase na mitologia.

"Dos hóspedes destas matas": Que discurso figurado! A bajuladora enobrece sua linguagem e dá-lhe mais dignidade para torná-la mais sedutora. Acaso uma criança entenderá essa sutileza? Pelo menos sabe, pode saber o que é um estilo nobre e um estilo vulgar?

O corvo, cego de orgulho,

É preciso já ter experimentado paixões bem vivas para sentir essa expressão proverbial.

Quer mostrar sua bela voz:

Não esqueçais que para entender este verso e toda a fábula a criança deve saber como é a bela voz do corvo.

Escancara o grande bico / E deixa cair o queijo.

Este verso é admirável, sua harmonia forma a imagem. Vejo um grande bico aberto; ouço o queijo cair através dos galhos; mas essas belas imagens são perdidas pelas crianças.

A raposa o pega e diz: / "Meu bom senhor, aprendei!

Temos aí a bondade transformada em tolice. Seguramente não perdeis tempo para instruir as crianças!

Que todo bajulador / Vive de quem o escuta.

Máxima geral; já não é assunto nosso. E nunca alguma criança de 10 anos compreendeu estes versos.

Esta lição vale um queijo."

Isso é inteligível e o pensamento é muito bom. Entretanto, pouquíssimas crianças saberão comparar uma lição com um queijo e não preferirão o queijo à lição. Então é preciso explicar-lhes que essa afirmação é somente uma zombaria. Quanta sutileza para crianças!

Envergonhado e confuso,

Outro pleonasmo, mas este é indesculpável.
O corvo jurou, mas tarde, / Nunca mais ser enganado.
"Jurou": Qual é o mestre tão tolo que ouse explicar à criança o que é um juramento?

São muitos detalhes, mas bem menos do que seria preciso para analisar todas as ideias desta fábula e reduzi-las às ideias simples e elementares que compõem cada uma delas. Mas quem julga necessitar desta análise para ser compreendido pela juventude? Nenhum de nós é tão filósofo que saiba colocar-se no lugar de uma criança. Passemos agora à moral.

Pergunto se é para crianças de 10 anos que devemos ensinar que há homens que bajulam e mentem para proveito próprio. Poderíamos, quando muito, ensinar-lhes que há pessoas trocistas que ridicularizam os meninos pequenos e zombam em segredo de sua tola vaidade; mas o queijo atrapalha tudo: estaremos ensinando-as menos a não deixá-lo cair do bico e mais a fazê-lo cair do bico de outrem. Este é meu segundo paradoxo e não é o menos importante.

Acompanhai as crianças que aprendem suas fábulas e vereis que, quando são capazes de aplicá-las, dão-lhes quase sempre uma aplicação contrária à intenção do autor e que, em vez de observarem-se sobre o defeito do qual se quer curá-las ou preservá-las, tendem a amar o vício com o qual se tira partido dos defeitos dos outros. Na fábula anterior, as crianças zombam do corvo, mas todas gostam da raposa; na fábula seguinte, julgais dar-lhes a cigarra como exemplo, mas não, elas escolhem a formiga. Ninguém gosta de humilhar-se; elas sempre escolherão o papel bonito, pois é a escolha do amor-próprio, uma escolha muito natural. Mas, que lição horrível para a infância! O mais odioso de todos os monstros seria uma criança avarenta e dura que soubesse o que lhe pedem e o que recusa. A formiga faz ainda pior: ensina-a a recusar zombando.

Em todas as fábulas em que o leão é um dos personagens, como é sempre o mais brilhante, a criança não deixa de fazer-se leão; e, quando estiver encarregada de alguma partilha, bem instruída por seu modelo, cuidará de apoderar-se de tudo. Mas, quando a mosca derrota o leão, o caso é outro: então a criança não é mais leão, é mosca. Ela aprende a um dia matar a ferroadas os que não ousaria atacar de frente.

Na fábula do lobo magro e do cão gordo, em vez da lição de moderação que se pretende dar-lhe, ela aprende uma de libertinagem. Nunca esquecerei quanto vi chorar uma menininha que haviam desolado com essa fábula, ao mesmo tempo que a exortavam a ser sempre dócil. Custou muito saber a causa de seu choro; por fim entendemos. A pobre criança entristecia-se por estar presa, sentia o pescoço pelado; chorava por não ser lobo[47].

Assim, portanto, a moral da primeira fábula citada é para a criança uma lição da mais baixa lisonja; a da segunda, uma lição de desumanidade; a da terceira, uma lição de injustiça; a da quarta, uma lição de satirização; a da quinta, uma lição de independência. Esta última lição é supérflua para meu aluno e também não é adequada para os vossos. Quando lhes dais preceitos que se contradizem, que fruto podeis esperar de vossos cuidados? Mas talvez toda essa moral que me serve de objeção contra as fábulas forneça motivos para conservá-las. Na sociedade é preciso uma moral em palavras e outra em ações, e essas duas morais não se parecem. A primeira está no catecismo, onde a deixam; a segunda está nas fábulas de La Fontaine para crianças e em seus contos para as mães. O mesmo autor basta para tudo.

Entendamo-nos, senhor La Fontaine. Quanto a mim, prometo ler-vos com discernimento, apreciar-vos, instruir-me em vossas fábulas, pois espero não me equivocar sobre seu objeto; mas, quanto a meu aluno, haveis de permitir que eu não o deixe estudar uma sequer até me provardes que é bom ele aprender coisas das quais não compreenderá nem a quarta parte; que, naquelas que conseguir compreender, nunca se equivocará e, em vez de corrigir-se vendo a vítima do logro, forme-se imitando o velhaco.

Ao retirar assim todos os deveres das crianças, retiro os instrumentos de sua maior miséria: os livros. A leitura é o flagelo da infância e quase a única ocupação que sabem dar-lhe. Só aos 12 anos, no mínimo, Emílio saberá o que é um livro. Mas pelo menos ele precisa saber ler, irão dizer-me. Concordo: precisa saber ler quando a leitura lhe for útil; até então só serve para entediá-lo.

Se nada devemos exigir das crianças por obediência, segue-se que não podem aprender alguma coisa cujo proveito atual e presente não sintam, seja ele diversão ou utilidade; do contrário, que motivo as levaria a aprendê-la? A arte de falar aos ausentes e de ouvi-los, a arte de comunicar-lhes ao longe, sem mediador, nossos sentimentos, nossas vontades, nossos desejos é uma arte cuja

---

47. Na fábula "O cão e o lobo", um cão de caça tenta convencer um lobo esfomeado a ir morar com ele na casa de seu dono, onde terá comida farta e segurança. Ao saber que a falta de pelos no pescoço do cão se deve ao uso contínuo da coleira, o lobo decide continuar faminto e perseguido, mas livre [N.T.].

utilidade podemos tornar sensível para todas as idades. Por qual prodígio essa arte tão útil e tão agradável se tornou um tormento para a infância? Porque a obrigam a praticá-la contra sua vontade e dão-lhe usos sobre os quais ela nada compreende. Uma criança não terá muita vontade de aperfeiçoar o instrumento com que a atormentam; mas fazei esse instrumento servir para sua diversão e logo se dedicará a ele, queirais ou não.

Costuma-se ver como uma verdadeira batalha buscar os melhores métodos para ensinar a ler: inventam-se escrivaninhas, baralhos; faz-se do quarto da criança uma oficina de impressor. Locke quer que ela aprenda a ler com dados; não é uma invenção feliz? Que tristeza! Um meio mais seguro do que tudo isso, e que é sempre esquecido, é o desejo de aprender. Daí à criança esse desejo, depois deixai de lado vossas escrivaninhas e vossos dados, e qualquer método será bom para ela.

O interesse presente é a grande motivação, a única que leva seguramente e longe. Emílio às vezes recebe do pai, da mãe, de parentes, de amigos bilhetes convidando-o para um almoço, um passeio, uma volta de barco, uma festa pública. Esses bilhetes são curtos, claros, simples, bem escritos. É preciso encontrar alguém que os leia para ele; esse alguém nem sempre é encontrado no momento certo, ou então devolve ao menino a falta de amabilidade que este lhe demonstrou na véspera. Assim a oportunidade e o momento passam. Por fim, leem-lhe o bilhete, mas é tarde demais. Ah, se ele mesmo tivesse conseguido lê-lo! Outros bilhetes chegam: são tão curtos! o assunto é tão interessante! Ele quer tentar decifrá-los; ora encontra ajuda ora esbarra numa recusa. Empenha-se, por fim decifra metade de um bilhete: trata-se de ir amanhã comer pudim... não sabe onde nem com quem... Quanto se esforça para ler o restante! Não creio que Emílio precise de escrivaninha. Devo falar agora da escrita? Não, tenho vergonha de divertir-me com essas tolices num tratado sobre educação.

Acrescentarei apenas estas palavras, que constituem uma máxima importante: habitualmente obtemos com muita segurança e muito rapidamente o que não temos pressa de obter. Tenho quase certeza de que Emílio saberá ler e escrever perfeitamente antes dos 10 anos de idade, precisamente porque me importa muito pouco que o saiba antes dos 15; mas eu preferiria que ele nunca soubesse ler a comprar esse conhecimento à custa do que pode torná-lo útil: de que lhe servirá a leitura quando o tiverem desgostado dela para sempre?

Id imprimis cavere oportebit, ne studia, qui amare nondum potest, oderit, et amaritudinem semel perceptam etiam ultra rudes annos reformidet[48].

Quanto mais insisto em meu método inativo, mais sinto fortalecerem-se as objeções: Se vosso aluno nada aprender de vós, aprenderá dos outros. Se não prevenirdes o erro por meio da verdade, ele aprenderá mentiras; os preconceitos que temeis dar-lhe ele receberá de tudo que o cerca, entrarão por todos seus sentidos; ou corromperão sua razão antes mesmo que ela esteja formada ou seu espírito, entorpecido por uma longa inação, irá absorver-se na matéria. A falta de hábito de pensar durante a infância suprime essa faculdade durante o resto da vida.

Parece-me que eu poderia facilmente responder a isso; mas por que sempre respostas? Se meu método, por si só, responder às objeções, ele é bom; se não responder, nada vale. Prossigo.

Se, no plano que comecei a traçar, seguirdes regras diretamente contrárias às que já estão estabelecidas; se, em vez de levardes para longe o espírito de vosso aluno; se, em vez de extraviá-lo continuamente em outros lugares, em outros ambientes, em outros séculos, nos extremos da Terra e até nos céus, procurardes mantê-lo sempre em si mesmo e atento ao que o toca imediatamente, então o descobrireis capaz de percepção, de memória e mesmo de raciocínio; essa é a ordem da natureza. À medida que o ser sensitivo se torna ativo, vai adquirindo um discernimento proporcional a suas forças; e é somente com uma força que exceda aquela de que necessita para conservar-se que se desenvolve nele a faculdade especulativa apta para empregar em outros usos esse excesso de força. Portanto, se desejais cultivar a inteligência de vosso aluno, cultivai as forças que ela deve governar. Exercitai continuamente seu corpo; tornai-o robusto e saudável para torná-lo sábio e sensato; que ele trabalhe, aja, corra, grite, esteja sempre em movimento; que seja homem pelo vigor e em breve o será pela razão.

É verdade que com esse método o embrutecerieis se ficásseis sempre dirigindo-o, sempre dizendo-lhe: *vai vem, fica, faze isto, não faças aquilo*. Se vossa cabeça sempre conduzir seus braços, a dele torna-se inútil. Mas lembrai-vos de nossos acordos: se não passardes de um pedante, não vale a pena ler-me.

---

48. "Convém evitar especialmente que, ainda incapaz de afeiçoar-se aos estudos, ele passe a detestá--los e a aversão assim adquirida se prolongue além de seus primeiros anos" (Quintiliano, *Institutio Oratoria* I, 1) [N.T].

É um erro muito lamentável imaginar que o exercício físico prejudique as operações do espírito, como se essas duas ações não devessem caminhar juntas e uma não devesse dirigir sempre a outra!

Há duas espécies de homens cujos corpos estão em exercício contínuo e que seguramente pouco pensam, tanto uma como a outra, em cultivar a alma: os camponeses e os selvagens. Os primeiros são tacanhos, grosseiros, desajeitados; os outros são conhecidos por seu grande senso e também pela sutileza de espírito; geralmente não há nada mais pesado do que um camponês e nada mais arguto do que um selvagem. De onde vem essa diferença? É que o primeiro, fazendo sempre o que lhe ordenam ou o que viu seu pai fazer ou o que ele mesmo já fazia na infância, nunca sai da rotina; e em sua vida quase maquinal, continuamente ocupado com os mesmos trabalhos, o hábito e a obediência ocupam o lugar da razão.

Já o selvagem é muito diferente: não estando preso a lugar algum, não tendo tarefa prescrita, sem obedecer a ninguém, sem outra lei além de sua vontade, ele é forçado a raciocinar em cada ação de sua vida; não faz um movimento, não dá um passo sem antes pensar nas consequências. Assim, quanto mais seu corpo se exercita, mais a mente se aclara; sua força e sua razão crescem simultaneamente e uma aumenta a outra.

Douto preceptor, vejamos qual de nossos alunos se parece com o selvagem e qual se parece com o camponês. Subordinado em tudo a uma autoridade sempre professoral, o vosso só age sob ordens: não ousa comer quando tem fome, nem rir quando está alegre, nem chorar quando está triste, nem apresentar uma mão pela outra, nem mexer o pé como não estiver prescrito; em breve só ousará respirar de acordo com vossas regras. Para que desejais que pense, se pensais por ele em tudo? Seguro de vossa previdência, que necessidade tem de ser previdente? Vendo que vos encarregais de sua conservação, de seu bem-estar, sente-se liberado desse cuidado; seu juízo repousa no vosso; faz sem refletir tudo o que não lhe proibis, porque sabe bem que o faz sem risco. Que necessidade teria de aprender a prever chuva? Sabe que observais o céu por ele. Que necessidade teria de calcular a duração de seu passeio? Não receia que deixeis passar a hora do almoço. Enquanto não o proibis de comer, come; quando proibis, para de comer; não ouve mais os avisos de seu estômago e sim os vossos. Por mais que amoleçais seu corpo na inação, não tornais mais flexível seu entendimento. Muito ao contrário, desacreditais de vez a razão em sua mente ao fazê-lo usar a pouca que tem nas coisas que parecem mais inúteis. Como nunca vê para que ela serve, acaba julgando que não serve para nada. O pior que poderá acontecer-lhe por raciocinar mal será ser repreendido, e ele o é com tanta frequência que nem pensa nisso; um perigo tão comum não o assusta mais. Entretanto, achais que ele tem espírito, e tem – para tagarelar com as mulheres, no tom de que já falei. Mas, se alguma hora precisar pôr em jogo sua pessoa, tomar uma decisão em alguma ocasião difícil, haveis de vê-lo cem vezes mais aparvalhado e burro do que o filho do camponês mais tacanho.

Já meu aluno, ou melhor, o aluno da natureza, exercitado desde cedo em bastar a si mesmo tanto quanto possível, não costuma recorrer continuamente aos outros, menos ainda lhes exibir seu grande saber. Em contrapartida, ele julga, prevê, raciocina em tudo que se relaciona imediatamente consigo. Não fica falando, age; não sabe sequer uma palavra do que se faz no mundo, mas sabe muito bem fazer o que lhe convém. Como está continuamente em movimento, é forçado a observar muitas coisas, a conhecer muitos efeitos; adquire logo cedo grande experiência: recebe suas lições da natureza e não dos homens; instrui-se ainda melhor porque em lugar algum vê uma intenção de instruí-lo. Assim seu corpo e seu espírito exercitam-se simultaneamente. Agindo sempre de acordo com seu pensamento e não pelo pensamento de outrem, une continuamente duas operações: quanto mais forte e robusto fica, mais sensato e judicioso se torna. Esse é o meio de um dia ter o que é considerado incompatível e que quase todos os grandes homens reuniram: a força do corpo e a da alma, a razão de um sábio e o vigor de um atleta.

Jovem professor, prego-vos uma arte difícil: governar sem preceitos e fazer tudo fazendo nada. Essa arte, concordo, não é para vossa idade; não é adequada para de início fazer brilharem vossos talentos nem para valorizar-vos diante dos pais; mas é única que pode ter sucesso. Nunca conseguireis formar sábios se não começardes formando diabretes. Esta era a educação dos espartanos: em vez de colá-los aos livros, começavam ensinando-os a roubar seu almoço. Acaso isso tornava os espartanos grosseiros quando adultos? Quem não conhece a força e a agudeza de suas frases certeiras? Sempre formados para vencer, esmagavam os inimigos em toda espécie de guerra e os atenienses tagarelas temiam suas palavras tanto quanto seus golpes.

Nas educações mais esmeradas o mestre manda e acredita que governa; na verdade, quem governa é a criança. Serve-se do que lhe exigis para obter de vós o que lhe apraz; e sabe sempre vos fazer pagar uma hora de assiduidade com oito dias de complacência. A todo instante precisais pactuar com ela.

Esses acordos que propondes de vosso modo e ela executa do seu sempre acabam favorecendo suas fantasias, principalmente quando desastradamente lhe é imposta uma condição em seu benefício para aquilo que ela tem certeza de obter, quer cumpra ou não a condição imposta em troca. Geralmente a criança lê a mente do mestre muito melhor do que o mestre lê o coração da criança. E tem de ser assim, pois toda a sagacidade que a criança entregue a si mesma empregaria em cuidar de sua conservação pessoal ela emprega em salvar sua liberdade natural das correntes de seu tirano; ao passo que este, como não tem um interesse tão urgente em compreendê-la, às vezes acha que se beneficia mais a deixando com sua preguiça ou sua vaidade.

Tomai com vosso aluno o caminho oposto: ele sempre julgar que é o senhor e vós sempre o serdes de fato. Não há sujeição tão perfeita como a que guarda a aparência de liberdade; desse modo até mesmo a vontade é cativada. Acaso o pobre menino que nada sabe, nada pode, nada conhece não está à mercê de vós? Para ele tudo que o cerca não está à vossa disposição? Não está em vosso poder afetá-lo como vos aprouver? Seus trabalhos, suas brincadeiras, seus prazeres, seus sofrimentos, tudo não está em vossas mãos sem que o saiba? Sem dúvida ele só deve fazer o que quiser, mas só deve querer fazer o que quiserdes que faça; não deve dar um só passo que não tenhais previsto; não deve abrir a boca sem saberdes o que vai dizer.

É então que ele poderá entregar-se aos exercícios corporais que sua idade pede, sem embrutecer-lhe o espírito; é então que, em vez de aguçar a astúcia para esquivar-se de uma dominação incômoda, ireis vê-lo ocupando-se unicamente em obter de tudo que o cerca o que for mais proveitoso para seu bem-estar atual; é então que vos espantará a sutileza de suas invenções para apropriar-se de todos os objetos a seu alcance e para usufruir realmente as coisas sem auxílio da opinião dos outros.

Ao deixá-lo assim senhor de suas vontades não estareis fomentando seus caprichos. Fazendo sempre apenas o que lhe convém ele logo estará fazendo apenas o que deve fazer; e, embora seu corpo esteja continuamente em movimento, quando se tratar de seu interesse atual e sensível vereis toda a razão de que é capaz desenvolver-se muito mais e de um modo muito mais adequado para ele do que em estudos puramente especulativos.

Assim, não vos vendo empenhado em contrariá-lo, não desconfiando de vós, nada tendo a esconder-vos, ele não vos enganará, não vos mentirá; irá mostrar-se tal como é, sem medo; podereis estudá-lo à vontade e dispor a seu redor as lições que quereis dar-lhe, sem que chegue a pensar que está recebendo alguma.

Tampouco espionará vossos costumes com uma curiosidade invejosa e não se comprazerá secretamente em apanhar-vos em erro. Esse inconveniente que evitamos é muito grande. Uma das primeiras preocupações das crianças, como eu já disse, é descobrir o ponto franco dos que as governam. Essa tendência leva à maldade, mas não provém dela: provém da necessidade de escapar de uma autoridade que as importuna. Sobrecarregadas com o jugo que lhes é imposto, procuram livrar-se dele; e os defeitos que descobrem nos mestres fornecem-lhes bons meios para isso. Entretanto, acabam adquirindo o hábito de observar as pessoas mirando seus defeitos e de comprazer-se em descobri-los. Evidentemente, essa é mais uma fonte de vícios obstruída no coração de Emílio: como não tem interesse algum em achar defeitos em mim, não os procurará e não ficará tentado a buscá-los em outros.

Todas essas práticas parecem difíceis, porque não pensais nelas; mas no fundo não devem sê-lo. As pessoas têm o direito de supor em vós as luzes necessárias para exercer a profissão que escolhestes; devem supor que conheceis o andamento natural do coração humano, que sabeis estudar o homem e o indivíduo; que sabeis antecipadamente a que se inclinará a vontade de vosso aluno quando fizerdes passar diante de seus olhos todos os objetos interessantes para sua idade. E ter os instrumentos e saber utilizá-los bem não é ser senhor da operação?

A isso objetareis os caprichos da criança, e estais errado. O capricho das crianças nunca é obra da natureza e sim de uma disciplina ruim: elas ou obedeceram ou comandaram e eu já disse cem vezes que não devia acontecer uma coisa nem a outra. Portanto, vosso aluno terá somente os caprichos que lhe tereis dado; é justo que carregueis o peso de vossos erros. Mas, direis, como saná-los? Isso ainda é possível, com uma conduta melhor e muita paciência.

Fiquei encarregado, durante algumas semanas, de uma criança habituada não só a fazer suas vontades, mas a levar todo mundo a fazê-las e, portanto, cheia de fantasias. Já no primeiro dia, para pôr à prova minha complacência, resolveu levantar-se à meia-noite. Quando eu dormia profundamente ele salta da cama, pega seu roupão e chama-me. Levanto-me, acendo o candeeiro; era o que ele queria: quinze minutos depois o sono vence-o e ele volta a deitar, contente com sua prova. Dois dias depois repete-a com o mesmo sucesso e, de minha parte, sem o menor sinal de impaciência. Quando me abraçou ao deitar-se novamente, disse-lhe muito calmamente: – *Amiguinho, tudo certo, mas não faça isso de novo.* Essas palavras excitaram sua curiosidade e, já no dia seguinte, querendo ver um pouco se eu ousaria desobedecer-lhe, não deixou de levantar-se no mesmo horário e chamar-me. Perguntei-lhe o que queria. Respondeu que não conseguia dormir. *Paciência!* respondi, e fiquei quieto. Pediu-me que acendesse o candeeiro. *Para quê?* e fiquei quieto. Esse tom lacônico começou a embaraçá-lo. Foi às apalpadelas pegar a pederneira, fingiu batê-la e não pude deixar de rir ouvindo-o bater nos próprios dedos. Por fim, convencendo-se de que não conseguiria, levou a pederneira até minha cama; disse-lhe que não estava precisando dela e virei para o outro lado. Então ele se pôs a correr estouvadamente pelo quarto, gritando, cantando, fazendo muito barulho, dando contra a mesa e as cadeiras esbarrões que cuidava para não serem muito fortes e mesmo assim chorando alto, esperando deixar-me preocupado. Nada estava funcionando; e vi que, contando com belas exortações ou com uma reação de raiva, ele não tinha se preparado para aquele sangue-frio.

Entretanto, decidido a derrotar pela teimosia minha paciência, continuou sua barulheira com tanto sucesso que por fim me exaltei; e, pressentindo que com um acesso de raiva inoportuno ia pôr tudo a perder, decidi-me de modo diferente. Levantei-me sem nada dizer, fui pegar a pederneira e não a encontrei; pedi-a a ele, que a entregou, exultante por haver-me derrotado. Bato a pederneira, acendo o candeeiro, tomo pela mão meu rapazinho, levo-o tranquilamente para um gabinete vizinho onde as janelas estão bem fechadas e nada há para ser quebrado; deixo-o ali, sem luz e, fechando à chave a porta, volto para minha cama sem ter-lhe dito uma só palavra. Nem é preciso perguntar se de início houve alarido; eu já esperava isso e não me comovi. Por fim o barulho cessa; apuro o ouvido, ouço-o ajeitar-se, tranquilizo-me. Na manhã seguinte, entro no gabinete; encontro meu rebeldezinho deitado num canapé e dormindo um sono profundo, do qual devia estar muito necessitado depois de tanta fadiga.

O assunto não terminou aí. A mãe soube que o menino passara dois terços da noite fora de sua cama. Imediatamente tudo estava perdido, era quase um filho morto. Vendo a ocasião boa para vingar-se, ele se fez de doente, sem prever que nada ganharia com isso. O médico foi chamado. Infelizmente para a mãe, esse médico era um brincalhão que para rir de seus temores empenhava-se em aumentá-los. Entretanto ele me disse ao ouvido: *Deixai por minha conta, prometo-vos que o menino ficará curado por algum tempo da fantasia de estar doente.* De fato, dieta e recolhimento no quarto foram receitados e ele foi recomendado ao farmacêutico. Eu suspirava ao ver aquela pobre mãe assim enganada por todos ao redor, exceto apenas eu, que ela passou a detestar precisamente porque não a enganava.

Depois de censurar-me duramente, ela me disse que seu filho era delicado, que era o único herdeiro da família, que era preciso conservá-lo a todo custo e que ela não queria que o contrariassem. Nisso eu estava totalmente de acordo; mas por "não o contrariar" ela entendia "obedecer-lhe em tudo". Vi que precisava adotar com a mãe o mesmo tom que com o filho. – *Minha senhora*, disse-lhe bem friamente, *não sei como se educa um herdeiro e, mais ainda, não quero aprender; a senhora faça como quiser.* Necessitavam de mim por mais algum tempo: o pai acalmou tudo, a mãe escreveu ao preceptor que apressasse seu retorno; e o menino, vendo que nada ganhava em perturbar meu sono nem em ficar doente, por fim decidiu dormir também e portar-se bem.

É impossível imaginar a quantos caprichos como esse o pequeno tirano havia sujeitado seu infeliz governante; pois a educação acontecia à vista da mãe, que não tolerava que o herdeiro fosse desobedecido em nada. A qualquer hora que ele quisesse sair, era preciso estar pronto para levá-lo, ou melhor, para segui-lo, e ele sempre cuidava muito de escolher o momento em que via seu governante mais ocupado. Tentou usar sobre mim a mesma ascendência e vingar-se da noite de descanso que fora forçado a dar-me. Prestei-me de boa vontade a tudo e comecei por deixar claro a seus olhos o prazer que sentia em agradar-lhe; depois disso, quando a questão foi curá-lo de sua fantasia, agi de modo diferente.

Primeiro precisei fazê-lo cair em erro, o que não foi difícil. Sabendo que as crianças pensam apenas no momento presente, aproveitei minha fácil vantagem da previsão: cuidei de proporcionar-lhe na casa um divertimento que eu sabia ser extremamente de seu gosto e, no momento em que o vi mais envolvido, fui propor-lhe darmos uma volta; ele me mandou para longe; insisti, não me ouviu; tive de render-me e ele anotou preciosamente dentro de si esse sinal de sujeição.

No dia seguinte chegou minha vez. Ele estava entediado, exatamente como eu planejara; eu, ao contrário, parecia profundamente ocupado. Isso foi o bastante para decidi-lo: como previsto, foi arrancar-me de meu trabalho para levá-lo para passear imediatamente. Recusei; ele insistiu. *Não*, respondi-lhe; *quando fizeste tua vontade me ensinaste a fazer a minha. Não quero sair.* – Pois bem, replicou vivamente, *vou sair sozinho.* – *Como quiseres.* E retomei meu trabalho.

Ele se veste, um pouco inquieto por ver que não o impeço nem o imito. Pronto para sair, vem despedir-se; despeço-me dele; tenta alarmar-me relatando os percursos que vai fazer; quem o ouvisse pensaria que estava indo para o fim do mundo. Sem abalar-me, desejo-lhe boa viagem. Seu embaraço redobra. Entretanto, mantém a compostura e, prestes a sair, manda seu lacaio acompanhá-lo. O lacaio, já prevenido, responde que não tem tempo e que, ocupado cumprindo ordens minhas, deve obedecer-me e não a ele. Agora o menino não entende mais nada. Como conceber que o deixem sair sozinho, ele que se julga o ser mais importante para todos os outros e pensa que o céu e a Terra estão interessados em sua conservação? Entretanto começa a sentir sua fragilidade; compreende que vai ver-se sozinho no meio de pessoas que não o conhecem; vê antecipadamente os riscos que vai correr; somente a obstinação sustenta-o ainda; desce a escada lentamente e muito desconcertado. Por fim entra na rua, consolando-se um pouco do mal que pode acontecer-lhe com a esperança de que me responsabilizarão por isso.

Era lá que eu o queria. Tudo fora preparado de antemão e, como se tratava de uma espécie de cena pública, eu me munira do consentimento de seu pai. Mal ele dera alguns passos, ouve à direita e à esquerda várias pessoas falando: – *Que senhorzinho bonito, vizinho! Aonde está indo assim, sozinho? Vai se perder; vou pedir-lhe que entre em nossa casa.* – *Não deveis fazer isso, vizinha. Não estais vendo que é um malandrinho que expulsaram da casa do pai porque não queria valer para nada? Não devemos pôr malandros em casa; deixai-o ir aonde quiser.* – *Pois bem, então que Deus o guie! Eu ficaria triste se lhe acontecesse alguma desgraça.* Um pouco adiante, depara com moleques mais ou menos de sua idade que o provocam e zombam dele. Sozinho e sem proteção, ele se vê joguete de todo mundo e constata muito surpreso que suas ombreiras bordadas e seus passamanes dourados já não impõem respeito.

Enquanto isso um amigo meu, que ele não conhecia e que eu encarregara de vigiá-lo, seguia-o passo a passo sem que ele percebesse e abordou-o quando chegou o momento. Esse papel, que se assemelhava ao de Sbrigani em *Pourceaugnac*[49], exigia um homem atilado e foi desempenhado com perfeição. Sem deixar o menino tímido ou medroso assustando-o demais, fez que ele sentisse tão bem a imprudência de sua aventura que depois de meia hora levou-o de volta para casa manso, confuso, sem ousar erguer os olhos.

Para completar o desastre de sua expedição, precisamente no momento em que entrava em casa seu pai descia para sair e cruzaram-se na escada. Ele teve de dizer de onde vinha e por que eu não o estava acompanhando[50]. O pobre menino gostaria de estar com pés embaixo da terra. Sem perder tempo passando-lhe uma longa descompostura, o pai disse-lhe, mais secamente do que eu esperava: – *Quando o senhor quiser sair sozinho, a decisão é vossa; mas, como não quero ter um bandido em minha casa, quando isso acontecer cuidai de não voltar mais aqui.*

De minha parte, recebi-o sem repreendê-lo nem zombar dele, mas com uma certa gravidade; e, temendo que desconfiasse de que tudo que acontecera não passara de uma encenação, naquele dia não quis levá-lo para passear. No dia seguinte, vi com grande prazer o ar de triunfo com que passava comigo diante das mesmas pessoas que na véspera haviam zombado dele por vê-lo sozinho. É fácil adivinhar que não me ameaçou mais de sair sem mim.

Foi por esses meios e outros semelhantes que, durante o pouco tempo que fiquei com ele, consegui levá-lo a fazer tudo o que eu queria sem nada lhe prescrever, sem nada lhe proibir, sem sermões, sem exortações, sem entediá-lo com lições inúteis. Assim, enquanto eu falava, ele estava contente, mas meu silêncio atemorizava-o: compreendia que alguma coisa não estava bem e a lição sempre lhe vinha da própria coisa. Mas retomemos.

Não só esses exercícios contínuos, deixados assim sob direção unicamente da natureza, não embrutecem o espírito: ao contrário, formam em nós a única espécie de razão que a primeira idade possa ter, e a mais neces-

---

49. *Monsieur de Pourceaugnac* é uma comédia-balé de Molière encenada pela primeira vez em 1669 e publicada em 1670. O personagem Sbrigani usa de todos os meios para desencorajar um noivo indesejado (Pourceaugnac) de casar com a heroína, que ama outro homem e é correspondida [N.T.].

50. Em casos como este podemos sem risco exigir de uma criança que diga a verdade, porque ela sabe que não pode ocultá-la e que, se ousasse dizer uma mentira, imediatamente seria acusada de mentir.

sária em qualquer idade que seja. Eles nos ensinam a conhecer bem o uso de nossas forças, as relações de nossos corpos com os corpos circundantes, o uso dos instrumentos naturais que estão a nosso alcance e que convêm a nossos órgãos. Haverá uma estupidez semelhante à de uma criança educada sempre no quarto e à vista da mãe e que, ignorando o que é peso e o que é resistência, quer arrancar uma grande árvore ou levantar um rochedo? Na primeira vez que saí de Genebra, eu queria acompanhar um cavalo a galope, jogava pedras contra a montanha de Salève, que estava a duas léguas de distância; joguete de todas as crianças da aldeia, para elas eu era um verdadeiro idiota. Aos 18 anos aprendemos em filosofia o que é "alavanca"; não há um único camponesinho de 12 anos que não saiba usar uma alavanca melhor do que o principal físico da Academia. As lições que os alunos aprendem entre si no pátio da escola lhes são cem vezes mais úteis do que tudo o que jamais ouvirão na sala de aula.

Observai um gato entrar pela primeira vez num aposento: ele inspeciona, olha, cheira, não fica nem um momento parado, não confia em nada sem antes examinar tudo, conhecer tudo. Assim faz também uma criança que começa a andar e, digamos, entra no espaço do mundo. Toda a diferença é que à visão, comum à criança e ao gato, a criança, para observar, acrescenta as mãos que a natureza lhe deu, e o gato, o olfato sutil com que o dotou. Essa disposição, bem ou mal cultivada, é o que torna as crianças hábeis ou canhestras, morosas ou ágeis, estouvadas ou prudentes.

Portanto, como os primeiros movimentos naturais do homem são medir-se com tudo que o cerca e captar em cada objeto que vê todas as qualidades sensíveis relacionadas a ele, seu primeiro estudo é uma espécie de física experimental referente à sua própria conservação e da qual o desviam com estudos especulativos antes de ele reconhecer seu lugar neste mundo. Enquanto seus órgãos delicados e flexíveis podem ajustar-se aos corpos sobre os quais devem agir, enquanto seus sentidos ainda puros estão isentos de ilusão é a hora de exercitar estes e aqueles nas funções que lhes são próprias; é a hora de aprender a conhecer as relações sensíveis que as coisas têm conosco. Como tudo o que entra no entendimento humano chega pelos sentidos, a primeira razão do homem é uma razão sensitiva; é ela que serve de base para a razão intelectual: nossos primeiros mestres de filosofia são nossos pés, nossas mãos, nossos olhos. Substituir tudo isso por livros não é ensinar-nos a raciocinar, é ensinar-nos a utilizar a razão de outrem; é ensinar-nos a acreditar muito e nunca saber algo.

Para exercer uma arte precisamos começar por obter seus instrumentos; e para poder utilizar com proveito esses instrumentos precisamos torná-los bastante sólidos para resistirem ao uso. Portanto, para aprender a pensar precisamos exercitar nossos membros, nossos sentidos, nossos órgãos, que são os instrumentos de nossa inteligência; e para extrair desses instrumentos todo o proveito possível o corpo, que os fornece, precisa estar robusto e saudável. Assim, longe de a verdadeira razão do homem formar-se independentemente do corpo, é a boa constituição do corpo que torna as operações da mente fáceis e seguras.

Ao mostrar em que devemos empregar a longa ociosidade da infância, entro em detalhes que parecerão ridículos. Lições divertidas, irão dizer-me, que – retomando vossa própria crítica – se limitam a ensinar o que ninguém precisa aprender! Por que consumir o tempo em instruções que vêm sempre espontaneamente e não custam trabalhos nem cuidados? Que menino de 12 anos não sabe tudo o que quereis ensinar ao vosso e mais o que os mestres lhe ensinaram?

Senhores, estais equivocados: ensino a meu aluno uma arte muito longa, muito difícil e que os vossos seguramente não têm: a arte de ser ignorante; pois o conhecimento de alguém que julgar saber somente o que sabe reduz-se a pouca coisa. Vós dais o conhecimento, e isso é bom; eu me ocupo do instrumento apropriado para adquiri-lo. Contam que um dia, quando os venezianos mostraram com grande pompa seu tesouro de São Marcos a um embaixador da Espanha, este olhou embaixo das mesas e seu único elogio foi: *Qui non c'è la radice*, a raiz não está aqui. Nunca vejo um preceptor alardear o saber de seu aluno sem sentir-me tentado a dizer-lhe isso.

Todos os que refletiram sobre o modo de vida dos antigos atribuem aos exercícios de ginástica o vigor de corpo e de alma que mais perceptivelmente os distingue dos modernos. O modo como Montaigne apoia essa ideia mostra que estava fortemente convencido dela; retoma-a continuamente e de mil maneiras. Falando da educação de uma criança, diz que para enrijecer-lhe a alma é preciso endurecer-lhe os músculos; acostumando-a ao trabalho acostumamo-la à dor; devemos habituá-la à aspereza dos exercícios a fim de treiná-la para a aspereza das luxações, das cólicas e de todos os males. O sábio Locke, o bom Rollin, o culto Fleury, o pedante Crouzas, tão diferentes entre si em todo o restante, estão todos de acordo sobre este único ponto: exercitar muito o corpo das crianças. Esse é o mais judicioso de seus preceitos; é e será sempre o mais negligenciado. Já falei suficientemente de sua importância; e, como sobre isso não podemos dar razões melhores nem regras mais sensatas do que as que estão no livro de Locke, vou limitar-me a remeter a ele, depois de tomar a liberdade de acrescentar algumas observações às suas.

Todos os membros de um corpo em crescimento devem ficar soltos dentro das roupas; nada deve atrapalhar-lhes os movimentos nem o crescimento; nada justo demais, nada que cole no corpo; nada de ligaduras. O vestuário francês, incômodo e malsão para os homens, é pernicioso principalmente para as crianças. Os humores, estagnados, impedidos de circular, deterioram-se numa inércia que a vida inativa e sedentária aumenta, corrompem-se e causam o escorbuto – doença cada dia mais comum entre nós e quase desconhecida dos antigos, pois sua maneira de vestir-se e de viver preservava-os dela. O traje tipo hussardo, longe de sanar esse inconveniente, aumenta-o e, para poupar os meninos de algumas ligaduras, aperta todo seu corpo. O melhor a fazer é deixá-los de camisolão tanto tempo quanto possível e depois dar-lhes roupas bem largas e não se preocupar em marcar a cintura, o que só serve para deformá-la. Os defeitos do corpo e da mente das crianças têm quase todos a mesma causa: querer torná-las adultas antes do tempo.

Há cores alegres e cores tristes; as alegres agradam mais às crianças e também lhes assentam melhor. Não vejo por que não as consultar sobre conveniências tão naturais; mas, no momento em que preferirem um tecido porque é rico, seus corações já estão entregues ao luxo, a todas as fantasias da opinião geral; e esse gosto seguramente não veio delas mesmas. É impossível imaginar quanto a escolha das roupas e os motivos dessa escolha influem na educação. Não somente mães cegas prometem aos filhos trajes como recompensa; vemos até mesmo governantes insensatos ameaçarem seus alunos de terem de usar uma roupa mais grosseira e mais simples, como um castigo: *Se não estudares mais, se não conservares melhor tuas roupas, vamos vestir-te como aquele camponesinho.* É como se lhes dissessem: *Deves saber que o homem só vale por suas roupas, que teu valor está todo nas tuas.* Como nos espantarmos por a juventude aproveitar lições tão sábias, por ela valorizar só o vestuário e julgar o mérito somente pelo exterior?

Se eu tivesse de consertar a cabeça de uma criança estragada assim, cuidaria para que suas roupas mais ricas fossem as mais incômodas, que a deixassem sempre desconfortável, sempre cerceada, sempre sujeitada de mil maneiras; faria a liberdade e a alegria fugirem diante de sua magnificência; se ela quisesse participar das brincadeiras de outras crianças vestidas mais simplesmente, tudo cessaria, tudo desapareceria no mesmo instante. Por fim eu iria entediá-la, deixá-la tão farta de seu luxo, tão escrava de sua roupa dourada que esta passaria a ser o flagelo de sua vida e ela veria com menos pavor a masmorra mais escura do que os aprestos para engalanar-se. Quando não sujeitamos a criança a nossos preconceitos, estar à vontade e livre é sempre seu principal desejo; a roupa mais simples, mais cômoda, que menos a oprimir é sempre a mais preciosa para ela.

Há um hábito corporal adequado para os exercícios e outro mais adequado para a inação. Este, deixando para os humores um percurso igual e uniforme, deve proteger o corpo das alterações do ar; o outro, fazendo-o passar continuamente da agitação para o repouso e do calor para o frio, deve acostumá-lo às mesmas alterações. Segue-se disso que as pessoas caseiras e sedentárias devem usar roupas quentes em qualquer tempo, a fim de manter o corpo numa temperatura uniforme, mais ou menos a mesma em todas as estações e em todas as horas do dia. Ao contrário, as que vão e vêm sob vento, sol, chuva, que agem muito e passam a maior parte do tempo *sub dio* devem usar sempre roupas leves, a fim de habituarem-se a todas as vicissitudes do ar e a todos os graus de temperatura sem sentirem-se desconfortáveis. Eu aconselharia tanto a umas como às outras que não mudem a roupa de acordo com as estações, e essa será a prática constante de meu Emílio; com isso não pretendo que ele use no verão suas roupas de inverno, como as pessoas sedentárias, e sim que use no inverno as roupas de verão, como as pessoas laboriosas. Foi o que Isaac Newton fez durante toda a vida, e ele viveu oitenta anos.

A cabeça pouco ou nada coberta, em todas as estações. Os antigos egípcios portavam sempre a cabeça nua; os persas cobriam-na com grandes tiaras e ainda a cobrem com grandes turbantes que, segundo Chardin[51], o ar do país torna

---

51. Jean Chardin (1643-1713), viajante e escritor francês; os livros em que relata suas viagens ao Oriente e principalmente à Pérsia, onde permaneceu vários anos, foram muito valorizados por Rousseau e outros filósofos do Iluminismo, e ainda são considerados uma fonte histórica importante sobre a cultura e a civilização persas da época [N.T.].

necessários. Observei em outro lugar[52] a distinção que Heródoto fez num campo de batalha entre o crânio dos persas e o dos egípcios. E, como é importante que os ossos da cabeça se tornem mais duros, mais compactos, menos frágeis e menos porosos, para armarem melhor o cérebro não só contra ferimentos mas também contra os resfriados, as fluxões e todas as impressões do ar, deveis acostumar vossos filhos a permanecerem no verão e no inverno, de dia e de noite, sempre com a cabeça nua. E se, por higiene e para manter os cabelos em ordem, quereis proteger-lhes a cabeça durante a noite, que seja com uma touca leve, com aberturas e semelhante à redinha com que os bascos envolvem os cabelos. Bem sei que a maioria das mães, mais convencidas pelas observações de Chardin do que por minhas razões, julgarão encontrar em toda parte o ar da Pérsia; mas não escolhi meu aluno europeu para fazer dele um asiático.

Em geral, vestem demais as crianças, e principalmente durante a primeira idade. Deveriam calejá-las para o frio e não para o calor: o frio intenso nunca as incomoda quando as deixam expostas a ele desde muito pequenas; mas o tecido de sua pele, muito fino e ainda muito frouxo, deixa a transpiração passar muito livremente e no calor extremo leva-as a um esgotamento inevitável. Por isso se observa que morrem mais crianças em agosto do que em qualquer outro mês. Aliás, parece confirmado, pela comparação entre os povos do Norte e os do Sul, que as pessoas se tornam mais robustas suportando o excesso de frio do que o excesso de calor. Mas, à medida que a criança for crescendo e suas fibras fortalecendo-se, acostumai-a pouco a pouco a enfrentar os raios de sol; gradativamente ireis calejando-a sem perigo contra os ardores da zona tórrida.

Locke, no meio dos preceitos viris e sensatos que nos dá, recai em contradições que não esperaríamos de um pensador tão exato. Esse mesmo homem que quer que no verão as crianças se banhem em água gelada não quer que tomem líquidos frios quando estiverem encaloradas nem que deitem no chão em lugares úmidos[53]. Mas, visto que ele quer que os sapatos das crianças deixem entrar água em qualquer tempo, deixarão entrar menos água quando a criança sentir calor? E não podemos fazer-lhe do corpo com relação aos pés as mesmas induções que faz dos pés com relação às mãos e do corpo com relação ao

---

52. Em carta aberta a D'Alembert sobre os espetáculos teatrais, publicada em 1758 [N.T.].
53. Como se as crianças camponesas escolhessem terra bem seca para sentarem ou deitarem, e como se algum dia tivéssemos ouvido dizer que a umidade da terra fez mal a uma delas! Se escutássemos os médicos, pensaríamos que todos os selvagens são reumáticos entrevados.

rosto? Direi a ele: se quereis que o homem todo seja rosto, por que me criticais por querer que ele todo seja pés?

Para impedir as crianças de tomar água quando sentem calor, Locke prescreve acostumá-las a comer um pedaço de pão antes de beberem. É muito estranho que, quando a criança tem sede, devamos dar-lhe de comer; é o mesmo que dar-lhe de beber quando tiver fome. Nunca me convencerão de que nossos primeiros apetites sejam tão desregrados que não possamos satisfazê-los sem risco de morrermos. Se assim fosse, o gênero humano teria se destruído cem vezes antes que aprendêssemos o que é preciso fazer para conservá-lo.

Sempre que Emílio sentir sede, quero que lhe deem de beber; quero que lhe deem água pura e sem nenhuma preparação, nem mesmo que a amornem, ainda que ele esteja alagado de suor ou no inverno mais rigoroso. O único cuidado que recomendo é distinguir a qualidade da água. Se for água de rio, podeis dá-la imediatamente tal como saiu do rio; se for água de fonte, antes que ele a beba é preciso deixá-la tomar ar algum tempo. Nas estações quentes os rios são quentes; isso não acontece com as fontes, que não tiveram contato com o ar: é preciso esperar que fiquem na temperatura ambiente. No inverno, ao contrário, sob esse aspecto a água de fonte é menos perigosa do que a água de rio. Mas no inverno não é natural nem frequente ficarmos muito suados, principalmente ao ar livre, porque o ar frio, batendo incessantemente na pele, repercute o suor dentro do corpo e impede que os poros se abram o suficiente para dar-lhe passagem. Mas não pretendo que no inverno Emílio se exercite diante da lareira e sim fora, em pleno campo, em meio à neve e ao gelo. Enquanto ele encalorar-se somente fazendo e lançando bolas de neve, podemos deixá-lo beber quando tiver sede; continuará a exercitar-se depois de beber e não precisaremos temer um acidente. Se, devido a algum outro exercício, ficar suado e tiver sede, beberá água fria, mesmo nesse inverno rigoroso; simplesmente levai-o a alguma distância e fazei-o ir vagarosamente buscar sua água. No frio que estamos supondo, ao chegar ele estará suficientemente refrescado para bebê-la sem risco. Acima de tudo, tomai essas precauções sem que as perceba. Acho preferível que adoeça às vezes a estar continuamente atento a sua própria saúde.

As crianças necessitam de um longo sono, porque fazem um exercício extremo. Um serve de corretivo para o outro; por isso vemos que precisam de ambos. O período de repouso é o da noite, determinado pela natureza. É uma observação constante que o sono é mais tranquilo e mais suave enquanto o Sol estiver abaixo do horizonte e que o ar aquecido por seus raios não mantém nossos sentidos tão acalmados. Assim, o hábito mais salutar seguramente é levantar-se e deitar-se com o Sol. Segue-se daí que em nossos climas o homem e todos os animais geralmente precisam dormir mais tempo no inverno do que no verão. Mas a vida civil não é suficientemente simples, natural e isenta de reviravoltas e acidentes para devermos habituar o homem a essa uniformidade a ponto de torná-la necessária para ele. É certo que temos de sujeitar-nos às regras; mas a primeira é podermos infringi-las quando a necessidade assim exigir. Não penseis em amolecer imprudentemente vosso aluno com a continuidade de um sono tranquilo que nunca seja interrompido. Primeiro entregai-o sem cerimônia à lei da natureza; mas não esqueçais que entre nós ele deve estar acima dessa lei; que deve poder deitar-se tarde, levantar muito cedo, ser despertado bruscamente, passar as noites em pé sem que isso o incomode. Começando assim desde muito cedo, indo sempre devagar e gradualmente, vamos formando o temperamento para as mesmas coisas que o destroem quando é submetido a elas só depois de formado.

É importante habituar-se primeiro a dormir sem conforto; esse é o meio mais seguro de não achar ruim nenhuma cama. Em geral, a vida dura, quando se torna um hábito, multiplica as sensações agradáveis; a vida mansa prepara uma infinidade de sensações desagradáveis. As pessoas criadas com excessiva delicadeza depois só conseguem dormir sobre plumas; as pessoas habituadas a deitar sobre tábuas dormem em qualquer lugar: não existe cama dura para quem adormece tão logo deita.

Um leito muito fofo, em que a pessoa afunda nas plumas ou no edredom, derrete e dissolve o corpo, digamos assim. Os rins, envoltos num calor excessivo, esquentam-se muito. Disso resultam frequentemente a pedra e outras incomodidades e infalivelmente uma compleição delicada que alimenta todas elas.

A melhor cama é a que proporcionar o melhor sono. Essa é a que Emílio e eu preparamos durante o dia. Não precisamos que nos tragam escravos da Pérsia para fazerem nossas camas; lavrando a terra reviramos nossos colchões.

Sei por experiência que, quando uma criança está saudável, podemos fazê-la dormir e ficar acordada quase como quisermos. Quando a criança está deitada e sua tagarelice entedia a criada, esta lhe diz: *trata de dormir*; é como se lhe dissesse: *trata de ficar saudável* quando está doente. O verdadeiro meio de fazê-la dormir é entediá-la. Falai tanto que seja forçada a calar-se e logo dormirá: os sermões sempre servem para alguma coisa; pregar-lhe é o mesmo que embalá-la; mas, se de noite utilizardes esse narcótico, cuidai de não usá-lo durante o dia.

Às vezes despertarei Emílio, não tanto para evitar que se habitue a dormir demais como para habituá-lo a tudo, mesmo a ser despertado bruscamente. Ademais, eu teria pouco talento para meu emprego se não soubesse forçá-lo a acordar por si só e a levantar-se de acordo com minha vontade, digamos assim, sem que lhe diga uma só palavra.

Se ele não dormir o suficiente, deixo-o entrever para o dia seguinte uma manhã tediosa e ele mesmo verá como um ganho tudo quanto puder tirar dela para o sono; se dormir demais, indico-lhe para seu despertar uma diversão de que goste. Se quiser que desperte numa determinada hora, digo-lhe: *Amanhã às seis horas vamos sair para pescar* ou *vamos passear em tal lugar; queres ir?* Ele concorda, pede-me que o desperte; prometo, ou não prometo, como for preciso; se perder a hora, descobre que já saí. Será uma calamidade se logo não aprender a despertar por si só.

Ademais, se acontecer, o que é raro, que uma criança indolente tenha a tendência de afundar na preguiça, não podemos de modo algum deixá-la entregue a essa tendência que a embotaria totalmente: temos de administrar-lhe algum estimulante que a desperte. Sabemos bem que não está em questão fazê-la agir forçada e sim movê-la por meio de algum apetite que a incentive; e esse apetite, escolhido com discernimento na ordem da natureza, leva-nos simultaneamente a dois fins.

Não imagino coisa alguma que, com um pouco de habilidade, não possamos fazer as crianças apreciarem com gosto e mesmo com fervor, sem vaidade, sem emulação, sem inveja. Sua vivacidade, seu espírito de imitação bastam; principalmente sua alegria natural, instrumento de efeito seguro e no qual um preceptor nunca pensou. Em todas as brincadeiras que acreditam ser apenas brincadeira elas aceitam sem queixar-se, e mesmo rindo, o que de outro modo nunca aceitariam sem derramar rios de lágrimas. Longos jejuns, ferimentos, queimaduras, fadigas de toda espécie são os divertimentos dos selvagens quando jovens; isso prova que mesmo a dor tem um condimento que pode tirar-lhe o amargor; mas não está ao alcance de todos os mestres saber preparar esse guisado e talvez nem todos os discípulos consigam saboreá-lo sem fazer careta. Se não tomar cuidado, lá vou eu de novo extraviar-me nas exceções.

Entretanto, o que não sofre exceção é a sujeição do homem à dor, aos males de sua espécie, aos acidentes, aos perigos da vida, por fim à morte; quanto mais o familiarizarmos com todas essas ideias, mais o curaremos da importuna sensibilidade que acrescenta ao mal a falta de resignação para suportá-lo; quanto mais o habituarmos aos sofrimentos que podem atingi-lo, mais eliminaremos deles, como diria Montaigne, a agulhada da estranheza; e também mais invulnerável e rija tornaremos sua alma; seu corpo será a couraça que cegará todas as setas que poderiam atingir-lhe o cerne. Como mesmo a proximidade da morte não é a morte, ele não a sentirá como tal: não morrerá, digamos assim, estará vivo ou morto, nada mais. É sobre ele que o mesmo Montaigne poderia ter dito, como disse sobre um rei de Marrocos, que nenhum homem viveu tão adiante na morte[54]. A constância e a firmeza, assim como as outras virtudes, são aprendizagens da infância; mas não é ensinando seus nomes que as ensinamos às crianças, é fazendo-as experimentá-las sem que saibam o que são.

Mas, a respeito de morrer, como nos comportaremos com nosso aluno com relação ao perigo da varíola? Faremos que ela lhe seja inoculada na primeira infância ou aguardaremos que a contraia naturalmente? A primeira opção, mais conforme com nossa prática, protege do perigo a idade em que a vida será mais preciosa, com risco para a idade em que o é menos, se é que podemos dar o nome de risco à inoculação bem administrada[55]. Mas a segunda opção é mais conforme com nossos princípios gerais, de deixar a natureza agir em tudo, com os cuidados que ela gosta de tomar sozinha e abandona tão logo o homem vem intrometer-se. O homem da natureza está sempre preparado; deixemos que ele seja inoculado por esse mestre que escolherá melhor do que nós o momento certo.

Disso não deveis concluir que desaprovo a inoculação, pois o raciocínio que me leva a isentar dela meu aluno não serviria para os vossos. Vossa educa-

---

54. Segundo Montaigne em *Ensaios*, Livro II, cap. 21, Malik, rei de Fez, gravemente enfermo, conseguiu prolongar seu tempo de vida para poder minar as forças do invasor inimigo; depois entrou moribundo na batalha decisiva, incitou seus soldados enquanto pôde e pediu, com um derradeiro gesto de silêncio, que não lhes revelassem que morrera [N.T.].

55. Trata-se da variolização – inoculação em paciente sadio de material variólico purulento –, bastante utilizada na Europa do século XVIII como um possível meio de evitar a forma grave da doença (a vacina para varíola só seria criada mais de trinta anos após a publicação desta obra) [N.T.].

ção prepara-os para não escaparem da varíola no momento em que os atacar; se a deixardes vir ao acaso, provavelmente morrerão. Vejo que nos diversos países a resistência à inoculação é tanto maior quanto mais necessária esta se torna; e é fácil perceber a razão disso. Quase nem me dignarei tratar dessa questão com relação a meu Emílio. Ele será inoculado ou não o será, dependendo dos tempos, dos lugares, das circunstâncias: isso é quase indiferente para ele. Se lhe dermos a varíola, teremos a vantagem de prever e conhecer antecipadamente seu mal, e isso já é alguma coisa; mas, se a contrair naturalmente, terá sido preservado do médico, e isso é ainda mais.

Uma educação exclusiva, que tende somente a diferenciar da plebe os que a receberam, prefere sempre as instruções mais onerosas em vez das mais comuns e, por isso mesmo, mais úteis. Assim, todos os jovens educados com esmero aprendem a cavalgar, porque isso custa muito caro; mas quase nenhum deles aprende a nadar, porque nada custa e um artesão pode saber nadar tão bem quanto qualquer um. Entretanto, sem haver frequentado uma academia um viajante monta a cavalo, mantém-se firme nele e utiliza-o quanto precisa; mas na água quem não nada se afoga e ninguém nada sem ter aprendido. Por fim, não somos obrigados a montar a cavalo para salvar a vida, ao passo que ninguém tem certeza de evitar um perigo ao qual nos vemos expostos com tanta frequência. Emílio estará na água como em terra firme. Assim pudesse ele viver em todos os elementos! Se fosse possível ensinar a voar, eu faria dele uma águia; faria dele uma salamandra, se fosse possível resistir ao fogo.

Temem que uma criança se afogue ao aprender a nadar; quer se afogue aprendendo ou por não haver aprendido, a culpa será sempre vossa. Somente a vaidade é que nos torna temerários: não o somos quando ninguém está nos vendo; Emílio não o seria, ainda que fosse visto por todo o Universo. Como o exercício não depende do risco, num canal do parque de seu pai ele aprenderia a atravessar o Helesponto[56]; mas é preciso habituar-se ao risco para aprender a não o temer; é uma parte essencial da aprendizagem de que eu falava há pouco. Ademais, atento a medir com suas forças o perigo e a sempre o partilhar com ele, não precisarei temer uma imprudência quando regular o cuidado com sua conservação pelo cuidado que devo à minha.

---

56. Antigo nome do estreito de Dardanelos, que liga o Mar Egeu ao Mar de Mármara [N.T.].

Uma criança é menor do que um homem, não tem sua força nem sua razão; mas vê e ouve tão bem quanto ele, ou quase; tem o paladar igualmente sensível, apesar de menos delicado, e distingue igualmente bem os odores, embora não com a mesma sensualidade. As primeiras faculdades que se formam e se aperfeiçoam em nós são os sentidos. Portanto, são as primeiras que deveriam ser cultivadas; são as únicas esquecidas ou as mais negligenciadas. Exercitar os sentidos não é apenas utilizá-los, é aprender a bem julgar por meio deles, é aprender a sentir, digamos assim; pois só sabemos tocar, ver e sentir do modo como houvermos aprendido.

Há um exercício puramente natural e mecânico que serve para robustecer o corpo sem dar ensejo para o juízo: nadar, correr, pular, fazer girar um pião, lançar pedras; tudo isso está muito bem, mas acaso temos só braços e pernas? Não temos também olhos, ouvidos? E esses órgãos são supérfluos para usarmos os primeiros? Portanto, não exerciteis somente as forças, exercitai todos os sentidos que as dirigem; tirai de cada um deles o máximo partido possível, depois verificai a impressão de um pelo outro. Contai, medi, pesai, comparai. Empregai a força somente depois de estimar a resistência; fazei sempre a estimativa do efeito preceder o uso dos meios. Interessai vosso aluno em nunca fazer esforços insuficientes ou supérfluos. Se o habituardes a prever assim o efeito de todos seus movimentos e a corrigir seus erros por meio da experiência, não é evidente que, quanto mais ele agir, mais judicioso irá tornar-se?

Trata-se de mover uma massa? Se ele pegar uma alavanca longa demais, dispenderá um excesso de movimentos; se pegar uma muito curta, não terá força suficiente; a experiência pode ensiná-lo a escolher exatamente o pedaço de pau de que precisa. Assim, esse saber não está acima de sua idade. A questão é carregar um fardo? Se ele quiser pegar um tão pesado quanto consegue carregar e tentar erguê-lo sem conseguir, não será forçado a calcular-lhe o peso visualmente? Se já sabe comparar massas do mesmo material e com volumes diferentes, que escolha entre massas com o mesmo volume e de materiais diferentes: terá de aplicar-se em comparar seus pesos específicos. Vi como um jovem, muito bem educado, só depois de fazer a experiência acreditou que um balde cheio de grossos cavacos de carvalho pesasse menos do que o mesmo balde cheio de água.

Não dominamos por igual o uso de todos os nossos sentidos. Há um, o tato, cuja ação nunca é suspensa durante a vigília; ele está espalhado por toda a superfície de nosso corpo, como uma proteção contínua para avisar-nos de tudo que pode ofendê-lo. É também aquele cuja experiência adquirimos mais cedo, por bem ou por mal, graças a essa exercitação contínua e, portanto, aquele que temos menos necessidade de cultivar especialmente. Entretanto, observamos que os cegos têm o tato mais seguro e mais apurado do que nós, porque, não sendo guiados pela visão, forçosamente aprendem a extrair unicamente do primeiro sentido os juízos que o outro nos fornece. Então, por que não nos exercitamos em caminhar no escuro, como eles, em conhecer os corpos que pudermos tocar, em avaliar os objetos que nos cercam – resumindo, em fazer de noite e sem luz tudo que eles fazem de dia e sem olhos? Enquanto brilha o Sol, levamos vantagem sobre eles; na escuridão, eles é que são nossos guias. Somos cegos metade da vida, com a diferença de que os cegos verdadeiros sabem conduzir-se sempre e nós não ousamos dar um passo na noite profunda. *Nós temos luz,* vão dizer-me. Ora essa, sempre utensílios! Quem vos garante que eles vos acompanharão por toda parte em que forem necessários? Quanto a mim, prefiro que Emílio tenha olhos na ponta dos dedos e não na lojinha de um vendedor de velas.

Estais trancado num edifício na escuridão da noite? Batei palmas: pela ressonância do lugar percebereis se o espaço é grande ou pequeno, se estais no meio ou num canto. A meio pé de uma parede o ar menos ambiente e mais refletido causa-vos no rosto uma sensação diferente. Permanecei parado e voltai-vos sucessivamente para todos os lados: se houver uma porta aberta, uma leve corrente de ar vos irá indicá-la. Estais num barco? Pela maneira como o ar tocar vosso rosto sabereis não só em que direção ides, mas também se a correnteza do rio vos carrega rapidamente ou devagar. Essas observações e mil outras semelhantes só podem ser feitas à noite; por mais atenção que queiramos dar-lhes em pleno dia, seremos auxiliados ou distraídos pela visão e elas nos escaparão.

Entretanto, aqui ainda não há mãos nem bastão. Quantos conhecimentos visuais podemos adquirir pelo tato, mesmo sem tocarmos em nada!

Muitas brincadeiras noturnas. Esse conselho é mais importante do que parece. A noite atemoriza naturalmente os homens e às vezes os animais[57]. A razão, os conhecimentos, o espírito, a coragem livram poucas pessoas desse

---

57. Esse pavor manifesta-se muito nos grandes eclipses solares.

tributo. Já vi pensadores, espíritos fortes, filósofos, militares intrépidos em pleno dia tremerem à noite como mulheres ao som de uma folha de árvore. Costumam atribuir esse pavor às histórias das amas; estão enganados: ele tem uma causa natural. Qual é essa causa? A mesma que torna desconfiados os surdos e supersticiosa a plebe: a ignorância das coisas que nos cercam e do que acontece a nosso redor[58].

---

58. Outra causa disso é bem explicada por um filósofo cujo livro cito com frequência e cujas grandes ideias me instruem ainda mais frequentemente:
"Quando, por circunstâncias particulares, não podemos ter uma ideia exata da distância e só podemos avaliar os objetos pelo tamanho do ângulo, ou melhor, pela imagem que formam em nossos olhos, necessariamente nos equivocamos sobre o tamanho desses objetos. Todo mundo já percebeu que, viajando à noite, tomamos um arbusto do qual estamos próximos por uma grande árvore da qual estamos longe, ou então tomamos uma grande árvore distante por um arbusto próximo; do mesmo modo, se não conhecermos os objetos por sua forma e assim não pudermos ter nenhuma ideia de distância, também nos enganaremos necessariamente. Nesse caso, uma mosca que passar rapidamente a algumas polegadas de nossos olhos irá parecer-nos um pássaro voando a uma grande distância; um cavalo que estiver imóvel no meio de um campo, com uma postura semelhante à de um carneiro, por exemplo, não nos parecerá maior do que um grande carneiro enquanto não reconhecermos que é um cavalo; mas, assim que o reconhecermos, ele nos parecerá grande como um cavalo e imediatamente retificaremos nosso primeiro juízo.
"Toda vez que estivermos à noite em lugares desconhecidos onde não pudermos estimar a distância e não pudermos reconhecer a forma das coisas por causa da escuridão, corremos o risco de a todo momento cair em erro a respeito dos juízos que faremos sobre os objetos que se apresentarem. É disso que provêm o pavor e essa espécie de temor íntimo que a escuridão da noite faz quase todos os homens sentirem; é isso que fundamenta a aparência dos espectros e das figuras gigantescas e assustadoras que tantas pessoas dizem ter visto. Costuma-se responder-lhes que essas figuras estavam em sua imaginação; entretanto, elas podiam estar realmente em seus olhos e é muito possível que tenham efetivamente visto o que dizem ter visto; pois, toda vez que só pudermos estimar um objeto pelo ângulo que ele forma no olho, deve necessariamente acontecer que esse objeto desconhecido aumente e cresça à medida que formos nos aproximando; e que, se inicialmente ele pareceu ao espectador, que não pode reconhecer o que vê nem estimar a que distância o vê; se inicialmente ele pareceu, dizia eu, ter alguns pés de altura quando estava a vinte ou trinta passos de distância, parecerá ter várias toesas de altura quando estiver a apenas alguns pés de distância; isso realmente deve espantá-lo e assustá-lo até que finalmente toque o objeto ou o reconheça; pois, no mesmo instante em que reconhecer o que é, esse objeto que lhe parecia gigantesco diminuirá subitamente e já não lhe parecerá ser de tamanho maior do que o real; mas, se fugir ou não ousar aproximar-se, seguramente a única ideia que terá do objeto é a da imagem que este formava em seus olhos, e terá realmente visto uma figura gigantesca e assustadora pelo tamanho e pela forma. Portanto, o preconceito dos espectros fundamenta-se na natureza e essas aparências não dependem unicamente da imaginação, como julgam os filósofos." (Buffon, *Hist. nat.*, t. VI, p. 22, in-12).
Procurei mostrar no texto como sempre dependemos parcialmente da imaginação; e, quanto à causa explicada na passagem acima, vemos que o hábito de caminhar à noite deve ensinar-nos a distinguir as aparências que a semelhança das formas e a diversidade das distâncias fazem os objetos assumirem a nossos olhos na escuridão; pois, quando o ar ainda está bastante claro para deixar-nos perceber o contorno dos objetos, como em distâncias maiores há mais ar interposto, devemos sempre ver esses contornos menos nítidos quando o objeto está mais longe de nós; isso basta, com o hábito, para preservar-nos do erro que o Sr. de Buffon explica aqui. Portanto, seja qual for a explicação que preferirmos, meu método sempre é eficaz e é o que a experiência confirma perfeitamente.

Habituado a ver de longe os objetos e a prever antecipadamente suas impressões, como, não vendo mais nada do que me cerca, eu não suporia mil seres, mil movimentos que podem prejudicar-me e dos quais me é impossível proteger-me? Por mais que eu saiba que estou em segurança no lugar onde me encontro, nunca sei disso tão bem quanto se o estivesse vendo; portanto, tenho sempre um motivo de temor que não tinha em pleno dia. Sei, é verdade, que um corpo estranho não pode agir sobre o meu sem anunciar-se por meio de algum ruído; por isso, quanto meu ouvido está continuamente alerta! Ao menor ruído cuja causa eu não consiga discernir, o interesse de minha conservação leva-me primeiro a supor tudo o que mais deve empenhar-me em ficar de sobreaviso e, portanto, tudo o que é mais capaz de assustar-me.

Não ouço absolutamente nada? Não é motivo para ficar tranquilo, pois, afinal, sem ruído ainda podem surpreender-me. Preciso supor as coisas como eram antes, como ainda devem ser, preciso ver o que não estou vendo. Assim, forçado a pôr em jogo minha imaginação, logo não a domino mais e o que fiz para tranquilizar-me serve apenas para alarmar-me mais. Se ouço barulho, estou ouvindo ladrões; se nada ouço, vejo fantasmas; a vigilância que a preocupação com minha conservação me inspira só me dá motivos de medo. Tudo o que deve tranquilizar-me está apenas em minha razão; o instinto, mais forte, fala-me muito diferentemente dela. De que adianta pensar que nada temos a temer, visto que então nada temos a fazer?

Descoberta a causa do mal, ela mesma indica o remédio. Em todas as coisas o hábito mata a imaginação; somente os objetos novos despertam-na. Naqueles que vemos diariamente já não é a imaginação que age, é a memória; e essa é a razão do axioma *ab assuetis non fit passio*[59], pois é só com o fogo da imaginação que as paixões se acendem. Portanto, não argumenteis com quem desejais curar do horror à escuridão; levai-o para ela com frequência e podeis ter certeza de que todos os argumentos da filosofia não valerão esse uso. O telhador não sente tontura em cima do telhado e não veremos quem estiver habituado a ficar no escuro ter medo dele.

Esse é, portanto, outro benefício de nossas brincadeiras noturnas, somado ao primeiro. Mas, para que essas brincadeiras obtenham êxito, não me canso de recomendar alegria. Nada é tão triste como a escuridão; não penseis em

---

59. Do costumeiro não resulta paixão [N.T.].

trancar vosso aluno num calabouço. Que ele ria ao entrar no escuro; que ria de novo antes de sair dele; que, enquanto estiver no escuro, a ideia das diversões que deixa e das que vai reencontrar defenda-o das fantasias da imaginação que poderiam assaltá-lo ali.

Há uma fase da vida depois da qual retrocedemos ao avançar. Sinto que passei essa fase. Recomeço outro percurso, digamos assim. O vazio da idade madura, que se fez sentir em mim, relembra-me o doce tempo da primeira idade. Ao envelhecer volto a ser criança e gosto mais de recordar o que fiz aos 10 anos do que aos 30. Portanto, leitores, perdoai-me por às vezes buscar em mim mesmo meus exemplos, pois para fazer bem este livro preciso fazê-lo com prazer.

Eu estava no campo, em regime de internato na casa de um pastor protestante chamado Sr. Lambercier. Tinha como colega um primo mais velho e mais rico do que eu e que tratavam como herdeiro, enquanto eu, longe de meu pai, era apenas um pobre órfão. Esse meu primo Bernard era extremamente medroso, sobretudo à noite. Tanto zombei de seu medo que o Sr. Lambercier, aborrecido com minhas gabolices, quis pôr à prova minha coragem. Uma noite de outono, muito escura, ele me deu a chave do templo e disse-me para ir buscar no púlpito a Bíblia que haviam deixado lá. Para encher-me de brios acrescentou algumas palavras que me impossibilitavam de recuar.

Saí sem luz; se tivesse alguma, talvez fosse ainda pior. Era preciso passar pelo cemitério; atravessei-o galhardamente, pois, desde que me sentisse ao ar livre, nunca tive terrores noturnos.

Ao abrir a porta, ouvi na abóbada uma certa ressonância que me pareceu ser de vozes e que começou a abalar minha firmeza romana. Aberta a porta, comecei a entrar; mas mal dera alguns passos, parei. Ao ver a escuridão profunda que reinava naquele vasto recinto, fui tomado de um terror que me eriçou os cabelos; retrocedi, saí, pus-me a correr tremendo. No pátio deparei com um cachorrinho chamado Sultão e seus afagos tranquilizaram-me. Envergonhado de meu medo, dei meia-volta, porém tentando levar comigo Sultão, que não quis acompanhar-me. Cruzei bruscamente a porta, entrei na igreja. Assim que entrei, o pavor assaltou-me de novo, mas tão forte que perdi a cabeça; e, embora soubesse muito bem que o púlpito ficava à direita, tendo me virado sem perceber procurei-o longamente à esquerda, atrapalhei-me entre os bancos; não sabia mais onde estava e, sem conseguir encontrar nem o púlpito nem a porta, fiquei indescritivelmente transtornado. Por fim avisto a porta, consigo sair do templo e fujo como na primeira vez, decidido a nunca retornar ali sozinho se não fosse dia claro.

Volto para a casa. Prestes a entrar, ouço a voz do Sr. Lambercier dando gargalhadas. Adivinho que são por minha causa e, perturbado por ver-me exposto a elas, hesito em abrir a porta. Nesse intervalo ouço a senhorita Lambercier inquietar-se por mim, dizer à criada que pegue a lanterna e ao Sr. Lambercier que se disponha a ir buscar-me, acompanhado de meu intrépido primo, que em seguida não deixaria de ficar com as honras da expedição. No mesmo instante todos meus temores desaparecem, deixando-me apenas o de ser surpreendido na fuga. Corro, voo para o templo; sem desnortear-me, sem tatear, chego ao púlpito; subo, pego a Bíblia, desço num pulo; com três pulos estou fora do templo, até esqueço de fechar a porta; sem fôlego, entro na sala, jogo a Bíblia na mesa, assustado mas palpitante de alegria por haver me antecipado ao socorro que me era destinado.

Irão perguntar-me se apresento essa passagem como um modelo a ser seguido e como um exemplo da alegria que exijo nesse tipo de exercícios. Não; mas apresento-a como prova de que nada é mais capaz de tranquilizar quem estiver assustado com as sombras da noite do que ouvir num aposento vizinho um grupo de pessoas rindo e conversando calmamente. Gostaria que, em vez de vos divertirdes sozinho com vosso aluno, reunísseis à noite muitas crianças bem humoradas; que de início não as enviásseis separadamente, mas várias juntas, e não deixásseis nenhuma se aventurar totalmente sozinha se antes não tivésseis certeza de que não ficaria assustada demais.

Não imagino nada tão agradável e tão proveitoso quanto esses jogos, se forem organizados com um pouco de habilidade. Eu faria numa grande sala uma espécie de labirinto com mesas, sofás, cadeiras, biombos. Nas inextricáveis tortuosidades desse labirinto colocaria, além de oito ou dez caixas com coisas inúteis, uma caixa quase igual bem cheia de balas. Designaria, em termos claros, mas sucintos, o lugar exato onde está a caixa certa; daria informação suficiente para que pessoas mais atentas e menos estouvadas do que crianças a distinguissem[60]; então, depois de sortear os pequenos concorrentes, enviaria

---

60. Para que exercitem a atenção, deveis sempre lhes dizer coisas que elas tenham um interesse evidente e atual em compreender bem; principalmente, nada de rodeios, nunca palavras supérfluas; mas tampouco deixeis obscuridade ou equívoco em vossa fala.

um depois do outro, até a caixa certa ser encontrada – o que eu procuraria dificultar de acordo com a habilidade deles.

Imaginai um pequeno Hércules chegando com uma caixa na mão, muito orgulhoso de sua prontidão. A caixa é colocada sobre a mesa e aberta com toda cerimônia. Ouço daqui as gargalhadas, as vaias do grupo feliz quando, em vez dos doces esperados, encontram, muito bem arrumados sobre musgo ou algodão, um besouro, um caracol, carvão, bolotas de carvalho, um rabanete ou algo semelhante. Outras vezes, num aposento recentemente caiado, penduraremos perto da parede algum brinquedo, algum objeto pequeno que as crianças deverão procurar sem tocar na parede. Tão logo aquela que o trouxer estiver de volta, por menos que tenha descumprido a condição, o topo embranquecido de seu chapéu, a ponta de seus sapatos, a aba ou a manga do casaco revelarão sua falta de habilidade. Tendes aí o suficiente, talvez demais, para explicar o espírito desse tipo de jogos. Se eu tiver de dizer-vos tudo, não me leiais.

Que vantagens um homem educado desse modo não terá à noite sobre os outros homens? Seus pés acostumados a firmar-se nas trevas, suas mãos treinadas em aplicar-se facilmente a todos os corpos ao redor irão conduzi-lo sem dificuldade na mais espessa escuridão. Sua imaginação, povoada dos jogos noturnos de sua juventude, dificilmente se voltará para objetos assustadores. Se julgar ouvir gargalhadas, serão de seus antigos amiguinhos e não de duendes; se imaginar uma reunião, não será o sabá das bruxas e sim o quarto de seu preceptor. A noite, por só trazer-lhe lembranças alegres, nunca lhe será assustadora; em vez de temê-la, há de amá-la. Trata-se de uma expedição militar? Ele estará pronto a qualquer hora, tanto sozinho como com sua tropa. Entrará no acampamento de Saul, andará nele sem perder-se, irá até a tenda do rei sem despertar ninguém, retornará sem ser visto. É preciso roubar os cavalos de Reso? Dirigi-vos a ele sem receio. Entre pessoas educadas de modo diferente dificilmente encontrareis um Ulisses.

Vi pessoas tentarem acostumar as crianças a não sentirem medo à noite pregando-lhes sustos. Esse método é péssimo: produz um efeito totalmente contrário ao desejado e só serve para torná-las cada vez mais medrosas. Nem a razão nem o hábito podem tranquilizá-las ante a ideia de um perigo presente do qual não conhecem o grau ou a espécie, nem ante o temor dos sustos que levaram com frequência. Entretanto, como ter certeza de sempre manter vosso aluno livre de tais ocorrências? Eis aqui o melhor conselho, parece-me, com que podeis preveni-lo disso. – *Estás então num caso de legítima defesa*, diria eu a meu Emílio; *pois o agressor não te deixa avaliar se quer causar-te mal ou medo e, como ele está em posição vantajosa, nem mesmo a fuga é um refúgio para ti. Portanto, deves capturar corajosamente o que vos assaltar à noite, homem ou animal, tanto faz; agarra-o, segura-o com toda força; se debater-se, bate-lhe, não economizes golpes; e, não importa o que diga ou faça, não o soltes até saberes bem o que é. O esclarecimento provavelmente te mostrará que não havia muito a temer, e essa maneira de tratar os brincalhões de mau gosto deve dissuadi-los naturalmente de recomeçar.*

Embora de todos os nossos sentidos o tato seja o que exercitamos mais continuamente, ainda assim, como eu já disse, suas avaliações são mais imperfeitas e grosseiras do que as de qualquer outro, porque misturamos constantemente seu uso e o da visão; e, como o olho alcança o objeto mais rapidamente que a mão, a mente quase sempre avalia sem ela. Em compensação, as estimativas do tato são as mais seguras, precisamente por serem as mais limitadas; pois, estendendo-se apenas até onde nossas mãos podem alcançar, retificam o estouvamento dos outros sentidos, que se lançam longe sobre objetos que mal percebem, ao passo que o tato percebe bem tudo o que perceber. Ademais, quando quisermos, juntando a força dos músculos à ação dos nervos unimos, numa sensação simultânea, à estimativa da temperatura, dos tamanhos, dos contornos a estimativa do peso e da solidez. Assim, por ser de todos os sentidos o que melhor nos informa sobre a impressão do que os corpos estranhos podem causar no nosso, o tato é aquele cujo uso é mais frequente e o que nos dá mais imediatamente o conhecimento necessário para nossa conservação.

Como o tato treinado supre a visão, por que não poderia, até certo ponto, suprir também a audição, visto que os sons excitam nos corpos sonoros pequenos movimentos sensíveis ao toque? Colocando a mão sobre o corpo de um violoncelo podemos, sem auxílio dos olhos ou dos ouvidos, distinguir, apenas pelo modo como a madeira vibra e freme, se o som que ele produz é grave ou agudo, se é tirado da corda prima ou do bordão. Se treinarmos o sentido para essas diferenças, não tenho dúvida de que, com o tempo, podemos tornar-nos sensíveis a ponto de ouvir uma ária inteira com os dedos. Suposto isso, está claro que poderíamos facilmente falar aos surdos em música; pois, como os tons e os tempos são tão passíveis de combinações regulares quanto as articulações e as vozes, também eles podem ser tomados como elementos da fala.

Há exercícios que embotam o sentido do tato e tornam-no mais obtuso; outros, ao contrário, aguçam-no e tornam-no mais delicado e sutil. Os primeiros, somando muito movimento e muita força à contínua impressão dos corpos duros, tornam a pele áspera, calosa e tiram-lhe a sensação natural; os segundos são os que variam essa mesma sensação por meio de um tateio leve e frequente, de modo que o espírito, atento para impressões incessantemente repetidas, adquire facilidade para avaliar todas suas modificações. Essa diferença é sensível no uso dos instrumentos musicais: o toque duro e contundente do violoncelo, do contrabaixo, mesmo do violino torna os dedos mais flexíveis, mas endurece-lhes as extremidades. O toque liso e delicado do cravo também torna-os flexíveis e ao mesmo tempo mais sensíveis. Sob esse aspecto, portanto, o cravo é preferível.

É importante que a pele se enrijeça para as impressões do ar e possa enfrentar suas alterações, pois é ela que defende todo o restante. Afora isso, eu não gostaria que a mão, utilizada servilmente demais nos mesmos trabalhos, viesse a enrijecer-se, nem que sua pele, tornando-se quase óssea, perdesse essa sensação refinada que revela quais são os corpos sobre os quais a passamos e, dependendo da espécie de contato, às vezes, na escuridão, faz-nos estremecer de diversos modos.

Por que meu aluno precisaria ser forçado a ter sempre couro de boi sob os pés? Que mal haveria se sua própria pele pudesse servir-lhe de sola, se necessário? É evidente que nessa parte do corpo a delicadeza da pele nunca é útil para nada e frequentemente pode ser muito prejudicial. Despertados à meia-noite em pleno inverno pelo inimigo já dentro de sua cidade, os genebrinos acharam mais depressa seus fuzis do que seus sapatos. Se nenhum deles soubesse andar descalço, quem sabe se Genebra não teria sido tomada?

Devemos sempre armar o homem contra acidentes imprevistos. Que em qualquer estação Emílio de manhã corra descalço pelo quarto, pela escada, pelo jardim; em vez de repreendê-lo, irei imitá-lo, tendo apenas o cuidado de afastar o vidro. Em breve falarei dos trabalhos e dos jogos manuais.

Quanto ao mais, que ele aprenda a dar todos os passos que favoreçam as evoluções do corpo, a assumir em todas as atitudes uma postura fácil e firme; que saiba saltar a distância e em altura, escalar uma árvore, pular um muro; que sempre encontre seu ponto de equilíbrio; que todos seus movimentos e gestos sejam ordenados pelas leis da ponderação, muito antes de a estática começar a explicá-los. Pela maneira como seus pés apoiarem-se no chão e suas pernas sustentarem o corpo ele deve sentir se está bem ou mal posicionado. Uma posição estável é sempre graciosa e as posturas mais firmes são também as mais elegantes. Se eu fosse professor de dança, não faria todas as momices de Marcel[61], boas para o país onde as faz: em vez de ocupar eternamente meu aluno com cabriolas, eu o levaria ao pé de um penhasco; lá, mostraria que atitude ele deve tomar, como deve posicionar o corpo e a cabeça, que movimentos deve fazer, de que maneira deve apoiar ora o pé, ora a mão para seguir com leveza as trilhas escarpadas, ásperas e rudes, e correr de ponta a ponta tanto subindo como descendo. Faria dele rival de um cabrito montês e não de um bailarino do teatro Opera.

Tanto o tato concentra ao redor do homem suas operações quanto a visão estende as suas para além dele, e é isso que torna estas enganosas: com um olhar um homem abarca metade de seu horizonte. Nessa infinidade de sensações simultâneas e de juízos que elas provocam, como não se enganar sobre algum? Assim, de todos nossos sentidos a visão é o mais falível, precisamente porque é o mais extenso e porque, precedendo de longe todos os outros, suas operações são rápidas e amplas demais para poderem ser retificadas por eles. Mais ainda, as próprias ilusões de perspectiva são-nos necessárias para conseguirmos conhecer a extensão e comparar suas partes. Sem as falsas aparências nada veríamos ao longe; sem as gradações de tamanho e de luz não poderíamos estimar distância alguma, ou melhor, para nós não existiria distância. Se, de duas árvores iguais, a que está a cem passos de nós parecesse-nos tão grande e tão nítida quanto a que está a dez, colocaríamos uma ao lado da outra. Se percebêssemos todas as dimensões dos objetos com sua medida verdadeira, não veríamos espaço algum e tudo nos pareceria junto a nossos olhos.

Para avaliar o tamanho dos objetos e sua distância, o sentido da visão tem apenas uma mesma medida: a abertura do ângulo que eles formam em nosso olho; e, como essa abertura é um efeito simples de uma causa

---

61. Célebre professor de dança de Paris, que, conhecendo bem seu mundo, astuciosamente se fazia de extravagante e dava a sua arte uma importância que as pessoas fingiam achar ridícula, mas pela qual, no fundo, tinham o maior respeito. Em outra arte não menos frívola, ainda hoje vemos um ator também fazer-se de importante e de louco e alcançar o mesmo sucesso. Na França esse método é sempre seguro. O verdadeiro talento, mais simples e menos charlatão, não faz fortuna. Aqui a modéstia é virtude dos tolos.

composta, o juízo que ele provoca em nós deixa indeterminada cada causa particular ou se torna necessariamente falho. Pois, como distinguir simplesmente pelo olhar se o ângulo pelo qual vejo um objeto menor do que outro é assim porque esse primeiro objeto é efetivamente menor ou porque está mais afastado?

Portanto, é preciso seguir aqui um método oposto ao anterior: em vez de simplificar a sensação, duplicá-la, verificá-la sempre por meio de outra, sujeitar o órgão visual ao órgão tátil e reprimir, digamos assim, a impetuosidade do primeiro sentido com a marcha pesada e regulada do segundo. Por não nos submetermos a essa prática, nossas medidas por estimativa são muito inexatas. Nosso golpe de vista não tem precisão alguma para avaliar as alturas, os comprimentos, as profundidades, as distâncias; e a prova de que isso não é tanto culpa do sentido quanto de seu uso é que os engenheiros, os agrimensores, os arquitetos, os pedreiros, os pintores geralmente têm um golpe de vista muito mais certeiro do que nós e avaliam as medidas do espaço com mais precisão; porque, como sua profissão lhes dá a experiência que não cuidamos de adquirir, eliminam o equívoco do ângulo pelas aparências que o acompanham e que determinam com mais exatidão para seus olhos a relação das duas causas desse ângulo.

Tudo o que movimentar o corpo sem coagi-lo é sempre fácil de ser obtido das crianças. Há mil meios de interessá-las em medir, conhecer, estimar as distâncias. Esta cerejeira é muito alta; como faremos para colher as cerejas? A escada do celeiro é boa para isso? Este riacho é bem largo; como vamos atravessá-lo? Uma das tábuas do pátio chegará até as duas margens? Queremos de nossas janelas pescar no fosso do castelo; quantas braças deve ter nossa linha? Eu gostaria de montar um balanço entre estas duas árvores; uma corda de duas toesas será suficiente? Disseram-me que na outra casa nosso quarto terá vinte e cinco pés quadrados; pensas que ele nos convém? Será maior do que este aqui? Estamos com muita fome e ali adiante há duas aldeias; a qual delas chegaremos mais rápido para almoçar? etc.

O objetivo era exercitar na corrida um menino indolente e preguiçoso, que por vontade própria não se dispunha a esse exercício nem a qualquer outro, embora o destinassem à carreira militar; ele se convencera, não sei como, de que um homem de sua linhagem não devia fazer nem saber coisa alguma e de que sua nobreza devia fazer-lhe as vezes de braços, de pernas e também de toda espécie de mérito. A habilidade do próprio Quíron[62] mal bastaria para fazer de tal fidalguinho um Aquiles de pés ligeiros. A dificuldade era ainda maior porque eu não queria prescrever-lhe absolutamente nada; banira de meus direitos as exortações, as promessas, as ameaças, a emulação, o desejo de brilhar; como lhe dar desejo de correr sem nada lhe dizer? Eu mesmo correndo teria sido um meio pouco seguro e sujeito a inconvenientes. Por outro lado, tratava-se também de extrair desse exercício algum objeto de instrução para ele, a fim de habituar as operações da máquina e as do juízo a andarem sempre em uníssono. Vede como procedi – eu, ou seja, aquele que fala neste exemplo.

Ao sair para passear com ele à tarde, às vezes eu punha no bolso dois bolos de um tipo que ele apreciava muito. Cada um de nós comia um durante o passeio[63] e voltávamos muito contentes. Um dia ele percebeu que eu tinha três bolos; conseguiria comer seis sem sentir-se mal; prontamente devora o seu para pedir-me o terceiro. – *Não*, respondo; *eu mesmo bem poderia comê-lo, ou poderíamos dividi-lo; mas prefiro ver aqueles dois meninos que ali estão disputá-lo numa corrida*. Chamei-os, mostrei-lhes o bolo e expus-lhes a condição. Era tudo o que eles queriam. O bolo foi colocado sobre uma grande pedra que serviu de meta; o percurso foi marcado; fomos sentar-nos; dado o sinal, os meninos partiram; o vencedor agarrou o bolo e comeu-o sem dó diante dos espectadores e do vencido.

Essa diversão valia mais do que o bolo; mas de início não funcionou e nada produziu. Não desanimei nem me apressei: a instrução das crianças é um ofício em que é preciso saber perder tempo para ganhar tempo. Continuamos com nossos passeios; muitas vezes pegávamos três bolos, às vezes quatro e de vez em quando havia um ou mesmo dois para os corredores. Não era um grande prêmio, mas os competidores também não eram ambiciosos: quem o conquistava era elogiado, festejado; tudo era feito com aparato. A fim de dar espaço para as voltas e aumentar o interesse, eu demarcava um trajeto mais longo, admitia vários concorrentes. Mal eles entravam na arena, todos os passantes

---

62. Centauro adotado e educado por Apolo, que lhe transmitiu todos seus conhecimentos; foi tutor de vários heróis, entre os quais Aquiles [N.T.].
63. Passeio campestre, como vereis daqui a pouco. Os passeios públicos das cidades são perniciosos para crianças de ambos os sexos. É onde elas começam a ficar pretensiosas e a quererem ser vistas; é no Luxembourg, nas Tuileries, principalmente no Palais-Royal que a bela juventude de Paris vai adquirir esse ar impertinente e presunçoso que a torna tão ridícula e leva-a a ser vaiada e detestada em toda a Europa.

paravam para vê-los; as aclamações, os gritos, as palmas os animavam; às vezes eu via meu homenzinho vibrar, ficar em pé, gritar quando algum estava prestes a chegar à meta ou a ultrapassar outro; para ele aquilo eram os jogos olímpicos.

Entretanto, às vezes os concorrentes usavam de má-fé; algum detinha outro, ou fazia-o levar um tombo, ou jogava pedregulhos quando ele passava. Isso me deu motivo para separá-los e fazê-los partir de marcas diferentes, embora igualmente distantes da meta; logo vereis a razão dessa previdência, pois devo tratar deste assunto importante com muitos detalhes.

Aborrecido por sempre ver comerem diante dele bolos que cobiçava muito, o senhor cavalheiro finalmente começou a desconfiar que correr podia bem servir para alguma coisa e, vendo que também tinha duas pernas, começou a treinar às escondidas. Cuidei de não ver nada disso, mas compreendi que meu estratagema dera certo. Quando ele se considerou suficientemente forte – li seu pensamento antes dele –, fingiu importunar-me para receber o bolo restante. Recuso, ele teima e com ar despeitado diz-me por fim: – *Pois bem, colocai-o sobre a pedra, demarcai o campo e então veremos.* – Bom, disse-lhe rindo, *será que um cavalheiro sabe correr? Ganharás mais apetite e não com que satisfazê-lo.* Melindrado com minha zombaria, ele se empenha e conquista o prêmio, ainda mais facilmente porque eu fizera uma arena muito curta e tivera o cuidado de afastar o melhor corredor. Podeis imaginar como, dado esse primeiro passo, foi-me fácil mantê-lo na expectativa. Logo ele tomou tanto gosto pelo exercício que, sem favor, tinha quase certeza de vencer meus diabretes na corrida, por mais longo que fosse o percurso.

Esse proveito obtido produziu outro, no qual eu não pensara. Enquanto só raramente ele conseguia o prêmio, quase sempre o comia sozinho, como faziam seus concorrentes; mas, quando se acostumou com a vitória, tornou-se generoso e frequentemente compartilhava-o com os derrotados. Isso forneceu para mim mesmo uma observação moral, e aprendi qual era o verdadeiro princípio da generosidade.

Continuando a marcar com ele em diferentes lugares os pontos de onde cada um devia dar a largada simultânea, sem que ele percebesse fiz as distâncias serem desiguais, de modo que os que tinham de percorrer mais caminho para chegar à mesma meta levavam uma desvantagem visível; mas, embora eu deixasse meu discípulo escolher, ele não sabia prevalecer-se disso. Sem dar atenção à distância, preferia sempre o caminho mais bonito; de modo que, como previa facilmente sua escolha, eu tinha mais ou menos o poder de fazê-lo perder ou ganhar o bolo, à minha vontade; e essa facilidade também era útil para mais de um objetivo. Entretanto, como minha intenção era que ele percebesse a diferença, tentava torná-la evidente; mas, apesar de indolente quando parado, ele era tão ativo em seus jogos e confiava tanto em mim que tive a maior dificuldade do mundo para fazê-lo perceber que eu estava trapaceando. Por fim consegui, apesar de sua falta de percepção; ele criticou-me. Respondi-lhe: – *Estás queixando-te de quê? Se quero oferecer um presente, não sou eu que decido as condições? Quem te força a correr? Acaso te prometi demarcar percursos iguais? A escolha não é tua? Escolhe o mais curto, nada te impede. Como não percebes que é a ti que favoreço e que a desigualdade de que te queixas é vantajosa para ti, se souberes tirar proveito dela?* Isso estava claro; ele compreendeu e para escolher precisou olhar com mais atenção. Primeiro quis contar os passos; mas o cálculo dos passos de uma criança é lento e incerto; além disso, resolvi multiplicar as corridas num mesmo dia; e então, com a diversão tornando-se uma espécie de paixão, ele lamentava perder medindo os percursos o tempo destinado a percorrê-los. A vivacidade da infância não se adapta a esses retardamentos; portanto, ele se exercitou em ver melhor, em estimar melhor uma distância com o olhar. Então me foi fácil ampliar e alimentar esse prazer. Por fim, alguns meses de testes e de erros corrigidos formaram tão bem seu compasso visual que, quando eu o fazia imaginar um bolo sobre algum objeto distante, seu golpe de vista era quase tão certeiro quanto uma cadeia de agrimensor.

Como, de todos os sentidos, a visão é aquele em que é menos possível separar os juízos do espírito, é preciso muito tempo para aprender a ver; é preciso ter comparado durante muito tempo a visão com o tato para habituá-la a dar-nos uma relação fiel entre as figuras e as distâncias; sem o tato, sem o movimento progressivo, mesmo os olhos mais aguçados do mundo não poderiam dar-nos ideia alguma da extensão. Para uma ostra o Universo inteiro deve ser apenas um ponto; mesmo que uma alma humana a animasse, ele lhe pareceria tão somente um ponto. É apenas andando, apalpando, enumerando, medindo as dimensões que aprendemos a estimá-las; mas também, se sempre medíssemos, o sentido, apoiando-se no instrumento, não adquiriria precisão alguma. Também não devemos fazer a criança passar diretamente da medição para a estimativa; primeiro é preciso que, continuando a comparar por partes o que não pode comparar de uma só vez, ela vá substituindo alíquotas precisas por alíquotas por avaliação e, em vez de sempre aplicar a medida com a mão, habitue-se a aplicá-la somente com os olhos. Entretanto, eu gostaria que suas primeiras operações fossem verificadas por meio de medições reais, para que ela corrigisse seus erros e, se restasse no sentido alguma falsa aparência, aprendesse a retificá-la com uma avaliação melhor. Temos medidas naturais que são mais ou menos as mesmas em todos os lugares: os passos de um homem, o comprimento de seus braços, sua estatura. Quando a criança estimar a altura de um pavimento, seu preceptor pode servir-lhe de medida; se quiser estimar a altura de um campanário, compare-o com as casas; se quiser saber quantas léguas tem um caminho, conte as horas de caminhada; e principalmente não façais nada disso por ela: que faça tudo sozinha.

Não é possível aprender a avaliar bem a extensão e o tamanho dos corpos sem aprender a conhecer também suas figuras e mesmo a imitá-las, pois no fundo essa imitação depende absolutamente das leis da perspectiva; e não é possível estimar a extensão por suas aparências sem ter alguma noção dessas leis. Todas as crianças, grandes imitadoras, tentam desenhar; eu gostaria que meu aluno cultivasse essa arte, não precisamente pela arte em si mas para tornar-lhe certeiro o olhar e flexível a mão; e em geral não importa que ele saiba este ou aquele exercício, contanto que adquira a perspicácia do sentido e o bom hábito corporal que esse exercício proporciona. Portanto, evitarei dar-lhe um professor de desenho, que lhe daria para imitar somente imitações e faria que desenhasse somente a partir de desenhos; quero que seu único professor seja a natureza e seu único modelo, os objetos. Quero que ele olhe para o próprio original e não para o papel que o representa, que desenhe uma casa com base numa casa, uma árvore a partir de uma árvore, um homem com base num homem, para que se acostume a observar bem os corpos e suas aparências e não a considerar imitações falsas e convencionais como imitações verdadeiras. E mesmo o desestimularei de desenhar de memória, sem a presença dos objetos, até que, por observações frequentes, suas figuras exatas se imprimam bem em sua imaginação, para evitar que, substituindo a verdade das coisas por figuras bizarras e fantasiosas, perca o conhecimento das proporções e o gosto pelas belezas da natureza.

Bem sei que dessa maneira ele rabiscará durante muito tempo sem fazer nada reconhecível, que demorará para adquirir a elegância dos contornos e o traço leve dos desenhistas, talvez nunca o discernimento dos efeitos pitorescos e o bom gosto do desenho; em compensação seguramente adquirirá um golpe de vista mais exato, mão mais segura, o conhecimento das verdadeiras relações de tamanho e de figura que existem entre os animais, as plantas, os corpos naturais, e uma experiência mais pronta do jogo de perspectiva. Isso é precisamente o que decidi fazer, e minha intenção não é tanto que ele saiba imitar os objetos e sim que saiba conhecê-los; prefiro que me mostre uma touceira de acanto e desenhe menos bem a folhagem de um capitel.

Ademais, nesse exercício como em todos os outros, não pretendo que meu aluno seja o único a divertir-se. Quero torná-lo ainda mais agradável compartilhando-o continuamente com ele. Não quero que tenha outro rival além de mim, mas serei seu rival sem descanso e sem risco; isso dará interesse a suas ocupações sem causar inveja entre nós. Vou pegar o lápis como ele; primeiro vou usá-lo tão desajeitadamente quanto ele. Mesmo que fosse um Apeles[64], vou mostrar-me um rabiscador. Começarei por desenhar um homem como os criados o traçam nos muros: uma barra para cada braço, uma barra para cada perna e dedos mais grossos do que o braço. Muito tempo depois, um de nós perceberá essa desproporção; observaremos que a perna tem espessura, que essa espessura não é a mesma em toda a perna; que o comprimento do braço é determinado com relação ao corpo etc. Nesse avanço vou caminhar, quando muito, ao lado dele ou ultrapassá-lo tão pouco que sempre lhe será fácil alcançar-me e frequentemente superar-me. Teremos cores, pincéis; procuraremos imitar o colorido dos objetos e toda sua aparência tanto quanto sua figura. Faremos iluminuras, pintaremos, rabiscaremos; mas em todas nossas rabiscações não pararemos de espreitar a natureza: nunca faremos coisa alguma sem a presença da mestra.

Não tínhamos adornos para nosso quarto; agora os encontramos. Mando emoldurar nossos desenhos e protegê-los com vidro bonito para que ninguém toque mais neles e, vendo-os permanecer no estado em que os deixamos, todos tenham interesse em não descuidar dos seus. Disponho-os por ordem ao redor do quarto, cada desenho repetido vinte, trinta vezes e mostrando em cada exemplar o progresso do autor, desde o momento em que a casa é apenas um quadrado quase sem forma até o momento em que sua fachada, seus contornos, suas

---

64. Apeles de Cós (séc. IV a.C.), considerado o mais importante pintor da Antiguidade grega [N.T.].

proporções e sombras estão representados com a mais exata veracidade. Essas gradações não param de oferecer-nos quadros interessantes para nós, curiosos para os outros e estimulam cada vez mais nossa emulação. Para os primeiros desenhos, os mais grosseiros, escolho molduras bem brilhantes, bem douradas, que os realcem; mas, quando a imitação se torna mais exata e o desenho é realmente bom, dou-lhe apenas uma moldura preta muito simples: ele mesmo é o único adorno de que precisa e seria uma pena que a moldura dividisse a atenção que o objeto merece. Assim, cada um de nós aspira à honra da moldura simples; e, quando um quer depreciar um desenho do outro, condena-o à moldura dourada. Talvez algum dia essas molduras douradas se tornem proverbiais entre nós e admiremos quantos homens fazem justiça a si mesmos fazendo-se emoldurar assim.

Eu disse que a geometria não estava ao alcance das crianças; mas a culpa é nossa. Não percebemos que o método delas não é o nosso e que aquilo que para nós se torna arte de raciocinar para elas deve ser apenas arte de ver. Em vez de dar-lhes nosso método, faríamos melhor adotando o seu; pois nossa maneira de aprender geometria é tanto uma questão de imaginação quanto de raciocínio. Quando a proposição é enunciada, precisamos imaginar sua demonstração, ou seja, encontrar de qual proposição já conhecida essa deve ser uma consequência e, de todas as consequências que podemos extrair dessa mesma proposição, escolher precisamente a que está em jogo.

Desse modo, mesmo o raciocinador mais exato, se não for inventivo ficará embatucado. E então acontece o quê? Em vez de fazer-nos encontrar as demonstrações, ditam-nas para nós; em vez de ensinar-nos a raciocinar, o mestre raciocina por nós e exercita apenas nossa memória.

Fazei figuras exatas, combinai-as, colocai-as uma sobre a outra, examinai suas relações: indo de observação em observação encontrareis toda a geometria elementar, sem necessidade de definições, de problemas nem de qualquer outra forma demonstrativa além da simples superposição. Quanto a mim, não pretendo ensinar geometria a Emílio: ele é que a ensinará para mim; procurarei as relações e ele as encontrará, pois vou procurá-las de modo que as encontre. Por exemplo, em vez de utilizar um compasso para traçar um círculo, vou traçá-lo com uma ponta presa num fio girando sobre um eixo. Depois disso, quando eu quiser comparar os raios entre si, Emílio rirá de mim e me explicará que o mesmo fio sempre esticado não pode ter traçado distâncias desiguais.

Se quero medir um ângulo de sessenta graus, traço do vértice desse ângulo não um arco, mas um círculo inteiro, pois com as crianças nunca devemos deixar nada subentendido. Descubro que a porção do círculo compreendida entre os dois lados do ângulo é a sexta parte do círculo. Depois disso traço do mesmo vértice outro círculo, maior, e descubro que esse segundo arco também é a sexta parte de seu círculo. Traço um terceiro círculo concêntrico no qual faço o mesmo teste; e continuo com novos círculos, até que Emílio, chocado com minha burrice, avisa-me que cada arco grande ou pequeno compreendido no mesmo ângulo será sempre a sexta parte de seu círculo etc. Dentro em pouco chegaremos ao uso do transferidor.

Para provar que os ângulos adjacentes são iguais a dois ângulos retos, costumam traçar um círculo; eu, ao contrário, faço com que Emílio observe isso primeiro no círculo e depois lhe digo: – *Se tirássemos o círculo e as linhas retas, os ângulos mudariam de tamanho?* etc.

Descuidam da exatidão das figuras, supõem-na e prendem-se à demonstração. Entre nós. ao contrário, a demonstração nunca estará em questão; nossa ocupação mais importante será traçar linhas bem retas, bem exatas, bem iguais; fazer um quadrado bem perfeito, traçar um círculo bem redondo. Para verificar a exatidão da figura, vamos examiná-la por todas as suas propriedades sensíveis e isso nos dará a oportunidade de diariamente descobrirmos novas propriedades. Dobraremos pelo diâmetro os dois semicírculos; pela diagonal, as duas metades do quadrado; compararemos nossas duas figuras para vermos em qual delas as duas bordas coincidem mais exatamente e, portanto, a mais bem feita; discutiremos se essa igualdade de partição sempre deve ocorrer nos paralelogramos, nos trapézios etc. Às vezes tentaremos prever o resultado da experiência antes de fazê-la; procuraremos encontrar razões etc.

Para meu aluno a geometria nada mais é do que a arte de utilizar bem a régua e o compasso; ele não deve confundi-la com o desenho, no qual não usará nenhum desses instrumentos. A régua e o compasso ficarão trancados à chave e seu uso lhe será permitido só raramente e por pouco tempo, para que não se habitue a rabiscar à toa. Mas às vezes poderemos passear levando nossas figuras e conversando sobre o que tivermos feito e o que desejamos fazer.

Nunca esquecerei que vi em Turim um rapaz a quem, na infância, haviam ensinado as relações entre os contornos e as superfícies dando-lhe diariamente para escolher bolachas com o mesmo perímetro em todas as figuras geométricas. O gulosinho havia esgotado a arte de Arquimedes para descobrir em qual bolacha havia mais para comer.

Quando uma criança joga peteca, exercita a precisão dos olhos e do braço; quando lança um pião, aumenta a força do braço, mas nada aprende. Perguntei algumas vezes por que não eram oferecidos às crianças os mesmos jogos de habilidade que os homens têm: jogo da pela, da malha, bilhar, arco, bola, instrumentos musicais. Responderam-me que alguns desses jogos estavam acima de suas forças e que seus membros e órgãos ainda não estavam suficientemente formados para os outros. Acho essas razões infundadas: uma criança não tem a estatura de um homem e não deixa de portar um traje feito como o dele. Não pretendo que ela jogue bilhar com nossos tacos numa mesa com três pés de altura; não pretendo que vá jogar pela em nossas casas de jogo nem que sobrecarreguem sua mãozinha com uma raquete de jogador experiente. Pretendo que jogue numa sala com as janelas bem protegidas; que inicialmente use apenas bolas macias; que suas primeiras raquetes sejam de madeira, depois, de pergaminho e, por fim, de tripas de animal retesadas de acordo com seu progresso no jogo. Preferis a peteca porque cansa menos e não oferece perigo. Estais errados, pelas duas razões seguintes. Peteca é um jogo para mulheres; mas não há uma que uma bola em movimento não ponha em fuga. Suas peles alvas não devem habituar-se a ser machucadas e contusões não são o que suas faces desejam. Mas nós, feitos para sermos vigorosos, julgamos possível ficar vigorosos sem esforço? E de que defesa seremos capazes, se nunca somos atacados? Jogam-se sempre molemente os jogos em que se pode ser desajeitado sem risco: uma peteca que cai não causa dano a ninguém; mas nada agiliza tanto os braços como ter de cobrir a cabeça, nada torna o golpe de vista tão certeiro como ter de proteger os olhos. Correr de uma ponta da sala para a outra, avaliar o salto de uma bola ainda no ar, devolvê-la com mão forte e segura: mais do que ser adequados para um homem, esses jogos servem para formá-lo.

As fibras de uma criança são frouxas demais! dizem. Elas têm menos força, mas são mais flexíveis; seu braço é fraco, mas afinal é um braço; guardadas as proporções, deve-se fazer com ele tudo o que se faz com outra máquina semelhante. *As crianças não têm habilidade com as mãos!* Por isso mesmo quero que lhes deem essa habilidade; um homem tão pouco treinado quanto elas não seria mais hábil; só podemos conhecer o uso de nossos órgãos depois de utilizá-los. Somente uma longa experiência pode ensinar-nos a tirar proveito de nós mesmos, e essa experiência é o verdadeiro estudo ao qual nunca é cedo para nos aplicarmos.

Tudo o que se faz é factível. E nada é mais comum do que ver crianças hábeis e desenvoltas ter nos membros a mesma agilidade que um homem pode ter. Em quase todas as feiras vemos crianças fazer equilíbrios, andar apoiadas nas mãos, saltar, dançar em cima de uma corda. Durante tantos anos trupes de crianças atraíram com suas danças espectadores para a Comédie italienne! Quem não ouviu falar na Alemanha e na Itália da companhia pantomima infantil do Teatro de Ópera Pantomima do célebre Nicolini? Alguém algum dia percebeu nessas crianças movimentos menos desenvolvidos, atitudes menos graciosas, ouvido menos apurado, uma dança menos leve do que em bailarinos totalmente formados? Pode ser que inicialmente seus dedos sejam grossos, curtos, pouco móveis e as mãos, rechonchudas e pouco capazes de empunhar algo; acaso isso impede que muitas crianças saibam escrever ou desenhar numa idade em que outras ainda nem sabem segurar o lápis ou a pena? Toda Paris ainda se lembra da inglesinha que com dez anos fazia prodígios no cravo[65]. Na casa de um magistrado vi seu filho, um homenzinho de oito anos que na hora da sobremesa colocavam em cima da mesa, como uma estátua no meio das iguarias, para tocar um violino quase de seu tamanho e surpreender com sua execução os próprios artistas.

Parece-me que todos esses exemplos e mil outros provam que a inaptidão para nossos exercícios que pressupomos nas crianças é imaginária e que, se não as vemos ser bem-sucedidas em alguns, é porque nunca foram exercitadas neles.

Irão dizer-me que incorro aqui, com relação ao corpo, no defeito do cultivo prematuro que critico nas crianças com relação ao entendimento. A diferença é muito grande, pois um desses avanços é só aparente, mas o outro é real. Provei que elas não têm o entendimento que parecem ter, ao passo que fazem tudo o que parecem fazer. Aliás, devemos sempre pensar que tudo isso é ou deve ser apenas jogo, direcionamento fácil e voluntário dos movimentos que a natureza lhes pede, arte de variar suas diversões para torná-las mais agradáveis, sem que jamais nem a menor coação as transforme em trabalho; pois afinal, que diversão terão que eu não possa usar como instrução para elas? E, mesmo que não

---

65. Um garotinho de sete anos fez depois coisas ainda mais espantosas.

o pudesse, contanto que se divirtam sem inconveniente e o tempo passe, seu progresso em tudo não importa por enquanto; ao passo que, quando é preciso ensinar-lhes necessariamente isto ou aquilo, de qualquer modo que se faça é sempre impossível consegui-lo sem coação, sem aborrecimentos e sem tédio.

O que eu disse sobre os dois sentidos cujo uso é mais contínuo e mais importante pode servir como exemplo da maneira de exercitar os outros. A visão e o tato são aplicados igualmente sobre os corpos em repouso e sobre os corpos que se movem; mas, como apenas o deslocamento do ar pode ativar o sentido da audição, apenas um corpo em movimento produz ruído ou som; e se tudo estivesse em repouso, nunca ouviríamos nada. Assim, à noite, quando só nos movemos se quisermos, os únicos corpos que podemos temer são os que se movem; então é importante mantermos o ouvido alerta e podermos avaliar, pela sensação que nos atinge, se o corpo que a causa é grande ou pequeno, está distante ou próximo; se seu deslocamento de ar é violento ou fraco. O ar movido está sujeito a repercussões que o refletem, que produzindo ecos repetem a sensação e fazem o corpo ruidoso ou sonoro ser ouvido em outro lugar, no qual ele não está. Se numa planície ou num vale encostarmos o ouvido no solo, ouvimos a voz dos homens e o passo dos cavalos de muito mais longe do que se estivermos em pé.

Assim como comparamos a visão com o tato, convém compará-la também com a audição e saber qual das duas impressões, partindo simultaneamente do mesmo corpo, chegará mais rapidamente a seu órgão. Quando alguém vê o fogo de um canhão, ainda pode pôr-se a salvo do tiro; mas, assim que ouvir o barulho, não tem mais tempo, a bala chegou. Podemos avaliar a que distância cai um raio pelo intervalo de tempo entre o relâmpago e o trovão. Fazei com que a criança conheça todas essas experiências; que faça as que estão a seu alcance e descubra outras por indução; mas acho cem vezes melhor que as ignore do que precisardes dizê-las para ela.

Temos um órgão que corresponde à audição: o órgão da voz; não temos um órgão que corresponda à visão e não repetimos as cores como repetimos os sons. Esse é mais um meio de cultivar o primeiro sentido, exercitando o órgão ativo e o órgão passivo um pelo outro.

O homem tem três tipos de voz: a voz falante ou articulada, a voz cantante ou melodiosa e a voz patética ou acentuada, que serve de linguagem para as paixões e anima o canto e a fala. Assim como o homem, a criança tem esses três tipos de voz, sem saber juntá-las como ele; assim como nós, ela tem o riso, os gritos, o choro, a exclamação, os gemidos, mas não sabe misturar-lhes as inflexões com as duas outras vozes. Uma música perfeita é aquela que melhor reuni essas três vozes. As crianças são incapazes dessa música e seu canto nunca tem alma. Do mesmo modo, na voz falante sua linguagem não tem ênfase; elas gritam, mas não acentuam; e, assim como em sua fala há pouco acento, em sua voz há pouca energia. Nosso aluno terá uma fala mais uniforme, ainda mais simples, porque suas paixões, não estando despertadas, não misturarão a linguagem delas à sua. Portanto, nada de fazê-lo recitar papéis de tragédias e de comédias nem querer ensiná-lo a declamar, como dizem. Ele será sensato demais para saber dar um tom a coisas que não pode entender e expressão a sentimentos que nunca experimentará.

Ensinai-o a falar com simplicidade e clareza, a articular bem, a pronunciar com exatidão e sem afetação, a conhecer e obedecer a acentuação gramatical e a prosódia, a sempre soltar a voz o suficiente para ser ouvido, mas nunca acima do necessário – defeito comum às crianças educadas em colégios. Em todas as coisas, nada supérfluo.

Do mesmo modo, no canto, tornai-lhe a voz exata, constante, flexível, sonora; o ouvido, sensível à medida e à harmonia, porém nada mais. A música imitativa e teatral não é para sua idade; eu nem mesmo gostaria que ele cantasse palavras; se quisesse cantá-las, procuraria compor canções especialmente para ele, interessantes para sua idade e tão simples quanto suas ideias.

É fácil imaginar que, tendo tão pouca pressa de ensiná-lo a ler a escrita, tampouco terei pressa de ensiná-lo a ler a música. Afastemos de seu cérebro toda atenção excessivamente trabalhosa e não nos apressemos a fixar-lhe a mente em sinais convencionais. Isso, admito, parece um tanto difícil; pois, se inicialmente o conhecimento das notas não parece mais necessário para saber cantar do que o conhecimento das letras para saber falar, há, entretanto, esta diferença: ao falar externamos nossas próprias ideias e ao cantar externamos as de outrem. E para externá-las é preciso lê-las.

Mas, primeiramente, em vez de lê-las podemos ouvi-las, e um canto expressa-se para o ouvido ainda mais fielmente do que para os olhos. Além disso, para saber bem música não basta expressá-la, é preciso compô-la, e uma coisa deve ser aprendida com a outra, sem que nunca a saberemos bem. Exercitai vosso pequeno músico inicialmente em fazer frases bem regulares, bem cadenciadas; depois, em interligá-las com uma modulação muito simples; por fim, em marcar suas diferentes relações com uma pontuação correta, o que é feito escolhendo bem as cadências e as pausas. Principalmente, nada de canto extravagante, nada patético nem expressivo. Uma melodia sempre cantante e simples, sempre derivada das cordas essenciais do tom e sempre indicando o baixo de tal modo que ele o sinta e o acompanhe sem dificuldade; pois, para formar a voz e o ouvido ele sempre deve cantar ao som do cravo.

Para marcar melhor os sons, articulamo-los pronunciando-os; daí o uso de solfejar com certas sílabas. Para distinguir os graus é preciso dar nomes tanto a esses graus como a seus diferentes termos fixos; daí os nomes dos intervalos e também as letras do alfabeto com que se marcam as teclas do teclado e as notas da escala. C e A designam sons fixos invariáveis, sempre produzidos pelas mesmas teclas. *Ut* [*do*] e *la* são outra coisa. *Ut* é constantemente a tônica de um modo maior ou a mediante de um modo menor. *La* é constantemente a tônica de um modo menor ou a sexta nota de um modo maior. Assim, as letras assinalam os termos imutáveis das relações de nosso sistema musical e as sílabas assinalam os termos homólogos das relações semelhantes em diversos tons. As letras indicam as teclas e as sílabas, os graus do modo. Os músicos franceses baralharam estranhamente essas distinções: confundiram o sentido das sílabas com o sentido das letras e, duplicando inutilmente os sinais das teclas, não deixaram sinais para expressar as cordas dos tons; de modo que para eles *ut* e C são sempre a mesma coisa; e não é assim nem deve ser, pois então para que serviria C? Por isso seu modo de solfejar é excessivamente difícil sem ter utilidade alguma, sem dar à mente nenhuma ideia clara, pois por esse método as sílabas *ut* e *mi*, por exemplo, podem significar igualmente uma terça maior, menor, supérflua ou diminuta. Por qual estranha fatalidade o país onde se escrevem os mais belos livros sobre música é precisamente aquele onde é mais difícil aprendê-la?

Sigamos com nosso aluno uma prática mais simples e mais clara; que para ele haja apenas dois modos, cujas relações sejam sempre as mesmas e sempre indicadas pelas mesmas sílabas. Quer ele cante ou toque um instrumento, saiba estabelecer seu modo em cada um dos doze tons que podem servir-lhe de base e, quer modulando em D, em C, em G etc., o fim seja sempre *la* ou *ut*, dependendo do modo. Dessa maneira ele vos entenderá sempre; as relações essenciais do modo para cantar e tocar corretamente estarão sempre presentes em sua mente, sua execução será mais limpa e seu avanço, mais rápido. Não há coisa mais bizarra do que aquilo que os franceses chamam de solfejo natural; é afastar as ideias da coisa para substituí-las por ideias alheias que não fazem mais do que desnortear. Nada é mais natural do que solfejar por transposição, quando o modo está transposto. Mas basta de música: ensinai-a como quiserdes, contanto que seja sempre um simples passatempo.

Agora já estamos bem informados sobre o estado dos corpos estranhos com relação ao nosso, sobre seu peso, sua figura, sua cor, sua solidez, seu tamanho, sua distância, sua temperatura, seu repouso, seu movimento. Estamos instruídos sobre aqueles que nos convém aproximar ou afastar de nós, sobre como devemos agir para vencer sua resistência ou para contrapor-lhes uma resistência que nos preserve de ser ofendidos por eles; mas isso não é o bastante: nosso próprio corpo extenua-se continuamente, necessita ser continuamente renovado. Embora tenhamos a faculdade de em nossa própria substância mudar outras, a escolha não é indiferente: nem tudo é alimento para o homem; e, das substâncias que podem alimentá-lo, há as mais e as menos adequadas, dependendo da constituição de sua espécie, do clima em que ele vive, de seu temperamento particular e do modo de vida que seu estado lhe prescreve.

Morreríamos de fome ou envenenados se, para escolhermos os alimentos que nos convêm, tivéssemos de esperar que a experiência nos ensinasse a conhecê-los e escolhê-los; mas a suprema bondade, que fez do prazer dos seres sensíveis o instrumento de sua conservação, avisa-nos, por meio do que agrada nosso paladar, sobre o que convém a nosso estômago. Não há naturalmente para o homem um médico mais confiável do que seu próprio apetite; e, considerando-o em seu estado primitivo, não tenho dúvida de que os alimentos que então ele achava mais agradáveis fossem também os mais sadios.

Há mais. O Autor das coisas provê não somente às necessidades que nos dá, mas também às que nós mesmos nos damos; e é para juntar-nos sempre o desejo com a necessidade que faz nossos gostos mudarem e alterarem-se com nossos modos de viver. Quanto mais nos afastamos do estado de natureza, mais perdemos de nossos gostos naturais; ou melhor, o hábito cria-nos uma segunda natureza pela qual substituímos a primeira a tal ponto que dentre nós ninguém mais a conhece.

Segue-se daí que os gostos mais naturais devem ser também os mais simples, pois são os que se transformam mais facilmente; ao passo que, aguçando-

-se e excitando-se com nossas fantasias, assumem uma forma que não muda mais. O homem que ainda não for de país algum irá habituar-se sem dificuldade aos usos de qualquer país que seja; mas o homem de um país já não se torna homem de outro.

Isso me parece verdadeiro em todos os sentidos e ainda bem mais quando aplicado ao gosto propriamente dito. Nosso primeiro alimento é o leite; só gradativamente nos habituamos aos sabores fortes; inicialmente eles nos causam aversão. Frutas, legumes, verduras, ervas e por fim algumas carnes grelhadas, sem sal nem outro condimento, constituíram os festins dos primeiros homens[66]. Na primeira vez que um selvagem bebe vinho, faz careta e cospe-o; e, mesmo entre nós, quem viveu até os vinte anos sem provar bebidas alcoólicas fermentadas não consegue mais habituar-se a elas; seríamos todos abstêmios se não nos tivessem dado vinho em nossos jovens anos. Por fim, quanto mais simples forem nossos gostos, mais universais serão; as aversões mais comuns recaem nos pratos compostos. Acaso já vimos alguém ter nojo de água ou de pão? Essa é a marca da natureza, portanto é também nossa norma. Conservemos na criança seu gosto primitivo tanto quanto possível; que sua alimentação seja comum e simples, que seu paladar se familiarize apenas com sabores pouco realçados e não crie um gosto exclusivo.

Não examino aqui se esse modo de vida é mais saudável ou não; não é assim que o encaro. Para preferi-lo basta-me saber que é o mais conforme com a natureza e o que mais facilmente se adapta a qualquer outro. Aqueles que dizem que devemos habituar as crianças aos alimentos que consumirão quando adultos não estão raciocinando bem, parece-me. Por que sua alimentação deve ser a mesma, se sua maneira de viver é tão diferente? Um homem esgotado pelo trabalho, pelas preocupações e sofrimentos necessita de alimentos suculentos que levem a seu cérebro novos espíritos; uma criança que acaba de brincar muito e cujo corpo está crescendo necessita de uma alimentação abundante que lhe produza muito quilo. Além disso, o adulto já tem sua posição, seu emprego, seu domicílio; mas quem pode saber o que o destino reserva para a criança? Em coisa alguma devemos dar-lhe uma forma tão determinada que lhe seja difícil demais mudá-la se necessário. Não façamos com que morra de fome em outro país se não carregar consigo por toda parte um cozinheiro

---

[66]. Vede *Arcádia*, de Pausânias, e também o trecho de Plutarco transcrito a seguir.

francês, nem que um dia diga que só na França se sabe comer. Entre parênteses, esse é um elogio bem engraçado! De minha parte eu diria, ao contrário, que os franceses são os únicos que não sabem comer, visto que precisam de uma arte tão particular para torná-lhes comestíveis seus pratos.

De nossas sensações diversas, o gosto dá as que geralmente nos afetam mais. Por isso temos mais interesse em avaliar bem as substâncias que devem fazer parte da nossa do que aquelas que apenas a cercam. Mil coisas são indiferentes para o tato, a audição, a visão; mas não há quase nada indiferente para o paladar.

Ademais, a atividade desse sentido é totalmente física e material; é o único que nada diz à imaginação, ou pelo menos é aquele em cujas sensações ela entra menos, ao passo que a imitação e a imaginação frequentemente misturam o moral com a impressão de todos os outros. Por isso geralmente os corações ternos e voluptuosos, os caracteres apaixonados e realmente sensíveis, facilmente movidos pelos outros sentidos, são bastante tíbios com relação a este. Justamente disso que parece colocar o paladar abaixo deles e tornar mais desprezível a inclinação que nos entrega a ele, eu concluiria, ao contrário, que o meio mais adequado para governar as crianças é conduzi--las pela boca. O motivo da gula é especialmente preferível ao da vaidade, porque a gula é um apetite da natureza, diretamente ligado ao sentido, e a vaidade é obra da opinião geral, sujeita ao capricho dos homens e a toda espécie de abusos. A gula é a paixão da infância; essa paixão não resiste diante de nenhuma outra: ante a menor concorrência, desaparece. Ei! podeis crer em mim: muito cedo a criança deixará de pensar no que come; e quando seu coração estiver ocupado demais, seu paladar não a ocupará. Quando for adulta, mil sentimentos impetuosos ludibriarão a gula e não farão mais do que excitar a vaidade, pois esta paixão sozinha se aproveita das outras e no fim devora todas elas. Cheguei a analisar algumas pessoas que davam importância aos bons bocados, que ao despertar já pensavam no que comeriam durante o dia e descreviam uma refeição com mais exatidão do que Políbio ao descrever um combate; descobri que todos esses pretensos homens não passavam de crianças de 40 anos, sem vigor nem consistência, *fruges consumere nati*, nascidos para consumir os frutos da terra. A gula é o vício dos corações sem envergadura. A alma de um glutão está toda em seu paladar; ele nasceu para comer; em sua estúpida incapacidade, só à mesa está no seu lugar certo, sabe julgar somente pratos; deixemos-lhe sem remorso tal ocupação: melhor essa do que alguma outra, tanto para nós como para ele.

Temer que a gula se enraíze numa criança capaz de alguma coisa é precaução de uma inteligência curta. Na infância só pensamos no que comemos; na adolescência não pensamos mais nisso: para nós tudo é bom e temos muitos outros assuntos a tratar. Entretanto, eu não gostaria que fizessem um uso imprudente de um recurso tão insignificante nem que confirmassem com um bom bocado a honra de fazer uma bela ação. Mas, visto que a infância é ou deveria ser tão somente brincadeiras e alegres diversões, não vejo motivo para exercícios puramente corporais não terem uma recompensa material e sensível. Se um garoto maiorquino, vendo uma cesta no alto de uma árvore, derrubá-la com sua funda, não é justo que tire proveito dela e um bom desjejum reponha a força que gastou para consegui-la?[67] Se um garoto espartano, enfrentando os riscos de cem açoites, esgueirar-se habilmente numa cozinha, roubar uma raposinha viva, carregá-la dentro da túnica, ficar arranhado, mordido, ensanguentado e se, para não sofrer a vergonha de ser surpreendido, o menino deixar-se rasgar as entranhas sem pestanejar, sem soltar um só grito. não é justo que por fim tire proveito de sua presa e coma-a depois de ser comido por ela? Nunca uma boa refeição deve ser uma recompensa, mas por que às vezes não seria o resultado do trabalho que custou consegui-la? Emílio não considera o bolo que coloquei sobre a pedra um prêmio por ter corrido bem; sabe apenas que o único meio de obter esse bolo é chegar a ele antes de outros.

Isso não contradiz as máximas que propus há pouco sobre a simplicidade da comida, pois para favorecer o apetite das crianças não está em causa excitar-lhes a sensualidade, mas somente satisfazê-la; e isso será obtido com as coisas mais comuns do mundo, se não forem trabalhadas para refinar-lhes o sabor. Seu apetite contínuo, que a necessidade de crescer estimula, é um condimento seguro que para elas substitui muitos outros. Frutas, laticínios, algum bolo ou pão mais delicado do que o pão comum, principalmente a arte de oferecer sobriamente tudo isso é o bastante para levar exércitos de crianças até o fim do mundo sem afeiçoá-las aos sabores fortes nem correr o risco de embotar-lhes o paladar.

---

67. Faz muitos séculos que os maiorquinos perderam esse costume; ele é do tempo em que seus atiradores com funda eram famosos.

Uma das provas de que gostar de carne não é natural no homem é a indiferença das crianças por essa comida e a preferência de todas por alimentos vegetais, como laticínios, massas, frutas etc. É muito importante não desnaturar essa preferência primitiva e não tornar carnívoras as crianças, se não por sua saúde, por seu caráter; pois, de qualquer maneira que se explique a experiência, é certo que os grandes comedores de carne geralmente são mais cruéis e ferozes do que os outros homens; essa observação é de todos os lugares e de todas as épocas. A barbárie inglesa é bem conhecida[68]; os guebros, ao contrário, são os mais afáveis dos homens[69]. Todos os selvagens são cruéis e seus costumes não os induzem a ser assim; essa crueldade vem de seus alimentos. Eles vão para a guerra como para uma caçada e tratam os homens como ursos. Ainda na Inglaterra, os açougueiros não são aceitos como testemunhas[70] e tampouco os cirurgiões. Os grandes celerados empedernecem-se para o assassinato bebendo sangue. Homero retrata os ciclopes, comedores de carne, como homens horrendos e os lotófagos como um povo tão amável que quem começasse a conhecê-los prontamente esquecia seu próprio país para viver com eles.

"Tu me perguntas, dizia Plutarco, por que Pitágoras se abstinha de comer carne de animais; mas te pergunto, ao contrário, que ânimo de homem teve o primeiro que levou à boca uma carne machucada, que quebrou com os dentes os ossos de um animal agonizante, que fez servirem-lhe corpos mortos, cadáveres, e digeriu no estômago membros que um momento antes baliam, mugiam, andavam e viam. Como sua mão pôde cravar uma lança num coração sensível? Como seus olhos puderam suportar um assassinato? Como pôde ver sangrarem, esfolarem, desmembrarem um pobre animal indefeso? Como pôde suportar o aspecto das carnes estremecendo? Como seu odor não lhe provocou náusea? Como não sentiu asco, repulsa nem foi tomado de horror

---

68. Sei que os ingleses se gabam muito de seu senso humanitário e da boa índole de sua nação, que chamam de *good natured people*; mas, por mais que alardeiem isso, ninguém o repete.

69. Os banianos, que se abstêm de toda espécie de carne mais rigorosamente do que os guebros, são quase tão afáveis quanto eles; mas, como sua moral é menos pura e seu culto é menos razoável, não são pessoas tão boas.

70. Um dos tradutores ingleses deste livro assinalou aqui meu equívoco e ambos corrigiram-no. Os açougueiros e os cirurgiões são aceitos como testemunhas; mas os açougueiros não são aceitos como jurados ou pares no julgamento de crimes e os cirurgiões, sim.

quando veio a manejar a sujeira dessas feridas, a limpar o sangue negro e coagulado que as cobria?

No chão se arrastavam as peles esfoladas,
No fogo mugiam as carnes espetadas;
Não pôde o homem comê-las sem estremecer
E dentro de seu ventre as escutou gemer.

"Isso é o que ele deve ter imaginado e sentido na primeira vez que suplantou a natureza para fazer essa refeição horrível, na primeira vez que teve fome de um animal vivo, que desejou alimentar-se de um animal que ainda estava pastando e disse como se devia degolar, desmembrar e cozer a ovelha que lhe lambia as mãos. Devemos espantar-nos com os que iniciaram esses banquetes cruéis e não com os que os abandonam, embora aqueles pudessem justificar sua barbárie com desculpas que a nossa não tem e cuja falta nos torna cem vez mais bárbaros do que eles.

"Mortais bem-amados dos deuses, aqueles primeiros homens nos diriam, comparai os tempos, vede quão felizes sois e quãos míseros éramos! A terra recém-formada e o ar carregado de vapores ainda eram indóceis à ordem das estações; o curso incerto dos rios degradava-lhes as margens em toda parte; charcos, lagos, pântanos profundos inundavam três quartos da superfície do mundo; o outro quarto estava coberto de matas e de florestas estéreis. A terra não produzia bons frutos; não tínhamos instrumentos para lavrá-la; ignorávamos a arte de utilizá-los e a hora da colheita nunca chegava para quem nada havia semeado. Assim, a fome nunca nos deixava. No inverno, o musgo e a casca das árvores eram nossas refeições habituais. Algumas raízes verdes de capim e de urze eram para nós um regalo; e, quando os homens conseguiam encontrar glandes, nozes ou bolotas, dançavam de alegria em volta de um carvalho ou de uma faia, ao som de alguma canção rústica, chamando a terra de nutriz e de mãe; essa era sua única festa; essas eram suas únicas diversões; todo o restante da vida humana era tão somente, dor, sofrimento e miséria.

"Por fim, quando a terra despojada e nua nada mais nos oferecia, forçados a ultrajar a natureza para nos mantermos vivos comemos os companheiros de nossa miséria em vez de perecermos com eles. Mas vós, homens cruéis, quem vos força a derramar sangue? Vede a afluência de bens que vos cerca! a quantidade de frutos que a terra vos produz! quantas riquezas os campos e os vinhedos vos dão! quantos animais vos oferecem seu leite para alimentar-vos e seu pelo para vestir-vos! O que mais podeis pedir-lhes? E, saciados de bens e transbordando de víveres, que sanha vos leva a cometer tantos assassinatos? Por que mentis contra vossa mãe acusando-a de não conseguir alimentar-vos? Por que pecais contra Ceres, inventora das santas leis, e contra o gracioso Baco, consolador dos homens? Como se as dádivas que prodigalizam não bastassem para a conservação do gênero humano! Como tendes coragem de misturar com seus doces frutos ossadas em vossas mesas e de comer com o leite o sangue dos animais que vos dão leite? As panteras e os leões, que chamais de animais ferozes, são forçados a seguir seu instinto e matam outros animais para sobreviverem. Mas vós, cem vezes mais ferozes do que eles, combateis o instinto sem necessidade para vos entregardes a vossas cruéis delícias. Os animais que comeis não são os que comem os outros: vós não comeis esses animais carnívoros, vós os imitais; tendes fome apenas de animais inocentes e mansos que não fazem mal a ninguém, que se apegam a vós, que vos servem e que devorais como recompensa por seus serviços.

"Ó, matador antinatural! Se te obstinas em afirmar que a natureza te fez para devorares teus semelhantes, seres de carne e osso, sensíveis e vivos como tu, então deves sufocar o horror que ela te inspira por essas refeições horrendas: matares tu mesmo os animais, ou seja, com tuas próprias mãos, sem ferro, sem cutelo; deves dilacerá-los com tuas unhas, como fazem os leões e os ursos; morderes esse boi e despedaçá-lo; afundares tuas garras em sua pele; deves comer essa ovelha ainda viva, devorar suas carnes fumegantes, beber sua alma com seu sangue. Estremeces! Não ousas sentir carne viva palpitar sob teus dentes! Homem deplorável! Começas matando o animal e depois o comes, como para fazê-lo morrer duas vezes. E isso não basta: a carne morta ainda te repugna, tuas entranhas não podem suportá-la; precisas transformá-la pelo fogo, cozê-la, assá-la, temperá-la com drogas que a disfarcem; precisas de salsicheiros, de cozinheiros, de assadores, de pessoas que te eliminem o horror do crime e mascarem corpos mortos para que o paladar, enganado por esses disfarces, não rejeite o que lhe é estranho e saboreie com prazer cadáveres cujo aspecto até mesmo os olhos dificilmente suportariam."

Embora esse trecho seja alheio a meu assunto, não pude resistir à tentação de transcrevê-lo e creio que com isso desagradarei poucos leitores.

De resto, em qualquer tipo de regime que deis às crianças, contanto que as habitueis apenas a comida comum e simples, deixai-as comer, correr e brincar quanto quiserem; depois assegurai-vos de que nunca comam demais e não tenham indigestões; mas, se as deixardes com fome metade do tempo e elas conseguirem iludir vossa vigilância, irão ressarcir-se com toda força, comerão até regurgitarem, até estourarem. Nosso apetite só é desmesurado porque queremos dar-lhe regras que não são as da natureza; sempre regulando, prescrevendo, acrescentando, tirando, fazemos tudo com a balança à mão; mas essa balança está ajustada para nossas fantasias e não para nosso estômago. Volto sempre a meus exemplos. Entre os aldeães os recipientes do pão e das frutas estão sempre acessíveis e tanto as crianças como os adultos não sabem o que é indigestão.

Entretanto, se porventura uma criança estivesse comendo demais – o que não creio possível com meu método –, com os passatempos de que gosta seria tão fácil distraí-la que conseguiríeis consumi-la de inanição antes que ela percebesse. Como meios tão seguros e tão fáceis escapam a todos os educadores? Conta Heródoto que os lídios, acossados por uma extrema escassez de alimentos, resolveram inventar jogos e outras diversões com que ludibriavam a fome e passavam dias inteiros sem pensar em comer[71]. Vossos doutos educadores talvez tenham lido cem vezes essa passagem sem verem que podem aplicá-la às crianças. Algum deles talvez me diga que uma criança não deixa de boa vontade seu almoço para ir estudar sua lição. Mestre, tendes razão: eu não estava pensando nessa diversão.

O sentido do olfato é para o paladar o que o sentido da visão é para o tato: previne-o, avisa-o sobre o modo como uma determinada substância deve afetá-lo e predispõe a buscá-la ou a evitá-la, dependendo da impressão que recebemos de antemão. Ouvi dizer que o olfato dos selvagens não era afetado da mesma forma que o nosso e que eles avaliavam de modo muito diferente quais eram os bons ou maus odores. Pessoalmente acredito nisso. Os odores por si sós são sensações fracas: ativam mais a imaginação do que o sentido e

---

[71]. Os historiadores antigos estão repletos de ideias que poderíamos utilizar, mesmo quando os fatos que as apresentam forem falsos. Mas não sabemos tirar um verdadeiro proveito da História; a crítica erudita absorve tudo – como se importasse muito que um fato seja verdadeiro, desde que possamos extrair dele uma instrução útil. Os homens sensatos devem ver a História como um tecido de fábulas cuja moral é muito apropriada para o coração humano.

afetam mais por aquilo que prometem do que por aquilo que dão. Isso posto, como os paladares das pessoas, devido aos modos de vida, são tão diferentes uns dos outros, devem fazê-las avaliar de maneiras bem opostas os sabores e, portanto, os odores que os anunciam. Um tártaro deve cheirar com tanto prazer um quarto fétido de um cavalo morto quanto um de nossos caçadores uma perdiz meio podre.

Nossas sensações ociosas, como a de sermos envolvidos pelo perfume das flores de um canteiro, devem ser insensíveis para homens que andam demais para gostarem de passear ou que não trabalham o suficiente para deleitarem-se com o descanso. Pessoas sempre famintas não podem sentir muito prazer com aromas que não anunciem comida.

O olfato é o sentido da imaginação; dando aos nervos um tom mais forte, deve agitar muito o cérebro; por isso reaviva o temperamento por um momento e exaure-o com o passar do tempo. No amor, tem efeitos bem conhecidos: o suave perfume de um toucador de mulher não é uma armadilha tão fraca como se pensa; e não sei se devemos felicitar ou lamentar o homem sensato e pouco sensível que o aroma das flores no colo de sua amada nunca fez palpitar.

Portanto, o olfato não deve ser muito ativo na primeira idade, quando a imaginação, que poucas paixões já animaram, é pouco sujeita à emoção e ainda não temos experiência suficiente para prever com um sentido o que o outro nos promete. Essa consequência é totalmente confirmada pela observação; e na maioria das crianças seguramente esse sentido ainda é obtuso e quase apalermado. Não que nelas a sensação não seja tão fina quanto nos homens e talvez mais, mas porque, não a associando com qualquer outra ideia, elas não são facilmente afetadas por um sentimento de prazer ou de tristeza nem ficam deleitadas ou desgostosas como nós. Creio que, sem sair do mesmo sistema e sem recorrer à anatomia comparada dos dois sexos, facilmente descobriríamos por qual razão os odores afetam mais vivamente as mulheres em geral do que os homens.

Dizem que os selvagens do Canadá já na infância aguçam tanto o olfato que, embora tenham cães, não se dignam utilizá-los para caçar e servem de cães para si mesmos. De fato, imagino que, se educássemos as crianças para farejarem seu almoço como o cão fareja a caça, talvez conseguíssemos aperfeiçoar-lhes o olfato até esse ponto; mas, no fundo, não vejo que possamos dar a esse sentido um uso muito proveitoso para elas, exceto para fazê-las conhecer suas relações com o paladar. A natureza teve o cuidado de forçar-nos a nos inteirarmos dessas relações. Tornou a ação do paladar quase inseparável da ação do olfato ao fazer contíguos seus órgãos e colocar na boca uma via de comunicação imediata entre ambos, de modo que não saboreamos coisa alguma sem sentir-lhe o cheiro. Gostaria apenas que não alterassem essas relações naturais a fim de enganar uma criança, por exemplo encobrindo com uma erva aromática agradável o amargor de um remédio, pois então a discórdia dos dois sentidos é grande demais para poder enganá-la; como o sentido mais ativo absorve o efeito do outro, ela não toma o remédio com menos repulsa; essa repulsa estende-se a todas as sensações que a afetam ao mesmo tempo; em presença da mais fraca, sua imaginação lembra-lhe também a outra; um perfume muito suave torna-se para ela um odor repugnante; e é assim que nossas precauções inconvenientes aumentam a soma de sensações desagradáveis à custa das agradáveis.

Resta-me falar, nos livros seguintes, sobre o cultivo de uma espécie de sexto sentido, chamado senso comum, não porque seja comum a todos os homens e sim porque resulta do uso bem regulado dos outros sentidos e porque nos instrui sobre a natureza das coisas pela participação conjunta de todas suas aparências. Consequentemente, o sexto sentido não tem um órgão particular: reside no cérebro e suas sensações, puramente internas, chamam-se percepções ou ideias. É pelo número dessas ideias que se mede a extensão de nossos conhecimentos; é sua nitidez, sua clareza que dá exatidão ao entendimento; é a arte de compará-las entre si que chamamos de razão humana. Assim, o que chamei de razão sensitiva ou infantil consiste em formar ideias simples pela conjunção de várias sensações; e o que chamo de razão intelectual ou humana consiste em formar ideias complexas pela conjunção de várias ideias simples.

Supondo, portanto, que meu método seja o da natureza e que eu não tenha me enganado na aplicação, já levamos nosso aluno, através dos países das sensações, até os confins da razão infantil; o primeiro passo adiante que vamos dar deve ser um passo de homem. Mas, antes de iniciarmos esse novo trajeto, vamos olhar por um momento o que acabamos de percorrer. Cada idade, cada estado da vida tem a perfeição que lhe convém, o tipo de maturidade que lhe é próprio. Frequentemente ouvimos falar de um homem feito; mas consideremos uma criança feita: esse espetáculo será mais novo para nós e talvez não seja menos agradável.

A existência dos seres finitos é tão pobre e tão estreita que, quando só vemos o que existe, nunca ficamos emocionados. São as quimeras que adornam os objetos reais; e, se a imaginação não acrescentar encanto ao que nos afeta, o prazer estéril que sentimos limita-se ao órgão e sempre deixa frio o coração. A terra ornada dos tesouros do outono exibe uma riqueza que os olhos admiram; mas essa admiração não é tocante, vem mais da reflexão do que do sentimento. Na primavera, o campo quase nu ainda não está coberto de nada, os bosques não oferecem sombra, o verde só está começando a despontar, e o coração fica tocado com seu aspecto. Ao ver renascer assim a natureza, sentimos que também nos reavivamos; a imagem do prazer rodeia-nos; essas companheiras da voluptuosidade, essas doces lágrimas sempre prontas a juntar-se a todo sentimento delicioso já estão pendentes de nossas pálpebras; mas, por mais animado, vivo, agradável que seja o aspecto do tempo da vindima, sempre o vemos com os olhos secos.

Por que essa diferença? Porque ao espetáculo da primavera a imaginação acrescenta o das estações que devem segui-la; a esses tenros brotinhos que os olhos percebem ela acrescenta as flores, os frutos, a sombra, às vezes os mistérios que podem encobrir. Reúne em um ponto tempos que devem suceder-se e vê os objetos não como serão e sim como os deseja, porque dela depende escolhê-los. No outono, ao contrário, só temos para ver o que existe. Se quisermos chegar à primavera, o inverno detém-nos e a imaginação congelada expira na neve e na geada.

Essa é a fonte do encanto que descobrimos ao contemplar uma bela infância preferivelmente à perfeição da idade madura. Quando sentimos um verdadeiro prazer em ver um homem? Quando a lembrança de suas ações faz-nos retroceder a respeito de sua vida e rejuvenesce-o a nossos olhos, digamos assim. Se ficarmos reduzidos a considerá-lo tal como é ou a supô-lo tal como será na velhice, a ideia da natureza declinante elimina todo nosso prazer. Não há prazer algum em ver um homem caminhar a passos largos para o túmulo e a imagem da morte enfeia tudo.

Mas, quando figuro uma criança de 10 a 12 anos, saudável, vigorosa, bem formada para sua idade, ela não faz nascer em mim uma ideia sequer que não seja agradável tanto sobre o presente quanto sobre o futuro; vejo-a impetuosa, vivaz, animada, sem preocupação torturante, sem longa e penosa previdência, inteiramente entregue a seu estado atual, desfrutando uma plenitude de vida que parece querer estender-se fora dela. Antevejo-a numa outra idade, exercendo o senso, o espírito, as forças que nela se desenvolvem dia a dia e das quais dá a todo momento novos indícios; contemplo-a criança e ela me agrada; imagino-a adulta e agrada-me ainda mais; seu sangue ardente parece aquecer novamente o meu; creio viver com sua vida, e sua vivacidade rejuvenesce-me.

Soa a hora, que mudança! No mesmo instante seus olhos perdem o brilho, sua vivacidade murcha; adeus, alegria, adeus, jogos e brincadeiras. Um homem severo e descontente pega-lhe a mão, diz gravemente: *vamos, senhor* e leva-a. No aposento onde entram entrevejo livros. Livros! Que triste mobília para sua idade! A pobre criança deixa-se levar, volta um olhar de tristeza para tudo que a cerca, cala-se e vai, com os olhos inchados de lágrimas que não ousa soltar e o coração pesado de suspiros que não ousa exalar.

Ó, tu, que não precisas temer nada disso, tu, para quem nenhum tempo da vida é tempo de coação e de tédio; tu, que vês o dia chegar sem inquietude, a noite sem impaciência e contas as horas por teus prazeres, vem, meu venturoso, meu amável aluno, consolar-nos com tua presença da partida desse desafortunado; vem... Ele chega, e quando se aproxima sinto um impulso de alegria que o vejo compartilhar. Está vindo ao encontro de seu amigo, seu colega, seu companheiro de brincadeiras; ao ver-me, tem certeza de que não ficará muito tempo sem diversão; nunca dependemos um do outro, mas estamos sempre de acordo e com ninguém nos sentimos tão bem como estando juntos.

Sua figura, seu porte, sua atitude anunciam segurança e contentamento; a saúde brilha-lhe no rosto; os passos firmes dão-lhe um ar de vigor; a pele, ainda delicada sem ser baça, nada tem de uma maciez afeminada, o ar e o sol já lhe puseram a marca honrosa de seu sexo; os músculos, ainda não afinados, começam a delinear alguns traços de uma fisionomia nascente; os olhos, que o ardor do sentimento ainda não anima, têm pelo menos toda sua serenidade inata, longas tristezas ainda não os toldaram, lágrimas sem fim não lhe sulcaram as faces. Contemplai em seus movimentos rápidos, mas seguros a vivacidade de sua idade, a firmeza da independência, a experiência dos exercícios múltiplos. Seu ar é franco e livre, mas não insolente nem vazio; o rosto, que não ficou colado aos livros, não cai sobre o peito; não é preciso dizer-lhe *ergue a cabeça*, porque a vergonha ou o medo nunca o fizeram baixá-la.

Vamos abrir-lhe espaço no centro da assembleia; examinai-o, senhores, interrogai-o com toda confiança; não receeis dele importunidades, tagarelice ou perguntas indiscretas. Não temais que se apodere de vós, que pretenda ocupar-vos apenas de sua pessoa e não possais mais livrar-vos dele.

Também não espereis frases agradáveis nem que vos diga o que eu lhe teria ditado; esperai somente a verdade ingênua e simples, sem adornos, sem pretensões, sem vaidade. Ele vos dirá o mal que fez ou que pensa, tão livremente quanto o bem, sem preocupar-se de modo algum com o efeito que causará em vós o que disser: usará da palavra com toda a simplicidade de sua primeira educação.

As pessoas gostam muito de fazer bons presságios sobre as crianças e sempre se entristecem com o fluxo de inépcias que quase sempre vem derrubar as esperanças que quiseram extrair de algum achado feliz que por acaso lhes vem à boca. Se meu aluno raramente dá tais esperanças, nunca dará essa tristeza, pois nunca diz uma palavra inútil nem se desgasta a tagarelar sabendo que ninguém escuta. Suas ideias são restritas, mas claras; se nada sabe de cor, sabe muito por experiência; se lê menos bem do que outras crianças em nossos livros, lê melhor nos da natureza; sua mente não está na língua e sim na cabeça; tem menos memória do que discernimento; sabe falar só uma língua, mas entende o que diz; e, se não diz tão bem quanto os outros, em compensação faz melhor do que eles.

Não sabe o que são rotina, uso, hábito; o que fez ontem não influi no que faz hoje[72]: nunca segue uma fórmula, não cede à autoridade nem ao exemplo e só age e fala como lhe convém. Assim, não espereis dele discursos ditados nem maneiras estudadas, mas sempre a expressão fiel de suas ideias e a conduta que nasce de suas inclinações.

Encontrareis nele um pequeno número de noções morais referentes a seu estado atual, nenhuma referente ao estado relativo dos homens; e de que lhe serviriam estas, visto que uma criança ainda não é um membro ativo da sociedade? Falai-lhe de liberdade, de propriedade, mesmo de convenção; pode saber até aqui: sabe por que o que é dele é dele e por que o que não é dele não é dele; passando disso não sabe mais nada. Falai-lhe de dever, de obediência e ele não saberá o que quereis dizer; ordenai-lhe algo e ele não vos entenderá; mas dizei-lhe: *se me deres esse prazer, retribuirei oportunamente* e imediatamente se apressará a comprazer-vos, pois deseja muito ampliar seus domínios e adquirir

---

72. O atrativo do hábito provém da preguiça natural do homem e essa preguiça aumenta quando nos entregamos a ela: fazemos mais facilmente o que já fizemos; é mais fácil seguir um caminho já trilhado. Por isso podemos observar que o poder do hábito é muito grande sobre os velhos e as pessoas indolentes e muito pequeno sobre a juventude e as pessoas ativas. Esse regime só é bom para as almas fracas e dia a dia vai enfraquecendo-as mais. O único hábito útil para as crianças é sujeitar-se sem dificuldade à necessidade das coisas e o único hábito útil para os adultos é sujeitar-se sem dificuldade à razão. Qualquer outro hábito é vício.

sobre vós direitos que sabe ser invioláveis. Talvez não lhe desagrade ocupar um lugar, fazer parte, ser levado em conta para alguma coisa; mas, se tiver este último motivo, já terá saído da natureza e vós previamente não tereis obstruído bem todas as portas da vaidade.

De sua parte, se necessitar de alguma ajuda, irá pedi-la indiferentemente ao primeiro que encontrar; poderá pedi-la tanto ao rei como a seu lacaio, pois em sua visão todos os homens ainda são iguais. Pelo jeito como pede vereis que sente que ninguém lhe deve nada: sabe que seu pedido é um favor. Sabe também que o senso de humanidade leva a concedê-lo. Suas expressões são simples e lacônicas. A voz, o olhar, o gesto são os de um ser acostumado igualmente com a concessão e com a recusa. Não é a submissão rastejante e servil de um escravo nem o tom imperioso de um senhor; é uma modesta confiança em seu semelhante, é a nobre e tocante brandura de um ser livre, mas sensível e frágil, que implora a assistência de um ser livre, mas forte e benfazejo. Se lhe concederdes o que vos pede, não vos agradecerá, mas sentirá que contraiu uma dívida. Se recusardes, não se queixará, não insistirá, pois sabe que seria inútil. Não dirá *recusaram* e sim *não podia ser*; e, como eu já disse, ninguém se rebela contra a necessidade bem reconhecida.

Deixai-o sozinho em liberdade, observai-o agir sem nada lhe dizer; considerai o que fará e como procederá. Como não precisa provar a si mesmo que é livre, nunca faz nada levianamente ou apenas como um ato de poder sobre si mesmo: acaso não sabe que é sempre senhor de si? É alerta, rápido, bem disposto; seus movimentos têm toda a vivacidade de sua idade, mas não vereis um único que não tenha um objetivo. Não importa o que deseje fazer, nunca empreenderá algo que esteja acima de suas forças, pois as testou bem e conhece-as; seus meios sempre serão apropriados para seus desígnios e raramente agirá sem estar seguro do êxito. Seu olhar será atento e judicioso; não irá tolamente perguntando aos outros sobre tudo o que vê: antes de perguntar, ele mesmo examinará o que deseja saber e se cansará para descobri-lo. Caso se veja numa enrascada imprevista, ficará menos perturbado do que outros; se houver risco, também se assustará menos. Como sua imaginação ainda está inativa e nada foi feito para avivá-la, ele só vê o que existe, avalia os perigos só pelo que valem e sempre mantém o sangue-frio. Sente o peso da necessidade com excessiva frequência para ainda se rebelar contra ela: porta seu jugo desde o nascimento e está bem acostumado com isso; está sempre pronto para tudo.

Quer se ocupe ou se divirta, as duas coisas lhe são iguais: suas brincadeiras são suas ocupações, não percebe diferença entre elas. Põe em tudo o que faz um interesse que faz rir e uma liberdade que agrada, mostrando ao mesmo tempo seu modo de pensar e a esfera de seus conhecimentos. Acaso o espetáculo dessa idade não é um espetáculo encantador e doce – ver uma bela criança de olhar vivaz e alegre, ar contente e tranquilo, fisionomia aberta e sorridente fazer brincando as coisas mais sérias ou profundamente ocupada com os mais frívolos passatempos?

Agora quereis julgá-lo por comparação? Misturai-o com outras crianças e deixai-o agir. Logo vereis qual é a mais verdadeiramente formada, qual se aproxima mais da perfeição de sua idade. Entre os meninos da cidade, nenhum é mais ágil, mas ele é mais forte do que todos os outros. Entre os jovens camponeses, iguala-os em força e supera-os em agilidade. Em tudo o que está ao alcance da infância, avalia, raciocina, prevê melhor do que todos eles. Trata-se de agir, correr, saltar, mover corpos, erguer massas, estimar distâncias, inventar brincadeiras, conquistar prêmios? Pareceria que a natureza está às suas ordens, de tanto que ele sabe fazer facilmente todas as coisas submeterem-se a suas vontades. É feito para guiar, para governar seus iguais: o talento, a experiência servem-lhe de direito e de autoridade. Dai-lhe o traje e o nome que vos aprouver, não importa: em toda a parte será o primeiro, em toda parte chefiará os outros; eles sentirão sempre sua superioridade; sem querer comandar, será o senhor; sem pensar que obedecem, obedecerão.

Ele chegou à maturidade da infância; viveu a vida de uma criança, não pagou com a felicidade sua perfeição; ao contrário, uma contribuiu para a outra. Adquirindo toda a razão de sua idade, foi tão feliz e livre quanto sua constituição lhe permitia ser. Se a foice fatal vier colher nele a flor de nossas esperanças, não teremos de chorar ao mesmo tempo sua morte e sua vida, não amargaremos nossas dores com a lembrança das que lhe houvermos causado; diremos: *Pelo menos ele desfrutou sua infância; não o fizemos perder nada do que a natureza lhe havia dado.*

O grande inconveniente dessa primeira educação é que ela é compreensível apenas para os homens clarividentes e que, numa criança criada com tanto cuidado, olhos vulgares veem apenas um diabrete. Um preceptor pensa mais em seu próprio interesse do que no de seu discípulo; empenha-se em provar que não perde tempo e que merece o dinheiro que lhe pagam; provê seu aluno de uma bagagem de fácil exibição e que possa ser mostrada quando quiserem; não importa se o que lhe ensina é útil, contanto que seja facilmente visível. Acumula-lhe na memória, sem seleção, sem discernimento, sem miscelâneas. Quando se trata de examinar a criança, fazem-na expor sua mercadoria; ela a exibe, todos ficam contentes; depois dobra novamente seu mostruário e vai embora. Meu aluno não é tão rico, não tem um mostruário para exibir, nada tem para mostrar além de si mesmo. Mas, assim como um homem, uma criança não é vista num momento. Onde estão os observadores que saibam captar ao primeiro olhar os traços que a caracterizam? Existem, mas são poucos; e entre cem mil pais não encontraremos sequer um deles.

Perguntas excessivamente multiplicadas entediam e desgostam todo mundo e com mais razão ainda as crianças. Ao cabo de alguns minutos sua atenção se cansa, elas deixam de escutar o que um interrogador obstinado lhes pergunta e só respondem aleatoriamente. Essa maneira de examiná-las é vã e pedantesca; frequentemente, uma palavra captada de passagem retrata o senso e o espírito delas melhor do que longos discursos; mas é preciso atentar para essa palavra não ser ditada nem fortuita. É preciso ter muito discernimento pessoal para avaliar o de uma criança.

Ouvi o falecido Lorde Hyde contar que um amigo seu, ao voltar da Itália após três anos de ausência, quis verificar os progressos de seu filho de 9 a 10 anos. Ambos vão uma tarde passear com o preceptor e o menino, numa planície onde escolares se divertiam soltando pipas. O pai pergunta casualmente ao filho: *Onde está a pipa cuja sombra é aquela ali?* Sem hesitar, sem erguer os olhos, o menino responde: *Na estrada. – E, de fato, a estrada ficava entre o Sol e nós*, acrescentou Lorde Hyde. A essas palavras, o pai abraça o filho e, terminando aí seu exame, vai embora sem nada dizer. No dia seguinte enviou ao preceptor, além do salário, o certificado de uma pensão vitalícia.

Que homem esse pai! E que filho lhe estava prometido! A pergunta é precisamente para aquela idade; a resposta é bem simples, mas vede que clareza de juízo infantil ela supõe! Foi assim que o aluno de Aristóteles amansou aquele corcel famoso que nenhum cavalariço conseguira domar[73].

---

73. Trata-se de Alexandre o Grande e seu corcel de batalha Bucéfalo, antes considerado indomável. Ao perceber que o cavalo se assustava com sua própria sombra, Alexandre, então com 12 ou 13 anos, direcionou-o contra o Sol e assim conseguiu domá-lo [N.T.].

Livro III
A idade da força: de 12 a 15 anos

Embora até a adolescência todo o curso da vida seja um tempo de fraqueza, ao longo dessa primeira idade há um ponto em que, tendo o avanço das forças ultrapassado o das necessidades, o animal que cresce, apesar de ainda fraco absolutamente, torna-se forte relativamente. Como nem todas suas necessidades estão desenvolvidas, suas forças atuais são mais do que suficientes para atender às necessidades que tem. Como adulto, seria muito fraco; como criança, é muito forte.

De onde provém a fraqueza do homem? Da desigualdade que existe entre sua força e seus desejos. São nossas paixões que nos tornam fracos, porque para satisfazê-las seriam necessárias mais forças do que a natureza nos deu. Portanto, se reduzirdes os desejos, é como se aumentásseis as forças: quem pode mais do que deseja tem forças de sobra, é certamente um ser muito forte. Esse é o terceiro estado da infância, do qual devo falar agora. Continuo a chamá-lo de infância por falta de um termo adequado para expressá-lo, pois essa idade se aproxima da adolescência sem já ser a da puberdade.

Aos 12 ou 13 anos as forças do menino desenvolvem-se muito mais rapidamente do que suas necessidades. A mais violenta, a mais terrível ainda não se fez sentir para ele; mesmo seu órgão continua imperfeito e para sair da imperfeição parece esperar que a vontade o force. Pouco sensível às injúrias do ar e das estações, enfrenta-as sem dificuldade; seu calor nascente faz as vezes de roupa; seu apetite faz as vezes de condimento: em sua idade, tudo o que pode alimentar é bom; se sentir sono, deita-se no chão e dorme; em toda parte vê-se cercado de tudo o que lhe é necessário; nenhuma necessidade imaginária atormenta-o; a opinião geral não tem poder algum sobre ele; seus desejos não vão além de seus braços: não só pode bastar a si mesmo como tem mais força do que precisa; é a única época de sua vida em que será assim.

Já pressinto a objeção. Não dirão que a criança tem mais necessidades do que lhe dou, mas negarão que tenha a força que lhe atribuo: não pensarão que falo de meu aluno e não desses bonecos ambulantes que viajam de um quarto para o outro, lavram num caixote e carregam fardos de papelão. Irão dizer-me que a força viril só se manifesta com a virilidade; que somente os espíritos vitais, elaborados nos vasos adequados e espalhados por todo o corpo, podem dar aos músculos a consistência, a atividade, o tônus, a energia de que resulta uma força verdadeira. Essa é a filosofia de gabinete; mas eu recorro à experiência. Vejo em vossos campos meninos grandes lavrarem, escavarem, guiarem o arado, carregarem um tonel de vinho, conduzirem a carroça exatamente como seus pais; julgaríamos que são homens, se o som de sua voz não os traísse. Mesmo em nossas cidades, jovens operários, ferreiros, cuteleiros, ferradores são quase tão robustos quanto seus patrões e não seriam menos habilidosos se os tivessem exercitado a tempo. Se há diferença, e concordo que há, ela é muito menor, repito, do que a diferença entre os desejos fogosos de um homem e os desejos limitados de um menino. Aliás, aqui não é apenas uma questão de forças físicas, mas principalmente da força e capacidade do espírito que as supre ou as dirige.

Esse intervalo em que o indivíduo pode mais do que deseja, embora não seja o período de sua maior força absoluta, é o de sua maior força relativa, como eu já disse. É o período mais precioso da vida, período que só chega uma única vez; um tempo muito curto e ainda mais curto na medida em que lhe é mais importante empregá-lo bem, como veremos a seguir.

O que fará ele então desse excedente de faculdades e de forças que agora tem a mais e que lhe faltará em outra idade? Procurará empregá-lo em cuidados que possam ser-lhe proveitosos quando necessário; jogará no futuro, digamos assim, o supérfluo de seu ser atual; a criança robusta fará provisões para o homem fraco; mas não colocará seus estoques em cofres que podem ser-lhe roubados nem em celeiros que não são seus; para apropriar-se realmente de seu capital, é nos braços, na cabeça, dentro de si que o alojará. Esta é, portanto, a época dos trabalhos, das instruções, dos estudos; e observai que não sou eu que faço arbitrariamente essa escolha: é a própria natureza que a indica.

A inteligência humana tem seus limites; e um homem não só não pode saber tudo como nem mesmo pode saber inteiramente o pouco que os outros homens sabem. Visto que a contraditória de cada proposição falsa é uma verdade, o número de verdades é tão inesgotável quanto o de erros. Há, portanto, uma seleção nas coisas que devemos ensinar, bem como na época adequada para aprendê-las. Dos conhecimentos que estão a nosso alcance, uns são falsos, outros são inúteis, outros servem para alimentar o orgulho de quem os tem. O pequeno número dos que contribuem realmente para nosso bem-estar é o único digno das buscas de um homem sábio e, consequentemente, de uma criança que desejamos tornar sábia. Não está em questão saber o que é, mas somente o que é útil.

Desse pequeno número, ainda é preciso excluir aqui as verdades que para serem compreendidas requerem um entendimento já totalmente formado; as que pressupõem o conhecimento das relações humanas, que uma criança não pode adquirir; as que, apesar de intrinsecamente verdadeiras, dispõem uma alma inexperiente a pensar erroneamente sobre outros assuntos.

Vemo-nos assim reduzidos a um círculo bem pequeno relativamente à existência das coisas; mas, que esfera imensa esse círculo ainda forma para a medida da mente de uma criança! Trevas do entendimento humano, que mão temerária ousou tocar em vosso véu? Quantos abismos vejo escancarados por nossas vãs ciências ao redor desse jovem desafortunado! Ó, tu que vais conduzi-lo por essas trilhas perigosas e descerrar diante de seus olhos a cortina sagrada da natureza, treme! Primeiramente, assegura-te bem da cabeça dele e da tua, evita que uma delas se estonteie, talvez ambas. Evita a atração especiosa da mentira e os vapores embriagantes do orgulho. Lembra-te, lembra-te continuamente de que a ignorância nunca fez mal, de que somente o erro é funesto, de que não nos perdemos pelo que não sabemos e sim pelo que julgamos saber.

Seus avanços em geometria poderiam servir-vos de prova e de medida certa para o desenvolvimento de sua inteligência; mas, tão logo ele possa discernir o que é útil do que não o é, será importante usar de muita cautela e arte para levá-lo aos estudos especulativos. Desejais, por exemplo, que ele encontre uma média proporcional entre duas linhas; começai por fazer de modo que ele precise achar um quadrado igual a um retângulo dado – caso se tratasse de duas médias proporcionais, seria necessário primeiro fazê-lo interessar-se pelo problema da duplicação do cubo etc. Vede como nos aproximamos gradativamente das noções morais que distinguem o bem e o mal. Até aqui a única lei que conhecemos foi a da necessidade; agora consideramos o que é útil; em breve chegaremos ao que é conveniente e bom.

O mesmo instinto anima as diversas faculdades do homem. À atividade do corpo, que busca desenvolver-se, sucede a atividade do espírito, que busca instruir-se. Inicialmente as crianças são apenas irrequietas, em seguida são curiosas; e essa curiosidade bem dirigida é o que move a idade a que agora chegamos. Devemos sempre distinguir as inclinações que provêm da natureza das que provêm da opinião geral. Há um ardor de saber cujo único fundamento é o desejo de ser considerado culto; há outro que nasce de uma curiosidade natural no homem por tudo o que pode interessar-lhe de perto ou de longe. O desejo inato de bem-estar e a impossibilidade de satisfazer plenamente esse desejo levam-no a buscar continuamente novos meios de contribuir para isso. Esse é o primeiro princípio da curiosidade – princípio natural no coração humano, mas que só se desenvolve proporcionalmente com nossas paixões e nossas luzes. Imaginai um filósofo abandonado com instrumentos e livros numa ilha deserta, seguro de que ali passará sozinho o restante de seus dias; ele não se preocupará mais com o sistema do mundo, com as leis da atração, do cálculo diferencial; talvez nunca mais abra um único livro, mas nunca deixará de visitar sua ilha até o último recanto, por maior que ela seja. Devemos, portanto, eliminar de nossos primeiros estudos também os conhecimentos cujo gosto não é natural no homem e limitarmo-nos aos que o instinto nos leva a buscar.

A ilha do gênero humano é a Terra; o objeto mais chamativo para nossos olhos é o Sol. Tão logo começamos a nos distanciarmos de nós, nossas primeiras observações devem recair nela e neste. Por isso a filosofia de quase todos os povos selvagens versa unicamente sobre imaginárias divisões da Terra e sobre a divindade do Sol.

Que guinada! dirão talvez. Há pouco estávamos ocupados com o que nos toca, com o que nos cerca imediatamente; de súbito vemo-nos percorrendo o globo e saltando para os extremos do Universo! Essa guinada é efeito do progresso de nossas forças e da tendência de nosso espírito. No estado de fraqueza e insuficiência, o cuidado de conservarmo-nos concentra-nos dentro de nós; no estado de poder e força, o desejo de ampliar nosso ser leva-nos além e faz com que nos lancemos tão longe quanto nos for possível; mas, como o mundo intelectual ainda nos é desconhecido, nosso pensamento não vai além de nossos olhos e nosso entendimento só se amplia com o espaço que ele mede.

Transformemos nossas sensações em ideias, mas não saltemos de uma vez dos objetos sensíveis para os objetos intelectuais. É pelos primeiros que devemos chegar aos outros. Nas primeiras operações do espírito, que os sentidos sejam sempre seus guias: nenhum outro livro que não o mundo, nenhuma outra instrução que não os fatos. A criança que lê não pensa, somente lê; não se instrui, aprende palavras.

Tornai vosso aluno atento para os fenômenos da natureza e em breve haveis de torná-lo curioso; mas, para alimentar-lhe a curiosidade, nunca vos apresseis a satisfazê-la. Colocai as questões a seu alcance e deixai que as resolva. Que nada saiba porque lhe dissestes e sim porque ele mesmo compreendeu; que não aprenda a ciência, invente-a. Se algum dia substituirdes em sua mente a razão pela autoridade, ele não raciocinará mais; não será mais do que um joguete da opinião alheia.

Quereis ensinar geografia a essa criança e ides buscar globos, esferas, mapas: quantas bugigangas! Por que todas essas representações? Por que não começais mostrando-lhe o próprio objeto, para que ela pelo menos saiba de que estais falando?

Uma bela tarde vamos passear num lugar favorável, onde o horizonte aberto dá uma visão total do Sol poente, e observamos os objetos que tornam reconhecível o lugar onde ele se pôs. No dia seguinte, para respirar ar fresco voltamos ao mesmo lugar antes do nascer do Sol. Vemos como ele se anuncia de longe pelas setas de fogo que lança à sua frente. O incêndio aumenta, o Leste parece em chamas; em seu esplendor esperamos o astro durante muito tempo antes que ele se mostre; a cada instante pensamos vê-lo surgir; por fim o vemos. Um ponto brilhante parte como um raio e imediatamente enche todo o espaço; o véu de trevas desvanece e cai. O homem reconhece sua morada e acha-a embelezada. Durante a noite a vegetação ganhou novo vigor; o dia nascente que a ilumina, os primeiros raios que a douram mostram-na coberta de uma cintilante rede de orvalho que reflete para os olhos a luz e as cores. Os pássaros em coro reúnem-se e saúdam em uníssono o pai da vida; nesse momento nenhum se cala; seu pipilar, ainda fraco, é mais lento e mais suave do que no restante do dia, sente a languidez de um despertar tranquilo. A conjunção de todos esses objetos produz no sentido uma impressão de frescor que parece penetrar até a alma. É meia hora de encantamento ao qual nenhum homem resiste; um espetáculo tão grandioso, tão belo, tão delicioso não deixa ninguém indiferente.

Transbordante do entusiasmo que sente, o mestre quer transmiti-lo ao aluno; julga emocioná-lo fazendo-o atentar para as sensações que emocionam a si mesmo. Pura tolice! É no coração do homem que está a vida do espetáculo da natureza; para vê-lo é preciso senti-lo. A criança percebe os objetos, mas não pode perceber as relações que os ligam, não pode entender a doce harmonia de seu conjunto. Para sentir a impressão composta que resulta simultaneamente de todas essas sensações é necessária uma experiência que ela não adquiriu, são necessários sentimentos que não experimentou. Se não percorreu longamente planícies áridas, se areias ardentes não lhe queimaram os pés, se a reverberação sufocante dos rochedos fustigados pelo Sol nunca a oprimiu, como apreciará o ar fresco de uma bela manhã? Como o perfume das flores, a beleza da vegetação, o úmido vapor do orvalho, os passos lentos e suaves sobre a relva encantarão seus sentidos? Como o canto dos pássaros poderá causar-lhe uma emoção voluptuosa, se os acordes do amor e do prazer ainda lhe são desconhecidos? Com que arrebatamento verá nascer um dia tão belo, se sua imaginação não sabe pintar-lhe o arrebatamento que pode invadi-la? Por fim, como se emocionará com a beleza do espetáculo da natureza, se ignora que não teve o cuidado de adorná-la?

Não deveis fazer ao aluno discursos que ele não pode entender. Nada de descrições, nada de eloquência, nada de figuras, nada de poesia. Agora não é uma questão de sentimento nem de gosto. Continuai a ser claro, simples e frio; cedo demais chegará a hora de usar outra linguagem.

Educado no espírito de nossas máximas, habituado a buscar em si mesmo todos seus instrumentos e a nunca recorrer a outrem sem antes reconhecer sua própria insuficiência, a cada novo objeto que vê ele o examina longamente, sem nada dizer. É pensativo e não, indagador. Limitai-vos a apresentar-lhe oportunamente os objetos; depois, quando virdes sua curiosidade suficientemente ocupada, fazei-lhe alguma pergunta lacônica que lhe indique o caminho para resolvê-la.

Na ocasião de que falo, depois de contemplar bastante com ele o Sol nascente, depois de fazê-lo observar do mesmo lado as montanhas e os outros objetos vizinhos, depois de deixá-lo falar sobre isso muito à vontade, guardai silêncio por alguns momentos, como alguém que sonha, e depois dizei-lhe: – *Estou pensando que ontem à tarde o Sol se pôs lá e esta manhã ele nasceu ali. Como isso é possível?* Não acrescenteis mais nada; se ele vos fizer perguntas, não respondais, falai de outra coisa. Deixai-o entregue a si mesmo e podeis ter certeza de que pensará no assunto.

Para que uma criança se habitue a prestar atenção e para que alguma verdade sensível a impressione devidamente é preciso que antes de descobri-la esta lhe cause alguns dias de inquietude. Se dessa maneira ela não a conceber suficientemente, há um meio de torná-la ainda mais perceptível, e esse meio é inverter a pergunta. Se não sabe como o Sol chega do poente para o levante, pelo menos sabe como chega do levante para o poente; bastam seus olhos para ensinar-lhe isso. Portanto, aclarai a primeira pergunta com a outra. Ou vosso aluno é absolutamente estúpido ou a analogia é clara demais para poder escapar-lhe. Essa é sua primeira lição de cosmografia.

Como sempre procedemos lentamente de ideia sensível em ideia sensível, como nos familiarizamos muito tempo com ela antes de passar para outra e, por fim, como nunca forçamos nosso aluno a estar atento, há uma longa distância dessa primeira lição até o conhecimento do curso do Sol e da figura da Terra; mas, como todos os movimentos aparentes dos corpos celestes obedecem ao mesmo princípio e a primeira observação leva a todas as outras, é preciso menos esforço – embora seja preciso mais tempo – para chegar de uma revolução diurna ao cálculo dos eclipses do que para compreender bem o dia e a noite.

Visto que o Sol gira ao redor do mundo, ele descreve um círculo e todo círculo deve ter um centro; já sabemos isso. Esse centro não pode ser visto, pois está no interior da Terra, mas podemos marcar na superfície dois pontos opostos que lhe correspondam. Um espeto passando pelos três pontos e prolongado até o céu de um lado e outro será o eixo do mundo e do movimento diário do Sol. Alguma espécie de pião redondo girando sobre sua ponta representa o céu girando sobre seu eixo; as duas pontas do pião são os dois polos; a criança gostará muito de conhecer um: mostro-o na cauda da Ursa Menor. Já temos diversão para a noite; pouco a pouco nos familiarizamos com as estrelas e nasce daí o primeiro gosto de conhecer os planetas e observar as constelações.

Vimos o Sol nascer no dia de São João; também vamos vê-lo nascer no Natal ou em algum outro belo dia de inverno, pois todos sabem que não somos preguiçosos e enfrentar o frio é para nós uma brincadeira. Cuido de fazermos essa segunda observação no mesmo lugar onde fizemos a primeira; e, com um pouco de habilidade para preparar a observação, um de nós não deixará de exclamar: – *Ah! Ah! Que coisa curiosa! O Sol não nasce mais no mesmo lugar! Nossas demarcações antigas estão aqui e agora ele nasceu lá!* etc. Então há um

Leste de verão e um Leste de inverno! etc. Jovem mestre, já estais no caminho certo. Esses exemplos devem bastar-vos para ensinar com muita clareza a esfera, tomando o mundo como o mundo e o Sol como o Sol.

Em geral, nunca deveis substituir a coisa pelo signo, exceto quando vos for impossível mostrá-la; pois o signo absorve a atenção da criança, fazendo-a esquecer a coisa representada.

A esfera armilar parece-me um instrumento mal composto e mal proporcionado. Essa confusão de círculos e as figuras bizarras que a marcam dão-lhe um ar esotérico que assusta o espírito das crianças. A Terra é pequena demais, os círculos são excessivamente grandes e numerosos; alguns, como os coluros, são totalmente inúteis; cada círculo é mais largo do que a Terra; a espessura do papelão dá-lhes um ar de solidez que os faz parecerem massas circulares realmente existentes; e quando dizeis à criança que esses círculos são imaginários, ela não sabe o que está vendo, não entende mais nada.

Nunca sabemos nos colocarmos no lugar das crianças; não entramos em suas ideias, emprestamos-lhes as nossas; e, seguindo sempre nossos próprios raciocínios, com encadeamentos de verdades amontoamos em suas cabeças somente extravagâncias e erros.

Discute-se sobre a escolha da análise ou da síntese para estudar as ciências; nem sempre é preciso optar. Às vezes é possível resolver e compor nas mesmas pesquisas e guiar o aluno pelo método de ensino, quando ele julga que está apenas analisando. Então, empregando ambas ao mesmo tempo, elas serviriam mutuamente de provas. Partindo simultaneamente dos dois pontos opostos, sem pensar que está fazendo o mesmo caminho, ele ficaria surpreso de encontrar-se consigo e essa surpresa só poderá ser muito agradável. Eu gostaria, por exemplo, de tomar a geografia por esses dois pontos e juntar ao estudo das revoluções do globo a medida de suas partes, começando pelo lugar que habitamos. Enquanto o aluno estuda a esfera e assim se transporta para os céus, trazei-o de volta para a divisão da Terra e mostrai-lhe primeiro onde ele próprio está.

Seus dois primeiros pontos geográficos serão a cidade onde mora e a casa de campo de seu pai; em seguida os lugares intermediários; depois os rios das redondezas; por fim, o aspecto do Sol e o modo de orientar-se. Aqui é o ponto de reunião. Que ele mesmo faça o mapa de tudo isso: mapa muito simples e inicialmente formado apenas de dois objetos, aos quais ele vai pouco a pouco acrescentando os outros, à medida que sabe ou estima sua distância e posição. Já podeis ver a vantagem que lhe proporcionamos de antemão, quando lhe pusemos um compasso nos olhos.

Apesar disso, sem dúvida será preciso guiá-lo um pouco; mas muito pouco, sem que pareça. Se se enganar, deveis deixá-lo errar, não corrigir seus erros, esperar em silêncio que consiga vê-los e corrigi-los pessoalmente; ou, quando muito, numa ocasião propícia podeis introduzir uma operação que o faça percebê-los. Se nunca se enganasse não aprenderia tão bem. Ademais, a intenção não é que saiba exatamente a topografia da região e sim como se instruir sobre ela; não importa que tenha mapas na cabeça, contanto que entenda bem o que representam e tenha uma ideia clara da arte utilizada para traçá-los. Já podeis ver a diferença entre o saber de vossos alunos e a ignorância do meu: os vossos sabem os mapas e ele os desenha. São novos adornos para seu quarto.

Lembrai-vos sempre de que o espírito de minha educação não é ensinar ao aluno muitas coisas e sim nunca deixar entrarem em seu cérebro ideias que não sejam corretas e claras. Mesmo que nada souber, pouco me importa, contanto que não se engane, e não ponho verdades em sua cabeça, exceto para protegê-lo dos erros que aprenderia no lugar delas. A razão, o discernimento vêm lentamente, os preconceitos acorrem em massa; é deles que devo preservá-lo. Mas, se considerardes a ciência em si mesma, entrareis num mar sem fundo, sem margens, cheio de escolhos; nunca saireis dele. Quando vejo um homem tomado pelo amor aos conhecimentos deixar-se seduzir por seu encanto e correr de um para outro sem saber parar, penso ver uma criança na praia juntando conchinhas, começando a cuidar delas e depois, tentada pelas outras que avista, deixar essas de lado, pegar aquelas, e novamente, até que, derrotada por sua infinidade e não sabendo mais o que escolher, acaba largando tudo e volta de mãos vazias.

Durante a primeira idade, o tempo era longo; procurávamos perdê-lo para não o empregar mal. Agora é totalmente o contrário: não temos tempo suficiente para fazer tudo o que seria útil. Lembrai que as paixões estão se aproximando e, assim que baterem à porta, só a elas vosso aluno dará atenção. A idade tranquila da inteligência é tão curta, passa tão depressa, tem tantos outros usos necessários que é loucura querer que ela baste para tornar culta uma criança. O objetivo não é ensinar-lhe as ciências e sim dar-lhe gosto para amá-las e métodos para aprendê-las, quando esse gosto estiver mais desenvolvido. Esse é indiscutivelmente um princípio fundamental de toda boa educação.

Esse é também o momento de habituá-lo pouco a pouco a concentrar a atenção seguidamente no mesmo objeto; mas nunca é a coação, é sempre o prazer ou o desejo que deve produzir essa atenção; é preciso muito cuidado para que ela não o sobrecarregue e chegue a entediá-lo. Portanto, ficai sempre de olhos bem abertos e, não importa o que aconteça, deixai tudo de lado antes que se aborreça; pois ele aprender nunca é tão importante quanto não fazer coisa alguma a contragosto.

Se vos fizer perguntas, respondei o necessário para alimentar sua curiosidade, não para satisfazê-la; principalmente, quando perceberdes que em vez de perguntar para instruir-se ele começa a divagar e a encher-vos de perguntas tolas, parai imediatamente, na certeza de que não está mais pensando no assunto, mas somente querendo sujeitar-vos a seus interrogatórios. Atentai menos para as palavras que pronuncia do que para o motivo que o leva a falar. Esse aviso, até aqui menos necessário, torna-se da maior importância assim que a criança começa a raciocinar.

Há uma cadeia de verdades gerais pela qual todas as ciências se ligam a princípios em comum e desenvolvem-se sucessivamente: essa cadeia é o método dos filósofos. Não é dela que tratamos aqui. Há outra muito diferente, pela qual cada objeto particular atrai outro e mostra sempre o que o segue. Essa ordem, que alimenta com uma curiosidade contínua a atenção que todos eles exigem, é a que a maioria dos homens segue e principalmente a que convém às crianças. Quando nos orientamos para fazer nossos mapas, tivemos de traçar meridianas. Dois pontos de intersecção entre as sombras iguais da manhã e da tarde dão uma meridiana excelente para um astrônomo de 13 anos. Mas essas meridianas apagam-se, é preciso tempo para traçá-las e obrigam a trabalhar sempre no mesmo lugar; tantos cuidados, tanto incômodo acabariam aborrecendo-o. Já prevíamos e sanamos de antemão isso.

Aqui estou eu de novo com meus longos e minuciosos detalhes. Leitores, ouço vossos murmúrios e enfrento-os: não quero sacrificar à vossa impaciência a parte mais útil deste livro. Tomai vossa decisão sobre minhas delongas, pois de minha parte já decidi sobre vossas queixas.

Há muito tempo meu aluno e eu havíamos percebido que o âmbar, o vidro, a cera e vários outros corpos atraíam palhinhas quando friccionados e que outros não as atraíam. Encontramos por acaso um que tem uma propriedade ainda mais singular: atrair a alguma distância e sem ser friccionado limalha e outros pedacinhos de ferro. Por quanto tempo essa característica diverte-nos sem que possamos ver-lhe nada mais! Por fim descobrimos que ela se transmite para o próprio ferro, imantado em certo sentido. Um dia vamos à feira[74]; um prestidigitador atrai com um pedaço de pão um pato de cera que flutua numa bacia com água. Apesar de muito surpresos, não dizemos *é um bruxo*, pois não sabemos o que seja um bruxo. Continuamente atingidos por efeitos cujas causas ignoramos, não nos apressamos a julgar nada e permanecemos tranquilos em nossa ignorância até termos oportunidade de sair dela.

De volta à casa, de tanto falarmos do pato da feira pomos na cabeça imitá-lo: pegamos uma boa agulha bem imantada e cobrimo-la com cera branca que moldamos o melhor possível em forma de pato, de modo que a agulha atravesse o corpo e sua cabeça forme o bico. Colocamos o pato na água, aproximamos do bico o anel de uma chave e, com uma alegria fácil de entender, vemos que nosso pato segue a chave precisamente como o da feira seguia o pedaço de pão. Alguma outra vez poderemos observar em qual direção o pato se detém na água quando o deixamos parado; no momento, muito ocupados com nosso objeto, não queremos mais nada.

Já na mesma tarde voltamos à feira levando nos bolsos pão preparado; e, assim que o prestidigitador termina seu número, meu pequeno doutor, que mal se continha, diz-lhe que esse número não é difícil e que ele fará a mesma coisa. É pego na palavra e imediatamente tira do bolso o pão onde está escondido o pedaço de ferro; com o coração acelerado, aproxima-se da mesa; apresenta o pão quase tremendo; o pato vem e segue-o; o menino grita e vibra de alegria. As palmas, as aclamações da assembleia deixam-no tonto, fora de si. O saltimbanco, apesar de desconcertado, vem abraçá-lo, felicita-o e roga-lhe que no dia seguinte volte a honrá-lo com sua presença, acrescentando que tratará de reunir um número ainda maior de pessoas para aplaudirem sua habilidade.

---

74. Não pude deixar de rir ao ler uma fina crítica do Sr. Formey sobre esta historinha: "Esse prestidigitador que se orgulha de rivalizar com uma criança e repreende gravemente seu professor é um indivíduo do mundo dos Emílios", diz ele. O espirituoso Sr. Formey não podia imaginar que aquela ceninha fora arranjada e que o saltimbanco fora instruído sobre o papel que devia desempenhar, pois de fato não contei isso. Mas, por outro lado, quantas vezes já declarei que não escrevia para pessoas a quem era preciso dizer tudo!

Meu pequeno naturalista, todo orgulhoso, quer tagarelar, mas imediatamente faço-o calar-se e levo-o dali, coberto de elogios.

O menino conta os minutos até o dia seguinte, com uma inquietude cômica. Convida todo mundo que encontra; gostaria que todo o gênero humano testemunhasse sua glória; espera a hora sofrendo, antecipa-a; voamos para a feira; a sala já está repleta. Ao entrar, seu jovem coração rejubila. Outros números devem vir antes; o prestidigitador supera-se e faz coisas surpreendentes. O menino nada vê de tudo isso; agita-se, sua, mal respira; passa o tempo mexendo em seu pedaço de pão no bolso, a mão tremendo de impaciência. Por fim chega sua vez; o apresentador anuncia-o solenemente para a plateia. Ele se aproxima um pouco envergonhado, puxa seu pão... Mais uma vicissitude das coisas humanas! O pato, tão domesticado na véspera, hoje se tornou selvagem: em vez de apresentar o bico, vira-se e foge; evita o pão e a mão que o oferece, tão aplicadamente quanto os seguia antes. Depois de mil tentativas inúteis e sempre vaiadas, o menino reclama, diz que o estão enganando, que substituíram o primeiro pato por outro e desafia o prestidigitador a atrair esse.

O prestidigitador, sem responder, pega um pedaço de pão e oferece-o ao pato; imediatamente o pato segue o pão e vai até a mão, que recua. O menino pega o mesmo pedaço de pão; mas, longe de obter mais sucesso do que antes, vê o pato zombar dele e fazer piruetas em volta da bacia toda; por fim, afasta-se muito confuso e não ousa mais se expor às vaias.

Então o prestidigitador pega o pedaço de pão que o menino trouxera e utiliza-o com tanto sucesso quanto com o seu: retira-lhe o ferro diante de todo mundo, novas risadas à nossa custa; depois, com esse pão assim esvaziado, atrai o pato como antes. Faz a mesma coisa com outro pedaço de pão, cortado à vista de todos por uma terceira pessoa, faz a mesma coisa com sua luva, com a ponta do dedo; por fim afasta-se para o meio da sala e, com o tom enfático próprio dessas pessoas, declarando que seu pato obedecerá sua voz tanto quanto seus gestos, fala-lhe e o pato obedece: manda-o ir para a direita e ele vai para a direita, manda-o voltar e ele volta, girar e ele gira; o movimento é tão pronto quanto a ordem. Os aplausos redobrados são afrontas para nós. Fugimos sem que nos vejam e nos trancamos em nosso quarto, sem irmos contar nossos sucessos para todo mundo, como havíamos imaginado.

Na manhã seguinte, batem à nossa porta; vou abrir: é o prestidigitador. Modestamente, ele se queixa de nossa conduta. O que nos fizera para que tentássemos desacreditar seu número e tirar seu ganha-pão? O que havia de tão maravilhoso na arte de atrair um pato de cera para que comprássemos essa honra à custa da subsistência de um homem honesto? – *Palavra de honra, meus senhores, se para sobreviver eu tivesse algum outro talento, não me vangloriaria desse. Devíeis crer que um homem que passou a vida exercitando-se nesse medíocre artifício sabe sobre ele mais do que vós, que só vos ocupais dele por alguns momentos. Se inicialmente não vos mostrei meus golpes de mestre, foi porque não devemos apressar-nos a exibir impensadamente o que sabemos; sempre tenho o cuidado de reservar meus melhores números para o momento certo, e depois desse tenho ainda outros para deter jovens imprudentes. Ademais, senhores, venho de boa vontade revelar-vos o segredo que tanto vos embaraçou, rogando-vos que não abuseis disso para prejudicar-me e sejais mais comedidos em alguma outra ocasião.*

Então ele nos mostra seu instrumento, e vemos com a maior surpresa que consiste simplesmente num ímã forte e bem montado, que um garoto escondido embaixo da mesa movia sem que ninguém percebesse.

O homem guarda seu aparelho; e, depois de agradecermos e nos desculparmos, tentamos dar-lhe um presente; ele recusa: – *Não, senhores, não estou contente convosco a ponto de aceitar vossos presentes; deixo-vos em dívida comigo contra vossa vontade; é minha única vingança. Aprendei que há generosidade em todas as condições sociais; cobro por meus números e não por minhas lições.*

Ao sair, dirige especificamente a mim, em voz alta, uma repreensão: – *Desculpo de bom grado este menino; ele pecou somente por ignorância. Mas vós, senhor, que devíeis estar ciente de sua falta, por que o deixastes cometê-la? Visto que viveis juntos, como mais velho deveis a ele vossos cuidados, vossos conselhos; vossa experiência é a autoridade que deve conduzi-lo. Quando, já adulto, ele culpar-se pelos erros de sua juventude, certamente vos culpará por aqueles dos quais não o advertistes*[75].

Ele vai embora, deixando nós dois muito confusos. Recrimino-me por minha condescendência fácil; prometo a meu aluno numa próxima vez sacrificá-la

---

75. Deveria eu imaginar que algum leitor fosse bastante estúpido para não perceber nesta repreensão um discurso ditado palavra por palavra pelo preceptor para chegar a seu objetivo? Deveriam imaginar-me estúpido a ponto de dar naturalmente essa linguagem a um saltimbanco? Eu julgava já ter dado provas pelo menos do talento bastante banal de fazer as pessoas falarem de acordo com sua condição social. Vede também o fim do parágrafo seguinte. Isso não é dizer tudo para qualquer pessoa que não o Sr. Formey?

a seu interesse e adverti-lo de seus erros antes que os cometa; pois está próximo o momento em que nosso relacionamento vai mudar e a severidade do mestre deverá suceder a complacência do companheiro; essa mudança deve ser conduzida gradualmente; é preciso prever tudo, e prever tudo de muito longe.

No dia seguinte voltamos à feira para rever o número cujo segredo agora conhecemos. Abordamos com profundo respeito nosso saltimbanco socrático; mal ousamos olhá-lo nos olhos; ele nos cumula de gentilezas e acomoda-nos com uma distinção que nos humilha novamente. Faz seus números como de hábito, mas se diverte e se compraz longamente com o do pato, olhando-nos várias vezes com um ar altivo. Nós dois sabemos de tudo e não dizemos uma só palavra. Se meu aluno ousasse abrir a boca, mereceria ser arrasado.

Todos os detalhes desse exemplo são mais importantes do que parecem. Quantas lições numa única! Quantas consequências vexatórias o primeiro gesto de vaidade atrai! Jovem mestre, espreitai atentamente esse primeiro gesto. Se souberdes fazer com que dele resultem assim humilhação, descrédito[76], podeis estar seguro de que durante muito tempo não haverá um segundo. Quantos preparativos! direis. Concordo, e tudo para fazermos uma bússola que nos sirva de meridiana.

Tendo aprendido que o ímã age através dos outros corpos, apressamo-nos a construir um instrumento semelhante ao que vimos: uma mesa oca, uma bacia bem plana ajustada sobre essa mesa e cheia com algumas medidas de água, um pato um pouco mais bem moldado etc. Frequentemente atentos em volta da bacia, por fim notamos que o pato, quando parado, sempre fica mais ou menos na mesma direção. Prosseguimos a experiência, examinamos essa direção: descobrimos que é do meio-dia ao Norte. Não é preciso mais: achamos nossa bússola ou seu equivalente; estamos na física.

Há na Terra diversos climas e diversas temperaturas nesses climas. As estações vão variando mais sensivelmente à medida que nos aproximamos do polo; todos os corpos comprimem-se com o frio e dilatam-se com o calor; esse efeito é mais mensurável nos líquidos e principalmente nos líquidos espirituosos; daí o termômetro. O vento bate no rosto; portanto, o ar é um corpo, um

---

76. Portanto, essa humilhação, esse descrédito são obra minha e não do saltimbanco. Já que o Sr. Formey queria, comigo ainda vivo, apoderar-se de meu livro e mandar imprimi-lo sem outra cerimônia além de tirar meu nome e colocar o dele, devia pelo menos se dar o trabalho nem digo de compô-lo, mas de lê-lo.

fluido; nós o sentimos, embora não tenhamos como vê-lo. Colocai na água um copo de boca para baixo: ele não se encherá de água, a menos que deixeis uma saída para o ar; portanto, o ar é capaz de resistência. Afundai mais o copo: a água ganhará algum espaço do ar, sem conseguir encher totalmente esse espaço; portanto, o ar é capaz de compressão até certo ponto. Uma bola cheia com ar comprimido pula melhor do que uma cheia com qualquer outra matéria; portanto, o ar é um corpo elástico. Deitado na banheira, erguei horizontalmente o braço para fora da água e sentireis que uma carrega um peso enorme; portanto, o ar é um corpo pesado. Colocando o ar em equilíbrio com outros fluidos, podemos medir seu peso; daí o barômetro, o sifão, a espingarda de pressão, a máquina pneumática. Todas as leis da estática e da hidrostática são encontradas por meio de experiências igualmente grosseiras. Não quero de modo algum que para tudo isso entremos num gabinete de física experimental: todo aquele aparato de instrumentos e de máquinas desagrada-me. O ar científico mata a ciência. Ou todas aquelas máquinas assustam uma criança ou suas figuras dividem e roubam a atenção que ela deveria para seus efeitos.

Quero que nós mesmos façamos todos nossos aparelhos e não quero começar fazendo o instrumento antes da experiência: quero que, depois de vislumbrarmos a experiência como por acaso, inventemos pouco a pouco o instrumento que deve verificá-la. Prefiro que nossos instrumentos não sejam tão perfeitos e tão exatos e que tenhamos ideias mais claras de como devem ser e das operações que deles devem resultar. Para minha primeira lição de estática, em vez de ir buscar balanças coloco um bastão atravessado sobre o encosto de uma cadeira, meço o comprimento das duas partes do bastão em equilíbrio, acrescento em cada lado pesos ora iguais, ora desiguais; e, puxando-o e empurrando-o quanto for necessário, por fim descubro que o equilíbrio resulta de uma proporção recíproca entre a quantidade de pesos e o comprimento das alavancas. Agora meu físico mirim é capaz de retificar balanças antes de ter visto uma.

Indiscutivelmente, adquirimos noções muito mais claras e muito mais seguras das coisas que aprendemos assim por nós mesmos do que das que extraímos dos ensinamentos de outrem; e, além de não habituarmos a razão a submeter-se servilmente à autoridade, tornamo-nos mais engenhosos em encontrar relações, ligar ideias, inventar instrumentos do que quando, adotando tudo isso como nos é dado, deixamos a mente afundar na indolência – como o corpo de um homem que, sempre vestido, calçado e servido por seus criados e transportado por seus cavalos, acaba perdendo a força e o uso dos membros. Boileau gabava-se de ter ensinado Racine a fazer rimas difíceis. Entre tantos métodos admiráveis para abreviar o estudo das ciências, precisaríamos muito que alguém nos desse um para aprendê-las com esforço.

A vantagem mais perceptível dessas lentas e laboriosas pesquisas é manterem, no meio dos estudos especulativos, o corpo em atividade, os membros flexíveis e treinarem continuamente as mãos para o trabalho e os usos úteis ao homem. Os muitos instrumentos inventados para guiar-nos em nossas experiências e suprir a exatidão dos sentidos fazem-nos negligenciar o exercício destes. O grafômetro dispensa-nos de estimar o tamanho dos ângulos; o olho que media com precisão as distâncias confia na cadeia de agrimensor que as mede por ele; a balança romana isenta-nos de avaliar à mão o peso que ela informa. Quanto mais engenhosos forem nossos aparelhos, mais grosseiros e inábeis se tornam nossos órgãos: de tanto reunir instrumentos a nosso redor, já não encontramos instrumentos em nós mesmos.

Mas, quando colocamos em fabricar essas máquinas a habilidade que nos fazia as vezes delas, quando empregamos em construí-las a sagacidade que era necessária para as dispensarmos, ganhamos sem nada perder, juntamos a arte à natureza e tornamo-nos mais engenhosos sem nos tornarmos menos habilidosos. Se, em vez de colar um menino aos livros, eu ocupá-lo numa oficina, suas mãos trabalham em proveito de seu espírito: ele se torna filósofo e julga ser apenas um operário. Por fim, esse exercício tem outras utilidades de que falarei adiante; e vereis como dos jogos da filosofia podemos elevar-nos às verdadeiras funções do homem.

Eu já disse que os conhecimentos puramente especulativos não convinham às crianças, mesmo próximas da adolescência; mas, sem aprofundá-las na física sistemática, fazei porém todas suas experiências ligarem-se uma à outra por alguma espécie de dedução, para que por meio desse encadeamento elas possam colocá-las com ordem na mente e lembrar-se delas quando necessário; pois muito dificilmente fatos e mesmo raciocínios isolados resistem por muito tempo na memória quando falta um ponto de acesso para trazê-los de volta a ela.

Na pesquisa das leis da natureza, começai sempre pelos fenômenos mais comuns e mais sensíveis, e habituai vosso aluno a não considerar esses fenômenos como razões e sim como fatos. Pego uma pedra, finjo que vou pousá-la no ar; abro a mão, a pedra cai. Olho para Emílio, atento ao que estou fazendo, e pergunto-lhe: *Por que esta pedra caiu?*

Que criança ficará atrapalhada com essa pergunta? Nenhuma, nem mesmo Emílio, se eu não houver me empenhado em prepará-lo para não saber respondê-la. Todas dirão que a pedra cai porque é pesada. *E o que é pesado? – É o que cai. – A pedra cai porque cai?* Aqui meu filósofo mirim fica realmente tolhido. Essa é a primeira lição de física sistemática e, quer lhe seja proveitosa ou não nessa área, sempre será uma lição de bom-senso.

À medida que a criança avança em inteligência, outras considerações importantes obrigam-nos a selecionar mais suas ocupações. Logo que ela chega a conhecer a si mesma suficientemente para conceber em que consiste seu bem-estar, logo que consegue compreender relações suficientemente amplas para avaliar o que lhe convém e o que não lhe convém, então tem condições de sentir a diferença entre trabalho e diversão e considerar esta como um desafogo daquele. Então objetos de utilidade real podem entrar em seus estudos e incentivá-la a dar-lhes uma aplicação mais constante do que lhes dava em simples passatempos. A lei da necessidade, sempre renascente, ensina cedo o homem a fazer o que não lhe agrada para evitar um mal que lhe desagradaria mais. Esse é o uso da previdência, e dessa previdência bem ou mal regulada nasce toda a sabedoria ou toda a miséria humana.

Todo homem deseja ser feliz; mas para chegar a sê-lo precisaria começar por saber o que é felicidade. A felicidade do homem natural é tão simples quanto sua vida; consiste em não sofrer: constituem-na a saúde, a liberdade, o necessário. A felicidade do homem moral é diferente, mas não é ela que está em questão aqui. Não me cansarei de repetir que apenas objetos puramente físicos podem interessar às crianças, principalmente àquelas cuja vaidade não foi despertada e que não foram antecipadamente corrompidas pelo veneno da opinião geral.

Quando elas preveem suas necessidades antes de senti-las, sua inteligência já está muito avançada, começam a conhecer o valor do tempo. É importante habituá-las então a direcionar-lhe o emprego para objetos úteis, mas de uma utilidade perceptível para sua idade e ao alcance de suas luzes. Tudo o que se relaciona com a ordem moral e com o uso da sociedade não lhes deve ser apresentado tão cedo, porque não têm condições de entender. É uma inépcia exigir-lhes que se empenhem em coisas que as pessoas lhes dizem vagamente que são para seu bem, sendo que não sabem qual é esse bem, em coisas que lhes asseguram que lhes serão proveitosas quando forem adultas, sendo que agora não têm interesse algum nesse suposto proveito que não conseguem compreender.

Que a criança nada faça porque assim lhe dizem: só é bom para ela o que sentir que é bom. Ao lançá-la sempre à frente de suas luzes acreditais estar usando de previdência, e ela vos falta. Para armá-la com alguns instrumentos vãos dos quais talvez nunca faça uso, estais privando-a do instrumento mais universal do homem, que é o bom-senso; estais habituando-a a deixar-se conduzir sempre, a nunca ser mais do que uma máquina em mãos alheias. Quereis que seja dócil quando pequena: é querer que seja crédula e enganada quando grande. Dizeis-lhe continuamente: *Tudo o que te peço é para teu benefício, mas não és capaz de conhecê-lo. A mim que importa se fazes ou não o que exijo? É somente para ti que trabalhas.*

Com todos esses belos discursos que lhe fazeis agora para torná-la bem comportada, estais preparando o sucesso dos que lhe fará algum dia um visionário, um alquimista, um charlatão, um velhaco ou um louco de qualquer espécie para apanhá-la em sua armadilha ou fazê-la adotar sua loucura.

É importante que um homem saiba bem coisas cuja utilidade uma criança não pode compreender; mas acaso é necessário e possível que uma criança aprenda tudo o que para um homem é importante saber? Procurai ensinar à criança tudo o que é útil para sua idade e vereis que todo seu tempo será mais do que ocupado. Por que, em detrimento dos estudos que lhe convêm hoje, quereis que se aplique aos de uma idade à qual é tão incerto que chegue? *Mas*, direis, *a hora de aprender o que devemos saber será quando chegar o momento de utilizá-lo?* Ignoro; mas o que sei é que é impossível aprendê-lo mais cedo; pois nossos verdadeiros mestres são a experiência e o sentimento, e somente nas relações em que se envolveu é que o homem sente bem o que convém ao homem. Um menino sabe que é feito para tornar-se homem, todas as ideias que pode ter sobre o estado de homem são ocasiões para instruir-se; mas sobre as ideias desse estado que não estão a seu alcance ele deve permanecer numa ignorância absoluta. Todo o meu livro é simplesmente uma prova contínua desse princípio de educação.

Tão logo conseguirmos dar a nosso aluno uma ideia da palavra *útil*, temos um grande ponto de acesso a mais para conduzi-lo; pois essa palavra lhe causa forte impressão, visto que lhe atribui apenas um sentido relativo a sua idade e vê claramente a relação dela com seu bem-estar atual. Essa palavra não causa impressão em vossos alunos porque não cuidastes de dar-lhes uma ideia dela que estivesse a seu alcance e porque, como outros sempre se encarregam de proporcionar-lhes o que lhes é útil, nunca precisam pensar nisso e não sabem o que é utilidade.

Isso serve para quê? Essa será doravante a frase sagrada, a frase determinante entre ele e eu em todas as ações de nossa vida: é a pergunta que de minha parte segue infalivelmente todas suas perguntas e serve de freio para aquela infinidade de indagações tolas e fastidiosas com que as crianças cansam sem parar e sem fruto todos os que as cercam, mais para exercerem alguma espécie de poder sobre eles do que para terem algum proveito. Aquela a quem, como sua lição mais importante, ensinamos a só querer saber o que for útil, indaga como Sócrates: não faz uma pergunta sem explicar para si mesma o motivo que sabe que vão pedir-lhe antes de responderem-na.

Vede que instrumento poderoso estou colocando em vossas mãos para agirdes em vosso aluno. Como não sabe as razões de nada, ficará quase reduzido ao silêncio quando assim vos aprouver; e vós, ao contrário, quanta vantagem vossos conhecimentos e vossa experiência vos dão para mostrar-lhe a utilidade de tudo o que lhe estais propondo! Pois não vos enganeis: fazer-lhe essa pergunta é ensiná-lo a por sua vez fazê-la a vós; e, em tudo o que lhe propuserdes depois, podeis ter certeza de que, seguindo vosso exemplo, ele não deixará de dizer: *Isso serve para quê?*

Talvez esteja aqui para um preceptor a armadilha mais difícil de evitar. Se, procurando apenas sair do apuro ante a pergunta do aluno, disserdes-lhe uma única razão que ele não seja capaz de entender, ao ver que argumentais com vossas ideias e não com as suas, acreditará que o que lhe dizeis serve para vossa idade e não para a dele; não confiará mais em vós e tudo estará perdido. Mas, onde está o mestre que aceite ficar embatucado e admitir seus erros para o aluno? Todos têm como regra não reconhecer nem mesmo os erros que cometem; quanto a mim, teria como regra reconhecer até mesmo os que não cometesse, quando não pudesse pôr a seu alcance minhas razões; assim minha conduta, sempre clara em sua mente, nunca lhe pareceria suspeita e eu conservaria mais créditos supondo-me falhas do que eles conseguem escondendo as suas.

Em primeiro lugar, lembrai bem que raramente cabe a vós propor-lhe o que deve aprender; cabe a ele desejá-lo, procurá-lo, encontrá-lo; a vós cabem colocá-lo a seu alcance, habilmente fazer nascer esse desejo e fornecer-lhe os meios para satisfazê-lo. Disso resulta que vossas perguntas devem ser pouco frequentes, mas bem escolhidas; e, como ele terá muito mais perguntas a fazer-vos do que vós a ele, sempre estareis menos a descoberto e mais frequentemente em situação de dizer-lhe: – *Para que é útil saber o que me perguntas?*

Ademais, como pouco importa que ele aprenda isto ou aquilo, contanto que conceba bem o que aprende e o uso do que aprende, quando não tiverdes para dar-lhe sobre o que dizeis um esclarecimento que sirva para ele, não lhe deis esclarecimento algum. Dizei-lhe sem escrúpulo: – *Não tenho uma boa resposta para dar-te; eu estava errado, deixemos isso de lado.* Se vossa instrução estava realmente deslocada, não há mal em abandoná-la totalmente; se não estava, com um pouco de cuidado logo encontrareis uma oportunidade de fazê-lo perceber sua utilidade.

Não gosto das explicações em forma de discurso; os jovens dão-lhes pouca atenção e não as retêm. As coisas! As coisas! Nunca me cansarei de repetir que damos às palavras um poder excessivo; com nossa educação tagarela só formamos tagarelas.

Suponhamos que, enquanto estudo com meu aluno o curso do Sol e o modo de orientar-se, subitamente ele me interrompa para perguntar-me para que serve tudo isso. Que belo discurso vou fazer-lhe! Sobre quantas coisas agarro a oportunidade de instruí-lo ao responder sua pergunta, principalmente se tivermos testemunhas de nossa conversa![77] Vou falar-lhe da utilidade das viagens, dos benefícios do comércio, das produções específicas de cada clima, dos costumes dos diversos povos, do uso do calendário, da previsão do retorno das estações para a agricultura, da arte da navegação, do modo de orientar-se no mar e seguir exatamente a rota sem saber onde se está. A política, a história natural, a astronomia, mesmo a moral e o direito das gentes entrarão em minha explicação, de modo a dar a meu aluno uma grande ideia de todas essas ciências e um grande desejo de aprendê-las. Quando eu houver dito tudo, terei exibido o sortimento de um verdadeiro pedante, do qual ele não terá compreendido uma única ideia.

---

77. Observei com frequência que, nas doutas instruções que se dão às crianças, pensa-se menos em ser ouvido por elas do que pelos adultos presentes. Tenho toda certeza do que estou dizendo porque fiz essa observação com relação a mim mesmo.

Teria muita vontade de perguntar-me, como antes, para que serve orientar-se; mas não se atreve, temendo que eu me aborreça. Acha mais vantajoso fingir que entende o que foi forçado a ouvir. Assim se praticam as belas educações.

Mas nosso Emílio, educado mais rusticamente e a quem damos com tanto trabalho uma concepção dura, nada ouvirá de tudo isso. À primeira palavra que não compreender vai fugir, vai brincar pelo quarto e deixar-me perorando sozinho. Busquemos uma solução mais tosca; meu aparato científico nada vale para ele.

Observávamos a posição da floresta ao norte de Montmorency, quando ele me interrompeu com sua importuna pergunta: – *Para que serve isso?* – *Tens razão*, respondi; *precisamos pensar nisso com calma; e, se acharmos que este trabalho não serve para nada, não o retomaremos mais, pois não nos faltam diversões úteis.* Ocupamo-nos com outra coisa e não tratamos mais de geografia no restante do dia.

Na manhã seguinte, proponho-lhe um passeio antes do desjejum; é tudo o que ele quer: as crianças estão sempre prontas para correr e esta aqui tem boas pernas. Subimos até a floresta, percorremos os Champeaux, perdemo-nos, não sabemos mais onde estamos; e quando pensamos em voltar não conseguimos mais encontrar o caminho. O tempo passa, está calor, temos fome; apressamo-nos; vagamos à toa de um lado e de outro, em toda parte só encontramos bosques, pedreiras, planícies, nenhuma informação para nos localizarmos. Muito encalorados, muito cansados, muito famintos, com nossas andanças só vamos nos perdendo mais. Por fim sentamos para descansar, para deliberar. Emílio, que estou supondo educado como outra criança, não delibera, chora; não sabe que estamos quase às portas de Montmorency e que um simples trecho de mata de corte esconde-a de nós; mas para ele essa mata é uma floresta, pois uma pessoa com sua altura fica enterrada até no meio de arbustos.

Após alguns momentos de silêncio, digo-lhe com ar inquieto: – *Meu caro Emílio, como faremos para sair daqui?*

EMÍLIO, todo suado e derramando-se em lágrimas:

Não sei. Estou cansado; estou com fome; estou com sede; não aguento mais.

JEAN-JACQUES:

Achas que estou em melhor estado? E pensas que eu não choraria, se pudesse comer minhas lágrimas? Não é uma questão de chorar, é uma questão de identificarmos onde estamos. Vejamos teu relógio: que horas são?

189

EMÍLIO:

É meio-dia e eu estou em jejum.

JEAN-JACQUES:

É verdade, é meio-dia e eu estou em jejum.

EMÍLIO

Ah, deveis estar com muita fome!

JEAN-JACQUES:

O triste é que meu almoço não virá me encontrar aqui. É meio-dia: foi justamente nessa hora que ontem estávamos observando de Montmorency a posição da floresta. Se também pudéssemos observar da floresta a posição de Montmorency...

EMÍLIO:

Sim; mas ontem víamos a floresta e daqui não vemos a cidade.

JEAN-JACQUES:

Esse é o problema... Se não precisássemos vê-la para descobrir sua posição!...

EMÍLIO:

Ah, meu bom amigo!

JEAN-JACQUES:

Dizíamos que a floresta estava...

EMÍLIO:

Ao norte de Montmorency.

JEAN-JACQUES:

Portanto, Montmorency deve estar...

EMÍLIO:

Ao sul da floresta.

JEAN-JACQUES:

Será que temos como localizar o Norte ao meio-dia?

EMÍLIO:

Sim, pela direção da sombra.

JEAN-JACQUES:

Mas, e o Sul?

EMÍLIO:

Como fazer?

JEAN-JACQUES:

O Sul é o oposto do Norte.

EMÍLIO:
É verdade; só precisamos achar o oposto da sombra. Oh! o Sul é ali, o Sul é ali! Certamente Montmorency fica desse lado!
JEAN-JACQUES:
Talvez estejas certo: vamos pegar esta trilha que atravessa a mata.
EMÍLIO, batendo palmas e dando um grito de alegria:
Ah, já estou vendo Montmorency! Está bem na nossa frente, totalmente à vista! Vamos comer, vamos almoçar! Depressa, vamos correndo! A astronomia serve para alguma coisa...

Levai em conta que, se ele não disser esta última frase, vai pensá-la; não importa, contanto que não seja eu que a diga. Mas podeis ter certeza de que nunca na vida esquecerá a lição desse dia; ao passo que, se eu só o tivesse feito supor tudo isso em seu quarto, o que dissesse estaria esquecido já no dia seguinte. Devemos falar por meio de ações tanto quanto pudermos e dizer somente o que não for possível fazer.

O leitor não espera que eu o menospreze a ponto de dar-lhe um exemplo para cada espécie de estudo; mas, em qualquer assunto que seja, não me canso de exortar o preceptor a medir bem sua prova pela capacidade do aluno; pois, volto a repetir, o mal não está no que ele não entender e sim no que julgar que entende.

Lembro-me de que, querendo levar uma criança a gostar de química, depois de mostrar-lhe várias precipitações metálicas eu estava explicando-lhe como se fazia tinta. Dizia-lhe que sua cor preta vinha de um ferro muito dividido, destacado do vitríolo e precipitado por um licor alcalino. No meio de minha douta explicação, o pequeno traidor interrompeu-me de chofre com minha pergunta que eu havia lhe ensinado; fiquei muito atrapalhado.

Depois de refletir um pouco, tomei uma decisão: mandei buscar vinho na adega do dono da casa e outro vinho de dez centavos numa bodega. Coloquei num pequeno frasco uma solução de álcali fixo; depois, tendo diante de mim dois copos dos dois vinhos diferentes[78], falei assim:

– *Falsificam vários produtos para fazê-los parecer melhores do que são. Essas falsificações enganam a vista e o paladar; mas são malsãs e tornam a coisa falsi-*

---

78. Em cada explicação a ser dada à criança, um pequeno equipamento que a preceda é muito útil para prender sua atenção.

ficada, com sua bela aparência, pior do que era antes. Falsificam principalmente bebidas e principalmente vinhos, porque a trapaça é mais difícil de se perceber e dá mais lucro ao trapaceiro.

"*A falsificação dos vinhos verdes é feita com litargírio; o litargírio é um preparado de chumbo. O chumbo unido aos ácidos forma um sal muito doce, que corrige no paladar a aspereza do vinho, mas é um veneno para quem o beber. Portanto, antes de beber um vinho suspeito é importante saber se ele contém litargírio ou não. E para descobrir isso raciocino do seguinte modo.*

"*O licor do vinho não contém apenas espírito inflamável, como viste pela aguardente que é extraída dele; contém também ácido, como podes ver pelo vinagre e pelo tártaro, que também são tirados dele.*

"*O ácido tem afinidade com as substâncias metálicas e une-se a elas para formar um sal composto, por exemplo, a ferrugem, que é simplesmente ferro dissolvido pelo ácido contido no ar ou na água, e como o azinhavre, que é simplesmente cobre dissolvido por vinagre.*

"*Mas esse mesmo ácido tem ainda mais afinidade com as substâncias alcalinas do que com as substâncias metálicas, de modo que, pela intervenção das substâncias alcalinas nos sais compostos de que acabo de falar-te, o ácido é forçado a soltar o metal ao qual está unido para ligar-se ao álcali. Então a substância metálica, desprendida do ácido que a mantinha dissolvida, precipita-se e torna o líquido opaco.*

"*Portanto, se um destes dois vinhos contiver litargírio, seu ácido segura o litargírio dissolvido. Se eu colocar no copo líquido alcalino, ele forçará o ácido a soltar sua presa para unir-se a ele; o chumbo, que não estará mais dissolvido, reaparecerá, turvará o vinho e por fim se precipitará no fundo do copo. Se não houver chumbo[79] nem qualquer outro metal no vinho, o álcali vai unir-se calmamente[80] com o ácido, tudo permanecerá dissolvido e não haverá precipitação alguma.*"

---

79. Embora nem todos os vinhos vendidos a varejo nas bodegas de Paris contenham litargírio, raramente estão isentos de chumbo, porque os balcões desses estabelecimentos são guarnecidos com esse metal e o vinho que é vertido das medidas, passando por esse chumbo e permanecendo nele, sempre lhe dissolve alguma parte. É estranho que um abuso tão manifesto e tão perigoso seja admitido pela polícia. Mas a verdade é que as pessoas abastadas não consomem esses vinhos e, portanto, estão pouco sujeitas a envenenarem-se.

80. O ácido vegetal é muito doce. Se fosse um ácido mineral e estivesse menos diluído, a união não se daria sem efervescência.

Em seguida, despejei meu líquido alcalino sucessivamente nos dois copos. O do vinho da casa continuou límpido e diáfano; o outro logo ficou turvo e uma hora depois vimos claramente o chumbo precipitado no fundo do copo.

– *Temos aqui*, continuei, *o vinho natural e puro que pode ser bebido, e aqui o vinho falsificado que envenena. Isso se descobre pelos mesmos conhecimentos cuja utilidade me perguntaste: quem souber como se faz tinta também sabe identificar vinhos adulterados.*

Eu estava muito satisfeito com meu exemplo e, entretanto, percebi que a criança não ficara nada impressionada. Precisei de um pouco de tempo para sentir que cometera uma tolice: além de ser impossível uma criança de 12 anos conseguir acompanhar minha explicação, a utilidade dessa experiência não entrava em sua mente porque, tendo experimentado os dois vinhos e achado ambos bons, não associava ideia alguma à palavra *falsificação*, que eu pensava ter-lhe explicado tão bem. As outras palavras, *malsão, veneno*, nem sequer tinham sentido para ela; seu caso era o mesmo do pequeno historiador do médico Filipe – e é o caso de todas as crianças.

As relações dos efeitos com as causas cuja ligação não percebemos, os bens e os males de que não temos ideia alguma, as necessidades que nunca sentimos são nulos para nós; é impossível termos interesse em fazer algo que tenha a ver com eles. Vemos aos 15 anos a felicidade de um homem sábio como aos 30 a glória do Paraíso. Se não concebermos bem uma e a outra, pouco faremos para obtê-las; e, mesmo que as concebêssemos, ainda pouco faríamos se não as desejássemos, se não sentíssemos que eram apropriadas para nós. É fácil convencer uma criança de que o que desejamos ensinar-lhe é útil; mas de nada vale convencê-la se não soubermos persuadi-la. Em vão a tranquila razão faz-nos aprovar ou reprovar; somente a paixão nos faz agir; e como nos apaixonarmos por interesses que ainda não temos?

Nunca mostreis ao aluno algo que ele não possa ver. Enquanto a humanidade lhe for quase alheia, como não podeis elevá-lo ao estado de homem, descei-lhe o homem ao estado de criança. Ao pensar no que pode ser-lhe útil numa outra idade, falai-lhe apenas de coisas cuja utilidade ele veja no presente. Além disso, nada de comparações com outras crianças, nada de rivais, nada de concorrentes, nem mesmo na corrida, tão logo ele comece a raciocinar; prefiro cem vezes que não aprenda o que só aprenderia por inveja ou vaidade. Somente destacarei todos os anos os progressos que houver feito; vou compará-los com os que fará no ano seguinte; direi: – *Cresceste tantas linhas; saltavas este fosso, carregavas este fardo; esta é a distância a que lançavas uma pedra, o caminho que percorrias de um só fôlego* etc.*; vejamos agora o que farás.* Assim o estimulo sem fazê-lo invejar ninguém. Ele desejará superar-se, deve superar-se; não vejo inconveniente em que seja rival de si mesmo.

Detesto os livros; só ensinam a falar sobre o que não sabemos. Diz-se que Hermes gravou nas colunas os elementos das ciências para pôr suas descobertas a salvo de um dilúvio. Se as houvesse imprimido na cabeça dos homens, teriam se conservado por tradição. Cérebros bem preparados são os monumentos nos quais se gravam com mais segurança os conhecimentos humanos. Não haveria um meio de agrupar tantas lições espalhadas em tantos livros, de reuni-las sob um objeto comum que fosse fácil de ver, interessante de seguir e pudesse servir de estimulante, mesmo nessa idade? Se pudermos inventar uma situação em que todas as necessidades naturais do homem se mostrem de um modo sensível para o espírito de uma criança e em que os meios de atender a essas mesmas necessidades se desenvolvam sucessivamente com a mesma facilidade, é pela pintura viva e simples desse estado que devemos dar o primeiro exercício a sua imaginação.

Filósofo ardoroso, já vejo acender-se a vossa. Não vos esfalfeis: essa situação está achada e descrita e, sem prejuízo vosso, muito melhor do que a descreveríeis, pelo menos com mais verdade e simplicidade. Visto que precisamos absolutamente de livros, existe um que, em minha opinião, apresenta o mais feliz tratado de educação natural. Esse livro será o primeiro que meu Emílio lerá; ele sozinho constituirá durante muito tempo toda sua biblioteca e sempre terá ali um lugar de destaque. Será o texto do qual nossas conversas sobre ciências naturais servirão simplesmente de comentário. Servirá de teste sobre o estado de nosso discernimento ao longo de nossos avanços; e, por tanto tempo quanto nosso gosto não se corromper, sua leitura continuará agradando-nos. Mas qual é esse livro maravilhoso? É Aristóteles? É Plínio? É Buffon? Não; é Robinson Crusoé.

Robinson Crusoé em sua ilha, privado da assistência de seus semelhantes e dos instrumentos de todas as artes, porém assegurando sua subsistência, sua preservação e mesmo conseguindo obter um certo bem-estar é um objeto interessante para todas as idades e que temos mil meios de tornar agradável para as crianças. É assim que realizamos a ilha deserta que no início me serviu de comparação. Concordo que esse estado não é o do homem social e não é verossímil que deva ser o de Emílio; mas é com base nesse mesmo estado que ele deve avaliar todos os outros. O meio mais seguro de colocar-se acima dos preconceitos e ordenar os juízos de acordo com as verdadeiras relações das coisas é pôr-se no lugar de um homem isolado e avaliar tudo como esse homem deve avaliar pessoalmente, levando em conta sua própria utilidade.

Esse romance, livre de toda sua atrapalhação, começando no naufrágio de Robinson perto de sua ilha e terminando com a chegada do navio que vem tirá-lo de lá, será ao mesmo tempo a diversão e a instrução de Emílio durante a época de que tratamos aqui. Quero que ele dê voltas à cabeça, que se ocupe continuamente de seu castelo, de suas cabras, de suas plantações; que aprenda com detalhes, não nos livros mas nas coisas, tudo o que é preciso saber nesse caso; que pense ser o próprio Robinson; que se veja vestido de peles, portando um grande gorro, um grande sabre, todos os grotescos apetrechos da figura – menos o guarda-sol, do qual não precisará. Quero que se inquiete com providências a tomar se isto ou aquilo viesse a faltar-lhe, que examine a conduta de seu herói, que investigue se ele não omitiu nada, se não podia ter feito coisa melhor; que marque atentamente seus erros e aproveite-os para também não cair neles numa situação parecida; pois não duvideis de que planeja estabelecer algo semelhante; é o verdadeiro castelo na Espanha dessa idade venturosa em que a única felicidade que conhecem é o necessário e a liberdade.

Que recurso é essa loucura para um homem habilidoso, que soube fazê-la nascer somente para tirar proveito dela! O aluno, ansiando por formar um armazém para sua ilha, será mais ardoroso para aprender do que o mestre para ensinar. Desejará saber tudo que é útil e só desejará saber isso; não precisareis mais guiá-lo, só tereis de contê-lo. De resto, apressemo-nos a estabelecê-lo nessa ilha enquanto sua ventura está confinada ali; pois está chegando o dia em que, se ainda quiser viver nela, não quererá viver sozinho e Sexta-Feira, que agora lhe interessa pouco, não lhe bastará por muito tempo.

A prática das artes naturais, para as quais um único homem pode bastar, leva à busca das artes industriais, que requerem a participação de várias mãos. As primeiras podem ser exercidas por solitários, por selvagens; mas as outras só podem nascer na sociedade e tornam-na necessária. Enquanto conhecer apenas a necessidade física, cada homem basta a si mesmo; a introdução do supérfluo torna indispensável o compartilhamento e a distribuição do trabalho; pois, embora um homem trabalhando sozinho ganhe apenas a subsistência de um homem, cem homens trabalhando juntos ganharão subsistência para duzentos. Portanto, enquanto uma parte dos homens descansa, é preciso que o concurso dos braços dos que trabalham compense a ociosidade dos que nada fazem.

Vosso maior cuidado deve ser afastar da mente de vosso aluno todas as noções das relações sociais que não estiverem a seu alcance; mas, quando o encadeamento dos conhecimentos forçar-vos a mostrar-lhe a dependência mútua dos homens, em vez de mostrá-la pelo lado moral voltai inicialmente toda sua atenção para a indústria e as artes mecânicas, que os tornam mutuamente úteis. Passeando-o de oficina em oficina, nunca admitais que veja algum trabalho sem pôr pessoalmente mãos à obra nem que saia sem saber perfeitamente a razão do tudo o que é feito ali, ou pelo menos de tudo que observou. Para isso, vós mesmo deveis trabalhar, em todo lugar dar-lhe o exemplo; para torná-lo mestre sede aprendiz em todo lugar e contai que uma hora de trabalho lhe ensinará mais coisas do que ele reteria em um dia de explicações.

Há uma estima pública ligada às diversas artes na razão inversa de sua utilidade real. Essa estima se mede diretamente por sua própria inutilidade e assim deve ser. As artes mais úteis são as que menos ganham, porque o número de operários ajusta-se à necessidade dos homens e o trabalho necessário para todo mundo permanece forçosamente a um preço que o pobre pode pagar. Ao contrário, esses importantes que não são chamados de artesãos e sim de artistas, que trabalham unicamente para os ociosos e os ricos, estipulam um preço arbitrário para suas quinquilharias; e, como o mérito desses trabalhos vãos está apenas na opinião geral, seu próprio preço faz parte desse mérito e são avaliados proporcionalmente ao que custam. A importância que o rico lhes dá não vem de seu uso e sim de o pobre não poder pagar por eles. *Nolo habere bona nisi quibus populus inviderit*[81].

Que será de vossos alunos, se deixais que adotem esse tolo preconceito, se vós mesmo o propiciais, se eles vos veem, por exemplo, entrar com mais respeito na oficina de um ourives do que na de um serralheiro? Que juízo farão do verdadeiro mérito das artes e do verdadeiro valor das coisas quando virem

---

81. "Não quero possuir bens que o povo não inveje" (Petrônio, *Satyricon*, 100) [N.T.].

em toda parte o preço de fantasia em contradição com o preço baseado na utilidade real e que, quanto mais cara for a coisa, menos ela vale? No primeiro momento em que deixardes essas ideias entrarem-lhes na cabeça, abandonai o restante de sua educação: apesar de vós, eles serão educados como todo mundo e tereis perdido catorze anos de cuidados.

Emílio pensando em mobiliar sua ilha terá outros modos de ver. Robinson daria muito mais importância à oficina de um cuteleiro do que a todas as bugigangas de Saïde. O primeiro haveria de parecer-lhe um homem muito respeitável e o segundo, um charlatãozinho.

> "Meu filho foi feito para viver no mundo; não viverá com sábios, mas com loucos; portanto, precisa conhecer-lhes as loucuras, porque é por elas que eles querem ser conduzidos. O conhecimento real das coisas pode ser bom, mas o conhecimento dos homens e de seus juízos vale ainda mais; pois na sociedade humana o maior instrumento do homem é o homem e o mais sábio será aquele que melhor utilizar esse instrumento. De que adianta dar às crianças a ideia de uma ordem imaginária totalmente contrária à que encontrarão estabelecida e pela qual terão de regrar-se? Dai-lhes primeiramente lições para que sejam sábios e depois lhes dareis lições para discernirem em que os outros são loucos."

São essas as máximas especiosas com as quais a falsa prudência dos pais trabalha para tornar seus filhos escravos dos preconceitos com que os alimentam, e eles mesmos tornarem-se joguetes da turba insensata da qual acreditam fazer instrumento de suas paixões. Para chegar a conhecer o homem quantas coisas é preciso conhecer antes dele! O homem é o último estudo do sábio e pretendeis torná-lo o primeiro de uma criança! Antes de instruí-la sobre nossos sentimentos, começai por ensiná-la a avaliá-los. Conhecer uma loucura é confundi-la com a razão? Para ser sábio é preciso discernir o que não o é. Como vosso filho conhecerá os homens, se não sabe julgar-lhes os juízos nem distinguir-lhes os erros? É danoso saber o que eles pensam quando se ignora se o que pensam é verdadeiro ou falso. Portanto, ensinai-lhe primeiramente o que são as coisas em si mesmas e depois lhe ensinareis o que são de nosso ponto de vista; é assim que ele saberá comparar a opinião geral com a verdade e elevar-se acima do vulgo; pois não conhecemos os preconceitos quando os adotamos e não conduzimos o povo quando nos assemelhamos a ele. Mas, se começardes por instruí-lo sobre a opinião pública antes de ensiná-lo a avaliá-

-la, podeis ter certeza de que, por muito que fizerdes, ela se tornará a sua e não a eliminareis mais. Concluo que para tornar judicioso um jovem precisamos formar bem seus juízos em vez de ditar-lhe os nossos.

Como vedes, até aqui não falei dos homens para meu aluno e ele teria sido sensato demais para ouvir-me; suas relações com sua espécie ainda não lhe são suficientemente sensíveis para que possa avaliar os outros por si. Não conhece outro ser humano além de si mesmo e, aliás, está bem longe de conhecer-se; mas, se faz poucos juízos sobre sua pessoa, pelo menos faz apenas juízos corretos. Ignora qual é o lugar dos outros, mas percebe o seu e mantém-se nele. Em vez das leis sociais que não pode conhecer, nós o atamos com as cadeias da necessidade. Ele praticamente ainda é apenas um ser físico; continuemos a tratá-lo como tal.

É pela relação sensível que mantêm com sua utilidade, com a segurança, a conservação e o bem-estar de si mesmo que ele deve avaliar todos os corpos da natureza e todos os trabalhos dos homens. Assim, o ferro, em seu modo de ver, deve valer muito mais do que o ouro e o vidro, do que o diamante; da mesma forma, preza muito mais um sapateiro, um pedreiro do que um Lempereur, um Le Blanc e todos os joalheiros da Europa; considera um pasteleiro um homem muito importante e trocaria toda a Academia de Ciências pelo menor doceiro da Rue des Lombards. Em sua opinião os ourives, os gravadores, os douradores, os bordadores não passam de mandriões que se divertem com jogos totalmente inúteis; nem mesmo à relojoaria dá grande importância. Essa criança feliz desfruta do tempo sem ser seu escravo; aproveita-o e não lhe conhece o valor. A calmaria das paixões, que para ele torna sempre igual a sucessão do tempo, faz-lhe as vezes de instrumento para medi-lo quando necessário[82]. Quando lhe supus um relógio, bem como ao fazê-lo chorar, estava me atribuindo um Emílio vulgar a fim de ser útil e fazer-me entender; pois, quanto ao verdadeiro, uma criança tão diferente das outras não serviria de exemplo para nada.

Há uma ordem não menos natural e ainda mais judiciosa, pela qual as artes são consideradas de acordo com as relações de necessidade que as ligam, colocando em primeiro plano as mais independentes e em último as que dependem

---

[82]. Para nós o tempo perde sua medida quando nossas paixões querem regular-lhe o decurso como lhes apraz. O relógio do sábio é a serenidade do humor e a paz da alma: ele está sempre em sua hora e conhece-a sempre.

de um número maior de outras. Essa ordem, que proporciona importantes considerações sobre a ordem da sociedade geral, é semelhante à anterior e sujeita à mesma inversão na estima dos homens; de modo que as matérias-primas são empregadas em ofícios sem honra, quase sem proveito e, quanto mais elas trocam de mãos, mais a mão de obra aumenta de preço e torna-se honrosa. Não estou examinando se a industriosidade é maior e merece mais recompensa nas artes minuciosas que dão a última forma a essas matérias do que no primeiro trabalho que as converte para uso dos homens; mas digo que em cada coisa a arte cujo uso é mais geral e mais indispensável é incontestavelmente a que merece mais estima, e aquela para a qual menos artes diferentes são necessárias merece-a ainda acima das mais subordinadas, porque é mais livre e mais próxima da independência. São essas as verdadeiras regras da avaliação das artes e da indústria; todo o restante é arbitrário e depende da opinião geral.

A primeira e mais respeitável de todas as artes é a agricultura; eu colocaria em segundo lugar a ferraria, em terceiro a carpintaria e assim sucessivamente. A criança que não houver sido seduzida pelos preconceitos vulgares julgará precisamente assim. Quantas reflexões importantes nosso Emílio extrairá de seu Robinson sobre isso! O que pensará ao ver que as artes só se aperfeiçoam subdividindo-se, multiplicando infinitamente os instrumentos de umas e de outras? Dirá consigo: Todas essas pessoas são tolamente engenhosas: parece que têm medo de que seus braços e dedos lhes sirvam para alguma coisa, de tanto que inventam instrumentos para dispensá-los. Para exercer uma única arte subordinam-se a mil outras; cada operário precisa de uma cidade. Já meu colega e eu colocamos nosso engenho em nossa habilidade: construímos para nós instrumentos que possamos levar conosco por toda parte. Todas essas pessoas tão orgulhosas de seus talentos em Paris nada saberiam em nossa ilha e, por sua vez, seriam aprendizes nossos.

Leitor, não vos detenhais a ver aqui o exercício do corpo e a habilidade das mãos de nosso aluno: considerai também como direcionamos suas curiosidades infantis; considerai o senso, o espírito inventivo, a previdência; considerai que cabeça vamos formar-lhe. Em tudo o que verá, em tudo o que fará ele desejará conhecer tudo, desejará saber a razão de tudo; de instrumento em instrumento, sempre desejará remontar ao primeiro; nada aceitará por suposição; recusaria aprender o que exigisse um conhecimento que ele não tivesse: se quiser fazer uma mola, desejará saber como o aço foi extraído da mina; se quiser montar as partes de uma arca, quererá saber como a árvore foi cortada; se ele mesmo estiver trabalhando, a cada instrumento que utilizar não deixará de dizer consigo: Se eu não tivesse esta ferramenta, como faria para criar uma semelhante ou para não precisar dela?

Ademais, um erro difícil de evitar nas ocupações pelas quais o mestre se apaixona é pressupor sempre o mesmo gosto no aluno. Quando o prazer do trabalho arrebatar-vos, evitai que enquanto isso ele se entedie sem ousar demonstrar-vos. O aluno deve estar inteiramente concentrado na coisa, mas vós deveis estar inteiramente concentrado no aluno: observá-lo, espreitá-lo sem descanso e sem que o perceba, pressentir de antemão todos seus sentimentos e prevenir os que não deve ter; por fim, ocupá-lo de modo que não só se sinta útil para a coisa, mas sinta prazer nela porque compreende bem para que serve o que está fazendo.

A sociedade das artes consiste em trocas de industriosidade; a do comércio, em trocas de coisas; a dos bancos, em trocas de signos e de dinheiro. Todas essas ideias se conectam e as noções elementares já foram entendidas; lançamos os fundamentos de tudo isso já na primeira idade, com ajuda do hortelão Robert. Agora só nos falta generalizar essas mesmas ideias e estendê-las para mais exemplos, a fim de fazê-lo compreender o jogo do tráfego tomado em si mesmo e evidenciado pelos detalhes de história natural que consideram as produções específicas de cada país, pelos detalhes de artes e ciências que consideram a navegação, por fim pela maior ou menor dificuldade de transporte de acordo com a distância entre os lugares, de acordo com a situação das terras, dos mares, dos rios etc.

Nenhuma sociedade pode existir sem trocas; nenhuma troca, sem medida comum; nenhuma medida comum, sem igualdade. Assim, toda sociedade tem como primeira lei alguma igualdade convencional, seja nos homens ou nas coisas.

A igualdade convencional entre os homens, muito diferente da igualdade natural, torna necessário o direito positivo, ou seja, o governo e as leis. Os conhecimentos políticos de uma criança devem ser claros e limitados: deve conhecer do governo em geral apenas o que se referir ao direito de propriedade, do qual já tem alguma ideia.

A igualdade convencional entre as coisas levou à invenção da moeda, pois a moeda nada mais é do que um termo de comparação para o valor das coisas de diferentes espécies; e nesse sentido a moeda é o verdadeiro vínculo da sociedade. Mas tudo pode ser moeda: outrora o gado o era, conchas ainda o são entre muitos povos; o ferro foi moeda em Esparta, o couro o foi na Suécia, o ouro e a prata o são entre nós.

Os metais, por ser mais fáceis de transportar, geralmente foram escolhidos como termos médios de todas as trocas; e esses metais foram convertidos em moedas para dispensar a medição ou a pesagem em cada troca: a marca gravada na moeda é um atestado de que a peça assim marcada tem um determinado peso; e somente o príncipe tem o direito de cunhar moeda, visto que só ele tem o direito de exigir que sua atestação tenha força de autoridade sobre todo um povo.

Explicado assim, o uso dessa invenção é compreensível até para o mais estúpido. É difícil comparar imediatamente coisas de naturezas diferentes, por exemplo, trigo com tecido; mas, quando há uma medida comum, como a moeda, é fácil para o agricultor e para o fabricante relacionarem com essa medida comum o valor das coisas que querem trocar. Se uma determinada quantidade de tecido vale uma determinada soma de dinheiro e uma determinada quantidade de trigo também vale a mesma soma de dinheiro, segue-se que ao receber esse trigo por seu tecido o comerciante faz uma troca equitativa. Assim, é por meio da moeda que os bens de espécies diversas se tornam comensuráveis e podem ser comparados.

Não avanceis adiante disso, não entreis na explicação dos efeitos morais dessa instituição. Em todas as coisas é importante expor bem os usos antes de mostrar os abusos. Se pretendêsseis explicar para crianças como os signos levam a não atentar para as coisas, como da moeda nasceram todas as quimeras da opinião geral, como os países ricos em dinheiro devem ser pobres em tudo, estaríeis tratando esses alunos não só como filósofos, mas como homens sábios e pretendendo fazê-los entender o que mesmo poucos filósofos conceberam bem.

Que abundância de objetos interessantes para os quais podemos direcionar assim a curiosidade de um aluno, sem nunca abandonar as relações reais e materiais que estão a seu alcance nem admitir que se crie em sua mente uma ideia sequer que ele não possa conceber! A arte do mestre consiste em nunca deixar suas próprias observações aprofundarem-se em minúcias que não se ligam a nada e sim em aproximar continuamente o aluno das grandes relações que um dia ele precisará conhecer para avaliar a boa e a má ordem da sociedade civil.

Precisa saber combinar as conversas com que o entretém com o modo de pensar que lhe deu. Uma questão que nem mesmo conseguiria despertar a atenção de outro vai atormentar Emílio durante seis meses.

Vamos almoçar numa casa opulenta; deparamos com os aprestos de um banquete, muita gente, muitos lacaios, muitos pratos, um serviço elegante e fino. Todo esse aparato de prazer e festa tem algo embriagador que sobe à cabeça de quem não está habituado. Pressinto o efeito de tudo isso em meu jovem aluno. Enquanto a refeição se prolonga, enquanto os pratos se sucedem, enquanto em torno da mesa reinam mil conversas ruidosas, aproximo-me de seu ouvido e pergunto-lhe: *Por quantas mãos calcularias que passou tudo isso que estás vendo sobre esta mesa antes de chegar aqui?* Que multidão de ideias desperto em seu cérebro com essas poucas palavras! No mesmo instante todos os vapores do delírio dissipam-se. Ele devaneia, reflete, calcula, inquieta-se. Enquanto os filósofos, alegrados pelo vinho e talvez por suas vizinhas de mesa, desatinam e agem como crianças, ele fica filosofando sozinho em seu canto; interroga-me; recuso-me a responder, deixo para outra hora; ele se impacienta, esquece de comer e de beber, anseia estar fora da mesa para poder falar comigo à vontade. Que objeto para sua curiosidade! Que texto para sua instrução! Com um discernimento saudável que nada pôde corromper, o que pensará do luxo quando descobrir que todas as regiões do mundo contribuíram, que vinte milhões de mãos, talvez, trabalharam por muito tempo, que talvez tenha custado a vida de milhares de homens, e tudo isso para apresentar-lhe com pompa ao meio-dia o que ele depositará à noite em sua latrina?

Espreitai cuidadosamente as conclusões secretas que em seu coração ele tira de todas essas observações. Se o protegestes menos bem do que suponho, pode ficar tentado a voltar suas reflexões para outra direção e considerar-se um personagem importante no mundo ao ver tantos cuidados concorrerem para preparar seu almoço. Se pressentirdes esse raciocínio, podeis facilmente evitá-lo antes que ele o faça, ou pelo menos eliminar prontamente a impressão que lhe causou. Como por enquanto só sabe apropriar-se das coisas desfrutando-as materialmente, somente por meio de relações sensíveis pode avaliar a compatibilidade ou incompatibilidade que têm com ele. A comparação de um almoço simples e rústico, preparado pelo exercício, condimentado pela fome, pela liberdade, pela alegria, com seu banquete tão magnífico e tão formal bastará para fazê-lo sentir que, como todo o aparato do banquete não lhe trouxe qualquer proveito real e seu estômago saiu tão satisfeito da mesa do camponês quanto da mesa do financista, em nenhuma mais que na outra havia algo que ele pudesse chamar de realmente seu.

Imaginemos que nesse caso um preceptor possa dizer-lhe: – *Lembra-te bem dessas duas refeições e decide dentro de ti qual delas fizeste com mais prazer; em qual observaste haver mais alegria? Em qual todos comeram com mais apetite, beberam mais alegremente, riram com mais gosto? Qual durou mais tempo sem tédio e sem necessidade de ser renovada por outros serviços? Entretanto, vê a diferença: esse pão escuro que achas tão bom vem do trigo colhido por esse camponês; seu vinho grosseiro e negro, mas refrescante e saudável, é de seu vinhedo; a toalha da mesa foi tecida com seu cânhamo, fiado no inverno por sua mulher, suas filhas, sua criada; nenhuma outra mão além das de sua família preparou essa mesa; o moinho mais próximo e o mercado vizinho são os limites do Universo para ele. Acaso desfrutaste realmente de tudo o que a terra distante e a mão dos homens forneceram a mais na outra mesa? Se tudo aquilo não te proporcionou uma refeição melhor, o que ganhaste com aquela abundância? O que havia lá que fosse feito para ti? Se fosses o dono da casa,* poderia o preceptor acrescentar, *tudo aquilo te seria ainda mais estranho, pois a preocupação de exibir diante dos outros o que desfrutas acabaria tirando-te sua fruição: ficarias com o trabalho e eles, com o prazer.*

Esse discurso pode ser muito bonito, mas de nada vale para Emílio, pois não está a seu alcance e ninguém lhe dita suas reflexões. Portanto, deveis falar-lhe mais simplesmente. Depois dessas duas provas, dizei-lhe alguma manhã: – *Onde vamos almoçar hoje? Em volta daquela montanha de prata que cobre três quartos da mesa e daqueles canteiros de flores de papel que são servidos sobre espelhos com a sobremesa, no meio daquelas mulheres de saia-balão que te tratam como marionete e querem que digas o que não sabes? Ou então naquela aldeia a duas léguas daqui, na casa daquela gente boa que nos recebe com tanta alegria e nos dá um creme tão bom?* A escolha de Emílio é evidente, pois ele não é tagarela nem vaidoso; não suporta constrangimento e todos nossos manjares finos não lhe agradam, mas está sempre disposto a correr pelo campo e gosta muito das boas frutas, dos bons legumes e verduras, do bom pudim e das boas pessoas[83]. No caminho, a reflexão vem espontaneamente: – *Vejo que as multidões de homens que trabalham para aqueles banquetes desperdiçam seus esforços ou então não pensam em nossos prazeres.*

Meus exemplos, talvez bons para um assunto, serão maus para mil outros. Se captardes o espírito desses exemplos, sabereis variá-los quando necessário; a escolha depende do estudo da índole própria de cada um e esse estudo depende das ocasiões de mostrarem-se o que lhes forem oferecidas. Ninguém imaginará que, no espaço de três ou quatro anos que temos para cumprir aqui, possamos dar, mesmo à criança com mais capacidade inata, uma ideia de todas as artes e de todas as ciências naturais, suficiente para ela mesma aprendê-las um dia; mas, ao fazer passar assim diante dela todos os objetos que lhe é importante conhecer, propiciamos que desenvolva seu gosto, seu talento, que dê os primeiros passos para o objeto a que sua índole a leva e indique-nos o caminho que devemos abrir-lhe para auxiliar a natureza.

Outro benefício desse encadeamento de conhecimentos limitados mas exatos é mostrá-los por suas ligações, por suas relações, colocar todos em seu lugar na estima da criança, evitar que tenha as ideias preconcebidas que a maioria dos homens têm sobre os talentos que cultivam contra os que negligenciaram. Quem vê bem a ordem de tudo vê o lugar onde deve estar cada parte; quem vê bem uma parte e conhece-a a fundo pode ser um homem culto; o outro é um homem judicioso; e lembrai que o que nos propomos adquirir é menos ciência do que discernimento.

Seja como for, meu método é independente de meus exemplos; fundamenta-se na medida das faculdades do homem em suas diferentes idades e na escolha das ocupações que convêm para suas faculdades. Creio que encontraríeis facilmente outro método com o qual pareceríeis fazer melhor; mas, se fosse menos apropriado para a espécie, a idade, o sexo, duvido que tivesse o mesmo sucesso.

---

83. O gosto pelo campo que suponho em meu aluno é um fruto natural de sua educação. Além disso, como ele não tem essa aparência presunçosa e afetada que tanto agrada às mulheres, é menos festejado por elas do que outras crianças; portanto, agradam-lhe menos e corrompe-se menos em sua companhia, cujo encanto ainda não tem condições de sentir.
Cuidei de não o ensinar a beijar-lhes a mão, dizer-lhes os cumprimentos de praxe e mesmo dar-lhes preferivelmente aos homens as atenções que lhes são devidas; assumi como lei inviolável não exigir dele coisa alguma cuja razão não estivesse a seu alcance e não há qualquer boa razão para uma criança tratar um sexo diferentemente do outro.

Ao começarmos este segundo período, aproveitamos a superabundância de nossas forças com relação a nossas necessidades para sairmos de nós: lançamo-nos nos céus; medimos a Terra; colhemos as leis da natureza; em suma, percorremos a ilha inteira. Agora voltamos para nós; insensivelmente nos aproximamos de nossa habitação. Ao entrarmos, que felicidade não encontrarmos ainda de tocaia ali o inimigo que nos ameaça e que se prepara para apossar-se dela!

O que nos resta para fazer depois de observarmos tudo o que nos cerca, de convertermos para nosso uso tudo de que podemos apropriar-nos e tirarmos partido de nossa curiosidade em benefício de nosso bem-estar? Até aqui fizemos provisão de instrumentos de toda espécie, sem saber de quais necessitaríamos. Talvez, inúteis para nós, os nossos possam servir para outros; e talvez nós, por nossa vez, precisemos dos deles. Assim todos lucraríamos com essas trocas; mas para fazê-las precisamos conhecer nossas necessidades mútuas, precisamos que cada um saiba o que outros têm e que possa usar, e o que pode oferecer-lhes de retorno. Suponhamos dez homens, cada um com dez tipos de necessidades. Cada um, para ter o necessário, precisa dedicar-se a dez tipos de trabalho; mas, devido às diferenças de índole e de talento, um será menos bem-sucedido em algum desses trabalhos e outro, em outro. Todos, aptos para coisas diferentes, farão as mesmas e ficarão mal servidos. Formemos uma sociedade desses dez homens e que cada um se dedique, para si e para os nove outros, ao tipo de ocupação que melhor lhe convier; cada um obterá proveito dos talentos dos outros como se ele sozinho os tivesse todos; cada um aperfeiçoará o seu por um contínuo exercício; e acontecerá que todos os dez, totalmente bem providos, ainda terão um excedente para os outros. Esse é o princípio aparente de todas as nossas instituições. Não cabe em meu assunto examinar aqui suas consequências; foi o que fiz em outro escrito[84].

Com base nesse princípio, um homem que quisesse ver-se como um ser isolado, sem ligação com nada e autossuficiente, só poderia ser miserável. Até mesmo lhe seria impossível subsistir; pois, encontrando a Terra inteira coberta do teu e do meu e tendo de seu apenas o corpo, de onde tiraria o necessário? Ao sair do estado de natureza forçamos nossos semelhantes a saírem também;

---

84. Em *Discours sur l'origine et les fondements de l'inégalité parmi les hommes* (*Discurso sobre a Origem e os Fundamentos da Desigualdade entre os Homens*), publicado em 1755 [N.T.].

ninguém pode permanecer nele apesar dos outros; e querer permanecer nele quando assim é impossível viver seria realmente sair dele, pois a primeira lei da natureza é o cuidado de conservar-se.

Assim se formam pouco a pouco no espírito de uma criança as ideias das relações sociais, mesmo antes de ela poder ser realmente um membro ativo da sociedade. Emílio vê que, para ter instrumentos para seu uso, precisa também de instrumentos que outros usam e com os quais possa obter em troca as coisas que lhe são necessárias e estão em poder deles. Levo-o facilmente a sentir a necessidade dessas trocas e a ser capaz de beneficiar-se com elas.

– *Excelência, eu preciso viver*, dizia um infeliz autor satírico ao ministro que lhe reprovava a infâmia dessa profissão. – *Não vejo a necessidade disso*, replicou-lhe friamente o homem no poder. Essa resposta, excelente para um ministro, teria sido bárbara e falsa em qualquer outra boca. Todo homem precisa viver. Esse argumento, ao qual cada um dá menos ou mais força conforme tenha menos ou mais humanidade, parece-me sem réplica para quem o diz com relação a si mesmo. Visto que, de todas as aversões que a natureza nos dá, a mais forte é a de morrer, segue-se que tudo é permitido por ela a alguém que não tiver outro meio possível para viver. Os princípios com base nos quais o homem virtuoso aprende a desprezar sua vida e imolá-la a seu dever estão muito longe dessa simplicidade primitiva. Felizes os povos entre os quais é possível ser bom sem esforço e justo sem virtude! Se houver no mundo algum país miserável onde cada qual não possa viver sem agir mal e os cidadãos sejam velhacos por necessidade, não é o malfeitor que deve ser enforcado, é aquele que o força a tornar-se assim.

Tão logo Emílio souber o que é a vida, meu primeiro cuidado será ensiná-lo a conservá-la. Até aqui não diferenciei os estados, as posições, as fortunas; e pouco mais irei distingui-los em seguida, porque o homem é o mesmo em todos os estados; porque o rico não tem estômago maior do que o do pobre e não digere melhor do que ele; porque o senhor não tem braços mais longos nem mais fortes do que os de seu escravo; porque um grande não é maior do que um homem do povo; por fim, porque, como as necessidades naturais são as mesmas em toda parte, os meios de satisfazê-las devem ser iguais em toda parte. Deveis adequar a educação do homem ao homem, e não ao que não é ele. Acaso não vedes que, trabalhando para formá-lo exclusivamente para um estado, vós o tornais inútil para qualquer outro e que, se aprouver à fortuna, tereis trabalhado apenas para torná-lo infeliz? O que é mais ridículo do que um grande senhor que se tornou mendigo, que carrega em sua miséria os preconceitos de seu nascimento? O que é mais vil do que um rico empobrecido que, lembrando-se do menosprezo que se tem pela pobreza, sente que se tornou o último dos homens? Um tem como único recurso o ofício de malandro público e o outro, o de criado subserviente com esta bela frase: *Preciso viver*.

Confiais na ordem atual da sociedade, sem pensar que essa ordem está sujeita a revoluções inevitáveis e que vos é impossível prever ou prevenir a que pode tocar a vossos filhos. O grande torna-se pequeno, o rico torna-se pobre, o monarca torna-se súdito: acaso os golpes da sorte são tão raros que possais contar que estais isento deles? Estamos nos aproximando do estado de crise e do tempo das revoluções[85]. Quem pode responder-vos sobre o que vos tornareis então? Tudo o que os homens fizeram os homens podem destruir; as únicas características indeléveis são as que a natureza imprime, e a natureza não faz príncipes, nem ricos, nem grandes senhores. Então, o que fará na baixeza esse sátrapa que educastes somente para a grandeza? O que fará na pobreza esse publicano que só de ouro sabe viver? O que fará desprovido de tudo esse faustoso imbecil que não sabe fazer uso de si mesmo e coloca seu ser somente no que é alheio a ele? Feliz aquele que então souber abandonar o estado que o abandona e permanecer homem a despeito da sorte! Louvem quanto quiserem aquele rei vencido que quer enterrar-se em fúria sob as ruínas de seu trono; de minha parte, desprezo-o: vejo que ele só existe por sua coroa e que se não for rei não é absolutamente nada; mas aquele que a perde e vive sem ela lhe é superior. Da posição de rei – que um covarde, um perverso, um louco podem ocupar como qualquer outro – ele ascende ao estado de homem, que tão poucos homens sabem ocupar. Então triunfa sobre a fortuna, desafia-a; nada deve, exceto a si mesmo; e quando só lhe resta a si mesmo para mostrar, ele não é nulo, é alguma coisa. Sim, prefiro cem vezes o rei de Siracusa, professor em Corinto, e o rei da Macedônia, escrivão em Roma, a um infeliz Tarquínio sem saber o que será se não reinar, ao herdeiro do possuidor de três reinos joguete de quem ousa insultar sua miséria, vagando de corte em corte, buscando au-

---

85. Considero impossível que as grandes monarquias da Europa ainda tenham muito tempo de vida: todas brilharam e todo Estado que brilha aproxima-se de seu declínio. Tenho para minha opinião razões mais específicas do que essa máxima; mas não cabe dizê-las e todos as veem bem demais.

xílios em toda parte e em toda parte encontrando afrontas porque nada sabe fazer além de um ofício que não está mais em seu poder.

 O homem e o cidadão, qualquer que seja, não tem outro bem para colocar na sociedade além de si mesmo; todos os seus outros bens estão nela independentemente de sua vontade; e, quando um homem é rico, ou não desfruta sua riqueza ou o público a desfruta também. No primeiro caso, rouba dos outros aquilo de que se priva; no segundo, nada lhes dá. Assim ele continua com a dívida social inteira enquanto pagar somente com seus bens. *Mas meu pai, ao ganhá-los, serviu a sociedade...* Certo, ele pagou sua dívida, mas não a vossa. Deveis mais aos outros do que se tivésseis nascido sem bens, visto que nascestes privilegiado. Não é justo que aquilo que um homem fez pela sociedade isente outro do que deve a ela; pois cada um, como se deve por inteiro, só pode pagar por si, e nenhum pai pode transmitir ao filho o direito de ser inútil a seus semelhantes; e, entretanto, é isso, segundo dizeis, que ele faz ao transmitir-lhe suas riquezas, que são a prova e o preço do trabalho. Quem come na ociosidade o que não ganhou pessoalmente rouba-o; e o homem que vive de rendas que o Estado lhe paga para nada fazer não difere, em minha opinião, de um salteador que vive à custa dos caminhantes. Fora da sociedade o homem isolado, sem dever nada a ninguém, tem o direito de viver como quiser; mas na sociedade, onde ele vive necessariamente à custa dos outros, deve-lhes em trabalho o preço de sua manutenção; isso não tem exceção. Portanto, trabalhar é um dever indispensável do homem social. Rico ou pobre, poderoso ou fraco, todo cidadão ocioso é um escroque.

 E de todas as ocupações que podem proporcionar subsistência ao homem, a que mais o aproxima do estado de natureza é o trabalho manual; de todas as condições, a mais independente da fortuna e dos homens é a do artesão. O artesão depende somente de seu trabalho; ele é livre, tão livre quanto o lavrador é escravo; pois este depende de seu campo, cuja colheita está à mercê de outrem. O inimigo, o príncipe, um vizinho poderoso, um processo podem tirar-lhe esse campo; por causa desse campo podem vexá-lo de mil maneiras; mas, em qualquer lugar onde quiserem vexar o artesão, ele imediatamente faz as malas, pega seus braços e vai embora. No entanto, a agricultura é o primeiro ofício do homem; é o mais honesto, o mais útil e, portanto, o mais nobre que ele pode exercer. Não digo a Emílio que aprenda agricultura; ele a sabe. Todos os trabalhos rústicos lhe são familiares; foi por eles que começou, é a eles que volta continuamente. Digo-lhe portanto: – *Cultiva a herança de teus pais. Mas, se perderes essa herança ou se não a tiveres, o que fazer? Aprende um ofício.*

– *Um ofício para meu filho! Meu filho artesão! Meu senhor, o que estais pensando!* Estou pensando melhor do que vós, minha senhora, que quereis reduzi-lo a nunca ser mais do que um lorde, um marquês, um príncipe e talvez um dia ser menos do que nada; já eu quero dar-lhe uma posição que ele não possa perder, uma posição que o honre em qualquer tempo: quero elevá-lo ao estado de homem; e, não importa o que possais dizer, ele terá menos iguais com esse título do que com todos os que receber de vós.

A letra mata e o espírito vivifica. Trata-se menos de aprender um ofício para saber um ofício e mais para vencer os preconceitos que o menosprezam. Nunca ficareis reduzido a trabalhar para viver? Ah, tanto pior, tanto pior para vós! Mas não importa: não trabalheis por necessidade, trabalhai por glória. Descei ao estado de artesão para ficardes acima do vosso. Para submeter a vós a fortuna e as coisas começai por vos tornardes independente delas. Para reinar pela opinião geral começai por reinar sobre ela.

Lembrai-vos de que o que vos peço não é um talento: é um ofício, um ofício verdadeiro, uma arte puramente mecânica em que as mãos trabalhem mais do que a cabeça e que não leve à riqueza, mas com a qual possais dispensá-la. Em casas muito acima do risco de faltar pão, vi pais levarem a previdência ao ponto de juntarem ao cuidado de instruir os filhos o de provê-los de conhecimentos dos quais, em qualquer situação, possam tirar proveito para viver. Esses pais previdentes julgam fazer muito; nada fazem, porque os recursos que pensam preparar para os filhos dependem dessa mesma fortuna acima da qual querem colocá-los. De modo que, com todos esses belos talentos, se aquele que os tiver não se achar em circunstâncias propícias para fazer uso deles, morrerá de miséria como se não tivesse nenhum.

Quando estão em jogo manobras e intrigas, tanto vale empregá-las em manter-se na abundância quanto em recuperar, do seio da miséria, meios para subir novamente ao estado inicial. Se cultivardes artes cujo sucesso depende da fama do artista, se vos capacitardes para empregos que só são obtidos pelo favor, de que vos servirá tudo isso quando, justamente desgostoso do mundo, desdenhardes os meios sem os quais não é possível ter êxito nele? Estudastes a política e os interesses dos príncipes. Isso é muito bonito; mas o que fareis desses conhecimentos se não souberdes chegar até os ministros, as mulheres da corte, os chefes dos gabinetes; se não conhecerdes o segredo de agradar-lhes, se todos não encontrarem em vós o velhaco que lhes convém? Sois arquiteto ou pintor; certo, mas precisais dar a conhecer vosso talento. Pensais ir diretamente expor uma obra no Salão das Artes? Ah, não é assim que funciona! É preciso ser da Academia, é preciso até mesmo ter um padrinho nela para obter no canto de uma parede algum lugar obscuro. Deixai de lado a régua e o pincel; pegai um fiacre e correi de porta em porta: é assim que se adquire celebridade. Mas deveis saber que todas essas portas ilustres têm suíços e porteiros que só entendem por gesto e cujos ouvidos estão nas mãos. Quereis ensinar o que aprendestes e ser professor de geografia, de matemática, de línguas, de música ou de desenho? Mesmo para isso é preciso achar escolares e, portanto, panegiristas. Contai que é mais importante ser charlatão do que capaz e que, se o único ofício que sabeis é o vosso, nunca passareis de um ignorante.

Vede, pois, como todos esses brilhantes recursos são pouco sólidos e quantos outros recursos vos são necessários para tirar proveito daqueles. E ademais, que será de vós nesse torpe rebaixamento? Os reveses aviltam-vos sem instruir-vos; mais do que nunca joguete da opinião pública, como vos colocareis acima dos preconceitos, árbitros de vossa sorte? Como desprezareis a baixeza e os vícios de que necessitareis para subsistir? Dependíeis somente de riquezas e agora dependeis dos ricos; não fizestes mais do que piorar vossa escravidão e sobrecarregá-la com vossa miséria. Sois pobre sem ser livre – o pior estado em que o homem pode cair.

Mas se, para viver, em vez de recorrer a esses altos conhecimentos que são feitos para alimentar a alma e não o corpo, recorrerdes, quando necessário, a vossas mãos e ao uso que sabeis dar-lhes, todas as dificuldades desaparecem, todas as manobras tornam-se inúteis; o recurso está sempre pronto no momento de utilizá-lo; a probidade, a honra deixam de ser obstáculos para a vida; não precisais mais ser covarde e mentiroso diante dos grandes, maleável e subserviente diante dos escroques, complacente vil com todo mundo – prestamista ou ladrão, o que é mais ou menos a mesma coisa quando nada temos; a opinião dos outros não vos afeta; não precisais cortejar ninguém, bajular nenhum tolo, dobrar nenhum suíço, pagar e, o que é pior, incensar nenhuma cortesã. Pouco vos importa que pícaros conduzam os grandes negócios; a vós, em vossa vida obscura, isso não vos impedirá de serdes um homem honesto e ter pão. Entrais na primeira oficina do ofício que aprendestes: *Mestre, preciso de trabalho. – Companheiro, instalai-vos ali, trabalhai.* Antes que chegue a hora do almoço tereis ganhado vosso almoço; se fordes diligente e sóbrio, antes que passem oito dias tereis com que viver outros oito dias; tereis vivido livre, saudável, laborioso, justo. Não é perder tempo ganhá-lo assim.

Quero absolutamente que Emílio aprenda um ofício. Um ofício honesto, pelo menos? direis. O que significa essa palavra? Acaso todo ofício útil ao público não é honesto? Não quero que seja bordador, nem dourador, nem envernizador, como o fidalgo de Locke; não quero que seja músico, nem ator, nem fazedor de livros[86]. Com exceção dessas profissões e das outras semelhantes, que ele escolha a que quiser; não pretendo contrariá-lo em nada. Prefiro que seja sapateiro em vez de poeta; prefiro que pavimente estradas em vez de fazer flores de porcelana. Mas, direis, os arqueiros, os espiões, os carrascos são pessoas úteis. Não o serem depende apenas do governo. Mas deixemos isso; eu estava errado: não basta escolher um ofício útil; também é preciso que ele não exija das pessoas que o exercem qualidades de alma odiosas e incompatíveis com o senso de humanidade. Assim, voltando à primeira palavra, tomemos um ofício honesto; mas lembremo-nos sempre de que não há honestidade sem a utilidade.

Um célebre autor deste século[87], cujos livros estão cheios de grandes projetos e pequenas ideias, fizera voto, como todos os sacerdotes de sua comunidade, de não ter mulher própria; mas, achando-se mais escrupuloso do que os outros sobre o adultério, dizem que tomou a decisão de ter criadas bonitas, com as quais reparava o melhor que podia o ultraje que fizera a sua espécie com esse compromisso temerário. Considerava um dever de o cidadão dar outros para a pátria, e com o tributo que lhe pagava nesse gênero povoava a classe dos artesãos. Tão logo essas crianças tinham idade para isso, fazia todas aprenderem um ofício que lhes agradasse, excluindo apenas as profissões ociosas, fúteis ou sujeitas à moda, por exemplo, a de peruqueiro, que nunca é necessária e pode tornar-se inútil de um dia para outro, enquanto a natureza não desanimar de dar-nos cabelos.

Esse é o espírito que deve guiar-nos na escolha do ofício de Emílio, ou melhor, fazer essa escolha não compete a nós e sim a ele; pois, como as máximas

---

86. Vós mesmo o sois, irão dizer-me. Sou, para meu infortúnio, confesso; e meus erros, que penso já haver expiado suficientemente, não são razões para que outros os cometam. Não escrevo para desculpar minhas faltas e sim para impedir meus leitores de imitá-las.

87. O abade de Saint-Pierre.

de que está imbuído conservam nele o desprezo natural pelas coisas inúteis, nunca desejará consumir seu tempo em trabalhos de valor nulo, e o único valor que conhece nas coisas é o de sua utilidade real; precisa de um ofício que pudesse servir para Robinson em sua ilha.

Fazendo passar em revista diante de uma criança as produções da natureza e da arte, aguçando sua curiosidade, seguindo-a onde esta levá-la, temos a vantagem de estudar-lhe os gostos, as inclinações, as tendências e de vermos brilhar a primeira fagulha de seu gênio, se houver alguém que esteja bem decidido a isso. Mas um erro comum e do qual deveis preservar-vos é atribuir ao ardor do talento o efeito da ocasião e tomar por uma inclinação marcante para esta ou aquela arte o espírito imitativo comum ao homem e ao macaco e que leva maquinalmente um e outro a quererem fazer tudo o que veem fazer, sem saberem bem para que serve. O mundo está cheio de artesãos e principalmente de artistas que não têm o talento natural da arte que exercem e para a qual o incitaram já na infância, seja por determinação de outras conveniências ou pelo equívoco de um zelo aparente que teria levado do mesmo modo para qualquer outra arte, se tivessem visto praticá-la antes. Este ouve um tambor e julga-se general; aquele vê construírem e quer ser arquiteto. Todos são tentados pelo ofício que veem praticar, quando o julgam valorizado.

Conheci um lacaio que, vendo seu senhor pintar e desenhar, pôs na cabeça ser pintor e desenhista. No momento em que formou essa resolução, pegou o lápis e não o largou mais, exceto para retomar o pincel, que não abandonara durante toda a vida. Sem lições e sem regras, pôs-se a desenhar tudo o que encontrava à mão. Passou três anos inteiros agarrado a seus rabiscos, sem que nada pudesse desviá-lo a não ser seu serviço e sem nunca desanimar com o pouco avanço que aptidões medíocres lhe permitiam. Vi-o durante seis meses de um verão ardente, ao meio-dia, numa pequena antecâmara sufocante para quem passava, sentado, ou melhor, pregado o dia inteiro em sua cadeira, diante de um globo, desenhar esse globo, redesenhá-lo, começar e recomeçar sem parar, com uma obstinação invencível, até reproduzir o alto--relevo bastante bem para ficar satisfeito com seu trabalho. Por fim, protegido por seu senhor e guiado por um artista, conseguiu deixar a libré e viver de seu pincel. Até um certo ponto a perseverança substitui o talento: ele atingiu esse ponto e nunca o ultrapassará. A constância e a emulação desse bom rapaz são louváveis. Ele sempre será estimado por sua assiduidade, sua fidelidade, seus hábitos; mas nunca pintará nada além de frontões de portas e janelas. Quem não teria se iludido com seu zelo e tomado-o por um verdadeiro talento? Há muita diferença entre comprazer-se num trabalho e ser apto para ele. São necessárias observações mais acuradas do que se pensa para ter certeza da índole verdadeira e do gosto verdadeiro de uma criança que mostra muito mais seus desejos do que suas disposições e sempre é julgada de acordo com aqueles, por não se saber estudar estas. Eu gostaria que um homem judicioso nos desse um tratado da arte de observar as crianças. Seria muito importante conhecer essa arte: os pais e os mestres ainda não têm os elementos dela.

Mas talvez estejamos dando aqui uma importância excessiva à escolha de um ofício. Como se trata apenas de um trabalho manual, essa escolha nada é para Emílio; e metade de sua aprendizagem já está feita, por meio dos exercícios com que o ocupamos até agora. Que desejais que ele faça? Está pronto para tudo: já sabe manejar a enxada e o alvião; sabe usar o torno, o martelo, a plaina, a lima; as ferramentas de todos os ofícios já lhe são familiares. Agora trata-se apenas de conseguir usar algumas dessas ferramentas com presteza e facilidade suficientes para igualar em eficiência os bons trabalhadores que as utilizam; e nesse ponto ele leva sobre todos a grande vantagem de ter corpo ágil e membros flexíveis, podendo adotar sem dificuldade todo tipo de posturas e prolongar sem esforço toda espécie de movimentos. Além disso, seus órgãos estão bem ajustados e bem exercitados, e ele já conhece toda a mecânica das artes. Para saber trabalhar como mestre falta-lhe apenas o hábito, e o hábito só se ganha com o tempo. Portanto, a qual dos ofícios cuja escolha nos resta fazer dedicará tempo suficiente para tornar-se rápido e eficiente? A questão agora é só essa.

Dai ao homem um ofício que convenha a seu sexo e ao jovem um ofício que convenha a sua idade: toda profissão sedentária e caseira, que afemina e amolece o corpo, não lhe agrada nem lhe convém. Nunca um jovem aspirou espontaneamente a ser alfaiate; é preciso arte para induzir a esse ofício feminino o sexo para o qual ele não foi feito[88]. A agulha e a espada não podem ser manejadas pelas mesmas mãos. Se eu fosse soberano, permitiria a costura e os ofícios de agulha somente às mulheres e aos coxos reduzidos a ocuparem-se como elas. Supondo necessários os eunucos, acho muita loucura dos orientais

---

88. Não havia alfaiates entre os antigos: a roupa dos homens era feita em casa pelas mulheres.

fazê-los propositalmente. Por que não se contentam com os que a natureza fez, com essas multidões de homens torpes cujo coração a natureza mutilou e que lhes sobrariam para o que precisam? Todo homem fraco, delicado, medroso está condenado por ela à vida sedentária; é feito para viver com as mulheres ou à maneira das mulheres. Que exerça algum dos ofícios que são próprios delas, ótimo; e se for absolutamente necessário eunucos verdadeiros, que sejam reduzidos a esse estado os homens que desonram seu sexo adotando empregos que não lhe convêm. Sua escolha indica o erro da natureza: corrigi esse erro de um modo ou de outro e só tereis feito o bem.

Proíbo a meu aluno os ofícios malsãos, mas não os ofícios penosos, nem mesmo os ofícios perigosos. Estes exercitam ao mesmo tempo a força e a coragem; são adequados apenas para homens; as mulheres não os pretendem; como eles não têm vergonha de usurpar os que elas exercem?

Luctantur paucae, comedunt coliphia paucae.
Vos lanam trahitis, calathisque peracta refertis
Vellera...[89]

Na Itália não se veem mulheres nas lojas; e não é possível imaginar nada mais triste do que a vista das ruas daquele país para os que estão acostumados com as da França e da Inglaterra. Ao ver comerciantes de modas venderem às senhoras fitas, pompons, filó, passamanes de seda eu achava esses enfeites delicados muito ridículos em mãos grosseiras, feitas para abanar a forja e malhar na bigorna. Dizia comigo: Neste país as mulheres, em represália, deveriam montar lojas de alfageme e de armeiros. Ah, cada qual faça e venda as armas de seu sexo! Para conhecê-las é preciso utilizá-las.

Jovem, imprime a teus trabalhos a mão do homem. Aprende a manejar com braço vigoroso o machado e a serra, a esquadrar uma viga, subir a um telhado, assentar a cumeeira, firmá-la com escoras e traves; depois grita para tua irmã vir ajudar-te em tua obra, como ela te dizia para trabalhares em seu bordado em ponto de cruz.

Sinto que o que digo é demais para meus agradáveis contemporâneos; mas às vezes deixo-me levar pela força das consequências. Se um homem, qualquer que seja, tem vergonha de trabalhar em público armado de um enxó e cingido

---

89. "Poucas se dedicam à luta, poucas consomem comida de atletas. Vós, vós fiais lã e entregais em cestas de junco as meadas feitas" (Juvenal, *Sátiras*, II, vv. 53-55) [N.T.].

com um avental de couro, não vejo nele mais do que um escravo da opinião pública, pronto para envergonhar-se por agir bem quando rirem das pessoas honestas. Entretanto, cedamos ao preconceito dos pais tudo o que não pode prejudicar o discernimento dos filhos. Não é necessário exercer todas as profissões úteis para honrar todas; basta não considerarmos nenhuma como inferior a nós. Quando temos opção e nada mais nos determina, por que não consultar o prazer, a inclinação, a conveniência entre profissões do mesmo nível? Os trabalhos com metais são úteis e mesmo os mais úteis de todos; entretanto, exceto se uma razão particular levar-me a isso, não farei de vosso filho um ferrador, um ferreiro, um serralheiro; não gostaria de ver nele em sua forja a figura de um ciclope. Também não farei dele um pedreiro, menos ainda um sapateiro. Todos os ofícios precisam ser exercidos; mas quem pode escolher deve levar em consideração a limpeza, pois nisso não há opinião; sobre esse ponto os sentidos decidem-nos. Por fim, não gostaria dessas profissões estúpidas em que os operários, sem industriosidade e quase autômatos, exercitam as mãos sempre no mesmo trabalho: os tecelões, os fabricantes de meias, os cortadores de pedras; de que serve empregar nesses ofícios homens de discernimento? É uma máquina guiando outra.

Considerando bem tudo, o ofício que eu preferiria que fosse do gosto de meu aluno é o de marceneiro. É limpo, é útil, pode ser exercido dentro da casa; mantém o corpo suficientemente alerta, exige do trabalhador habilidade e engenhosidade e, na forma das obras que a utilidade determina, a elegância e o bom gosto não estão excluídos.

E se por acaso a índole de vosso aluno fosse decididamente voltada para as ciências especulativas, então eu não desaprovaria que lhe dessem um ofício conforme às suas inclinações; que aprendesse, por exemplo, a fazer instrumentos de matemática, lunetas, telescópios etc.

Quando Emílio aprender seu ofício, quero aprendê-lo com ele, pois estou convencido de que só aprenderá bem o que aprendermos juntos. Portanto, ambos entraremos em aprendizagem e não pretenderemos ser tratados como cavalheiros e sim como aprendizes verdadeiros, que não estão brincando; e por que não o seríamos deveras? O czar Pedro era carpinteiro no canteiro de obras e tambor em suas próprias tropas; pensais que aquele príncipe não vos equivaleria pelo nascimento ou pelo mérito? Sabeis que não é a Emílio que digo isso; é a vós, quem quer que sejais.

Infelizmente, não podemos passar todo nosso tempo na bancada de marceneiro. Não somos aprendizes de operários, somos aprendizes de homens; e a aprendizagem deste último ofício é mais difícil e mais longa do que a outra. Então, como faremos? Contrataremos um professor de plaina uma hora por dia, como se contrata um professor de dança? Não. Não seríamos aprendizes, mas discípulos; e nossa ambição não é tanto aprender marcenaria quanto nos elevarmos ao estado de marceneiro. Portanto, minha opinião é que devemos, pelo menos uma ou duas vezes por semana, ir passar o dia inteiro na casa do mestre: levantarmo-nos na mesma hora que ele, começarmos o trabalho antes dele, comermos à sua mesa, trabalharmos sob suas ordens e, depois de termos a honra de jantar com sua família, retornarmos, se quisermos, para dormir em nossas camas duras. É assim que aprendemos vários ofícios ao mesmo tempo e nos exercitamos no trabalho manual sem descuidar da outra aprendizagem.

Sejamos simples ao agir bem. Não vamos reproduzir a vaidade com nossos cuidados para combatê-la. Orgulhar-se de haver vencido os preconceitos é submeter-se a eles. Dizem que, por um antigo costume da casa otomana, o Grande Senhor é obrigado a trabalhar com as mãos; e todos sabem que as obras de mãos régias só podem ser obras-primas. Assim, ele distribui com magnificência essas obras-primas aos grandes da Porta; e a obra é paga de acordo com a alta posição do artífice. O que vejo de mal nisso não é essa suposta vexação, pois, ao contrário, ela é um bem. Forçando os grandes a partilharem com ele os despojos do povo, o príncipe é menos obrigado a pilhar o povo diretamente. É um alívio necessário ante o despotismo e sem o qual esse horrível governo não poderia subsistir.

O verdadeiro mal de tal uso é a ideia que dá àquele pobre homem de seu mérito. Como o Rei Midas, ele quer transformar em ouro tudo o que toca, mas não percebe que orelhas compridas faz isso crescer. Para conservar curtas as de nosso Emílio, preservemos suas mãos desse rico talento: que o preço do que ele fizer não se deva ao artífice e sim à obra. Nunca admitamos que julguem a sua comparando-a com as dos bons mestres. Que seu trabalho seja valorizado pelo trabalho em si e não porque é seu. Dizei do que estiver bem feito: – *Isto está bem-feito*, mas não acrescenteis: *Quem fez isto?* Se ele mesmo disser com ar orgulhoso e cheio de si: – *Fui eu que fiz*, acrescentai friamente: – *Tu ou outro, não importa; continua a ser um trabalho bem-feito.*

Boa mãe, preserva-te principalmente das mentiras que te preparam. Se teu filho souber muitas coisas, desconfia de tudo o que ele souber; se tiver a desventura de ser educado em Paris e ser rico, está perdido. Enquanto encontrar ali artistas hábeis, terá todos os talentos destes, mas longe deles não os terá mais. Em Paris o rico sabe tudo; só o pobre é ignorante. Essa capital está repleta de amadores e principalmente de amadoras, que fazem suas obras como Guillaume inventava suas cores[90]. Entre os homens, conheço três honrosas exceções a isso, e pode haver mais; mas entre as mulheres não conheço nenhuma e duvido que as haja. Em geral, a pessoa adquire um nome nas artes como no tribunal; torna-se artista e juiz dos artistas como se torna doutor em direito e magistrado.

Portanto, se alguma vez fosse estabelecido que é bonito saber um ofício, vossos filhos imediatamente o saberiam sem aprendê-lo; tornar-se-iam mestres como os conselheiros de Zurique. Nada desse cerimonial para Emílio; nada de aparências e sempre a realidade. Que não digam que ele sabe, mas que aprenda em silêncio. Que faça sempre sua obra-prima e nunca se torne mestre; que não se mostre artesão pelo título e sim por seu trabalho.

Se até aqui me fiz entender, deveis conceber como com o hábito do exercício corporal e do trabalho manual vou dando insensivelmente a meu aluno o gosto pela reflexão e pela meditação, para contrabalançar a preguiça que lhe resultaria de sua indiferença pelos juízos dos homens e da calmaria de suas paixões. Ele precisa trabalhar como camponês e pensar como filósofo para não ser tão mandrião como um selvagem. O grande segredo da educação é fazer os exercícios do corpo e os da mente sempre servirem de relaxamento uns para os outros.

Mas tratemos de não antecipar sobre as instruções que requerem um espírito mais maduro. Emílio não será artesão por muito tempo sem sentir por si mesmo a desigualdade de condições que inicialmente apenas vislumbrara. Desejará examinar-me, por minha vez, sobre as máximas que lhe dou e que estão a seu alcance. Recebendo tudo somente de mim, vendo-se tão perto do

---

90. Alusão ao negociante de tecidos Guillaume Joceaulme, personagem da sátira do fim da Idade Média *La farse de maître Pathelin* (A farsa do advogado Pathelin), de autoria discutível. Na peça, Guillaume "admite" para um bajulador que foram ele e seu tintureiro que inventaram a cor marrom. A comparação com Guillaume passou a ser aplicada a quem recebe as honras de algo feito por outrem [N.T.].

estado dos pobres, desejará saber por que estou tão longe deste. Talvez me faça imprevistamente perguntas escabrosas: – *Sois rico, dissestes-me e vejo. Um rico também deve seu trabalho à sociedade, visto que é homem. Mas vós, o que fazeis por ela?* O que um bom preceptor responderia? Ignoro. Talvez ele fosse bastante tolo para falar ao menino dos cuidados que lhe presta. Quanto a mim, a oficina salva-me do apuro: – *Essa é uma excelente pergunta, caro Emílio; prometo respondê-la por mim quando lhe deres por ti mesmo uma resposta que te satisfaça. Enquanto isso, cuidarei de devolver a ti e aos pobres o que tenho em excesso e de fazer uma mesa ou um banco por semana, a fim de não ser totalmente inútil para tudo.*

Agora voltamos a nós mesmos. Aí está nosso menino prestes a deixar de sê-lo, de volta a sua individualidade. Está sentindo mais do que nunca a necessidade que o liga às coisas. Depois de começar por exercitar-lhe o corpo e os sentidos, exercitamos-lhe a mente e o discernimento. Por fim reunimos o uso de seus membros com o de suas faculdades; fizemos um ser atuante e pensante; agora, para concluir o homem resta-nos apenas fazer um ser amoroso e sensível, ou seja, aperfeiçoar a razão por meio do sentimento. Mas, antes de entrar nessa nova ordem de coisas, lancemos um olhar sobre a ordem da qual estamos saindo e vejamos, tão exatamente quanto possível, até onde chegamos.

No início nosso aluno tinha apenas sensações, agora tem ideias; não fazia mais do que sentir, agora julga. Pois da comparação de várias sensações sucessivas ou simultâneas e do juízo que delas se faz nasce uma espécie de sensação mista ou complexa que chamo de ideia.

A maneira de formar as ideias é o que caracteriza o espírito humano. O espírito que forma suas ideias com base apenas em relações reais é um espírito sólido; o que se contenta com as relações aparentes é um espírito superficial; o que vê as relações como são é um espírito justo; o que as avalia mal é um espírito falso; o que forja relações imaginárias que não têm realidade nem aparência é um louco; o que não compara é um imbecil. A maior ou menor aptidão para comparar ideias e encontrar relações é o que constitui nos homens mais ou menos espírito etc.

As ideias simples são apenas sensações comparadas. Há juízos nas sensações simples tanto quanto nas sensações complexas, que chamo de ideias simples. Na sensação, o juízo é puramente passivo, afirma que a pessoa sente aquilo que sente. Na percepção ou ideia o juízo é ativo: aproxima, compara, determina relações que o sentido não determina. Essa é toda a diferença, mas é grande. A natureza nunca nos engana; sempre somos nós que nos enganamos.

Vejo servirem sorvete a uma criança de oito anos; ela leva a colher à boca, sem saber o que é e, arrepiada de frio, grita: *Ai, isso queima!* Ela está sentindo uma sensação muito forte; a mais forte que conhece é o calor do fogo e acredita estar sentindo-a. Entretanto, engana-se: o frio que a invade agride-a, mas não a queima; e essas duas sensações não são semelhantes, pois quem já experimentou ambas não as confunde. Portanto, o que a engana não é a sensação e sim o juízo que faz dela.

Isso acontece com alguém que vê pela primeira vez um espelho ou um instrumento de óptica, ou entra num porão profundo em pleno inverno ou verão, ou mergulha em água morna a mão muito quente ou muito fria, ou rola uma bolinha entre dois dedos cruzados etc. Se ele se limitar a dizer o que percebe, o que está sentindo, visto que seu juízo é puramente passivo, é impossível que se engane; mas, quando avalia a coisa pela aparência, seu juízo é ativo, compara, estabelece por indução relações que ele não percebe; então ele se engana ou pode enganar-se. Para corrigir ou prevenir o erro necessita da experiência.

Mostrai de noite a vosso aluno nuvens que passam entre a Lua e ele; pensará que é a Lua que está passando em sentido contrário e que as nuvens estão paradas. Pensará assim devido a uma indução precipitada, porque costuma ver os objetos pequenos moverem-se mais do que os grandes e as nuvens parecem-lhe maiores que a Lua, cuja distância não consegue estimar. Quando, navegando num barco, ele olha a margem a alguma distância, cai no erro contrário e julga ver a terra correndo, porque, como não se sente em movimento, considera o barco, o mar ou rio e todo seu horizonte como um todo imóvel e a margem que vê correr parece-lhe uma parte deste.

Na primeira vez que uma criança vê uma vara com metade mergulhada na água, vê uma vara quebrada: a sensação é verdadeira e não deixará de sê-lo, mesmo que não soubéssemos a razão dessa aparência. Se então lhe perguntais o que está vendo, ela responde: *uma vara quebrada*, e está dizendo a verdade, pois está muito segura de que tem a sensação de uma vara quebrada. Mas quando, enganada por seu juízo, ela vai mais longe e, depois de afirmar que vê uma vara quebrada, torna a afirmar que o que vê é efetivamente uma vara quebrada, então o que diz é falso. Por quê? Porque então ela se torna ativa e não julga mais por inspeção e sim por indução ao afirmar o que não sente, ou seja, que o juízo que recebe por um sentido seria confirmado por outro.

Visto que todos nossos erros provêm de nossos juízos, está claro que, se nunca precisássemos julgar, não teríamos necessidade de aprender; nunca estaríamos em situação de nos enganarmos; seríamos mais felizes com nossa ignorância do que podemos sê-lo com nosso saber. Quem negará que os eruditos sabem mil coisas verdadeiras que os ignorantes nunca saberão? E por isso os eruditos estão mais próximos da verdade? Muito ao contrário: afastam-se dela ao avançarem; porque, como a vaidade de julgar progride ainda mais que as luzes, cada verdade que aprendem vem com cem juízos falsos. É totalmente evidente que as sociedades eruditas da Europa não são mais que escolas públicas de mentiras; e muito seguramente há mais erros na Academia de Ciências do que em toda uma população de huronianos.

Como quanto mais os homens sabem mais se enganam, o único meio de evitar o erro é a ignorância. Não julgueis e nunca vos enganareis. É a lição da natureza tanto quanto da razão. Fora das relações imediatas – pouquíssimas e muito sensíveis – que as coisas têm conosco, temos naturalmente apenas uma profunda indiferença por todo o restante. Um selvagem não moveria os pés para ir ver o funcionamento da mais bela máquina ou todos os prodígios da eletricidade. *Que me importa?* É a frase mais familiar para o ignorante e a mais conveniente para o sábio.

Mas infelizmente essa frase não serve mais para nós. Tudo nos importa desde que somos dependentes de tudo; e nossa curiosidade amplia-se necessariamente com nossas necessidades. É por isso que atribuo ao filósofo uma necessidade muito grande e ao selvagem, nenhuma. Este não necessita de ninguém; o outro necessita de todo mundo e principalmente de admiradores.

Irão dizer-me que estou saindo da natureza; creio que não.

Ela escolhe seus instrumentos e regula-os não pela opinião e sim pela necessidade. E as necessidades mudam de acordo com a situação dos homens. Há muita diferença entre o homem natural vivendo no estado de natureza e o homem natural vivendo no estado de sociedade. Emílio não é um selvagem a ser relegado num deserto, é um selvagem feito para viver na cidade. É preciso que saiba encontrar nela o necessário, tirar partido de seus habitantes e viver, se não como eles, pelo menos com eles.

Visto que, no meio de tantas relações novas de que vai depender, terá de julgar mesmo que não queira, ensinemo-lo a julgar bem.

A melhor maneira de aprender a julgar bem é a que mais tender a simplificar nossas experiências e mesmo a dispensar-nos delas sem cairmos em erro. Segue-se que, depois de verificar durante muito tempo as relações dos sentidos um por meio do outro, também é preciso aprender a verificar as relações de cada sentido por ele mesmo, sem necessidade de recorrer a outro; então cada sensação irá tornar-se para nós uma ideia e essa ideia será sempre conforme à realidade. Foi com essa espécie de bagagem que procurei dotar esta terceira idade da vida humana.

Essa maneira de proceder exige uma paciência e uma circunspecção de que poucos mestres são capazes e sem as quais um discípulo nunca aprenderá a julgar. Por exemplo, quando ele se engana sobre a aparência da vara quebrada, se vos apressais a tirar a vara da água para mostrar-lhe seu erro talvez o esclareçais; mas o que lhe tereis ensinado? Nada que ele logo não aprendesse sozinho. Ah, não é isso que deveis fazer! Não se trata tanto de ensinar-lhe uma verdade quanto de mostrar-lhe como deve fazer para sempre descobrir a verdade. Para instruí-lo melhor não deveis esclarecê-lo logo. Tomemos como exemplo Emílio e eu.

Primeiramente, à segunda das duas perguntas supostas, toda criança educada do modo habitual não deixará de responder afirmativamente: *Seguramente é uma vara quebrada*, dirá ela. Duvido muito que Emílio me dê a mesma resposta. Como não vê a necessidade de ser ou parecer douto, nunca tem pressa de julgar; só julga com base na evidência; e está bem longe de encontrá-la nessa ocasião, pois sabe quanto nossos juízos sobre as aparências estão sujeitos a ilusão, mesmo que apenas na perspectiva.

Ademais, como sabe por experiência que minhas perguntas mais frívolas têm sempre algum objetivo que de início não percebe, não adquiriu o hábito de responder impensadamente; ao contrário, desconfia delas, dá-lhes muita atenção, examina-as com grande cuidado antes de responder. Nunca me dá uma resposta que não o contente pessoalmente; e ele é difícil de contentar. Por fim, nem ele nem eu temos a pretensão de saber a verdade das coisas, mas somente a de não cair em erro. Ficaríamos bem mais confusos contentando-nos com uma razão que não fosse correta do que não encontrando razão alguma. *Não sei* é uma frase que assenta tão bem a ambos e que repetimos com tanta frequência que já não é custosa para mim nem para ele. Mas, se lhe sair aquela resposta impensada ou se evitá-la com nosso cômodo *não sei*, minha réplica é a mesma: *Vejamos, vamos examinar.*

Essa vara com metade mergulhada na água está fixada numa posição perpendicular. Para saber se está quebrada como parece, quantas coisas temos para fazer antes de tirá-la da água ou de pôr-lhe a mão!

1º Primeiro andamos ao redor da vara e vemos que a quebradura gira como nós. Portanto, é só nosso olhar que a muda de lugar e o olhar não move corpos.

2º Olhamos bem verticalmente sobre a ponta da vara que está fora da água; então a vara não está mais curva, a ponta próxima de nosso olho esconde-nos exatamente a outra ponta[91]. Nosso olho endireitou a vara?

3º Agitamos a superfície da água; vemos a vara dobrar-se em várias partes, mover-se em zigue-zague e acompanhar as ondulações da água. Um movimento que damos à água é suficiente para quebrar, amolecer e desfazer assim a vara?

4º Escoamos a água e vemos a vara ir endireitando-se pouco a pouco à medida que a água baixa. Não é isso mais do que o necessário para esclarecer o fato e descobrir a refração? Portanto, não é verdade que a visão nos engana, já que precisamos unicamente dela para retificarmos os erros que lhe atribuímos.

Suponhamos a criança bastante estúpida para não sentir o resultado dessas experiências; é então que precisais chamar o tato para socorrer a visão. Em vez de tirar a vara da água, deixai-a como está e fazei a criança passar-lhe a mão de uma ponta à outra; ela não sentirá ângulo algum e, portanto, a vara não estará quebrada.

Direis que aqui não há somente juízos, mas raciocínios em forma. É verdade; mas não vedes que, logo que a mente chega até as ideias, todo juízo é um raciocínio? A consciência de toda sensação é uma proposição, um juízo. Portanto, quando comparamos uma sensação com outra, raciocinamos. A arte de julgar e a arte de raciocinar são exatamente a mesma.

Emílio nunca saberá dióptrica, ou então quero que a aprenda em volta dessa vara. Não terá dissecado insetos; não terá contado as manchas do Sol; não saberá o que são um microscópio e um telescópio. Vossos doutos alunos

---

91. Depois descobri o contrário com uma experiência mais exata. A refração age circularmente e a vara parece mais grossa pela ponta que está na água do que pela outra; mas isso nada muda na força do raciocínio e sua consequência não é menos correta.

zombarão de sua ignorância. Não estarão errados, pois antes de utilizar esses instrumentos pretendo que os invente e bem imaginais que isso não acontecerá tão cedo.

Esse é o espírito de todo meu método nesta parte. Se a criança faz uma bolinha rolar entre dois dedos cruzados e crê sentir duas bolinhas, não lhe permitirei olhar antes de convencer-se de que há somente uma.

Esses esclarecimentos bastarão, penso eu, para indicar claramente o progresso que o espírito de meu aluno fez até aqui e o caminho que seguiu nesse progresso. Mas talvez vos assuste a quantidade de coisas que fiz passarem diante dele. Temeis que lhe vergue o espírito sob essa infinidade de conhecimentos. É exatamente o contrário: ensino-o muito mais a ignorá-los do que a sabê-los. Mostro-lhe o caminho da ciência, fácil na verdade, mas longo, imenso, lento de se percorrer. Faço-lhe dar os primeiros passos para que reconheça a entrada, mas nunca lhe permito ir longe.

Forçado a aprender por si só, ele faz uso de sua razão e não da de outrem; pois para nada ceder à opinião geral é preciso nada ceder à autoridade; e a maioria de nossos erros provém bem menos de nós do que dos outros. Desse exercício contínuo deve resultar um vigor de espírito semelhante ao que o trabalho e a fadiga dão ao corpo. Outra vantagem é que ele só avança na mesma proporção de suas forças. O espírito, assim como o corpo, porta apenas o que consegue portar. Quando o entendimento apropria-se das coisas antes de depositá-las na memória, o que em seguida extrair dela é seu; ao passo que sobrecarregando a memória contra sua vontade corre-se o risco de nunca obter nada que seja propriamente dele.

Emílio tem poucos conhecimentos, mas os que tem são realmente seus; não sabe coisa alguma pela metade. No pequeno número de coisas que sabe e sabe bem, a mais importante é que há muitas que ignora e pode saber um dia, muitas mais do que outros homens sabem e ele nunca saberá e uma infinidade de outras que homem algum nunca saberá. Ele tem um espírito universal, não pelas luzes e sim pela faculdade de adquiri-las; um espírito aberto, inteligente, pronto para tudo e, como diz Montaigne, se não instruído, pelo menos instruível. Basta-me que saiba encontrar *para que serve* em tudo o que faz e o *porquê* em tudo o que crê. Pois, repito, meu objetivo não é dar-lhe o conhecimento e sim ensiná-lo a adquiri-lo quando necessário, fazer com que estime exatamente o que este vale e fazê-lo amar a verdade acima de tudo. Com esse método avança-se pouco, mas nunca se dá um passo inútil e não se é forçado a retroceder.

Emílio tem somente conhecimentos naturais e puramente físicos. Não sabe sequer o nome da História nem o que são Metafísica e Moral. Conhece as relações essenciais do homem com as coisas, mas nenhuma das relações morais do homem com o homem. Pouco sabe generalizar ideias, pouco sabe fazer abstrações. Vê qualidades comuns a certos corpos sem raciocinar sobre essas qualidades em si mesmas. Conhece a extensão abstrata por meio das figuras da geometria, conhece a quantidade abstrata por meio dos signos da álgebra. Essas figuras e esses signos são os suportes dessas abstrações, nos quais seus sentidos se apoiam. Não procura conhecer as coisas por sua natureza, mas somente pelas relações que lhe interessam. Avalia somente com relação a si mesmo o que lhe é alheio, mas essa avaliação é exata e segura; a fantasia, a convenção não têm participação alguma. Dá mais importância ao que lhe é mais útil; e, como nunca se desvia dessa maneira de avaliar, nada cede à opinião geral.

Emílio é trabalhador, comedido, paciente, firme, cheio de ânimo. Sua imaginação, totalmente apagada, nunca lhe aumenta os perigos; é sensível a poucos males e sabe sofrer com constância, porque não aprendeu a lutar contra o destino. Com relação à morte, ainda não sabe bem o que é; mas, habituado a sofrer sem resistência a lei da necessidade, quando tiver de morrer morrerá sem gemer nem debater-se; é tudo o que a natureza permite nesse momento abominado por todos. Viver livre e prezar pouco as coisas humanas é o melhor meio de aprender a morrer.

Em suma, Emílio tem da virtude tudo o que se relaciona consigo mesmo. Para ter também as virtudes sociais falta-lhe unicamente conhecer as relações que as exigem; faltam-lhe unicamente luzes que seu espírito está pronto para receber.

Ele se considera sem levar em conta os outros e acha bom que os outros não pensem nele. Nada exige de ninguém e crê que nada deve a ninguém. Está sozinho na sociedade humana, conta somente consigo. Também tem mais direito que qualquer outro de contar consigo, pois é tudo o que alguém pode ser em sua idade. Não tem erros, ou tem apenas os que nos são inevitáveis; não tem vícios, ou tem apenas os de que nenhum homem pode proteger-se. Tem saudável o corpo, ágeis os membros, justo e sem preconceitos o espírito, livre e sem paixões o coração. Neste o amor próprio, a primeira e a mais natural de todas, ainda mal se acendeu. Sem perturbar o sossego de ninguém ele viveu contente, feliz e livre, tanto quanto a natureza lhe permitiu. Acaso achais que uma criança que chega desse modo a seus 15 anos tenha perdido os anos anteriores?

Livro IV
A idade da razão e das paixões: de 15 a 20 anos

Como é rápida nossa passagem por esta Terra! O primeiro quarto da vida decorreu antes que conhecêssemos seu uso; o último quarto continua a decorrer depois que deixamos de desfrutá-lo. No início não sabemos viver; em breve não o podemos mais; e, no intervalo que separa essas duas extremidades inúteis, três quartos do tempo que nos resta são consumidos pelo sono, pelo trabalho, pela dor, pela obrigação, por toda espécie de penares. A vida é curta, menos por durar pouco tempo e mais porque desse pouco tempo quase não temos tempo para desfrutá-la. Por mais distante que o momento da morte esteja do momento do nascimento, a vida sempre é curta demais quando preenchemos mal esse espaço.

Nascemos, digamos assim, duas vezes: uma para existir e a outra para viver; uma para a espécie e a outra para o sexo. Aqueles que veem a mulher como um homem imperfeito seguramente estão errados; mas a analogia externa está a favor deles. Até a idade núbil, as crianças dos dois sexos não têm nada aparente que as diferencie: o mesmo semblante, a mesma figura, a mesma pele, a mesma voz, tudo é igual: as meninas são crianças, os meninos são crianças; para seres tão semelhantes o mesmo nome basta. Os machos nos quais se impede o desenvolvimento posterior do sexo conservam essa conformidade durante toda a vida: são sempre crianças grandes; e as mulheres, como não perdem essa mesma conformidade, sob muitos aspectos parecem nunca serem outra coisa.

Mas o homem, em geral, não foi feito para permanecer sempre na infância. Sai dela na hora prescrita pela natureza; e esse momento de crise, apesar de bastante curto, tem longas influências.

Assim como o bramido do mar precede de longe a tempestade, essa revolução tempestuosa anuncia-se pelo murmúrio das paixões nascentes; uma fermentação surda avisa que o perigo se aproxima. Uma mudança de humor, exaltações frequentes, uma contínua agitação mental tornam a criança quase indisciplinável. Fica surda para a voz que a tornava dócil; é um leão em febre; não reconhece seu guia, não quer mais ser governada.

Aos sinais morais de um humor que se altera somam-se mudanças sensíveis na figura. Sua fisionomia desenvolve-se e um caráter imprime-se nela; a penugem rara e suave que cresce abaixo das faces escurece e ganha consistência. Sua voz muda, ou melhor, ele a perde: não é criança nem homem e não consegue adotar o tom de nenhum dos dois. Os olhos – esses órgãos da alma –, que até agora nada disseram, ganham linguagem e expressão; um fogo nascente anima-os, seus olhares mais vivos ainda têm uma santa inocência, mas já não têm a imbecilidade inicial; ele já sente que podem dizer demais; começa a saber baixá-los e a enrubescer; torna-se sensível antes de saber o que sente; é inquieto sem razão para tal. Tudo isso pode vir lentamente e dar-vos mais tempo; mas, se sua vivacidade tornar-se impaciente demais, se sua exaltação transformar-se em furor, se ele irritar-se e comover-se de um instante para outro, se derramar lágrimas sem motivo, se, perto dos objetos que começam a ser-lhe perigosos, seu pulso acelerar-se e seus olhos inflamarem-se, se a mão de uma mulher pousando sobre a sua fizé-lo estremecer, se perturbar-se ou intimidar-se perto dela, ó, Ulisses, prudente Ulisses, acautela-te; os odres que fechavas com tanto cuidado estão abertos; os ventos já se desencadearam; não deixes mais o leme nem por um momento ou tudo estará perdido.

É aqui o segundo nascimento de que falei; é aqui que o homem nasce realmente para a vida e nada humano é alheio a ele. Até aqui nossos cuidados foram apenas brincadeiras de criança; só agora assumem verdadeira importância. Essa época em que se encerram as educações comuns é propriamente aquela em que a nossa deve começar; mas, para expor bem esse novo plano retomemos de mais acima o estado das coisas que se relacionam com ele.

Nossas paixões são os principais instrumentos de nossa conservação; portanto, desejar eliminá-las é um empreendimento tão inútil quanto ridículo: é controlar a natureza, é reformar a obra de Deus. Se Deus dissesse ao homem para sufocar as paixões que lhe dá, Deus estaria querendo e não querendo; contradiria a si mesmo. Ele nunca deu essa ordem insensata, nada semelhante está escrito no coração humano; e Deus não manda ser dito por outro homem o que deseja que o homem faça: Ele mesmo o diz, escreve-lhe no fundo do coração.

Ora, eu consideraria aquele que quiser impedir as paixões de nascerem quase tão louco quanto aquele que quiser sufocá-las; e os que julgassem que esse foi meu projeto até aqui seguramente teriam me entendido muito mal.

Mas estaríamos raciocinando bem se, por estar na natureza do homem ter paixões, fôssemos concluindo que todas as paixões que sentimos em nós e vemos nos outros são naturais? É bem verdade que sua fonte é natural; mas mil riachos estranhos engrossaram-na; é um grande rio que se avoluma continuamente e no qual seria difícil encontrar algumas gotas de sua primeira água. Nossas paixões naturais são muito limitadas; são os instrumentos de nossa liberdade, tendem a conservar-nos. Todas as que nos subjugam e nos destroem vêm-nos de fora; a natureza não as dá, nós é que nos apropriamos delas em seu detrimento.

A fonte de nossas paixões, a origem e o princípio de todas as outras, a única que nasce com o homem e nunca o deixa enquanto ele viver é o amor a si: paixão primitiva, inata, anterior a todas as outras e da qual todas as outras são, em certo sentido, apenas modificações. Nesse sentido, todas são naturais, podemos dizer. Mas a maioria dessas modificações tem causas alheias sem as quais nunca teriam lugar; e essas mesmas modificações, longe de serem-nos vantajosas, são-nos prejudiciais; mudam o primeiro objeto e vão contra seu princípio: é então que o homem se acha fora da natureza e entra em contradição consigo mesmo.

O amor a si é sempre bom e sempre conforme com a ordem. Como cada qual está especialmente encarregado de sua própria conservação, o primeiro e mais importante de seus cuidados é e deve ser zelar incessantemente por ela; e como zelaria assim por ela se não empenhasse o maior interesse nisso?

Portanto, é preciso que amemos a nós mesmos para nos conservarmos; é preciso que nos amemos mais do que a tudo; e, como resultado imediato do mesmo sentimento, amamos o que nos conserva. Toda criança apega-se a sua nutriz; Rômulo devia apegar-se à loba que o amamentara. No início esse apego é puramente maquinal. O que favorecer o bem-estar de um indivíduo o atrai; o que o prejudicar repele-o: é simplesmente um instinto cego. O que transforma esse instinto em sentimento, o apego em amor, a aversão em ódio é a intenção manifesta de prejudicar-nos ou de ser-nos útil. Ninguém se apaixona pelos seres insensíveis que seguem apenas o impulso que lhes é dado; mas aqueles dos quais esperamos o bem ou o mal por sua disposição interior, por sua vontade, aqueles que vemos agir livremente a favor ou contra inspiram-nos sentimentos semelhantes aos que nos demonstram. Procuramos aquilo que nos serve; mas amamos o que deseja servir-nos. Evitamos o que nos prejudica; mas odiamos o que deseja prejudicar-nos.

O primeiro sentimento de uma criança é o de amar a si mesma; e o segundo, que deriva do primeiro, é o de amar os que lhe estão próximos; pois, no estado de fragilidade em que se encontra, só conhece alguém pela assistência e pelos cuidados que recebe. Inicialmente, o apego que tem por sua nutriz e sua governanta é apenas hábito. Procura-as porque necessita delas e obtém proveito de tê-las; é mais conhecimento do que benevolência. Precisa de muito tempo para compreender que elas não apenas lhe são úteis, mas também desejam sê-lo; e é então que começa a amá-las.

Uma criança, portanto, tende naturalmente para a benevolência, porque vê que tudo que a cerca é direcionado para assisti-la, e dessa observação adquire o hábito de um sentimento favorável à sua espécie; mas, à medida que amplia suas relações, suas necessidades, suas dependências ativas ou passivas, a percepção dessas relações com outrem desperta e produz a percepção dos deveres e das preferências. Então a criança torna-se impetuosa, ciumenta, enganadora, vingativa. Se for forçada a obedecer, como não vê a utilidade do que lhe ordenam, atribui-o ao capricho, à intenção de atormentá-la, e rebela-se. Se lhe obedecerem, tão logo algo lhe resiste vê nisso uma rebelião, uma intenção de resistir-lhe; bate na mesa ou na cadeira por ter-lhe desobedecido. O amor a si, que considera somente nós, está contente quando nossas verdadeiras necessidades são satisfeitas; mas o amor-próprio, que se compara, nunca está contente nem poderia estar, porque esse sentimento, preferindo-nos aos outros, exige também que os outros nos prefiram a eles – o que é impossível. É desse modo que as paixões doces e afetuosas nascem do amor a si e as paixões odientas e irascíveis nascem do amor-próprio. Assim, o que torna o homem essencialmente bom é ter poucas necessidades e comparar-se pouco com os outros; o que o torna essencialmente mau é ter muitas necessidades e dar muita importância à opinião geral. Com base nesse princípio, é fácil ver como é possível direcionar para o bem ou para o mal todas as paixões das crianças e dos homens. É bem verdade que, não podendo viver sempre sozinhos, dificilmente eles viverão sempre bons: essa dificuldade até mesmo aumentará necessariamente com seus relacionamentos; e é principalmente nisso que os perigos da sociedade nos tornam mais indispensáveis a arte e os cuidados para prevenir no coração humano a depravação que nasce dessas novas necessidades.

O estudo adequado para o homem é o de suas relações. Enquanto ele se conhece apenas por seu ser físico, deve estudar-se por suas relações com as coisas: é o emprego de sua infância; quando começa a sentir seu ser moral, deve estudar-se por suas relações com os homens: é o emprego de sua vida inteira, iniciando no ponto a que agora chegamos.

Tão logo o homem necessita de uma companheira, já não é um ser isolado, seu coração já não está sozinho. Todas suas relações com sua espécie, todas as afeições de sua alma nascem com essa. Sua primeira paixão logo faz as outras fermentarem.

A inclinação do instinto é indeterminada. Um sexo é atraído pelo outro: é esse o movimento da natureza. A escolha, as preferências, o apego pessoal são obra das luzes, dos preconceitos, do hábito: é preciso tempo e conhecimentos para tornar-nos capazes de amor: amamos só depois de avaliar, preferimos só depois de comparar. Tais avaliações são feitas sem que o percebamos, mas não são menos reais. Não importa o que digam, o amor verdadeiro será sempre honrado pelos homens; pois, embora suas exaltações nos extraviem, embora ele não exclua do coração que o sente qualidades odiosas e mesmo as produza, entretanto sustenta sempre qualidades estimáveis, sem as quais não teríamos condições de senti-lo. Essa escolha que costumam ver como oposta à razão provém-nos dela. Descreveram o amor como cego, porque ele tem olhos melhores que nós e vê relações que não podemos perceber. Para quem não tivesse ideia alguma de mérito ou de beleza toda mulher seria igualmente boa e a primeira que aparecesse seria sempre a mais amável. Longe de vir da natureza, o amor é a regra e o freio de suas inclinações: é por ele que, com exceção do objeto amado, um sexo nada mais é para o outro.

A preferência que atribuímos desejamos obter: o amor deve ser recíproco. Para ser amado é preciso tornar-se amável; para ser preferido é preciso tornar-se mais amável do que outro, mais amável do que qualquer outro, pelo menos aos olhos do objeto amado. Daí os primeiros olhares sobre seus semelhantes; daí as primeiras comparações com eles, daí a emulação, as rivalidades, o ciúme. Um coração repleto de um sentimento que transborda gosta de desabafar: da necessidade de uma amada nasce logo a necessidade de um amigo. Quem sente como é doce ser amado gostaria de sê-lo por todo mundo, e nem todos podem ter preferências sem que haja muitos descontentes. Com o amor e a amizade nascem os desentendimentos, a inimizade, o ódio. Do seio de tantas paixões diversas vejo a opinião geral erigir para si um trono inabalável e os estúpidos mortais, submissos a seu império, fundarem sua própria existência tão somente pelos juízos de outrem.

Ampliai essas ideias e vereis de onde vem para nosso amor-próprio a forma que lhe julgamos natural; e como o amor a si, cessando de ser um sentimento absoluto, torna-se orgulho nas grandes almas, vaidade nas pequenas, e em todas se alimenta continuamente à custa do próximo. A espécie dessas paixões, por não ter seu germe no coração das crianças, não pode nascer espontaneamente ali; somos somente nós que as levamos a ele e nunca deitam raízes sem ser por culpa nossa; mas com o coração do jovem já não acontece o mesmo: não importa o que possamos fazer, elas nascerão apesar de nós. Portanto, é hora de mudar de método.

Comecemos com algumas reflexões importantes sobre o estado crítico que está em questão aqui. A passagem da infância para a puberdade não é tão determinada pela natureza a ponto de não variar nos indivíduos de acordo com os temperamentos e nos povos de acordo com os climas. Todo mundo conhece as distinções observadas sobre esse ponto entre os países quentes e os países frios e todos veem que os temperamentos ardentes são formados mais cedo do que os outros; mas muitos podem enganar-se sobre as causas e frequentemente atribuir ao físico o que deve ser imputado ao moral; esse é um dos abusos mais frequentes da filosofia de nosso século. As instruções da natureza são tardias e lentas; as dos homens quase sempre são prematuras. No primeiro caso, os sentidos despertam a imaginação; no segundo, a imaginação desperta os sentidos; dá-lhes uma atividade precoce que não pode deixar de enervar, de enfraquecer primeiro o indivíduo e depois, com o passar do tempo, a própria espécie. Uma observação mais geral e mais segura que a do efeito dos climas é que a puberdade e a potência do sexo ocorrem sempre mais cedo entre os povos instruídos e policiados do que entre os povos ignorantes e bárbaros[92]. As crianças têm uma

---

92. "Nas cidades, diz o Sr. Buffon, e entre as pessoas abastadas, as crianças, acostumadas com alimentos abundantes e suculentos, chegam mais cedo a esse estado; no campo e no povo pobre, as crianças são mais tardias, porque são mal e pouco alimentadas; precisam de mais dois ou três anos" (*Hist. nat.*, t. IV, p. 238, in-12). Aceito a observação, mas não a explicação, visto que, nas regiões de onde o aldeão se alimenta muito bem e come muito, como no Valais e mesmo em certos cantões montanhosos da Itália, como o Frioul, a idade da puberdade nos dois sexos é também mais tardia do que nas cidades,

sagacidade singular para desenredar através de todas as macaquices da decência os maus costumes que ela encobre. A linguagem depurada que lhes ditam, as lições de honestidade que lhes dão, o véu de mistério que fingem estender diante de seus olhos são aguilhões para sua curiosidade. Do modo como isso é feito fica claro que fingem esconder delas o que desejam que aprendam; e de todas as instruções que lhes são dadas essa é a que aproveitam mais.

Consultai a experiência e compreendereis a que ponto esse método insensato acelera a obra da natureza e arruína o temperamento. Está aqui uma das principais causas que fazem as linhagens degenerarem nas cidades. Os jovens, esgotados cedo, permanecem pequenos, fracos, mal formados e envelhecem em vez de crescer, como a vinha que forçaram a dar fruto na primavera definha e morre antes do outono.

É preciso ter vivido entre povos toscos e simples para conhecer até que idade uma ignorância feliz pode prolongar a inocência das crianças. É um espetáculo ao mesmo tempo tocante e risível ver ali os dois sexos, entregues à segurança de seus corações, prolongarem na flor da idade e da beleza as brincadeiras ingênuas da infância e mostrarem, justamente por sua familiaridade, a pureza de seus prazeres. Quando por fim essa amável juventude vem a casar-se, os dois esposos, dando-se mutuamente as primícias de suas pessoas, são mais caros um ao outro; multidões de filhos sadios e robustos tornam-se a prova de uma união que nada vem alterar e fruto do recato de seus primeiros anos.

Se a idade em que o homem adquire consciência de seu sexo difere tanto pelo efeito da educação quanto pela ação da natureza, segue-se que podemos acelerar e retardar essa idade de acordo com o modo como educamos as crianças; e, se o corpo ganha ou perde consistência na medida em que retardarmos ou acelerarmos esse avanço, segue-se também que, quanto mais nos aplicarmos em retardá-lo, mais vigor e força um rapaz adquire. Ainda estou falando apenas dos efeitos puramente físicos; em breve veremos que eles não se limitam a isso.

---

onde, para satisfazer a vaidade, frequentemente são extremamente parcimoniosos no comer e a maioria tem, como diz o provérbio, "traje de veludo e barriga de farelo". Causa espanto. naquelas montanhas, ver rapazes fortes como homens ainda terem a voz aguda e o queixo imberbe, e moças, aliás muito bem formadas, não terem nenhum sinal periódico de seu sexo. Essa diferença me parece provir unicamente de que, na simplicidade de seus costumes, sua imaginação, tranquila e lenta por mais tempo, faz-lhes o sangue fermentar mais tardiamente e torna-lhes menos precoce o temperamento.

Dessas reflexões extraio a solução da questão tão frequentemente debatida: se convém esclarecer cedo as crianças sobre os objetos de sua curiosidade ou se é melhor enganá-las com modestos erros. Penso que não devemos fazer nem uma coisa nem outra. Em primeiro lugar, essa curiosidade não lhes vem sem ter havido um motivo para ela. Portanto, é preciso fazer de modo que não o tenham. Em segundo lugar, perguntas que não somos forçados a responder não exigem que enganemos quem as faz; mais vale impor-lhe silêncio do que responder-lhe mentindo. Ela não ficará surpresa com essa lei se já a tivermos imposto em coisas indiferentes. Por fim, se decidirmos responder, que seja com a maior simplicidade, sem mistério, sem embaraço, sem sorrisos. Há muito menos perigo em satisfazer a curiosidade da criança do que em excitá-la.

Que vossas respostas sejam sempre graves, curtas, resolutas e nunca parecendo hesitantes. Não preciso acrescentar que devem ser verdadeiras. Não podemos ensinar às crianças o risco de mentir aos homens sem que os homens sintam o risco maior de mentir às crianças. Uma única mentira reconhecida do mestre para o aluno arruinaria para sempre todo o fruto da educação.

Talvez uma ignorância absoluta sobre certos assuntos seja o que mais convenha às crianças: mas que aprendam cedo o que é impossível esconder-lhes sempre. É preciso ou que sua curiosidade não se desperte de modo algum ou que seja satisfeita antes da idade em que já apresenta perigo. Nisso vossa conduta com vosso aluno depende muito de sua situação particular, dos grupos sociais que o cercam, das circunstâncias em que presumivelmente ele poderá ver-se etc. Aqui é importante nada deixar ao acaso; e, se não estiverdes seguro de fazê-lo ignorar até os 16 anos a diferença entre os sexos, cuidai que ele a aprenda antes dos 10 anos.

Não me agrada que afetem com as crianças uma linguagem excessivamente depurada nem que façam longos circunlóquios – que elas percebem – para evitar dar às coisas seu nome verdadeiro. Nesses assuntos, os bons costumes são sempre muito simples; mas imaginações conspurcadas pelo vício tornam delicado o ouvido e forçam a um contínuo refinamento das expressões. Os termos grosseiros não têm consequência; o que precisamos afastar são as ideias lascivas.

Embora o pudor seja natural na espécie humana, as crianças não o têm naturalmente. O pudor só nasce com o conhecimento do mal; e como as crianças, que não têm nem devem ter esse conhecimento, teriam o sentimento que dele resulta? Dar-lhes lições de pudor e honestidade é ensinar-lhes que há coisas vergonhosas e desonestas, é dar-lhes um desejo secreto de conhecer tais coisas. Cedo ou tarde elas o conseguem, e a primeira faísca que atingir a imaginação infalivelmente acelera o abrasamento dos sentidos. Quem enrubesce já é culpado; a inocência verdadeira não se envergonha de nada.

As crianças não têm os mesmos desejos do que os adultos; mas, sujeitas como eles à sujidade que fere os sentidos, podem dessa simples sujeição receber as mesmas lições de decoro. Acompanhai o espírito da natureza, que, colocando nos mesmos lugares os órgãos dos prazeres secretos e os das necessidades asquerosas, inspira-nos em idades diferentes os mesmos cuidados, ora por uma ideia ora por outra: ao adulto pela modéstia, à criança pela limpeza.

Vejo somente um bom meio de as crianças conservarem sua inocência: todos que a cercam respeitarem-na e amarem-na. Sem isso, todo o recato de que as pessoas procuram usar com elas desmente-se cedo ou tarde; um sorriso, uma piscadela, um gesto que escapa dizem-lhes tudo o que se procura calar-lhes; para sabê-lo basta-lhes ver que tentaram escondê-lo. A delicadeza de rodeios e de expressões que as pessoas bem educadas utilizam entre si, pressupondo luzes que as crianças não devem ter, com elas é totalmente despropositada; mas quem realmente honra sua simplicidade assume facilmente, ao falar-lhes, a simplicidade dos termos que lhes convêm. Há certa ingenuidade de linguagem que convém e agrada à inocência; esse é o verdadeiro tom que desvia uma criança de uma curiosidade perigosa. Falando-lhe com simplicidade de tudo não a deixamos suspeitar de que resta algo mais a dizer-lhe. Associando às palavras grosseiras as ideias desagradáveis que lhes cabem extinguimos o primeiro fogo da imaginação: não a proibimos de pronunciar essas palavras e de ter essas ideias; mas damos-lhe, sem que o perceba, repugnância ao lembrá-las. E de quantos embaraços essa liberdade ingênua salva aqueles que, tirando-a de seu próprio coração, dizem sempre o que deve ser dito e dizem-no sempre como o sentiram!

Como são feitos os bebês? Pergunta embaraçosa que vem muito naturalmente às crianças e cuja resposta inconveniente ou prudente às vezes determina-lhes os comportamentos e a saúde para a vida toda. A maneira mais curta que uma mãe imagina para sair do apuro sem enganar o filho é impor-lhe silêncio. Seria eficaz se desde muito ele já estivesse habituado a isso em questões indiferentes e esse tom novo não o fizesse suspeitar de um mistério. Mas raramente ela para aí. Vai dizer-lhe: *Esse é um segredo das pessoas casadas; meninos não devem ser tão curiosos.* Isso é muito bom para tirar a mãe do apuro; mas saiba ela que, melindrado com esse ar de menosprezo, o menino não terá um momento de sossego até descobrir o segredo das pessoas casadas – e não tardará a descobri-lo.

Permitam-me relatar uma resposta muito diferente que ouvi darem à mesma pergunta e que me impressionou ainda mais porque partia de uma mulher tão modesta no falar quanto nas maneiras, mas que sabia, se preciso, calcar aos pés, para o bem de seu filho e pela virtude, o falso temor da reprovação e as palavras vãs dos brincalhões. Há não muito tempo o menino havia expelido pela urina uma pedrinha que lhe rasgara a uretra; mas o sofrimento passado estava esquecido. – *Mamãe*, pergunta o estouvadinho, *como nascem os bebês?* – *Meu filho*, responde a mãe sem hesitar, *as mulheres os urinam com dores que às vezes lhes custam a vida*. Riam os loucos e escandalizem-se os tolos; mas procurem os sábios se algum dia encontrarão uma resposta mais judiciosa e que atinja melhor seus fins.

Primeiramente, a ideia de uma necessidade natural e conhecida pelo menino desvia a ideia de uma operação misteriosa. As ideias acessórias de dor e de morte cobrem-na com um véu de tristeza que amortece a imaginação e reprime a curiosidade; tudo leva a mente para as consequências do parto e não para suas causas. Deficiências da natureza humana, objetos asquerosos, imagens de sofrimento são os esclarecimentos a que essa resposta leva, se a repugnância que ela inspira permitir que o menino os peça. Em conversas dirigidas assim, como a inquietude dos desejos terá oportunidade de nascer? E, entretanto, vedes que a verdade não foi alterada e que não foi preciso enganar o aluno em vez de instruí-lo.

Vossos filhos leem; adquirem em suas leituras conhecimentos que não teriam se não houvessem lido. Se estudam, a imaginação acende-se e aguça-se no silêncio do gabinete. Se vivem no mundo, ouvem um jargão bizarro, veem exemplos que os impressionam; convenceram-nos tão bem de que eram homens que, em tudo que os homens fazem em sua presença, buscam imediatamente como isso pode convir-lhes: é inevitável que as ações de outrem lhes sirvam de modelo quando os juízos de outrem lhes servem de lei. Criados levados a depender deles – e, portanto, interessados em agradar-lhes – fazem-lhes a corte à custa dos bons costumes; governantas risonhas dizem-lhes aos 4 anos frases que a mais desavergonhada não ousaria dizer-lhes aos 15. Elas logo esquecem o que disseram; mas eles não esquecem o que ouviram. Conversas indecentes preparam comportamentos licenciosos: o lacaio descarado torna debochado o menino; e o segredo de um serve de garantia para o segredo do outro.

A criança educada de acordo com sua idade é sozinha. Os únicos apegos que conhece são os do hábito; ama sua irmã como ama seu relógio e seu amigo, como seu cachorro. Não se sente de nenhum sexo, de nenhuma espécie: o homem e a mulher são-lhe igualmente alheios; não relaciona consigo nada do que eles fazem ou dizem: não o vê nem o ouve, ou não lhe dá atenção alguma; suas palavras interessam-lhe tão pouco quanto seus exemplos: tudo isso não foi feito para ele. O que lhe é dado por esse método não é um erro artificioso, é a ignorância da natureza. Chega a hora em que a mesma natureza cuida de esclarecer seu aluno; e só então ela o terá colocado em condições de aproveitar sem risco as lições que lhe dá. Esse é o princípio; os detalhes das regras não são de meu assunto; e os meios que proponho visando a outros objetos também servem de exemplo para este.

Se desejais colocar ordem e regra nas paixões nascentes, ampliai o espaço ao longo do qual elas se desenvolvem, para que tenham tempo de organizar-se à medida que vão nascendo. Então não é o homem que as ordena, é a própria natureza; vosso único cuidado é deixá-la organizar seu trabalho. Se vosso aluno fosse sozinho, nada teríeis de fazer; mas tudo que o rodeia incendeia-lhe a imaginação. A torrente de preconceitos arrasta-o; para retê-lo deveis impeli-lo no sentido contrário. É preciso que o sentimento acorrente a imaginação e que a razão silencie a opinião dos homens. A fonte de todas as paixões é a sensibilidade; a imaginação determina-lhes a inclinação. Todo ser que sente suas relações deve ser afetado quando essas relações se alteram e ele imagina ou acredita imaginar outras mais adequadas para sua natureza. São os erros da imaginação que transformam em vícios as paixões de todos os seres limitados, mesmo dos anjos, se as tiverem; pois precisariam conhecer a natureza de todos os seres para saberem quais relações convêm mais à sua.

Eis aqui, portanto, o sumário de toda a sabedoria humana no uso das paixões: 1º sentir as relações verdadeiras do homem tanto na espécie como no indivíduo; 2º ordenar todas as afeições da alma de acordo com essas relações.

Mas o homem tem o poder de ordenar suas afeições de acordo com estas ou aquelas relações? Sem dúvida, se tem o poder de dirigir sua imaginação para este ou aquele objeto ou de dar-lhe este ou aquele hábito. Aliás, a questão aqui não é tanto o que um homem pode fazer a respeito de si mesmo e sim o que podemos fazer a respeito de nosso aluno pela escolha das circunstâncias em que o colocarmos. Expor os meios adequados para mantê-lo na ordem da natureza é dizer suficientemente como pode sair dela.

Enquanto sua sensibilidade permanecer limitada a seu indivíduo, não há nada moral em suas ações; é somente quando ele começa a estender-se para fora de si que adquire primeiro os sentimentos e em seguida as noções do bem e do mal, que o constituem verdadeiramente homem e parte integrante de sua espécie. Portanto, é nesse primeiro ponto que devemos fixar inicialmente nossas observações. Elas são difíceis, porque para fazê-las precisamos recusar os exemplos que estão diante de nós e buscar aqueles em que os desenvolvimentos sucessivos ocorrem seguindo a ordem da natureza.

Um menino moldado, polido, civilizado, que só está esperando o poder de pôr em prática as instruções prematuras que recebeu, nunca se engana sobre o momento em que esse poder lhe chega. Em vez de esperá-lo, acelera-o, dá a seu sangue uma fermentação precoce, sabe qual deve ser o objeto de seus desejos mesmo muito tempo antes de senti-los. Não é a natureza que o excita, é ele que a força: ao torná-lo homem ela não tem mais nada a ensinar-lhe; já o era em pensamento muito antes de sê-lo de fato.

A marcha verdadeira da natureza é mais gradual e mais lenta. Pouco a pouco o sangue inflama-se, os espíritos[93] elaboram-se, o temperamento forma-se. O sábio obreiro que dirige a fábrica tem o cuidado de aperfeiçoar todos seus instrumentos antes de pô-los em uso: uma longa inquietude precede os primeiros desejos, uma longa ignorância desnorteia-os: deseja-se sem saber o quê. O sangue fermenta e agita-se; uma superabundância de vida procura estender-se para fora. O olhar anima-se e percorre os outros seres, começa-se a tomar interesse pelos que estão ao redor, começa-se a sentir que não se foi feito para viver só: é assim que o coração se abre para as afeições humanas e torna-se capaz de apego.

O primeiro sentimento de que é passível um jovem educado cuidadosamente não é o amor, é a amizade. O primeiro ato de sua imaginação nascen-

---

93. Segundo uma teoria fisiológica muito conhecida nessa época, corpúsculos invisíveis nos quais reside a vida animal de um ser [N.T.].

te é ensinar-lhe que tem semelhantes, e a espécie afeta-o antes do sexo. Este é, portanto, mais um benefício da inocência prolongada: tirar proveito da sensibilidade nascente para lançar no coração do jovem adolescente as primeiras sementes de humanidade – benefício ainda mais valioso porque essa é a única época da vida em que os mesmos cuidados podem ter verdadeiro sucesso.

Sempre observei que os jovens corrompidos cedo e entregues às mulheres e à devassidão eram desumanos e cruéis; a fogosidade do temperamento tornava-os impacientes, vingativos, furiosos; sua imaginação, tomada por um único objeto, recusava-se a todo o restante; não conheciam piedade nem misericórdia; teriam sacrificado pai, mãe e o Universo inteiro ao menor de seus prazeres. Ao contrário, um jovem educado numa simplicidade feliz é conduzido pelos primeiros movimentos da natureza para as paixões ternas e afetuosas: seu coração compassivo comove-se com os sofrimentos dos semelhantes; ele treme de alegria quando revê seu colega, seus braços sabem encontrar abraços carinhosos, seus olhos sabem derramar lágrimas de emoção; é sensível à vergonha de desagradar, ao remorso de ter ofendido. Se o ardor de um sangue que se inflama torna-o veemente, arrebatado, colérico, no momento seguinte toda a bondade de seu coração mostra-se na efusão do arrependimento; ele chora, geme porque feriu; desejaria resgatar com seu sangue o sangue que derramou; toda sua exaltação extingue-se, toda sua soberba humilha-se ante o sentimento da culpa. Se ele mesmo for ofendido, no auge da fúria uma palavra de desculpa desarma-o; perdoa os erros de outrem com a mesma boa vontade com que corrige os seus. A adolescência não é a idade da vingança nem do ódio; é a idade da comiseração, da clemência, da generosidade. Sim, sustento e não temo ser desmentido pela experiência: um menino que não for de má índole e conservar até os 20 anos sua inocência será nessa idade o mais generoso, o melhor, o mais amoroso e o mais amável dos homens. Nunca vos disseram algo semelhante; acredito; a vossos filósofos, educados na total corrupção dos colégios, não interessa saber isso.

É a fragilidade do homem que o torna sociável; são nossas misérias em comum que conduzem nossos corações para a humanidade: nada lhe deveríamos se não fôssemos homens. Todo apego é um sinal de insuficiência: se cada um de nós não tivesse necessidade alguma dos outros, não pensaria em unir-se a eles. De nossa própria deficiência nasce assim nossa frágil felicidade. Um ser verdadeiramente feliz é um ser solitário; apenas Deus desfruta uma felicidade absoluta; mas quem de nós tem ideia disso? Se algum ser imperfeito pudesse bastar a si mesmo, o que desfrutaria, em nosso entender? Seria sozinho, seria miserável. Não concebo que aquele que de nada necessita possa amar alguma coisa; não concebo que aquele que nada ama possa ser feliz.

Segue-se daí que nos apegamos a nossos semelhantes não tanto pelo sentimento de seus prazeres quanto pelo de seus sofrimentos; pois assim vemos bem melhor a identidade de nossa natureza e as garantias de seu apego por nós. Se nossas necessidades em comum nos unem por interesse, nossas misérias em comum nos unem por afeição. O aspecto de um homem feliz inspira aos outros menos amor do que inveja; tenderíamos a acusá-lo de usurpar um direito que não tem ao formar para si uma felicidade exclusiva; e o amor-próprio também sofre ao fazer-nos sentir que esse homem não tem necessidade alguma de nós. Mas quem não lamenta o infeliz que vê sofrendo? Quem não gostaria de livrá-lo de seus males, se para isso bastasse um desejo? A imaginação coloca-nos no lugar do miserável mais do que no do homem feliz; sentimos que um desses estados nos toca mais de perto que o outro. A piedade é doce, porque ao nos colocarmos no lugar de quem sofre sentimos porém o prazer de não estarmos sofrendo como ele. A inveja é amarga, porque o aspecto de um homem feliz, em vez de colocar no lugar dele o invejoso, dá-lhe a tristeza de não estar lá. Parece que um nos exime dos males que está sofrendo e o outro nos priva dos bens que desfruta.

Portanto, se desejais incitar e alimentar no coração de um rapaz os primeiros movimentos da sensibilidade nascente e voltar-lhe o caráter para a beneficência e a bondade, cuidai de não fazer germinar nele, com a imagem enganosa da felicidade dos homens, o orgulho, a vaidade, a inveja; não comeceis por expor a seus olhos a pompa das cortes, o luxo dos palácios, o atrativo dos espetáculos; não o passeeis pelos círculos sociais, pelas reuniões brilhantes, só lhe mostreis o exterior da alta sociedade depois de dar-lhe condições de avaliá-la em si mesma. Mostrar-lhe o mundo antes que ele conheça os homens não é formá-lo, é corrompê-lo; não é instruí-lo, é enganá-lo.

Os homens não são naturalmente reis nem poderosos nem cortesãos nem ricos; todos nasceram nus e pobres, todos sujeitos às misérias da vida, às tristezas, aos males, às necessidades, às dores de toda espécie; por fim, todos estão condenados à morte. É isso que é realmente próprio do homem; é disso que nenhum mortal está isento. Começai, pois, por estudar na natureza humana o que é mais inseparável dela, o que melhor constitui a humanidade.

Com 16 anos o adolescente sabe o que é sofrer, pois ele mesmo já sofreu; mas mal sabe que outros seres também sofrem; ver isso sem senti-lo não é saber e, como eu já disse cem vezes, a criança que não imagina o que os outros sentem conhece apenas seus próprios males; mas, quando o primeiro desenvolvimento dos sentidos acende-lhe o fogo da imaginação, ela começa a sentir-se em seus semelhantes, a comover-se com suas queixas e sofrer com suas dores. É então que o triste quadro da humanidade sofredora deve levar a seu coração o primeiro enternecimento que jamais sentiu.

Se não é fácil observar esse momento em vossos filhos, quem culpais por isso? Vós os instruís tão cedo a encenar o sentimento, ensinais-lhes tão cedo sua linguagem que, por falarem sempre no mesmo tom, eles voltam vossas lições contra vós mesmos e não vos deixam meio algum de distinguir quando, parando de mentir, começam a sentir o que dizem. Mas vede meu Emílio: até a idade a que o conduzi ele não sentiu nem mentiu. Antes de saber o que é amar não disse a ninguém: *Amo-vos muito*; não lhe prescreveram a compostura que devia assumir ao entrar no quarto de seu pai, de sua mãe ou de seu preceptor doente; não lhe ensinaram a arte de fingir a tristeza que não sentia. Não fingiu chorar a morte de ninguém, pois não sabe o que é morrer. A mesma insensibilidade que tem no coração está também em suas maneiras. Indiferente a tudo exceto a si mesmo, como todas as outras crianças, não se interessa por ninguém; tudo que o diferencia é que não pretende parecer que se interessa e não é falso como elas.

Como refletiu pouco sobre os seres sensíveis, Emílio saberá tarde o que é sofrer e morrer. Os lamentos e os gritos começarão a agitar-lhe as entranhas; o aspecto do sangue que corre fará que desvie o olhar; as convulsões de um animal que expira lhe causarão uma angústia indefinida antes que saiba de onde lhe vêm esses movimentos novos. Se tivesse permanecido estúpido e bárbaro, não os teria; se fosse mais instruído, saberia sua origem: já comparou ideias demais para nada sentir e não suficientes para conceber o que sente.

Assim nasce a piedade, o primeiro sentimento relativo que toca o coração humano de acordo com a ordem da natureza. Para tornar-se sensível e piedosa a criança precisa saber que há seres semelhantes a ela que sofrem o que ela sofreu, que sentem as dores que sentiu, e outros em quem ela pense como podendo senti-las também. De fato, como nos deixarmos mover pela piedade se não for transportando-nos para fora de nós e identificando-nos com o animal que sofre, deixando nosso ser, digamos assim, para assumir o seu? Sofremos tanto quanto julgamos que ele sofre; não é em nós, é nele que sofremos. Assim ninguém se torna sensível antes de sua imaginação animar-se e começar a transportá-lo para fora de si.

Portanto, para excitar e alimentar essa sensibilidade nascente, para guiá-la ou segui-la em sua inclinação natural, o que temos para fazer exceto oferecer ao jovem objetos sobre os quais a força expansiva de seu coração possa agir, que o dilatem, que o estendam sobre os outros seres, que o façam ver-se fora de si em toda parte; afastar cuidadosamente os que o estreitem, que o concentrem e estiquem a mola do eu humano; ou seja, em outras palavras, incitar nele a bondade, a humanidade, a comiseração, a beneficência, todas as paixões atrativas e doces que agradam naturalmente aos homens, e impedir que nasçam a inveja, a cobiça, o ódio, todas as paixões repulsivas e cruéis que, digamos assim, tornam a sensibilidade não só nula mas negativa e atormentam quem as experimenta?

Creio que posso resumir todas as reflexões anteriores em duas ou três máximas precisas, claras e de fácil compreensão.

Primeira máxima
Não é próprio do coração humano colocar-se no lugar das pessoas que são mais felizes do que nós, mas somente das que são mais dignas de lástima.

Se encontrarem exceções a essa máxima, são mais aparentes do que reais. Assim, as pessoas não se colocam no lugar do rico ou do grande ao qual se apegam; e, mesmo apegando-se sinceramente, não fazem mais do que apropriar-se de uma parte de seu bem-estar. Às vezes amam-no em sua desventura; mas, quando prospera, seu único amigo verdadeiro é aquele que não é enganado pelas aparências e mais o lamenta do que o inveja, apesar de sua prosperidade.

Somos tocados pela felicidade de certos estados, por exemplo, da vida campestre e pastoril. O encanto de ver feliz essa boa gente não é envenenado pela inveja; interessamo-nos realmente por eles. Por que isso? Porque temos o poder de descer a esse estado de paz e inocência e desfrutar a mesma bem-aventurança; é um último recurso que traz somente ideias agradáveis, visto que para podermos desfrutá-lo basta querermos isso. É sempre prazeroso ver nossas posses, contemplar nossos próprios bens, mesmo quando não pretendemos utilizá-los.

Segue-se daí que, para conduzir um jovem à humanidade, em vez de fazê-lo admirar o destino brilhante dos outros é preciso mostrá-lo pelos lados tristes; é preciso fazer com que o receie. Então, por uma consequência evidente, ele deve abrir para si um caminho para a felicidade sem seguir as pegadas de ninguém.

Segunda máxima
Sempre lamentamos em outrem somente os males de que não nos julgamos isentos.
"Non ignara mali, miseris succurrere disco"[94].

Não conheço nada tão belo, tão profundo, tão tocante, tão verdadeiro quanto esse verso.

Por que os reis não têm piedade de seus súditos? Porque confiam que nunca serão homens. Por que os ricos são tão duros com os pobres? Porque não receiam empobrecer. Por que a nobreza despreza tanto o povo? Porque um nobre nunca será plebeu. Por que os turcos geralmente são mais humanos, mais hospitaleiros do que nós? Porque, como em seu governo totalmente arbitrário a grandeza e a fortuna dos particulares são sempre precárias e incertas, eles não consideram o rebaixamento e a miséria como um estado que lhes seja alheio[95]: cada qual pode ser amanhã o que aquele que ele assiste é hoje. Essa reflexão, que reaparece continuamente nos romances orientais, dá a sua leitura algo enternecedor que toda a afetação de nossa moral seca não tem.

Portanto, não habitueis vosso aluno a olhar do alto de sua glória os sofrimentos dos desafortunados, os trabalhos dos miseráveis; e não espereis ensiná-lo a lamentá-los se os considera como sendo-lhe alheios. Fazei-o compreender bem que a sorte desses infelizes pode ser a sua, que todos os males destes estão sob os pés dele, que mil acontecimentos imprevistos e inevitáveis podem afundá-lo também de um momento para outro. Ensinai-o a não contar

---

94. "Experiente em infortúnio, aprendo a socorrer os infelizes" (*Eneida*, I, 630) [N.T.].
95. Agora isso parece estar mudando um pouco: as condições parecem tornar-se mais estáveis e os homens também se tornam mais duros.

nem com o berço nem com a saúde nem com as riquezas; mostrai-lhe todas as vicissitudes da fortuna; buscai-lhe os exemplos – sempre demasiado frequentes – de pessoas que de uma condição mais elevada do que a sua caíram abaixo da condição desses infelizes; seja ou não por culpa deles, isso não está em questão agora; sabe ele pelo menos o que é culpa? Nunca atropeleis a ordem de seus conhecimentos e esclarecei-o apenas com as luzes que estão a seu alcance: ele não precisa ser um luminar para sentir que toda a prudência humana não pode responder-lhe se daqui a uma hora estará vivo ou morrendo; se antes que anoiteça a cólica renal não o fará ranger os dentes; se dentro de um mês será rico ou pobre; se dentro de um ano não remará talvez sob açoite nas galeras da Argélia. Acima de tudo, cuidai de não lhe dizer tudo isso friamente, como seu catecismo; que ele veja, que sinta as calamidades humanas: abalai-o, atemorizai-lhe a imaginação com os perigos de que todo homem está continuamente cercado; que ele veja a seu redor todos esses abismos e que ao ouvir-vos descrevê-los agarre-se a vós com medo de cair neles. Vamos torná-lo tímido e medroso, direis. Veremos em seguida; mas por ora comecemos por torná-lo humano; isso é o que nos importa principalmente.

Terceira máxima
A piedade que sentimos devido ao mal de outrem não se mede pela quantidade desse mal e sim pelo sentimento que atribuímos aos que o sofrem.

Apiedamo-nos de um infeliz somente na medida em que acreditamos que ele se acha digno de piedade. A percepção física de nossos males é mais limitada do que parece; mas é pela memória que nos faz sentir-lhes a continuidade, é pela imaginação que os prolonga para o futuro que eles nos tornam realmente dignos de piedade. Essa, penso eu, é uma das causas que nos empedernecem mais ante os males dos animais do que ante os dos homens, embora a sensibilidade em comum devesse identificar-nos igualmente com eles. Não nos compadecemos de um cavalo de carroça em sua estrebaria, porque não presumimos que enquanto come seu feno ele pense nas chicotadas que recebeu e nas fadigas que o aguardam. Tampouco nos apiedamos de um carneiro que vemos pastar, apesar de sabermos que em breve será degolado, porque julgamos que ele não prevê seu destino. Por extensão, assim nos empedernecemos para com a sorte dos homens; e os ricos consolam-se do mal que causam aos pobres supondo-os estúpidos a ponto de não o sentir. Em geral, julgo o valor que cada qual atribui à felicidade de seus semelhantes pelo apreço que parecer ter-lhes. É natural importarmo-nos pouco com a felicidade das pessoas que menosprezamos. Portanto, não vos espanteis mais por os políticos falarem do povo com tanto desdém nem por a maioria dos filósofos aparentarem considerar o homem como tão maldoso.

É o povo que compõe o gênero humano; o que não é povo é tão pouca coisa que não vale a pena levá-lo em conta. O homem é o mesmo em todas as classes; sendo assim, as classes mais numerosas merecem mais respeito. Diante daquele que pensa, todas as distinções civis desaparecem: ele vê as mesmas paixões, os mesmos sentimentos no auxiliar de pedreiro e no homem ilustre; discerne neles apenas a linguagem, apenas um colorido mais ou menos afetado; e, se alguma diferença essencial distingui-los, é em detrimento dos mais dissimulados. O povo mostra-se tal como é, e não é amável; mas as pessoas das altas rodas são forçadas a disfarçar-se; caso se mostrassem tais como são, causariam horror.

Dizem também nossos sábios que há a mesma dose de felicidade e de sofrimento em todas as condições. Máxima tão funesta quanto insustentável: pois, se todos são igualmente felizes, que necessidade tenho de incomodar-me por alguém? Que cada qual permaneça como está: o escravo seja maltratado, o enfermo sofra, o mendigo pereça: nada ganham se mudarem de condição. Eles enumeram os penares do rico e mostram a inanidade de seus prazeres vãos: que sofisma grosseiro! Os penares do rico não lhe provêm de seu estado, mas somente dele mesmo, que abusa desse estado. Ainda que seja até mais infeliz do que o pobre, não é digno de piedade, porque seus males são todos obra sua e ser feliz depende só dele. Mas o sofrimento do miserável provém-lhe das coisas, do rigor da sorte que pesa sobre ele. Não há um hábito que possa tirar-lhe a sensação física de fadiga, de exaustão, de fome: boas intenções e sabedoria de nada servem para eximi-lo dos males de seu estado. O que Epicteto ganha por prever que seu amo vai quebrar-lhe a perna? Deixa de quebrá-la por isso? Junto com seu mal ele sofre o mal da previsão. Ainda que o povo fosse tão sensato quanto o supomos estúpido, o que poderia ele ser além do que é? O que poderia fazer além do que faz? Estudai as pessoas dessa classe e vereis que, sob uma linguagem diferente, eles têm tanto entendimento quanto vós e mais bom-senso que vós. Respeitai, portanto, vossa espécie; pensai que é composta essencialmente da coleção dos povos; que, ainda que todos os reis e todos os filósofos lhes fossem tirados, nem sequer se notaria isso e as coisas não andariam pior. Resumindo, ensinai vosso aluno a amar todos os homens e mesmo os que não o prezarem; fazei de modo que ele não se coloque em nenhuma classe, mas se reconheça em todas; falai-lhe do gênero humano com ternura, com piedade mesmo, mas nunca com menosprezo. Homem, não desonres o homem.

É por esses caminhos e outros semelhantes, muito contrários aos que estão abertos, que convém penetrar no coração de um jovem adolescente para nele incitar os primeiros movimentos da natureza, desenvolvê-lo e estendê-lo sobre seus semelhantes; a isso acrescento que é importante misturar a esses movimentos o menos de interesse pessoal que for possível; principalmente, nada de vaidade, nada de emulação, nada de glória, nada desses sentimentos que nos forçam a nos compararmos com os outros; pois essas comparações nunca se fazem sem alguma impressão de ódio contra os que nos disputam a preferência, ainda que apenas em nossa própria estima. Então é preciso ficar cego ou se irritar, ser um tolo ou um perverso; procuremos evitar essa alternativa. Dizem-me que essas paixões tão perigosas nascerão cedo ou tarde, independentemente de nós. Não o nego: cada coisa tem seu tempo e seu lugar; digo apenas que não devemos ajudá-las a nascer.

Esse é o espírito do método que é preciso adotar. Aqui os exemplos e os detalhes são inúteis, porque aqui começa a divisão quase infinita dos caracteres e cada exemplo que eu desse talvez conviesse apenas a um em cem mil. Também é nessa idade que começa, no mestre habilidoso, a verdadeira função de observador e de filósofo, que conhece a arte de sondar os corações ao trabalhar para formá-los. Enquanto o rapaz ainda não pensa em disfarçar-se e ainda não o aprendeu, a cada objeto que lhe é apresentado vemos em seu ar, em seus olhos, em seus gestos a impressão que dele recebe; lemos em seu rosto todos os movimentos de sua alma; espreitando-os conseguimos prevê-los e, por fim, dirigi-los.

Observamos em geral que o sangue, os ferimentos, os gritos, os gemidos, o aparato das operações dolorosas e tudo o que transmite aos sentidos objetos de sofrimento impressiona mais depressa e mais geralmente todos os homens. A ideia de destruição, por ser mais composta, não afeta do mesmo modo; a imagem da morte abala mais tarde e mais fracamente, porque ninguém passou pela experiência de morrer: é preciso ter visto cadáveres para sentir as angústias dos agonizantes. Mas, quando alguma vez essa imagem houver se formado bem em nosso espírito, não há espetáculo mais horrível a nossos olhos, seja por causa da ideia de destruição total que então ela dá pelos sentidos ou porque, sabendo que esse momento é inevitável para todos os homens, sentimo-nos mais vivamente afetados diante de uma situação da qual temos certeza de não podermos escapar.

Estas impressões diversas têm suas modificações e suas gradações, que dependem do caráter particular de cada indivíduo e de seus hábitos anteriores; mas são universais e ninguém está totalmente isento delas. Há as mais tardias e menos gerais, que são mais próprias das almas sensíveis; são as causadas pelos sofrimentos morais, pelas dores íntimas, pelas aflições, pelos desgostos, pela tristeza. Há pessoas a quem só gritos e lágrimas comovem; os longos e surdos gemidos de um coração sufocando de pesar nunca lhes arrancaram suspiros; nunca choraram ante o aspecto de uma postura abatida, de um rosto macilento e lívido, de olhos mortiços e que não conseguem mais chorar; os males da alma nada significam para elas: são julgados, sua própria alma nada sente; delas não espereis mais que rigor inflexível, dureza, crueldade. Poderão ser íntegras e justas, mas nunca clementes, generosas, compassivas. Digo que poderão ser justas, se, no entanto, um ser humano pode ser justo quando não é misericordioso.

Mas não vos apresseis a julgar os jovens por essa regra, principalmente aqueles que, tendo sido educados como devem sê-lo, não têm ideia alguma dos sofrimentos morais que nunca os fizeram sentir, pois, volto a repetir, eles só podem lamentar os males que conhecem; e essa insensibilidade aparente, que provém apenas da ignorância, logo se transforma em enternecimento quando começam a sentir que há na vida humana mil dores que eles não conhecem. Quanto a meu Emílio, se na infância teve simplicidade e bom-senso tenho certeza de que na juventude terá alma e sensibilidade, pois a autenticidade dos sentimentos está estreitamente ligada à exatidão das ideias.

Mas por que lembrar isso aqui? Sem dúvida mais de um leitor irá acusar-me de estar esquecendo minhas primeiras resoluções e a felicidade constante que prometi a meu aluno. Infelizes, moribundos, espetáculos de dor e de miséria: que felicidade, que prazer para um coração jovem que nasce para a vida! Seu triste preceptor, que lhe destinava uma educação tão suave, só o fez nascer para sofrer. É isso que dirão; e que me importa? Prometi fazê-lo feliz e não, fazê-lo parecer feliz. Acaso é culpa minha se, sempre iludidos pela aparência, vós a tomais pela realidade?

Consideremos dois jovens saindo da primeira educação e entrando no mundo por duas portas diretamente opostas. Um deles sobe diretamente ao Olimpo e expande-se na mais brilhante sociedade; levam-no à corte, às casas dos grandes, dos ricos, das belas mulheres. Suponho-o festejado em toda parte e não examino o efeito dessa acolhida sobre sua razão; suponho que ela lhe resista. Os prazeres voam a seu encontro, diariamente novos objetos divertem-no; entrega-se a tudo com um interesse que vos seduz. Vós o vedes atento, diligente, curioso; sua admiração inicial impressiona-vos; pensais que está contente, mas vede o estado de sua alma: acreditais que ela se deleita; quanto a mim, creio que sofre.

O que ele vê primeiro ao abrir os olhos? Infinidades de supostos bens que não conhecia e a maioria dos quais, estando a seu alcance apenas por um momento, parecem exibir-se apenas para causar-lhe a tristeza de ver-se privado deles. Quando perambula dentro de um palácio, sua curiosidade inquieta mostra-vos que se indaga por que sua casa paterna não é assim. Todas suas perguntas dizem-vos que ele se compara continuamente com o dono dessa casa e tudo o que encontra de mortificante nesse paralelo revolta-lhe a vaidade, aguçando-a. Se depara com um jovem mais bem vestido do que ele, vejo-o murmurar em segredo contra a avareza de seus pais. Se estiver mais bem paramentado do que outro, tem o desgosto de ver esse outro anulá-lo pelo berço ou pela inteligência, e todos seus atavios dourados humilhados diante de um simples traje de pano. Se brilha sozinho numa reunião, põe-se na ponta dos pés para ficar mais visível; quem não terá uma vontade secreta de rebaixar o ar soberbo e vão de um jovem presunçoso? Logo tudo se une como de comum acordo; os olhares inquietantes de um homem sério, as palavras zombeteiras de um sarcástico não tardam a chegar até ele; e ainda que apenas um homem o desdenhe, o menosprezo desse homem envenena no mesmo instante os aplausos dos outros.

Concedamos-lhe tudo, prodigalizemos-lhe os atrativos, o mérito; que seja bem formado, espirituoso, amável: será assediado pelas mulheres; mas, assediando-o antes que as ame elas o tornarão louco e não, enamorado: terá aventuras; mas não terá arrebatamento nem paixão para desfrutá-las. Como seus desejos são sempre antecipados, nunca têm tempo de nascer, em meio aos prazeres ele sente apenas tédio e desconforto: o sexo feito para a felicidade do seu enfastia-o e sacia-o antes mesmo que o conheça; se continua ocupando-se dele, já é apenas por vaidade; e, ainda que lhe tomasse gosto verdadeiramente, não seria o único jovem, o único brilhante, o único amável, e nem sempre encontraria em suas amantes prodígios de fidelidade.

Nada vou dizer dos aborrecimentos, das traições, das perfídias, dos arrependimentos de toda espécie, inseparáveis de uma vida como essa. Sabemos que a experiência do mundo nos desgosta dele; falo apenas dos pesares ligados à primeira ilusão.

Que contraste para esse que, até agora recluso no seio de sua família e dos amigos, via-se como o único objeto de todas as suas atenções, entrar subitamente numa ordem de coisas que mal o leva em conta; ver-se como mergulhado numa esfera estranha, ele que durante tanto tempo foi o centro da sua! Quantas afrontas, quantas humilhações precisa suportar antes de perder, no meio de desconhecidos, os preconceitos de sua importância adquiridos e alimentados no meio dos seus! Criança, tudo lhe cedia, tudo se desvelava a seu redor; jovem, precisa ceder a todo mundo; ou, por menos que se descuide e conserve seus ares antigos, que duras lições vão fazê-lo cair em si! O hábito de obter facilmente os objetos de seus desejos leva-o a desejar muito e a sentir privações contínuas. Tudo o que lhe agrada tenta-o; gostaria de ter tudo o que os outros têm; cobiça tudo, inveja todo mundo, em todo lugar gostaria de dominar; a vaidade corrói-o, o ardor dos desejos desenfreados abrasa-lhe o coração jovem; com eles nascem ali o ciúme e o ódio, todas as paixões devoradoras ganham força simultaneamente; carrega essa agitação no tumulto do mundo, leva-a de volta consigo todas as noites; entra em casa descontente consigo e com os outros; adormece cheio de mil projetos vãos, perturbado por mil fantasias e até nos sonhos seu orgulho retrata-lhe os bens quiméricos cujo desejo o atormenta e que nunca possuirá. Esse é vosso aluno! Vejamos o meu.

Se o primeiro espetáculo que o impressiona é um objeto de tristeza, o primeiro exame de si mesmo é um sentimento de prazer. Ao ver de quantos males está livre, sente-se mais feliz do que pensava ser. Compartilha dos sofrimentos de seus semelhantes; mas essa participação é voluntária e doce. Desfruta ao mesmo tempo a piedade que sente por seus males e a boa sorte que o isenta deles; sente-se naquele estado de força que nos espraia para além de nós e leva-nos a aplicar em outro lugar a atividade supérflua a nosso bem-estar.

Para lamentar o mal de outrem certamente é preciso conhecê-lo, mas não é preciso senti-lo. Quem já sofreu ou receia sofrer lamenta os que sofrem, mas enquanto sofre lamenta apenas a si mesmo. Ora, se, estando todos sujeitos às misérias da vida, ninguém concede aos outros mais do que a sensibilidade de que atualmente não necessita para si mesmo, segue-se disso que a compaixão deve ser um sentimento muito doce, visto que depõe em nosso favor, e que, ao contrário, um homem duro é sempre infeliz, visto que o estado de seu coração não lhe deixa uma sensibilidade excedente que ele possa conceder aos penares de outrem.

Avaliamos a felicidade baseando-nos demais nas aparências; supomo-la onde menos está; buscamo-la onde não pode estar: a alegria é apenas um sinal muito equívoco dela. Frequentemente um homem alegre não passa de um desafortunado que procura enganar os outros e atordoar a si mesmo. Essas pessoas tão risonhas, tão abertas, tão serenas no meio de um grupo são quase todas tristes e briguentas em casa e seus criados pagam o preço da diversão que elas proporcionam a seus círculos sociais. O verdadeiro contentamento não é alegre nem brincalhão; zeloso de um sentimento tão doce, quem o experimenta pensa nele, saboreia-o, teme que se evapore. Um homem realmente feliz fala pouco e ri pouco; estreita a felicidade, digamos assim, em volta de seu coração. Os jogos barulhentos, a alegria turbulenta encobrem as aversões e o tédio. Mas a melancolia é amiga da voluptuosidade: o enternecimento e as lágrimas acompanham os mais doces prazeres, e mesmo a alegria excessiva arranca mais lágrimas do que gritos.

Se inicialmente a infinidade e a variedade de divertimentos parecem contribuir para a felicidade, se inicialmente a uniformidade de uma vida regular parece tediosa, olhando melhor descobrimos, ao contrário, que o hábito mais doce da alma consiste numa moderação do gozo que dá pouco acesso para o desejo e o fastio. A inquietude dos desejos produz a curiosidade, a inconstância; o vazio dos prazeres turbulentos produz o tédio. Ninguém enjoa de seu estado quando não conhece outro mais agradável. De todos os homens do mundo, os selvagens são os menos curiosos e os menos entediados; tudo lhes é indiferente: não usufruem as coisas, mas a si mesmos; passam a vida fazendo nada e nunca se entediam.

O homem do mundo está inteiro em sua máscara. Como nunca está em si mesmo, dentro de si é sempre um estranho e sente-se pouco à vontade quando é forçado a entrar em seu íntimo; que ele é nada, o que aparenta é tudo para ele.

Não posso impedir-me de imaginar, no semblante do jovem de que falei anteriormente, algo de impertinente, de melífluo, de afetado que desagrada, que repele as pessoas simples; e no semblante do meu uma fisionomia interessante e natural, que demonstra o contentamento, a verdadeira serenidade interior, que inspira estima, confiança e parece esperar apenas a efusão da amizade para oferecer a sua aos que dele se acercam. Acredita-se que a fisionomia é um mero desenvolvimento de traços já marcados pela natureza. De minha parte, penso que, além desse desenvolvimento, os traços do rosto de um homem vão insensivelmente formando-se e assumindo fisionomia pela impressão frequente e habitual de certas afeições da alma. Essas afeições marcam-se no rosto, nada é mais certo; e quando se convertem em hábito devem deixar nele impressões duradouras. É desse modo que concebo que a fisionomia anuncia o caráter e que às vezes é possível avaliá-lo por meio dela, sem ir buscar explicações misteriosas que pressupõem conhecimentos que não temos.

Uma criança tem apenas duas afeições bem marcadas, a alegria e a dor: ela ri ou chora; as intermediárias nada são para ela; passa sem cessar de um desses movimentos para o outro. Essa alternativa contínua impede que eles lhe façam no rosto alguma impressão constante e que este adquira fisionomia; mas na idade em que, tornando-se mais sensível, a criança é mais vivamente ou mais constantemente afetada, as impressões mais profundas deixam marcas que desaparecem mais dificilmente; e do estado habitual da alma resulta um arranjo de traços que o tempo torna indeléveis. Entretanto, não é raro ver homens mudarem de fisionomia em diferentes idades. Vi vários nesse caso; e sempre achei que os que pudera observar e acompanhar bem também haviam mudado de paixões habituais. Essa única observação, bem confirmada, já me pareceria decisiva e não é despropositada num tratado de educação, em que é importante aprender a avaliar os movimentos da alma por meio dos sinais externos.

Não sei se, por não haver aprendido a imitar maneiras convencionais e a fingir sentimentos que não tem, meu jovem será menos amável; não é disso que se trata aqui. Sei apenas que ele será mais amante, e acho difícil acreditar que alguém que ama apenas a si possa disfarçar-se bastante bem para agradar tanto quanto alguém que obtém de seu apego aos outros um novo sentimento de felicidade.

Mas, quanto a esse mesmo sentimento, creio que já disse o suficiente para guiar sobre esse ponto um leitor pensante e mostrar que não me contradigo.

Portanto, volto a meu método e digo: Quando a idade crítica se aproxima, oferecei aos jovens espetáculos que os retenham e não espetáculos que os excitem; ludibriai sua imaginação nascente com objetos que, em vez de abrasar-lhes os sentidos, reprimam sua atividade. Afastai-os das grandes cidades, onde o ataviamento e a falta de modéstia das mulheres apressam e antecipam as lições da natureza, onde tudo apresenta diante deles prazeres que só devem conhecer quando souberem escolhê-los.

Levai-os de volta a suas primeiras moradias, onde a simplicidade campestre deixa as paixões dessa idade desenvolverem-se menos rapidamente; ou, se seu gosto pelas artes continuar a prendê-los à cidade, evitai com esse mesmo gosto uma perigosa ociosidade. Escolhei cuidadosamente suas companhias, suas ocupações, seus prazeres; mostrai-lhes apenas quadros tocantes, mas modestos, que os emocionem sem seduzi-los e alimentem-lhes a sensibilidade sem agitarem-lhes os sentidos. Pensai também que em toda parte há alguns excessos a temer e que as paixões imoderadas sempre causam mais mal do que o que desejais evitar. Não se trata de fazer de vosso aluno um enfermeiro, um irmão de caridade, de afligir sua visão com objetos contínuos de dores e sofrimentos, de levá-lo de enfermo em enfermo, de hospital em hospital e da praça de execuções para as prisões; é preciso comovê-lo e não endurecê-lo ante a visão das misérias humanas. Se as mesmas cenas nos afetarem durante muito tempo, deixam de causar-nos impressão; o hábito acostuma a tudo; deixamos de imaginar o que vemos demais, e é somente a imaginação que nos faz sentir os males de outrem; é assim que, de tanto verem morrer e sofrer, os sacerdotes e os médicos tornam-se impiedosos. Que vosso aluno conheça a sorte do homem e as misérias de seus semelhantes; mas não deve testemunhá-las com excessiva frequência. Um único objeto bem escolhido e mostrado num dia adequado lhe dará um mês de enternecimento e reflexões. Não é tanto o que ele vê, é mais seu exame do que viu que determina o juízo que fizer; e a impressão duradoura que recebe de um objeto vem-lhe menos do próprio objeto do que do ponto de vista sob o qual é levado a lembrá-lo. É assim que, controlando os exemplos, as lições, as imagens, embotareis durante muito tempo o aguilhão dos sentidos e desviareis a natureza seguindo seus próprios rumos.

À medida que ele for adquirindo luzes, escolhei as ideias relacionadas a elas; à medida que seus desejos forem se acendendo, escolhei cenas apropriadas para reprimi-los. Um velho militar, que se distinguiu por seus costumes tanto quanto pela coragem, contou-me que, em sua primeira juventude, seu pai, homem sensato mas muito devoto, ao ver-lhe o temperamento nascente entregá-lo às mulheres, nada poupou para contê-lo; mas por fim, sentindo-o prestes a escapar-lhe apesar de todos seus cuidados, teve a ideia de levá-lo a um hospital de sifilíticos e, sem preveni-lo de coisa alguma, fez que entrasse numa sala onde um grupo daqueles infelizes expiava, por um tratamento pavoroso, a desordem que os expusera àquilo. Ante aquela cena horrenda, que revoltava simultaneamente todos os sentidos, o jovem quase desmaiou. – *Vai, miserável debochado*, disse-lhe então o pai em tom veemente, *segue a vil inclinação que te arrasta; em breve te sentirás muito feliz por seres admitido nesta sala onde, vítima das dores mais infames. forçarás teu pai a agradecer a Deus tua morte.*

Essas poucas palavras, somadas à forte cena que abalava o jovem, causaram-lhe uma impressão que nunca se desvaneceu. Condenado por sua profissão a passar a juventude nas guarnições, preferiu suportar todas as zombarias dos companheiros a imitar a libertinagem deles. – *Fui homem, disse-me, tive fraquezas; mas cheguei à idade que tenho sem nunca poder ver sem horror uma mulher pública.* Mestre, poucos discursos: aprendei a escolher os lugares, os momentos, as pessoas, depois dai todas vossas lições em exemplos e podeis ter certeza de seu efeito.

O emprego da infância é pouca coisa: o mal que nela se insinuar tem remédio e o bem que for feito pode vir mais tarde. Mas isso não ocorre com a primeira idade em que o homem começa a viver realmente. Essa idade nunca dura o suficiente para o uso que deve ser-lhe dado e sua importância exige uma atenção sem trégua; é por isso que insisto na arte de prolongá-la. Um dos melhores preceitos do bom cultivo é tudo retardar quanto for possível. Tornai lentos e seguros os progressos; impedi que o adolescente se torne homem no momento em que nada lhe falta fazer para isso. Enquanto o corpo cresce, os espíritos destinados a dar bálsamo ao sangue e força às fibras formam-se e elaboram-se. Se os fizerdes tomar um curso diferente e o que estiver destinado a aperfeiçoar um indivíduo servir para a formação de outro, ambos permanecerão num estado de fraqueza e a obra da natureza ficará imperfeita. As operações mentais, por sua vez, ressentem-se dessa alteração; e a alma, tão débil quanto o corpo, tem somente funções fracas e languescentes. Membros grandes e robustos não determinam a coragem nem o engenho; e concebo que a força da alma não acompanhe a do corpo quando em outro lugar os órgãos da comunicação das duas substâncias estiverem mal dispostos. Mas, por mais bem dispostos que possam estar, sempre agirão fracamente se tiverem como princípio apenas um sangue exausto, empobrecido e desprovido daquela substância que dá força e movimento a todas as engrenagens da máquina. Geralmente percebemos mais vigor de alma nos homens cujos anos jovens foram preservados de uma corrupção prematura do que naqueles em que a desordem começou com o poder de entregarem-se a ela; e essa é certamente uma das razões de os povos que têm bons costumes costumarem superar em sensatez e coragem os povos que não os têm. Estes brilham unicamente por algumas pequenas qualidades esparsas que chamam de espirituosidade, sagacidade, sutileza; mas as grandes e nobres funções de sabedoria e de razão, que distinguem e honram o homem por belas ações, por virtudes, por cuidados realmente úteis só são encontradas nos primeiros.

Os mestres queixam-se de que o fogo dessa idade torna indisciplinável a juventude, e é o que vejo; mas a culpa disso não será deles? Acaso ignoram que depois de deixarem esse fogo percorrer os sentidos não é mais possível dar-lhe outro caminho? Acaso os longos e frios sermões de um pedante apagarão na mente do aluno a imagem dos prazeres que concebeu? Banirão de seu coração os desejos que o atormentam? Amortecerão o ardor de um temperamento cujo uso ele conhece? Não se irritará com os obstáculos que se opõem à única felicidade de que tem ideia? E, na dura lei que lhe prescrevem sem poderem explicá-la, o que verá senão o capricho e o ódio de um homem que procura atormentá-lo? É de estranhar que então se rebele e o odeie também?

Bem sei que nos tornando fáceis podemos tornar-nos mais suportáveis e manter uma aparente autoridade. Mas não consigo ver para que serve a autoridade que um mestre mantém sobre seu aluno somente se fomentar os vícios que ela deveria reprimir; é como se, para acalmar um cavalo fogoso, o cavaleiro o fizesse saltar num precipício.

Longe de ser um obstáculo para a educação, é por esse fogo do adolescente que ela se consuma e se encerra; é ele que vos dá autoridade sobre o coração de um jovem quando ele deixa de ser menos forte do que vós. Suas primeiras afeições são as rédeas com que dirigis todos os seus movimentos: ele era livre e vejo-o subjugado. Enquanto nada amava, dependia apenas de si mesmo e de suas necessidades; tão logo ama, depende de seus apegos. Assim se formam os primeiros vínculos que o unem a sua espécie. Ao dirigir para ela sua sensibilidade nascente, não julgueis que de início ela abarcará todos os homens e que a expressão "gênero humano" significará algo para ele. Não, essa sensibilidade se limitará primeiramente a seus semelhantes; e seus semelhantes não serão pessoas desconhecidas e sim aquelas com quem tiver laços, as que o hábito lhe tornou caras ou necessárias, as que ele vê que têm evidentemente maneiras de pensar e de sentir em comum consigo, as que vê expostas às penas que sofreu e aos prazeres que desfrutou – em resumo, aquelas em quem a identidade de natureza, por ser mais manifesta, dá-lhe uma disposição maior para amarem-se. Somente depois de cultivar de mil maneiras sua própria índole, depois de refletir muito sobre seus próprios sentimentos e sobre os que observar nos outros ele conseguirá generalizar suas noções individuais sob a ideia abstrata de humanidade e juntar a suas afeições particulares as que podem identificá-lo com sua espécie.

Ao tornar-se capaz de afeição ele se torna sensível à dos outros[96] e, por isso, atento para os sinais dessa afeição. Vedes que nova ascendência sobre ele ides adquirir? Com quantas cadeias cingistes seu coração antes que ele o percebesse! O que não sentirá quando, abrindo os olhos para si mesmo, enxergar o que fizestes por ele; quando puder comparar-se com os outros jovens de sua idade e comparar-vos com os outros preceptores! Digo "quando enxergar", mas tratai de não lhe dizer isso: se disserdes, ele deixará de enxergá-lo. Se lhe exigirdes obediência em troca dos cuidados que lhe prestastes, acreditará que o ludibriastes: dirá consigo que, fingindo servi-lo gratuitamente, pretendestes sobrecarregá-lo com uma dívida e comprometê-lo com um contrato que ele não acordou. Inutilmente acrescentareis que o que lhe exigis é apenas para seu bem: afinal estais exigindo, e exigindo em virtude do que fizestes sem seu consentimento. Quando um infeliz pega o dinheiro que fingem dar-lhe e vê-se recrutado a contragosto, clamais contra a injusti-

---

96. A afeição pode existir sem retribuição; a amizade, nunca. Ela é uma troca, um contrato como os outros; mas é o mais sagrado de todos. O termo "amigo" não tem outro correlativo além dele mesmo. Todo homem que não for amigo de seu amigo é indiscutivelmente um velhaco, pois é somente retribuindo ou fingindo retribuir a amizade que se pode obtê-la.

ça; não estais sendo ainda mais injusto ao cobrar de vosso aluno o preço de cuidados que ele não aceitou?

A ingratidão seria mais rara se os benefícios com usura fossem menos frequentes. Amamos o que nos faz bem; é um sentimento tão natural! A ingratidão não está no coração do homem, mas o interesse, sim: há menos devedores ingratos do que benfeitores interesseiros. Se me venderdes vossas doações, negociarei o preço; mas, se fingirdes doar para em seguida dizerdes que vendestes, estais usando de fraude: é o fato de ser gratuitas que as torna inestimáveis. Somente de si mesmo o coração recebe leis; quem quiser prendê-lo liberta-o; prende-o quem deixá-lo livre.

Quando o pescador lança a isca na água, o peixe vem e fica ao redor sem desconfiança. Mas, quando fica preso no anzol que a isca esconde e sente a linha ser puxada, tenta fugir. Acaso o pescador é benfeitor? O peixe é ingrato? Algum dia se viu algum homem esquecido por seu benfeitor esquecê-lo? Ao contrário, sempre fala dele com prazer, não pensa nele sem enternecer-se; se tiver oportunidade de, por meio de algum favor inesperado, mostrar-lhe que se recorda dos seus, com que júbilo interior satisfaz então sua gratidão! Com que doce alegria se faz reconhecer! Com que emoção lhe diz: *Agora é minha vez!* Realmente essa é a voz da natureza; nunca um benefício verdadeiro produziu um ingrato.

Portanto, se o reconhecimento é um sentimento natural e se não destruirdes seu efeito por culpa vossa, podeis ter certeza de que vosso aluno, ao começar a ver o valor de vossos cuidados, irá senti-lo, contanto que vós mesmo não lhes tenhais posto preço, e de que eles vos darão em seu coração uma autoridade que nada poderá destruir. Mas, antes de estardes bem seguro dessa vantagem, tratai de não a perder valorizando-vos diante dele. Louvar-lhe vossos serviços é torná-los insuportáveis; esquecê-los é fazê-lo lembrar-se deles. Até que chegue o momento de tratá-lo como homem, nunca esteja em questão o que ele vos deve e sim o que deve a si mesmo. Para torná-lo dócil deixai-o em liberdade total; escondei-vos para que vos procure; falando-lhe sempre apenas do que lhe interessa, elevai-lhe a alma ao nobre sentimento de reconhecimento. Eu não quis que lhe dissésseis que o que fazíeis era para seu bem, antes de ele ser capaz de entender isso; nesse discurso ele teria visto apenas vossa dependência e vos considerado seu criado. Mas, agora que começa a sentir o que é amar, sente também a doçura do vínculo que pode unir um homem ao que ele ama; e no zelo que vos leva a ocupar-vos continuamente dele não vê mais o apego de um escravo e sim a afeição de um amigo. E nada tem tanto peso para o coração humano quanto a voz da amizade bem reconhecida, pois sabemos que ela nos fala apenas para nosso benefício. Podemos acreditar que um amigo se engana, mas não que queira enganar-nos. Às vezes resistimos a seus conselhos, mas nunca os menosprezamos.

Por fim, entramos na ordem moral: acabamos de dar um segundo passo de homem. Se aqui fosse o lugar para isso, eu procuraria mostrar como dos primeiros movimentos do coração erguem-se as primeiras vozes da consciência e como dos sentimentos de amor e ódio nascem as primeiras noções do bem e do mal; mostraria que *justiça* e *bondade* não são somente palavras abstratas, puros seres morais formados pelo entendimento e sim, verdadeiras afeições da alma iluminada pela razão, e que são apenas um progresso organizado de nossas afeições primitivas; que somente pela razão, independentemente da consciência, não é possível estabelecer nenhuma lei natural; e que todo o direito da natureza não passa de uma quimera se não se fundamentar numa necessidade natural do coração humano[97]. Mas penso que aqui não me cabe fazer tratados de metafísica e de moral nem cursos de estudos de espécie alguma; basta-me marcar a ordem e o progresso de nossos sentimentos e de nossos conhecimentos com relação a nossa constituição. Outros demonstrarão talvez o que me limito a indicar aqui.

Como até agora meu Emílio olhou apenas para si mesmo, o primeiro olhar que lança sobre seus semelhantes leva-o a comparar-se com eles; e o primeiro sentimento que essa comparação lhe desperta é desejar o primeiro lugar. Esse é o ponto em que o amor a si se transforma em amor-próprio e em que co-

---

[97]. Mesmo o preceito de agirmos para com outrem como queremos que ele aja para conosco tem como único fundamento verdadeiro a consciência e o sentimento; pois onde está a razão precisa de eu pessoalmente agir como se fosse outro, quando estou moralmente seguro de nunca me ver no mesmo caso? E quem me responderá que seguindo fielmente essa máxima obterei que a sigam do mesmo modo com relação a mim? O perverso tira vantagem da probidade do justo e de sua própria injustiça; muito o alegra que todo mundo seja justo, exceto ele. Não importa o que digam, esse acordo não é muito vantajoso para as pessoas de bem. Mas, quando a força de uma alma expansiva me identifica com meu semelhante e me sinto nele, digamos assim, é para eu não sofrer que não quero que ele sofra; interesso-me por ele por amor a mim, e a razão do preceito está na própria natureza que me inspira o desejo de meu bem-estar em qualquer lugar onde eu me sentir existindo. De onde concluo que não é verdade que os preceitos da lei natural se fundamentem unicamente na razão: eles têm uma base mais sólida e mais segura. O amor aos homens derivado do amor a si é o princípio da injustiça humana. O sumário de toda a moral é apresentado no Evangelho pelo sumário da lei.

meçam a nascer todas as paixões relacionadas com este. Mas, para decidir se, dessas paixões, as que predominarão em seu caráter serão humanas e afáveis ou cruéis e malfazejas, se serão paixões de benevolência e compaixão ou de inveja e cobiça, é preciso saber em qual lugar ele se sentirá entre os homens e que gêneros de obstáculos julgará que deve vencer para chegar ao lugar que deseja ocupar.

Para guiá-lo nessa busca, depois de mostrar-lhe os homens por meio dos acidentes comuns à espécie agora é preciso mostrá-los por suas diferenças. Aqui vêm a medida da desigualdade natural e civil e o quadro de toda a ordem social.

É preciso estudar a sociedade por meio dos homens e os homens por meio da sociedade: os que quiserem abordar separadamente a política e a moral nunca entenderão coisa alguma de nenhuma das duas. Concentrando-nos inicialmente nas relações primitivas, vemos como elas devem afetar os homens e que paixões devem gerar; vemos que é reciprocamente pelo progresso das paixões que essas relações se multiplicam e se estreitam. O que torna os homens independentes e livres é menos a força dos braços do que a moderação dos corações. Quem desejar poucas coisas depende de poucas pessoas; mas, confundindo sempre nossos vãos desejos com nossas necessidades físicas, os que fizeram destas os fundamentos da sociedade humana sempre tomaram os efeitos pelas causas, nada mais fizeram do que se perderem em todos os seus argumentos.

Há no estado de natureza uma real e indestrutível igualdade de fato, porque nesse estado é impossível que a única diferença de um homem para outro seja suficientemente grande para fazer com que um seja dependente do outro. Há no estado civil uma igualdade de direito quimérica e vã, porque os próprios meios destinados a mantê-la servem para destruí-la e porque a força pública acrescentada ao mais forte para oprimir o fraco rompe a espécie de equilíbrio que a natureza colocara entre eles[98]. Dessa primeira contradição decorrem todas as que observamos na ordem civil entre a aparência e a realidade. Sempre a multidão será sacrificada à minoria e o interesse público, ao interesse particular; estes nomes especiosos *justiça* e *subordinação* sempre servirão de ins-

---

98. O espírito universal das leis de todos os países é sempre favorecer o forte contra o fraco e quem possui contra quem nada possui; esse inconveniente é inevitável e não tem exceção.

trumentos para a violência e de armas para a iniquidade; segue-se disso que as altas ordens que se pretendem úteis às outras são efetivamente úteis somente a si mesmas à custa das outras; é partindo disso que devemos avaliar a consideração que lhes é devida segundo a justiça e a razão. Resta ver se a posição que elas se atribuíram favorece mais a felicidade dos que a ocupam para sabermos qual juízo cada um de nós deve fazer de sua própria sorte. Esse é agora o estudo que nos importa; mas para fazê-lo bem precisamos começar conhecendo o coração humano.

Se só se tratasse de mostrar aos jovens o homem por sua máscara, não seria necessário mostrá-lo, eles sempre a veriam sobejamente; mas, como a máscara não é o homem e é preciso que seu verniz os seduza, ao retratar-lhes os homens retratai-os tais como são – não para que os detestem e sim para que os lamentem e não queiram assemelhar-se a eles. Em minha opinião, esse é o sentimento mais pertinente que o homem pode ter a respeito de sua espécie.

Tendo isso em vista, é importante seguir aqui um caminho oposto ao que seguimos até agora e instruir o jovem mais pela experiência de outrem do que pela sua. Se os homens o enganarem, passará a odiá-los; mas se, respeitado por eles, vê-los enganarem-se mutuamente, sentirá piedade. O espetáculo do mundo, dizia Pitágoras, assemelha-se ao dos jogos olímpicos: ali uns montam barraca e só pensam em vender e lucrar; outros empenham-se de corpo e alma e buscam a glória; outros contentam-se em assistir aos jogos – e estes não são os piores.

Eu gostaria que escolhessem as companhias de um jovem de um modo tal que ele pensasse bem dos que convivem com ele; e que o ensinassem a conhecer o mundo tão bem que ele pensasse mal de tudo o que aqui se faz. Que ele saiba que o homem é naturalmente bom, que sinta isso, que julgue seu próximo por ele mesmo; mas que veja como a sociedade deprava e perverte os homens; que enxergue nos preconceitos deles a fonte de todos seus vícios; que seja levado a estimar cada indivíduo, mas menospreze a multidão; que veja que todos os homens portam mais ou menos a mesma máscara, mas saiba também que há rostos mais belos do que a máscara que os cobre.

Devo confessar que esse método tem seus inconvenientes e não é fácil colocá-lo em prática; pois, se ele se tornar observador cedo demais, se o treinardes em espreitar de muito perto as ações de outrem, ireis torná-lo maledicente e satírico, rápido em decidir e julgar; sentirá um odioso prazer em buscar para tudo interpretações sinistras, em não levar a bem nem mesmo o que é bom. Pelo menos irá habituar-se ao espetáculo do vício e a ver os perversos sem horrorizar-se, como nos habituamos a ver os infelizes sem nos apiedarmos. Em pouco tempo a perversidade geral irá servir-lhe menos de lição que de desculpa: dirá consigo que, se o homem é assim, ele não deve querer ser diferente.

E, se desejardes instruí-lo por princípio e levá-lo a conhecer, com a natureza do coração humano, a aplicação das causas externas que transformam em vícios nossas inclinações, transportando-o assim de uma só vez dos objetos sensíveis para os objetos intelectuais, estareis empregando uma metafísica que ele não tem condições de compreender; recaireis no inconveniente – tão cuidadosamente evitado até aqui – de dar-lhe lições que parecem lições, de substituir-lhe na mente sua própria experiência e o progresso de sua razão pela experiência e a autoridade do mestre.

Para afastar simultaneamente esses dois obstáculos e colocar a seu alcance o coração humano sem o risco de estragar o seu, eu gostaria de mostrar-lhe os homens de longe, mostrá-los em outras épocas ou em outros lugares e de modo que ele pudesse ver a cena sem nunca poder atuar. É chegado o momento da história; é por seu intermédio que ele lerá nos corações sem as lições da filosofia; é por seu intermédio que os verá, simples espectador, sem interesses e sem paixão, como seu juiz, não como seu cúmplice nem como seu acusador.

Para conhecer os homens é preciso vê-los agir. No mundo, ouvimo-los falar; eles mostram seus discursos e escondem suas ações; mas na história estas são reveladas e os julgamos com base nos fatos. Mesmo suas palavras ajudam a avaliá-los; pois, comparando o que fazem com o que dizem, vemos ao mesmo tempo o que são e o que desejam parecer: quanto mais se disfarçam, mais os conhecemos.

Infelizmente, esse estudo tem seus perigos, seus inconvenientes de mais de uma espécie. É difícil nos colocarmos num ponto de vista do qual possamos julgar com equidade nossos semelhantes. Um dos grandes vícios da história é retratar os homens muito mais por seus lados maus do que pelos bons. Como só se interessa pelas revoluções, pelas catástrofes, enquanto um povo cresce e prospera na tranquilidade de um governo pacífico ela o ignora; só começa a falar dele quando, não podendo mais bastar a si mesmo, ele toma parte nos assuntos de seus vizinhos ou os deixa tomar parte nos seus; só o ilustra quando já está em declínio: todas nossas histórias começam onde deveriam terminar.

Temos a história muito exata dos povos que se destroem; o que nos falta é a dos povos que se multiplicam; são bastante felizes e bastante sábios para que ela nada tenha a dizer sobre eles; e de fato vemos, mesmo em nossos dias, que os governos que melhor se conduzem são os de que menos se fala. Portanto, sabemos apenas o mal; dificilmente o bem faz época. Célebres há somente os maus; os bons são esquecidos ou ridicularizados; e é desse modo que a história, assim como a filosofia, calunia continuamente o gênero humano.

Além disso, os fatos descritos na história estão muito longe de ser o retrato exato dos mesmos fatos tais como aconteceram: eles mudam de forma na cabeça do historiador, moldam-se de acordo com seus interesses, assumem a cor de seus preconceitos. Quem saberia colocar o leitor exatamente no local da cena para ver um acontecimento tal como ocorreu? A ignorância ou a parcialidade disfarça tudo. Sem sequer alterar um lance histórico, apenas alargando ou estreitando circunstâncias, quantas faces diferentes são possíveis dar-lhe! Colocai um mesmo objeto em diversos pontos de vista: ele mal parecerá o mesmo e, entretanto, a única coisa que terá mudado será o olhar do espectador. Bastará, para honrar a verdade, contar-me um fato verdadeiro fazendo-me vê-lo diferentemente do que ocorreu? Quantas vezes uma árvore a mais ou a menos, um rochedo à direita ou à esquerda, um turbilhão de poeira levantado pelo vento decidiram o desfecho de um combate sem que ninguém percebesse! Acaso isso impede que o historiador vos diga a causa da derrota ou da vitória com tanta segurança quanta se houvesse estado em toda parte? Ora, que me importam os fatos propriamente ditos, quando a razão deles me continua desconhecida? E que lições posso extrair de um acontecimento cuja causa verdadeira ignoro? O historiador apresenta-me uma, mas inventa-a; e a própria crítica, à qual se dá tanto destaque, é tão somente uma arte de conjecturar, a arte de escolher entre várias mentiras a que mais se parece com a verdade.

Nunca lestes *Cleópatra*, *Cassandra* ou outros livros dessa espécie? O autor escolhe um evento conhecido e depois, ajustando-o ao que tem em vista, ornando-o com detalhes que inventa, com personagens que nunca existiram e retratos imaginários, empilha ficções sobre ficções para tornar agradável a leitura. Vejo pouca diferença entre esses romances e vossas histórias, exceto que o romancista se entrega mais a sua própria imaginação e o historiador sujeita-se mais à de outrem; a isso acrescentarei, se quiserdes, que o primeiro enfoca um objeto moral, bom ou mau, do qual o outro não se ocupa.

Irão dizer-me que a fidelidade da história interessa menos do que a veracidade dos costumes e dos caracteres; contanto que o coração humano seja bem retratado, não é importante que os acontecimentos sejam relatados fielmente; pois afinal de contas, acrescentam, o que nos importam fatos acontecidos há dois mil anos? Têm razão se os retratos forem pintados do natural; mas, se o modelo da maioria estiver somente na imaginação do autor, isso não será recair no inconveniente que queríamos evitar e dar para a autoridade dos escritores o que desejamos tirar da autoridade do mestre? Se meu aluno deve ver apenas quadros fantasiosos, prefiro que sejam traçados por minha mão e não pela de outro: pelo menos lhe serão mais apropriados.

Os historiadores piores para um jovem são os que julgam. Os fatos! Os fatos! E que ele mesmo julgue; é assim que aprende a conhecer os homens. Se o juízo do autor guiá-lo continuamente, ele não fará mais do que ver pelos olhos de outro; e, quando esses olhos lhe faltarem, não verá mais nada.

Deixo de lado a história moderna, não só porque não tem mais fisionomia e todos nossos homens se parecem, mas também porque nossos historiadores, preocupados unicamente em brilhar, pensam apenas em traçar retratos fortemente coloridos e que muitas vezes nada representam[99]. Geralmente os antigos fazem menos retratos, colocam menos espirituosidade e mais sentido em seus juízos; mesmo assim é preciso escolher muito entre eles, e de início não devemos selecionar os mais judiciosos e sim, os mais simples. Eu não gostaria de pôr nas mãos de um jovem nem Políbio nem Salústio; Tácito é o livro dos velhos; os jovens não estão aptos a entendê-lo; é preciso aprender a ver nas ações humanas os primeiros traços do coração do homem antes de querer sondar-lhe as profundezas; é preciso saber ler bem nos fatos antes de ler nas máximas. A filosofia em máximas convém apenas para a experiência. A juventude deve nada generalizar: toda sua instrução deve ser em regras particulares.

Tucídides, em minha opinião, é o verdadeiro modelo dos historiadores. Relata os fatos sem julgá-los; mas não omite nenhuma das circunstâncias que possam levar nós mesmos a julgá-los. Coloca diante dos olhos do leitor tudo o que narra; em vez de interpor-se entre os acontecimentos e os leitores, esconde-se; pensamos que não estamos mais lendo, pensamos que estamos vendo.

---

99. Cf. Davila, Guicciardini, Strada, Solis, Maquiavel e às vezes o próprio Thou. Vertot é quase o único que sabia narrar sem fazer retratos.

Infelizmente, fala sempre de guerras e quase sempre vemos em suas narrativas somente a coisa menos instrutiva, ou seja, os combates. *A Retirada dos Dez Mil* e os *Comentários de César* têm mais ou menos a mesma sabedoria e o mesmo defeito. O bom Heródoto, sem retratos, sem máximas, mas fluente, simples, cheio dos detalhes mais capazes de interessar e comprazer, talvez fosse o melhor dos historiadores, se esses mesmos detalhes frequentemente não degenerassem em ingenuidades pueris, mais próprias para estragar o gosto da juventude do que para formá-lo: já é preciso discernimento para lê-lo. Nada digo de Tito Lívio, sua vez chegará; mas ele é político, é retórico, é tudo o que não convém para essa idade.

A história em geral é defeituosa por registrar somente fatos sensíveis e manifestos, que podem ser estabelecidos com nomes, lugares, datas; mas as causas lentas e progressivas desses fatos, que não podem ser apontadas do mesmo modo, permanecem sempre desconhecidas. Frequentemente acham numa batalha ganha ou perdida a razão de uma revolução que mesmo antes dessa batalha já se tornara inevitável. A guerra não faz mais do que manifestar eventos já determinados por causas morais que os historiadores raramente sabem ver.

O espírito filosófico dirigiu para esse lado as reflexões de vários escritores deste século; mas duvido de que a verdade ganhe com seu trabalho. Como o furor dos sistemas se apossou de todos eles, nenhum procura ver as coisas como são e sim como se coadunam com seu sistema.

Acrescentai a todas estas reflexões que a história mostra muito mais as ações do que os homens, porque só os capta em certos momentos selecionados, em seus trajes de gala; expõe apenas o homem público que se ataviou para ser visto: não o acompanha em sua casa, em seu gabinete, com a família, no meio dos amigos; só o retrata quando está representando: retrata muito mais sua vestimenta do que sua pessoa.

Para iniciar o estudo do coração humano eu preferiria a leitura das vidas particulares; pois então, por mais que o homem tente esconder-se, o historiador persegue-o em todo lugar; não lhe deixa nenhum momento de descanso, nenhum recanto onde evitar o olhar aguçado do espectador; e é quando um julga estar mais bem escondido do que o outro o torna mais conhecido. "Os que escrevem as vidas, diz Montaigne[100], na medida em que se detêm mais nas

---

100. No Ensaio II, 10 [N.T.].

intenções do que nos resultados, mais naquilo que provém do íntimo do que naquilo que ocorre fora, esses me são mais apropriados; é por isso que em todas as condições Plutarco é meu homem".

É bem verdade que a índole dos homens reunidos ou dos povos é muito diferente do caráter do homem em particular, e que não o examinar também na multidão seria conhecer muito imperfeitamente o coração humano; mas não é menos verdade que para julgar os homens é preciso começar por estudar o homem, e que quem conhecesse perfeitamente as inclinações de cada indivíduo poderia prever todos os seus efeitos combinados no corpo do povo.

Também aqui é preciso recorrer aos antigos, pelas razões que já mencionei e, ademais, porque, como todos os detalhes familiares e vulgares, mas autênticos e característicos, foram banidos do estilo moderno, os homens são tão enfeitados por nossos autores em suas vidas privadas quanto no palco do mundo. A decência, não menos severa nos escritos do que nas ações, agora só permite dizer em público o que permite fazer em público; e, como os homens só podem ser mostrados representando sempre, em nossos livros não os conhecemos mais do que em nossos teatros. Ainda que escrevam e reescrevam cem vezes a vida dos reis, não teremos mais Suetônios[101].

Plutarco brilha por esses mesmos detalhes nos quais não ousamos mais entrar. Tem uma graciosidade inimitável para pintar os grandes homens nas pequenas coisas; e é tão feliz na escolha de suas pinceladas que frequentemente uma palavra, um sorriso, um gesto basta-lhe para caracterizar seu herói. Com uma frase engraçada Aníbal tranquiliza seu exército assustado e o faz marchar rindo para a batalha que lhe valeu a Itália; Agesilau montado num cavalinho de pau[102] faz-me amar o vencedor do grande rei; César atravessando uma aldeia pobre e conversando com seus amigos revela, sem pensar, o velhaco que dizia desejar apenas ser igual a Pompeu; Alexandre engole um remédio e não diz uma só palavra – é o mais belo momento de sua vida; Aristides escreve seu próprio nome numa concha e justifica assim seu cognome[103];

---

101. Um único historiador nosso, que imitou Tácito nos traços largos, ousou imitar Suetônio e às vezes transcrever Comines nos menores; e justamente por isso, que aumenta o valor de seu livro, foi criticado entre nós.

102. Trata-se de Agesilau II, rei de Esparta, brincando com seu filho pequeno [N.T.].

103. O cognome "o Justo"; no dia da votação pública que irá condená-lo ao ostracismo, Aristides, chefe do partido oligárquico ateniense, a pedido de um camponês analfabeto que não o reconheceu, escreve seu próprio nome na "concha de voto" condenatória que este lhe estende [N.T.].

Filopêmen, tirando o manto, racha lenha na cozinha de seu hospedeiro. Essa é a verdadeira arte de retratar. A fisionomia não se manifesta nos traços largos nem o caráter, nas grandes ações; é nas bagatelas que o natural se revela. As coisas públicas são ou excessivamente comuns ou excessivamente afetadas, e é quase unicamente nestas que a dignidade moderna permite que nossos autores se detenham.

Um dos maiores homens do século passado foi incontestavelmente Turenne[104]. Tiveram a coragem de tornar interessante sua vida por meio de pequenos detalhes que o fazem conhecido e amado; mas quão forçados se viram a suprimir outros que o tornariam ainda mais conhecido e amado! Citarei apenas um, que sei de boa fonte e que Plutarco não pensaria em omitir, mas que Ramsai[105] não pensaria em escrever quando tomasse conhecimento dele.

Num dia de verão em que fazia muito calor, o visconde de Turenne, de casaquinho branco e touca, estava à janela em sua antecâmara; um de seus criados chega e, enganado pelo traje, toma-o por um ajudante de cozinha com quem tinha muita familiaridade. Aproxima-se de mansinho por trás e com mão nada leve prega-lhe uma sonora palmada nas nádegas. O homem golpeado vira-se imediatamente. O criado, tremendo, vê o rosto de seu senhor. Põe-se de joelhos, desesperado: *Meu senhor, pensei que fosse o George. – E mesmo que fosse o George*, brada Turenne esfregando o traseiro, *não era preciso bater tão forte!* Isso é o que não ousais dizer, miseráveis? Pois então sede para sempre sem naturalidade, sem entranhas; temperai, enrijecei vossos corações de ferro em vossa vil decência; tornai-vos desprezíveis à custa da dignidade. Mas tu, bom jovem que lês esta passagem e sentes enternecido toda a doçura de alma que ela demonstra, mesmo no primeiro movimento, deves ler também as pequenezas desse grande homem quando estavam em questão seu nascimento e seu nome. Pensa que é o mesmo Turenne que em toda parte fingia ceder o passo a seu sobrinho, para que vissem bem que aquele menino era o chefe de uma casa soberana. Deves juntar esses contrastes, amar a natureza, desprezar a opinião geral e conhecer o homem.

---

104. Henri de La Tour d'Auvergne, visconde de Turenne (1611-1675), distinguiu-se no comando de várias batalhas das guerras dos Trinta Anos, da Devolução e da Holanda, entre outras [N.T.].
105. Andrew Michael Ramsay (1693-1743), escritor e filósofo francês de origem escocesa, um dos fundadores da franco-maçonaria francesa. Além de outras obras, em 1735 publicou uma *Histoire du Vicomte de Turenne, Maréchal Général des Armées du Roy* [N.T.].

Há bem poucas pessoas capazes de conceber os efeitos que leituras assim dirigidas podem operar no espírito totalmente novo de um jovem. Sobrecarregados com livros já desde nossa infância, habituados a ler sem pensar, o que lemos nos impressiona menos na medida em que, já portando dentro de nós as paixões e os preconceitos que ocupam a história e as vidas dos homens, tudo o que eles fazem nos parece natural, porque estamos fora da natureza e julgamos os outros por nós mesmos. Mas imaginai um jovem educado de acordo com minhas máximas, figurai meu Emílio, do qual dezoito anos de cuidados assíduos tiveram como único objeto conservar íntegro o juízo e sadio o coração; imaginai-o, quando o pano subir, voltando pela primeira vez o olhar para o cenário do mundo – ou melhor, postado atrás do palco, vendo os atores porem e tirarem seus trajes e contando as cordas e as polias cuja magia grosseira ilude os olhos dos espectadores: sua surpresa inicial logo será sucedida por reações de vergonha e de desdém por sua espécie; ficará indignado ao ver assim todo o gênero humano, vítima de seu autoengano, aviltar-se nesses jogos pueris; se afligirá ao ver seus irmãos dilacerarem-se mutuamente por sonhos e transformarem-se em animais ferozes por não haverem se contentado em ser homens.

Sem dúvida alguma, com as disposições naturais do aluno, por menos prudência e discernimento que o mestre aplique a suas leituras, por menos que o encaminhe para as reflexões que deve extrair delas, esse exercício será para ele um curso de filosofia prática, seguramente melhor e mais bem compreendido do que todas as especulações vãs com que confundem a mente dos jovens em nossas escolas. Quando, depois de ouvir os romanescos projetos de Pirro[106], Cíneas lhe pergunta que benefício real a conquista do mundo lhe proporcionará o qual ele não possa desfrutar desde já sem tantos tormentos, vemos aí apenas uma frase feliz que passa. Mas Emílio verá uma reflexão muito sensata, que ele teria sido o primeiro a fazer e que nunca se apagará de sua mente, porque não encontra nela nenhum preconceito contrário que possa impedir sua impressão. Quando em seguida, ao ler a vida daquele insensato, descobrir que todos os seus grandes desígnios resultaram-lhe em ir ser morto pela mão de

---

106. Pirro I, rei do Épiro (318-272 a.C.), famoso pela ambição desmedida e pelas batalhas em que conquistou vários territórios sob domínio de Roma. O diálogo entre ele e seu não menos ilustre conselheiro Cíneas é relatado por Plutarco em *Vida de Pirro* [N.T.].

uma mulher[107], em vez de admirar seu pretenso heroísmo o que verá em todas as façanhas de tão grande comandante, em todas as intrigas de tão grande político, a não ser passos para ir ao encontro daquela telha infeliz que encerraria com uma morte desonrosa sua vida e seus projetos?

Nem todos os conquistadores foram mortos; nem todos os usurpadores fracassaram em seus cometimentos; vários parecerão felizes para as mentes predispostas às opiniões vulgares; mas aquele que, sem deter-se nas aparências, avaliar a felicidade dos homens somente pelo estado de seus corações, verá suas misérias em seus próprios sucessos; verá seus desejos e suas preocupações torturantes alongarem-se e crescerem com sua fortuna; verá como perdem fôlego ao avançar, sem nunca alcançarem seus fins; verá como se assemelham a esses viajantes inexperientes que, aventurando-se pela primeira vez nos Alpes, em cada montanha pensam que os estão cruzando e quando chegam ao topo encontram desanimados montanhas mais altas à sua frente.

Augusto, depois de subjugar seus concidadãos e destruir seus rivais, regeu durante quarenta anos o maior império que já existiu; mas acaso todo esse imenso poder impediu-o de bater a cabeça nas paredes e encher de gritos seu vasto palácio, pedindo de volta a Varo suas legiões exterminadas? Ainda que tivesse vencido todos seus inimigos, de que lhe teriam servido seus vãos triunfos enquanto sofrimentos de toda espécie nasciam continuamente a seu redor, enquanto seus amigos mais queridos atentavam contra sua vida e ele estava reduzido a chorar a vergonha ou a morte de todos seus próximos? O infortunado quis governar o mundo e não soube governar sua casa! O que resultou dessa negligência? Ele viu perecerem na flor da idade seu sobrinho, seu filho adotivo, seu genro; seu neto ficou reduzido a comer o estofo da cama para prolongar por algumas horas sua mísera vida; sua filha e sua neta, depois de cobrirem-no de infâmia, morreram, uma de miséria e fome numa ilha deserta, a outra na prisão pela mão de um arqueiro. Por fim, ele mesmo, último resto dessa infeliz família, foi forçado por sua própria mulher a deixar depois de si um monstro para sucedê-lo. Foi essa a sorte daquele senhor do mundo tão celebrado por sua glória e felicidade. Como posso acreditar que um só dos que as admiram quisesse obtê-las pelo mesmo preço?

---

107. Em um combate noturno nas ruelas de Argos, uma habitante joga do alto de sua casa uma telha que atinge Pirro na cabeça e o derruba do cavalo; imediatamente é liquidado por um soldado argólico [N.T.].

Tomei como exemplo a ambição; mas o jogo de todas as paixões humanas oferece lições semelhantes a quem quiser estudar a história para conhecer-se e tornar-se sábio à custa dos mortos. Está chegando o momento em que a vida de Antonio dará ao jovem uma instrução mais próxima do que a de Augusto. Emílio não se reconhecerá nos estranhos objetos que lhe impressionarão o olhar ao longo de seus novos estudos; mas saberá antecipadamente afastar a ilusão das paixões antes que nasçam; e, vendo que em todos os tempos elas cegaram os homens, estará prevenido quanto ao modo como poderão cegá-lo também, se algum dia entregar-se a elas[108].

Essas lições, bem sei, não lhe são apropriadas; em caso de necessidade serão talvez tardias, insuficientes; mas lembrai que não são as que pretendi extrair deste estudo. Ao iniciá-lo eu me propunha outro objetivo; e se esse objetivo for mal cumprido, seguramente a culpa será do mestre.

Considerai que, tão logo o amor-próprio se desenvolve, o *eu* relativo entra continuamente em jogo e que o jovem nunca observa os outros sem voltar-se para si mesmo e comparar-se com eles. A questão, portanto, é saber em que posição se colocará entre seus semelhantes depois de examiná-los. Pelo modo como fazem os jovens lerem a história, vejo que os transformam, digamos assim, em todos os personagens que veem, que se empenham em fazê-los tornarem-se ora Cícero, ora Trajano, ora Alexandre; em desencorajá-los quando voltam para dentro de si; em dar a cada um a tristeza de ser apenas ele mesmo. Esse método tem certas vantagens de que não discordo; mas, quanto a meu Emílio, se nesses paralelos acontecer uma única vez ele preferir ser algum outro, seja Sócrates esse outro, seja Catão, tudo saiu mal: quem começa a tornar-se estranho a si mesmo não tarda a esquecer totalmente de si.

Não são os filósofos que conhecem melhor os homens; eles só os veem através dos preconceitos da filosofia; e não conheço nenhuma profissão em que haja tantos. Um selvagem julga-nos mais corretamente do que um filósofo. Este sente seus próprios vícios, indigna-se com os nossos e diz consigo: Somos todos maus; aquele nos olha sem abalar-se e diz: Sois loucos. Ele tem razão, pois ninguém faz o mal pelo mal. Meu aluno é esse selvagem, com a seguinte diferença: como refletiu mais, comparou mais ideias, viu mais de perto nossos

---

108. É sempre o preconceito que fomenta em nossos corações a impetuosidade das paixões. Quem vê apenas o que existe e estima apenas o que conhece não se apaixona. Os erros de nossos juízos produzem o ardor de todos nossos desejos (Nota do manuscrito autógrafo).

erros, Emílio mantém-se em guarda contra si mesmo e só julga aquilo que conhece.

São nossas paixões que nos incitam contra as dos outros; é nosso interesse que nos faz odiar os maus: se não nos fizessem mal algum, teríamos mais piedade do que ódio deles. O mal que os maus nos causam faz-nos esquecer o mal que causam a si mesmos. Perdoaríamos mais facilmente seus vícios se pudéssemos saber quanto seu próprio coração os pune por eles. Sentimos a ofensa e não vemos o castigo; as vantagens são aparentes, a pena é interior. Quem julga usufruir o fruto de seus vícios não é menos atormentado do que se não o tivesse conseguido; o objeto mudou, a inquietude é a mesma; por mais que mostrem sua fortuna e escondam o coração, sua conduta mostra-o a despeito deles; mas para vê-lo o nosso não pode ser igual.

As paixões que compartilhamos seduzem-nos; as que vão contra nossos interesses revoltam-nos e, por uma inconsequência que nos provém delas, censuramos nos outros o que gostaríamos de imitar. A aversão e a ilusão são inevitáveis quando somos forçados a sofrer da parte de outrem o mal que faríamos se estivéssemos em seu lugar.

Então o que seria preciso para bem observar os homens? Um grande interesse em conhecê-los, uma grande imparcialidade para julgá-los, um coração bastante sensível para conceber todas as paixões humanas e bastante tranquilo para não senti-las. Se há na vida um momento propício para esse estudo, é o que escolhi para Emílio: mais cedo os homens lhe teriam sido estranhos, mais tarde se assemelharia a eles. A opinião geral, cujo jogo percebe, ainda não adquiriu poder sobre ele; as paixões cujo efeito sente não lhe agitaram o coração. Ele é homem, interessa-se por seus irmãos; é equitativo, julga seus pares. Mas, seguramente, se os julgar bem, não desejará estar no lugar de nenhum deles; pois, como se fundamenta em preconceitos que não tem, o alvo de todos os tormentos que se dão parece-lhe um alvo no ar. Quanto a ele, tudo o que desejar está a seu alcance. De quem dependeria, se basta a si mesmo e é isento de preconceitos? Tem braços, saúde[109], moderação, poucas necessidades e como satisfazê-las. Criado na mais absoluta liberdade, o maior dos males que concebe é a servidão. Lastima esses míseros reis, escravos de tudo o que

---

109. Creio que posso sem receio incluir a saúde e a boa constituição no número de benefícios proporcionados por sua educação, ou melhor, no número de dádivas da natureza que sua educação lhe conservou.

lhes obedece; lastima esses falsos sábios acorrentados a sua vã reputação; lastima esses ricos tolos, mártires de seu luxo; lastima esses voluptuosos fingidos que entregam a vida inteira ao tédio para parecerem ter prazer. Lastimaria o inimigo que o prejudicasse, pois em suas maldades veria sua miséria. Diria consigo: Ao entregar-se à necessidade de prejudicar-me esse homem fez sua sorte depender da minha.

Mais um passo e alcançamos a meta. O amor-próprio é um instrumento útil, mas perigoso; muitas vezes fere a mão que o utiliza e raramente faz o bem sem o mal. Emílio, ao considerar seu lugar na espécie humana e ver-se tão felizmente colocado, ficará tentado a honrar sua própria razão com a obra da vossa e atribuir a seu mérito o efeito de sua boa sorte. Dirá consigo: Sou sábio e os homens são loucos. Ao lastimá-los irá menosprezá-los, ao felicitar-se estimará mais a si mesmo; e, sentindo-se mais feliz do que eles, irá julgar-se mais digno de sê-lo. Esse é o erro a ser mais temido, porque é o mais difícil de ser eliminado. Se ele permanecesse nesse estado, pouco teria ganho com todos nossos cuidados; e, se fosse preciso optar, não sei se eu ainda não preferiria a ilusão dos preconceitos à do orgulho.

Os grandes homens não se iludem sobre sua superioridade; veem-na, sentem-na e não por isso são menos modestos. Quanto mais possuem, mais percebem quanto lhes falta. São menos vaidosos de elevarem-se acima de nós do que humilhados pelo sentimento de sua miséria; e, nos bens exclusivos que possuem, são sensatos demais para envaidecerem-se por uma dádiva que meramente receberam. O homem de bem pode orgulhar-se de sua virtude, porque é sua; mas o homem de talento orgulha-se de quê? O que fez Racine para não ser Pradon? O que fez Boileau para não ser Cotin?[110]

Aqui ainda é coisa muito diferente. Permaneçamos sempre na ordem comum. Não pressupus em meu aluno uma genialidade transcendental nem uma inteligência tacanha. Escolhi-o entre as mentes comuns para mostrar o que a educação pode no homem. Todos os casos raros estão fora das normas. Portanto, quando, em consequência de meus cuidados, Emílio prefere sua maneira de ser, de ver, de sentir à dos outros homens, Emílio tem razão; mas, quando por isso se julga de uma natureza mais excelente e nascido melhor do

---

110. Jacques Pradon (1644-1698), poeta dramático medíocre que tentou rivalizar com Racine. Charles Cotin (1604-1682), poeta de menor envergadura cujo preciosismo excessivo foi ironizado por Boileau [N.T.].

que eles, Emílio engana-se: é preciso tirá-lo do engano, ou antes, prevenir o erro para que em seguida não seja tarde demais para eliminá-lo.

Não há loucura da qual não possamos curar um homem que não é louco, com exceção da vaidade; desta nada corrige, a não ser a experiência, se é que alguma coisa pode fazê-lo; pelo menos, logo que nasce podemos impedi-la de crescer. Portanto, cuidai de não vos perderdes em belas argumentações para provar ao adolescente que ele é homem como os outros e sujeito às mesmas fraquezas. Fazei-o sentir isso ou ele nunca o saberá. Este é mais um caso de exceção a minhas próprias regras; é o caso de expor voluntariamente meu aluno a todos as ocorrências que possam prova-lhe que não é mais sábio do que nós. A aventura do prestidigitador seria repetida de mil maneiras, eu deixaria os aduladores levarem vantagem total sobre ele; se uns estouvados o arrastassem para algum disparate, deixaria que corresse o risco; se trapaceiros o assediassem para jogar, eu o entregaria a eles para enganarem-no[111]: deixaria que o bajulassem, depenassem, roubassem; e quando, depois de tirar-lhe tudo, acabassem zombando dele, em sua presença eu ainda lhes agradeceria as lições que tiveram a gentileza de dar-lhe. As únicas armadilhas de que o protegeria zelosamente seriam as das cortesãs. As únicas complacências que teria para com ele seriam compartilhar todos os perigos que o deixasse correr e todas as afrontas que o deixasse receber. Suportaria tudo em silêncio, sem queixas, sem censuras, sem jamais lhe dizer uma só palavra daquilo, e podeis ter certeza de que, com essa discrição persistente, tudo o que me visse sofrer por ele causaria mais impressão em seu coração do que tudo o que ele mesmo houvesse sofrido.

Não posso deixar de destacar aqui a falsa dignidade dos preceptores que, para tolamente fazerem-se de sábios, rebaixam seus alunos, fazem questão de tratá-los sempre como crianças e sempre se distinguirem deles em tudo que os mandam fazer. Em vez de reprimir assim seus ânimos juvenis, nada poupeis

---

111. Aliás, nosso aluno dificilmente cairá nessa armadilha, pois tem a sua volta tantas diversões, nunca na vida sentiu tédio e mal sabe para que serve o dinheiro. Como as duas motivações com que conduzem os meninos são o interesse e a vaidade, essas mesmas duas motivações servem para as cortesãs e os escroques apoderarem-se deles mais tarde. Quando vedes excitarem-lhes a avidez com prêmios, com recompensas, quando os vedes com dez anos ser aplaudidos num ato público no colégio, estais vendo como aos vinte os fazem deixar a bolsa numa casa de jogo e a saúde num prostíbulo. Podemos apostar sempre que o mais adiantado da classe irá tornar-se o mais jogador e o mais devasso. Porém os meios que não foram utilizados na infância não sofrem na juventude o mesmo abuso. Mas lembrai que aqui minha máxima constante é imaginar o pior em tudo. Procuro primeiro prevenir o vício e depois suponho-o a fim de saná-lo.

para elevar-lhes a alma; fazei deles vossos iguais para que assim se tornem; e, se ainda não conseguirem elevar-se até vós, descei até eles, sem vergonha, sem escrúpulo. Considerai que vossa honra não está mais em vós e sim em vosso aluno; compartilhai suas faltas para corrigi-las; assumi sua vergonha para eliminá-la; imitai aquele bravo romano que, vendo seu exército fugir e não podendo reagrupá-lo, pôs-se a fugir à frente de seus soldados, bradando: *Eles não estão fugindo, estão seguindo seu comandante.* Acaso ficou desonrado por isso? Ao contrário: ao sacrificar assim sua glória, aumentou-a. Mesmo que não o queiramos, a força do dever, a beleza da virtude provocam nossa aprovação e derrubam nossos preconceitos insensatos. Se eu levasse um tapa ao cumprir minhas funções junto de Emílio, em vez de vingar-me desse tapa iria gabar-me dele em todo lugar; e duvido que haja no mundo um homem bastante vil[112] para não me respeitar mais por isso.

Não é que o aluno deva supor no mestre luzes tão limitadas quanto as suas e a mesma facilidade para deixar-se seduzir. Essa opinião está bem para uma criança, que, nada sabendo ver, nada sabendo comparar, coloca todo mundo à sua altura e confia apenas nos que sabem colocar-se efetivamente desse modo. Mas um jovem da idade de Emílio e tão sensato quanto ele já não é tolo a ponto de enganar-se assim e não seria bom que o fizesse. A confiança que deve ter em seu preceptor é de outra espécie: deve basear-se na autoridade da razão, na superioridade das luzes, nos benefícios que o jovem já é capaz de conhecer e cuja utilidade para si percebe. Uma longa experiência convenceu-o de que é amado por seu condutor; de que esse condutor é um homem sábio, esclarecido que, desejando sua felicidade, sabe o que pode proporcioná-la. Deve saber que, para seu próprio interesse, convém-lhe escutar seus conselhos. Mas, se o mestre se deixasse enganar como o discípulo, perderia o direito de exigir-lhe deferência e dar-lhe lições. Menos ainda deve o aluno supor que o mestre intencionalmente deixa-o cair em armadilhas e cria emboscadas para sua simplicidade. Então o que é preciso fazer para evitar ao mesmo tempo esses dois inconvenientes? O que há de melhor e de mais natural: ser simples e autêntico como ele; avisá-lo dos perigos a que se expõe; mostrá-los claramente, sensivelmente, mas sem exagero, sem mau humor, sem exibicionismo pedantesco, principalmente sem dar-lhe vossos conselhos como ordens, até que se tornem ordens e

---

112. Estava enganado; descobri um: o Sr. Formey.

esse tom imperioso seja absolutamente necessário. Depois disso ele se obstina, como fará muitas vezes? Então não lhe digais mais nada; deixai-o em liberdade; acompanhai-o, imitai-o, e isso alegremente, abertamente; entregai-vos, diverti-vos tanto quanto ele, se for possível. Se as consequências tornarem-se graves demais, estais sempre ali para detê-las. E, entretanto, quanto o jovem, testemunha de vossa previdência e de vossa complacência, não deverá ficar simultaneamente impressionado com uma e comovido com a outra! Todas suas faltas são vínculos que ele vos proporciona para retê-lo se necessário. E o que constitui aqui a maior arte do mestre é conduzir as oportunidades e dirigir as exortações de modo a saber antecipadamente quando o jovem cederá e quando resistirá, a fim de rodeá-lo de todos os lados com as lições da experiência sem nunca o expor a perigos grandes demais.

Avisai-o de seus erros antes que caia neles; quando cair, não o repreendais: não faríeis mais do que inflamar e amotinar seu amor-próprio. Uma lição que revolta não traz proveito. Não conheço nada mais inepto do que esta frase: *Eu bem te disse*. O melhor meio de fazê-lo lembrar o que foi dito é parecer que o esquecestes. Muito ao contrário, quando o virdes envergonhado porque não acreditou em vós, afastai brandamente essa humilhação com palavras gentis. Seguramente ele sentirá afeição ao ver que por ele descuidais de vós e que em vez de acabar de arrasá-lo o consolais. Mas, se a sua tristeza acrescentardes repreensões, passará a odiar-vos e tomará como regra não vos escutar mais, como para provar-vos que tem uma opinião diferente da vossa sobre a importância de vossos conselhos.

O modo como o consolardes pode também ser para ele uma instrução ainda mais útil porque não a perceberá. Dizendo-lhe – estou supondo – que mil outros cometem os mesmos erros, vós o desiludis; vós o corrigis parecendo apenas lastimá-lo: pois, para aquele que julga valer mais do que os outros homens, é uma desculpa muito mortificante consolar-se com o exemplo deles; é conceber que o máximo que pode pretender é que os outros não valem mais do que ele.

O tempo dos erros é o tempo das fábulas. Ao censurar o culpado sob uma máscara alheia, instruímo-lo sem ofendê-lo; ele compreende então que o apólogo não é uma mentira, graças à verdade que aplica a si mesmo. A criança que nunca foi enganada por elogios nada entende da fábula que examinei anteriormente, mas o estouvado que acaba de ser enganado por um bajulador concebe perfeitamente que o corvo não passava de um tolo. Assim, de um fato ele extrai uma máxima; e por meio da fábula a experiência que logo teria esquecido grava-se em seu juízo. Não há conhecimento moral que não possa ser adquirido pela experiência de outrem ou pela própria. Nos casos em que essa experiência é perigosa, em vez de ele fazê-la pessoalmente extraímos da história sua lição. Quando a prova não tem grandes consequências, é bom que o jovem seja exposto a ela, pois por meio do apólogo redigimos como máximas os casos particulares que conhece.

Entretanto, não estou dizendo que essas máximas devam ser desenvolvidas ou mesmo enunciadas. Nada é tão inútil, tão mal compreendido quanto a moral que termina a maioria das fábulas; como se essa moral não fosse ou não devesse ser entendida na própria fábula, de modo a torná-la evidente para o leitor! Por que, acrescentando essa moral no fim, tirar-lhe o prazer de encontrá-la por conta própria? O talento de instruir consiste em fazer o discípulo ter prazer na instrução. Mas, para que o tenha é preciso que a tudo que lhe dizeis sua mente não permaneça tão passiva que não tenha absolutamente nada a fazer para entender-vos. É preciso que o amor-próprio do mestre deixe sempre algum poder para o seu; é preciso que ele possa dizer consigo: estou concebendo, compreendendo, agindo, instruindo-me. Uma das coisas que tornam tedioso o Pantalon da comédia italiana é seu zelo em interpretar para a plateia frases que ela já compreende até demais. Não quero que um preceptor seja Pantalon, menos ainda um autor. É preciso fazer-se entender sempre; mas não é preciso dizer tudo sempre: quem diz tudo diz pouco, pois no fim não o escutam mais. O que significam aqueles quatro versos que La Fontaine acrescenta à fábula da rã que se incha? Receia ele que não o tenham compreendido? Acaso esse grande pintor precisa escrever os nomes embaixo dos objetos que pinta? Em vez de com isso generalizar sua moral, particulariza-a, de certo modo restringe-a aos exemplos citados e impede que seja aplicada a outros. Eu gostaria que, antes de colocar nas mãos de um jovem as fábulas desse autor inimitável, fossem retiradas delas todas essas conclusões com as quais ele se dá o trabalho de explicar o que acaba de dizer de modo tão claro quanto agradável. Se vosso aluno só entender a fábula com o auxílio da explicação, podeis ter certeza de que nem mesmo assim a entenderá.

Também seria importante dar a essas fábulas uma ordem mais didática e mais conforme com os progressos dos sentimentos e das luzes do jovem adolescente. Podeis imaginar algo menos razoável do que ir seguindo exatamente a ordem numérica do livro, sem levar em conta a necessidade nem a oportunidade? Primeiro o corvo, depois a cigarra[113]; depois a rã, depois os dois burros etc. Pesam-me esses dois burros, porque me lembro de ter visto um menino educado para as finanças, e a quem as pessoas atordoavam com o cargo que ia ter, ler essa fábula, decorá-la, dizê-la e repeti-la mais de cem vezes, sem nunca extrair dela uma mínima objeção contra a função a que o destinavam. Não só nunca vi crianças fazerem alguma aplicação pertinente das fábulas que aprendiam como também nunca vi alguém se preocupar em direcioná-las para essa aplicação. O pretexto desse estudo é a instrução moral; mas o verdadeiro objetivo da mãe e do menino é apenas ocupar com ele uma reunião social inteira, enquanto recita suas fábulas; por isso esquece todas ao crescer, quando a questão já não é recitá-las e sim tirar proveito delas. Repito: somente a homens cabe instruir-se nas fábulas; e para Emílio esta é a hora de começar.

Mostro de longe, porque também não quero dizer tudo, os caminhos que desviam do caminho reto, para que aprendais a evitá-los. Acredito que seguindo aquele que marquei vosso aluno comprará o conhecimento dos homens e de si mesmo pelo melhor preço possível; que o prepararei bem para contemplar os jogos da fortuna sem invejar a sorte de seus favoritos e para estar contente consigo sem julgar-se mais sábio do que os outros. Também começastes a torná-lo ator para torná-lo espectador: deveis finalizar; porque da plateia vemos os objetos tais como parecem, mas no palco os vemos tais como são. Para abarcar o todo é preciso colocar-se no panorama; para ver os detalhes é preciso aproximar-se. Mas com que propósito um jovem entrará nos negócios do mundo? Que direito tem de ser iniciado nesses mistérios tenebrosos? Intrigas galantes delimitam os interesses de sua idade; ele ainda dispõe somente de si mesmo; é como se não dispusesse de coisa alguma. O homem é a mais barata das mercadorias e, entre nossos importantes direitos de propriedade, o da pessoa é sempre o menor de todos.

Quando vejo que, na idade da maior atividade, limitam os jovens a estudos puramente especulativos e que depois, sem a menor experiência, são subitamente lançados no mundo e seus problemas, acho que isso choca menos a razão do que a natureza e não fico mais surpreso por tão poucas pessoas saberem conduzir-se. Por qual bizarro modo de pensar nos ensinam tantas

---

113. Também aqui é preciso aplicar a correção do Sr. Formey. É a cigarra, depois o corvo etc.

coisas inúteis, ao passo que a arte de agir não é levada em conta? Pretendem formar-nos para a sociedade e instruem-nos como se cada um de nós devesse passar a vida pensando sozinho em sua cela ou tratando de assuntos no ar com indiferentes. Julgais ensinar vossos filhos a viverem ensinando-lhes determinadas contorções do corpo e determinadas fórmulas verbais que nada significam. Também eu ensinei meu Emílio a viver; pois ensinei-o a viver consigo mesmo e, ademais, a saber ganhar seu pão. Mas isso não basta. Para viver no mundo é preciso saber tratar com os homens, é preciso conhecer os instrumentos que dão influência sobre eles; é preciso calcular a ação e a reação do interesse particular na sociedade civil e prever os acontecimentos com tanta exatidão que raramente nos enganemos em nossos empreendimentos, ou pelo menos adotar sempre os melhores meios para ter sucesso. As leis não permitem que os jovens cuidem de negócios pessoais e disponham de seus bens próprios; mas de que lhes serviriam essas precauções se até a idade prescrita eles não pudessem adquirir experiência alguma? Nada teriam ganhado em esperar e seriam tão inexperientes aos vinte e cinco anos quanto aos quinze. Sem dúvida é preciso impedir que um jovem, cegado pela ignorância ou enganado por suas paixões, prejudique a si mesmo; mas em qualquer idade é permitido ser caritativo, em qualquer idade é possível, sob direção de um homem sensato, proteger infelizes que só necessitam de apoio.

As amas de leite e as mães afeiçoam-se às crianças pelos cuidados que lhes prestam; a prática das virtudes sociais produz no fundo dos corações o amor à humanidade; é fazendo o bem que nos tornamos bons; não conheço uma prática mais infalível. Ocupai vosso aluno com todas as boas ações que estejam a seu alcance; que o interesse dos indigentes seja sempre o seu: assista-os não só com sua bolsa, mas também com seus cuidados; sirva-os, proteja-os, dedique-lhes sua pessoa e seu tempo; torne-se seu agente: nunca em toda a vida terá um emprego tão nobre. Quantos oprimidos que nunca seriam ouvidos obterão justiça quando a exigir em nome deles com essa intrépida firmeza que o exercício da virtude dá; quando forçar as portas dos grandes e dos ricos; quando, se preciso, for até os pés do trono para fazer ouvir a voz dos infortunados, para os quais a miséria fecha todos os acessos e que o temor de ser punidos pelos males que lhes fazem impede até mesmo que ousem reclamar!

Mas faremos de Emílio um cavaleiro andante, um defensor dos oprimidos, um paladino? Irá ingerir-se nos assuntos públicos, fazer-se de sábio e defensor das leis junto aos grandes, junto aos magistrados, para o príncipe, de requerente para os juízes e de advogado nos tribunais? Nada sei de tudo isso. Os nomes tolos e ridículos não mudam em nada a natureza das coisas. Ele fará tudo o que sabe ser útil e bom. Não fará nada a mais e sabe que nada que não convier para sua idade é útil e bom para ele; sabe que seu primeiro dever é para consigo; que os jovens devem desconfiar de si mesmos, ser circunspectos em sua conduta, respeitosos diante dos mais idosos, reservados e ponderados em falar sem motivo, modestos nas coisas indiferentes, mas intrépidos em agir bem e corajosos em dizer a verdade. Assim eram aqueles romanos ilustres que, antes de ser admitidos nos cargos, passavam a juventude combatendo o crime e defendendo a inocência, sem outro interesse além de instruírem-se servindo a justiça e protegendo os bons costumes.

Emílio não gosta de barulho nem de brigas, não só entre homens[114] mas mesmo entre animais. Nunca incitou dois cães a lutarem; nunca fez um cão perseguir um gato. Esse espírito pacífico é um efeito de sua educação, que, não tendo fomentado o amor-próprio e a alta opinião de si mesmo, desviou-o de buscar esses prazeres na dominação e na infelicidade de outrem. Ele sofre quando vê sofrer; é um sentimento natural. O que faz um jovem empedernir-se e comprazer-se em ver atormentarem um ser sensível é um recrudescimento de vaidade que o leva a ver-se como isento de os mesmos penares graças a sua sabedoria ou a sua superioridade. Aquele que foi preservado desse modo de pensar não pode cair no vício que dele resulta. Assim, Emílio ama a paz. A imagem da felicidade deleita-o e, quando pode contribuir para produzi-la, esse

---

114. Mas, se o provocarem para brigar, como se comportará? Respondo que nunca haverá briga, que ele nunca se prestará a que haja. Mas afinal, continuarão a perguntar, quem está a salvo de uma bofetada ou de um desmentido da parte de um bruto, de um bêbado ou de um valentão maldoso que para ter o prazer de matar um homem começa por desonrá-lo? Isso é outra coisa; a honra e a vida dos cidadãos não podem estar à mercê de um bruto, de um bêbado ou de um valentão maldoso; e é tão impossível nos preservarmos de um acidente desses quanto da queda de uma telha. Uma bofetada e um desmentido recebidos e suportados têm efeitos civis que nenhuma sabedoria pode prevenir e dos quais nenhum tribunal pode vingar o ofendido. Portanto, nesse caso a insuficiência das leis devolve-lhe sua independência; é então o único magistrado, o único juiz entre o ofensor e ele; é o único intérprete e ministro da lei natural; deve a si mesmo justiça e é o único que pode obtê-la, e não há na Terra um governo bastante insensato para puni-lo por havê-la obtido em tal caso. Não estou dizendo que deva ir lutar; é um disparate; estou dizendo que deve justiça a si mesmo e que é o único dispensador dela. Sem tantos editais inúteis contra os duelos, se eu fosse soberano respondo que nunca seriam dados em meus Estados bofetadas nem desmentidos, e isso por um meio muito simples nos quais os tribunais não interfeririam. Seja como for, em tal caso Emílio sabe a justiça que deve a si mesmo e o exemplo que deve à segurança das pessoas honradas. Não depende do homem mais firme impedir que o insultem, mas dele depende impedir que se gabem durante muito tempo de havê-lo insultado.

é mais um meio de compartilhá-la. Não supus que ao ver infelizes Emílio sentiria por eles apenas essa piedade estéril e cruel que se contenta com lamentar os males que pode curar. Sua beneficência ativa dá-lhe cedo luzes que com um coração mais duro não teria adquirido ou só iria adquirir muito mais tarde. Se vê a discórdia reinar entre seus colegas, procura reconciliá-los; se vê pessoas aflitas, informa-se sobre o motivo de seu sofrimento; se vê dois homens odiarem-se, quer saber a causa de sua inimizade; se vê um oprimido gemer sob as vexações do poderoso e do rico, averigua quais manobras encobrem essas vexações; e, no interesse que toma por todos os miseráveis, os meios para pôr fim a seus males nunca lhe são indiferentes. Então o que temos de fazer para tirar proveito dessas disposições de um modo adequado para sua idade? Regular-lhe os cuidados e os conhecimentos e empregar em aumentá-los seu zelo.

Não me canso de repetir: colocai em ação e não em discursos todas as lições aos jovens; que não aprendam nos livros nada que a experiência pode ensinar-lhes. Que projeto extravagante exercitá-los em falar sem motivo para dizer algo; acreditar que os fazem sentir, nos bancos de um colégio, a energia da linguagem das paixões e toda a força da arte de persuadir, sem interesse em persuadirem alguém de alguma coisa! Todos os preceitos da retórica parecem apenas pura verborreia para quem não sentir que pode usá-los em proveito próprio. Para um escolar o que importa saber como Aníbal fez para determinar seus soldados a atravessarem os Alpes? Se em vez dessas magníficas arengas lhe disséssemis como deve fazer para levar seu diretor de estudos a conceder-lhe uma dispensa, podeis ter certeza de que ele daria mais atenção a vossas regras.

Se quisesse ensinar retórica a um jovem cujas paixões já estivessem todas desenvolvidas, eu lhe apresentaria continuamente objetos capazes de satisfazer suas paixões e examinaria com ele qual linguagem deve utilizar com os outros homens para empenhá-los em favorecer seus desejos. Mas meu Emílio não está numa situação tão vantajosa para a arte oratória; limitado quase apenas ao fisicamente necessário, necessita menos dos outros do que os outros necessitam dele; e, não tendo nada a pedir-lhes para si mesmo, aquilo de que quiser persuadi-los não o afeta a ponto de emocioná-lo excessivamente. Disso resulta que em geral ele deve ter uma linguagem simples e pouco figurada. Costuma falar no sentido próprio e somente para ser compreendido. É pouco sentencioso, pois não aprendeu a generalizar suas ideias; usa poucas imagens, porque raramente se apaixona.

Entretanto, isso não significa que seja totalmente fleumático e frio; nem sua idade nem seus costumes ou seus gostos o permitem: no ardor da adolescência, os espíritos vivificantes, retidos e coobados no sangue, levam a seu jovem coração um calor que lhe brilha no olhar, que sentimos em suas palavras, que vemos em suas ações. Sua linguagem adquiriu entonação e às vezes, veemência. O nobre sentimento que o inspira dá-lhe força e nobreza: penetrado pelo terno amor à humanidade, transmite ao falar os movimentos da alma; sua generosa franqueza tem algo mais encantador que a artificiosa eloquência dos outros; ou melhor, só ele é realmente eloquente, visto que lhe basta mostrar o que sente para transmiti-lo aos que o ouvem.

Quanto mais penso, mais acredito que, colocando assim a beneficência em ação e extraindo de nossos bons ou maus resultados reflexões sobre suas causas, há poucos conhecimentos úteis que não possamos cultivar no espírito de um jovem; e com todo o saber verdadeiro que pode ser adquirido nos colégios ele adquirirá ademais uma ciência ainda mais importante, que é a aplicação dessa bagagem aos usos da vida. Não é possível que, interessando-se tanto por seus semelhantes, ele não aprenda cedo a pesar e avaliar-lhes as ações, os gostos, os prazeres e a atribuir em geral um valor mais justo ao que pode contribuir ou ser nefasto para a felicidade dos homens do que aqueles que, não se interessando por ninguém, nunca fazem algo por outrem. Os que sempre tratam apenas de seus próprios assuntos apaixonam-se demais para avaliar sensatamente as coisas. Relacionando tudo somente consigo mesmos e pautando unicamente por seus interesses as ideias do bem e do mal, enchem a mente de mil preconceitos ridículos, e em tudo o que prejudicar, até mesmo seu menor proveito, veem imediatamente a conturbação de todo o Universo.

Estendamos para os outros seres o amor-próprio: iremos transformá-lo em virtude, e não há um coração humano que não tenha a raiz dessa virtude. Quanto menos o objeto de nossos cuidados relacionar-se diretamente conosco, menos temível é a ilusão do interesse particular; quanto mais generalizarmos esse interesse, mais equitativo ele se torna; e o amor ao gênero humano nada mais é em nós do que o amor à justiça. Assim, se queremos que Emílio ame a verdade, se queremos que a conheça, devemos mantê-lo sempre longe de si mesmo nos assuntos [humanos]. Quanto mais seus cuidados destinarem-se à felicidade de outrem, mais esclarecidos e sensatos serão e menos ele se enganará sobre o que é bom ou mau; mas nunca devemos tolerar-lhe uma preferência cega, fundamentada unicamente em acepções de pessoas ou em prevenções injustas. E por que ele prejudicaria um para servir outro? Pouco lhe importa quem é aquinhoado com uma felicidade maior, contanto que contribua para a maior felicidade de todos: esse é o primeiro interesse do sábio depois do interesse privado, pois cada um é parte de sua espécie e não, de outro indivíduo.

Portanto, para impedir que a piedade degenere em fraqueza precisamos generalizá-la e estendê-la a todo o gênero humano. Então só nos entregaremos a ela na medida em que estiver de acordo com a justiça, porque de todas as virtudes a justiça é a que mais contribui para o bem comum dos homens. Precisamos, pela razão, por amor a nós, ter piedade de nossa espécie mais ainda que de nosso próximo; e a piedade para com os maus é uma crueldade muito grande para com o gênero humano.

Além do mais, é preciso lembrar que todos esses meios com os quais lanço assim meu aluno para fora de si mesmo sempre têm, no entanto, uma relação direta com ele, visto que não só resulta disso um gozo interior, mas também que tornando-o benfazejo em benefício dos outros trabalho para sua instrução.

Primeiramente dei os meios e agora mostro o efeito. Que ideias grandiosas vejo organizarem-se pouco a pouco em sua cabeça! Que sentimentos sublimes sufocam-lhe no coração o germe das paixões pequenas! Que clareza de julgamento, que exatidão da razão vejo formar-se nele do cultivo de suas tendências, da experiência que concentra os votos de uma alma grandiosa no estreito limite dos possíveis e faz com que um homem superior aos outros, não podendo elevá-los até sua altura, saiba baixar até a deles! Os princípios verdadeiros do justo, os modelos verdadeiros do belo, todas as relações morais dos seres, todas as ideias da ordem gravam-se em seu entendimento; ele vê o lugar de cada coisa e a causa que a afasta dali; vê o que pode fazer o bem e o que o impede. Sem haver sentido as paixões humanas, conhece-lhes as ilusões e o jogo.

Avanço, atraído pela força das coisas, mas sem iludir-me quanto aos juízos dos leitores. Desde muito tempo eles me veem no país das quimeras; já eu os vejo sempre no país dos preconceitos. Ao afastar-me tanto das opiniões vulgares, não paro de tê-las presentes em minha mente: examino-as, medito-as, não para segui-las nem para fugir delas e sim para pesá-las na balança do discernimento. Toda vez que este me força a descartá-las, instruído pela experiência já me dou por avisado de que eles não me imitarão: sei que, obstinando-se em imaginar possível somente aquilo que veem, tomarão o jovem que figuro por um ser imaginário e fantástico, porque difere dos jovens com os quais o comparam; não pensam que é inevitável que difira deles, visto que, educado de modo totalmente diverso, movido por sentimentos completamente opostos, instruído de modo muito diferente, assemelhar-se a eles seria muito mais surpreendente do que ser como o imagino. Não é o homem do homem, é o homem da natureza. Seguramente ele deve parecer-lhes muito estranho.

Quando comecei esta obra, não supunha coisa alguma que todo mundo não pudesse observar como eu, porque há um ponto – o nascimento do homem – do qual todos partimos igualmente; porém, quanto mais avançamos, eu para cultivar a natureza e vós para deprava-la, mais nos distanciamos uns dos outros. Meu aluno com seis anos diferia pouco dos vossos, que ainda não havíeis tido tempo de desfigurar; agora eles nada mais têm de semelhante; e a idade do homem feito, da qual Emílio se aproxima, deve mostrá-lo com uma forma absolutamente diferente, se não desperdicei todos meus cuidados. A quantidade do que adquiriram talvez seja mais ou menos a mesma de um lado e do outro; mas as coisas que adquiriram não se parecem. Espantais-vos por encontrar qualquer um dos sentimentos sublimes dos quais os outros não têm nem o menor germe; mas considerai também que todos estes já são filósofos e teólogos antes que Emílio saiba sequer o que é filosofia ou mesmo tenha ouvido falar de Deus.

Portanto, se viessem dizer-me: – *Nada do que imaginais existe; os jovens não são feitos assim; têm esta ou aquela paixão; fazem isto ou aquilo*, é como se negassem que a pereira nunca foi uma árvore alta porque só se veem pereiras anãs em nossos pomares.

Rogo a esses juízes, tão prontos em censurar, considerarem que o que dizem eu sei tão bem quanto eles; que provavelmente refleti sobre isso mais longamente e que, não tendo interesse algum em enganá-los, tenho o direito de exigir que pelo menos se detenham buscando o que me engano. Examinem bem a constituição do homem, sigam os primeiros desdobramentos do coração nesta ou naquela circunstância, a fim de verem quanto um indivíduo pode diferir de outro pela força da educação; em seguida comparem a minha com os efeitos que lhe atribuo e digam em que raciocinei mal: não terei o que responder.

O que me torna mais categórico e, creio, mais desculpável por sê-lo, é que, em vez de entregar-me à sistematização, dou o menos possível ao raciocínio e só confio na observação. Não me fundamento no que imaginei e sim, no que vi. É bem verdade que não fechei minhas experiências dentro dos muros de uma cidade nem numa única classe de pessoas; mas, depois de comparar tantas classes e povos quantos pude ver numa vida passada em observá-los, eliminei como artificial o que era de um povo e não de outro, de um Estado e não de outro, e considerei como pertencendo incontestavelmente ao homem apenas o que era comum a todos, em qualquer idade, em qualquer posição e em qualquer nação que fosse.

Assim, se, de acordo com esse método, acompanhais desde a infância um jovem que não terá recebido uma forma particular e que dependerá o menos possível da autoridade e da opinião de outrem, com quem pensais que ele se parecerá mais: com meu aluno ou com os vossos? É essa, parece-me, a questão que é preciso resolver para saber se me extraviei.

O homem não começa facilmente a pensar, mas depois que começa não para mais. Quem pensou pensará sempre e o entendimento, uma vez exercitado em refletir, não consegue mais ficar inativo. Portanto, poderiam achar que faço demais ou muito pouco, que o espírito humano não é naturalmente tão pronto em abrir-se e, depois de dar-lhe facilidades que ele não tem, mantenho-o inserido tempo demais num círculo de ideias do qual deve ter saído.

Mas considerai primeiramente que, ao querer formar o homem da natureza, não está em questão fazer dele um selvagem e relegá-lo para o fundo das matas; e sim, basta que, no meio do turbilhão social, não se deixe levar pelas paixões nem pelas opiniões dos homens; que veja com seus olhos, sinta com seu coração; que nenhuma autoridade o dirija, exceto a de sua própria razão. Nessa posição, está claro que a infinidade de objetos que o impressionarem, os sentimentos frequentes que o afetarem, os diferentes meios de atender suas necessidades reais devem dar-lhe muitas ideias que nunca haveria formado ou só teria adquirido mais lentamente. O progresso natural do espírito é acelerado, mas não invertido. O mesmo homem que deve permanecer estúpido nas selvas deve tornar-se racional e sensato nas cidades, quando nelas for um simples espectador. Nada é mais apropriado para tornar alguém sábio do que as loucuras que vê sem participar delas; e mesmo quem participa delas também se instrui, contanto que não se deixe enganar e não seja movido pelo erro dos que as cometem.

Considerai também que, limitados por nossas faculdades às coisas sensíveis, não oferecemos quase nenhum acesso para as noções abstratas da filosofia e para as ideias puramente intelectuais. Para chegar até elas precisamos, ou nos desprendermos do corpo ao qual estamos tão fortemente presos, ou fazer, de objeto em objeto, um progresso gradual e lento, ou, por fim, vencer o intervalo rapidamente e quase de um salto, com um passo de gigante do qual a infância não é capaz e para o qual mesmo os homens precisam de degraus feitos especialmente para eles. A primeira ideia abstrata é o primeiro desses degraus; mas tenho muita dificuldade em ver como pensam construí-los.

O Ser incompreensível que a tudo abarca, que dá o movimento ao mundo e forma todo o sistema dos seres não é visível para nossos olhos nem palpável para nossas mãos; escapa a todos nossos sentidos: a obra mostra-se, mas o obreiro esconde-se. Não é fácil reconhecer afinal que ele existe e, quando chegamos a isso, quando nos perguntamos: *quem é ele? onde está?*, nosso espírito confunde-se, desnorteia-se e não sabemos mais o que pensar.

Locke pretende que se comece pelo estudo dos espíritos e em seguida se passe para o dos corpos. Esse método é o da superstição, dos preconceitos, do erro: não é o método da razão, nem mesmo o da natureza bem ordenada; é tapar os olhos para aprender a ver. É preciso haver estudado durante muito tempo os corpos para formar uma noção verdadeira dos espíritos e pressentir que existem. A ordem contrária serve apenas para estabelecer o materialismo.

Visto que nossos sentidos são os primeiros instrumentos de nossos conhecimentos, os seres corporais e sensíveis são os únicos dos quais temos ideia imediatamente. A palavra *espírito* não tem sentido algum para quem não filosofou. Para a plebe e para as crianças um espírito é um corpo. Acaso elas não imaginam espíritos que gritam, falam, batem, fazem barulho? Ora, haveis de concordar comigo que espíritos que têm braços e língua assemelham-se muito a corpos. É por isso que todos os povos do mundo, inclusive os judeus, fizeram para si deuses corporais. Mesmo nós, com nossos termos *Espírito, Trindade, Pessoas*, somos na maioria verdadeiros antropomorfitas. Admito que nos ensinam a dizer que Deus está em toda parte; mas acreditamos também que o ar está em toda parte, pelo menos em nossa atmosfera; e a própria palavra *espírito* significa na origem apenas *sopro* e *vento*. Tão logo habituamos as pessoas a dizer palavras sem entendê-las, depois é fácil fazê-las dizer tudo o que quisermos.

A percepção de nossa ação sobre os outros corpos deve inicialmente ter-nos feito crer que, quando eles agiam sobre nós, faziam-no de um modo semelhante ao nosso modo de agir sobre eles. Assim o homem começou por animar todos os seres cuja ação sentia. Sentindo-se menos forte do que a maioria desses seres, por não conhecer os limites dessa força ele a supôs ilimitada e os fez deuses ao mesmo tempo que os fez corpos. Durante as primeiras idades, os homens, temerosos de tudo, não viram nada morto na natureza. A ideia de matéria não se formou neles menos lentamente do que a ideia de espírito, visto que essa primeira ideia é em si uma abstração. Assim eles povoaram o Universo de deuses sensíveis. Os astros, os ventos, as montanhas, os rios, as árvores, as cidades, mesmo as casas, tudo tinha sua alma, seu deus, sua vida. As estatuetas dos ídolos de Labão, os manitus dos selvagens, os fetiches dos negros, todas as obras da natureza e dos homens foram as primeiras divindades dos mortais; o politeísmo foi sua primeira religião; a idolatria, seu primeiro culto. Só puderam reconhecer um único Deus quando, generalizando cada vez mais suas ideias, conseguiram remontar a uma causa primeira, reunir sob uma única ideia o sistema total dos seres e dar um sentido à palavra *substância*, que está no fundo da maior das abstrações. Portanto, toda criança que acredita em Deus é necessariamente idólatra ou pelo menos antropomorfista; e, uma vez que a imaginação houver visto Deus, é muito raro que o entendimento o conceba. Esse é precisamente o erro a que a ordem de Locke leva.

Tendo chegado, não sei como, à ideia abstrata de substância, vemos que para admitir uma substância única seria preciso supor nela qualidades incompatíveis que se excluem mutuamente, tais como o pensamento e a extensão, uma das quais é essencialmente divisível e a outra exclui toda divisibilidade. Concebemos, por outro lado, que o pensamento – ou, se quiserdes, o sentimento – é uma qualidade primitiva e inseparável da substância a que pertence; e que isso vale para a extensão com relação a sua substância. De onde se conclui que os seres que perdem uma dessas qualidades perdem a substância à qual ela pertence, que consequentemente a morte é uma separação de substâncias e que os seres nos quais essas duas qualidades estão reunidas são compostos de duas substâncias às quais essas duas qualidades pertencem.

Mas considerai agora que distância ainda resta entre a noção das duas substâncias e a da natureza divina; entre a ideia incompreensível da ação de nossa alma sobre nosso corpo e a ideia da ação de Deus sobre todos os seres.

As ideias de criação, aniquilação, ubiquidade, eternidade, onipotência, a dos atributos divinos, todas essas ideias que poucos homens são capazes de considerar tão confusas e obscuras como são e que nada têm de obscuro para o povo, porque ele não compreende absolutamente nada disso, como se apresentarão em toda sua força – ou seja, em toda sua obscuridade – para jovens espíritos ainda ocupados com as primeiras operações dos sentidos e que concebem apenas o que tocam? É em vão que os abismos do infinito estão abertos em toda nossa volta; uma criança não sabe ficar aterrorizada com eles; seus olhos fracos não conseguem sondar-lhes as profundezas. Para as crianças tudo é infinito; não sabem colocar limites em coisa alguma: não que alonguem muito a medida, mas porque têm o entendimento curto. Observei até mesmo que elas colocam o infinito menos além do que aquém das dimensões que conhecem. Estimarão que um espaço é imenso bem mais com os pés do que com os olhos; ele não se estenderá mais além do que puderem ver e sim, mais além de onde puderem ir. Se lhes falarmos do poder de Deus, estimarão que ele é quase tão forte quanto seu pai. Em todas as coisas, como seu conhecimento é para elas a medida do possível, julgam o que lhes é dito sempre menos do que o que sabem. Assim são os juízos naturais da ignorância e da fraqueza de espírito. Ajax teria temido medir-se com Aquiles e desafia Júpiter para o combate, porque conhece Aquiles e não conhece Júpiter. Um camponês suíço que se julgava o mais rico dos homens e para o qual tentavam explicar o que era um rei perguntou altivamente se o rei conseguiria ter cem vacas na montanha.

Prevejo quantos leitores ficarão surpresos ao ver-me acompanhar toda a primeira idade de meu aluno sem falar-lhe de religião. Com quinze anos ele não sabia se tinha uma alma e talvez com dezoito ainda não seja hora de aprender isso; pois, se aprender mais cedo do que deve, corre o risco de nunca o saber.

Se eu tivesse de pintar a estupidez enfadonha, pintaria um pedante ensinando para crianças o catecismo; se quisesse enlouquecer uma criança, a obrigaria a explicar o que está dizendo ao recitar seu catecismo. Irão objetar-me que, como a maioria dos dogmas do cristianismo são mistérios, esperar que a mente humana seja capaz de concebê-los não é esperar que a criança seja homem, é esperar que o homem deixe de ser homem. A isso respondo primeiramente que há mistérios que para o homem é impossível não só conceber, mas também crer neles, e que não vejo o que se ganha ensinando-os às crianças, exceto ensiná-las a mentir cedo. Digo também que para admitir os mistérios é preciso compreender pelo menos que eles são incompreensíveis; e as crianças não são capazes nem mesmo desse entendimento. Para a idade em que tudo é mistério não há mistérios propriamente ditos.

É preciso acreditar em Deus para ser salvo. Esse dogma mal compreendido é o princípio da intolerância sanguinária e a causa de todas as instruções vãs que dão o golpe mortal na razão humana ao habituá-la a contentar-se com palavras. Sem dúvida não há um momento a perder para merecer a salvação eterna; mas se para obtê-la basta repetir determinadas palavras, não vejo o que nos impede de povoar o céu com estorninhos e gralhas tanto quanto com crianças.

A obrigação de crer supõe a possibilidade de crer. O filósofo que não crê está errado, porque utiliza mal a razão que cultivou e porque tem condições de entender as verdades que rejeita. Mas a criança que professa a religião cristã acredita em quê? No que concebe; e concebe tão pouco o que a fazem dizer que, se lhe disserdes o contrário, irá adotá-lo com a mesma boa vontade. A fé das crianças – e de muitos homens – é uma questão de geografia. Serão recompensadas por haver nascido em Roma e não na Meca? Dizem a uma que Maomé é o profeta de Deus, e ela diz que Maomé é o profeta de Deus; dizem a outra que Maomé é um trapaceiro, e ela diz que Maomé é um trapaceiro. Cada uma teria afirmado o que a outra afirma, se trocassem de lugar. Pode-se partir de duas predisposições tão semelhantes para mandar uma para o paraíso e a outra, para o inferno? Quando uma criança diz que acredita em Deus, não é em Deus que acredita: é em Pierre ou em Jacques que lhe diz que existe alguma coisa chamada Deus; e ela acredita à maneira de Eurípedes:

Ó Júpiter, de ti nada conheço
A não ser somente o nome[115].

Sustentamos que nenhuma criança morta antes da idade da razão será privada da felicidade eterna; os católicos acreditam na mesma coisa sobre todas as crianças que receberam o batismo, embora nunca tenham ouvido falar de Deus. Portanto, há casos em que a pessoa pode ser salva sem acreditar em Deus, e esses casos ocorrem na infância ou na demência, quando o espírito humano é incapaz das operações necessárias para reconhecer a Divindade. Aqui toda a

---

115. Plutarco, *Tratado sobre o Amor*. É assim que começava a tragédia *Menalipe*; mas os protestos do povo de Atenas forçaram Eurípedes a mudar esse início.

diferença que vejo entre vós e eu é que pretendeis que aos sete anos as crianças têm essa capacidade e eu não a reconheço nelas nem mesmo aos quinze. Esteja eu errado ou não, neste caso não se trata de um artigo de fé e sim, de uma simples observação de história natural.

Pelo mesmo princípio, está claro que o homem que houver chegado à velhice sem crer em Deus não por isso será privado de sua presença na outra vida, se sua cegueira não houver sido voluntária; e digo que nem sempre o é. Reconheceis isso com relação aos desprovidos de senso que uma doença priva das faculdades espirituais, mas não de sua qualidade de homem e, portanto, do direito aos benefícios de seu Criador. Por que então não o reconhecer com relação àqueles que, separados de toda sociedade já na infância, tivessem levado uma vida absolutamente selvagem, privados das luzes que só se adquirem no convívio dos homens?[116] Pois está demonstrada a impossibilidade de que tal selvagem porventura pudesse elevar suas reflexões até o conhecimento do verdadeiro Deus. A razão diz-nos que um homem só pode ser punido pelas faltas de sua vontade e que uma ignorância invencível não pode ser-lhe imputada como crime. Segue-se disso que, diante da justiça eterna, todo homem que creria se tivesse as luzes necessárias é considerado crente, e que não haverá incrédulos punidos, exceto aqueles cujo coração fechar-se para a verdade.

Evitemos anunciar a verdade aos que não são capazes de entendê-la, pois isso é querer substituí-la pelo erro. Melhor seria não ter ideia alguma da Divindade do que ter ideias rasteiras, fantasiosas, injuriosas, indignas dela; não conhecê-la é um mal menor do que ultrajá-la. Eu preferiria, diz o bom Plutarco, que acreditassem que não há um Plutarco no mundo a dizerem que Plutarco é injusto, invejoso, ciumento e tão tirano que exige mais do que dá poder para fazer.

O grande mal das imagens disformes da Divindade que traçam no espírito das crianças é elas ficarem nisso a vida inteira e, quando homens, continuarem a conceber o mesmo Deus de sua infância. Vi na Suíça uma boa e piedosa mãe de família tão convencida dessa máxima que não quis instruir seu filho sobre religião na primeira idade, temendo que, satisfeito com essa instrução grosseira, ele negligenciasse uma melhor na idade da razão. Aquele menino só ouvia

---

116. Sobre o estado natural do espírito humano e sobre a lentidão de seus avanços, cf. a primeira parte do *Discurso sobre a desigualdade*.

falarem de Deus com recolhimento e reverência e, quando queria falar dele, impunham-lhe silêncio, como sobre um assunto excessivamente sublime e grandioso para ele. Essa reserva excitava-lhe a curiosidade, e seu amor-próprio aspirava ao momento de conhecer aquele mistério que tão cuidadosamente lhe ocultavam. Quanto menos lhe falavam de Deus, quanto menos admitiam que ele mesmo falasse, mais se ocupava do assunto: aquele menino via Deus em toda parte. E o que eu temeria desse ar de mistério imprudentemente afetado seria que incendiando demais a imaginação de um garoto lhe alterassem a cabeça, e por fim fizessem dele um fanático em vez de fazerem um crente.

Mas nada semelhante devemos temer para meu Emílio, que, recusando constantemente sua atenção a tudo o que estiver além de seu alcance, escuta com a mais profunda indiferença as coisas que não entende. Há tantas sobre as quais está habituado a dizer *isso não tem a ver comigo* que uma a mais não o embaraça; e quando começa a inquietar-se com essas grandes questões não é porque ouviu serem levantadas: é quando o avanço natural de suas luzes encaminha suas investigações para esse lado.

Vimos por qual caminho o espírito humano cultivado aproxima-se desses mistérios; e admitirei de bom grado que só chega a eles naturalmente, no seio da própria sociedade, numa idade mais avançada. Mas, como há na mesma sociedade causas inevitáveis devido às quais o avanço das paixões é acelerado, se não acelerássemos igualmente o avanço das luzes que servem para regrar essas paixões sairíamos realmente da ordem da natureza e o equilíbrio seria rompido. Quando não está em nosso poder moderar um desenvolvimento excessivamente rápido, precisamos conduzir com a mesma rapidez os que devem corresponder-lhe; de modo que a ordem não seja invertida, o que deve caminhar junto não seja separado e o homem, totalmente inteiro em todos os momentos de sua vida, não esteja num certo ponto devido a uma de suas faculdades e em outro ponto devido às outras.

Que dificuldade vejo erguer-se aqui! Dificuldade ainda maior porque está menos nas coisas do que na pusilanimidade dos que não ousam resolvê-la. Comecemos pelo menos por ousar apresentá-la. Uma criança deve ser criada na religião de seu pai: sempre lhe provam muito bem que essa religião, qualquer que seja, é a única verdadeira; que todas as outras não passam de disparate e absurdo. Sobre esse ponto, a força dos argumentos depende absolutamente do país onde são propostos. Um turco que em Constantinopla acha o cristianismo tão ridículo vá ver o que pensam do maometanismo em Paris! É sobretudo em matéria de religião que a opinião geral triunfa. Mas nós que pretendemos romper seu jugo em todas a coisas, que nada queremos ceder à autoridade, que nada queremos ensinar a nosso Emílio que ele não possa aprender por si mesmo em qualquer país, em qual religião o educaremos? A qual seita agregaremos o homem da natureza? Parece-me que a resposta é muito simples: não o agregaremos nem a esta nem a outra, mas o prepararemos para escolher aquela a que o melhor uso de sua razão deve conduzi-lo.

Incedo per ignes
Suppositos cineri doloso[117].

Não importa: até aqui o zelo e a boa-fé substituíram-me a prudência; espero que esses fiadores não me abandonem em caso de necessidade. Leitores, não receeis de mim precauções indignas de um amigo da verdade: nunca esquecerei meu lema; mas é mais do que lícito eu desconfiar de meus próprios juízos. Em vez de dizer-vos aqui o que penso por minha cabeça, vou dizer-vos o que pensava um homem que valia mais do que eu. Garanto a veracidade dos fatos que vão ser relatados: eles realmente aconteceram ao autor do texto que vou transcrever; cabe a vós ver se dele é possível extrair reflexões úteis sobre o assunto em questão. Não vos proponho como regra o parecer de outro ou o meu; ofereço-o para que o examineis.

> Trinta anos atrás, numa cidade da Itália, um jovem expatriado viu-se reduzido à mais extrema miséria. Nascera calvinista; mas quando, em consequência de uma leviandade, viu-se fugitivo, em país estrangeiro, sem recursos, mudou de religião para ter pão. Havia naquela cidade um asilo para os prosélitos; foi admitido nele. Instruindo-o sobre a controvérsia[118], deram-lhe dúvidas que não tinha, ensinaram-lhe o mal que ignorava: ouviu dogmas novos, viu costumes ainda mais novos: viu-os e quase foi vítima deles. Quis fugir, prenderam-no; reclamou, puniram-no por queixar-se; à mercê de seus tiranos, foi tratado como criminoso por não consentir em ceder ao crime. Quem souber quanto a primeira provação de violência e injustiça exaspera um jovem coração inexperiente imaginará o estado dele. Lágrimas de raiva corriam-lhe dos olhos, a indignação sufocava-o; implorava ao céu e aos homens, abria-se com todo mundo e ninguém o escutava. Via apenas criados desprezíveis submissos ao

---
117. "Avanço sobre brasas encobertas por cinzas enganosas" (Horácio, *Odes*, II, 1) [N.T.].
118. Parte da teologia em que se debatem questões religiosas [N.T.].

infame que o ultrajava ou cúmplices do mesmo crime que zombavam de sua resistência e incitavam-no a imitá-los. Estaria perdido sem um clérigo honesto que veio ao asilo para algum assunto e que ele encontrou um meio de consultar em segredo. O clérigo era pobre e precisava de todo mundo – mas o oprimido precisava ainda mais dele, e não hesitou em facilitar-lhe a fuga, com risco de arranjar para si um inimigo perigoso.

Tendo escapado do vício para recair na indigência, o jovem lutava sem sucesso contra seu destino; por um momento julgou sobrepujá-lo. Ao primeiro lampejo de boa sorte, seus males e seu protetor ficaram esquecidos. Logo foi punido por essa ingratidão: todas as suas esperanças desvaneceram-se; por mais que sua juventude o favorecesse, suas ideias romanescas estragavam tudo. Não tendo talentos suficientes nem habilidade bastante para abrir um caminho fácil, não sabendo ser moderado nem perverso, pretendeu tantas coisas que não conseguiu chegar a nada. De volta ao desamparo inicial, sem pão, sem abrigo, prestes a morrer de fome, lembrou-se novamente de seu benfeitor.

Retorna a ele, encontra-o, é bem recebido: vê-lo lembra ao clérigo uma boa ação que fizera; é uma lembrança que sempre alegra a alma. Aquele homem era naturalmente humano, compassivo; sentia os penares alheios pelos seus e o bem-estar não lhe endurecera o coração; por fim, as lições da sabedoria e uma virtude esclarecida haviam fortalecido sua boa índole. Acolhe o jovem, procura-lhe um alojamento, recomenda-o lá; reparte com ele seu necessário, quase insuficiente para dois. Faz mais: instrui-o, consola-o, ensina-lhe a difícil arte de suportar com paciência a adversidade. Pessoas preconceituosas, é de um padre, é na Itália que teríeis esperado tudo isso?

Esse clérigo honrado era um pobre vigário saboiano que por uma aventura da juventude descontentara seu bispo e que havia atravessado os montes para buscar os recursos que lhe faltavam em sua terra. Não era desprovido de inteligência nem de letras; e com sua figura interessante encontrara protetores que o colocaram na casa de um ministro para educar-lhe o filho. Ele preferia a pobreza à dependência e ignorava como se comportar entre os grandes. Não permaneceu muito tempo na casa daquele; deixando-o não perdeu sua estima e, como vivia com sabedoria e fazia-se amar por todo mundo, orgulhava-se de estar novamente nas boas graças de seu bispo e obter dele uma pequena paróquia nas montanhas para nela passar o restante de seus dias. Esse era o ponto terminal de sua ambição.

Uma inclinação natural levava-o a interessar-se pelo jovem fugitivo e fez com que o examinasse cuidadosamente. Vira que a má-fortuna já lhe murchara o coração, que o opróbrio e o desprezo abateram-lhe o ânimo e que seu orgulho, transformado em amargo despeito, mostrava-lhe na injustiça e na dureza dos homens somente o vício da natureza deles e a quimera da virtude. Vira que a religião serve apenas de máscara para o interesse e o culto sagrado, de salvaguarda para a hipocrisia; vira, na sutileza das discussões vãs, o paraíso e o inferno postos como prêmios em jogos de palavras; vira a sublime e primitiva ideia da Divindade desfiguradas pelas fantasiosas imaginações dos homens; e, achando que para crer em Deus era preciso renunciar à capacidade de julgamento que recebemos dele, encheu-se do mesmo desdém por nossos ridículos devaneios e pelo objeto ao qual os aplicamos. Sem nada saber do que existe, sem nada imaginar sobre a geração das coisas, mergulhou em sua estúpida ignorância com um profundo desprezo por todos os que pensavam saber mais do que ele.

O esquecimento de toda religião conduz ao esquecimento dos deveres do homem. Metade dessa progressão já estava feita no coração do libertino. Entretanto, não nascera com má índole; mas a incredulidade, a miséria, sufocando pouco a pouco a natureza, arrastavam-no rapidamente para a perdição e preparavam para ele os costumes de um mendigo e a moral de um ateu.

O mal, quase inevitável, ainda não se consumara totalmente. O jovem tinha conhecimentos e sua educação não fora negligenciada. Estava naquela idade venturosa em que o sangue em fermentação começa a aquecer a alma sem sujeitá-la ao furor dos sentidos. A sua ainda tinha toda sua energia. Uma vergonha inata, um caráter tímido constrangiam-no e prolongavam para ele essa época na qual mantendes com tantos cuidados vosso aluno. O exemplo odioso de uma depravação brutal e de um vício sem atrativo amortecera sua imaginação em vez de animá-la. Durante muito tempo a repulsa fez-lhe o papel da virtude para conservar sua inocência; esta só se renderia a seduções mais doces.

O clérigo viu o perigo e os recursos. As dificuldades não o desencorajaram: comprazia-se em sua obra; decidiu concluí-la e devolver para a virtude a vítima que arrancara da infâmia. Partiu de longe para executar seu projeto: a beleza do motivo estimulava-lhe o ânimo e inspirava-lhe meios dignos de seu zelo. Qualquer que fosse o resultado, estava seguro de não haver desperdiçado seu tempo. Quando só queremos agir bem, sempre obtemos êxito.

Começou por granjear a confiança do prosélito não lhe vendendo seus benefícios, não se tornando importuno, não lhe fazendo sermões, sempre se colocando à sua altura, fazendo-se pequeno para igualar-se a ele. Parece-me que era um espetáculo bastante tocante ver um homem grave tornar-se camarada de um moleque e a virtude adaptar-se ao tom da licenciosidade para vencê-la mais seguramente. Quando o estouvado vinha fazer-lhe suas loucas confidências e desabafar com ele, o sacerdote escutava-o, deixava-o à vontade; sem aprovar o mal, interessava-se por tudo; nunca uma censura importuna vinha deter sua tagarelice e confranger seu coração; o prazer com que se julgava ouvido aumentava o prazer que sentia em dizer tudo. Assim foi feita sua confissão geral sem que ele pensasse em confessar algo.

Depois de estudar-lhe bem os sentimentos e o caráter, o sacerdote viu claramente que, sem ser ignorante para sua idade, ele esquecera tudo o que lhe era importante saber e que o opróbrio a que a fortuna o reduzira sufocava nele todo sentimento verdadeiro do bem e do mal. Há um grau de embrutecimento que tira da alma a vida; e a voz interior não consegue fazer-se ouvir por quem só pensa em alimentar-se. Para proteger o jovem desafortunado dessa morte moral da qual estava tão perto, começou por despertar nele o amor-próprio e a autoestima: mostrava-lhe um futuro mais feliz no bom emprego de suas capacidades; narrando as belas ações de outros, reanimava-lhe no coração um ardor generoso; levando-o a admirar os que as haviam praticado, devolvia-lhe o desejo de praticar ações semelhantes. Para desprendê-lo imperceptivelmente de sua vida ociosa e errante, mandava-o fazer resumos de livros selecionados; e fingindo necessitar desses resumos alimentava nele o nobre sentimento de gratidão. Com esses livros instruía-o diretamente; fazia-o recuperar uma boa opinião de si mesmo a fim de não se julgar um ser inútil para qualquer bem e de não querer mais tornar desprezível a seus próprios olhos.

Uma ninharia fará avaliar a arte que aquele homem benfazejo empregava para elevar imperceptivelmente o coração do discípulo acima da baixeza sem parecer que pensava em instruí-lo. O clérigo tinha uma probidade tão bem reconhecida e um discernimento tão seguro que várias pessoas preferiam fazer suas esmolas passarem pelas mãos dele e não por aqueles padres ricos da cidade. Um dia em que lhe haviam dado algum dinheiro para distribuir entre os pobres, o jovem, por esse motivo, teve a covardia de pedir-lhe algum. *Não*, respondeu ele, *somos irmãos, estás unido a mim e não devo tocar nesse depósito para meu uso.* Em seguida deu-lhe de seu próprio dinheiro quanto ele havia pedido. Lições dessa espécie raramente são perdidas no coração de jovens que não estão totalmente corrompidos.

Estou cansado de falar em terceira pessoa; e é um cuidado muito supérfluo, pois percebeis, caro concidadão, que esse fugitivo infeliz sou eu mesmo: creio-me suficientemente longe das desordens de minha juventude para ousar confessá-las, e a mão que me tirou delas merece que, à custa de um pouco de vergonha, eu pelo menos preste honras a suas boas ações.

O que mais me impressionava era ver na vida privada de meu digno mestre a virtude sem hipocrisia, a humanidade sem fraqueza, palavras sempre retas e simples e uma conduta sempre conforme com o que dizia. Não o via averiguar se aqueles que ajudava iam às vésperas, confessavam-se com frequência, jejuavam-se nos dias prescritos, se não comiam carne na sexta-feira, nem impor-lhes outras condições semelhantes, sem as quais, mesmo morrendo de miséria, não se deve esperar assistência alguma dos devotos.

Encorajado por suas observações, em vez de exibir diante dele o zelo afetado de um recém-convertido eu não lhe escondia muito meus modos de pensar e não o via escandalizado com eles. Às vezes poderia ter dito comigo: ele me desculpa minha indiferença pelo culto que abracei, em favor da indiferença em que me vê também pelo culto no qual nasci; sabe que meu desdém já não é uma questão de partido. Mas o que eu devia pensar quando às vezes ouvia-o aprovar dogmas contrários aos da Igreja Romana e parecer estimar mediocremente todas as suas cerimônias? Poderia considerá-lo um protestante disfarçado se o tivesse visto menos fiel a esses mesmos usos aos quais parecia dar bem pouca importância; mas, sabendo que cumpria sem testemunhas seus deveres sacerdotais tão pontualmente como diante do público, eu já não sabia o que avaliar dessas contradições. Com exceção da falta que outrora atraíra sua desgraça e da qual não estava bem corrigida, sua vida era exemplar, seus costumes eram irrepreensíveis, suas palavras, honestas e judiciosas. Vivendo com ele na maior intimidade, aprendia a respeitá-lo cada dia mais; e tantas bondades tendo conquistado totalmente meu coração, aguardava com uma inquietude curiosa o momento de saber em qual princípio ele fundamentava a uniformidade de uma vida tão singular.

Esse momento não chegou logo. Antes de abrir-se com seu discípulo ele se empenhou em fazer germinar as sementes de razão e de bondade que lhe lançava na alma. O mais difícil de destruir em mim era uma misantropia orgulhosa, um certo azedume contra os ricos e os venturosos do mundo, como se o fossem a minha custa e sua suposta felicidade houvesse sido usurpada da minha. A louca vaidade da juventude, que se insurge contra a humilhação, inclinava-me excessivamente para esse humor colérico; e o amor-próprio, que meu mentor procurava despertar em mim, induzia-me à arrogância, tornando os homens ainda mais vis a meus olhos e acrescentando o desprezo ao ódio por eles.

Sem combater diretamente esse orgulho, ele o impediu de transformar-se em dureza de alma; e, sem tirar-me a autoestima, tornou-a menos desdenhosa de meu próximo. Sempre afastando-lhe a aparência vã e mostrando-me os males reais que ela encobre, ensinava-me a deplorar os erros de meus semelhantes, a enternecer-me com suas misérias e a mais lastimá-los do que invejá-los. Movido de compaixão pelas fraquezas humanas devido à profunda percepção das suas, ele via em toda parte homens vítimas de seus próprios vícios e dos de outrem; via os pobres gemerem sob o jugo dos ricos e os ricos, sob o jugo dos preconceitos. – *Acredita em mim*, dizia, *em vez de ocultarem os males nossas ilusões os aumentam, dando valor ao que não o tem e tornando-nos sensíveis a mil privações falsas que não sentiríamos sem elas. A paz da alma consiste em menosprezar tudo o que pode perturbá-la: o homem que dá o valor maior à vida é aquele que menos sabe aproveitá-la e o homem que mais avidamente aspira à felicidade é sempre o mais miserável.*

– Ah, que descrições tristes! bradava eu com amargura. *Se precisamos nos recusar a tudo, de que nos serviu nascer? E se precisamos menosprezar até mesmo a felicidade, quem é que sabe ser feliz? –* Eu, respondeu um dia o sacerdote, num tom que me impressionou. – *Feliz, vós! Tão desprovido de bens, tão pobre, exilado, perseguido, vós sois feliz? E o que fizestes para sê-lo? – De bom grado te responderei, meu filho,* tornou ele.

Então explicou-me que, depois de ouvir minhas confissões, queria fazer-me as suas. *Verterei em teu peito*, disse abraçando-me, *todos os sentimentos de meu coração. Irás ver-me, se não tal como sou, pelo menos tal como vejo a mim mesmo. Quando tiveres recebido integralmente minha profissão de fé, quando conheceres bem o estado de minha alma, saberás por que me considero feliz e, se pensas como eu, o que tens de fazer para ser feliz. Mas essas confissões não são assunto para um momento; preciso de tempo para te expor tudo o que penso sobre a sorte do homem e sobre o verdadeiro valor da vida. Vamos escolher uma hora e um lugar confortável para nos entregarmos tranquilamente a essa conversa.*

Mostrei-me ansioso por ouvi-lo. A conversa foi deixada já para a manhã seguinte. Estávamos no verão; levantamo-nos quando raiou o dia. Ele conduziu-me para fora da cidade, para uma alta colina abaixo da qual passava o Rio Pó, cujas águas víamos por entre as margens férteis que ele banha; mais ao longe, a imensa cadeia dos Alpes coroava a paisagem; os raios do Sol nascente já varriam as planícies e, projetando nos campos as longas sombras das árvores, das encostas, das casas, enriqueciam com mil variações de luz o mais belo quadro que pudesse impressionar o olhar humano. Era como se a natureza exibisse diante de nós toda sua magnificência a fim de oferecer seu texto para nossa conversa. Foi então que, depois de contemplar em silêncio esses objetos durante algum tempo, o homem de paz falou-me assim."

Profissão de fé do vigário saboiano

– *Meu filho, não esperes de mim discursos eruditos nem raciocínios profundos; não sou um grande filósofo e não me preocupo em sê-lo. Mas às vezes tenho bom-senso e sempre amo a verdade. Não quero argumentar contigo, nem mesmo tentar convencer-te; basta-me expor-te o que penso na simplicidade de meu coração. Consulta o teu enquanto eu falar; é tudo o que te peço. Se me engano, é de boa-fé; isso basta para que meu erro não me seja imputado como crime: se te enganasses do mesmo modo, não haveria mal nisso. Se penso bem, temos em comum a razão e o mesmo interesse em ouvi-la; por que não pensarias como eu?*

"*Nasci pobre e camponês, destinado por minha condição a cultivar a terra; mas julgaram melhor que eu aprendesse a ganhar meu pão no ofício de sacerdote e acharam meios de fazer-me estudar. Seguramente nem meus pais nem eu pensávamos em buscar nisso o que era bom, verdadeiro e útil e sim, o que era preciso saber para ser ordenado. Aprendi o que queriam que aprendesse, disse o que queriam que dissesse, comprometi-me como quiseram e fui feito sacerdote. Mas não tardei a sentir que me obrigando a não ser homem eu prometera mais do que podia cumprir.*

"*Dizem-nos que a consciência é obra dos preconceitos; entretanto, sei por experiência própria que ela se obstina em seguir a ordem da natureza contra todas as leis dos homens. Por mais que nos proíbam isto ou aquilo, o remorso sempre nos censura frouxamente o que a natureza bem ordenada nos permite e, com mais razão ainda, o que nos prescreve. Ah, meu bom jovem, ela ainda não falou a teus sentidos; vives há muito tempo no estado venturoso em que sua voz é a da inocência. Lembra-te de que a ofendemos mais ainda quando a antecipamos do que quando a combatemos; precisamos começar por aprender a resistir para saber quando podemos ceder sem crime.*

"*Desde jovem respeitei o matrimônio como a primeira e mais santa instituição da natureza. Tendo me privado do direito de submeter-me a ele, decidi não o profanar; pois, apesar de minhas aulas e meus estudos, como sempre levara uma vida uniforme e simples eu conservara no espírito toda a clareza das luzes* primitivas: as máximas do mundo não as haviam obscurecido e minha pobreza afastava-me das tentações que ditam os sofismas do vício.

"Essa resolução foi precisamente o que me perdeu; meu respeito pelo leito de outro pôs a descoberto minhas faltas. Foi preciso expiar o escândalo: detido, suspenso, expulso, fui vítima muito mais de meus escrúpulos do que de minha incontinência; e pelas censuras que acompanharam minha desgraça pude compreender que frequentemente basta agravar a falta para escapar do castigo.

"Poucas experiências semelhantes levam longe uma mente que reflete. Vendo tristes observações derrubarem as ideias que tinha do justo, do honrado e de todos os deveres do homem, diariamente eu ia perdendo alguma das ideias que recebera; como as que me restavam já não bastavam para juntas formarem um corpo que pudesse sustentar-se por si, pouco a pouco fui sentindo obscurecer-se em meu espírito a evidência dos princípios; e, por fim, reduzido a não saber mais o que pensar, cheguei ao mesmo ponto em que estás – com a diferença de que minha incredulidade, fruto tardio de uma idade mais madura, formara-se mais penosamente e devia ser mais difícil destruí-la.

"Estava nas disposições de incerteza e dúvida que Descartes exige para a busca da verdade. Esse estado não é feito para durar, é inquietante e penoso; apenas o interesse do vício ou a preguiça da alma podem manter-nos nele. Eu não tinha o coração corrompido a ponto de comprazer-me assim; e nada conserva melhor o hábito de refletir do que estarmos mais contentes conosco do que com nossa fortuna.

"Eu meditava, portanto, sobre a triste sorte dos mortais flutuando nesse mar das ideias humanas, sem leme, sem bússola e entregues a suas paixões tempestuosas, sem outro guia além de um piloto inexperiente que não conhece a rota e não sabe de onde vem nem para onde vai. Dizia comigo: Amo a verdade, busco-a e não consigo reconhecê-la; mostrem-na para mim e agarro-me a ela; por que há de furtar-se ao calor de um coração feito para adorá-la?

"Embora tenha muitas vezes experimentado males maiores, nunca levei uma vida tão constantemente desagradável como naqueles tempos de perturbação e ansiedade em que, vagando continuamente de dúvida em dúvida, recolhia de minhas longas meditações apenas incerteza, escuridão, contradições sobre a causa de meu ser e sobre a regra de meus deveres.

"Como alguém pode ser cético por sistema e de boa-fé? Não consigo compreender. Esses filósofos ou não existem ou são os mais infelizes dos homens. A *dúvida sobre as coisas que nos importa conhecer é um estado excessivamente violento para o espírito humano; ele não resiste muito tempo: a contragosto, decide-se de um modo ou de outro e prefere enganar-se a não crer em coisa alguma.*

"*O que duplicava minha confusão era que, tendo nascido numa Igreja que decide tudo, que não permite dúvida alguma, um único ponto rejeitado fazia-me rejeitar todo o restante e a impossibilidade de aceitar tantas decisões absurdas afastava-me também das que não o eram. Ao dizerem-me acreditai em tudo me impediam de acreditar em algo, e eu não sabia mais onde me deter.*

"*Consultei os filósofos, folheei seus livros, examinei suas diferentes opiniões; achei-os todos arrogantes, taxativos, dogmáticos mesmo em seu pretenso ceticismo, nada ignorando, nada provando, zombando uns dos outros; e esse ponto comum a todos me pareceu o único ponto sobre o qual todos têm razão. Triunfantes quando atacam, não têm vigor quando se defendem. Se pesardes as razões, eles só as têm para destruir; se contardes os caminhos, cada um está reduzido ao seu; só entram em acordo para discutir; escutá-los não era o meio de sair de minha incerteza.*

"*Concebi que a insuficiência do espírito humano é a primeira causa dessa prodigiosa diversidade de sentimentos e que o orgulho é a segunda. Não temos a medida dessa máquina imensa, não podemos calcular suas relações; não lhe conhecemos as primeiras leis nem a causa final; ignoramos a nós mesmos; não conhecemos nossa natureza nem nosso princípio ativo; mal sabemos se o homem é um ser simples ou composto; mistérios impenetráveis cercam-nos de todos os lados; estão acima de nossa região sensível; para desvendá-los julgamos ter inteligência e temos somente imaginação. Cada qual abre para si, através desse mundo imaginário, um caminho que acredita ser o caminho certo; ninguém consegue saber se o seu leva ao objetivo. Entretanto, queremos descobrir tudo, conhecer tudo. A única coisa que não sabemos é ignorar o que não podemos saber. Preferimos nos determinarmos ao acaso e acreditar no que não é em vez de admitir que nenhum de nós pode ver o que é. Pequena parte de um grande todo cujos limites nos escapam e que seu autor entrega a nossos loucos debates, somos bastante vãos para querermos decidir o que é intrinsecamente esse todo e o que somos com relação a ele.*

"*Se os filósofos fossem capazes de descobrir a verdade, quem dentre eles se interessaria por ela? Cada um sabe bem que seu sistema não é mais bem fundamentado do que os outros; mas defende-o porque é seu. Não há um único que, vindo a conhecer o verdadeiro e o falso, não preferisse a mentira que encontrou à verdade descoberta por outro. Onde está o filósofo que para sua própria glória não enganaria de bom grado o gênero humano? Onde está aquele que, no segredo de seu coração, proponha-se outro objeto que não o de distinguir-se? Contanto que se coloque acima do vulgo, contanto que ofusque o brilho dos concorrentes, o que mais deseja? O essencial é pensar diferentemente dos outros. Entre os crentes ele é ateu, entre os ateus seria crente.*

"*O primeiro fruto que obtive dessas reflexões foi aprender a limitar minhas buscas ao que me interessava imediatamente, a descansar numa profunda ignorância sobre todo o restante e a inquietar-me até a dúvida somente com as coisas que me importava saber.*

"*Compreendi também que, em vez de livrarem-me de minhas dúvidas inúteis, os filósofos não fariam mais do que multiplicar as que me atormentavam e não resolveriam nenhuma. Portanto, escolhi outro guia e disse comigo: Consultemos a luz interior: ela me desnorteará menos do que eles ou, pelo menos, meu erro será meu, e seguindo minhas próprias ilusões me depravarei menos do que entregando-me a suas mentiras.*

"*Então, repassando na mente as diferentes opiniões que haviam sucessivamente me impelido desde que nascera, vi que, embora nenhuma delas fosse bastante evidente para produzir imediatamente a convicção, tinham diversos graus de verossimilhança e que a concordância interior se prestava ou se recusava a elas em diferentes medidas. Com base nessa primeira observação, comparando entre si todas aquelas ideias diversas sem dar voz aos preconceitos, descobri que a primeira e mais comum era também a mais simples e mais racional e que para reunir todos os votos faltava-lhe apenas ter sido proposta por último. Imagina todos os teus filósofos antigos e modernos tendo primeiro esgotado seus bizarros sistemas de força, de possibilidades, de fatalidade, de necessidade, de átomos, de mundo animado, de matéria viva, de materialismo de toda espécie e, depois de todos eles, o ilustre Clarke[119] iluminando o mundo, anunciando por fim o Ser dos seres e o dispensador das coisas: com que admiração universal, com que aplausos unânimes não teria sido recebido esse novo sistema, tão grandioso, tão consolador, tão sublime, tão capaz de elevar a alma,*

---

119. Samuel Clarke (1675-1729), filósofo inglês, pastor anglicano; sua filosofia, que provocou longos debates entre os pensadores da época, procura provar a existência e as qualidades de Deus com base na perfeição e na ordem do mundo e dos seres criados [N.T.].

de dar uma base para a virtude e ao mesmo tempo tão impressionante, tão luminoso, tão simples e, parece-me, oferecendo menos coisas incompreensíveis para o espírito humano do que os absurdos encontrados em qualquer outro sistema! Dizia comigo: As objeções insolúveis são comuns a todos, porque o espírito humano é limitado demais para resolvê-las: portanto, não provam contra nenhum preferencialmente; mas que diferença entre as provas diretas! Acaso somente aquele que explica tudo não deve ser preferido quando não sofre mais dificuldade do que os outros?

"*Assim, portando em mim como única filosofia o amor à verdade e como único método uma regra fácil e simples que me dispensa da vã sutileza dos argumentos, retomo com base nessa regra o exame dos conhecimentos que me interessam, decidido a aceitar como evidentes todos aqueles para os quais, na sinceridade de meu coração, não puder recusar minha concordância, como verdadeiros todos aqueles que me parecerem ter uma ligação necessária com esses primeiros, e a deixar todos os outros na incerteza, sem rejeitá-los nem aceitá-los e sem atormentar-me para elucidá-los quando não levarem a nada útil na prática.*

"*Mas, quem sou eu? Que direito tenho de julgar as coisas? E o que determina meus juízos? Se eles forem impelidos, forçados pelas impressões que recebo, inutilmente me canso nessas buscas: elas não se farão, ou se farão por si sós, sem que eu me ponha a dirigi-las. Portanto, preciso primeiro voltar meu olhar para mim, a fim de conhecer o instrumento que quero utilizar e saber até que ponto posso confiar em seu uso.*

"*Existo e tenho sentidos pelos quais sou afetado. Essa é a primeira verdade que me vem e com a qual sou forçado a concordar. Tenho um sentimento próprio de minha existência ou sinto-a somente por minhas sensações? Essa é minha primeira dúvida, que até o presente me é impossível resolver. Pois, sendo continuamente afetado por sensações, ou imediatamente ou pela memória, como posso saber se o sentimento do eu é algo fora dessas mesmas sensações e pode ser independente delas?*

"*Minhas sensações acontecem em mim, visto que me fazem sentir minha existência; mas sua causa é alheia a mim, visto que me afetam mesmo que eu não queira e visto que não depende de mim produzi-las nem anulá-las. Portanto, concebo claramente que minha sensação que está em mim e sua causa ou seu objeto que está fora de mim não são a mesma coisa.*

"Assim, não só existo mas também existem outros seres, ou seja, os objetos de minhas sensações; e, ainda que esses objetos fossem apenas ideias, a verdade é que essas ideias não são eu.

"Então, tudo o que sinto fora de mim e que age sobre meus sentidos chamo de matéria; e todas as porções de matéria que concebo reunidas em seres individuais chamo de corpos. Assim, todas as disputas dos idealistas e dos materialistas nada significam para mim: suas distinções sobre a aparência e a realidade dos corpos são quimeras.

"Nesse ponto, já estou tão seguro da existência do Universo quanto da minha. Em seguida, reflito sobre os objetos de minhas sensações; e, encontrando em mim a faculdade de compará-los, sinto-me dotado de uma força ativa que antes eu não sabia que tinha.

"Perceber é sentir; comparar é julgar; julgar e sentir não são a mesma coisa. Pela sensação os objetos se apresentam a mim separados, isolados, tais como são na natureza; pela comparação movo-os, transporto-os, digamos assim, coloco-os um sobre o outro para decidir sobre sua diferença ou sua similitude e, mais geralmente, sobre todas as suas relações. A meu ver, a faculdade distintiva do ser ativo ou inteligente é a de poder dar um sentido à palavra é. Procuro em vão no ser puramente sensitivo essa força inteligente que superpõe e depois decide; não posso vê-la em sua natureza. Esse ser passivo sentirá cada objeto separadamente, ou mesmo sentirá o objeto total formado de ambos; mas, como não tem força alguma para colocá-los um sobre o outro, nunca os comparará, não os julgará.

"Ver dois objetos ao mesmo tempo não é ver suas relações nem avaliar suas diferenças; perceber vários objetos uns fora dos outros não é enumerá-los. Posso ter no mesmo momento a ideia de um bastão grande e de um bastão pequeno sem compará-los, sem julgar que um é menor do que o outro, como posso ver minha mão inteira de uma só vez sem contar meus dedos[120]. Essas ideias comparativas maior, menor, assim como as ideias numéricas um, dois etc., seguramente não são sensações, embora minha mente só as produza por ocasião de minhas sensações.

"Dizem-nos que o ser sensitivo distingue as sensações umas das outras pelas diferenças que essas mesmas sensações têm entre si; isso requer explicação.

---

120. Os relatos do Sr. de La Condamine falam-nos de um povo que sabia contar só até três. Os homens que compunham esse povo tinham mãos e haviam visto seus dedos com frequência, sem, entretanto, saberem contar até cinco.

Quando as sensações são diferentes, o ser sensitivo distingue-as por suas diferenças; quando são semelhantes, distingue-as porque sente umas fora das outras. Senão, como numa sensação simultânea ele distinguiria dois objetos iguais? Teria necessariamente de confundir esses dois objetos e tomá-los pelo mesmo, principalmente num sistema em que se afirma que as sensações representativas da extensão não são extensas.

"*Quando as duas sensações a comparar são percebidas, a impressão de ambas é feita, cada objeto é sentido, os dois são sentidos, mas a relação entre ambos não é efetivamente sentida. Se o juízo dessa relação fosse apenas uma sensação e me viesse unicamente do objeto, meus juízos nunca me enganariam, visto que nunca é falso eu sentir o que sinto.*

"*Então por que me engano sobre a relação entre os dois bastões, principalmente se não estiverem paralelos? Por que digo, por exemplo, que o bastão pequeno mede um terço do grande, sendo que ele mede apenas um quarto? Por que a imagem, que é a sensação, não é conforme com seu modelo, que é o objeto? É porque estou ativo quando julgo, porque a operação que compara é falha e porque meu entendimento, que julga as relações, mistura seus erros com a verdade das sensações, que mostram apenas os objetos.*

"*Acrescenta a isso uma reflexão que, tenho certeza, vai te impressionar quando pensares nela; é que, se fôssemos puramente passivos no uso de nossos sentidos, não haveria entre eles comunicação alguma; seria impossível sabermos que o corpo que tocamos e o objeto que vemos são o mesmo. Ou nunca sentiríamos nada fora de nós ou haveria para nós cinco substâncias sensíveis cuja identidade nunca teríamos como perceber.*

"*Deem este ou aquele nome a essa força de minha mente que aproxima e compara minhas sensações; chamem-na de atenção, meditação, reflexão ou como quiserem; a verdade é que ela está em mim e não nas coisas; que somente eu a produzo, embora só a produza por ocasião da impressão que os objetos fazem em mim. Sem ser senhor de sentir ou não sentir, sou senhor de examinar menos ou mais o que sinto.*

"*Portanto, não sou simplesmente um ser sensitivo e passivo e sim, um ser ativo e inteligente e, não importa o que diga a filosofia, ousarei pretender a honra de pensar. Sei somente que a verdade está nas coisas e não em minha mente que as julga e que, quanto menos eu puser de meu nos juízos que fizer sobre elas, mais tenho certeza de aproximar-me da verdade; assim, minha regra de entregar-me mais ao sentimento do que à razão é confirmada pela própria razão.*

"*Depois de assegurar-me de mim mesmo, digamos assim, começo a olhar para fora de mim e, estremecendo, vejo-me lançado, perdido neste vasto Universo e como que submerso na imensidão de seres, sem nada saber sobre o que são eles em si, nem entre si, nem com relação a mim. Estudo-os, observo-os; e o primeiro objeto que se apresenta a mim para compará-los sou eu mesmo.*

"*Tudo o que percebo pelos sentidos é matéria, e deduzo todas as propriedades essenciais da matéria das qualidades sensíveis que me fazem percebê-la e que são inseparáveis dela. Vejo-a ora em movimento, ora em repouso*[121]*, de onde infiro que nem o repouso nem o movimento lhe são essenciais; mas o movimento, por ser uma ação, é efeito de uma causa da qual o repouso é a ausência. Portanto, quando nada age sobre a matéria, ela não se move e, justamente por ser indiferente ao repouso e ao movimento, seu estado natural é o estado de repouso.*

"*Percebo nos corpos duas espécies de movimentos: movimento transmitido e movimento espontâneo ou voluntário. No primeiro, a causa motora é alheia ao corpo movido e, no segundo, a causa está nele mesmo. Disso não concluirei que o movimento de um relógio, por exemplo, é espontâneo; pois, se nada externo à mola agisse sobre ela, ela não iria se desenrolando e não acionaria o mecanismo do relógio. Pelo mesmo motivo, não atribuirei espontaneidade aos fluidos e tampouco ao fogo que lhes dá fluidez*[122].

Perguntarás se os movimentos dos animais são espontâneos; responderei que não sei, mas que a analogia favorece a afirmativa. Perguntarás também como então eu sei que há movimentos espontâneos; responderei que sei porque o sinto. Quero mover meu braço e movo-o, sem que esse movimento tenha outra causa imediata que não minha vontade. Seria inútil quererem argumentar para destruir em mim esse sentimento; ele é mais forte do que qualquer evidência: seria como me provar que não existo.

---

121. Esse repouso, admitamos, é somente relativo; mas, visto que observamos mais e menos no movimento, concebemos muito claramente um dos dois termos extremos, que é o repouso, e o concebemos tão bem que até mesmo tendemos a considerar como absoluto o repouso que é apenas relativo. Assim, não é verdade que o movimento seja essencial à matéria se podemos concebê-la em repouso.

122. Os químicos consideram o flogístico – o elemento do fogo – como esparso, imóvel e estagnado nos mistos de que faz parte, até que causas alheias o liberem, reúnam, coloquem em movimento e transformem em fogo.

"Se não houvesse espontaneidade alguma nas ações dos homens nem em nada que é feito na Terra, teríamos ainda mais dificuldade para imaginar a causa inicial de todo movimento. Quanto a mim, sinto-me tão convencido de que o estado natural da matéria é o estado de repouso e de que ela própria não tem força alguma para agir que, ao ver um corpo em movimento, imediatamente considero que é um corpo animado ou que esse movimento lhe foi transmitido. Minha mente recusa toda e qualquer concordância com a ideia de a matéria não organizada movendo-se por si mesma ou produzindo alguma ação.

"Entretanto, este Universo visível é matéria, matéria esparsa e morta[123]*, que em seu todo nada tem da união, da organização, do sentimento em comum das partes de um corpo animado, visto que é certo que nós, que somos partes, não nos sentimos de modo algum no todo. Esse mesmo Universo está em movimento, e em seus movimentos regulados, uniformes, sujeitos a leis constantes, ele nada tem dessa liberdade que aparece nos movimentos espontâneos do homem e dos animais. O mundo não é um grande animal que se move por si só; seus movimentos têm, portanto, alguma causa alheia a ele, a qual não percebo; mas a convicção interior torna-me essa causa tão sensível que não posso ver o Sol mover-se sem imaginar uma força que o impulsiona e, se a Terra gira, creio sentir uma mão que a faz girar.*

"Se é preciso admitir leis gerais cujas relações essenciais com a matéria não percebo, terei avançado em quê? Como não são seres reais, substâncias, essas leis têm, portanto, algum outro fundamento que me é desconhecido. A experiência e a observação levaram-nos a conhecer as leis do movimento; essas leis determinam os efeitos sem mostrar as causas; não bastam para explicar o sistema do mundo e a marcha do Universo. Descartes formava com cubos o céu e a Terra; mas não pôde dar o primeiro impulso a esses cubos nem pôr em ação sua força centrífuga sem recorrer a um movimento de rotação. Newton descobriu a lei da atração; mas a atração sozinha logo reduziria o Universo a uma massa imóvel: foi preciso acrescentar a essa lei uma força de repulsão para fazer os corpos celestes descreverem curvas. Que Descartes nos diga qual lei física fez girar seus turbilhões; que Newton nos mostre a mão que lançou os planetas na tangente de suas órbitas.

---

123. Fiz o máximo esforço para conceber uma molécula viva, sem consegui-lo. A ideia de a matéria sentir sem ter sentidos parece-me ininteligível e contraditória. Para adotar ou rejeitar essa ideia seria preciso começar compreendendo-a, e confesso que não tenho essa felicidade.

"As primeiras causas do movimento não estão na matéria; ela recebe o movimento e transmite-o, mas não o produz. Quanto mais observo a ação e reação das forças da natureza interagindo, mais penso que, de efeitos em efeitos, é preciso sempre remontar a alguma vontade como causa primeira; pois supor uma progressão infinita de causas é supor absolutamente nenhuma. Em suma, todo movimento que não é produzido por outro só pode provir de um ato espontâneo, voluntário; os corpos inanimados só agem pelo movimento e não há ação verdadeira sem vontade. Esse é meu primeiro princípio. Creio, portanto, que uma vontade move o Universo e anima a natureza. Esse é meu primeiro dogma, ou meu primeiro artigo de fé.

"Como uma vontade produz uma ação física e corporal? Não sei, mas experimento em mim que ela a produz. Quero agir e ajo; quero mover meu corpo e meu corpo move-se; mas um corpo inanimado e em repouso vir a mover-se por si só ou produzir movimento é incompreensível e sem exemplo. A vontade me é conhecida por seus atos, não por sua natureza. Conheço essa vontade como causa motora; mas conceber a matéria produzindo movimento é claramente conceber um efeito sem causa, é conceber absolutamente nada.

"Conceber como minha vontade move meu corpo não me é mais possível do que conceber como minhas sensações afetam minha alma. Nem mesmo sei por que um desses mistérios pareceu mais explicável do que o outro. Quanto a mim, seja quando estou passivo seja quando estou ativo, o meio de união das duas substâncias parece-me absolutamente incompreensível. É muito estranho que se parta justamente dessa incompreensibilidade para confundir as duas substâncias, como se operações de naturezas tão diferentes se explicassem melhor num único sujeito do que em dois.

"O dogma que acabo de estabelecer é obscuro, reconheço; mas afinal ele apresenta um sentido e nada tem que seja incompatível com a razão nem com a observação; acaso se pode dizer o mesmo do materialismo? Não está claro que, se o movimento fosse essencial à matéria, seria inseparável dela, estaria nela sempre no mesmo grau, sempre o mesmo em cada porção de matéria, seria intransmissível, não poderia aumentar nem diminuir e não poderíamos sequer conceber a matéria em repouso? Quando me dizem que o movimento não lhe é essencial e sim necessário, querem desnortear-me com palavras que seria mais fácil refutar se tivessem um pouco mais de sentido. Pois, ou o movimento da matéria lhe vem dela mesma e então lhe é essencial, ou, se lhe vem de uma causa alheia, só é ne-

cessário à matéria na medida em que a causa motora agir sobre ela: voltamos à primeira dificuldade.

"*As ideias gerais e abstratas são a fonte dos maiores erros dos homens; nunca o jargão da metafísica levou a descobrir uma verdade sequer, e encheu a filosofia de absurdos que nos causam vergonha quando os despojamos de suas palavras bombásticas. Dize-me, meu amigo, se quando te falam de uma força cega espalhada em toda a natureza oferecem a teu espírito alguma ideia verdadeira. Com termos vagos como força universal, movimento necessário, julgam dizer algo e não dizem absolutamente nada. A ideia de movimento nada mais é do que a ideia de transporte de um lugar para outro: não há movimento sem alguma direção; pois um ser individual não poderia mover-se simultaneamente em todos os sentidos. Então, em qual sentido a matéria se move necessariamente? Toda a matéria conjuntamente tem um movimento uniforme, ou cada átomo tem seu movimento próprio? De acordo com a primeira ideia, o Universo inteiro deve formar uma massa sólida e indivisível; de acordo com a segunda, ele deve formar apenas um fluido esparso e incoerente, sem jamais ser possível dois átomos juntarem-se. Em qual direção será feito esse movimento em comum de toda a matéria? Será em linha reta, para cima, para baixo, para a direita ou para a esquerda? Se cada molécula de matéria tem sua direção particular, quais serão as causas de todas essas direções e de todas essas diferenças? Se cada átomo ou molécula de matéria não fizesse mais do que girar sobre seu próprio centro, nunca algo sairia de seu lugar e não haveria movimento transmitido; e ainda seria necessário que esse movimento circular fosse determinado em algum sentido. Dar movimento à matéria por abstração é dizer palavras que nada significam; e dar-lhe um movimento determinado é supor uma causa que o determine. Quanto mais multiplico as forças particulares, mais tenho novas causas a explicar, sem nunca encontrar algum agente em comum que as dirija. Longe de poder imaginar alguma ordem no concurso fortuito dos elementos, não consigo sequer imaginar seu conflito, e o caos do Universo me é mais inconcebível do que sua harmonia. Compreendo que o mecanismo do mundo pode não ser inteligível para a mente humana; mas, quando um homem se mete a explicá-lo, deve dizer coisas que os homens entendam.*

"*Se a matéria movida mostra-me uma vontade, a matéria movida de acordo com determinadas leis mostra-me uma inteligência: é meu segundo artigo de fé. Agir, comparar, escolher são operações de um ser ativo e pensante; portanto, esse ser existe. Onde o vedes existir? perguntarás. Não somente nos céus que giram, no astro que nos ilumina; não somente em mim mesmo, mas na ovelha que pasta, no pássaro que voa, na pedra que cai, na folha que o vento leva.*

"*Avalio a ordem do mundo, embora ignore sua finalidade, porque para avaliar essa ordem basta-me comparar entre si as partes, estudar sua conjunção, suas relações, observar sua harmonia. Ignoro por que o Universo existe; mas não deixo de ver como ele é modificado: não deixo de perceber a íntima correspondência pela qual os seres que o compõem auxiliam-se mutuamente. Sou como um homem que visse pela primeira vez um relógio aberto e não deixasse de admirar-lhe o trabalho, embora não conhecesse o uso da máquina e não houvesse visto seu mostrador. – Não sei, diria ele, para que serve o todo; mas vejo que cada peça está feita para as outras; admiro o artesão nos detalhes de sua obra e tenho plena certeza de que todas essas engrenagens funcionam assim em conjunto para uma finalidade em comum que me é impossível perceber.*

"*Comparemos os fins particulares, os meios, as relações ordenadas de toda espécie e depois escutemos o sentimento interior; que espírito sadio pode recusar seu testemunho? A quais olhos não prevenidos a ordem perceptível do Universo não anuncia uma inteligência suprema? E quantos sofismas é preciso amontoar para desconhecer a harmonia dos seres e o admirável concurso de cada peça para a conservação das outras? Falem-me quanto quiserem de combinações e possibilidades; de que lhes adianta reduzir-me ao silêncio, se não conseguem convencer-me? E como eliminarão em mim o sentimento involuntário que sempre os desmente, mesmo contra minha vontade? Se os corpos organizados combinaram-se fortuitamente de mil maneiras antes de assumirem formas constantes, se inicialmente se formaram estômagos sem bocas, pés sem cabeças, mãos sem braços, órgãos imperfeitos de toda espécie que pereceram por não poderem conservar-se, por que agora nenhum desses ensaios informes se apresenta a nosso olhar? Por que a natureza por fim prescreveu leis às quais não se sujeitara antes? Não deve surpreender-me que uma coisa aconteça quando ela é possível e que a dificuldade do acontecimento seja compensada pela quantidade de tentativas; concordo. Entretanto, se viessem dizer-me que caracteres de imprensa lançados ao acaso deram a* Eneida *inteiramente composta, eu não me dignaria dar um passo para ir verificar a mentira. – Estais esquecendo a quantidade de lanços, dirão. Mas quantos devo supor para tornar verossímil a combinação? Quanto a mim, que vejo apenas um único, aposto o infinito contra um que seu produto não é efeito do acaso. Considerai também que combinações e possibilidades sempre darão somente produtos da mesma natureza que os elementos combinados, que a organização e a vida não resultarão de um lanço de átomos e que um químico combinando mistos não os fará sentir e pensar em seu cadinho*[124].

Eu li Nieuwentit com surpresa e quase escânda-lo. Como esse homem poderia querer fazer um livro sobre as maravilhas da natureza, que mostram a sabedoria de seu autor? Seu livro seria tão grande quanto o mundo, e ainda assim ele não esgotaria seu assunto; e assim que se tenta entrar em detalhes, a maior maravilha escapa, que é a harmonia e o acordo do todo. A mera geração de corpos vivos e organizados é o abismo da mente humana; a barreira insuperável que a natureza estabeleceu entre as diferentes espécies, para que elas não se confundam, mostra suas intenções com a última evidência. Ela não se contentou em estabelecer a ordem, mas tomou medidas certas para que nada pudesse perturbá-la.

Não há ser no universo que possa, em algum aspecto, ser considerado o centro comum de todos os outros, em torno do qual todos são ordenados, de modo que todos são reciprocamente fins e meios relativamente uns aos outros. A mente se confunde e se perde nessa infinidade de relações, das quais nenhuma é confundida ou perdida na multidão. Quantas suposições absurdas para deduzir toda essa harmonia do cego mecanismo da matéria movida fortuitamente! Aqueles que negam a unidade de intenção que se manifesta nas relações de todas as partes desse grande todo cobrem inutilmente sua algaravia com abstrações, coordenações, princípios gerais, termos emblemáticos; não importa o que façam, para mim é impossível conceber um sistema de seres tão constantemente ordenados sem conceber uma inteligência que os ordene. Não depende de mim acreditar que a matéria passiva e morta possa ter produzido seres vivos e sensíveis, que uma fatalidade cega possa ter produzido seres inteligentes, que algo que não pensa possa ter produzido seres pensantes.

"Acredito, portanto, que o mundo é governado por uma vontade poderosa e sábia; vejo isso, ou melhor, sinto-o, e é o que me importa saber. Mas esse mesmo mundo é eterno ou criado? Há um princípio único das coisas? Há dois ou vários

---

124. Acreditaríamos que a bizarrice humana pudesse ser levada a tal ponto, se não tivéssemos prova disso? Amato Lusitano garantia que vira, fechado num recipiente de vidro, um homenzinho com uma polegada de altura que Julio Camillo, como outro Prometeu, fizera por alquimia. Paracelso, *De Natura rerum*, ensina como produzir esses homenzinhos e afirma que os pigmeus, os faunos, os sátiros e as ninfas foram engendrados pela química. Efetivamente, não vejo o que reste a fazer para estabelecer a possibilidade desses fatos, a não ser aventar que a matéria orgânica resiste ao calor do fogo e que suas moléculas podem manter-se vivas num forno de revérbero.

princípios? E qual é sua natureza? Não sei e não me importa. À medida que esses conhecimentos começarem a interessar-me, empenharei-me em adquiri-los; até lá, deixo de lado questões ociosas que podem inquietar meu amor-próprio, mas são inúteis para minha conduta e superiores a minha razão.

"*Lembra-te sempre de que não ensino meu modo de pensar: exponho-o. Seja a matéria eterna ou criada, haja ou não haja um princípio passivo, o certo é que o todo é uno e anuncia uma inteligência única, pois nada vejo que não esteja ordenado no mesmo sistema e não concorra para o mesmo fim: a conservação do todo na ordem estabelecida. Esse ser que quer e pode, esse ser ativo por si mesmo, por fim esse ser, qualquer que seja, que move o Universo e ordena todas as coisas, eu o chamo Deus. Agrego a esse nome as ideias de inteligência, potência, vontade, que reuni, e a ideia de bondade, que é uma consequência necessária delas; mas nem por isso conheço melhor o ser ao qual o dei; ele se furta tanto a meus sentidos como a meu entendimento; quanto mais penso nele, mais me confundo; sei com toda certeza que ele existe e que existe por si mesmo; sei que minha existência está subordinada à sua e que todas as coisas que me são conhecidas estão absolutamente no mesmo caso. Percebo Deus por toda parte em suas obras; sinto-o em mim, vejo-o em todo meu redor; mas tão logo quero contemplá-lo em si mesmo, tão logo quero descobrir onde está, o que é, qual é sua substância, ele me escapa e meu espírito perturbado nada mais percebe.*

"*Convencido de minha insuficiência, nunca raciocinarei sobre a natureza de Deus sem ser forçado a isso pela consciência de suas relações comigo. Esses raciocínios são sempre temerários; um homem sábio só deve entregar-se a eles tremendo e seguro de que não é feito para aprofundá-los; pois o que é mais injurioso para a Divindade não é não pensarmos nela e sim fazê-lo mal.*

"*Depois de descobrir por quais de seus atributos concebo minha existência, volto a mim e indago que lugar ocupo na ordem das coisas que ela governa e que posso examinar. Acho-me incontestavelmente no primeiro, devido a minha espécie; pois, graças a minha vontade e aos instrumentos que estão em meu poder para executá-la, tenho mais força para agir sobre todos os corpos que me cercam e para prestar-me ou furtar-me a sua ação, como me aprouver, do que nenhum deles tem para agir sobre mim contra minha vontade, apenas pelo impulso físico; e, graças a minha inteligência, sou o único que pode inspecionar o todo. Com exceção do homem, qual ser aqui na Terra sabe observar todos os outros, medir, calcular, prever-lhes os movimentos, os efeitos e juntar, digamos assim, a cons-*

ciência da existência em comum à consciência de sua existência individual? O que há de tão ridículo em pensar que tudo está feito para mim, se sou o único que sabe relacionar tudo com ele?

"*Portanto, é verdade que o homem é o rei do mundo que habita; pois não só domina todos os animais, não só dispõe dos elementos graças a sua industriosidade, mas só ele na Terra sabe dispor dela e também se apropria, pela contemplação, até mesmo dos astros a que não pode chegar. Mostrem-me algum outro animal que saiba fazer uso do fogo e saiba admirar o Sol. Ora essa! Posso observar, conhecer os seres e suas relações; posso sentir o que é ordem, beleza, virtude; posso contemplar o Universo, elevar-me à mão que o governa; posso amar o bem e fazê-lo; e penso em comparar-me com os animais! Alma abjeta, é tua triste filosofia que te torna semelhante a eles; ou melhor, em vão queres te aviltares: teu engenho depõe contra teus princípios, teu coração benfazejo desmente tua doutrina e até mesmo o abuso de tuas faculdades prova a excelência delas a despeito de ti.*

"*Quanto a mim, que não tenho um sistema a defender, eu, homem simples e autêntico que o furor de nenhum partido impulsiona e que não aspira à honra de ser líder de seita, contente com o lugar onde Deus me colocou, depois dele não vejo nada melhor do que minha espécie; e, se tivesse de escolher meu lugar na ordem dos seres, o que poderia escolher a mais do que ser homem?*

"*Essa reflexão menos me orgulha do que me comove; pois esse estado não é escolha minha e não se deveu ao mérito de um ser que ainda não existia. Como posso ver-me distinguido assim sem felicitar-me por ocupar esse lugar honroso e sem bendizer a mão que nele me colocou? De minha primeira reflexão sobre mim nasce um sentimento de reconhecimento e bendição ao autor de minha espécie e, desse sentimento, minha primeira homenagem à Divindade benfazeja. Adoro o Poder Supremo e enterneço-me com seus benefícios. Não preciso que me ensinem esse culto, ele me é ditado pela própria natureza. Acaso não é uma consequência natural do amor a si honrar o que nos protege e amar o que nos quer bem?*

"*Mas quando, para em seguida saber meu lugar individual em minha espécie, considero-lhe as diversas posições e os homens que as ocupam, o que me acontece? Que espetáculo! Onde está a ordem que eu observara? O quadro da natureza mostrava-me apenas harmonia e proporções; o do gênero humano, confusão, desordem! Entre os elementos reina a conformidade, e os homens estão no caos! Os animais são felizes, somente seu rei é miserável! Ah, sabedoria, onde estão tuas leis? Ah, Providência, é assim que reges o mundo? Ser benfazejo, o que aconteceu com teu poder? Vejo o mal na Terra.*

"*Acreditarias, meu bom amigo, que dessas tristes reflexões e dessas contradições aparentes tenham se formado em meu espírito as sublimes ideias da alma, que até então não haviam resultado de minhas investigações? Meditando sobre a natureza do homem, julguei descobrir nele dois princípios distintos, dos quais um elevava-o ao estudo das verdades eternas, ao amor pela justiça e pela beleza moral, às regiões do mundo intelectual cuja contemplação deleita o sábio, e o outro reconduzia-o baixamente para si mesmo, sujeitava-o ao império dos sentidos, às paixões que são seus ministros, e por elas contrariava tudo o que a consciência do primeiro lhe inspirava. Sentindo-me arrastado, atacado por esses dois movimentos opostos, dizia comigo: Não, o homem não é uno: quero e não quero, sinto-me simultaneamente escravo e livre; vejo o bem, amo-o e faço o mal; sou ativo quando escuto a razão, passivo quando minhas paixões me arrastam; e meu pior tormento quando sucumbo é sentir que podia ter resistido.*

"*Meu jovem, escuta com confiança: serei sempre de boa-fé. Se a consciência for obra dos preconceitos, estou errado, sem dúvida, e não há uma moral demonstrada; mas, se se preferir a tudo for uma tendência natural do homem e se apesar disso a primeira consciência de justiça for inata no coração humano, então aquele que faz do homem um ser simples elimine essas contradições e não reconhecerei mais do que uma substância.*

"*Observarás que pela palavra* substância *entendo em geral o ser dotado de alguma qualidade primitiva e deixo de lado todas as modificações particulares ou secundárias. Portanto, se todas as qualidades primitivas que nos são conhecidas podem reunir-se num mesmo ser, devemos admitir somente uma substância; mas, se há qualidades que se excluem mutuamente, há tantas substâncias diversas quantas dessas exclusões puderem ser feitas. Refletirás sobre isso; quanto a mim, não importa o que diga Locke, basta-me conhecer a matéria como extensa e divisível para ter certeza de que ela não pode pensar; e, quando um filósofo vier dizer-me que as árvores sentem e as rochas pensam*[125]*, por muito que tente en-*

---

125. Parece-me que, longe de dizer que as rochas pensam, a filosofia moderna descobriu, ao contrário, que os homens não pensam. Ela agora reconhece na natureza apenas seres sensitivos; e toda a diferença que vê entre um homem e uma pedra é que o homem é um ser sensitivo que tem sensações e a pedra é um ser sensitivo que não as tem. Mas, se é verdade que toda matéria sente, onde concebrei a unidade sensitiva ou o eu individual? Será em cada molécula de matéria ou em corpos agregativos? Colocarei essa unidade igualmente nos fluidos e nos sólidos, nos mistos e nos elementos? Dizem-nos

redar-me em seus argumentos sutis não poderei ver nele mais do que um sofista de má-fé que prefere dar consciência às pedras a atribuir uma alma ao homem.

Suponhamos um surdo que negue a existência dos sons, porque eles nunca impressionaram seu ouvido. Coloco diante dele um instrumento de cordas, cujo uníssono faço soar por outro instrumento, oculto; o surdo vê a corda vibrar; digo-lhe: – É o som que faz isso. – De modo algum, responde ele; a causa da vibração da corda está nela mesma; vibrar assim é uma qualidade comum a todos os corpos. – Mostrai-me então, replico, essa vibração nos outros corpos, ou pelo menos sua causa nesta corda. – Não posso, responde o surdo; mas, se não concebo como esta corda vibra, por que devo explicar isso por vossos sons, dos quais não tenho nem a mínima ideia? É explicar um fato obscuro por uma causa ainda mais obscura. Fazei-me sentir vossos sons ou direi que eles não existem.

"Quanto mais reflito sobre o pensamento e sobre a natureza do espírito humano, mais considero que a argumentação dos materialistas parece a desse surdo. De fato, eles são surdos à voz interior que lhes grita num tom difícil de ignorar: Uma máquina não pensa, não há movimento ou figura que produza a reflexão: alguma coisa em ti procura romper as amarras que a oprimem; o espaço não é tua medida, o Universo inteiro não é bastante grande para ti; teus sentimentos, teus desejos, tua inquietude, mesmo teu orgulho têm outro princípio que não esse corpo estreito no qual te sentes acorrentado.

"Nenhum ser material é ativo por si mesmo, e eu o sou. É inútil contestarem-me isso: sinto-o, e essa percepção que me fala é mais forte do que a razão que a combate. Tenho um corpo sobre o qual os outros corpos agem e que age sobre eles; essa ação recíproca é indubitável; mas minha vontade é independente de meus sentidos; consinto ou resisto, sucumbo ou sou vencedor, e sinto perfeitamente em mim quando faço o que quis fazer e quando estou apenas cedendo a minhas pai-

---

que na natureza há somente indivíduos! Mas, quais são esses indivíduos? Esta pedra é um indivíduo ou uma agregação de indivíduos? É um único ser sensitivo ou contém tantos quantos seus grãos de areia? Se cada átomo elementar é um ser sensitivo, como conceberei essa íntima comunicação pela qual um se sente no outro, de modo que seus dois eus se confundem em um? A atração pode ser uma lei da natureza cujo mistério nos é desconhecido; mas pelo menos concebemos que a atração, agindo de acordo com as massas, nada tem de incompatível com a extensão e a divisibilidade. Concebeis a mesma coisa do sentimento? As partes sensíveis são extensas, mas o ser sensitivo é indivisível e uno; ele não se divide, é todo inteiro ou nulo; portanto, o ser sensitivo não é um corpo. Não sei como nossos materialistas entendem isso, mas me parece que as mesmas dificuldades que os levaram a rejeitar o pensamento deveriam fazê-los rejeitar também o sentimento; e não vejo por que, depois de darem o primeiro passo, não dariam também o outro; o que lhes custaria a mais? E, visto que estão seguros de que não pensam, como ousam afirmar que sentem?

xões. Tenho sempre o poder de querer, não a força de executar. Quando me entrego às tentações, ajo impulsionado pelos objetos externos. Quando me censuro por essa fraqueza, estou escutando minha vontade; sou escravo por meus vícios e livre por meus remorsos; a percepção de minha liberdade só se extingue em mim quando me depravo e por fim impeço a voz da alma de erguer-se contra a lei do corpo.

"Conheço a vontade somente pela percepção que tenho da minha, e não conheço melhor o entendimento. Quando me perguntam qual é a causa que determina minha vontade, por minha vez pergunto qual é a causa que determina meu juízo; pois está claro que essas duas causas são uma única; e, se compreendermos bem que o homem é ativo em seus juízos, que seu entendimento é nada mais do que o poder de comparar e julgar, veremos que sua liberdade não é mais do que um poder semelhante ou derivado daquele: ele escolhe o bom como julgou o verdadeiro; se julgar erroneamente, escolhe mal. Qual é, portanto, a causa que determina sua vontade? É seu juízo. E qual é a causa que determina seu juízo? É sua faculdade inteligente, é seu poder de julgar; a causa determinante está nele mesmo. Adiante disso não entendo mais nada.

'Sem nenhuma dúvida, não tenho a liberdade de não querer meu próprio bem, não tenho a liberdade de querer meu mal; mas minha liberdade consiste justamente em eu só poder querer o que me convém, ou o que estimo que me convém, sem que nada alheio a mim me determine. Acaso disso se conclui que eu não seja senhor de mim porque não sou senhor de ser outro que não eu?

"O princípio de toda ação está na vontade de um ser livre; não podemos ir mais além. Não é a palavra liberdade que nada significa, é a palavra necessidade. Supor algum ato, algum efeito que não derive de um princípio ativo é realmente supor efeitos sem causa, é cair no círculo vicioso. Ou não há um primeiro impulso ou todo primeiro impulso não tem qualquer causa anterior e não há uma vontade verdadeira sem liberdade. Portanto, o homem é livre em suas ações e, como tal, animado por uma substância imaterial: esse é meu terceiro artigo de fé. Desses três primeiros deduzirás facilmente todos os outros sem que eu continue a enumerá-los.

"Se o homem é ativo e livre, age por conta própria; tudo o que faz livremente não entra no sistema ordenado da Providência e não pode ser-lhe imputado. Ela não quer o mal que o homem faz ao abusar da liberdade que lhe dá; mas não o impede de fazê-lo, ou porque, vindo de um ser tão fraco, considera nulo esse mal, ou porque não pode impedi-lo sem coibir-lhe a liberdade e fazer um mal maior ao degradar-lhe a natureza. Ela o fez livre para que praticasse não *o mal e sim o bem, por opção. Tornou-o apto a fazer essa opção utilizando bem as faculdades com que o dotou; mas limitou-lhe tanto as forças que o abuso de liberdade que lhe permite não pode conturbar a ordem geral. O mal que o homem pratica recai sobre ele sem nada mudar no sistema do mundo, sem impedir que a própria espécie humana se conserve, a despeito de si mesma. Resmungar porque Deus não a impede de praticar o mal é resmungar porque Ele a fez de natureza excelente, porque colocou em suas ações a moralidade que as enobrece, porque lhe deu direito à virtude. O gozo supremo consiste em estar contente consigo mesmo; é para merecer esse contentamento que fomos colocados na Terra e dotados de liberdade, que somos tentados pelas paixões e detidos pela consciência. O que mais o poder divino podia fazer em nosso benefício? Podia colocar contradição em nossa natureza e dar o prêmio de ter agido bem para quem não teve o poder de agir mal? Ora essa, para impedir o homem de ser mau era preciso limitá-lo ao instinto e fazê-lo bicho? Não, Deus de minha alma, nunca te reprovarei por tê-lo feito à tua imagem, para que eu possa ser livre, bom e venturoso como tu.*

"*É o abuso de nossas faculdades que nos torna infelizes e maus. Nossas tristezas, nossas preocupações, nossos sofrimentos provêm-nos de nós. O mal moral é incontestavelmente obra nossa e o mal físico nada seria sem nossos vícios, que nos fizeram senti-lo. Acaso não é para conservar-nos que a natureza nos faz sentir nossas necessidades? Não é a dor corporal um sinal de que a máquina está funcionando mal e um aviso para sanarmos isso? A morte... Não envenenam os maus sua própria vida e a nossa? Quem gostaria de viver para sempre? A morte é o remédio para os males que fazemos a nós mesmos; a natureza quis que não sofrêssemos para sempre. Como são poucos os males a que está sujeito o homem que vive na simplicidade primitiva! Vive quase sem doenças, bem como sem paixões, e não prevê nem sente a morte; quando a sente, suas misérias tornam-na desejável: então ela já não lhe é um mal. Se nos contentássemos em ser o que somos, não teríamos de deplorar nossa sorte; mas para buscarmos um bem-estar imaginário adquirimos mil males reais. Quem não souber suportar um pouco de sofrimento deve preparar-se para sofrer muito. Quem danificou sua constituição com uma vida desregrada quer restabelecê-la com remédios; ao mal que sente acrescenta o mal que teme; a previsão da morte torna-a horrível e acelera-a; quanto mais tenta evitá-la, mais a sente; e morre de medo durante toda a vida, culpando a natureza pelos males que a ofendendo fez a si mesmo.*

"Homem, não procures mais o autor do mal; esse autor és tu mesmo. O único mal que existe é o que fazes ou sofres, e ambos vêm de ti. O mal geral somente pode estar na desordem e vejo no sistema do mundo uma ordem que não se contradiz. O mal particular está apenas no sentimento do ser que sofre; e o homem não recebeu da natureza esse sentimento: adquiriu-o. A dor tem pouco domínio sobre alguém que, tendo refletido pouco, não tem lembranças nem previsões. Eliminai nossos funestos progressos, eliminai nossos erros e nossos vícios, eliminai a obra do homem e tudo está bem.

"Onde tudo está bem nada é injusto. A justiça é inseparável da bondade; e a bondade é o efeito necessário de um poder sem limite e de amor a si, essencial para todo ser que se sente. Aquele que tudo pode estende, digamos assim, sua existência com a dos seres. Produzir e conservar são o ato perpétuo da potestade; ela não age sobre o que não existe; Deus não é o Deus dos mortos, não poderia ser destruidor e mau sem prejudicar-se. Aquele que tudo pode só pode querer o que é bom[126]. Portanto, o Ser soberanamente bom porque é soberanamente poderoso deve ser também soberanamente justo, do contrário contradiria a si mesmo; pois o amor à ordem que produz a ordem chama-se bondade, e o amor à ordem que a conserva chama-se justiça.

"Dizem-nos que Deus nada deve a suas criaturas. Creio que lhes deve tudo o que lhes prometeu ao dar-lhes o ser. E dar-lhes a ideia de um bem e fazê-las sentir necessidade dele é prometê-lo. Quanto mais me concentro, quanto mais me consulto, mais leio estas palavras escritas em minha alma: *Sê justo e serás feliz*. Entretanto, se considerarmos o estado atual das coisas, nada disso acontece: o mau prospera e o justo vive oprimido. Podes ver também quanta indignação irrompe em nós quando essa expectativa é frustrada! A consciência exalta-se e protesta contra seu autor; brada-lhe gemendo: *Tu me enganaste!*

"*Enganei-te, temerário? E quem te disse isso? Acaso tua alma está extinta? Cessaste de existir? Ah, Brutus, ah, meu filho! Não macules ao morrer tua nobre vida; não deixes com teu corpo tua esperança e tua glória nos campos de Filipe. Por que dizes: A virtude nada é, quando vais desfrutar o prêmio pela tua? Pensas que vais morrer; não, vais viver, e é então que cumprirei tudo o que te prometi.*

---

126. Quando os antigos chamavam de *optimus maximus* o Deus supremo, falavam a verdade; mas, se dissessem *maximus optimus* teriam falado com mais exatidão, visto que sua bondade provém de seu poder; Ele é bom porque é grande.

"Pelas reclamações dos mortais impacientes, diríamos que Deus lhes deve a recompensa antes do mérito e que Ele é obrigado a pagar-lhes a virtude antecipadamente. Ah, sejamos bons primeiro e depois seremos felizes! Não exijamos o prêmio antes da vitória nem o salário antes do trabalho. Não é na liça que os vencedores de nossos jogos sagrados são coroados, é depois que a percorreram, dizia Plutarco.

"Se a alma é imaterial, pode sobreviver ao corpo; e se sobrevive a ele a Providência está justificada. Ainda que a única prova que eu tivesse da imaterialidade da alma fosse o triunfo do perverso e a opressão do justo neste mundo, isso bastaria para impedir-me de duvidar dela. Uma dissonância tão chocante na harmonia do Universo me levaria a procurar resolvê-la. Diria comigo: Nem tudo termina para nós com a vida, tudo volta à ordem com a morte. Na verdade, teria o problema de perguntar-me onde está o homem quando tudo o que ele tinha de sensível está destruído. Essa questão deixou de ser uma dificuldade para mim no momento em que reconheci duas substâncias. É muito simples que durante minha vida corporal, percebendo tudo apenas por meus sentidos, o que não está sujeito a eles me escape. Quando a união entre o corpo e a alma é rompida, concebo que aquele pode desfazer-se e esta, conservar-se. Por que a destruição de um provocaria a destruição da outra? Ao contrário, por serem de naturezas tão diferentes, ambos, quando unidos, encontravam-se num estado violento; e quando essa união cessa os dois voltam a seu estado natural: a substância ativa e viva recupera toda a força que empregava para mover a substância passiva e morta. Ai! meus vícios fazem-me sentir demais que durante sua vida o homem só vive pela metade e que a vida da alma só começa com a morte do corpo.

"Mas, qual é essa vida? E a alma é imortal por sua natureza? Meu entendimento limitado não concebe coisa alguma sem limites: tudo o que chamam de infinito me escapa. O que posso negar, afirmar? Que raciocínios posso fazer sobre o que não consigo conceber? Acredito que a alma sobrevive ao corpo o suficiente para a manutenção da ordem: o que sabe se é o suficiente para durar para sempre? No entanto, concebo como o corpo se desgasta e se destrói pela divisão das partes; mas não posso conceber uma destruição semelhante do ser pensante; e, não imaginando como ele pode morrer, presumo que não morra. Já que essa presunção me consola e nada tem de irracional, por que eu temeria ceder a ela?

"Sinto minha alma, conheço-a pelo sentimento e pelo pensamento, sei que ela existe, sem saber qual é sua essência; não posso argumentar sobre ideias que não tenho. O que sei bem é que a identidade do eu se prolonga pela memória e que *para ser efetivamente o mesmo preciso lembrar-se de haver sido. Ora, depois de minha morte eu não poderia lembrar-me do que fui em vida sem lembrar-me também do que senti e, portanto, do que fiz; e não tenho dúvida de que essa lembrança constituirá um dia a bem-aventurança dos bons e o tormento dos maus. Aqui no mundo, mil paixões ardentes absorvem a consciência interior e ludibriam os remorsos. As humilhações, as desgraças que a prática das virtudes atrai impedem-nos de sentir todos seus encantos. Mas quando, libertos das ilusões que o corpo e os sentidos nos criam, desfrutarmos a contemplação do Ser Supremo e das verdades eternas das quais ele é a fonte, quando a beleza da ordem tocar todas as forças de nossa alma e estivermos ocupados unicamente em comparar o que fizemos com o que devíamos ter feito, é então que a voz da consciência recuperará sua força e seu domínio, é então que a voluptuosidade pura que nasce do contentamento consigo mesmo e o amargo arrependimento de ter se aviltado distinguirão com sentimentos inesgotáveis a sorte que cada um terá preparado para si. Não me perguntes, meu bom amigo, se haverá outras fontes de felicidade e de sofrimentos; ignoro-o; e as que imagino já bastam para consolar-me desta vida e fazer-me esperar outra. Não digo que os bons serão recompensados; pois que outro bem pode esperar um ser excelente, a não ser o de existir segundo sua natureza? Mas digo que serão felizes, porque seu autor, o autor de toda justiça, ao fazê-los sensíveis não os fez para sofrerem; e porque, ao não abusarem de sua liberdade na Terra, não foram culpados de frustrar seu destino: entretanto, sofreram nesta vida e, portanto, serão compensados em outra. Esse modo de ver baseia-se menos no mérito do homem do que na noção de bondade que me parece inseparável da essência divina. Não faço mais do que supor observadas as leis da ordem e Deus constante para si mesmo*[127].

"*Tampouco me perguntes se os tormentos dos maus serão eternos; também o ignoro e não tenho a vã curiosidade de esclarecer questões inúteis. Que me importa o que acontecerá com os maus? Sua sorte pouco me interessa. No entanto, acho difícil acreditar que sejam condenados a tormentos sem fim. Se a suprema justiça se vinga, vinga-se já nesta vida. Vós e vossos erros sois seus ministros, ó, nações! Ela emprega os males que vos causais para punir os crimes que os atraíram. É em vossos corações insaciáveis, corroídos de inveja, avareza e ambição,*

---

127. *Não por nós, não por nós, Senhor. Mas por teu nome, mas por tua própria honra, ó, Deus, faze-nos reviver!* (Sl 115/113B,1).

que no seio de vossas falsas prosperidades as paixões vingadoras punem vossos desmandos. Qual é a necessidade de ir procurar o inferno na outra vida? Ele já está nesta aqui, no coração dos maus.

"*Onde acabam nossas necessidades perecíveis, onde cessam nossos desejos insensatos devem cessar também nossas paixões e nossos crimes. De qual perversidade puros espíritos seriam passíveis? Não tendo necessidade de nada, por que seriam maus? Se, destituídos de nossos sentidos grosseiros, toda sua ventura consiste na contemplação dos seres, somente podem querer o bem; e quem parar de ser mau pode ser miserável para sempre? É nisso que me inclino a crer, sem dar-me o trabalho de decidir. Ó, Ser clemente e bom, quaisquer que sejam teus decretos, adoro-os; se punes os maus, anulo minha fraca razão perante tua justiça. Mas, se os remorsos desses desafortunados devem extinguir-se com o tempo, se seus males devem chegar ao fim e a mesma paz aguarda todos nós igualmente um dia, louvo-te por isso. Acaso o mau não é meu irmão? Quantas vezes tentei assemelhar-me a ele! Liberto de sua miséria, perca ele também a malignidade que o acompanha; seja feliz como eu: em vez de provocar-me inveja, sua felicidade aumentará a minha.*

Foi assim que, contemplando Deus em suas obras e estudando-o pelos atributos seus que me importava conhecer, cheguei a ampliar e aumentar gradativamente a ideia – de início imperfeita e limitada – que eu fazia desse ser imenso. Mas, se essa ideia se tornou mais nobre e maior, é também menos proporcional à razão humana. À medida que meu espírito vai se aproximando da luz eterna, seu brilho ofusca-me, perturba-me e sou forçado a abandonar todas as noções terrestres que me ajudavam a imaginá-la. Deus já não é corporal e sensível; a Suprema Inteligência que rege o mundo já não é o próprio mundo; elevo e fatigo em vão meu espírito para conceber sua essência. Quando penso que é ela que dá vida e atividade à substância viva e ativa que governa os corpos animados; quando ouço dizer que minha alma é espiritual e que Deus é um espírito, fico indignado contra esse aviltamento da essência divina; como se Deus e minha alma fossem da mesma natureza; como se Deus não fosse o único ser absoluto, o único realmente ativo, sentindo, pensando, querendo por si mesmo e do qual recebemos o pensamento, o sentimento, a atividade, a vontade, a liberdade, o ser! Só somos livres porque Ele quer que o sejamos, e sua substância inexplicável é para nossas almas o que nossas almas são para nossos corpos. Se Ele criou a matéria, os corpos, os espíritos, o mundo, não sei. A ideia de criação confunde-me e está acima de meu alcance: acredito nela até onde posso concebê-la; mas sei que Ele formou o Universo e tudo o que existe, que fez tudo, ordenou tudo. Deus é eterno, sem dúvida alguma; mas pode meu espírito abarcar a ideia de eternidade? Por que me contentar com palavras sem ideia? O que concebo é que ele é antes das coisas, será enquanto elas subsistirem e seria mesmo depois, se tudo fosse terminar um dia. Que um ser que não concebo dê existência a outros seres me é obscuro e incompreensível; mas o ser e o nada converterem-se por si mesmos um no outro é uma contradição palpável, é um absurdo evidente.

"*Deus é inteligente; mas como o é? O homem é inteligente quando raciocina, e a Suprema Inteligência não tem necessidade de raciocinar; para ela não há premissas nem consequências, nem sequer há proposições: é puramente intuitiva, vê igualmente tudo o que é e tudo o que pode ser; todas as verdades são para ela uma única ideia, assim como todos os lugares são um único ponto e todos os tempos, um único momento. O poder humano age por meios, o poder divino age por si mesmo. Deus pode porque quer; sua vontade constitui seu poder. Deus é bom, não há nada mais manifesto; mas no homem a bondade é o amor a seus semelhantes e a bondade de Deus é o amor à ordem; pois é pela ordem que Ele mantém o que existe e liga cada parte com o todo. Deus é justo; tenho convicção disso, é uma consequência de sua bondade; a injustiça dos homens é obra deles e não sua; a desordem moral, que aos olhos dos filósofos depõe contra a Providência, não faz mais do que demonstrá-la para os meus. Mas a justiça do homem consiste em dar a cada um o que lhe pertence e a justiça de Deus, em pedir contas a cada um do que ele lhe deu.*

"*E, se venho a descobrir sucessivamente esses atributos dos quais não tenho nenhuma ideia absoluta, é por meio de consequências forçadas, é pelo bom uso de minha razão; mas afirmo-os sem compreendê-los e, no fundo, isso é não afirmar coisa alguma. Em vão digo comigo: Deus é assim, sinto isso, provo-o para mim; mas não consigo conceber como Deus pode ser assim.*

"*Por fim, quanto mais me empenho em contemplar sua essência infinita, menos a concebo; mas ela é, e isso me basta; quanto menos a concebo, mais a adoro. Humilho-me e digo-lhe: Ser dos seres, eu sou porque tu és; meditar-te sem cessar é elevar-me até minha fonte. O uso mais digno de minha razão é anular-se diante de ti – sentir-me prostrado por tua grandeza é o enlevo de meu espírito, o encanto de minha fraqueza.*

"*Depois de, partindo da impressão dos objetos sensíveis e da percepção interior que me leva a avaliar as causas de acordo com minhas luzes naturais, ter deduzido assim as principais verdades que me importava conhecer, resta-me buscar quais máximas devo extrair delas para minha conduta e quais regras devo prescrever-me para cumprir meu destino na Terra de acordo com a intenção daquele que me colocou aqui. Seguindo sempre meu método, não extraio essas regras dos princípios de uma alta filosofia e sim encontro-as no âmago de meu coração, escritas pela natureza com caracteres indeléveis. Tenho apenas de consultar-me sobre o que quiser fazer: tudo o que sinto ser bom é bom, tudo o que sinto ser mau é mau: o melhor de todos os casuístas é a consciência; e é apenas quando negociamos com ela que recorremos às sutilezas da argumentação. O primeiro de todos os cuidados é o cuidado conosco mesmos; entretanto, quantas vezes a voz interior diz-nos que conseguindo nosso bem à custa de outrem agimos mal! Acreditamos seguir o impulso da natureza e resistimos a ela; escutando o que ela diz a nossos sentidos menosprezamos o que diz a nossos corações: o ser ativo obedece, o ser passivo comanda. A consciência é a voz da alma, as paixões são a voz do corpo. Será espantoso que frequentemente essas duas linguagens se contradigam? E então qual devemos escutar? Com excessiva frequência a razão nos engana, temos direito sobrado de rejeitá-la; mas a consciência nunca engana; ela é o verdadeiro guia do homem: é para a alma o que o instinto é para o corpo*[128]; *quem a segue obedece a natureza e não teme perder-se. Esse ponto é importante –*

---

[128]. A filosofia moderna, que admite apenas o que explica, não se preocupa em admitir essa obscura faculdade chamada *instinto*, que parece guiar, sem qualquer conhecimento adquirido, os animais para algum fim. Segundo um de nossos mais sábios filósofos (Condillac), o instinto é tão somente um hábito destituído de reflexão, mas adquirido refletindo; e da maneira como ele explica essa progressão devemos concluir que as crianças refletem mais do que os homens – paradoxo bastante estranho para valer o trabalho de ser examinado. Sem entrar aqui nessa discussão, pergunto que nome devo dar ao entusiasmo com que meu cão ataca as toupeiras, que não come, à paciência com que as espreita às vezes durante horas inteiras e à habilidade com que as agarra, arranca-as da terra assim que assomam e em seguida mata-as e larga-as ali, sem que nunca alguém o tenha treinado para essa caçada e ensinado que nesse lugar havia toupeiras. Pergunto também, e isto é mais importante, por que, na primeira vez em que ameacei esse mesmo cão, ele se jogou de costas, com as patas encolhidas, numa atitude suplicante e a mais adequada para comover-me – postura em que teria evitado permanecer se, sem deixar-me abrandar, eu lhe tivesse batido nessa situação. Com que então meu cachorro, ainda filhote e quase recém-nascido, já havia adquirido ideias morais? Sabia o que eram clemência e generosidade? Com que luzes adquiridas esperava apaziguar-me entregando-se assim à mercê de mim? Todos os cães do mundo fazem mais ou menos a mesma coisa no mesmo caso, e não estou dizendo algo que todo mundo não possa verificar. Os filósofos, que tão desdenhosamente rejeitam o instinto, queiram ter a bondade de explicar esse fato simplesmente pelo jogo das sensações e dos conhecimentos que elas nos levam a adquirir; expliquem-no de um modo satisfatório para todo homem sensato; então nada mais terei a dizer e não falarei mais de instinto.

prosseguiu meu benfeitor, visto que eu ia interrompê-lo –: *tolerai que eu me detenha um pouco mais em esclarecê-lo.*

"Toda a moralidade de nossas ações está no juízo que nós mesmos fizermos sobre elas. Se for verdade que o bem é bom, ele deve estar tanto no fundo de nossos corações como em nossas obras, e o primeiro prêmio da justiça é sentirmos que a praticamos. Se a bondade moral for conforme com nossa natureza, o homem só pode ser sadio de espírito ou bem constituído na medida em que for bom. Se não o for e o homem for naturalmente mau, ele não pode deixar de sê-lo sem corromper-se e a bondade é nele um vício contra a natureza. Feito para prejudicar seus semelhantes como o lobo para decapitar sua presa, um homem humano seria um animal tão depravado quanto um lobo compassivo; e somente a virtude nos deixaria remorsos.

"Observemos nosso próprio íntimo, meu jovem amigo! Examinemos, afastando todo interesse pessoal, para que lado nossas inclinações nos levam. Que espetáculo nos deleita mais: o dos tormentos de outrem ou o de sua felicidade? O que nos é mais gostoso fazer e nos deixa uma impressão mais agradável depois de feito: um ato de beneficência ou um ato de maldade? Por quem nos interessamos em nossas peças teatrais? São os atos criminosos que nos causam prazer? É por seus autores punidos que vertemos lágrimas? Dizem que tudo nos é indiferente, exceto nosso interesse; e, muito ao contrário, as doçuras da amizade, da humanidade consolam-nos em nossos sofrimentos; e mesmo em nossos prazeres seríamos excessivamente sós, excessivamente miseráveis se não tivéssemos com quem compartilhá-los. Se nada há de moral no coração do homem, de onde lhe vêm então esses transportes de admiração pelas ações heroicas, esses arrebatamentos de amor pelas grandes almas? Que relação esse entusiasmo pela virtude tem com nosso interesse privado? Por que eu gostaria de ser Catão, que rasga suas entranhas, em vez de César triunfante? Elimina de nossos corações esse amor ao belo e estarás eliminando todo o encanto da vida. Aquele cujas paixões vis sufocaram-lhe na alma estreita esses sentimentos deliciosos; aquele que, de tanto concentrar-se dentro de si, acaba amando apenas a si mesmo não tem mais arrebatamentos, seu coração gelado não palpita mais de alegria; um suave enternecimento nunca lhe umedece os olhos; não desfruta mais nada; esse infeliz não sente mais, não vive mais; já está morto.

"Mas, seja qual for o número de maus na Terra, há poucas dessas almas cadavéricas que, com exceção de seu próprio interesse, tornaram-se insensíveis

a tudo o que for justo e bom. A iniquidade só agrada quando nos beneficia; em todo o restante queremos que o inocente seja protegido. Se virmos numa rua ou numa estrada algum ato de violência e de injustiça, instantaneamente um impulso de cólera e de indignação ergue-se em nosso coração e leva-nos a tomar a defesa do oprimido; mas um dever mais forte nos retém e as leis tiram-nos o direito de proteger a inocência. Ao contrário, se presenciamos de algum ato de clemência ou de generosidade, que admiração, que amor ele nos inspira! Quem é que não diz consigo: Eu gostaria de ter feito a mesma coisa? Seguramente pouco nos importa que um homem tenha sido mau ou justo há dois mil anos; e, entretanto, sentimos pela história antiga o mesmo interesse que sentiríamos se tudo aquilo houvesse acontecido em nossos dias.

"Os crimes de Catilina afetam-me em quê? Acaso tenho medo de ser sua vítima? Então por que tenho dele o mesmo horror que se fosse meu contemporâneo? Não detestamos os maus somente porque nos prejudicam, mas porque são maus. Não apenas queremos ser felizes: queremos também a felicidade de outrem e, quando essa felicidade nada custa para a nossa, aumenta-a. Por fim, mesmo a contragosto, temos pena dos desafortunados; quando testemunhamos sua desgraça, sofremos com ela. Mesmo os mais perversos não conseguem perder totalmente essa tendência; muitas vezes ela os coloca em contradição consigo mesmos. O ladrão que espolia os passantes também cobre a nudez do pobre; e o mais feroz assassino sustenta um homem que cai desmaiando.

"Falam do brado do remorso, que pune em segredo os crimes ocultos e tantas vezes coloca-os em evidência. Ai, quem de nós nunca ouviu essa voz importuna? Falamos por experiência e gostaríamos de sufocar esse sentimento tirânico que tanto nos atormenta. Obedeçamos à natureza e conheceremos com que doçura ela reina e que encanto encontramos, depois de escutá-la, em dar-nos um bom testemunho de nós mesmos. O mau teme-se e foge de si; alegra-se projetando-se para fora de si; lança ao redor olhares inquietos e procura um objeto que o divirta; sem a sátira amarga, sem a zombaria insultuosa estaria sempre triste; o riso de escárnio é seu único prazer. Ao contrário, a serenidade do justo é interior; seu riso não é de malignidade e sim, de alegria; leva em si mesmo a origem dela; é tão alegre sozinho quanto num círculo de pessoas; não obtém seu contentamento dos que lhe estão próximos: transmite-o a eles.

"Olha para todas as nações do mundo, percorre todas as histórias. Em meio a tantos cultos desumanos e bizarros, em meio a essa prodigiosa diversidade de

costumes e de caracteres, encontrarás por toda parte as mesmas ideias de justiça e de honradez, por toda parte as mesmas noções de bem e de mal. O paganismo antigo engendrou deuses abomináveis, que na Terra teriam sido punidos como celerados e que apresentavam como quadro da felicidade suprema apenas crimes a cometer e paixões a satisfazer. Mas o vício, armado de uma autoridade sagrada, em vão descia da morada eterna: o instinto moral expulsava-o do coração dos humanos. Ao celebrar os debochues de Júpiter, admiravam a continência de Xenócrates; a casta Lucrécia adorava a impudica Vênus; o intrépido romano oferecia sacrifícios ao Pavor; invocava o deus que mutilou o pai e morria sem queixar-se pela mão do seu. As divindades mais desprezíveis foram cultuadas pelos maiores homens. A santa voz da natureza, mais forte do que a dos deuses, fazia-se respeitar na Terra e parecia relegar para o céu o crime junto com os culpados.

"*Portanto, há no fundo das almas um princípio inato de justiça e virtude, com base no qual, apesar de nossas próprias máximas, julgamos nossas ações e as de outrem como boas ou más, e é a esse princípio que dou o nome de consciência.*

"*Mas ante essa palavra ouço erguer-se de todos os lados o clamor dos pretensos sábios: Erros da infância, preconceitos da educação! bradam todos em uníssono. Não há no espírito humano nada além do que nele é introduzido pela experiência e não julgamos coisa alguma sem nos basearmos em ideias adquiridas. Eles fazem mais: ousam rejeitar essa concordância evidente e universal de todas as nações; e contra a notória uniformidade de juízo dos homens vão buscar nas trevas algum exemplo obscuro e conhecido apenas por eles; como se todas as inclinações da natureza fossem anuladas pela depravação de um povo e como se, uma vez que há monstros, a espécie não fosse mais nada. Mas de que servem para o cético Montaigne os trabalhos que se dá para desenterrar num rincão do mundo um costume oposto às noções da justiça? De que lhe serve dar aos mais suspeitos viajantes a autoridade que recusa aos escritores mais célebres? Alguns usos incertos e bizarros, fundamentados em causas locais que nos são desconhecidas, destruirão a indução geral extraída da convergência de todos os povos, opostos em todo o restante e concordes sobre esse único ponto? Montaigne, tu que te gabas de franqueza e veracidade, sê sincero e verdadeiro – se um filósofo pode sê-lo – e dize-me se há na Terra um só país onde seja um crime respeitar a própria fé, ser clemente, benfazejo, generoso; onde o homem de bem seja desprezado e o pérfido, reverenciado.*

"*Dizem que cada qual contribui para o bem público por interesse pessoal. Mas então como se explica que o justo contribua para ele em detrimento de si mesmo? O que é ir para a morte por interesse pessoal? Certamente ninguém age se não for para seu bem; mas, se há um bem moral que precisamos levar em conta, o interesse pessoal sempre explicará apenas as ações dos maus. É de crer até mesmo que ninguém tentará ir mais longe. Seria uma filosofia abominável demais aquela que se atrapalhasse com as ações virtuosas; que só conseguisse sair do apuro atribuindo-lhes intenções baixas e motivos sem virtude; que fosse forçada a aviltar Sócrates e caluniar Régulo. Se porventura tais doutrinas conseguissem germinar entre nós, a voz da natureza e também a voz da razão se ergueriam incessantemente contra elas e nunca permitiriam a qualquer de seus partidários a desculpa de sê-lo de boa-fé.*

"Não tenho a intenção de entrar aqui em discussões metafísicas que estão além de meu alcance e do teu e que, no fundo, levam a nada. Já te disse que não queria filosofar contigo e sim, ajudar-te a consultar teu coração. Mesmo que todos os filósofos provassem que estou errado, se sentires que tenho razão é tudo o que quero.

"Para isso basta fazer-te distinguir entre nossas ideias adquiridas e nossos sentimentos naturais; pois sentimos antes de conhecer; e, como não aprendemos a querer nosso bem e evitar nosso mal, mas recebemos da natureza essa vontade, assim também o amor ao bom e o ódio ao mau nos são tão naturais quanto o amor a nós mesmos. Os atos da consciência não são juízos e sim, sentimentos. Embora todas as nossas ideias nos venham de fora, os sentimentos que as avaliam estão dentro de nós e é somente por eles que conhecemos a compatibilidade ou incompatibilidade que existe entre nós e as coisas que devemos respeitar ou evitar.

"Existir para nós é sentir; nossa sensibilidade é incontestavelmente anterior a nossa inteligência e antes de ideias tivemos sentimentos[129]*. Qualquer que seja a causa de nosso ser, ela assegurou nossa conservação dando-nos sentimentos adequados a nossa natureza; e ninguém pode negar que pelo menos esses são inatos. Quanto ao indivíduo, esses sentimentos são o amor a si, o medo da dor, o horror à morte, o desejo de bem-estar. Mas se, como é indubitável, o homem é sociável por natureza ou pelo menos feito para tornar-se sociável, só pode sê-lo por outros*

---

129. Sob certos aspectos, as ideias são sentimentos e os sentimentos são ideias. Os dois nomes são apropriados para toda percepção que nos ocupa tanto de seu objeto quanto de nós mesmos, que somos afetados por ele; é apenas a ordem desse afeto que determina o nome que lhe convém. Quando, ocupados primeiramente com o objeto, só pensamos em nós por reflexão, trata-se de uma ideia; ao contrário, quando a impressão recebida excita primeiro nossa atenção e só por reflexão pensamos no objeto que a causa, trata-se de um sentimento.

sentimentos inatos, relativos à sua espécie; pois, se considerarmos apenas a necessidade física, seguramente ele deve dispersar os homens em vez de aproximá-los. E é do sistema moral formado por essa dupla relação do homem consigo mesmo e com seus semelhantes que nasce o impulso da consciência. Conhecer o bem não é amá-lo; o homem não tem dele um conhecimento inato, mas, tão logo sua razão o leva a conhecê-lo, sua consciência leva-o a amá-lo: é esse sentimento que é inato.

"*Portanto, meu amigo, não creio que seja impossível explicar por consequências de nossa natureza o princípio imediato da consciência, independente da razão em si. E, mesmo que isso fosse impossível, não seria necessário; pois, visto que os que negam esse princípio aceito e reconhecido por todo o gênero humano não provam que ele não exista, limitando-se a afirmar isso, quando afirmamos que existe estamos tão bem fundamentados quanto eles e temos a mais o testemunho interior e a voz da consciência, que depõe em favor de si mesma. Se os primeiros lampejos do juízo ofuscarem-nos e inicialmente confundirem os objetos a nosso olhar, aguardemos que nossos olhos fracos voltem a abrir-se, a firmar-se; e logo voltaremos a ver esses mesmos objetos com as luzes da razão, tais como a natureza nos mostrava inicialmente; ou melhor, sejamos mais simples e menos vãos: limitemo-nos aos primeiros sentimentos que encontramos em nós mesmos, visto que é sempre a eles que o estudo nos reconduz quando não nos extraviou.*

Consciência! Consciência! Instinto divino, voz imortal e celeste; guia seguro de um ser ignorante e limitado, mas inteligente e livre; juiz infalível do bem e do mal, que tornas o homem semelhante a Deus, és tu que dás excelência a sua natureza e moralidade a suas ações; sem ti nada sinto em mim que me eleve acima dos animais, exceto o triste privilégio de ir me perdendo de erro em erro, guiado por um entendimento sem regras e uma razão sem princípios.

"*Graças aos céus, agora estamos livres de todo esse pavoroso aparato de filosofia: podemos ser homens sem sermos doutos; dispensados de consumir nossa vida estudando a moral, temos sem grande esforço um guia mais seguro nesse imenso dédalo das opiniões humanas. Mas não basta que esse guia exista: precisamos saber reconhecê-lo e segui-lo. Se ele fala a todos os corações, por que tão poucos o escutam? Ah! é porque nos fala a língua da natureza, que tudo nos levou a esquecermos. A consciência é tímida, gosta de recolhimento e de paz; o mundo e o barulho assustam-na: os preconceitos dos quais a dizem nascida são seus inimigos mais cruéis; diante deles foge ou cala-se: sua voz ruidosa abafa a dela e impede-a de ser ouvida; o fanatismo ousa falsificá-la e ditar o crime em* seu nome. De tanto ver-se despedida, ela por fim desanima: não nos fala mais, não nos responde mais e, depois de menosprezada tão longamente, chamá-la de volta é tão custoso quanto foi custoso bani-la.

"Quantas vezes em minhas buscas me cansei da frieza que sentia em mim! Quantas vezes a tristeza e o tédio, vertendo seu veneno sobre minhas primeiras meditações, tornaram-nas insuportáveis! Meu coração árido oferecia ao amor pela verdade somente um zelo lânguido e tíbio. Dizia comigo: Por que atormentar-me buscando o que não existe? O bem moral não passa de uma quimera; não há nada bom, exceto os prazeres dos sentidos. Oh, uma vez perdido o gosto pelos prazeres da alma, como é difícil recuperá-lo! Mais difícil ainda é adquiri-lo quem nunca o teve! Se existisse um homem tão miserável que em toda sua vida não houvesse feito coisa alguma cuja lembrança o deixasse contente consigo mesmo e feliz por haver vivido, esse homem seria incapaz de chegar a conhecer-se; e, por não sentir a bondade que convém para sua natureza, permaneceria maldoso à força e seria eternamente infeliz. Mas julgas que haja no mundo inteiro um só homem depravado a ponto de nunca ter entregue o coração à tentação de agir bem? Essa tentação é tão natural e tão suave que é impossível resistir-lhe sempre; e a lembrança do prazer que causou basta para trazê-la de volta continuamente. Infelizmente, no início é difícil satisfazê-la; temos mil razões para nos negarmos à inclinação de nosso coração; a falsa prudência encerra-a nos limites do eu humano; são necessários mil esforços de ânimo para ousar vencê-los. Comprazer-se em agir bem é o prêmio por ter agido bem, e esse prêmio só é obtido por merecimento. Nada é mais amável do que a virtude; mas para achá-la amável é preciso desfrutá-la. Quando queremos abraçá-la como ao Proteu[130] da fábula, inicialmente ela assume mil formas assustadoras e por fim só se mostra com a sua àqueles que não afrouxaram o abraço.

"Atacado sem cessar por meus sentimentos naturais que falavam em prol do interesse comum e por minha razão que relacionava tudo comigo, eu teria vagado durante toda a vida nessa alternativa contínua, fazendo o mal, amando o bem e sempre contrário a mim mesmo, se novas luzes não houvessem aclarado meu coração, se a verdade, que fixou minhas opiniões, também não houvesse firmado minha conduta e me harmonizado comigo. Por mais que queiramos estabelecer a virtude somente pela razão, que base sólida podemos dar-lhe? Dizem eles que a

---

130. Deus marinho, filho de Poseidon; possui o dom de profetizar, mas só o faz depois de ser acorrentado durante a sesta e de tentar escapar assumindo formas assustadoras ou fluidas [N.T.].

virtude é o amor à ordem. Mas então esse amor pode e deve sobrepujar em mim o amor ao meu bem-estar? Deem-me um motivo claro e suficiente para preferi-lo. No fundo, seu pretenso princípio é um puro jogo de palavras; pois eu também digo que o vício é o amor à ordem tomado num sentido diferente. Há alguma ordem moral em toda parte onde houver sentimento e inteligência. A diferença é que o bom se ordena com relação ao todo e o mau ordena o todo com relação a si. Este faz de si o centro de todas as coisas; aquele mede seu raio e atém-se à circunferência. Então ele está ordenado com relação ao centro comum, que é Deus, e com relação a todos os círculos concêntricos, que são as criaturas. Se a Divindade não existir, o mau é o único que raciocina, o bom não passa de um insensato.

"Ah, meu filho, oxalá possas um dia sentir de que peso somos aliviados quando, depois de esgotar a vanidade das opiniões humanas e experimentar o amargor das paixões, por fim encontramos tão perto de nós o caminho da sabedoria, o prêmio dos trabalhos desta vida e a fonte da felicidade de que havíamos desesperado! Todos os deveres da lei natural, quase apagados de meu coração pela injustiça dos homens, nele se reescrevem em nome da justiça eterna que os impõe a mim e que me vê cumpri-los. Agora sinto em mim somente a obra e o instrumento do grande Ser que quer o bem, que o faz, que fará o meu pela conjunção de minhas vontades com as suas e pelo bom uso de minha liberdade; concordo com a ordem que ele estabelece, seguro de eu mesmo um dia desfrutar essa ordem e nela encontrar minha bem-aventurança; pois, que bem-aventurança mais doce do que se sentir ordenado num sistema em que tudo é bom? Nas garras da dor, suporto-a com paciência, pensando que é passageira e vem de um corpo que não é meu. Se faço uma boa ação sem testemunhas, sei que ela é vista e atesto para a outra vida minha conduta nesta. Ao sofrer uma injustiça, digo comigo: o Ser justo que tudo governa saberá indenizar-me dela; as necessidades de meu corpo, as misérias de minha vida tornam-me mais suportável a ideia da morte. Serão menos vínculos a romper quando tiver de deixar tudo.

"Por que minha alma está sujeita a meus sentidos e acorrentada a este corpo que a escraviza e atrapalha? Não sei: acaso penetrei nos decretos de Deus? Mas posso, sem temeridade, formar conjecturas modestas. Digo comigo: Se o espírito do homem houvesse permanecido livre e puro, que mérito haveria em amar e seguir a ordem que veria estabelecida e não teria interesse algum em perturbar? Seria feliz, é verdade; mas faltaria a sua felicidade o grau mais sublime, a glória da virtude e o bom testemunho de si; seria como os anjos; e sem dúvida o homem *virtuoso será mais do que eles. Unida a um corpo mortal por vínculos tão poderosos quanto incompreensíveis, o cuidado com a conservação desse corpo incita a alma a remeter tudo a ele e dá-lhe um interesse contrário à ordem geral, que entretanto ela é capaz de ver e amar; é então que o bom uso de sua liberdade se torna simultaneamente o mérito e a recompensa, e que, combatendo suas paixões terrestres e mantendo-se em sua vontade primeira, ela prepara para si uma felicidade inalterável.*

"*E se, mesmo no estado de rebaixamento em que nos encontramos durante esta vida, todas nossas inclinações são legítimas, se todos nossos vícios provêm de nós mesmos, por que nos queixamos de ser subjugados por eles? Por que reprovamos no autor das coisas os males que nos fazemos e os inimigos que armamos contra nós? Ah, não estraguemos o homem: ele será sempre bom sem dificuldade e sempre feliz sem remorsos. Os culpados que se dizem forçados ao crime são tão mentirosos quanto maus: como não veem que a fraqueza de que se queixam é sua própria obra; que sua primeira depravação provém de sua vontade; que, de tanto quererem ceder às tentações, acabam cedendo a elas mesmo a contragosto e tornando-as irresistíveis? Sem dúvida, não serem maus e fracos não depende mais deles, mas dependeu deles não se tornarem assim. Ah, como seria fácil permanecermos senhores de nós e de nossas paixões, mesmo ao longo desta vida, se, quando nossos hábitos ainda não estão assentes, quando nosso espírito começa a abrir-se, soubéssemos ocupá-lo com os objetos que ele deve conhecer para avaliar os que não conhece; se quiséssemos sinceramente nos esclarecermos, não para brilhar diante dos outros e sim para sermos bons e sábios de acordo com nossa natureza, para nos tornarmos felizes praticando nossos deveres! Esse estudo nos parece tedioso e difícil porque só pensamos nele quando já corrompidos pelo vício, já entregues a nossas paixões. Definimos nossos juízos e nossa estima antes de conhecermos o bem e o mal; e depois, comparando tudo com essa falsa medida, não damos a coisa alguma seu justo valor.*

"*Há uma idade em que o coração ainda livre, mas ardente, inquieto, ávido pela felicidade que não conhece, procura-a com uma incerteza curiosa e, enganado pelos sentidos, fixa-se por fim em sua imagem vã e julga encontrá-la onde ela não está. Para mim essas ilusões duraram tempo demais. Ai! conheci-as tarde demais e não consegui destruí-las totalmente; durarão tanto quanto este corpo mortal que as causa. Pelo menos, mesmo me seduzindo, não me enganam; conheço-as pelo que são; seguindo-as, desprezo-as; em vez de vê-las como o objeto de minha felicidade, vejo-as como seu obstáculo. Aspiro ao momento em que, liberto dos entraves do corpo, serei eu sem contradição, sem divisão, e precisarei somente de mim para ser feliz; enquanto isso, sou feliz já nesta vida, porque dou pouca importância a todos os seus males, vejo-a como quase alheia a meu ser e todo o bem verdadeiro que puder extrair dela depende de mim.*

"*Para antecipadamente ascender tanto quanto possível a esse estado de felicidade, força e liberdade, exercito-me em sublimes contemplações. Medito sobre a ordem do Universo, não para explicá-la com sistemas vãos e sim para admirá-la sem descanso, para adorar o sábio autor que nela se manifesta. Converso com Ele, impregno de sua essência divina todas minhas faculdades; enterneço-me com seus benefícios e bendigo-o por suas dádivas; mas nada lhe rogo. O que lhe pediria? Que mudasse por mim o curso das coisas, que fizesse milagres em meu favor? Eu, que devo amar acima de tudo a ordem estabelecida por sua sabedoria e mantida por sua providência, desejaria que essa ordem fosse perturbada por minha causa? Não, esse desejo temerário mereceria ser punido em vez de atendido. Tampouco lhe peço o poder de agir bem: Por que lhe pedir o que me deu? Acaso não me deu a consciência para amar o bem, a razão para conhecê-lo, a liberdade para escolhê-lo? Se agir mal, não tenho desculpa: ajo assim porque quero; pedir-lhe que mude minha vontade é pedir-lhe o que Ele me pede; é pedir-lhe que faça meu trabalho e eu cobre o salário; não me contentar com meu estado é não querer mais ser homem, é querer algo diferente do que existe, é querer a desordem e o mal. Fonte de justiça e de verdade, Deus clemente e bom! Por minha confiança em ti, o desejo supremo de meu coração é que seja feita tua vontade. Unindo-lhe a minha, faço o que fazes, ponho-me de acordo com tua bondade; creio compartilhar de antemão da suprema bem-aventurança que é seu prêmio.*

Com a justa desconfiança de mim mesmo, a única coisa que lhe peço, ou melhor, que espero de sua justiça é corrigir meu erro se eu desencaminhar-me e se esse erro me for perigoso. Por ser de boa-fé não me julgo infalível: as opiniões minhas que me parecem mais verdadeiras talvez sejam outras tantas mentiras; pois que homem não preza as suas? E quantos homens estão de acordo em tudo? De nada vale vir de mim a ilusão que me engana: só Ele pode curar-me dela. Fiz o que pude para alcançar a verdade; mas sua fonte está muito no alto; quando me faltam forças para ir mais longe, de que posso ser culpado? Cabe a ela aproximar-se."

O BOM SACERDOTE falara com veemência; estava emocionado e eu também. Julgava ouvir o divino Orfeu cantar os primeiros hinos e ensinar aos homens o culto aos deuses. Entretanto, via infinidades de objeções a fazer-lhe: não fiz uma sequer, porque eram menos sólidas do que embaraçosas e a persuasão estava a favor dele. À medida que me falava seguindo sua consciência, a minha parecia confirmar-me o que ele dissera.

– *Os sentimentos que acabais de expor-me* – disse-lhe – *parecem-me mais novos pelo que confessais ignorar do que pelo que dizeis acreditar. Vejo neles, aproximadamente, o teísmo ou religião natural, que os cristãos fingem confundir com o ateísmo ou irreligião e que é a doutrina diretamente oposta. Mas, no estado atual de minha fé, mais preciso voltar a subir do que descer para adotar vossas opiniões, e acho difícil ficar precisamente no ponto em que estais, exceto sendo tão sábio quanto vós. Para ser pelo menos tão sincero, quero consultar comigo. O sentimento interior é que deve conduzir-me ao vosso exemplo; e vós mesmo me ensinastes que depois de impor-lhe um longo silêncio chamá-lo de volta não é coisa de um momento. Levo vossas palavras em meu coração; preciso meditá-las. Se, depois de consultar-me bem, ficar tão convicto quanto vós, sereis meu último apóstolo e serei vosso seguidor até a morte. Continuai, porém, a instruir-me: dissestes apenas metade do que devo saber. Falai-me da revelação das Escrituras, desses dogmas obscuros entre os quais vou vagando desde a infância sem poder concebê-los nem crer neles e sem saber aceitá-los nem rejeitá-los.*

– *Sim, meu filho* – respondeu, abraçando-me –, *terminarei de dizer-te o que penso; não quero abrir-te meu coração pela metade; mas o desejo que me demonstras era necessário para autorizar-me a não ter reserva alguma para contigo. Até aqui nada te disse que não julgasse poder ser-te útil e de que eu não estivesse intimamente convencido. O exame que me resta fazer é muito diferente; nele só vejo confusão, mistério, obscuridade; levo-lhe apenas incerteza e desconfiança. Decido-me tremendo e digo-te mais minhas dúvidas do que meu parecer. Se teus sentimentos fossem mais estáveis, eu hesitaria em expor-te os meus; mas, na situação em que estás, ganharás em pensar como eu*[131]. *Ademais, deves dar às minhas palavras somente a autoridade da razão; ignoro se estou errado. Quando discutimos, é difícil não assumir às vezes um tom afirmativo; mas lembra que aqui todas minhas afirmações não passam de motivos para duvidar. Busca a verdade tu mesmo; de minha parte, só te prometo boa-fé.*

---

131. Isso, penso eu, é o que o bom vigário poderia dizer atualmente ao público.

"Vês em minha exposição somente a religião natural; é muito estranho que seja preciso outra. Por onde conhecerei essa necessidade? De que posso ser culpado ao servir a Deus de acordo com as luzes que Ele dá a meu espírito e com os sentimentos que inspira em meu coração? Que pureza de moral, que dogma útil ao homem e honroso para seu autor posso extrair de uma doutrina positiva que sem ela não possa extrair do bom uso de minhas faculdades? Mostra-me o que pode ser acrescentado, para a glória de Deus, para o bem da sociedade e para meu próprio benefício, aos deveres da lei natural, e que virtude farás nascer de um novo culto que não seja uma consequência do meu. As mais grandiosas ideias da Divindade vêm-nos unicamente pela razão. Vê o espetáculo da natureza, escuta a voz interior. Acaso Deus não disse tudo para nossos olhos, para nossa consciência, para nosso juízo? O que os homens nos dirão a mais? As revelações deles não fazem mais do que degradar Deus ao atribuir-lhe as paixões humanas. Em vez de esclarecerem as noções do grande Ser, vejo que os dogmas particulares as complicam; que em vez de enobrecê-las aviltam-nas; que aos mistérios inconcebíveis que o cercam acrescentam contradições absurdas; que tornam o homem orgulhoso, intolerante, cruel; que em vez de estabelecerem a paz na Terra levam-lhe ferro e fogo para ela. Pergunto-me para que serve tudo isso e não sei responder-me. Vejo aí apenas os crimes dos homens e as misérias do gênero humano.

"Dizem-me que era necessária uma revelação para ensinar aos homens a maneira como Deus queria ser servido; apontam como prova a diversidade de cultos bizarros que eles instituíram e não veem que essa mesma diversidade provém da fantasia das revelações. A partir do momento em que os povos tiveram a ideia de fazer Deus falar, cada qual o fez falar a seu modo e o fez dizer o que bem queria. Se houvessem escutado apenas o que Deus diz ao coração do homem, nunca haveria mais do que uma religião no mundo.

"Era preciso um culto uniforme, admito; mas porventura esse ponto era tão importante que fosse preciso todo o aparato do poder divino para estabelecê-lo? Não devemos confundir o cerimonial da religião com a religião. O culto que Deus pede é o do coração; e esse, quando é sincero, é sempre uniforme. É uma vaidade bem louca imaginar que Deus se interesse tanto pela forma da roupa do sacerdote, pela ordem das palavras que pronuncia, pelos gestos que faz no altar e por todas suas genuflexões. Ah, meu amigo, empertiga-te quanto puderes e estarás sempre bem perto do chão. Deus quer ser adorado em espírito e em verdade: esse dever é de todas as religiões, de todos os países, de todos os homens. Quanto ao *culto exterior, se para a boa ordem deve ser uniforme é puramente um assunto de polícia; para isso não é preciso revelação.*

"*Não comecei por todas essas reflexões. Impulsionado pelos preconceitos da educação e por esse perigoso amor-próprio que sempre quer colocar o homem acima de sua esfera, como não podia elevar até o grande Ser minhas fracas concepções, procurava rebaixá-lo até mim. Aproximava as relações infinitamente distantes que Ele estabeleceu entre sua natureza e a minha. Queria comunicações mais imediatas, instruções mais particulares; e, não me contentando em fazer Deus semelhante ao homem, para ser pessoalmente privilegiado entre meus semelhantes eu queria luzes sobrenaturais; queria um culto exclusivo; queria que Deus me houvesse dito o que não dissera a outros ou que outros não teriam entendido como eu.*

"*Considerando o ponto a que chegara como o ponto comum de onde todos os crentes partiam para chegar a um culto mais esclarecido, eu só encontrava nos dogmas da religião natural os elementos de toda religião. Observava essa diversidade de seitas que reinam no mundo e que se acusam mutuamente de mentira e de erro; perguntava: Qual é a certa? Cada pessoa respondia-me: – É a minha; cada pessoa dizia: Só eu e meus correligionários pensamos corretamente; todos os outros estão errados. – E como sabeis que vossa seita é a certa? – Porque Deus o disse*[132]. *– E quem vos disse que Deus o disse? – Meu pastor, que sabe bem isso. Meu pastor me disse para crer assim e eu creio assim; ele me garante que todos os que falam diferentemente dele mentem, e não os escuto.*

"*Ora essa, pensava eu, a verdade não é uma só? E o que é verdadeiro em minha terra pode ser falso na vossa? Se o método daquele que segue o bom caminho e o daquele que se extravia é o mesmo, que mérito ou que culpa um tem mais do que o outro? A escolha de ambos é efeito do acaso; imputá-la a eles é iniquidade,*

---

132. "Todos, diz um bom e sábio sacerdote, afirmam que a têm e a creem (e todos usam esse jargão) não dos homens nem de criatura alguma e sim, de Deus.
"Mas, para dizer a verdade, sem favorecer ou esconder algo, não é nada disso; não importa o que digam, eles as têm por mãos e meios humanos; prova-o primeiramente a maneira como as religiões foram recebidas no mundo, e ainda o são diariamente, pelos indivíduos: a nação, a região, o lugar da religião: somos daquela que o lugar onde nascemos e fomos criados tem: somos circuncisados, batizados, judeus, maometanos, cristãos antes de sabermos que somos homens; a religião não é escolha e eleição nossa; provam-no, em seguida, a vida e os costumes tão discordantes da religião; prova-o que em ocasiões humanas e bem levianas vamos contra o teor de nossa religião." Charron, *De la Sagesse*, livro II, cap. V, p. 257, ed. Bordeaux, 1601.
Tudo indica que a sincera profissão de fé do virtuoso cônego teólogo de Condom não teria sido muito diferente daquela do vigário saboiano.

é recompensar ou punir por ter nascido neste ou naquele lugar. Ousar dizer que Deus nos julga assim é ultrajar sua justiça.

"Ou todas as religiões são boas e agradam a Deus ou, se houver uma que Ele prescreva aos homens e puna-os por ignorá-la, deu-lhe sinais indiscutíveis e manifestos para ser distinguida e conhecida como a única verdadeira. Esses sinais são de todos os tempos e de todos os lugares, igualmente perceptíveis a todos os homens, grandes e pequenos, cultos e ignorantes, europeus, indianos, africanos, selvagens. Se existisse na Terra uma religião fora da qual houvesse apenas sofrimento eterno e em algum lugar do mundo um único mortal de boa-fé não fosse tocado por sua evidência, o Deus dessa religião seria o mais iníquo e o mais cruel dos tiranos.

"Buscamos sinceramente a verdade? Não atribuamos coisa alguma ao direito de nascimento e à autoridade dos pais e pastores: chamemos para o exame da consciência e da razão tudo o que nos ensinaram desde nossa infância. É inútil bradarem-me: Subjuga tua razão! Isso pode dizer-me aquele que me engana; preciso de razões para subjugar minha razão.

"Toda a teologia que posso obter de mim mesmo pela inspeção do Universo e pelo bom uso de minhas faculdades limita-se ao que te expliquei antes. Para saber mais é preciso recorrer a meios extraordinários. Esses meios não podem ser a autoridade dos homens; pois, como nenhum homem é de uma espécie diferente da minha, também posso conhecer tudo o que um homem conhece naturalmente, e outro homem pode enganar-se tanto quanto eu: quando acredito no que ele diz, não é porque o diz e sim porque o prova. No fundo, portanto, o testemunho dos homens é tão somente o de minha própria razão e nada acrescenta aos meios naturais que Deus me deu para conhecer a verdade.

"– Apóstolo da verdade, o que tendes então a dizer-me que dispense meu juízo? – O próprio Deus falou; escutai sua revelação. – Isso é diferente. Deus falou! Essa é sem dúvida uma palavra eloquente. E falou a quem? – Falou aos homens. Então por que eu nada ouvi? – Ele encarregou outros homens de vos transmitirem suas palavras. – Estou entendendo: são homens que vão me dizer o que Deus disse. Eu preferiria ter ouvido o próprio Deus; não lhe teria custado mais e eu estaria a salvo da sedução. – Deus vos preserva dela manifestando a missão de seus enviados. – Como? – Por meio de prodígios. – E onde estão esses prodígios? – Nos livros. – E quem fez esses livros? – Homens. – E quem viu esses prodígios? – Homens que os atestam. – Ora essa, sempre testemunhos humanos! Sempre homens *que me relatam o que outros homens relataram! Quantos homens entre Deus e eu! Entretanto vejamos, examinemos, comparemos, verifiquemos. Ah, se Deus tivesse condescendido em dispensar-me de todo esse trabalho, acaso eu o teria servido com menos boa vontade?*

"*Considera, meu amigo, em que horrível discussão me vejo empenhado; de que imensa erudição necessito para remontar às mais altas Antiguidades, para examinar, pesar, confrontar as profecias, as revelações, os fatos, todos os monumentos de fé propostos em todos os países do mundo, para determinar-lhes as épocas, os lugares, os autores, as ocasiões! Que precisão crítica me é necessária para distinguir as peças autênticas das peças apócrifas; para comparar as objeções com as respostas, as traduções com os originais; para avaliar a imparcialidade das testemunhas, seu bom-senso, suas luzes; para saber se nada foi suprimido, acrescentado, transposto, alterado, falsificado; para eliminar as contradições que permanecem, para avaliar que peso deve ter o silêncio dos adversários nos fatos alegados contra eles; se tais alegações lhes eram conhecidas; se lhes deram suficiente atenção para condescender em respondê-las; se livros eram bastante comuns para que os nossos chegassem a eles; se tivemos boa-fé bastante para dar curso aos deles entre nós e para deixar suas objeções mais fortes tais como as haviam feito.*

"*Reconhecidos como incontestáveis todos esses monumentos, em seguida é preciso passar às provas da missão de seus autores; é preciso saber bem as leis das sortes, as probabilidades dos eventos, para avaliar que predição não pode cumprir-se sem milagre; o gênio das línguas originais, a fim de distinguir o que é predição nessas línguas e o que é mera figura de oratória; quais fatos estão na ordem da natureza e quais outros fatos não estão; para dizer até que ponto um homem hábil pode fascinar os olhos dos simples e surpreender até mesmo as pessoas esclarecidas; pesquisar de que espécie deve ser um prodígio e que autenticidade deve ter, não só para que se acredite nele mas para que se possa ser punido por duvidar; comparar as provas dos verdadeiros e dos falsos prodígios e conhecer as regras seguras para discerni-los; por fim, dizer por que Deus, para atestar sua palavra, escolheu meios que, por sua vez, precisam tanto ser atestados, como se zombasse da credulidade dos homens e intencionalmente evitasse os meios verdadeiros de convencê-los.*

"*Suponhamos que a majestade divina condescenda em rebaixar-se o bastante para fazer de um homem o órgão de suas vontades sagradas; acaso é razoável, é justo exigir que todo o gênero humano obedeça a voz desse ministro sem torná-lo conhecido como tal? Haverá equidade em dar-lhe como únicas credenciais somente alguns sinais particulares feitos na presença de umas poucas pessoas obscuras e dos quais todos os outros homens nunca saberão algo, a não ser por ouvirem contar? Por todos os países do mundo, se considerássemos verdadeiros todos os prodígios que o povo e os simples afirmam ter visto, cada seita seria a certa; haveria mais prodígios do que eventos naturais; e o maior de todos os milagres seria não haver milagres onde houver fanáticos perseguidos. A ordem inalterável da natureza é o que melhor mostra a mão sábia que a governa; se ocorressem muitas exceções, eu não saberia mais o que pensar; e, de minha parte, acredito demais em Deus para acreditar em tantos milagres tão pouco dignos dele.*

Suponhamos que um homem venha falar-nos assim: – Mortais, anuncio-vos a vontade do Altíssimo; reconhecei em minha voz aquele que me envia; ordeno ao Sol que mude seu curso, às estrelas que se posicionem de outro modo, às montanhas que se aplanem, às ondas que se ergam, à terra que tome outro aspecto. Nessas maravilhas quem não reconhecerá imediatamente o senhor da natureza? Ela não obedece a impostores; seus milagres são feitos em encruzilhadas, em desertos, em quartos: é lá que subjugam um pequeno número de espectadores já dispostos a acreditar em tudo. Quem ousará dizer-me quantas testemunhas oculares são necessárias para tornar digno de fé um prodígio? Se vossos milagres, feitos para provar vossa doutrina, também precisam ser provados, para que servem? É o mesmo que não os fazer.

"*Falta, por fim, o exame mais importante na doutrina anunciada; pois, visto que os que dizem que Deus faz milagres na Terra afirmam que o diabo às vezes os imita com os prodígios mais bem atestados, não avançamos mais do que antes; e, visto que os mágicos do faraó ousavam, na presença do próprio Moisés, produzir os mesmos sinais que ele produzia por ordem expressa de Deus, por que em sua ausência não teriam eles, pelas mesmas razões, alegado a mesma autoridade? Portanto, depois de provar a doutrina por meio do milagre é preciso provar o milagre por meio da doutrina*[133], *para não tomar a obra do demônio como obra de Deus. O que pensas desse círculo vicioso?*

---

133. Isso é formal em mil passagens das Escrituras, entre outras no Deuteronômio, capítulo XIII, onde é dito que, se um profeta que anuncie outros deuses confirmar com prodígios suas palavras e o que ele prediz ocorrer, em vez de se levar isso em conta esse profeta deve ser morto. Portanto, quando

"Se vem de Deus, essa doutrina deve portar o caráter sagrado da Divindade; não só deve esclarecer-nos as ideias confusas que seus argumentos traçam em nosso espírito, mas também deve propor-nos um culto, uma moral e máximas coerentes com os atributos pelos quais – e somente por eles – concebemos sua essência. Portanto, se essa doutrina nos ensinasse apenas coisas absurdas e sem razão, se nos inspirasse apenas sentimentos de aversão por nossos semelhantes e de medo por nós mesmos, se nos descrevesse apenas um Deus colérico, ciumento, vingativo, parcial, odiando os homens, um Deus da guerra e dos combates, sempre disposto a destruir e fulminar, sempre falando de tormentos, de penas e gabando-se de punir até os inocentes, meu coração não seria atraído para esse Deus terrível e eu trataria de não abandonar a religião natural para abraçar aquela; pois bem vês que teria necessariamente de optar. Vosso Deus não é o nosso, diria a seus adeptos. Aquele que começa por escolher para si um único povo e proscrever todo o restante do gênero humano não é o pai comum dos homens; aquele que destina ao suplício eterno a maioria de suas criaturas não é o Deus clemente e bondoso que minha razão me mostrou.

"A respeito dos dogmas, ela me diz que devem ser claros, luminosos, de uma evidência contundente. Se a religião natural é insuficiente, é pela obscuridade em que deixa as grandes verdades que nos ensina: cabe à revelação ensinar-nos essas verdades de um modo sensível ao espírito do homem, colocá-las a seu alcance, levá-lo a concebê-las para que acredite nelas. A fé firma-se e se fortalece pelo entendimento; a melhor de todas as religiões é infalivelmente a mais clara: quem sobrecarrega de mistérios, de contradições o culto que me prega ensina-me a desconfiar dele justamente por isso. O Deus que adoro não é um Deus de trevas, não me dotou de entendimento para vetar-me seu uso: dizer-me que domine minha razão é ultrajar seu autor. O ministro da verdade não tiraniza minha razão: ilumina-a.

---

os pagãos matavam os apóstolos que lhes anunciavam um deus estranho e com predições e milagres provavam sua predição, não vejo que objeção sólida houvesse para fazer-lhes que eles não pudessem usar imediatamente contra nós. Então o que fazer em tal caso? Uma única coisa: voltar ao raciocínio e deixar de lado os milagres. Teria sido melhor não recorrer a eles. Isso é do mais simples bom-senso, que só é obscurecido à custa de distinções pelo menos muito sutis. Sutilezas no cristianismo! Mas então Jesus Cristo errou ao prometer o reino do céu para os simples; então errou ao começar sua pregação mais bela felicitando os pobres de espírito, se é preciso tanto espírito para entender sua doutrina e para aprender a crer nele. Quando me houverdes provado que devo submeter-me, tudo irá muito bem; mas para provar-me isso colocai-vos a meu alcance; medi vossos argumentos pela capacidade de um pobre de espírito, ou não reconheço mais em vós o verdadeiro discípulo de vosso mestre e o que me anunciais não é sua doutrina.

"Deixamos de lado toda autoridade humana; e sem ela não consigo ver como um homem pode convencer outro pregando-lhe uma doutrina desarrazoada. Vamos por um instante pôr em confronto esses dois homens e vejamos o que poderão dizer um ao outro com a aspereza de linguagem usual nos dois partidos.

"O INSPIRADO

"A razão ensina-vos que o todo é maior que sua parte; mas eu vos ensino, em nome de Deus, que a parte é maior do que o todo.

"O ARGUMENTADOR

"E quem sois vós para ousar dizer-me que Deus se contradiz? E em quem preferirei acreditar: nele que me ensina pela razão as verdades eternas ou em vós que em seu nome me anunciais um absurdo?

"O INSPIRADO

"Em mim, porque minha instrução é mais positiva; e vou provar-vos inelutavelmente que é Ele que me envia.

"O ARGUMENTADOR

"Como? Ides provar-me que é Deus que vos envia para depor contra Ele? E de que tipo serão vossas provas para convencer-me de que é mais provável Deus falar-me por vossa boca do que pelo entendimento que me deu?

"O INSPIRADO

"O entendimento que vos deu! Homem pequeno e vaidoso! Como se fôsseis o primeiro ímpio que se extravia em sua própria razão corrompida pelo pecado!

"O ARGUMENTADOR

"Homem de Deus, tampouco seríeis o primeiro velhaco que dá sua arrogância como prova de sua missão.

"O INSPIRADO

"Ora essa, os filósofos também injuriam!

"O ARGUMENTADOR

"Às vezes, quando os santos lhes dão o exemplo.

"O INSPIRADO

"Ah, também tenho direito de injuriar; falo da parte de Deus.

"O ARGUMENTADOR

"Seria bom mostrardes vossos títulos antes de fazerdes uso de vossos privilégios.

"O INSPIRADO

"Meus títulos são autênticos, a Terra e os céus deporão em meu favor. Peço-vos que acompanheis bem meus argumentos.

"O ARGUMENTADOR

"Vossos argumentos! Estais falando sem pensar. Acaso me ensinar que minha razão me engana não é refutar o que ela possa dizer em vosso favor? Quem quiser recusar a razão deve convencer sem utilizá-la. Pois suponhamos que argumentando tenhais me convencido; como saberei se não é minha razão corrompida pelo pecado que me faz concordar com o que me dizeis? Aliás, que prova, que demonstração podereis um dia empregar que seja mais evidente do que o axioma que ela deve derrubar? Um bom silogismo ser uma mentira é tão digno de crédito quanto a parte ser maior do que o todo.

"O INSPIRADO

"Que diferença! Minhas provas não têm réplica; são de ordem sobrenatural.

"O ARGUMENTADOR

"Sobrenatural! O que significa essa palavra? Não a compreendo.

"O INSPIRADO

"Mudanças na ordem da natureza, profecias, milagres, prodígios de toda espécie.

"O ARGUMENTADOR

"Prodígios! Milagres! Nunca vi nada disso tudo.

"O INSPIRADO

"Outros viram por vós. Enxames de testemunhas... o testemunho dos povos...

"O ARGUMENTADOR

"O testemunho dos povos é de ordem sobrenatural?

"O INSPIRADO

"Não; mas, quando é unânime, é incontestável.

"O ARGUMENTADOR

"Não há nada mais incontestável do que os princípios da razão e não se pode validar um absurdo com base no testemunho dos homens. Volto a dizer: vejamos provas sobrenaturais, pois comprovação pelo gênero humano não é comprovação.

"O INSPIRADO

"Ah, coração empedernido, a graça não vos fala!

"O ARGUMENTADOR

"Não é culpa minha; pois, segundo vós, é preciso já haver recebido a graça para saber pedi-la. Portanto, começai a falar-me em vez dela.

"O INSPIRADO

"Ah, é isso que estou fazendo e não me escutais. Mas o que dizeis das profecias?

"O ARGUMENTADOR

"Digo primeiramente que tanto não ouvi profecias como não vi milagres. Digo também que nenhuma profecia tem força de autoridade para mim.

"O INSPIRADO

"Satélite do demônio! E por que as profecias não têm força de autoridade para vós?

"O ARGUMENTADOR

"Porque, para que fizessem, seriam necessárias três coisas cujo concurso é impossível: que eu houvesse testemunhado a profecia, que eu testemunhasse o acontecimento e que me fosse demonstrado que esse acontecimento não pôde ajustar-se fortuitamente à profecia; pois, ainda que ela fosse mais precisa, mais clara, mais luminosa que um axioma de geometria, visto que a clareza de uma predição feita ao acaso não torna impossível sua realização, essa realização, quando ocorreu, rigorosamente nada prova em favor de quem a predisse.

"Vede, portanto, a que se reduzem vossas pretensas provas sobrenaturais, vossos milagres, vossas profecias: a acreditar em tudo isso baseando-se em outrem e a submeter à autoridade dos homens a autoridade de Deus que fala a minha razão. Se as verdades eternas que meu espírito concebe pudessem ser abaladas, já não haveria para mim qualquer espécie de certeza; e, em vez de acreditar que me falais em nome de Deus, eu nem mesmo estaria seguro de que Ele existe.

"– Vê quantas dificuldades, meu filho, e isso não é tudo. Entre tantas religiões diversas que se proscrevem e se excluem mutuamente, uma única é a certa, se alguma o for. Para reconhecê-la não basta examinar uma, é preciso examinar todas; e, em qualquer assunto que seja, não se deve condenar sem ouvir[134]; é preciso comparar as objeções com as provas; é preciso saber o que cada um contrapõe aos outros e o que lhes responde. Quanto mais um sentimento parecer-nos demonstrado, mais devemos investigar em que tantos homens se fundamentam para não

---

134. Relata Plutarco que os estoicos, entre outros paradoxos bizarros, afirmavam que num julgamento contraditório era inútil ouvir as duas partes. Pois, diziam, ou o primeiro provou o que dizia ou não o provou; se o provou, tudo está dito e a parte adversa deve ser condenada; se não o provou, está errado e deve sofrer indeferimento. Penso que o método de todos os que admitem uma revelação exclusiva é muito semelhante ao dos estoicos. Quando cada um pretende ser o único a ter razão, para escolher entre tantos partidos é preciso escutar todos eles para não cometer injustiça.

o considerar assim. Um homem teria de ser muito simplório para acreditar que basta ouvir os doutores de seu partido para instruir-se sobre as razões do partido contrário. Onde estão os teólogos que alardeiam boa-fé? Onde estão aqueles que, para refutar as razões dos adversários, não começam por enfraquecê-las? Cada um brilha em seu partido; mas aquele que no meio dos seus está todo orgulhoso de suas provas faria papel de muito tolo com essas mesmas provas entre pessoas de outro partido. Quereis instruir-vos nos livros; quanta erudição é preciso adquirir! Quantas línguas é preciso aprender! Quantas bibliotecas é preciso folhear! Que imensidão de leituras é preciso fazer! Quem me guiará na escolha? Dificilmente se encontrarão num país os melhores livros do partido contrário, menos ainda os de todos os partidos; e, mesmo que fossem encontrados, logo seriam refutados. O ausente sempre está errado e más razões ditas com segurança apagam facilmente as boas expostas com menosprezo. Aliás, frequentemente, nada é mais enganador do que os livros nem transmite com menos fidelidade os sentimentos daqueles que os escreveram. Quando quiseste avaliar a fé católica baseando-te no livro de Bossuet, destes contigo longe do que pensavas depois de viver entre nós. Viste que a doutrina com que se responde aos protestantes não é a que se ensina ao povo e que o livro de Bossuet não se assemelha às instruções da pregação. Para bem avaliar uma religião não se deve estudá-la nos livros de seus seguidores, deve-se ir aprendê-la no país deles, o que é muito diferente. Cada um tem suas tradições, seu significado, seu senso, seus costumes, seus preconceitos, que formam o espírito de sua crença e que devem ser juntados a ela para avaliá-la.

"*Quantos grandes povos não imprimem livros e não leem os nossos! Como avaliarão nossas opiniões? Como avaliaremos as suas? Zombamos deles, eles nos desprezam; e, se nossos viajantes os ridicularizam, basta viajarem entre nós para darem-nos os troco. Em qual país não há pessoas sensatas, pessoas de boa-fé, pessoas honestas, amigas da verdade, que para professá-la só buscam conhecê-la? Entretanto, cada um a vê em seu culto e acha absurdo os cultos das outras nações; portanto, esses cultos estrangeiros não são tão extravagantes quanto nos parecem, ou a razão que vemos nos nossos nada prova.*

"*Temos na Europa três religiões principais. Uma admite uma única revelação, a outra admite duas, a outra admite três. Cada uma detesta e maldiz as outras, acusa-as de cegueira, de endurecimento, de obstinação, de mentira. Que homem imparcial ousará julgar entre elas sem primeiramente pesar-lhes bem as provas, escutar-lhes bem as razões? A que admite apenas uma revelação é a mais anti-*

ga e parece a mais segura; a que admite três é a mais moderna e parece a mais consequente; a que admite duas e rejeita a terceira bem pode ser a melhor, mas certamente tem contra si todos os preconceitos, a inconsequência salta aos olhos.

"Nas três revelações, os livros sagrados estão escritos em línguas desconhecidas dos povos que as seguem. Os judeus não entendem mais o hebraico, os cristãos não entendem o hebraico nem o grego; nem os turcos nem os persas entendem o árabe; e os próprios árabes modernos não falam mais a língua de Maomé. Falar-lhes sempre uma língua que não entendem não é uma maneira bem simples de instruir os homens? Esses livros estão traduzidos, vão dizer-me. Bela resposta! Quem me garantirá que esses livros estão fielmente traduzidos, até mesmo que é possível serem-no? E quando Deus se decide a falar aos homens, por que precisa ter intérprete?

"Nunca conceberei que aquilo que todo homem é obrigado a saber esteja encerrado em livros, nem que o homem que não estiver à altura desses livros ou das pessoas que os entendem seja punido por uma ignorância involuntária. Sempre livros! Que mania! Como a Europa está repleta de livros, os europeus os consideram indispensáveis, sem pensarem que em três quartos do mundo nunca se viu algum. Acaso todos os livros não foram escritos por homens? Então, como o homem precisaria deles para conhecer seus deveres? E de que meios de conhecê-los dispunha antes de esses livros serem escritos? Ou ele aprenderá seus deveres por si mesmo ou está dispensado de sabê-los.

"Nossos católicos fazem muito alarido sobre a autoridade da Igreja; mas o que ganham com isso, se para estabelecer essa autoridade precisam de um aparato tão grande de provas quanto as outras seitas para estabelecerem diretamente sua doutrina? A Igreja decide que a Igreja tem o direito de decidir. Não está aí uma autoridade bem provada? Sais daí e entrarás em todas as nossas discussões.

"Conheces muitos cristãos que tenham se dado o trabalho de examinar com cuidado o que o judaísmo alega contra eles? Se alguns chegaram a ver alguma coisa, foi nos livros dos cristãos. Boa maneira de instruir-se sobre as razões de seus adversários! Mas, como fazer? Se alguém ousasse publicar entre nós livros que favorecessem abertamente o judaísmo, puniríamos o autor, o editor, o livreiro[135]. Esse policiamento é cômodo e seguro, porque sempre tem razão. Há prazer em refutar pessoas que não ousam falar.

---

135. Entre mil fatos conhecidos, aqui está um que dispensa comentário. No século XVI os teólogos católicos haviam condenado à fogueira todos os livros dos judeus, sem distinção. Consultado sobre

"*Aqueles dentre nós que têm condições de conversar com judeus não estão mais avançados. Os infelizes sentem-se a nossa mercê; a tirania que é exercida sobre eles torna-os temerosos; sabem quão pouco a injustiça e a crueldade custam para a caridade cristã: o que ousarão dizer sem se exporem a fazer-nos clamar contra blasfêmia? A avidez dá-nos zelo e eles são ricos demais para não estarem errados. Os mais cultos, os mais esclarecidos são sempre os mais circunspectos. Convertereis algum miserável, pago para caluniar sua seita; fareis falar alguns vis adeleiros, que cederão para lisonjear-vos; triunfareis dessa ignorância ou dessa covardia, enquanto seus doutores sorrirão em silêncio por vossa inépcia. Mas acreditais que em lugares onde se sentissem em segurança seria tão fácil levar a melhor sobre eles? Na Sorbonne é claro como o dia que as predições do Messias se referem a Jesus Cristo. Entre os rabinos de Amsterdã é igualmente claro que não têm relação alguma com Ele. Nunca julgarei que entendi bem as razões dos judeus se eles não tiverem um Estado livre, escolas, universidades onde possam falar e discutir sem risco. Somente então poderemos saber o que têm a dizer.*

"*Em Constantinopla os turcos expõem suas razões, mas não ousamos expor as nossas; lá é nossa vez de rastejar. Se os turcos exigem de nós por Maomé, em quem não acreditamos, o mesmo respeito por Jesus Cristo que exigimos dos judeus, que também não creem nele, estão errados os turcos? Temos razão nós? Por qual princípio equitativo resolveremos essa questão?*

"*Dois terços do gênero humano não são judeus nem maometanos nem cristãos; e quantos milhões de homens nunca ouviram falar de Moisés, de Jesus Cristo ou de Maomé! Nega-se isso; afirma-se que nossos missionários vão a todos os lugares. Dizer é fácil. Mas acaso eles vão ao centro da África, ainda desconhecido e onde até hoje um europeu nunca penetrou? Vão à Tartária mediterrânea acompanhar a cavalo as hordas ambulantes, das quais nunca um estrangeiro se aproxima e que, longe de terem ouvido falar do papa, mal conhecem o grande Lama? Vão aos imensos continentes da América, onde nações inteiras ainda não sabem que povos de um outro mundo puseram os pés no delas? Vão ao Japão, de onde suas manobras os fizeram ser expulsos para sempre e seus predecessores são conhecidos pelas gerações que nascem como intrigantes ardilosos, vindos com*

---

essa questão, o ilustre e culto Reuchlin atraiu para si coisas terríveis que quase causaram sua perdição, somente por haver opinado que podiam ser conservados os livros que nada fizessem contra o cristianismo e os que tratassem de assuntos indiferentes à religião.

um zelo hipócrita para apossarem-se mansamente do Império? Vão aos haréns dos príncipes asiáticos anunciar o Evangelho a milhares de pobres escravos? O que fizeram as mulheres daquela parte do mundo para que nenhum missionário possa pregar-lhes a fé? Irão todas para o inferno por ter sido reclusas?

"Ainda que fosse verdade que o Evangelho é proclamado em toda a Terra, o que se ganharia com isso? Na véspera do dia em que o primeiro missionário chegou a um país, seguramente morreu lá alguém que não pôde ouvi-lo. Ora, dizei-me o que faremos daquele alguém. Mesmo que em todo o Universo houvesse apenas um único homem a quem nunca tivessem pregado sobre Jesus Cristo, a objeção seria tão forte por causa desse único homem quanto por causa de um quarto do gênero humano.

"Quando os ministros do Evangelho fizeram-se ouvir pelos povos distantes, o que lhes disseram que pudesse ser racionalmente aceito com base em sua palavra e não requeresse a mais exata verificação? Anunciais-me um Deus nascido e morto há dois mil anos, no outro extremo do mundo, em não sei qual cidadezinha, e dizeis-me que todos os que não houverem acreditado nesse mistério serão danados. São coisas bem estranhas para eu acreditar nelas baseando-me apenas na autoridade de um homem que não conheço! Por que vosso Deus fez ocorrerem tão longe de mim os eventos sobre os quais queria obrigar-me a ser instruído? Acaso é crime ignorar o que acontece nos antípodas? Acaso posso adivinhar que num outro hemisfério houve um povo hebreu e uma cidade de Jerusalém? Mais valeria obrigar-me a saber o que acontece na Lua. Dizeis-me que viestes ensinar-me isso; mas por que não viestes ensinar meu pai? Ou por que condenais à danação aquele bom velhinho por nunca haver sabido nada disso? Deve ser eternamente punido por vossa preguiça, ele que era tão bom, tão caritativo e só buscava a verdade? Sede de boa-fé e depois colocai-vos em meu lugar: vede se devo, confiando apenas em vosso testemunho, acreditar em todas as coisas incríveis que me dizeis e conciliar tantas injustiças com o Deus justo que me anunciais. Deixai-me, por favor, ir ver esse país distante onde se operam tantas maravilhas inauditas neste aqui, ir saber por que os habitantes dessa Jerusalém trataram Deus como um malfeitor. Dizeis que eles não o reconheceram como Deus. Então o que farei eu que nunca ouvi falar dele, exceto por vós? Acrescentais que eles foram punidos, dispersados, oprimidos, escravizados, que agora nenhum chega à mesma cidade. Seguramente, bem mereceram tudo isso; mas o que os habitantes de hoje dizem do deicídio de seus predecessores? Negam-no e tampouco reconhecem Deus como Deus. Portanto, daria no mesmo deixar lá os descendentes dos outros.

"Ora, nessa mesma cidade onde Deus morreu, nem os antigos habitantes nem os novos o reconheceram, e quereis que eu o reconheça, eu que nasci dois mil anos depois, a duas mil léguas de lá! Não vedes que, antes que eu dê crédito a esse livro que dizeis sagrado e do qual nada compreendo, devo saber por outros que não vós quando e por quem foi escrito, como se conservou, como chegou até vós, o que dizem no país a favor de suas razões, que homens o rejeitam, embora saibam tanto quanto vós tudo o que me estais ensinando? Percebeis bem que preciso necessariamente ir à Europa, à Ásia, à Palestina, para examinar tudo pessoalmente: teria de ser louco para escutar-vos antes disso.

"Esses argumentos não só me parecem ponderados como também afirmo que, em caso semelhante, todo homem sensato deve falar assim e mandar para bem longe o missionário que antes da verificação das provas quiser desincumbir-se de instruí-lo e batizá-lo. E afirmo que não há uma revelação contra a qual as mesmas objeções não tenham tanta força quanto contra o cristianismo, e mesmo mais. Segue-se disso que, se houver apenas uma religião verdadeira e todo homem for obrigado a segui-la sob pena de danação, precisamos passar a vida estudando todas elas, aprofundando-as, comparando-as, percorrendo os países onde estiverem estabelecidas. Ninguém está isento do primeiro dever do homem, ninguém tem o direito de confiar no juízo de outrem. O artesão que vive de seu trabalho, o lavrador que não sabe ler, a jovem delicada e tímida, o enfermo que mal consegue sair do leito, todos, sem exceção, devem estudar, meditar, discutir, viajar, percorrer o mundo: já não haverá um povo fixo e estável; a Terra inteira ficará coberta somente de peregrinos indo, com grandes despesas e longas fadigas, verificar, comparar, examinar pessoalmente os cultos diversos que nela são seguidos. Então, adeus aos ofícios, às artes, às ciências humanas e a todas as ocupações civis: não pode mais haver outro estudo que não o da religião; o homem que houver gozado da saúde mais robusta, empregado melhor seu tempo, usado melhor sua razão, vivido mais anos terá na velhice grande dificuldade para saber a que se ater; e será muito se antes de morrer aprender em qual culto deveria ter vivido.

"Quereis mitigar esse método e dar uma mínima influência à autoridade dos homens? No mesmo instante lhe restituís tudo; e se o filho de um cristão age bem ao seguir, sem um exame profundo e imparcial, a religião de seu pai, por que o *filho de um turco agiria mal ao também seguir a religião do seu? Desafio todos os intolerantes a darem a isso uma resposta que satisfaça um homem sensato.*

"*Pressionados por essas razões, uns preferem tornar Deus injusto e punir os inocentes pelo pecado do pai a renunciarem a seu bárbaro dogma. Os outros livram-se do apuro enviando amavelmente um anjo para instruir quem numa ignorância invencível teria vivido moralmente bem. Que bela invenção esse anjo! Não contentes em sujeitar-nos a seus artifícios, fazem o próprio Deus precisar empregá-los.*

"*Vê, meu filho, a que absurdo levam o orgulho e a intolerância quando cada qual quer aferrar-se a suas ideias e acreditar que tem razão com exclusão do restante do gênero humano. Tomo como testemunha de que todas minhas investigações foram sinceras esse Deus de paz que adoro e que te anuncio. Mas, vendo que elas não tinham e nunca teriam sucesso e que eu estava me engolfando num oceano sem margens, voltei atrás e estreitei minha fé em minhas noções primitivas. Nunca pude acreditar que Deus me ordenasse, sob pena de inferno, ser erudito. Portanto, voltei a fechar todos os livros. Há um único aberto para todos os olhos: o da natureza. É nesse grande e sublime livro que aprendo a servir e adorar seu autor divino. Ninguém tem desculpa se não o ler, porque ele fala a todos os homens uma língua inteligível para todos os espíritos. Ainda que eu tivesse nascido numa ilha deserta, ainda que não houvesse visto outro homem além de mim, ainda que nunca soubesse o que foi feito antigamente num canto do mundo, se eu exercitar minha razão, se cultivá-la, se fizer bom uso das faculdades imediatas que Deus me dá, aprenderei por mim mesmo a conhecê-lo, amá-lo, amar suas obras, querer o bem que Ele quiser e cumprir para agradar-lhe todos meus deveres no mundo. O que todo o saber dos homens me ensinará a mais?*

"*A respeito da revelação, se eu fosse um argumentador melhor ou mais bem instruído, talvez sentisse sua veracidade, sua utilidade para os que têm a felicidade de reconhecê-la; mas, se vejo em seu favor provas que não posso refutar, também vejo contra ela objeções a que não posso responder. Há tantas razões sólidas a favor e contra que, não sabendo a que me determinar, não a aceito nem a rejeito; rejeito somente a obrigação de reconhecê-la, porque essa pretensa obrigação é incompatível com a justiça de Deus e porque, em vez de com ela afastar os obstáculos para a salvação, Ele os teria multiplicado e tornado insuperáveis para a maior parte do gênero humano. Afora isso, permaneço numa dúvida respeitosa sobre esse ponto. Não tenho a presunção de julgar-me infalível; outros homens podem ter decidido o que me parece indeciso; raciocino para mim e não para eles; não os reprovo nem os imito; seu juízo pode ser melhor do que o meu, mas não tenho culpa se não é o meu.*

"*Confesso-te também que a majestade das Escrituras me espanta, que a santidade do Evangelho fala a meu coração. Vê os livros dos filósofos com toda sua pompa: como são pequenos perto dele! Será possível que um livro tão sublime e tão simples ao mesmo tempo seja obra dos homens? Será possível que aquele cuja história conta seja tão somente um homem? É esse o tom de um entusiasta ou de um sectário ambicioso? Que brandura, que pureza em seus costumes! Que graça tocante em suas instruções! Que elevação em suas máximas! Que profunda sabedoria em suas falas! Que presença de espírito, que agudeza e exatidão em suas respostas! Que domínio sobre suas paixões! Onde está o homem, onde está o sábio que saiba agir, sofrer e morrer sem fraqueza e sem ostentação? Quando Platão descreve seu justo imaginário[136] coberto de todo o opróbrio do crime e digno de todos os prêmios da virtude, está descrevendo traço por traço Jesus Cristo: a semelhança é tão evidente que todos os Pais [da Igreja] a sentiram e não há possibilidade de engano. Que preconceitos, que cegueira não são necessários para ousar comparar o filho de Sofronisco[137] com o filho de Maria? Que distância de um para o outro! Sócrates, morrendo sem dor, sem ignomínia, facilmente levou até o fim seu papel; e, se essa morte fácil não houvesse honrado sua vida, seria duvidoso se Sócrates, com todo seu espírito, foi outra coisa além de um sofista. Dizem que inventou a moral; outros antes dele haviam-na praticado; ele não fez mais do que dizer o que aqueles haviam feito, não fez mais do que pôr em lições seus exemplos. Aristides fora justo antes de Sócrates dizer o que era justiça; Leônidas morrera por seu país antes de Sócrates fazer do amor à pátria um dever; Esparta era sóbria antes de Sócrates louvar a sobriedade; antes de ele definir a virtude a Grécia tinha abundância de homens virtuosos. Mas onde entre os seus havia Jesus adquirido aquela moral elevada e pura da qual só Ele deu as lições e o exemplo?[138] Do seio do mais furioso fanatismo a mais alta sabedoria fez-se ouvir; e a simplicidade das mais heroicas virtudes honrou o mais vil de todos os povos. A morte de Sócrates filosofando tranquilamente com seus amigos é a mais*

---

136. *República*, livro I [N.T.].

137. Pai de Sócrates [N.T.].

138. Cf. no Sermão da Montanha o paralelo que Ele mesmo faz entre a moral de Moisés e a sua (Mt 5,21ss.).

suave que se possa desejar; a de Jesus expirando em meio a tormentos, injuriado, escarnecido, amaldiçoado por todo um povo é a mais horrível que se possa temer. Sócrates pegando a taça envenenada bendiz aquele que a apresenta e que chora; Jesus, no meio de um suplício horrendo, ora por seus carrascos encarniçados. Sim, se a vida e a morte de Sócrates são de um sábio, a vida e a morte de Jesus são de um Deus. Diremos que a história do Evangelho foi inventada sem qualquer base real? Meu amigo, não é assim que se inventa; e os feitos de Sócrates, dos quais ninguém duvida, estão menos comprovados do que os de Jesus Cristo. No fundo, isso é adiar a dificuldade sem eliminá-la; seria mais inconcebível vários homens de comum acordo haverem fabricado esse livro do que um único ter fornecido seu assunto. Nunca os autores judeus teriam encontrado esse tom nem essa moral; e o Evangelho tem características de verdade tão grandes, tão evidentes, tão perfeitamente inimitáveis que seu inventor seria mais assombroso do que o herói. Mesmo assim, esse Evangelho está repleto de coisas inacreditáveis, de coisas que revoltam a razão e que para todo homem sensato é impossível conceber ou aceitar. O que fazer em meio a todas essas contradições? Ser sempre modesto e circunspecto, meu filho; respeitar em silêncio o que não se pode rejeitar nem compreender e humilhar-se perante o grande Ser que é o único a conhecer a verdade.

"Vês aí o ceticismo involuntário em que fiquei; mas esse ceticismo não me é nem um pouco penoso, porque não se estende aos pontos essenciais para a prática e porque estou bem decidido sobre os princípios de todos os meus deveres. Sirvo a Deus na simplicidade de meu coração. Não procuro saber mais do que importa para minha conduta. Quanto aos dogmas que não influem nas ações nem na moral e com os quais tantas pessoas se atormentam, não me incomodo absolutamente com eles. Vejo todas as religiões particulares como instituições salutares que prescrevem em cada país uma maneira uniforme de honrar a Deus com um culto público e que podem todas ter suas razões no clima, no governo, na índole do povo ou em alguma outra causa local que torna uma preferível a outra, de acordo com a época e o lugar. Julgo-as todas boas quando nelas se serve a Deus adequadamente. O culto essencial é o do coração: Deus não lhe rejeita a homenagem quando é sincera, sob qualquer forma que lhe for oferecida. Chamado na que professo a serviço da Igreja, cumpro com toda a exatidão possível as tarefas que me são prescritas, e minha consciência me censuraria se faltasse a elas em algum ponto. Após uma longa interdição, sabes que obtive, por abono do se-

nhor de Mellarède, permissão para retomar minhas funções a fim de me ajudar a sobreviver. Outrora eu dizia a missa com a leviandade que acabamos usando mesmo para as coisas mais graves, quando as fazemos com excessiva frequência; a partir de meus novos princípios, celebro-a com mais veneração: compenetro-me da majestade do Ser Supremo, de sua presença, da insuficiência do espírito humano, que concebe tão pouco o que se refere a seu autor. Ao pensar que levo a Ele os votos do povo sob uma forma prescrita, sigo com cuidado todos os ritos; recito atentamente, empenho-me em não omitir sequer a menor palavra nem o menor cerimonial: quando me aproximo do momento da consagração, recolho-me para fazê-la com todas as disposições que a Igreja e a grandeza do sacramento exigem; procuro anular minha razão diante da inteligência suprema; digo a mim mesmo: Quem és tu para medir o poder infinito? Pronuncio com respeito as palavras sacramentais e dou a seu efeito toda a fé que depende de mim. Não importa o que seja esse mistério inconcebível, não tenho receio de no dia do julgamento ser punido por alguma vez havê-lo profanado em meu coração.

"Honrado com o ministério sagrado, apesar de na última posição, nunca farei algo que me torne indigno de cumprir seus sublimes deveres. Vou sempre pregar aos homens a virtude, sempre exortá-los a agir bem e, tanto quanto puder, dar-lhes o exemplo. Não dependerá de mim fazê-los amar a religião; não dependerá de mim fortalecer-lhes a fé nos dogmas realmente úteis e nos quais todo homem é obrigado a crer; mas não permita Deus que algum dia eu lhes pregue o dogma cruel da intolerância; que algum dia eu os leve a detestar seu próximo, a dizerem a outros homens: Sereis danados[139]. Se ocupasse uma posição mais destacada, essa reserva poderia atrair-me problemas; mas sou pequeno demais para ter muito a temer e não posso cair mais baixo do que estou. Não importa o que aconteça, não blasfemarei contra a justiça divina e não mentirei contra o Espírito Santo.

"Durante longo tempo ambicionei a honra de ser pároco; ainda a ambiciono, porém não a espero mais. Meu bom amigo, não vejo nada tão belo quanto ser pároco. Um bom pároco é um ministro de bondade, como um bom magistrado

---

139. O dever de seguir e amar a religião de seu país não se estende aos dogmas contrários à boa moral, como o da intolerância. É esse dogma horrível que arma os homens uns contra os outros e torna todos eles inimigos do gênero humano. A distinção entre tolerância civil e tolerância teológica é pueril e inútil. Essas duas tolerâncias são inseparáveis e não se pode admitir uma sem a outra. Nem mesmo os anjos viveriam em paz com homens que considerassem inimigos de Deus.

é um ministro de justiça. Um pároco nunca tem de fazer o mal; se nem sempre pode pessoalmente fazer o bem, está sempre em seu posto quando o solicita e frequentemente o obtém quando sabe fazer-se respeitar. Ah, se algum dia em nossas montanhas eu tivesse alguma paróquia de boas pessoas a quem servir! Seria feliz, pois me parece que faria a felicidade de meus paroquianos. Não os tornaria ricos, mas compartilharia sua pobreza; eliminaria dela a ignomínia e o menosprezo, mais insuportáveis que a indigência. Faria com que amassem a concórdia e a igualdade, que muitas vezes espantam a miséria e sempre a tornam suportável. Quando vissem que eu não era melhor do que eles em coisa alguma e entretanto vivia contente, aprenderiam a consolar-se de sua sorte e a viverem contentes como eu. Em minhas instruções me prenderia menos ao espírito da Igreja do que ao espírito do Evangelho, onde o dogma é simples e a moral é sublime, onde vemos poucas práticas religiosas e muitas obras de caridade. Antes de ensinar-lhes o que é preciso fazer, sempre me empenharia em praticá-lo, para que vissem bem que tudo o que lhes dissesse é o que penso. Se tivesse protestantes na vizinhança ou em minha paróquia, não os distinguiria de meus verdadeiros paroquianos em tudo relacionado com a caridade cristã; levaria todos igualmente a amarem uns aos outros, a verem-se como irmãos, a respeitarem todas as religiões e a viverem em paz cada um na sua. Penso que incitar alguém a deixar a religião em que nasceu é incitá-lo a agir mal e, consequentemente, agir mal também. Enquanto não temos luzes maiores, devemos manter a ordem pública; em todos os países devemos respeitar as leis, não perturbar o culto que elas prescrevem; não levar os cidadãos à desobediência; pois não sabemos com certeza se trocarem suas opiniões por outras é um bem para eles, e sabemos com total certeza que desobedecer às leis é um mal.

'*Meu jovem amigo, acabo de recitar-te de viva voz minha profissão de fé tal como Deus a lê em meu coração; és o primeiro a quem a fiz; talvez sejas o único a quem porventura a faça. Enquanto restar alguma crença boa entre os homens, não devemos perturbar as almas pacíficas nem alarmar a fé dos simples com dificuldades que eles não podem resolver e que os inquietam sem esclarecê-los. Mas, quando tudo estiver abalado, devemos conservar o tronco à custa dos ramos. As consciências agitadas, incertas, quase extintas e no estado em que vi a tua precisam ser firmadas e despertadas; e para restabelecê-las assentadas nas verdades eternas é preciso acabar de arrancar as colunas balouçantes a que elas pensam agarrar-se ainda.*

"Estás na idade crítica em que o espírito se abre para a certeza, o coração recebe forma e caráter e nos definimos para toda a vida, seja para o bem ou para o mal. Mais tarde a substância está endurecida e as novas impressões já não deixam marca. Jovem, recebe em tua alma ainda maleável o sinete da verdade. Se eu estivesse mais seguro de mim mesmo, teria assumido contigo um tom dogmático e decisivo; mas sou homem, ignorante, sujeito a erro; o que podia fazer? Abri-te sem reserva meu coração; o que considero confiável apresentei-te como confiável; apresentei-te minhas dúvidas como dúvidas, minhas opiniões como opiniões; disse-te minhas razões de duvidar e de crer. Agora cabe a ti julgar: não te precipistes; essa precaução é sábia e faz-me pensar bem de ti. Começa preparando tua consciência para querer ser esclarecida. Sê sincero contigo mesmo. De meus sentimentos, apropria-te do que te houver persuadido e rejeita o restante. O vício ainda não te depravou a ponto de correres o risco de escolher mal. Eu poderia propor-te que nós dois conferenciássemos; mas os que discutem exaltam-se; a vaidade, a obstinação interferem, a boa-fé desaparece. Meu amigo, nunca discutas, pois quem discute não esclarece a si mesmo nem aos outros. Quanto a mim, foi só depois de meditar por muitos anos que tomei minha decisão; a ela me atenho; minha consciência está tranquila, meu coração está contente. Se quisesse recomeçar um novo exame de meus sentimentos, não lhe dedicaria um amor mais puro pela verdade; e meu espírito, já menos ativo, estaria menos apto a conhecê-la. Permanecerei como estou, para evitar que insensivelmente o gosto pela meditação, tornando-se uma paixão ociosa, arrefeça-me no exercício de meus deveres e para não recair em meu pirronismo inicial sem encontrar forças para sair dele. Mais da metade de minha vida já decorreu; tenho apenas o tempo necessário para tirar proveito do restante e para com minhas virtudes apagar meus erros. Se estiver enganado, é contra minha vontade. Aquele que lê no âmago de meu coração sabe bem que não gosto de minha cegueira. Incapaz de rompê-la com minhas próprias luzes, o único meio que me resta para sair dela é uma vida boa; e, se mesmo das pedras Deus pode suscitar filhos para Abraão, todo homem tem o direito de esperar que será iluminado quando merecer.

"Se minhas reflexões levarem-te a pensar como penso, se meus sentimentos forem os teus e tivermos a mesma profissão de fé, este é o conselho que te dou: Não deves mais expor tua vida às tentações da miséria e do desespero; deixa de arrastá-la ignominiosamente à mercê de estranhos e para de comer o vil pão da esmola. Retorna para tua pátria, retoma a religião de teus pais, segue-a com a sinceridade de teu coração e não a deixes mais; ela é muito simples e muito santa; de todas as *religiões que há no mundo, creio que é a que tem a moral mais pura e a que melhor contenta a razão. Quanto às despesas de viagem, não te preocupes, pois serão atendidas. Tampouco temas a má vergonha de um retorno humilhante: devemos envergonhar-nos de cometer uma falta, não de repará-la. Ainda estás na idade em que tudo é perdoado, mas em que já não se peca impunemente. Quando resolveres escutar tua consciência, mil obstáculos vãos desaparecerão ante sua voz. Sentirás que, na incerteza em que estamos, é uma presunção indesculpável professar uma religião diferente daquela em que nascemos e uma falsidade não praticar sinceramente a que professamos. Se nos extraviarmos, nos privaremos de uma grande desculpa no tribunal do soberano juiz. Acaso ele não perdoará mais facilmente o erro em que fomos criados do que o erro que nós mesmos ousamos escolher?*

"Meu filho, deves manter tua alma em condições de sempre desejar que haja um Deus, e nunca duvidarás disso. Ademais, em qualquer decisão que possas tomar, pensa que os verdadeiros deveres da religião são independentes das instituições dos homens; que um coração justo é o verdadeiro templo da Divindade; que em todo país e em toda seita amar a Deus acima de tudo e ao próximo como a si mesmo é o sumário da lei; que não há religião que dispense os deveres da moral; que os únicos deveres realmente essenciais são esses; que o culto interior é o primeiro deles e que sem a fé não existe nenhuma virtude verdadeira.

"Foge daqueles que, com o pretexto de explicar a natureza, semeiam nos corações dos homens doutrinas desoladoras e cujo ceticismo aparente é cem vezes mais afirmativo e mais dogmático do que o tom decidido de seus adversários. Com o pretexto arrogante de que só eles são esclarecidos, autênticos, de boa-fé, submetem-nos imperiosamente a suas decisões categóricas e pretendem dar-nos como princípios verdadeiros das coisas os sistemas ininteligíveis que construíram em sua imaginação. Além disso, derrubando, destruindo, pisoteando tudo o que os homens respeitam, privam dos aflitos da última consolação de sua miséria, os poderosos e os ricos do único freio de suas paixões; arrancam do fundo dos corações o remorso pelo crime, a esperança da virtude, e ainda se vangloriam de serem os benfeitores do gênero humano. A verdade, dizem, nunca é prejudicial aos homens. Penso como eles e, em minha opinião, essa é uma grande prova de que o que ensinam não é a verdade[140].

---

140. Os dois partidos atacam-se reciprocamente com tantos sofismas que seria um empreendimento imenso e temerário querer destacar todos; já é muito assinalar alguns à medida que se apresentarem. Um dos mais familiares ao partido filosofista é contrapor um povo supostamente de bons filósofos a um povo de maus cristãos – como se um povo de verdadeiros filósofos fosse mais fácil de

formar-se do que um povo de verdadeiros cristãos! Não sei se, entre os indivíduos, é mais fácil encontrar um do que o outro; mas sei bem que, quando se trata de povos, é preciso pressupor povos que abusarão da filosofia sem religião, como os nossos abusam da religião sem filosofia; e isso me parece mudar muito o estado da questão.

Bayle provou muito bem que o fanatismo é mais pernicioso do que o ateísmo, e isso é incontestável; mas o que ele cuidou de não dizer, e que não é menos verdadeiro, é que o fanatismo, apesar de sanguinário e cruel, é entretanto uma paixão grande e forte que eleva o coração do homem, faz com que despreze a morte, dá-lhe uma força interior prodigiosa, e à qual basta direcionar melhor para dela extrair as mais sublimes virtudes; ao passo que a irreligião – e em geral o espírito argumentador e filosófico – prende à vida, efemina, avilta as almas, concentra todas as paixões na baixeza do interesse particular e na abjeção do eu-humano, e assim vai minando sem alarde os verdadeiros fundamentos de toda sociedade; pois o que os interesses particulares têm em comum é tão pouco que nunca contrabalançará o que têm de oposto.

Se o ateísmo não faz verter o sangue dos homens, é menos por amor à paz do que por indiferença pelo bem: andem as coisas como andarem, ao pretenso sábio pouco importa, contanto que possa ficar tranquilo em seu gabinete. Seus princípios não levam a matar homens, mas os impedem de nascer, destruindo os costumes que os multiplicam, apartando-os de sua espécie, reduzindo todas as suas afeições a um secreto egoísmo, tão funesto para o povoamento quanto para a virtude. A indiferença filosófica assemelha-se à tranquilidade do Estado sob o despotismo; é a tranquilidade da morte; é mais destrutiva do que a própria guerra.

Assim o fanatismo, apesar de mais funesto em seus efeitos imediatos do que isso que hoje chamam de espírito filosófico, é muito menos funesto em suas consequências. Por outro lado, é fácil exibir belas máximas nos livros; mas a questão é saber se estão bem conectadas com a doutrina, se decorrem necessariamente dela; e é o que até agora não pareceu claro. Resta saber também se a filosofia, muito à vontade e no trono, dominaria bem a gloríola, o interesse, a ambição, as paixões mesquinhas do homem e se praticaria essa humanidade tão mansa que ela nos exalta com a pena na mão.

Pelos princípios, a filosofia não pode fazer bem algum que a religião não faça ainda melhor e a religião faz muitos que a filosofia não pode fazer.

Pela prática, é diferente; mas também aqui é preciso examinar. Nenhum homem segue em todos os pontos sua religião, quando tem uma: isso é verdade; a maioria não tem uma e não segue a que tem: isso também é verdade; mas afinal alguns têm uma e seguem-na pelo menos em parte; e é indubitável que motivos religiosos frequentemente os impedem de agir mal e deles obtém virtudes, ações louváveis que não teriam acontecido sem esses motivos.

Se um monge negar um depósito, o que se conclui, senão que um tolo o confiara a ele? Se Pascal houvesse negado um depósito, isso provaria que Pascal era um hipócrita, e nada mais. Mas um monge!... Então as pessoas que traficam com a religião são as que têm uma? Todos os delitos que são praticados no clero, como em outros lugares, não provam que a religião seja inútil e sim, que pouquíssimas pessoas têm religião.

Nossos governos modernos devem incontestavelmente ao cristianismo uma solidez maior de sua autoridade e uma frequência menor de suas revoluções; ele também os tornou menos sanguinários: isso se prova na prática, comparando-os com os governos antigos. Afastando o fanatismo, a religião mais conhecida deu mais brandura aos costumes cristãos. A mudança não é obra das letras, pois em parte alguma em que elas brilharam a humanidade foi mais respeitada por isso; as crueldades dos atenienses, dos egípcios, dos imperadores de Roma, dos chineses atestam-no. Quantas obras de misericórdia são fruto do Evangelho! Quantas restituições, quantas reparações a confissão produz entre os católicos! Entre nós, quantas reconciliações e esmolas a chegada dos tempos de comunhão opera! Quão menos ávidos o jubileu dos hebreus tornava os usurpadores! Quantas misérias evitava! A fraternidade legal unia toda a nação; não se via entre eles um mendigo sequer. Tampouco são vistos entre os turcos, cujas fundações piedosas são inumeráveis; por princípio religioso, eles são hospitaleiros até mesmo para com os inimigos de seu culto.

"Meu bom rapaz, sê sincero e verdadeiro sem orgulho; sabe ser ignorante: não enganarás nem a vós nem aos outros. Se algum dia tuas capacidades cultas te prepararem para falar aos homens, nunca lhes fales senão de acordo com tua consciência, sem ficares pensando se te aplaudirão. O abuso do saber produz a incredulidade. Todo erudito desdenha o modo corrente de pensar: cada qual quer ter um só seu. A filosofia orgulhosa leva ao fanatismo. Evita esses extremos; permanece sempre firme no caminho da verdade ou do que te parecer sê-lo na simplicidade de teu coração, sem nunca te desviares dele por vaidade ou por fraqueza. Ousa professar Deus entre os filósofos; ousa pregar humanidade aos intolerantes. Serás talvez o único de teu partido; mas portarás em ti um testemunho que te dispensará dos testemunhos dos homens. Quer eles te amem ou te odeiem, quer leiam ou desprezem teus escritos, não importa. Dize o que é verdadeiro, faze o que é bom; o importante para o homem é cumprir seus deveres no mundo; e é esquecendo de si que ele trabalha para si. O interesse particular nos engana, meu filho; somente a esperança do justo nunca engana."

Transcrevi esse escrito não como uma regra dos pontos de vista que devemos seguir em matéria de religião e sim, como um exemplo do modo como podemos raciocinar com nosso aluno para não nos afastarmos do método que procurei estabelecer. Enquanto nada cedermos à autoridade dos homens nem

---

Segundo Chardin, "os maometanos dizem que, após o exame que se seguirá à ressurreição universal, todos os corpos irão cruzar uma ponte chamada *Poul-Serrho*, que atravessa o fogo eterno, ponte que, dizem, pode ser considerada o terceiro e último exame e o verdadeiro julgamento final, porque é onde será feita a separação entre os bons e os maus... etc".

"Os persas, prossegue Chardin, são obcecados por essa ponte; e quando algum sofre uma ofensa pela qual não pode, por meio algum nem em momento algum, obter satisfação, seu derradeiro consolo é dizer: *Pois bem! Pelo Deus vivo, hás de pagar-me em dobro no dia final; não atravessarás a Poul-Serrho sem antes me dares satisfação! Vou agarrar-me à barra de tua túnica e jogar-me em tuas pernas.* Vi muitas pessoas eminentes e de todos os tipos de profissão que, receando uma amotinação contra elas na passagem dessa ponte temível, solicitavam aos ofendidos que as perdoassem; isso aconteceu cem vezes comigo mesmo. Aristocratas que, por importunidade, haviam me obrigado a tratar de assuntos diferentemente do que eu gostaria abordavam-me depois de algum tempo, quando pensavam que a mágoa já passara, e diziam-me: *Rogo-te, halal becon antchifra*, ou seja, *torna-me esse negócio lícito ou justo*. Alguns chegaram a dar-me presentes e a prestar-me favores, para que os perdoasse declarando que o fazia de bom grado; a causa disso é simplesmente a crença de que ninguém atravessará a ponte do inferno se não tiver devolvido até o último vintém àqueles que oprimiu." (Tomo VII, in-12, p. 50) Deverei acreditar que a ideia dessa ponte que repara tantas iniquidades nunca evita alguma? Que, se tirassem dos persas essa ideia, convencendo-os de que não há *Poul-Serrho* nem nada parecido em que após a morte os oprimidos sejam vingados de seus tiranos, não está claro que estes ficariam muito à vontade e livres da preocupação de apaziguar aqueles infelizes? Portanto, é falso que tal doutrina não fosse prejudicial; logo, ela não seria a verdade.

Filósofo, tuas leis morais são muito belas, mas, por favor, mostra-me sua sanção. Interrompe um pouco tuas divagações e dize-me claramente o que colocas no lugar da *Poul-Serrho*.

aos preconceitos do país onde nascemos, as simples luzes da razão não podem, na instituição da natureza, levar-nos mais longe do que a religião natural; e é a ela que me limito com meu Emílio. Se ele deverá ter outra, nisso não tenho mais o direito de ser seu guia; só a ele compete escolhê-la.

Trabalhamos em consonância com a natureza e, enquanto ela forma o homem físico, procuramos formar o homem moral; mas nossos progressos não são os mesmos. O corpo já é robusto e forte quando a alma ainda é morosa e fraca; e, não importa o que a arte humana possa fazer, o temperamento sempre precede a razão. Foi em refrear um e incitar a outra que até agora aplicamos todos nossos cuidados, para que o homem fosse sempre uno, tanto quanto possível. Desenvolvendo o natural iludimos sua sensibilidade nascente e a regulamos cultivando a razão. Os objetos intelectuais moderavam a impressão dos objetos sensíveis. Remontando ao princípio das coisas nós o subtraímos ao império dos sentidos; era simples subir do estudo da natureza para a busca de seu autor.

Quando chegamos a esse ponto, que novas influências sobre nosso aluno obtivemos! Que novos meios de falar a seu coração! É só então que ele descobre seu verdadeiro interesse em ser bom, em fazer o bem longe do olhar dos homens e sem que as leis o forcem a isso, em ser justo entre Deus e ele, em cumprir seu dever mesmo à custa da própria vida e em portar no coração a virtude, não só por amor à ordem, à qual todos sempre preferem o amor a si, e sim por amor ao autor de seu ser, amor que se confunde com esse mesmo amor a si, para por fim desfrutar a felicidade duradoura que a tranquilidade de uma boa consciência e a contemplação do Ser Supremo lhe prometem na outra vida, depois de fazer bom uso desta. Saindo disso vejo apenas injustiça, hipocrisia e mentira entre os homens. O interesse particular, que na concorrência triunfa necessariamente sobre todas as coisas, ensina cada um deles a enfeitar o vício com a máscara da virtude. Que todos os homens façam meu bem à custa do deles; que tudo remeta somente a mim; que, se necessário, todo o gênero humano morra no sofrimento e na miséria para poupar-me de um momento de dor ou de fome: essa é a linguagem interior de todo incrédulo que raciocina. Sim, durante toda minha vida afirmarei isto: quem em seu coração houver dito que Deus não existe e falar de modo diferente é um mentiroso ou um insensato.

Leitor, por mais que eu fizer, sei muito bem que vós e eu nunca veremos meu Emílio sob o mesmo aspecto; vós o figurais sempre semelhante a vossos jovens, estouvado, petulante, volúvel, vagando de festa em festa, de diversão em diversão, sem nunca conseguir fixar-se em algo. Rireis de ver-me fazer um contemplativo, um filósofo, um verdadeiro teólogo, de um jovem ardente, vivaz, impetuoso, fogoso, na idade mais fervente da vida. Direis: Esse sonhador continua com sua quimera; ao dar-nos um aluno de seu jeito, não somente o forma: cria-o, extrai-o de seu cérebro; e, julgando sempre seguir a natureza, afasta-se dela a todo momento. De minha parte, comparando meu aluno com os vossos quase não vejo o que podem ter em comum. Criado de um modo tão diferente, é quase um milagre se assemelhar-se a eles em alguma coisa. Como passou a infância na liberdade total que os vossos assumem na juventude, ele começa a assumir na juventude a regra a que os vossos foram submetidos na infância; essa regra se torna o flagelo dos vossos: tomam-lhe horror, veem-na apenas como a longa tirania dos mestres, creem só sair da infância livrando-se de toda espécie de jugo[141]; então se ressarcem da longa coerção em que foram mantidos, como um prisioneiro livre das correntes estende, agita e flexiona os membros.

Emílio, ao contrário, honra-se em tornar-se homem e sujeitar-se ao jugo da razão nascente; seu corpo, já formado, não necessita mais dos mesmos movimentos e começa a parar espontaneamente, enquanto seu espírito, semidesenvolvido, procura expandir-se. Assim, a idade da razão é para uns apenas a idade da licença; para o outro torna-se a idade do raciocínio.

Quereis saber se nisso eles ou ele estão mais na ordem da natureza? Considerai as diferenças naqueles que estão menos ou mais afastados dela: observai entre os aldeães os jovens e vede se são tão petulantes quanto os vossos. "*Durante a infância dos selvagens,* escreve o senhor Le Beau, *eles estão sempre ativos e ocupando-se sem descanso com diferentes jogos que lhes agitam o corpo; mas, tão logo atingem a idade da adolescência, tornam-se tranquilos, sonhadores; passam a dedicar-se apenas a jogos sérios ou de azar*"[142]. Emílio, que foi criado com toda a liberdade dos jovens camponeses e dos selvagens jovens, deve pa-

---

141. Ninguém vê a infância com tanto desprezo quanto os que dela saem, assim como não há um país onde as posições sociais sejam mantidas com mais afetação do que aqueles em que a desigualdade não é grande e cada indivíduo sempre receia ser confundido com seu inferior.

142. *Aventures du sieur C. Le Beau, avocat au parlement*, t. II, p. 70.

rar e mudar como eles ao crescer. A única diferença é que, em vez de agir tão somente para brincar ou para alimentar-se, em seus trabalhos e brincadeiras ele aprendeu a pensar. Portanto, tendo chegado a este fim por esse caminho, está totalmente preparado para o caminho em que o introduzo: os assuntos de reflexão que lhe apresento excitam sua curiosidade, porque são intrinsecamente belos, são-lhe totalmente novos e ele é capaz de compreendê-los. Ao contrário, entediados, fartos de vossas lições monótonas, de vossas longas morais, de vossos eternos catecismos, como vossos jovens não se recusariam à aplicação mental que tornastes triste, aos pesados preceitos com que não parastes de atormentá-los, às meditações sobre o autor de seu ser, que transformastes em inimigo de seus prazeres? Tudo isso gerou neles apenas aversão, desprazer, tédio; a coerção levou-os a repudiar esses assuntos; como irão ocupar-se deles, agora que começam a dispor de si mesmos? Precisam de novidades que lhes agradem, não precisam mais de nada que se diz para as crianças. Com meu aluno é a mesma coisa: quando se torna homem, falo-lhe como a um homem e digo-lhe apenas coisas novas; precisamente porque aborrecem os outros, ele deve achá-las a seu gosto.

É assim que o faço ganhar tempo duplamente, retardando em benefício da razão o avanço da natureza. Mas terei efetivamente retardado esse avanço? Não; não fiz mais do que impedir a imaginação de acelerá-lo; contrabalancei com lições de outra espécie, lições precoces que o jovem recebe de outros lugares. Enquanto a torrente de nossas instituições o arrasta, atraí-lo em sentido contrário com outras instituições não é tirá-lo de seu lugar, é mantê-lo nele.

O verdadeiro momento da natureza chega finalmente – precisa chegar. Visto que o homem tem de morrer, precisa reproduzir-se para que a espécie perdure e a ordem do mundo seja conservada. Quando, pelos sinais de que falei, pressentirdes o momento crítico, imediatamente abandonai para sempre vosso antigo tom para com ele. Ainda é vosso discípulo, porém não é mais vosso aluno. É vosso amigo, é um homem: passai a tratá-lo como tal.

Ora essa, devo abdicar de minha autoridade quando ela me é mais necessária? Devo deixar o adulto entregue a si mesmo no momento em que menos sabe conduzir-se e faz os maiores desatinos? Devo renunciar a meus direitos quando lhe é mais importante que os utilize? Vossos direitos! Quem vos diz para abandoná-los? É só agora que começam para ele. Até aqui nada obtínheis sem usar de força ou de astúcia; a autoridade, a lei do dever eram-lhe desconhecidas; precisáveis forçá-lo ou enganá-lo para que vos obedecesse. Mas podeis ver com quantas novas correntes cercastes seu coração. A razão, a amizade, o reconhecimento, mil afeições falam-lhe num tom que ele não pode ignorar. O vício ainda não o tornou surdo para essa voz. Ele ainda é sensível apenas às paixões da natureza. A primeira de todas, que é o amor a si, entrega-o a vós; também o hábito faz isso. Se o arrebatamento de um momento arranca-o de vós, o arrependimento imediatamente o traz de volta; o sentimento que o liga a vós é o único permanente; todos os outros passam e extinguem-se mutuamente. Não deixeis que se corrompa e será sempre dócil; só começa a rebelar-se quando já está pervertido.

Devo admitir que, se combatêsseis de frente seus desejos nascentes e fôsseis tratar como delitos as novas necessidades que nele se manifestam, não seríeis escutado durante muito tempo; mas, tão logo abandoneis meu método, não vos respondo mais por coisa alguma. Pensai sempre que sois o ministro da natureza e nunca sereis inimigo dela.

Mas, qual decisão tomar? Não contamos aqui com outra alternativa além de favorecer suas inclinações ou combatê-las, ser tirano ou ser complacente; e ambas as opções têm consequências tão perigosas que não há como não hesitar muito na escolha.

O primeiro meio que se apresenta para solucionar essa dificuldade é casá-lo bem depressa; é incontestavelmente o expediente mais seguro e mais natural. Entretanto, duvido que seja o melhor ou o mais útil. Mais adiante direi minhas razões; enquanto isso, concordo que é preciso casar as pessoas jovens na idade núbil. Mas essa idade lhes chega antes da hora; fomos nós que a tornamos precoce; deve-se prolongá-la até a maturidade.

Se bastasse escutar as inclinações e seguir as indicações, seria fácil; mas há tantas contradições entre os direitos da natureza e nossas leis sociais que para conciliá-los é preciso desviar-se e tergiversar continuamente; é preciso empregar muita arte para impedir que o homem social seja totalmente artificial.

Pelas razões expostas acima, estimo que, com os meios que dei e outros semelhantes, é possível pelo menos estender até os vinte anos a ignorância dos desejos e a pureza dos sentidos; isso é tão verdadeiro que, entre os germanos, um jovem que perdesse a virgindade antes dessa idade ficava difamado; e os autores atribuem, com razão, à continência desses povos durante a juventude o vigor de sua constituição e seu grande número de filhos.

Pode-se até mesmo prolongar muito essa época, e poucos séculos atrás nada era mais comum na própria França. Entre outros exemplos conhecidos, o pai de Montaigne, homem tão escrupuloso e autêntico quanto forte e bem constituído, jurava ter casado virgem com trinta e três anos, depois de servir por muito tempo nas guerras da Itália; e podem ser vistos nos escritos do filho o vigor e a jovialidade que o pai conservava com mais de sessenta anos. Seguramente a opinião contrária se deve mais a nossos costumes e preconceitos do que ao conhecimento da espécie em geral.

Portanto, posso deixar de lado o exemplo de nossa juventude; ele nada prova sobre quem não foi educado como ela. Considerando que nesse assunto a natureza não tem um prazo fixo que não possa ser adiantado ou retardado, creio que, sem sair de sua lei, posso supor que graças a meus cuidados, Emílio até agora se manteve em sua inocência primitiva, e vejo que essa época feliz está prestes a terminar. Rodeado de perigos sempre crescentes, não importa o que eu faça ele vai escapar de mim na primeira oportunidade, e essa oportunidade não tardará a surgir; vai seguir o instinto cego dos sentidos; vale apostar mil contra um que vai perder-se. Já refleti demais sobre os costumes dos homens para não ver a influência invencível desse primeiro momento sobre o restante de sua vida. Se eu dissimular e fingir que nada vejo, ele se prevalecerá de minha fraqueza; julgando enganar-me, vai desprezar-me e serei cúmplice de sua perdição. Se tentar trazê-lo de volta, será tarde demais, ele já não me escutará; vou tornar-me incômodo, odioso, insuportável; ele não tardará a livrar-se de mim. Portanto, só me resta uma decisão racional para tomar: fazê-lo pessoalmente responsável por suas ações, protegê-lo pelo menos das surpresas do erro e mostrar-lhe abertamente os perigos que o cercam. Até aqui eu o detinha por meio de sua ignorância; agora preciso detê-lo dando-lhe luzes.

Estas novas instruções são importantes e convém retomar mais do alto as coisas. É o momento de prestar-lhe contas, digamos assim; de mostrar-lhe o emprego de seu tempo e do meu; de declarar-lhe o que ele é e o que sou; o que fiz, o que ele fez; o que devemos um ao outro; todas suas relações morais, todos os compromissos que assumiu, todos os que foram assumidos com ele; a qual ponto chegou no avanço de suas faculdades, que caminho lhe resta fazer, as dificuldades que encontrará, os meios de vencer essas dificuldades; em que ainda posso ajudá-lo, em que doravante só ele pode ajudar-se; por fim, o ponto crítico em que se encontra, os novos perigos que o cercam e todas as sólidas razões que devem incitá-lo a zelar atentamente por si antes de escutar seus desejos nascentes.

Pensai que para conduzir um adulto deveis tomar o contrapé de tudo o que fizestes para conduzir uma criança. Não hesiteis em instruí-lo sobre aqueles mistérios perigosos que lhe escondestes por tanto tempo e com tanto cuidado. Visto que por fim precisa conhecê-los, é importante que não os aprenda de outrem nem de si mesmo, mas somente de vós; uma vez que de agora em diante é forçado a lutar, para evitar surpresas precisa conhecer seu inimigo.

Os jovens que são vistos como muito entendidos nessas matérias sem que se saiba como chegaram a isso nunca o fizeram impunemente. Como não pode ter um objeto honesto, essa instrução imprudente conspurca pelo menos a imaginação dos que a recebem e os predispõe para os vícios dos que a dão. E isso não é tudo: os criados insinuam-se assim no espírito de um menino, conquistam sua confiança, fazem-no ver seu preceptor como um personagem triste e enfadonho; e um dos assuntos favoritos de seus colóquios secretos é falar mal dele. Quando o aluno chega a isso, o mestre pode ir embora, pois não tem mais nada de bom para fazer.

Mas, por que o menino escolhe confidentes particulares? Sempre por causa da tirania dos que o governam. Por que se esconderia deles, se não fosse forçado a esconder-se? Por que se queixaria deles, se não tivesse motivos para queixar-se? Eles são naturalmente seus primeiros confidentes; pela pressa com que vai contar-lhes o que pensa, vê-se que acredita que antes de contá-lo só o pensou pela metade. Considerai que, se o menino não temer sermão nem repriminda de vossa parte, sempre vos dirá tudo e não ousarão confiar-lhe algo que deva esconder de vós se tiverem certeza de que não vos esconderá nada.

O que mais me faz confiar em meu método é que, acompanhando seus efeitos com a maior exatidão que me é possível, não vejo na vida de meu aluno uma situação sequer que não me deixe dele alguma imagem agradável. No momento mesmo em que os ímpetos do temperamento o arrastam e, revoltado contra a mão que o detém, ele se debate e começa a escapar-me, em suas agitações, em seus arroubos ainda reencontro sua simplicidade inicial; seu coração, tão puro quanto o corpo, desconhece o disfarce tanto quanto o vício; nem censuras nem menosprezo tornaram-no covarde; nunca o vil temor ensinou-o a mascarar-se. Tem toda a imprudência da inocência; é ingênuo sem escrúpulo; ainda não sabe para que serve enganar. Não acontece em sua alma um movimento sequer que a boca ou os olhos não revelem; e muitas vezes sei antes dele quais são seus sentimentos.

Enquanto ele continuar assim a franquear-me livremente sua alma e a dizer-me com prazer o que sente, nada tenho a temer, o perigo ainda não está próximo; mas, se ficar mais tímido, mais reservado e eu perceber em suas conversas o primeiro embaraço da vergonha, o instinto já está se desenvolvendo, a noção do mal já começa a vir junto e já não há nem um momento a perder; e, se eu não me apressar a instruí-lo, logo ele será instruído à minha revelia.

Mais de um leitor, mesmo adotando minhas ideias, pensará que neste caso se trata apenas de uma conversa entabulada ao acaso com o jovem e tudo estará resolvido. Ah, não é assim que o coração humano se governa! O que dissermos nada significa se não tivermos preparado o momento de dizê-lo. Antes de semear é preciso lavrar a terra: a semente da virtude brota com dificuldade; são necessários longos preparativos para fazê-la criar raízes. Uma das coisas que tornam mais inúteis as pregações é serem feitas para todo mundo indiferentemente, sem discernimento nem seleção. Como se pode pensar que o mesmo sermão convenha a tantos ouvintes com disposições tão diversas, tão diferentes em espírito, humores, idades, sexos, estados e opiniões? Talvez não haja dois para os quais o que é dito a todos possa convir; e todos os nossos afetos são tão inconstantes que talvez não haja na vida de cada homem dois momentos em que o mesmo discurso lhe cause a mesma impressão. Julgai se, quando os sentidos inflamados alienam o entendimento e tiranizam a vontade, é hora de escutar as graves lições da sabedoria. Portanto, nunca useis da razão para falar aos jovens, mesmo na idade da razão, sem antes tê-los preparado para entender. A maioria dos discursos perdidos o são muito mais por culpa dos mestres do que dos discípulos. O pedante e o preceptor dizem mais ou menos as mesmas coisas; mas o primeiro as diz em qualquer momento e o segundo só as diz quando está seguro de seu efeito.

Como um sonâmbulo vagando durante o sono caminha dormindo à beira de um precipício no qual cairia se fosse despertado subitamente, assim meu Emílio, no sono da ignorância, escapa de perigos que não percebe; se eu despertá-lo em sobressalto estará perdido. Procuremos primeiro afastá-lo do precipício, depois o despertaremos e faremos que o veja de mais longe.

A leitura, a solidão, a ociosidade, a vida indolente e sedentária, o comércio com as mulheres e com os jovens: são essas as veredas que é perigoso trilhar em sua idade e que o mantêm continuamente ao lado do perigo. É por meio de outros objetos sensíveis que iludo seus sentidos, é traçando outro caminho para os espíritos que os desvio daquele que começavam a tomar; é exercitando-lhe o corpo em trabalhos árduos que detenho a atividade da imaginação que o arrasta. Quando os braços trabalham muito, a imaginação descansa; quando o corpo está exausto, o coração não se inflama. A precaução mais imediata e mais fácil é tirá-lo do perigo local. Primeiro levo-o para fora das cidades, longe dos objetos capazes de tentá-lo. Mas isso não basta; em qual deserto, em qual abrigo selvagem escapará das imagens que o perseguem? Nada adianta eu afastar os objetos perigosos, se não afastar também a lembrança deles; se eu não encontrar habilidade para separá-lo de tudo, se não o distrair de si mesmo, tanto valia deixá-lo onde estava.

Emílio sabe um ofício, mas aqui um ofício não é nosso recurso; gosta e entende de agricultura, mas a agricultura não nos basta; as ocupações que conhece tornam-se rotina; quando as pratica, é como se nada fizesse: pensa em coisas muito diferentes, a cabeça e os braços agem separadamente. Precisa de uma ocupação nova que o interesse pela novidade, que o mantenha em suspenso, que lhe agrade, que o aplique, que o exercite – uma que o apaixone e à qual se entregue inteiramente. E a única que me parece reunir todas essas condições é a caça. Se afinal de contas a caça é um prazer inocente, se afinal de contas é adequada para o homem, é agora que precisamos recorrer a ela. Emílio tem todo o necessário para praticá-la com êxito: é robusto, esperto, paciente, infatigável. Infalivelmente tomará gosto por esse exercício; aplicará nele todo o ardor de sua idade; perderá, pelo menos por algum tempo, as inclinações perigosas que nascem da indolência. A caça enrijece o coração tanto quanto o corpo; habitua ao sangue, à crueldade. Fizeram Diana inimiga do amor, e a alegoria é muito correta: os langores do amor só nascem num doce repouso; um exercício violento sufoca os sentimentos ternos. Nos bosques, nos lugares campestres, o amante e o caçador são afetados de modos tão diversos que os mesmos objetos lhes trazem imagens totalmente diferentes. A sombra refrescante, o arvoredo, os doces abrigos do primeiro são para o outro toca, pouso, pasto para sua presa; onde um só ouve flautas, rouxinóis, gorjeios, o outro só imagina trompas e latidos de cães, um figura só dríades e ninfas, o outro, só monteiros, matilhas e cavalos. Passeai pelo campo com essas duas espécies de homem; pela diferença de suas linguagens logo sabereis que a terra não tem para eles o mesmo aspecto e que o giro de suas ideias é tão diverso quanto a escolha de seus prazeres.

Compreendo como esses gostos se juntam e como por fim encontramos tempo para tudo. Mas as paixões da juventude não se dividem assim: dai-lhe uma única ocupação de que goste muito e todo o restante logo será esquecido. A variedade de desejos provém da variedade de conhecimentos e os primeiros prazeres que conhecemos são durante muito tempo os únicos que buscamos. Não quero que toda a juventude de Emílio decorra matando animais, nem mesmo pretendo justificar inteiramente essa paixão feroz; basta-me que sirva o suficiente para suspender uma paixão mais perigosa, a fim de que me escute com objetividade quando lhe falar dela e eu tenha tempo para descrevê-la sem excitá-la.

Há na vida humana épocas destinadas a nunca ser esquecidas. Assim é, para Emílio, a instrução de que falo; ela deve influir no restante de seus dias. Procuremos, portanto, gravá-la em sua memória de tal modo que nunca se apague. Um dos erros de nossa geração é empregar a razão muito nua, como se os homens fossem apenas mente. Negligenciando a língua dos sinais que falam à imaginação perdemos a mais enérgica das linguagens. A impressão da palavra é sempre fraca, e falamos ao coração bem melhor pelos olhos do que pelos ouvidos. Por querermos dar tudo para o raciocínio reduzimos a palavras nossos preceitos; nada aplicamos nas ações. A razão sozinha não é ativa; às vezes retém, raramente excita e nunca fez nada grande. Argumentar sempre é uma mania dos espíritos pequenos. As almas fortes têm uma linguagem muito diferente; é com essa linguagem que persuadimos e fazemos agir.

Observo que nos séculos modernos os homens só têm influência uns sobre os outros pela força ou pelo interesse, ao passo que os antigos agiam muito mais pela persuasão, pelas afeições da alma, porque não descuidavam da linguagem dos sinais. Todos os acordos eram feitos com solenidade, a fim de torná-los mais invioláveis; antes de a força ser estabelecida, os deuses eram os magistrados do gênero humano; era perante eles que os particulares concluíam seus tratados, suas alianças, pronunciavam suas promessas; a face da Terra era o livro em que seus arquivos eram conservados. Rochedos, árvores, montes de pedras consagrados por esses atos e respeitados pelos homens bárbaros eram as folhas daquele livro, continuamente aberto a todos os olhos. O poço do juramento, o poço daquele que vive e me vê, o velho carvalho de

Mambré, o monte do testemunho[143]: esses eram os monumentos grosseiros, mas augustos, da santidade dos contratos; ninguém teria ousado atentar com mão sacrílega contra esses monumentos; e a fé dos homens estava mais assegurada pela garantia daquelas testemunhas mudas do que o está hoje por todo o vão rigor das leis.

No governo, o augusto aparato do poder régio infundia respeito aos povos. Marcas de dignidade – um trono, um cetro, um manto de púrpura, uma coroa, uma faixa – eram para eles coisas sagradas. Esses sinais respeitados tornavam-lhes venerável o homem que viam portá-los: sem soldados, sem ameaças, tão logo falava era obedecido. Agora que aparentam abolir esses sinais[144], o que resulta de tal menosprezo? Que a majestade régia se apaga de todos os corações, que agora os reis só são obedecidos à força de tropas e que o respeito dos súditos consiste apenas no temor da punição. Os reis não têm mais o trabalho de portar seu diadema nem os grandes, as marcas de sua dignidade; mas precisam ter cem mil braços sempre prontos para fazer suas ordens ser executadas. Embora isso talvez lhes pareça mais bonito, é fácil ver que com o passar do tempo tal mudança não lhes trará proveito.

O que os antigos fizeram com a eloquência é prodigioso; mas essa eloquência não consistia somente em belos discursos bem construídos; e nunca teve mais efeito do que quando o orador falava menos. O que diziam mais vivamente não se expressava por palavras e sim, por sinais; não o diziam, mostravam-no. O objeto que é exposto aos olhos move a imaginação, excita a curiosidade, mantém o espírito na expectativa do que vai ser dito; e muitas vezes esse objeto em si já disse tudo. Acaso Trasíbulo e Tarquinio decepando cabeças de dormideiras, Alexandre aplicando seu lacre na boca de seu favorito, Diógenes caminhando diante de Zenão não falavam melhor do que se houvessem feito longos discursos? Qual circuito de palavras teria transmitido tão bem as mesmas ideias? Dario invadindo a Cítia com seu exército recebe

---

143. Gn 21,25-31; 16,13-14; 18,1-8; 31,51-54 [N.T.].

144. O clero romano muito habilmente conservou-as e como ele algumas repúblicas, entre as quais a de Veneza. Por isso, apesar da queda do Estado, o governo veneziano, sob o aparato de sua antiga majestade, ainda goza de toda a afeição, de toda a adoração do povo; e, depois do papa paramentado com sua tiara, talvez não haja no mundo um rei, um potentado, um homem tão respeitado quanto o doge de Veneza – sem poder, sem autoridade, mas sacralizado por sua pompa e portando sob o corno ducal uma touca feminina. A cerimônia do bucentauro, que faz os tolos rirem tanto, faria a plebe de Veneza derramar todo seu sangue para conservar seu governo tirânico.

da parte do rei dos citas um pássaro, um rato, uma rã e cinco flechas. O embaixador entrega seu presente e vai embora sem nada dizer. Em nossos dias aquele homem teria passado por louco. A terrível arenga foi compreendida[145] e Dario apressou-se a voltar para seu país como bem pôde. Trocai esses sinais por uma carta: quanto mais ameaçadora for, menos assustará; será apenas uma fanfarronada da qual Dario não faria mais do que rir.

Quanta atenção dos romanos para a língua dos sinais! Roupas diferindo de acordo com as idades, as condições sociais; togas púrpura e togas pretextas, mantos curtos, bulas, laticlavos, cadeiras curules, lictores com suas machadinhas e seus feixes de varas, coroas de ouro, de ervas, de folhas, ovações, triunfos: entre eles tudo era aparato, representação, cerimonial, e tudo causava impressão nos corações dos cidadãos. Era importante para o Estado que o povo se reunisse num determinado lugar e não em outro; que ele visse ou não visse o Capitólio; que estivesse ou não voltado para o lado do Senado; que este preferisse deliberar neste dia ou naquele. Os acusados mudavam de roupa, os candidatos também; os guerreiros não gabavam suas façanhas: mostravam seus ferimentos. Quando da morte de César, imagino um de nossos oradores, para comover o povo, esgotando todos os lugares comuns da arte a fim de fazer uma patética descrição de seus ferimentos, de seu sangue, de seu cadáver. Antonio, apesar de eloquente, não diz nada disso: manda trazerem o corpo. Que retórica!

Mas esta digressão está me levando insensivelmente para longe de meu assunto, assim como fazem muitas outras, e meus desvios são frequentes demais para poderem ser longos e toleráveis; portanto, regresso.

Nunca argumenteis secamente com a juventude. Deveis revestir a razão com um corpo, se quereis torná-la sensível. Fazei a linguagem da mente passar pelo coração para que seja entendida. Repito: argumentos frios podem determinar nossas opiniões, não nossas ações; precisamos acreditar e não, agir; demonstra-se o que é preciso pensar e não, o que é preciso fazer. Se isso é verdade para todos os homens, com mais motivo o é para os jovens ainda envoltos em seus sentidos e que não pensam tanto quanto imaginam.

---

145. O significado mais aceito por historiadores seria: Persas, se não vos transformardes em pássaros e voardes para o céu, ou em ratos e vos esconderdes sob a terra, ou em rãs e saltardes para dentro dos pântanos, não retornareis a vosso país e perecereis por estas flechas [N.T.].

Assim, mesmo após os preparativos de que falei, cuidarei bem de não ir subitamente ao quarto de Emílio e fazer-lhe gravemente um longo discurso sobre o assunto em que quero instruí-lo. Começarei comovendo sua imaginação; escolherei a hora, o lugar, os objetos que mais propiciem a impressão que desejo causar; chamarei, digamos assim, toda a natureza para presenciar nossas conversas; apresentarei o Ser eterno, do qual ela é obra, como testemunha da veracidade de minhas palavras; farei dele o juiz entre Emílio e eu; marcarei como monumentos de seus compromissos e dos meus o lugar onde estamos, as rochas, os bosques, as montanhas que nos cercam; colocarei em meus olhos, em meu tom, em meus gestos o entusiasmo e o ardor que quero inspirar-lhe. Então lhe falarei e ele me escutará, enternecerei-me e ele ficará comovido. Compenetrando-me da santidade de meus deveres tornarei os seus mais dignos de respeito; animarei com imagens e figuras a força dos argumentos; não serei longo e difuso em máximas frias e sim, abundante em sentimentos transbordantes; minha razão será grave e sentenciosa, mas meu coração nunca terá dito o suficiente. Será então que, mostrando-lhe como feito para mim mesmo tudo o que fiz por ele, em minha terna afeição ele verá a razão de todos os meus cuidados. Que surpresa, que agitação vou causar-lhe ao mudar subitamente de linguagem! Em vez de encolher-lhe a alma falando sempre de seu interesse, passarei a falar-lhe apenas do meu e isso o tocará mais: inflamarei seu jovem coração com todos os sentimentos de amizade, generosidade, reconhecimento que fiz nascer e que é tão doce alimentar. Irei estreitá-lo contra meu peito, vertendo lágrimas de ternura; direi: – *És meu patrimônio, meu filho, minha obra; é de tua felicidade que espero a minha; se frustrares minhas esperanças, roubas-me vinte anos de minha vida e tornas infelizes os meus dias de velhice.* É assim que fazemos um jovem escutar-nos e gravamos no fundo de seu coração a lembrança do que lhe dissermos.

Até aqui procurei dar exemplos do modo como um preceptor deve instruir seu discípulo nas ocasiões difíceis. Tentai fazer a mesma coisa nesta; mas, após muitas tentativas, desisto, convencido de que a língua francesa é amaneirada demais para porventura tolerar num livro a candura das primeiras instruções sobre certos assuntos.

Dizem que a língua francesa é a mais casta das línguas; pessoalmente, considero-a a mais obscena, pois me parece que a castidade de uma língua não consiste em evitar cuidadosamente as expressões indecentes e, sim, em não tê-

-las. De fato, para evitá-las é preciso pensar nelas; e não há uma língua em que seja mais difícil falar com pureza em todos os sentidos do que a francesa. O leitor, sempre mais hábil em encontrar sentidos obscenos do que o autor em afastá-los, escandaliza-se e horroriza-se com tudo. Como o que passa por ouvidos impuros não se contaminaria com essa sujidade? Ao contrário, um povo de bons costumes tem termos próprios para todas as coisas; e esses termos são sempre decentes, porque são empregados com decência. É impossível imaginar uma linguagem mais recatada do que a da Bíblia, precisamente porque nela tudo é dito com candura. Para tornar impudicas as mesmas coisas basta traduzi-las para o francês. O que devo dizer a meu Emílio nada terá que não seja decente e casto a seus ouvidos; mas para vê-lo desse modo ao ler seria preciso ter um coração tão puro quanto o dele.

Chego a pensar que reflexões sobre a verdadeira pureza do discurso e sobre a falsa delicadeza do vício poderiam ocupar um lugar útil nas conversas sobre moral a que esse assunto nos leva; pois ao aprender a linguagem da honestidade ele deve aprender também a da decência e é indispensável que saiba por que essas duas linguagens são tão diferentes. Seja como for, afirmo que, em vez dos vãos preceitos com que martelam antes da hora os ouvidos da juventude, e dos quais ela zomba na idade em que seriam oportunos, se aguardarmos, se prepararmos o momento de nos fazermos ouvir; se então lhe expusermos as leis da natureza em toda sua verdade; se lhe mostrarmos a sanção dessas mesmas leis nos males físicos e morais que sua infração atrai sobre os culpados; se, falando-lhe desse inimaginável mistério da geração, unirmos à ideia da atração que o autor da natureza dá a esse ato a ideia da afeição exclusiva que o torna delicioso e a dos deveres de fidelidade, de pudor que o cercam e que redobram seu encanto ao cumprir seu objetivo; se, descrevendo-lhe o casamento não só como a mais doce das sociedades, mas também como o mais inviolável e mais santo de todos os contratos, dissermos-lhe com força todas as razões que tornam digno do respeito de todos os homens um vínculo tão sagrado e cobrem de ódio e maldições quem ousar manchar-lhe a pureza; se lhe traçarmos um quadro impressionante e verídico dos horrores do deboche, de seu embrutecimento estúpido, do declive imperceptível pelo qual uma primeira desordem conduz a todos e por fim arrasta para a perdição quem se entrega a ela; se, digo eu, lhe mostrarmos claramente como ao gosto pela castidade estão ligadas a saúde, a força, a coragem, as virtudes e mesmo o amor e todos os verdadeiros bens do homem, afirmo que então lhe tornaremos desejável e valiosa essa mesma castidade e que encontraremos seu espírito dócil para os meios que lhe dermos para conservá-la; pois, enquanto o homem a conservar, respeita-a; só a despreza depois de perdê-la.

Não é verdade que a inclinação para o mal seja indomável e que não se tenha o poder de vencê-la antes de adquirir o hábito de sucumbir a ela. [O historiador] Aurélio Vítor diz que vários homens arrebatados de amor compraram voluntariamente com a vida uma noite de Cleópatra, e esse sacrifício não é impossível na embriaguez da paixão. Mas suponhamos que o homem mais enlouquecido e que menos comandasse seus sentidos visse o aparato do suplício, certo de nele perecer em tormentos um quarto de hora depois: no mesmo instante esse homem não só se tornaria superior às tentações como lhe custaria pouco resistir a elas: imediatamente a imagem horrenda que as acompanharia iria desviá-lo delas; e, sempre rejeitadas, desistiriam de retornar. É unicamente a tibieza de nossa vontade que cria toda nossa fraqueza; e sempre somos fortes para fazer o que desejamos fortemente; *volenti nihil difficile*, nada é difícil para quem quer. Ah, se detestássemos o vício tanto quanto amamos a vida, tão facilmente nos absteríamos de um delito agradável quanto de um veneno mortal num manjar delicioso.

Como não veem que, se todas as lições sobre esse ponto que dão a um jovem são infrutíferas, é porque são desarrazoadas para sua idade e que em qualquer idade é importante revestir a razão com formas que a tornem amável? Falai-lhe gravemente quando for preciso; mas o que lhe disserdes deve ter sempre um atrativo que o force a escutar-vos. Não combatais com secura seus desejos; não sufoqueis sua imaginação: guiai-a para evitar que engendre monstros. Falai-lhe do amor, das mulheres, dos prazeres; fazei-o encontrar em vossas palavras um encanto que deleite seu jovem coração; nada poupeis para vos tornardes seu confidente: é somente nessa qualidade que sereis realmente seu mestre. Então não receareis mais que vossas conversas o entediem: ele vos fará falar mais do que desejareis.

Não duvido nem por um momento de que, se apoiado nessas máximas eu soube tomar todas as precauções necessárias e dizer a meu Emílio as palavras adequadas à conjuntura a que o avanço dos anos o fez chegar, ele venha espontaneamente ao ponto a que quero conduzi-lo, que se coloque solicitamente sob minha salvaguarda e me diga com todo o ardor de sua idade, impressionado com os perigos de que se vê cercado: – *Meu amigo, meu protetor, meu mestre, retomai a autoridade a que quereis renunciar no momento em que me é mais importante que ela permaneça convosco; se até aqui a tínheis por minha fraqueza, agora a tereis por vontade minha e por isso será mais sagrada para mim! Defendei-me de todos os inimigos que me sitiam e principalmente dos que porto comigo e que me atraiçoam; zelai por vossa obra para que permaneça digna de vós. Quero obedecer as vossas leis, quero-o sempre, é minha vontade constante; se algum dia desobedecer-vos, será involuntariamente: tornai-me livre protegendo-me contra minhas paixões que me coagem; impedi-me de ser seu escravo e forçai-me a ser senhor de mim, obedecendo não meus sentidos e sim, minha razão.*

Quando tiverdes levado vosso aluno a esse ponto (e, se não alcançá-lo, a culpa será vossa), evitai pegá-lo na palavra muito depressa, para que, se algum dia vossa ascendência parecer-lhe dura demais, não se julgue no direito de furtar-se a ela acusando-vos de havê-lo apanhado de surpresa. Esse é o momento mais oportuno para a reserva e a gravidade; e esse tom o impressionará ainda mais por ser a primeira vez que vos terá visto assumi-lo.

Direis a ele, portanto: – *Rapaz, assumes levianamente compromissos penosos; precisarias conhecê-los para ter o direito de formulá-los: não sabes com que furor os sentidos, sob o engodo do prazer, arrastam teus semelhantes para a voragem dos vícios. Não tens uma alma abjeta, bem o sei; nunca violarás tua palavra; mas quantas vezes talvez te arrependas de tê-la dado! Quantas vezes maldirás quem vos ama quando, para salvar-te dos males que te ameaçam, ele se vir forçado a destroçar teu coração! Assim como Ulisses, abalado pelo canto das sereias, gritava a seus marinheiros que o desamarrassem, seduzido pela atração dos prazeres desejarás romper os laços que te tolhem; irás importunar-me com tuas queixas; quando eu estiver mais carinhosamente ocupando-me de ti, reprovarás minha tirania; pensando apenas em fazer-te feliz, atrairei sobre mim teu ódio. Ah, meu Emílio, jamais suportarei a dor de ser-te odioso; por esse preço até mesmo tua felicidade é cara demais. Meu bom rapaz, acaso não vês que obrigando-te a obedecer-me obrigas-me a conduzir-te, a esquecer-me de mim para devotar-me a ti, a não escutar tuas queixas nem teus protestos, a combater incessantemente teus desejos e os meus? Estás me impondo um jugo mais pesado do que o teu. Antes de nós dois os assumirmos, consultemos nossas forças; deves dar-te algum tempo e dar-me tempo para pensar; e deves saber que o mais lento para prometer é sempre o mais fiel para cumprir.*

Sabei também vós que, quanto mais difícil vos mostrardes sobre vosso compromisso, mais facilitareis sua execução. É importante que o jovem sinta que promete muito e que prometeis ainda mais. Quando chegar o momento e ele houver, digamos assim, assinado o contrato, mudai então de linguagem, colocai em vossa ascendência tanta brandura quanta severidade anunciastes. Direis a ele: – *Meu jovem amigo, falta-te a experiência, mas fiz de tal modo que a razão não te faltasse. Tens condições de ver em toda parte os motivos de minha conduta; para isso basta esperar que mantenhas o autodomínio. Deves começar sempre por obedecer e depois pedir-me contas de minhas ordens; estarei sempre pronto a explicá-las tão logo sejas capaz de ouvir-me e nunca recearei tomar-te como juiz entre ti e mim. Prometes que serás dócil e prometo fazer uso dessa docilidade tão somente para tornar-te o mais feliz dos homens. Tenho como penhor de minha promessa a sorte que desfrutaste até agora. Encontra alguém de tua idade que tenha passado uma vida tão agradável quanto a tua e não te prometerei mais nada.*

Depois de estabelecer minha autoridade, meu cuidado será afastar a necessidade de utilizá-la. Nada pouparei para firmar-me cada vez mais em sua confiança, para tornar-me cada vez mais o confidente de seu coração e o árbitro de seus prazeres. Em vez de lutar contra as tendências de sua idade, irei consultá-las para controlá-las; entrarei nas intenções dele para dirigi-las; não lhe buscarei à custa do presente uma felicidade distante. Não quero que seja feliz uma vez e sim, sempre, se for possível.

Os que desejam conduzir recatadamente a mocidade para protegê-la das armadilhas dos sentidos causam-lhe horror ao amor e gostariam de tornar um crime pensar nele nessa idade, como se o amor existisse só para os velhos. Todas essas lições enganosas que o coração desmente não convencem. O jovem, levado por um instinto mais certeiro, ri em segredo das tristes máximas com as quais finge concordar e só espera o momento de torná-las vãs. Tudo isso vai contra a natureza. Seguindo um caminho oposto chegarei mais seguramente ao mesmo fim. Não recearei favorecer-lhe o doce sentimento do qual está ávido; irei descrevê-lo como a suprema felicidade da vida, porque efetivamente o é; descrevendo-o, quero que se entregue a ele; fazendo-o sentir quanto encanto a união dos corações acrescenta à atração dos sentidos farei com que repudie a libertinagem e tornando-o amoroso o tornarei recatado.

É preciso ser muito tacanho para ver nos desejos nascentes de um jovem apenas um obstáculo às lições da razão! Pessoalmente, vejo-os como o meio legítimo de levá-lo a aceitar essas mesmas lições. Somente por meio das paixões temos domínio sobre as paixões; é com seu poder que devemos combater sua tirania, e é sempre na própria natureza que devemos buscar os instrumentos apropriados para regulá-la.

Emílio não está destinado a viver sempre solitário; membro da sociedade, deve cumprir seus deveres para com ela. Destinado a viver com os homens, precisa conhecê-los. Conhece o homem em geral; falta-lhe conhecer os indivíduos. Sabe o que se faz no mundo; falta-lhe ver como se vive nele. É hora de mostrar-lhe o exterior desse grande palco do qual já conhece todos os jogos ocultos. Já não levará a ele a admiração estúpida de um jovem inconsequente e sim, o discernimento de um espírito reto e justo. Suas paixões poderão decepcioná-lo, sem dúvida; quando não decepcionam os que se entregam a elas? Mas pelo menos não será enganado pelas dos outros. Caso as veja, há de vê-las com o olhar do sábio, sem ser arrastado por seus exemplos ou seduzido por seus preconceitos.

Assim como há uma idade apropriada para o estudo das ciências, há uma para compreender bem o uso do mundo. Quem aprende esse uso quando jovem demais segue-o durante toda a vida sem escolher, sem refletir e, mesmo com competência, sem nunca saber bem o que está fazendo. Mas quem o aprende e enxerga suas razões segue-o com mais discernimento e, portanto, com mais precisão e mais graça. Dai-me um menino de doze anos que não saiba absolutamente nada: aos quinze anos devo devolvê-lo sabendo tanto quanto aquele que instruístes já desde a primeira idade, com a diferença que o saber do vosso estará apenas em sua memória e o do meu estará em seu juízo. Do mesmo modo, introduzi no mundo um jovem de vinte anos; bem guiado, dentro de um ano ele será mais amável e mais judiciosamente polido do que outro que tenha sido criado no mundo desde a infância; pois o primeiro, por ser capaz de sentir as razões de todos os procedimentos referentes à idade, à condição social, ao sexo que constituem esse uso, consegue reduzi-los a princípios e aplicá-los também aos casos não previstos; ao passo que o outro, por ter como única regra sua rotina, vê-se atrapalhado quando o tiram dela.

Todas as jovens senhoritas francesas são educadas em conventos até que as casem. Porventura percebemos que então lhes seja difícil assumir essas maneiras que lhes são tão novas? E alguém acusará as mulheres de Paris de terem um jeito canhestro, embaraçado, e de ignorarem o uso do mundo porque não foram postas nele já na infância? Esse preconceito provém das próprias pessoas mundanas que, não conhecendo algo mais importante do que essa ciência pequena, imaginam falsamente que nunca é cedo demais para começar a adquiri-la.

É bem verdade que tampouco se deve esperar demais. Quem houver passado toda a juventude longe da alta sociedade mostra nela, até o fim da vida, um jeito embaraçado, forçado, palavras sempre fora de propósito, maneiras pesadas e desajeitadas das quais essa convivência habitual não o liberta mais e que seu esforço para livrar-se delas torna ainda mais ridículas. Cada tipo de instrução tem sua hora apropriada, que precisamos conhecer, e seus perigos, que precisamos evitar. É principalmente para esta instrução que se reúnem; mas tampouco exponho meu aluno a eles sem precauções para protegê-lo.

Quando meu método abrange com um mesmo objeto todos os pontos de vista e quando sanando um inconveniente evita outro, considero então que ele é bom e que tenho razão. É o que acredito ver no expediente que me sugere aqui. Se eu quiser ser austero e seco com meu discípulo, perderei sua confiança e ele logo se esconderá de mim. Se quiser ser complacente, fácil ou fechar os olhos, de que lhe serve estar sob minha guarda? Não faço mais do que autorizar sua desordem e aliviar sua consciência à custa da minha. Se o introduzir no mundo unicamente com o projeto de instruí-lo, ele se instruirá mais do que desejo. Se o mantiver afastado do mundo até o fim, o que terá aprendido de mim? Tudo, talvez, exceto a arte mais necessária ao homem e ao cidadão: saber viver com seus semelhantes. Se der a esses cuidados uma utilidade distante demais, esta lhe será praticamente nula: ele só leva em conta o presente. Se me limitar a fornecer-lhe distrações, que bem lhe faço? Ele se enfraquece e não se instrui.

Nada de tudo isso. Meu expediente sozinho atende a tudo. – *Teu coração*, digo ao rapaz, *precisa de uma companheira; vamos procurar a que te convém; talvez não nos seja fácil encontrá-la: o mérito verdadeiro é sempre raro; mas não vamos nos apressar nem desanimar. Seguramente existe uma, e havemos de encontrá-la no fim, ou pelo menos a que mais se assemelhar a ela.* Com um projeto tão deleitoso para ele, introduzo-o no mundo. Preciso dizer mais? Não vedes que fiz tudo?

Ao descrever-lhe a amada lhe destino, imaginai se saberei fazer-me escutado, se saberei tornar-lhe agradáveis e caras as qualidades que ele deve amar, se saberei predispor todos seus sentimentos para o que deve procurar ou evitar. Preciso ser o mais desastrado dos homens se não o tornar apaixonado antecipadamente, sem saber por quem. Não importa que o objeto que lhe descreverei seja imaginário; basta que o desgoste dos que poderiam tentá-lo, basta que ele encontre em todo lugar comparações que o façam preferir sua quimera aos objetos reais que o impressionarão; e o que é propriamente o amor verdadeiro, se não é quimera, mentira, ilusão? Amamos muito mais a imagem que formamos do que o objeto ao qual a aplicamos. Se víssemos o que amamos exatamente como é, já não haveria amor no mundo. Quando deixamos de amar, a pessoa que amávamos continua a mesma de antes, mas não a vemos mais como a mesma: o véu da magia cai e o amor extingue-se. Mas ao fornecer o objeto imaginário tenho o domínio das comparações e impeço facilmente a ilusão dos objetos reais.

Nem por isso quero que enganem um jovem descrevendo-lhe um modelo de perfeição que não possa existir; mas escolherei os defeitos de sua amada de tal modo que lhe convenham, lhe agradem e sirvam para corrigir os seus. Também não quero que lhe mintam, afirmando falsamente que o objeto que lhe descrevem existe; mas, se a imagem agradar-lhe, desejará logo um original. Do desejo à suposição o trajeto é fácil; é questão de algumas descrições hábeis que, sob traços mais sensíveis, darão a esse objeto imaginário uma aparência mais verídica. Eu gostaria de até mesmo dar-lhe um nome; diria rindo: – *Vamos chamar de* Sofia *tua futura senhora: Sofia é um nome de bom augúrio; se aquela que escolheres não tiver esse nome, pelo menos será digna de tê-lo; podemos homenageá-la com ele desde já.* Se depois de todos esses detalhes, sem afirmar, sem negar, nos esquivarmos com escapatórias, suas suspeitas se tornarão certeza: acreditará que lhe estão fazendo mistério da esposa que lhe destinam e que a conhecerá quando for hora. Uma vez que chegue a isso e se tivermos escolhido bem as características que devemos mostrar-lhe, todo o restante é fácil; podemos expô-lo ao mundo quase sem risco: defendei-o apenas de seus sentidos, pois seu coração está em segurança.

Mas, quer ele personifique ou não o modelo que terei sabido tornar-lhe amável, esse modelo, se for bem elaborado, não o ligará menos a tudo o que lhe for semelhante e não o distanciará menos de tudo o que não lhe for semelhante do que se ele tivesse um objeto real. Que trunfo para preservar-lhe o coração dos perigos a que sua pessoa deve ser exposta, para reprimir-lhe os sentidos por meio da imaginação, principalmente para arrancá-lo dessas doadoras de educação que a fazem custar tão caro e formam um homem para a polidez tirando dele toda honradez! Sofia é tão recatada! Com que olhos verá Emílio as investidas delas? Sofia é tão simples! Como apreciará as maneiras dela? Suas ideias estão distantes demais de suas observações para que estas cheguem a ser-lhe perigosas.

Todos os que falam do governo das crianças seguem os mesmos preconceitos e as mesmas máximas, porque observam mal e refletem pior ainda. Não é pelo temperamento nem pelos sentidos que começa o descaminho da juventude: é pela opinião geral. Se aqui estivessem em questão os meninos que são educados nos colégios e as meninas que são educadas nos conventos, eu mostraria que isso é verdade até mesmo com relação a eles; pois as primeiras lições que uns e outras recebem, as únicas que frutificam, são as do vício; e não é a natureza que os corrompe, é o exemplo. Mas deixemos os pensionistas dos colégios e conventos entregues a seus maus costumes: estes serão sempre irremediáveis. Falo somente da educação doméstica. Tomai um jovem criado com sensatez na casa de seu pai no interior e examinai-o no momento em que chega a Paris ou ingressa no mundo: descobrireis que pensa bem sobre as coisas honradas e tem a vontade tão sadia quanto a razão; encontrareis nele desprezo pelo vício e horror ao deboche; ao simples nome de uma prostituta vereis em seus olhos o escândalo da inocência. Afirmo que não há um único que pudesse decidir-se a entrar sozinho nas tristes moradas dessas infelizes, mesmo que conhecesse seu uso e sentisse necessidade dele.

Seis meses depois, considerai novamente o mesmo jovem e não o reconhecereis mais; expressões livres, máximas arrogantes, maneiras descontraídas fariam que fosse tomado por outro homem, se suas piadas sobre sua simplicidade anterior, sua vergonha quando a mencionam não mostrassem que é o mesmo e que se enrubesce por isso. Ah, quanto ele se formou em pouco tempo! De onde provém uma mudança tão grande e tão brusca? Do avanço do temperamento? Acaso seu temperamento não teria avançado do mesmo modo na casa paterna? E seguramente ele não teria adquirido esse tom nem essas máximas. Dos primeiros prazeres dos sentidos? Muito ao contrário: quando começa a entregar-se a eles, fica temeroso, inquieto, evita a luz do dia e o barulho. As primeiras volúpias são sempre misteriosas, o pudor condimenta-as e oculta-as; a primeira amante não o torna descarado e sim, tímido. Totalmente absorto num estado tão novo para ele, o jovem recolhe-se para saboreá-lo e sempre teme perdê-lo. Se for alardeado, não é voluptuoso nem terno; quem se gaba não desfrutou.

Outras maneiras de pensar produziram sozinhas essas diferenças. Seu coração ainda é o mesmo, mas suas opiniões mudaram. Seus sentimentos, mais lentos em alterar-se, por fim serão alterados por elas; e é só então que ele estará realmente corrompido. Tão logo entra no mundo, já recebe nele uma segunda educação, totalmente oposta à primeira e na qual aprende a desprezar o que estimava e estimar o que desprezava: fazem-no ver as lições de seus pais e de seus mestres como um jargão pedantesco e os deveres que eles lhe pregaram como uma moral pueril que um adulto deve desdenhar. Julga-se obrigado por sua honra a mudar de conduta; torna-se atrevido sem desejos e presunçoso por acanhamento. Zomba dos bons costumes antes de tomar gosto pelos maus e vangloria-se de deboche sem saber ser debochado. Nunca esquecerei a confissão de um jovem oficial da guarda suíça: que se entediava muito com os prazeres ruidosos de seus camaradas e não ousava recusar-se a eles, temendo ser motivo de chacota: – *Exercito-me nisso*, disse, *como me exercito em cheirar rapé, apesar de minha repugnância; o gosto virá com o hábito; não se pode ser criança para sempre.*

Assim, um jovem que ingressa no mundo precisa ser preservado muito menos da sensualidade do que da vaidade: ele cede mais às inclinações de outrem do que às suas e o amor-próprio produz mais libertinos do que o amor.

Isso posto, pergunto se há na Terra inteira um jovem mais bem armado do que o meu contra tudo o que pode atacar seus costumes, seus sentimentos, seus princípios; se há algum mais capaz de resistir à torrente. Pois, contra qual sedução não está ele defendido? Se seus desejos o impulsionarem para o sexo, não encontrará nele o que procura e seu coração já ocupado irá retê-lo. Se seus sentidos o agitarem e pressionarem, onde encontrará como contentá-los? O horror ao adultério e à devassidão afasta-o tanto das mulheres públicas como das mulheres casadas, e é sempre por um desses dois estados que começam as desordens da juventude. Uma jovem casadoura pode ser coquete; mas não será descarada, não irá atirar-se a um jovem que pode desposá-la se julgá-la honesta; ademais, ela terá alguém para vigiá-la. Emílio, por sua vez, não estará totalmente entregue a si mesmo; ambos terão como guardiães pelo menos o temor e a vergonha, inseparáveis dos primeiros desejos; não passarão repentinamente para as familiaridades extremas e não terão tempo de chegar gradualmente a elas sem obstáculos. Para agir de outro modo ele precisaria já ter tomado aulas com seus companheiros, já ter aprendido com eles a zombar de seu próprio recato, a tornar-se insolente por imitação. Mas qual homem no mundo é menos imitador do que Emílio? Qual se deixa levar menos pelo tom de galhofa do que aquele que não tem preconceitos e nada cede aos dos outros? Trabalhei vinte anos em armá-lo contra os trocistas; eles precisarão de mais de um dia para ludibriá-lo; pois aos olhos de Emílio o ridículo é a razão dos tolos e nada o torna mais insensível à zombaria do que estar acima da opinião geral. Em vez de piadas ele precisa de razões; e, enquanto for assim, não receio que uns rapazes loucos o tirem de mim; tenho a meu favor a consciência e a verdade. Se o preconceito tiver de intrometer-se, um apego de vinte anos também é alguma coisa: nunca o levarão a crer que eu o tenha entediado com lições vãs; e num coração reto e sensível a voz de um amigo fiel e verdadeiro saberá bem silenciar os gritos de vinte sedutores. Como então se trata apenas de mostrar-lhe que o estão enganando e que fingindo tratá-lo como homem tratam-no realmente como criança, afetarei ser sempre simples, mas grave e claro em meus argumentos, para que sinta que sou eu quem o trata como homem. Direi a ele: – *Bem vês que teu interesse, que é o meu, dita minhas palavras, e que não posso ter outro. Mas por que esses rapazes querem convencer-te? É porque querem seduzir-te; não te querem bem, não se interessam por ti; seu único motivo é um secreto despeito por verem que vales mais do que eles; querem rebaixar-te para sua pequenez e acusam-te de te deixares comandar tão somente para eles mesmos te comandarem. Consegues crer que essa mudança te seja proveitosa? Acaso a sabedoria deles é tão superior e sua afeição de um dia é mais forte do que a minha? Para dar algum peso a sua zombaria precisarias dar peso a sua autoridade; e que experiência têm eles para colocarem suas máximas acima das nossas? Nada mais fizeram do que imitar outros estouvados, assim como querem ser imitados também. Para se colocarem acima dos supostos preconceitos de seus pais escravizam-se aos dos companheiros. Não vejo o que ganham com isso; mas vejo que seguramente perdem dois grandes benefícios: o da afeição paterna, cujos conselhos são carinhosos e sinceros, e o da experiência, que leva a avaliar o que já se conhece; pois os pais foram filhos e os filhos não foram pais.*

"Mas acreditas que eles sejam sinceros pelo menos em suas máximas tresloucadas? Nem nisso, querido Emílio: enganam-se para enganar-te; não estão de acordo consigo mesmos: seu coração desmente-os sem parar e frequentemente sua boca os contradiz. Um que escarnece de tudo que é decente ficaria desesperado se sua mulher pensasse como ele. Outro estenderá essa indiferença de costumes até os da mulher que ainda não tem ou, para cúmulo da infâmia, até os da mulher que já tem. Mas deves ir mais longe, falar-lhe de sua mãe, e verás se ele gostará de passar por ser filho de adultério e filho de uma mulher de má-vida, por usurpar o nome de uma família e despojar de seu patrimônio o herdeiro natural; por fim, se ele aceitará calmamente que o tratem de bastardo. Quem dentre eles desejará que devolvam para sua filha a desonra de que cobre a de outrem? Não há um único que não chegasse a atentar contra tua vida se adotasses com ele, na prática, todos os princípios que se empenha em incutir-te. É assim que por fim eles revelam sua inconsequência e que sentimos que nenhum acredita no que diz. Essas são minhas razões, querido Emílio; deves pesar as deles, se as tiverem, e comparar. Se eu quisesse, como eles, usar de desprezo e zombaria, verias que dão flanco ao ridículo tanto quanto eu e mais do que eu. Mas não tenho medo de um exame sério. O triunfo dos trocistas é de curta duração; a verdade permanece e seu riso insensato dissipa-se."

Não imaginais como, com vinte anos, Emílio pode ser dócil. Como nossos modos de pensar diferem! Pessoalmente, não concebo como ele podia ser dócil aos dez; pois, que influência tinha eu sobre ele naquela idade? Precisei de quinze anos de cuidados para ir construindo essa minha influência. Então eu não o educava: preparava-o para ser educado. Agora está suficientemente educado para ser dócil; reconhece a voz da amizade e sabe obedecer a razão. É bem verdade que lhe deixo a aparência de independência; mas nunca esteve mais sujeito a mim, pois o está porque quer estar. Enquanto não pude tornar-me senhor de sua vontade, permaneci senhor de sua pessoa; não o largava nem por um momento. Agora, às vezes, deixo-o por conta própria, porque continuo a guiá-lo. Ao nos separarmos, dou-lhe um abraço e digo com ar seguro: – *Emílio, confio-te a meu amigo; entrego-te a seu coração honesto; ele é que me responderá por ti.*

Não é coisa de um momento corromper afeições sadias que não receberam qualquer alteração anterior e eliminar princípios derivados imediatamente das primeiras luzes da razão. Se alguma mudança ocorrer durante minha ausência, nunca será suficientemente longa, ele nunca saberá esconder-se suficientemente bem de mim para que eu não perceba o perigo antes do mal e não aja a tempo para saná-lo. Assim como ninguém se deprava de repente, ninguém aprende de repente a dissimular; e se há um homem inábil nessa arte é Emílio, que em toda a vida não teve sequer uma oportunidade de fazer uso dela.

Graças a esses cuidados e a outros semelhantes, considero-o tão bem protegido contra os objetos estranhos e as máximas vulgares que preferiria vê-lo no meio da pior sociedade de Paris a vê-lo sozinho em seu quarto ou num parque, entregue a toda a inquietude de sua idade. Por mais que façamos, de todos os inimigos que podem atacar um jovem o mais perigoso e o único que não podemos afastar é ele mesmo: esse inimigo, entretanto, só é perigoso por culpa nossa; pois, como eu já disse mil vezes, é tão somente pela imaginação que os sentidos são despertados. Sua necessidade não é propriamente uma necessidade física: não é verdade que seja uma necessidade real. Se nunca um objeto lascivo houvesse impressionado nossos olhos, se nunca uma ideia indecente houvesse entrado em nossa mente, talvez nunca tivéssemos sentido essa suposta necessidade; e teríamos permanecido castos, sem tentações, sem esforço e sem mérito. Não sabemos que fermentações surdas certas situações e certos espetáculos estimulam no sangue da juventude, sem que ela mesma saiba deslindar a causa dessa primeira inquietude, que não é fácil acalmar e não tarda a renascer. Quanto a mim, quanto mais reflito sobre essa crise importante e sobre suas causas próximas ou distantes, mais me convenço de que um solitário criado num deserto, sem livros, sem instrução e sem mulheres, lá morreria virgem em qualquer idade a que chegasse.

Mas não está em questão aqui um selvagem dessa espécie. Ao educar um homem entre seus semelhantes e para a sociedade, é impossível, não é sequer conveniente criá-lo sempre nessa salutar ignorância; e o que há de pior para o recato é saber pela metade. A lembrança dos objetos que nos impressionaram, as ideias que adquirimos acompanham-nos no isolamento, povoam-no, contra nossa vontade, com imagens mais sedutoras do que os próprios objetos e tornam a solidão tão funesta para aquele que as leva consigo quanto é útil para quem nela permanece sempre sozinho.

Portanto, vigiai cuidadosamente o jovem: ele poderá proteger-se de todo o restante, mas cabe a vós protegê-lo de si mesmo. Não o deixeis sozinho de dia nem de noite, dorme pelo menos em seu quarto; que ele só vá para a cama tonto de sono e saia dela no momento em que despertar. Desconfiai do instinto quando já não estiverdes limitado a ele: é bom enquanto age sozinho, é suspeito quando se mistura com as instituições dos homens; não devemos destruí-lo, devemos regrá-lo; e isso talvez seja mais difícil do que o anular. Seria muito perigoso se ele ensinasse vosso aluno a iludir seus sentidos e suprir às ocasiões de satisfazê-los: se ele vier a conhecer uma única vez esse perigoso suplemento, estará perdido. Daí em diante terá sempre o corpo e o coração enervados; portará até o túmulo os tristes efeitos desse hábito, o mais funesto ao qual um jovem possa ficar sujeito. Sem dúvida ainda valeria mais... Se os furores de um temperamento ardente tornarem-se invencíveis, meu caro Emílio, lamento por ti; mas não hesitarei um momento sequer, não admitirei que a finalidade da natureza seja desviada. Se é preciso que um tirano te subjugue, prefiro entregar-te àquele do qual posso livrar-te: seja como for, arrancar-te-ei mais facilmente das mulheres do que de ti.

Até os vinte anos o corpo cresce e necessita de toda sua substância: a continência então está na ordem da natureza e o indivíduo só a desrespeita à custa de sua constituição. A partir dos vinte anos a continência é um dever moral: é importante para ele aprender a dominar a si mesmo, a ser senhor de seus apetites. Mas os deveres morais têm suas modificações, suas exceções, suas regras. Quando a fraqueza humana torna inevitável uma alternativa, de dois males devemos preferir o menor; seja qual for o caso, é melhor cometer uma falta do que contrair um vício.

Lembrai-vos de que não é mais de meu aluno que estou falando aqui, é do vosso. Suas paixões, que deixastes fermentar, subjugam-vos; então deveis ceder a elas abertamente e sem esconder-lhe sua vitória. Se souberdes mostrá-la como verdadeiramente é, ele sentirá menos orgulho do que vergonha dela; e vos reservareis o direito de guiá-lo durante seu descaminho, para pelo menos fazê-lo evitar os precipícios. É importante que o discípulo nada faça que o mestre não saiba e não queira, nem mesmo o que for errado; e o preceptor aprovar uma falta e enganar-se é cem vezes melhor do que ser enganado por seu aluno e a falta acontecer sem que ele saiba de nada. Quem acredita que deve fechar os olhos para alguma coisa logo se vê forçado a fechá-los para tudo: o primeiro abuso tolerado leva a outro, e esse encadeamento só termina com a derrubada de toda a ordem e com a desconsideração de toda a lei.

Outro erro que já combati, mas que nunca abandonará os espíritos pequenos, é sempre afetar a dignidade magistral e querer passar por um homem perfeito no espírito do discípulo. Esse método é um contrassenso. Como eles não veem que querendo firmar sua autoridade destroem-na; que para fazer o que dizem ser escutado precisam pôr-se no lugar daquele a quem se dirigem, e que é preciso ser homem para saber falar ao coração humano? Todas essas pessoas perfeitas não comovem nem convencem; sempre dizem consigo que lhes é muito fácil lutar contra paixões que não sentem. Mostrai a vosso aluno vossas fraquezas, se quereis curá-lo das suas: que ele veja em vós os mesmos combates que enfrenta, que aprenda a vencer-se seguindo vosso exemplo e nunca diga, como os outros: – *Esses velhos, despeitados por já não serem jovens, querem tratar os jovens como velhos; e, como todos seus desejos se extinguiram, fazem dos nossos um crime.*

Montaigne conta que um dia perguntou ao senhor de Langey quantas vezes, em suas negociações da Alemanha, embebedara-se a serviço do rei. Eu gostaria de perguntar ao preceptor de certo jovem quantas vezes entrou num lugar de má fama a serviço de seu aluno. Quantas vezes? Estou enganado. Se a primeira vez não tirar para sempre do libertino o desejo de voltar, se não trouxer de lá arrependimento e vergonha, se não verter em vosso peito torrentes de lágrimas, abandonai-o imediatamente: ele é um monstro e vós sois um imbecil; nunca lhe servireis para nada. Mas deixemos esses expedientes extremos, tão tristes quanto perigosos e sem relação alguma com nossa educação.

Quantas precauções a tomar com um jovem de boa índole antes de expô-lo ao escândalo dos costumes da vida mundana! Tais precauções são penosas, mas são indispensáveis; é a negligência nesse ponto que põe a perder toda a juventude; é pela desordem da primeira idade que os homens degeneram e que os vemos tornarem-se o que são hoje. Vis e poltrões mesmo em seus vícios, têm almas pequenas, porque seus corpos desgastados foram corrompidos cedo; mal lhes resta vida suficiente para moverem-se. Seus pensamentos sutis marcam espíritos sem estofo; não sabem sentir nada grande e nobre; não têm simplicidade nem vigor; abjetos em tudo e baixamente maldosos, são vãos, velhacos, falsos; não têm ânimo sequer para ser celerados ilustres. São esses os homens desprezíveis que a crápula da juventude forma: se houvesse um único que soubesse ser moderado e sóbrio, que no meio deles soubesse preservar seu próprio coração, seu sangue, seus costumes do contágio do exemplo, com trinta anos ele esmagaria todos aqueles insetos e se tornaria senhor deles com menos esforço do que fez para permanecer senhor de si.

Por pouco que o nascimento ou a fortuna tivesse feito por Emílio, ele seria esse homem se desejasse sê-lo; mas os desprezaria demais para condescender em sujeitá-los. Vamos agora vê-lo no meio deles, ingressando no mundo, não para destacar-se, mas para conhecê-lo e para encontrar uma companheira que o mereça.

Em qualquer condição social em que possa ter nascido, em qualquer sociedade em que comece a introduzir-se, seu ingresso será simples e discreto: não permita Deus que tenha então a infelicidade de brilhar! As qualidades que impressionam à primeira vista não são as suas; não as tem nem deseja tê-las. Valoriza os juízos dos homens pouco demais para que dê valor a seus preconceitos, e não lhe interessa que o estimem antes de conhecê-lo. Seu modo de apresentar-se não é modesto nem pretensioso, é natural e autêntico; não conhece acanhamento nem dissimulação, e no meio de outras pessoas é o mesmo que sozinho e sem testemunhas. Será por isso grosseiro, desdenhoso, sem atenção para ninguém? Muito ao contrário: se sozinho não deprecia os outros homens, por que os depreciaria vivendo com eles? Não os prefere a si mesmo em suas maneiras porque não os prefere a si mesmo em seu coração; mas tampouco lhes demonstra uma indiferença que está muito longe de sentir; se lhe faltam as fórmulas de cortesia, não lhe faltam os cuidados humanitários. Não gosta de ver ninguém sofrer; não oferecerá seu lugar a outro por fingimento, mas o cederá de bom grado por bondade se, vendo o outro esquecido, julgar que esse esquecimento o mortifica; pois para meu jovem será menos custoso permanecer em pé voluntariamente do que ver o outro ser forçado a isso.

Embora em geral Emílio não estime os homens, não lhes mostrará menosprezo, porque os lastima e se compadece deles. Não podendo dar-lhes gosto pelos bens verdadeiros, deixa-lhes os bens da opinião geral com que se contentam, para evitar que, privando-os deles sem proveito algum, torne-os mais infelizes do que antes. Assim, não tem o hábito de discutir nem de contradizer; tampouco é complacente ou adulador; manifesta sua opinião sem combater a de ninguém, porque ama a liberdade acima de tudo e a franqueza é um de seus direitos mais belos.

Fala pouco, porque não lhe interessa que se ocupem dele; pelo mesmo motivo diz apenas coisas úteis: de outro modo, o que o incentivaria a falar? Emílio é instruído demais para porventura ser tagarela. Tagarelar muito provém necessariamente ou da pretensão à agudeza de espírito, da qual falarei mais adiante, ou do valor que damos a bagatelas, que tolamente julgamos interessarem aos outros tanto quanto a nós. Quem conhece coisas bastantes para dar a todas seu verdadeiro valor nunca fala demais, pois sabe valorizar também a atenção que lhe dão e o interesse que possam mostrar pelo que diz. Geralmente as pessoas que sabem pouco falam muito e as pessoas que sabem muito falam pouco. É simples um ignorante achar importante tudo o que sabe e dizê-lo a todo mundo. Mas um homem instruído não abre facilmente seu repertório; teria coisas demais a dizer e vê ainda mais depois dele; então cala-se.

Em vez de afrontar as maneiras dos outros, Emílio adapta-se a elas de bom grado, não para parecer conhecedor dos usos nem para afetar ares de homem cortês e sim, ao contrário, para que não o distingam, para não ser notado; e nunca está mais à vontade do quando não prestam atenção nele.

Embora ingressando no mundo, ignora absolutamente suas maneiras; isso não o torna tímido e receoso; caso se esconda, não é por embaraço, é porque para ver bem é preciso não ser visto; pois o que pensem dele não o inquieta e o ridículo não lhe causa medo algum. Por isso, como está sempre tranquilo e senhor de si, não é perturbado pelo acanhamento. Quer estejam olhando-o ou não, sempre faz o que faz do melhor modo que sabe; e, sempre concentrado em observar bem os outros, capta-lhes as maneiras com uma facilidade que os escravos da opinião geral não podem ter. Podemos dizer que aprende o uso do mundo mais depressa precisamente porque lhe dá pouca importância.

Entretanto, não vos enganeis sobre sua compostura e não penseis em compará-la com a de vossos moços agradáveis. Ele é firme e não, pedante; suas maneiras são livres e não, desdenhosas: um ar insolente é característico somente dos escravos, a independência nada tem de afetado. Nunca vi um homem que tenha orgulho na alma mostrá-lo em suas maneiras: essa afetação é muito mais própria das almas vis e vãs, que só desse modo podem infundir respeito. Li num livro que, tendo um dia um estrangeiro se apresentado no salão do famoso Marcel, este lhe perguntou de que país era. – *Sou inglês*, respondeu o estrangeiro. – *Vós, inglês?!* replica o dançarino; *então seríeis daquela ilha onde os cidadãos participam da administração pública e são uma porção do poder soberano!*[146] *Não, meu senhor; essa cabeça baixa, esse olhar tímido, esse andar inseguro anunciam-me tão somente o escravo titular de algum eleitor.*

Não sei se esse juízo mostra um grande conhecimento da verdadeira relação que existe entre o caráter de um homem e seu exterior. Já eu, que não tenho a honra de ser professor de dança, teria pensado exatamente o contrário. Teria dito: *Este inglês não é cortesão, nunca ouvi dizer que os cortesãos tivessem um ar cabisbaixo e o andar inseguro: um homem tímido na casa de um dançarino bem poderia não ser tímido na Câmara dos Comuns.* Seguramente o tal Sr. Marcel deve ver todos seus compatriotas como romanos.

Quem ama quer ser amado. Emílio ama os homens e quer agradar-lhes. Com mais razão ainda quer agradar às mulheres; sua idade, seus bons costumes, seu projeto, tudo concorre para alimentar-lhe esse desejo. Digo "seus bons costumes" porque eles importam muito; os homens que os têm são os verdadeiros adoradores das mulheres. Não têm, como os outros, um certo jargão irônico de galanteio; mas têm uma solicitude mais autêntica, mais terna e que sai do coração. Entre cem mil devassos, eu reconheceria ao lado de uma jovem um homem de bons costumes e que comanda a natureza. Avaliai o que deve ser Emílio com um temperamento totalmente novo e tantas razões para resistir a ele! Ao lado delas creio que às vezes ficará tímido e confuso; mas seguramente essa confusão não as desagradará e menos descaradas quase sempre conhecerão a arte de desfrutá-la e aumentá-la. Ademais, sua forma de solicitude mudará sensivelmente de acordo com os estados. Será mais modesto e respeitoso com as mulheres casadas, mais vivo e mais terno com as jovens solteiras. Não perde de vista o objeto de suas buscas e sempre dá mais atenção ao que o faz lembrar delas.

Ninguém será mais fiel a todas as mostras de consideração baseadas na ordem da natureza e mesmo na boa ordem da sociedade; mas as primeiras sempre serão preferidas às outras; e sempre respeitará mais um simples particular mais idoso do que um magistrado de sua idade. Assim, sendo habitualmente um dos mais jovens dos grupos sociais em que se verá, será sempre um dos mais modestos, não pela vaidade de parecer humilde e sim por um sentimento natural

---

146. Como se houvesse cidadãos que não fossem membros da cidade e não participassem como tais da autoridade soberana! Mas os franceses, julgando conveniente usurpar o respeitável nome de cidadãos, que cabia outrora aos membros das cidades gaulesas, desnaturaram-lhe a ideia a tal ponto que já não nos significa mais nada. Um homem que acaba de escrever-me muitas bobagens contra a *Nova Heloísa* enfeitou sua assinatura com o título de *cidadão de Paimbœuf*, julgando que me fazia uma ótima brincadeira.

baseado na razão. Não terá o impertinente saber-viver de um jovem pedante que para divertir o grupo fala mais alto do que os judiciosos e interrompe os idosos; de sua parte, não justificará a resposta de um velho fidalgo a Luís XV, que lhe perguntou se preferia sua época ou a atual: – *Senhor, passei minha juventude respeitando os velhos e agora preciso passar a velhice respeitando as crianças*.

Como tem uma alma terna e sensível, mas nada avalia com base nos índices da opinião pública, embora goste de agradar aos outros não se preocupará em ser bem considerado. Disso resulta que será mais afetuoso do que cortês, que nunca terá altivez nem fausto e ficará mais comovido com um afago do que com mil elogios. Pelas mesmas razões, não descuidará de suas maneiras nem de seu porte; poderá até mesmo trajar-se com certo esmero, não para parecer um homem de bom gosto e sim para tornar agradável sua figura; não recorrerá à moldura dourada e nunca a marca da riqueza manchará seu traje.

Vemos que tudo isso não exige de minha parte uma exposição de preceitos e é apenas um efeito de sua primeira educação. Fazem-nos um grande mistério do uso do mundo; como se, na idade em que adquirimos essa experiência, não a adquiríssemos naturalmente e como se não fosse num coração honesto que devêssemos buscar suas primeiras leis! A verdadeira cortesia consiste em mostrar benevolência para com os homens; ela se manifesta sem dificuldade quando a temos; é para quem não a tem que somos forçados a reduzir à arte suas aparências.

"O efeito mais infeliz da polidez usual é ensinar a arte de dispensar as virtudes que ela imita. Inspirem-nos na educação a humanidade e a beneficência e teremos polidez ou não necessitaremos mais dela.

"Se não tivermos a que se anuncia pelas graças, teremos a que anuncia o homem de bem e o cidadão; não precisaremos recorrer à falsidade.

"Em vez de ser artificioso para agradar, bastará ser bom; em vez de ser falso para adular as fraquezas dos outros, bastará ser indulgente.

"Aqueles com quem procedermos assim não ficarão soberbos nem corrompidos; ficarão gratos e se tornarão melhores."

Parece-me que, se alguma educação deve produzir a espécie de polidez que o Sr. Duclos[147] exige aqui, é esta cujo plano venho traçando até agora.

---

147. Charles Pinot Duclos (1704-1772) escritor e historiador francês. As citações acima vêm de *Considérations sur les mœurs de ce siècle* [Considerações sobre os costumes deste século], de 1751 e com várias reedições na época [N.T.].

Admito, entretanto, que com máximas tão diferentes Emílio não será como todo mundo, e Deus preserve-o de sê-lo algum dia! Mas no que se diferenciar dos outros não será importuno nem ridículo: a diferença será perceptível sem ser incômoda. Emílio será um estranho amável, digamos assim. Primeiro lhe perdoarão suas singularidades dizendo: *Ele vai se formar.* Em seguida se habituarão totalmente com suas maneiras; e, vendo que não as muda, mais uma vez o perdoarão dizendo: *Ele é desse jeito.*

Não será festejado como um homem amável, mas vão amá-lo sem saberem por quê; ninguém elogiará seu espírito, mas gostarão de tomá-lo como juiz entre as pessoas de espírito; o seu será límpido e limitado, ele terá reto o senso e saudável o juízo. Como nunca corre atrás de ideias novas, não poderá gabar-se de ter espírito. Levei-o a perceber que todas as ideias salutares e realmente úteis aos homens foram as primeiras conhecidas, que em todas as épocas elas têm sido os únicos vínculos verdadeiros da sociedade e que aos espíritos transcendentes só resta distinguirem-se por ideias perniciosas e funestas para o gênero humano. Esse modo de fazer-se admirado não lhe interessa: sabe onde deve encontrar a felicidade de sua vida e como pode contribuir para a felicidade de outrem. A esfera de seus conhecimentos não se estende além do que é proveitoso. Seu caminho é estreito e bem demarcado; como não tem a tentação de sair dele, confunde-se com os que o seguem; não quer extraviar-se nem brilhar. Emílio é um homem de bom-senso e não quer ser outra coisa; é inútil quererem injuriá-lo com esse título: ele sempre o considerará uma honra.

Embora o desejo de agradar já não o deixe absolutamente indiferente à opinião de outrem, tomará dessa opinião apenas o que se relacionar imediatamente com sua pessoa, sem interessar-se pelas apreciações arbitrárias cuja única lei é a moda ou os preconceitos. Terá o orgulho de querer fazer bem tudo o que fizer e mesmo o de querer fazer melhor do que o outro: na corrida, desejará ser o mais rápido; na luta, o mais forte; no trabalho, o mais habilidoso; nos jogos de cálculo, o mais destro; mas não buscará vantagens que não forem indiscutivelmente claras e precisem ser comprovadas pelo juízo de outrem, tais como: ser mais inteligente do que o outro, falar melhor, saber mais etc.; menos ainda as que não dependem absolutamente da pessoa, como ser de família mais ilustre, ser estimado mais rico, com mais crédito, mais considerado, infundir respeito ostentando fausto.

Amando os homens porque são seus semelhantes, amará principalmente os que mais se parecerem com ele, porque se sentirá bom; e, avaliando essa semelhança pela conformidade de gostos nas coisas morais, em tudo o que se relacionar com o bom caráter, ficará muito contente por ser aprovado. Não dirá consigo precisamente: alegro-me por me aprovarem; dirá: alegro-me porque aprovam o que fiz de bom; alegro-me porque as pessoas que me honram honram-se: enquanto julgarem com tanta sensatez, será ótimo obter sua estima.

Estudando no mundo os homens por seus costumes como antes os estudava na história por suas paixões, terá muitas oportunidades de refletir sobre o que deleita ou choca o coração humano. Então o veremos filosofando sobre os princípios do gosto; e esse é o estudo que lhe convém durante essa época.

Quanto mais longe formos buscar as definições de gosto, mais nos extraviamos; o gosto nada mais é do que a faculdade de julgar o que agrada ou desagrada à maioria das pessoas. Saindo daí não sabeis mais o que é o gosto. Disso não resulta que haja mais pessoas de bom gosto do que outras; pois, embora a maioria avalie corretamente cada objeto, há poucos homens que avaliem todos como ela; e, embora a coincidência dos gostos mais gerais constitua o bom gosto, há poucas pessoas de bom gosto, assim como há poucas pessoas belas, apesar de o conjunto dos traços mais comuns constituir a beleza.

É preciso observar que não está em questão aqui algo de que gostamos porque nos é útil, nem algo que detestamos porque nos prejudica. O gosto exerce-se apenas nas coisas indiferentes ou de interesse lúdico, quando muito, e não nas que têm relação com nossas necessidades: para avaliar estas últimas não é necessário gosto, basta o apetite. É isso que torna tão difíceis e, parece, tão arbitrárias as decisões de puro gosto; pois, afora o instinto que o determina, não vemos mais as razões de suas decisões. Devemos distinguir também suas leis nas coisas morais e suas leis nas coisas físicas. Nestas, os princípios do gosto parecem absolutamente inexplicáveis. Mas é importante observar que entra moral em tudo o que se relaciona com a imitação[148]: assim se explicam belezas que parecem físicas e que realmente não o são. Acrescentarei que o gosto tem regras locais que em mil coisas o tornam dependente dos climas, dos costumes, dos governos, das coisas institucionais; que há outras relacionadas

---

148. Isso é provado em um *Essai sur l'origine des langues* [Ensaio sobre a origem das línguas], que encontrareis na compilação de meus escritos.

com a idade, o sexo, o caráter e que é nesse sentido que gostos não devem ser discutidos.

O gosto é natural em todos os homens, mas todos não o têm na mesma medida, ele não se desenvolve em todos no mesmo grau e, em todos, está sujeito a alterar-se por causas diversas. A medida do gosto que cada um pode ter depende da sensibilidade que recebeu; seu cultivo e sua forma dependem dos grupos sociais em que viveu. Primeiramente, é preciso viver em sociedades numerosas para fazer muitas comparações. Em segundo lugar, são necessárias sociedades de lazer e de ociosidade, pois nas de negócios a regra não é o prazer e sim, o interesse. Em terceiro lugar, são necessárias sociedades em que a desigualdade não seja excessiva, a tirania da opinião geral seja moderada e a voluptuosidade reine mais do que a vaidade; pois no caso contrário a moda sufoca o gosto e as pessoas não buscam mais o que agrada e sim o que distingue.

Neste último caso já não é verdade que o bom gosto seja o da maioria. Por que isso? Porque o objeto muda. Então a multidão já não tem um juízo próprio, só julga seguindo aqueles que considera mais esclarecidos do que ela; aprova não o que é bom e sim, o que eles aprovaram. Em qualquer época, fazei cada homem ter seu próprio modo de sentir e o que for mais agradável em si terá sempre a pluralidade dos votos.

Tudo o que em seus trabalhos os homens fizerem de belo é por imitação. Todos os verdadeiros modelos do gosto estão na natureza. Quanto mais nos afastamos do mestre, mais desfiguradas ficam nossas pinturas. Então é nos objetos que amamos que vamos buscar nossos modelos; e o belo de fantasia, sujeito ao capricho e à autoridade, é tão somente o que agradar aos que nos guiam.

Os que nos guiam são os artistas, os poderosos, os ricos; e o que os guia é seu interesse ou sua vaidade. Estes para exibir suas riquezas e os outros para tirar proveito delas rivalizam na busca de novos meios de despender. Com isso o grande luxo estabelece seu império e leva a apreciar o que é difícil e caro: então a pretensa beleza, em vez de imitar a natureza, só o é à custa de contrariá-la. É por isso que o luxo e o mau gosto são inseparáveis. Em toda parte, em que for dispendioso, o gosto é falso.

É principalmente no comércio dos dois sexos que o gosto, bom ou mau, toma forma; sua cultura é um efeito necessário do objeto dessa associação. Mas, quando a facilidade de desfrutar amorna o desejo de agradar, o gosto tem de degenerar; e essa me parece outra razão, das mais evidentes, por que o bom gosto está vinculado aos bons costumes.

Consultai o gosto das mulheres nas coisas físicas e que estão ligadas ao juízo dos sentidos; o dos homens nas coisas morais e que dependem mais do entendimento. Quando as mulheres forem o que devem ser, se limitarão às coisas de sua competência e sempre julgarão bem; mas, desde que se estabeleceram como árbitros da literatura, desde que se puseram a julgar os livros e a escrevê-los a toda força, não sabem mais nada. Os autores que consultam as sabichonas sobre suas obras sempre têm certeza de estar mal aconselhados; os galantes que as consultam sobre sua aparência estão sempre ridiculamente trajados. Logo mais terei oportunidade de falar dos verdadeiros talentos desse sexo, do modo de cultivá-los e sobre quais coisas suas decisões devem então ser escutadas.

São essas as considerações elementares que colocarei como princípios ao raciocinar com meu Emílio sobre uma matéria que não lhe é nada indiferente na circunstância em que se encontra e na busca que o ocupa. E a quem seria ela indiferente? O conhecimento do que pode ser agradável ou desagradável aos homens não é necessário somente a quem necessita deles, mas também a quem deseja ser-lhes útil: é mesmo importante agradar-lhes para servi-los; e a arte de escrever nunca é um estudo ocioso quando empregada para fazer escutar a verdade.

Se, para cultivar o gosto de meu discípulo, eu tivesse de escolher entre países onde essa cultura ainda está por nascer e outros onde ela já houvesse degenerado, seguiria a ordem retrógrada: começaria sua viagem por estes últimos e terminaria nos primeiros. A razão dessa escolha é que o gosto se corrompe por um excesso de delicadeza que torna sensível a coisas que a maioria dos homens não percebe; essa delicadeza leva ao espírito de discussão, pois, quanto mais sutilizamos os objetos, mais eles se multiplicam: essa sutileza torna o tato mais delicado e menos uniforme. Formam-se então tantos gostos quantas forem as cabeças. Nas discussões sobre preferências a filosofia e as luzes ampliam-se; e é assim que aprendemos a pensar. As observações finas só podem ser feitas por pessoas muito sociáveis, visto que tais observações só causam impressão após todas as outras e as pessoas pouco habituadas a grupos sociais numerosos consomem sua atenção nas linhas gerais. Talvez não haja atualmente no mundo um lugar civilizado onde o gosto geral seja pior do que em Paris. Entretanto, é nessa capital que o bom gosto é cultivado; e na Europa são publicados poucos livros respeitáveis cujo autor não tenha vindo formar-se em Paris. Os que pensam que basta ler os livros que aqui são feitos enganam-se: aprende-se muito mais com a conversa dos autores do que com seus livros; e mesmo não é com os autores que se aprende mais. É o espírito dos grupos sociais que desenvolve uma cabeça pensante e que leva a visão tão longe quanto ela pode ir. Se tendes uma centelha de gênio, vinde passar um ano em Paris: em breve sereis tudo o que podeis ser ou nunca sereis alguma coisa.

Podemos aprender a pensar nos lugares onde impera o mau gosto; mas não devemos pensar como os que têm esse mau gosto, e é muito difícil isso não acontecer quando permanecemos com eles tempo demais. Devemos aperfeiçoar com o que lhes interessa o instrumento que julga, evitando empregá-lo como eles. Cuidarei de não polir o juízo de Emílio a ponto de alterá-lo; e quando seu tato estiver suficientemente fino para sentir e comparar os diversos gostos dos homens eu o reconduzirei a objetos mais simples para que defina o seu.

Procederei de mais longe ainda para conservar-lhe um gosto puro e sadio. No tumulto da dissipação, saberei reservar-me conversas úteis com ele; e, direcionando-as sempre para objetos que lhe agradem, cuidarei de torná-los tão divertidos quanto instrutivos. Essa é a época da leitura e dos livros agradáveis; é a época de ensinar-lhe a análise do discurso, de sensibilizá-lo para todas as belezas da eloquência e da dicção. Aprender línguas por si mesmas é pouco; seu uso não é tão importante como pensam; mas o estudo das línguas leva ao estudo da gramática geral. É preciso aprender latim para saber francês bem; é preciso estudar e comparar ambos para entender as regras da arte de falar.

Ademais, há uma certa simplicidade de gosto que chega ao coração e que só se encontra nos escritos dos antigos. Na eloquência, na poesia, em toda espécie de literatura ele os reencontrará, como na história, abundantes em coisas e sóbrios em julgar. Nossos autores, ao contrário, dizem pouco e pronunciam muito. Apresentarem-nos continuamente seu juízo como lei não é o meio de formar o nosso. A diferença dos dois gostos faz-se sentir em todos os monumentos e até nos túmulos. Os nossos são cobertos de elogios; nos dos antigos liam-se fatos.

Sta, viator; heroem calcas[149].

Mesmo que eu houvesse encontrado esse epitáfio num monumento antigo teria adivinhado imediatamente que era moderno, pois entre nós nada é tão comum quanto heróis; mas entre os antigos eles eram raros. Em vez de dizer que um homem era um herói, teriam dito o que fizera para sê-lo. Com o epitáfio desse herói comparai este do efeminado Sardanápalo[150]:

Construí Tarso e Anquíale em um dia e agora estou morto.

Qual diz mais, em vossa opinião? Nosso estilo lapidar, com seu empolamento, serve apenas para empolar anões. Os antigos mostravam os homens ao natural e via-se que eram homens. Xenofonte, honrando a memória de alguns guerreiros mortos à traição na Retirada dos Dez Mil, diz: *Morreram irrepreensíveis na guerra e na amizade.* Isso é tudo; mas, nesse elogio tão curto e tão simples, considerai o que devia estar transbordando do coração do autor. Infeliz aquele que não achar isso arrebatador!

Gravadas em um mármore nas Termópilas liam-se estas palavras:

Passante, vai dizer a Esparta que morremos aqui para obedecer
a suas santas leis.

Bem vemos que não foi a Academia das Inscrições que compôs essa.

Estou enganado se meu aluno, que dá tão pouco valor às palavras, não dirigir sua atenção primeiro para essas diferenças e se elas não influírem na escolha de suas leituras. Impelido pela eloquência viril de Demóstenes, dirá: *É um orador*; mas, ao ler Cícero, dirá: *É um advogado.*

Em geral, Emílio tomará mais gosto pelos livros dos antigos do que pelos nossos; simplesmente porque, sendo os primeiros, os antigos são os mais próximos da natureza e seu engenho é mais próprio deles. Não importa o que possam ter dito La Motte e o Abade Terrasson, não há um verdadeiro progresso racional na espécie humana, porque o que ganhamos de um lado perdemos do outro; porque todos os espíritos partem sempre do mesmo ponto e, como o tempo que empregamos em saber o que outros pensaram está perdido para aprendermos a nós mesmos pensarmos, temos mais luzes adquiridas e menos vigor mental.

---

149. "Para, viandante, estás caminhando sobre um herói." Epitáfio no túmulo do general alemão Franz Freiherr von Mercy, morto em 1645 na batalha de Alerheim contra os franceses, durante a Guerra dos Trinta Anos [N.T.].

150. Descrito como decadente e ocioso, Sardanápalo teria sido o último rei da Assíria; mas sua existência é controversa e alguns historiadores confundem-no com Assurbanípal, cujos feitos, personalidade e morte são entretanto totalmente diferentes dos seus [N.T.].

Nossas mentes são como nossos braços, exercitados em fazer tudo com instrumentos e nada por si mesmos. Fontenelle dizia que toda essa discussão sobre os antigos e os modernos se reduzia a saber se as árvores de outrora eram maiores do que as de hoje. Se a agricultura houvesse mudado, essa pergunta não seria descabida.

Depois de fazê-lo remontar assim às fontes da pura literatura, mostro-lhe também seus esgotos nos reservatórios dos compiladores modernos: jornais, traduções, dicionários; ele dá uma olhada em tudo isso e depois abandona-o para nunca o retomar. Para diverti-lo faço-o ouvir o falatório das academias; faço-o observar que cada um dos que as compõem sempre vale mais sozinho do que com a corporação; disso ele concluirá por si só qual é a utilidade de todos esses belos estabelecimentos.

Levo-o aos teatros para que estude não os costumes e sim o gosto; pois é principalmente lá que este se mostra aos que sabem refletir. *Deixa os preceitos e a moral,* eu lhe diria; *não é aqui que deves aprendê-los.* O teatro não é feito para a verdade; é feito para deleitar, para divertir os homens; não há uma escola onde aprendamos tão bem a arte de agradar-lhes e de interessar o coração humano. O estudo do teatro leva ao da poesia; ambos têm exatamente o mesmo objeto. Se Emílio tiver uma centelha de gosto por ela, com que prazer cultivará as línguas dos poetas, o grego, o latim, o italiano! Tais estudos serão para ele diversões sem obrigação e por isso os aproveitará melhor ainda; serão deliciosos numa idade e em circunstâncias em que o coração se interessa com tanto encanto por todas as espécies de beleza feitas para tocá-lo. Imaginai de um lado meu Emílio e do outro um diabrete de colégio lendo o quarto livro da *Eneida*, ou Tibulo, ou o *Banquete* de Platão: que diferença! Quanto o coração de um é abalado pelo que nem mesmo afeta o outro! Ah, meu bom jovem, para, interrompe tua leitura, vejo-te emocionado demais; quero que a linguagem do amor te agrade, mas não que te extravie; sê homem sensível, mas sê homem ponderado. Se só és um dos dois, nada és. Ademais, pouco me importa que ele se saia bem ou não nas línguas mortas, nas belas-letras, na poesia. Se nada souber de tudo isso, não valerá menos, e não são essas brincadeiras todas que estão em causa em sua educação.

Meu principal objeto ao ensiná-lo a sentir e amar o belo em todos os gêneros é fixar neste suas afeições e seus gostos, impedir que seus apetites naturais se alterem e um dia ele procure em sua riqueza os meios de ser feliz, que deve encontrar mais perto de si. Já disse em outro lugar que o gosto é simplesmente a arte de entender bem de pequenas coisas e isso é muito verdadeiro; mas, visto que é de um tecido de pequenas coisas que depende o encanto da vida, tais cuidados não são nada indiferentes: é por eles que aprendemos a preenchê-la com os bens postos a nosso alcance, com toda a autenticidade que podem ter para nós. Não me refiro aqui aos bens morais que dependem da boa disposição da alma, mas somente ao que é próprio da sensualidade, da voluptuosidade real, deixando de lado os preconceitos e a opinião geral.

Para desenvolver melhor minha ideia seja-me permitido deixar por um momento Emílio, cujo coração puro e saudável não pode mais servir de regra para ninguém, e procurar em mim mesmo um exemplo mais visível e mais próximo dos costumes do leitor.

Há estados que parecem mudar a natureza e remodelar, seja para melhor ou para pior, os homens que as exercem. Um poltrão torna-se um bravo ao ingressar no regimento de Navarra. Não é somente na tropa que se adquire o espírito de grupo e não é sempre para o bem que seus efeitos se fazem sentir. Cem vezes pensei com pavor que, se tivesse a desdita de hoje ocupar em certos países um cargo que sei, amanhã seria quase inevitavelmente tirano, concussionário, destruidor do povo, nocivo ao príncipe, inimigo por função de toda humanidade, de toda equidade, de toda espécie de virtude.

Do mesmo modo, se eu fosse rico, teria feito todo o necessário para enriquecer; portanto, seria insolente e baixo, sensível e delicado só comigo, impiedoso e duro com todo mundo, espectador desdenhoso das misérias da ralé, pois já não daria outro nome aos indigentes, para fazer esquecer que outrora fui da classe deles. Por fim, faria de minha fortuna o instrumento de meus prazeres, dos quais me ocuparia com exclusividade; e até aqui seria como todos os outros.

Mas o ponto em que creio que me diferenciaria muito deles é que seria mais sensual e voluptuoso do que orgulhoso e vão, e me entregaria muito mais ao luxo da indolência do que ao luxo da ostentação. Chegaria até a ter alguma vergonha de exibir demais minha riqueza, e sempre julgaria ver o invejoso que eu arrasaria com meu fausto dizer ao ouvido de seus vizinhos: – *Esse aí é um velhaco que tem muito medo de não ser conhecido como tal.*

Dessa imensa profusão de bens que cobrem a Terra, procuraria o que me é mais agradável e de que posso me apropriar melhor. Para isso o primeiro uso de minha riqueza seria comprar ócio e liberdade, a que acrescentaria a saúde, se estivesse à venda; mas, como ela só é comprada com temperança e sem saúde não há um verdadeiro prazer na vida, seria temperante por sensualidade.

Ficaria tão perto da natureza quanto fosse possível para deleitar os sentidos que dela recebi, com a certeza de que, quanto mais ela participasse de meus deleites, mais realidade eu encontraria neles. Na escolha dos objetos de imitação, sempre a tomaria como modelo; em meus apetites, daria-lhe preferência; em meus gostos, sempre a consultaria; em meus manjares, sempre desejaria os que ela prepara melhor e que passam por menos mãos para chegar a nossas mesas. Preveniria as falsificações da fraude, iria ao encontro do prazer. Minha gula tola e grosseira não enriqueceria um despenseiro; ele não me venderia a preço de ouro veneno por peixe[151]; minha mesa não ficaria aparatosamente coberta de magníficas porcarias e carniças de longe; esbanjaria meu próprio trabalho para satisfazer minha sensualidade, porque então esse trabalho é em si um prazer e aumenta o prazer que dela espero. Se quisesse saborear um prato do fim do mundo, iria, como Apício[152], buscá-lo em vez de mandar trazê-lo, pois aos pratos mais requintados falta sempre um condimento que não é trazido com eles e que nenhum cozinheiro lhes dá: o ar do clima que os produziu.

Pela mesma razão, não imitaria aqueles que, só se sentindo bem onde não estão, sempre colocam as estações em contradição consigo mesmas e os climas em contradição com as estações; que, procurando o verão no inverno e o inverno no verão, vão ter frio na Itália e calor no Norte, sem pensar que, julgando fugir do rigor das estações, encontram-no nos lugares que não aprenderam a proteger-se dele. Quanto a mim, ficaria em meu lugar, ou então faria exatamente o contrário: iria obter de uma estação tudo o que ela tem de agradável e de um clima tudo o que tem de particular. Teria uma diversidade de prazeres e de hábitos que não se assemelhariam e estariam sempre de acordo com a natureza, iria passar o verão em Nápoles e o inverno em Petersburgo; ora respirando um suave zéfiro, recostado nas frescas grutas de Tarento, ora na iluminação de um palácio de gelo sem fôlego e fatigado dos prazeres do baile.

---

151. Trocadilho intraduzível entre *poison* (veneno) e *poisson* (peixe) [N.T.].
152. Marcus Galvus Apicius (25? a.C.-37? d.C.), gastrônomo romano e suposto autor de *De Re Coquinaria*, que seria o primeiro compêndio de receitas culinárias da Roma antiga e também de outras regiões [N.T.].

No serviço de minha mesa, no arranjo de minha morada, eu gostaria de imitar com ornamentos muito simples a variedade das estações e extrair de cada uma todas as suas delícias, sem antecipar as que a seguirão. Há desgosto e não gosto em perturbar assim a ordem da natureza, em arrancar-lhe produções involuntárias que, maldizendo, ela dá a contragosto e que, por não terem qualidade nem sabor, não podem alimentar o estômago nem agradar o paladar. Nada é mais insípido do que os vegetais temporões; é com altos custos que um certo ricaço de Paris, com seus fornos e suas estufas aquecidas, consegue ter à mesa durante o ano todo somente maus legumes e más frutas. Se eu tivesse cerejas quando neva e melões ambarinos no rigor do inverno, com que prazer os saborearia quando meu palato não precisa ser umedecido nem refrescado? Acaso a pesada castanha me seria muito agradável nos ardores da canícula? Acaso a preferiria saindo do fornilho à groselha, ao morango e às frutas desalterantes que me são oferecidas na terra sem tantos cuidados? Cobrir a lareira em janeiro com plantas forçadas, com flores pálidas e sem aroma não é enfeitar o inverno, é enfear a primavera; é privar-se do prazer de ir ao bosque procurar a primeira violeta, espreitar a primeira brotação e bradar num assomo de alegria: *Mortais, não estais abandonados, a natureza ainda vive!*

Para ser bem servido teria poucos criados, como já foi dito e é bom repetir. Um burguês obtém mais serviço verdadeiro de seu único lacaio do que um duque dos dez senhores que o cercam. Pensei cem vezes que, se tiver à mesa meu copo a meu lado, bebo no momento que me aprouver, ao passo que, se tivesse uma mesa grandiosa, vinte vozes precisariam repetir *bebida!* antes de eu poder matar a sede. Tudo o que é feito para outrem é mal feito, como era de esperar. Não mandaria irem às compras: iria eu mesmo; iria para que meus criados não tratassem com os vendedores antes de mim, para escolher com mais acerto e pagar menos caro; iria para fazer um exercício agradável, para ver um pouco o que acontece fora de minha casa; isso diverte e às vezes instrui; por fim, iria por ir, o que já não é pouco. O tédio começa pela vida excessivamente sedentária; quando vamos muito, entediamo-nos pouco. Um porteiro e lacaios são maus intérpretes; eu não gostaria de sempre ter essas pessoas entre mim e o resto do mundo nem de andar sempre com o estrépito de um coche, como se receasse ser abordado. Os cavalos de um homem que utiliza as próprias pernas estão sempre prontos; se estiverem cansados ou doentes, ele o sabe antes de qualquer outro; e não receia ser obrigado a ficar em casa com esse pretexto quando seu cocheiro quer tirar uma folga; no caminho, mil obstáculos não o fazem arder de impaciência nem ficar parado no momento em que desejaria voar. Por fim, se ninguém nunca nos serve tão bem quanto nós mesmos, ainda que fôssemos mais poderosos do que Alexandre e mais ricos do que Creso só devemos receber dos outros os serviços que não pudermos obter de nós mesmos.

Não gostaria de morar num palácio; pois nesse palácio habitaria somente um quarto; todo cômodo comum é de ninguém e o quarto de cada criado meu me seria tão estranho quanto o de meu vizinho. Os orientais, apesar de muito voluptuosos, alojam-se e mobiliam-se todos com simplicidade. Veem a vida como uma viagem e sua casa como uma estalagem. Essa razão pesa pouco para nós, os ricos, que nos acomodamos para viver para sempre; mas eu teria uma razão diferente que produziria o mesmo efeito. Acharia que me estabelecer com tanto aparato num lugar seria banir-me de todos os outros e, digamos assim, aprisionar-me em meu palácio. O mundo é um palácio já muito belo; acaso não é todo do rico, quando quer desfrutá-lo? *Ubi bene, ibi patria*, onde eu estiver bem, aí é a pátria; essa é sua divisa; seus deuses lares são os lugares onde o dinheiro pode tudo, seu país é toda parte onde seu cofre possa entrar, como Filipe considerava sua toda fortaleza onde pudesse entrar um burro carregado de dinheiro. Então por que ir circunscrever-se por paredes e portas para nunca mais sair? Se uma epidemia, uma guerra, uma revolta expulsar-me de um lugar, vou para outro e lá encontro minha residência, que chegou antes de mim. Por que ter o trabalho de eu mesmo fazer uma, sendo que as constroem para mim por todo o Universo? Por que, com tanta ânsia de viver, preparar para muito depois deleites que posso encontrar hoje mesmo? Não é possível conseguir uma sorte agradável entrando continuamente em contradição consigo mesmo. Assim Empédocles criticava os agrigentinos por acumularem prazeres como se tivessem só um dia para viver e construírem como se nunca devessem morrer.

Aliás, de que me serve uma morada tão grande se eu tiver tão pouco com que povoá-la e menos ainda com que enchê-la? Meus móveis seriam simples como meus gostos; não teria galeria nem biblioteca, principalmente se amasse a leitura e entendesse de pintura. Saberia então que tais coleções nunca estão completas e que a privação do que lhes falta causa mais tristeza do que nada ter. Nisso a abundância faz a miséria: não há um formador de coleções que não o tenha sentido. Quem entende do assunto não deve formá-las; não tem um gabinete para mostrar aos outros quem sabe utilizá-lo para si.

    O jogo não é um passatempo de homem rico, é recurso de desocupado; e meus prazeres me dariam ocupações demais para sobrar-me tempo a ser tão mal empregado. Como sou solitário e pobre, não jogo, exceto xadrez algumas vezes, e já é demais. Se fosse rico, jogaria menos ainda e somente um joguinho fraco, para não ver alguém descontente ou descontentar-me. O interesse do jogo, não tendo motivo na opulência, nunca pode transformar-se em fúria, exceto num espírito mal formado. Os lucros que um homem rico pode obter no jogo sempre lhe são menos palpáveis do que as perdas; e, como a forma dos jogos moderados, que a longo prazo desgasta seu benefício, em geral faz que eles levem mais a perdas do que a ganhos, raciocinando bem não podemos afeiçoar-nos muito a um passatempo em que os riscos de toda espécie estão contra nós. Quem alimenta a vaidade com as preferências da sorte pode buscá-las em objetos muito mais atraentes, e essas preferências não são menos marcantes no joguinho mais fraco do que no mais forte. O gosto pelo jogo, fruto da avareza e do tédio, só se firma numa mente e num coração vazios; e parece-me que eu teria sentimentos e conhecimentos suficientes para dispensar tal suplemento. Raramente vemos os pensadores gostarem muito do jogo, que suspende o hábito de pensar ou volta-o para combinações áridas; por isso um dos bens – e talvez o único – que o gosto pelas ciências produziu é amortecer um pouco essa paixão sórdida; preferirão empenhar-se em provar a utilidade do jogo em vez de entregarem-se a ele. Já eu o combateria entre os jogadores e teria mais prazer em zombar deles ao vê-los perder do que em ganhar-lhes seu dinheiro.

    Eu seria o mesmo em minha vida privada e no convívio do mundo. Gostaria que minha fortuna trouxesse abastança a todo lugar e nunca levasse alguém a sofrer desigualdade. O falso esplendor dos atavios é incômodo sob mil aspectos. Para manter entre os homens toda a liberdade possível, gostaria de trajar-me de modo que em todas as classes parecesse estar em meu lugar e não me distinguissem em nenhuma; que sem afetação, sem mudança em minha pessoa, fosse plebe na taberna e homem de fina sociedade no Palais-Royal. Desse modo, mais senhor de minha conduta, sempre colocaria a meu alcance os prazeres de todas as condições sociais. Dizem que há mulheres que barram sua porta para manguitos bordados e só deixam entrar trajes rendados; portanto, eu iria passar o dia em outro lugar; mas, se essas mulheres fossem jovens e bonitas, poderia às vezes usar rendas para passar lá a noite, quando muito.

O único vínculo de meus grupos sociais seriam a afeição mútua, a conformidade de gostos, a afinidade de caracteres; a eles me entregaria como homem e não como rico; nunca admitiria que seu encanto fosse envenenado pelo interesse. Se minha opulência tivesse me deixado alguma humanidade, estenderia longe meus serviços e minha beneficência; mas gostaria de ter a meu redor um grupo e não, uma corte, amigos e não, protegidos; não seria o patrono de meus convivas, seria seu anfitrião. A independência e a igualdade permitiriam a minhas ligações toda a candura da benevolência; e onde o dever e o interesse não entrariam para nada o prazer e a amizade seriam a única lei.

Um homem não compra seu amigo nem sua amada. Com dinheiro é fácil ter mulheres; mas esse é o meio de não ser amado por nenhuma. Ao contrário de o amor estar à venda, o dinheiro infalivelmente o mata. Quem paga, ainda que seja o mais amável dos homens, tão somente porque paga não pode ser amado por muito tempo. Em breve estará pagando por outro, ou melhor, esse outro será pago com seu dinheiro; e nessa ligação dupla, formada pelo interesse, pela devassidão, sem amor, sem honra, sem prazer verdadeiro, a mulher ávida, infiel e miserável, tratada pelo vil que recebe como trata o tolo que dá, fica quite com ambos. Seria agradável sermos liberais com quem amamos, se isso não constituísse uma negociação. Conheço um único meio de satisfazer essa tendência para com a amante sem envenenar o amor: dar-lhe tudo e em seguida ser sustentado por ela. Resta saber onde está a mulher com quem esse procedimento não fosse extravagante.

Aquele que disse: *possuo Laís sem que ela me possua*[153] falou sem senso. A posse que não é recíproca nada é; quando muito, é a posse do sexo, mas não do indivíduo. E onde a moral do amor não existe, por que tanto barulho pelo que resta? Nada é tão fácil de achar. Nisso um muladeiro está mais perto da felicidade do que um milionário.

Ah, se pudéssemos desenvolver suficientemente as inconsequências do vício, quão longe o veríamos de seu objetivo, quando obtém o que queria! Por que essa bárbara avidez de corromper a inocência, de tomar como vítima um

---

153. Frase atribuída a Aristipo de Cirene (c.435 a.C.-c. 356 a.C.), filósofo hedonista grego; Laís era uma famosa cortesã [N.T.].

objeto jovem que deveria ser protegido e que esse primeiro passo arrasta inevitavelmente para uma voragem de miséria da qual só sairá ao morrer? Brutalidade, vaidade, tolice, erro e nada mais. Mesmo esse prazer não é da natureza; é da opinião geral, e da opinião mais baixa, porque está ligada ao autodesprezo. Quem se sente o último dos homens teme a comparação com qualquer outro e quer passar à frente para ser menos odioso. Vede se os mais ávidos desse condimento imaginário são porventura jovens amáveis, dignos de agradar e que seriam mais desculpáveis por ser difíceis. Não: com boa figura, mérito e sentimentos, teme-se pouco a experiência da amante; com uma confiança justificada, diz-se a ela: *Tu conheces os prazeres; pouco importa; meu coração te promete prazeres que nunca conheceste.*

Mas um sátiro velho, desgastado pela devassidão, sem atrativos, sem delicadeza, sem respeito, sem qualquer espécie de honradez, incapaz, indigno de agradar a qualquer mulher que entenda de pessoas amáveis, julga suprir tudo isso com uma jovem inocente, antecipando-se à experiência e dando-lhe a primeira emoção dos sentidos. Sua derradeira esperança é agradar graças à novidade; esse é incontestavelmente o motivo secreto de tal fantasia; mas engana-se: o horror que causa não está menos na natureza do que os desejos que gostaria de acender. Engana-se também em sua louca expectativa: essa mesma natureza cuida de reivindicar seus direitos; toda jovem que se vende já se deu; e, tendo se dado como escolheu, fez a comparação que ele teme. Portanto, ele compra um prazer imaginário e não é menos execrado por isso.

Quanto a mim, por mais que mudasse sendo rico, há um ponto no qual nunca mudaria. Se não me restarem bons costumes nem virtude, restará pelo menos algum gosto, algum senso, alguma delicadeza; e isso me protegerá de gastar minha fortuna como um tolo correndo atrás de quimeras, de esgotar minha bolsa e minha vida sendo traído e ridicularizado por crianças. Se fosse jovem, buscaria os prazeres da juventude; e, querendo-os em toda sua voluptuosidade, não os buscaria como homem rico. Se permanecesse tal como sou, seria diferente: eu me limitaria prudentemente aos prazeres de minha idade; tomaria os gostos que pudesse desfrutar e reprimiria os que apenas me suplicariam. Não iria oferecer minha barba grisalha às zombarias desdenhosas das jovens; não suportaria ver minhas carícias repugnantes causarem-lhes náusea, preparar-lhes à minha custa as histórias mais ridículas, imaginá-las descrevendo os sórdidos prazeres do bode velho, de modo a vingarem-se de tê-los suportado. E se hábitos mal combatidos houvessem transformado meus antigos desejos em necessidades, talvez as satisfizesse, mas enrubescendo, mas com vergonha de mim. Excluiria da necessidade a paixão, arranjaria-me tão bem como pudesse e pararia nisso: já não faria de minha fraqueza uma ocupação, e principalmente desejaria ter uma única testemunha dela. A vida humana tem outros prazeres quando esses lhe faltam; correndo inutilmente atrás dos que fogem privamo-nos também dos que nos são deixados. Devemos mudar de gostos com o passar dos anos, não deslocar mais as idades nem as estações; precisamos ser nós mesmos em todas as épocas e não lutar contra a natureza: esses esforços vãos desgastam a vida e impedem-nos de fazer uso dela.

O povo não se entedia, sua vida é ativa; seus passatempos, se não são variados, são raros; muitos dias de fadiga fazem-no desfrutar com deleite alguns dias de festa. Uma alternativa de longos trabalhos e breves descansos funciona como condimento para os prazeres de sua classe. Para os ricos o grande flagelo é o tédio; no centro de tantas diversões juntadas com altos custos, no meio de tantas pessoas concorrendo para agradar-lhes, o tédio consome-os e mata-os, passam a vida fugindo dele e sendo alcançados: vergam sob seu peso insuportável; principalmente as mulheres, que não sabem mais ocupar-se nem divertir-se, ele as devora com o nome de "vapores"; transforma-se para elas numa doença horrível que às vezes as priva da razão e, por fim, da vida. Quanto a mim, não conheço uma sorte mais pavorosa do que a de uma bonita mulher parisiense, exceto a do plebeuzinho agradável que se liga a ela e, também mudado em mulher ociosa, assim se afasta duplamente de seu estado, e a quem a vaidade de ser homem de amores afortunados faz suportar a morosidade dos dias mais tristes que uma criatura humana já passou.

As convenções sociais, as modas, os usos que derivam do luxo e da boa aparência encerram na mais enfadonha uniformidade o curso da vida. O prazer que desejarmos ter aos olhos dos outros é perdido para todo mundo: não o temos para eles nem para nós[154]. O ridículo, que a opinião pública teme acima de tudo, está sempre ao lado dela para tiranizá-la e puni-la. Só somos ridí-

---

154. Duas mulheres da alta roda, para parecer que se divertem muito, têm como regra nunca irem dormir antes das cinco da manhã. No rigor dos invernos, seus criados passam a noite na rua aguardando-as, penando para não congelarem. Alguém entra uma noite – ou melhor, uma manhã – no apartamento onde essas duas pessoas tão divertidas deixavam passar as horas sem contá-las: encontra-as totalmente sozinhas, cada uma dormindo em sua poltrona.

culos por formas determinadas: aquele que sabe variar suas situações e seus prazeres apaga hoje a impressão que causou ontem: fica como nulo no espírito dos homens; mas desfruta, pois está integralmente em cada hora e em cada coisa. Minha única forma constante seria essa; em cada situação não me ocuparia de qualquer outra e viveria cada dia em si mesmo, como independente da véspera e do amanhã. Assim como seria plebe com a plebe, seria camponês no campo; e, quando falasse de agricultura, o lavrador não riria de mim. Não iria construir para mim uma mansão no campo e colocar nos confins de uma província [o jardim das] Tuileries diante de meus aposentos. Na encosta de alguma agradável colina bem sombreada teria uma casinha rústica, uma casa branca com venezianas verdes; e, embora um teto de colmo seja em todas as estações o melhor, preferiria magnificamente não a triste ardósia e sim a telha, porque tem uma aparência mais limpa e mais alegre do que o colmo, porque é com ela que cobrem as casas em minha terra e porque isso me lembraria um pouco o tempo feliz de minha juventude. Teria como pátio um quintal e como estrebaria um estábulo com vacas, para ter laticínios, de que gosto muito. Teria como jardim uma horta e como parque um bonito pomar semelhante ao que será descrito em seguida. As frutas, à disposição dos caminhantes, não seriam contadas nem colhidas por meu hortelão; e minha avara magnificência não exibiria soberbas latadas nas quais mal se ousasse tocar. E essa pequena prodigalidade seria pouco onerosa, porque eu teria escolhido meu retiro em alguma província distante onde se veem pouco dinheiro e muitos víveres e onde reinam a abundância e a pobreza.

    Lá eu reuniria um grupo – mais seleto do que numeroso – de amigos que amassem o prazer e entendessem bem dele, de mulheres capazes de sair da poltrona para prestar-se aos jogos campestres, de às vezes manejarem, em vez da naveta e das cartas, a linha de pesca, o poleiro enviscado, o ancinho das apanhadoras de feno e o cesto dos vindimadores. Lá todos os ares da cidade seriam esquecidos e, tendo nos tornado aldeães na aldeia, estaríamos entregues a infinidades de passatempos diversos entre os quais nossa única dificuldade toda noite seria escolher os do dia seguinte. O exercício e a vida ativa formariam em nós um novo estômago e novos gostos. Todas as nossas refeições seriam banquetes em que a abundância agradaria mais do que o refinamento. A alegria, os trabalhos rústicos, os jogos agitados são os primeiros cozinheiros do mundo, e manjares finos são bem ridículos para pessoas em movimento desde o nascer do sol. O serviço não teria ordem nem elegância; a sala de refeições seria em qualquer lugar, no jardim, num barco, embaixo de uma árvore; às vezes longe, perto de uma fonte viva, sobre a relva verdejante e fresca, sob maciços de choupos e avelaneiras; uma longa procissão de alegres convivas traria cantando os preparativos do banquete; teríamos a relva como mesa e como cadeiras; as bordas da fonte serviriam de aparador e a sobremesa penderia das árvores. Os pratos seriam servidos sem ordem, o apetite dispensaria cerimônias; cada conviva, preferindo-se abertamente a qualquer outro, acharia certo que qualquer outro também se preferisse a ele; dessa familiaridade cordial e moderada nasceria, sem grosseria, sem falsidade, sem imposição, um conflito brincalhão cem vezes mais encantador do que a polidez e mais apropriado para unir os corações. Nenhum lacaio importuno espionando nossas conversas, criticando baixinho nossas maneiras, contando nossos bocados com olhar ávido, divertindo-se em fazer-nos esperar pela bebida e resmungando contra um almoço interminável. Seríamos nossos criados para sermos nossos senhores, cada um seria servido por todos; o tempo passaria sem ser contado; o repasto seria o repouso e duraria tanto quanto o calor do dia. Se passasse perto de nós algum camponês retornando ao trabalho, trazendo ao ombro suas ferramentas, eu lhe animaria o coração com algumas boas palavras, com alguns goles de bom vinho que o fariam carregar mais alegremente sua miséria; e também eu teria o prazer de sentir minhas entranhas comoverem-se um pouco e de dizer-me em segredo: ainda sou homem.

Se alguma festa campestre reunisse os habitantes do lugar, eu seria um dos primeiros a chegar com minha turma; se alguns casamentos, mais abençoados pelo céu do que os das cidades, se realizassem na minha vizinhança, as pessoas saberiam que gosto de alegria e seria convidado. Levaria para aquela boa gente algumas oferendas simples como eles, que contribuíssem para a festa; e nela encontraria em troca bens de um valor inestimável, bens tão pouco conhecidos de meus iguais, a franqueza e o prazer verdadeiro. Cearia alegremente na ponta de sua longa mesa; faria coro no refrão de uma velha canção rústica e dançaria em seu celeiro de melhor grado que no baile do Opéra.

Até aqui tudo vai às mil maravilhas, vão dizer-me; mas, e a caça? Não caçar é estar no campo? Já entendi: eu queria apenas uma pequena propriedade com rendeiros, e estava errado. Estou me supondo rico e, portanto, preciso de prazeres exclusivos, prazeres destrutivos: são coisas totalmente diferentes. Preciso de terras, matas, guardas, foreiros, honras senhoriais, principalmente de incenso e água benta.

Muito bem. Mas essa terra terá vizinhos ciosos de seus direitos e desejosos de usurpar os dos outros; nossos guardas brigarão, e talvez os donos; daí virão altercações, disputas, ódios, processos, no mínimo; isso já não é muito agradável. Meus vassalos não verão com prazer meus coelhos lavrarem seu trigo e meus javalis, suas favas; cada um deles, não ousando matar o inimigo que destrói seu trabalho, quererá pelo menos expulsá-lo de seu campo; depois de passarem o dia cultivando suas terras, precisarão passar a noite vigiando-as: terão mastins, tambores, cornetas, sinetas; com toda essa barulheira perturbarão meu sono. Serei forçado a pensar na miséria dessa pobre gente e não conseguirei deixar de culpar-me por ela. Se tivesse a honra de ser príncipe, tudo isso não me atingiria; mas eu, como recém-chegado, novo-rico, ainda teria um coração plebeu.

Isso não é tudo: a abundância de caça tentará os caçadores e logo terei de punir os clandestinos; precisarei de prisões, carcereiros, arqueiros, galeras; tudo isso me parece muito cruel. As mulheres desses infelizes virão sitiar minha porta e importunar-me com seus gritos, ou então será preciso expulsá-las, maltratá-las. Os pobres infelizes que não terão caçado sem permissão e cuja colheita minha caça terá revirado também virão queixar-se: uns serão punidos por haver matado os animais e os outros, arruinados por havê-los poupado; que triste alternativa! De todos os lados só verei objetos de miséria, só ouvirei gemidos; parece-me que isso deve atrapalhar muito o prazer de massacrar à vontade multidões de perdizes e de coelhos quase tropeçando em meus pés.

Se quereis livrar os prazeres de seus desprazeres, tirai-lhes a exclusividade: quanto mais comuns aos homens os deixardes, mais os desfrutareis sempre puros. Portanto, não farei tudo o que acabo de dizer; mas, sem mudar de gostos, seguirei aquele que suponho menos oneroso. Estabelecerei minha morada campestre numa região onde a caça seja livre para todo mundo e eu disponha dessa diversão sem muitas complicações. A caça será mais escassa; mas haverá mais habilidade em procurá-la e mais prazer em encontrá-la. Irei lembrar-me das palpitações que meu pai sentia ante o voo da primeira perdiz e dos arroubos de alegria com que encontrava o coelho que procurara o dia inteiro. Sim, afirmo que, sozinho com seu cão, carregando a espingarda, o bornal, o equipamento e sua pequena presa, ele voltava à noitinha, caindo de cansaço e todo arranhado pelos espinheiros, mais contente com seu dia do que todos vossos caçadores de caminhos batidos, que, montados num bom cavalo, seguidos de vinte espingardas carregadas, não fazem mais do que ir trocando-as, atirando e matando ao redor, sem arte, sem glória e quase sem exercício. Portanto, o prazer não é menor e o inconveniente é eliminado quando não temos terra para proteger nem caçador furtivo para punir nem infelizes para atormentar: essa é uma sólida razão de preferência. Não importa o que façamos, não atormentamos indefinidamente os homens sem recebermos também algum descontentamento; e cedo ou tarde as longas maldições do povo amargam a carne caçada.

Mais uma vez, os prazeres exclusivos são a morte do prazer. As verdadeiras diversões são as que compartilhamos com o povo; as que quisermos ter só para nós, deixamos de tê-las. Se os muros que ergo ao redor de meu parque fazem dele uma triste clausura, tão somente me privei, com altos custos, do prazer da caminhada: sou forçado a ir buscá-lo longe. O demônio da propriedade infecta tudo em que toca. Um rico quer ser senhor em todo lugar e só se sente bem onde não é senhor: é forçado a estar sempre fugindo de si mesmo. Quanto a mim, farei quando rico o que fiz quando pobre. Agora mais rico dos bens dos outros do que nunca serei dos meus, aposso-me de tudo que me convém a meu redor; não existe um conquistador mais determinado do que eu; usurpo dos próprios príncipes; ajeito-me sem distinção em todos os terrenos abertos que me agradam; dou-lhes nomes; de um faço meu parque, de outro, meu terraço, e já sou seu dono; assim, passeio por eles impunemente; volto com frequência para garantir a posse; de tanto caminhar, gasto o solo quanto quiser; e nunca me convencerão de que o titular do bem de que me aproprio obtenha mais proveito do dinheiro que ele lhe produz do que obtenho de seu terreno. E se vierem a vexar-me com fossos, com cercas, pouco me importa: ponho meu parque às costas e vou pousá-lo em outro lugar; não faltam locais nas redondezas, e antes de ficar sem asilo terei muito tempo para pilhar meus vizinhos.

Esse é um ensaio do verdadeiro gosto na escolha das diversões agradáveis; é com esse espírito que temos prazer; todo o restante não passa de ilusão, quimera, vaidade tola. Quem se afastar dessas normas, por mais rico que possa ser, comerá seu ouro como estrume e nunca conhecerá o valor da vida.

Sem dúvida me objetarão que tais divertimentos estão ao alcance de todos os homens e não é preciso ser rico para desfrutá-los. É precisamente a isso que eu queria chegar. Temos prazer quando queremos tê-lo; é somente a opinião geral que dificulta tudo, que afugenta a felicidade diante de nós; e é cem vezes mais fácil ser feliz do que parecê-lo. O homem de bom gosto e realmente sensual não tem o que fazer com a riqueza; basta-lhe ser livre e senhor de si. Quem goza de saúde e tem o necessário, se arrancar do coração os bens da opinião geral é suficientemente rico; é a *aurea mediocritas*, a áurea mediania de Horácio. Donos de cofres-fortes, buscai algum outro uso para vossa opulência, pois para o prazer ela não serve. Emílio não saberá tudo isso melhor do que eu; mas, como tem o coração mais puro e mais são, há de sentir isso melhor ainda e todas suas observações no mundo só o confirmarão.

Passando assim o tempo, continuamos a procurar Sofia e não a encontramos. Era importante não a encontrar tão depressa, e a procuramos onde eu tinha certeza de que não estava[155].

Por fim, o tempo urge; é hora de procurá-la de fato, para evitar que ele crie uma que confunda com ela e só descubra seu erro tarde demais. Assim, adeus, Paris, cidade famosa, cidade de ruído, fumaça e lama, onde as mulheres não acreditam mais na honra nem os homens, na virtude. Adeus, Paris: estamos buscando o amor, a felicidade, a inocência; nunca estaremos suficientemente longe de ti.

---

155. *Mulierem fortem quis inveniet? Procul et de ultimis finibus pretium ejus.* "Uma mulher virtuosa, quem a encontrará? Seu valor é superior ao das pérolas" (Pr 31,10).

Livro V
A idade da sabedoria e do casamento: de 20 a 25 anos

Chegamos agora ao último ato da juventude, mas ainda não estamos no desfecho.

Não é bom que o homem esteja só. Emílio é homem; prometemos-lhe uma companheira, precisamos dá-la a ele. Essa companheira é Sofia. Que lugares a acolhem? Onde a encontraremos? Para encontrá-la temos de conhecê-la. Saibamos primeiro o que ela é e avaliaremos melhor que lugares habita; e quando a encontrarmos nem tudo já estará feito. "Visto que nosso jovem fidalgo está prestes a casar-se, é hora de deixá-lo junto de sua amada", diz Locke, e com isso encerra sua obra. Já eu, que não tenho a honra de educar um fidalgo, tratarei de não imitar Locke nesse ponto.

Sofia ou a mulher

Sofia deve ser mulher como Emílio é homem, ou seja, ter tudo o que está de acordo com a constituição de sua espécie e de seu sexo para ocupar seu lugar na ordem física e moral. Comecemos, portanto, por examinar as conformidades e as diferenças entre seu sexo e o nosso.

Em tudo o que não se relaciona com o sexo, a mulher é homem: tem os mesmos órgãos, as mesmas necessidades, as mesmas faculdades; a máquina é construída do mesmo modo, suas peças são as mesmas, o funcionamento de uma é o da outra, a figura é semelhante; e, sob qualquer aspecto que os consideremos, diferem entre si somente quanto ao mais e ao menos.

Em tudo o que se relaciona com o sexo, a mulher e o homem têm semelhanças e diferenças em tudo: a dificuldade de compará-los provém da dificuldade de determinar na constituição de ambos o que é próprio do sexo e o que não o é. Pela anatomia comparada e mesmo num simples exame visual, encontramos entre ambos diferenças gerais que parecem não depender do sexo; entretanto dependem, mas por ligações que não temos condições de perceber: não sabemos até onde essas ligações podem estender-se; a única coisa que sabemos com certeza é que tudo o que tiverem em comum é próprio da espécie e tudo o que tiverem diferente é próprio do sexo. Sob esse duplo ponto de vista, encontramos entre eles tantas semelhanças e tantas oposições que talvez seja uma das maravilhas da natureza haver conseguido criar dois seres tão semelhantes constituindo-os de modos tão diferentes.

Tais semelhanças e diferenças certamente influem no moral; essa consequência é perceptível, conforme a experiência e mostra a inutilidade das discussões sobre a primazia ou a igualdade entre os sexos – como se cada um deles, caminhando para os fins da natureza de acordo com sua destinação particular, não fosse mais perfeito nisso do que se fosse mais semelhante ao outro! Naquilo que têm em comum, são iguais; no que têm de diferente, não são comparáveis. Uma mulher perfeita e um homem perfeito não devem ser mais semelhantes de espírito do que de rosto, e a perfeição não é passível de mais e de menos.

Na união dos sexos, cada um contribui por igual para o objeto em comum, mas não do mesmo modo. Dessa diversidade nasce a primeira diferença a ser observada entre as relações morais de um e outro. Um deve ser ativo e forte e o outro, passivo e fraco: é preciso necessariamente que um queira e possa, basta que o outro resista pouco.

Estabelecido esse princípio, segue-se que a mulher é feita especialmente para agradar ao homem. Se o homem, por sua vez, deve agradar-lhe, essa é uma necessidade menos direta: seu mérito consiste em seu poder; agrada simplesmente por ser forte. Essa não é a lei do amor, admito; mas é a da natureza, anterior ao próprio amor.

Se a mulher é feita para agradar e para ser subjugada, deve tornar-se agradável ao homem, em vez de provocá-lo; sua violência pessoal está em seus encantos; é por meio deles que deve forçá-lo a encontrar sua própria força e a utilizá-la. A maneira mais eficaz de ativar essa força é torná-la necessária por meio da resistência. Então o amor-próprio junta-se ao desejo e um se prevalece da vitória de que o outro lhe proporciona. Disso nascem o ataque e a defesa, a audácia de um sexo e a timidez do outro, por fim o recato e a vergonha com que a natureza armou o fraco para sujeitar o forte.

Quem pode pensar que ela tenha prescrito indiferentemente os mesmos avanços a ambos e que o primeiro a formar desejos deva ser também o primeiro a manifestá-los? Que estranha depravação de juízo! Se o empreendimento tem consequências tão diferentes para os dois sexos, acaso é natural que eles tenham a mesma audácia ao levá-lo a efeito? Como não ver que, com uma desigualdade tão grande na contribuição de ambos, se a reserva não impusesse a uma moderação que a natureza impõe ao outro, em breve resultaria disso a ruína de ambos e o gênero humano pereceria pelos meios estabelecidos para conservá-lo? Com a facilidade que têm as mulheres de agitar os sentidos dos homens e de irem despertar no fundo de seus corações os restos de um temperamento quase apagado, se existisse na Terra algum clima infeliz onde a filosofia houvesse introduzido esse uso, principalmente nos países quentes, onde nascem mais mulheres do que homens, estes, tiranizados por elas, no fim seriam suas vítimas e todos se veriam arrastados para a morte sem nunca poderem defender-se.

Se as fêmeas dos animais não sentem a mesma vergonha, o que concluir disso? Têm, como as mulheres, os desejos ilimitados aos quais essa vergonha serve de freio? Para elas o desejo só surge com a necessidade; satisfeita a necessidade, cessa o desejo; já não repelem o macho por fingimento[156] e sim para valer; fazem exatamente o contrário do que fazia a filha de Augusto; não recebem mais passageiros quando o navio já tem sua carga. Mesmo quando estão livres, seus períodos de boa vontade são curtos e passam logo; o instinto as impulsiona e o instinto as detém. Onde estará o suplemento desse instinto negativo nas mulheres, quando lhes retirardes o pudor? Aguardar que não se interessem mais pelos homens é aguardar que eles já não sirvam para nada.

O Ser Supremo quis honrar a espécie humana em tudo: ao dar ao homem inclinações desmesuradas, dá-lhe ao mesmo tempo a lei que as regula, para que ele seja livre e comande a si mesmo; ao entregá-lo a paixões imoderadas, junta a essas paixões a razão para governá-las; ao entregar a mulher a desejos ilimitados, junta a esses desejos o pudor para contê-los. Ademais, acrescenta

---

156. Já notei que as recusas por simulação e denguice são comuns a quase todas as fêmeas, mesmo entre os animais e mesmo quando estão mais dispostas a render-se; para discordar disso é preciso nunca haver observado seu namoro.

ainda uma recompensa atual pelo bom uso de nossas faculdades: o gosto que adquirimos pelas coisas honradas quando as tomamos como regra de nossas ações. Parece-me que tudo isso vale bem o instinto dos animais.

Portanto, quer a fêmea do homem compartilhe ou não de seus desejos e queira ou não os satisfazer, ela sempre o repele e se defende, mas nem sempre com a mesma força nem, portanto, com o mesmo êxito. Para que o atacante saia vitorioso o atacado precisa permiti-lo ou ordená-lo; pois quantos meios hábeis existem para forçar o agressor a fazer uso da força! O mais livre e mais meigo de todos os atos não admite violência real; a natureza e a razão opõem-se a ela: a natureza, porque dotou o mais fraco da intensidade de força necessária para resistir quando lhe aprouver; a razão, porque uma violência real não só é o mais brutal de todos os atos, mas também o mais contrário a sua finalidade, ou porque assim o homem declara guerra a sua companheira e autoriza-a a defender sua pessoa e sua liberdade até mesmo à custa da vida do agressor, ou porque somente a mulher é juiz do estado em que se encontra e uma criança não teria pai se todo homem pudesse usurpar tais direitos.

Aqui está, portanto, uma terceira consequência da constituição dos sexos: que o mais forte aparente ser o senhor e na realidade dependa do mais fraco; e isso não por um frívolo hábito de galanteio nem por uma orgulhosa generosidade de protetor e sim por uma lei invariável da natureza, que, dando à mulher mais facilidade para excitar desejos do que ao homem para satisfazê-los, faz com que ele, muito a contragosto, dependa da boa vontade da outra e força-o, por sua vez, a procurar agradar-lhe para conseguir que ela concorde em deixá-lo ser o mais forte. Então o que há de mais agradável para o homem em sua vitória é duvidar se é a fraqueza que cede à força ou se é a vontade que se rende; e a artimanha habitual da mulher é deixar essa dúvida permanecer entre ambos. Nisso o espírito das mulheres corresponde perfeitamente a sua constituição: em vez de corarem por sua fraqueza, orgulham-se dela: seus músculos tenros não têm resistência; fingem que não conseguem erguer nem mesmo as cargas mais leves; sentiriam vergonha de ser fortes. Por que isso? Não é somente para parecerem delicadas, é por uma precaução mais astuta: preparam antecipadamente desculpas e o direito de ser fracas quando for necessário.

O avanço entre nós das luzes adquiridas com nossos vícios mudou muito as opiniões antigas sobre esse ponto e já não se fala de violências desde que se tornaram tão pouco necessárias e os homens não lhes dão mais crédito[157]; ao passo que são muito comuns nas remotas antiguidades gregas e judias, porque essas mesmas opiniões são próprias da simplicidade da natureza e unicamente a experiência da libertinagem conseguiu desenraizá-las. Se atualmente são citados menos atos de violência, seguramente não é porque os homens sejam mais temperantes e sim porque são menos crédulos, e uma queixa que outrora teria convencido povos simples hoje não faria mais do que atrair risadas de troça; é preferível calar-se. Há no Deuteronômio uma lei pela qual uma jovem abusada era punida com o sedutor, se o delito houvesse sido cometido na cidade; mas, se houvesse sido cometido no campo ou em lugares afastados, apenas o homem era punido. Pois, diz a lei, "a jovem gritou e não foi ouvida". Essa interpretação benigna ensinava as jovens a não se deixarem surpreender em lugares frequentados.

O efeito dessas diversidades de opiniões sobre os costumes é visível. A galanteria moderna é obra sua. Os homens, percebendo que seus prazeres dependiam mais da vontade do belo sexo do que haviam julgado, cativaram essa vontade com complacências das quais este os indenizou largamente.

Vede como o físico nos leva insensivelmente ao moral e como da grosseira união dos sexos nascem pouco a pouco as mais suaves leis do amor.

O império das mulheres não é delas porque os homens assim quiseram e sim porque assim quer a natureza – era delas antes de parecerem tê-lo. Aquele mesmo Hércules que julgou que violentava as cinquenta filhas de Téspio foi, entretanto, forçado a fiar ao lado de Ônfale; e o forte Sansão não era tão forte quanto Dalila. Esse império pertence às mulheres e não pode ser-lhes tirado, mesmo quando abusam dele: se algum dia pudessem perdê-lo, já o teriam perdido há muito tempo.

Não há paridade alguma entre os dois sexos quanto à consequência do sexo. O macho só é macho em certos momentos, a fêmea é fêmea a vida toda ou pelo menos a juventude toda; tudo lhe lembra continuamente seu sexo e, para bem cumprir as funções deste, necessita de uma constituição que tenha a ver com elas. Precisa poupar-se durante a gravidez; precisa de repouso no parto; precisa de uma vida sossegada e sedentária para amamentar os filhos;

---

157. Pode haver uma desproporção tão grande de idade e de força que uma violência real ocorra; mas, como trato aqui do estado relativo dos sexos de acordo com a ordem da natureza, considero ambos na relação comum que constitui esse estado.

para criá-los precisa de paciência e brandura, de um zelo, de uma afeição que nada contrarie; é o vínculo entre eles e o pai, só ela leva-o a amá-los e dá-lhe confiança para chamá-los seus. Quanta ternura e solicitude lhe são necessárias para manter unida toda a família! E, por fim, tudo isso não devem ser virtudes e sim, gostos, sem os quais a espécie humana logo se extinguiria.

A rigidez dos deveres relativos dos dois sexos não é e nem pode ser a mesma. Quando a mulher se queixa da desigualdade injusta que o homem pratica nesse aspecto, está errada; essa desigualdade não é uma instituição humana, ou pelo menos não é obra do preconceito e sim, da razão: dos dois, deve responder ao outro pelos filhos quem a natureza encarregou de pô-los no mundo. Não há dúvida de que a ninguém é permitido violar seu compromisso, e todo marido infiel que priva a mulher da única recompensa pelos austeros deveres de seu sexo é um homem injusto e bárbaro; porém a mulher infiel faz mais: desagrega a família e rompe todos os vínculos da natureza; ao dar ao homem filhos que não são seus, trai todos eles, soma perfídia à infidelidade. Mal consigo ver uma desordem e um crime que não resultem desse. Se há no mundo uma situação horrenda, é a de um pai desventurado que, não confiando na mulher, não ousa entregar-se aos mais doces sentimentos de seu coração, que ao beijar o filho duvida se não está beijando o filho de outro, a prova de sua desonra, o predador dos bens de seus próprios filhos. O que é então a família, se não um grupo de inimigos secretos que uma mulher culpada arma um contra outro, forçando-os a fingir que se amam?

Assim, não só é importante que a mulher seja fiel, mas também que seja vista como tal pelo marido, pelas pessoas próximas, por todo mundo; é importante que seja recatada, atenta, reservada e que porte diante dos outros, como em sua própria consciência, o testemunho de sua virtude. Por fim, se é importante que um pai ame seus filhos, é importante que estime a mãe deles. Essas são as razões que arrolam entre os deveres das mulheres até mesmo a aparência e tornam-lhes a honra e a reputação não menos indispensáveis do que a castidade. Desses princípios deriva, com a diferença moral entre os sexos, um novo motivo de dever e de conveniência que prescreve especialmente às mulheres a mais escrupulosa atenção para sua conduta, suas maneiras, suas atitudes. Sustentar vagamente que os dois sexos são iguais e seus deveres são os mesmos é perder-se em declamações vãs, é nada dizer enquanto não se responder a isso.

Não é um modo consistente de argumentar, esse de apresentar exceções em resposta a leis gerais tão bem fundamentadas? As mulheres, dizeis, nem sempre têm filhos! Não, mas seu destino próprio é tê-los. Ora essa, porque há no Universo uma centena de grandes cidades onde as mulheres, vivendo na licenciosidade, têm poucos filhos, pretendeis que a condição das mulheres é ter poucos! E o que aconteceria com vossas cidades se os campos afastados, onde as mulheres vivem de modo mais simples e mais casto, não reparassem a esterilidade das damas? Em quantas províncias as mulheres que tiveram somente quatro ou cinco filhos são vistas como pouco fecundas?[158] Por fim, que importa que esta ou aquela mulher tenha poucos filhos? Por isso a condição da mulher é menos a de ser mãe? E não é com leis gerais que a natureza e os costumes devem prover a essa condição?

Ainda que houvesse entre as gravidezes intervalos tão longos como se supõe, uma mulher mudará de modo brusco e alternado sua maneira de viver, sem correr risco ou perigo? Será nutriz hoje e guerreira amanhã? Mudará de temperamento e de gostos como um camaleão muda de cores? Passará subitamente da sombra da clausura e dos cuidados domésticos para as injúrias do ar, os trabalhos, as fadigas, os perigos da guerra? Será ora medrosa[159] ora valente, ora delicada ora robusta? Se os jovens educados em Paris penam para suportar o ofício das armas, mulheres que nunca enfrentaram o sol e mal sabem andar o suportariam depois de cinquenta anos de languidez? Adotarão esse duro ofício na idade em que os homens o deixam?

Há países onde as mulheres dão à luz quase sem dor e criam os filhos quase sem cuidado; admito-o; mas nesses mesmos países os homens andam seminus em qualquer tempo, vencem a braço animais ferozes, levam nas costas uma canoa como uma mochila, fazem caçadas de setecentas ou oitocentas léguas, dormem ao ar livre no solo nu, suportam fadigas incríveis e passam vários dias sem comer. Quando as mulheres se enrobustecem, os homens se enrobustecem ainda mais; quando os homens se amolentam, as mulheres se

---

158. Sem isso a espécie definharia necessariamente: para que se conserve é preciso, compensando tudo, que cada mulher tenha aproximadamente quatro filhos; pois, das crianças que nascem, cerca da metade morre antes de poder ter filhos, e são necessárias duas restantes para representarem o pai e a mãe. Pensai se as cidades fornecerão essa população.

159. A timidez das mulheres é também um instinto da natureza contra o duplo risco que correm durante a gravidez.

amolentam mais; quando os dois termos mudam por igual, a diferença permanece a mesma.

Platão, em sua *República*, designa para as mulheres os mesmos exercícios que para os homens; acredito. Como excluíra de seu governo as famílias particulares e não sabia mais o que fazer das mulheres, viu-se forçado a fazê-las homens. Aquele belo gênio tramara tudo, previra tudo: antecipava uma objeção que talvez ninguém tivesse pensado em fazer-lhe; mas resolveu mal a que lhe fazem. Não estou falando dessa suposta comunidade de mulheres, uma acusação tão repetida e que prova que os que a fazem nunca o leram; falo da promiscuidade civil que em tudo confunde os dois sexos nos mesmos empregos, nos mesmos trabalhos e inevitavelmente gera os mais intoleráveis abusos; falo da subversão dos mais doces sentimentos da natureza, imolados a um sentimento artificial que só pode subsistir por eles; como se não fosse necessária uma influência natural para formar vínculos convencionais! Como se o amor que temos por nossos parentes não fosse o princípio do amor que devemos ao Estado! Como se não fosse pela pequena pátria – a família – que o coração se afeiçoa à grande! Como se o bom cidadão não fosse o bom filho, o bom marido, o bom pai!

Uma vez demonstrado que o homem e a mulher não são nem devem ser constituídos do mesmo modo, nem quanto ao caráter nem quanto ao temperamento, decorre que não devem ter a mesma educação. Seguindo as orientações da natureza, eles devem agir em consonância, mas não devem fazer as mesmas coisas; o fim dos trabalhos é comum, mas os trabalhos são diferentes e, portanto, os gostos que os dirigem. Depois de tentarmos formar o homem natural, para não deixar incompleta nossa obra vejamos como deve ser formada também a mulher que convém a esse homem.

Se desejais ser bem guiado sempre, deveis seguir sempre as indicações da natureza. Tudo o que caracterizar o sexo deve ser respeitado como estabelecido por ela. Não cansais de dizer: as mulheres têm este e aquele defeito que não temos. Vosso orgulho engana-vos: seriam defeitos em vós, são qualidades nelas; tudo iria menos bem se não as tivessem. Evitai que esses supostos defeitos degenerem, mas cuidai de não os eliminar.

As mulheres, por sua vez, não cansam de clamar que as educamos para ser inúteis e coquetes, que estamos sempre as distraindo com infantilidades para continuarmos a ser os senhores mais facilmente; incriminam-nos pelos defeitos que lhes imputamos. Que loucura! E desde quando são os homens que se ocupam da educação das meninas? O que impede as mães de educá-las como lhes aprouver? Elas não têm colégios: que desgraça! Ah, quisera Deus que não houvesse colégios para os meninos! Seriam educados com mais sensatez e honestidade. Acaso forçam vossas filhas a perder tempo com tolices? Obrigam-nas a passar metade da vida no toucador, como fazeis? Impedem-vos de instruí-las e de mandar que as instruam como quiserdes? É culpa nossa se nos agradam quando são belas, se suas denguices nos seduzem, se a arte que aprendem de vós nos atrai e deleita, se apreciamos vê-las trajadas com gosto, se as deixamos afiar à vontade as armas com que nos seduzem? Ora, optai por educá-las como homens; elas aceitarão de bom grado. Quanto mais quiserem assemelhar-se a eles, menos os comandarão, e é então que eles serão realmente os senhores.

Nem todas as faculdades comuns aos dois sexos estão repartidas por igual entre eles; mas, no total, se compensam. A mulher vale mais como mulher e menos como homem; em tudo o que ela faz valer seus direitos, leva vantagem; em tudo o que pretende usurpar os nossos, fica inferior a nós. A essa verdade geral só é possível responder com exceções – um modo constante de os galantes partidários do belo sexo argumentarem.

Portanto, cultivar nas mulheres as qualidades do homem e negligenciar as que lhes são próprias é, evidentemente, trabalhar em prejuízo delas. Espertas, elas veem isso bem demais para deixarem-se enganar; ao tentarem usurpar nossas vantagens, não abandonam as suas; mas disso decorre que, não conseguindo manejar bem estas e aquelas porque são incompatíveis, ficam abaixo de sua capacidade sem alcançarem a nossa e perdem metade de seu valor. Acreditai em mim, mãe judiciosa: não torneis vossa filha um homem de bem, como para desmentir a natureza; tornai-a uma mulher de bem e podeis ter certeza de que ela valerá mais para si e para nós.

Disso resulta que deva ser educada ignorando tudo e limitada às meras funções domésticas? Fará o homem de sua companheira sua criada? Junto dela se privará do maior encanto da convivência? Para melhor sujeitá-la há de impedi-la de sentir algo, de conhecer algo? Há de transformá-la num verdadeiro autômato? Não, sem dúvida; não foi o que disse a natureza, que dá às mulheres um espírito tão agradável e tão sutil; ao contrário, ela quer que pensem, julguem, amem, conheçam, cultivem a mente tanto quanto a figura; são as armas que lhes dá para suprirem a força que lhes falta e para dirigirem a nossa. Devem aprender muitas coisas, mas somente as que lhes convém saber.

Quer eu considere a destinação particular do sexo, quer observe suas tendências, quer enumere seus deveres, tudo contribui por igual para indicar-me a forma de educação que lhe convém. A mulher e o homem são feitos um para o outro, mas sua dependência mútua não é a mesma: os homens dependem das mulheres por seus desejos; as mulheres dependem dos homens por seus desejos e suas necessidades; subsistiríamos mais facilmente sem elas do que elas sem nós. Para que tenham o necessário, para que mantenham sua condição é preciso que a demos a elas, que queiramos dá-la, que as consideremos merecedoras; elas dependem de nossos sentimentos, do valor que atribuímos a seu mérito, da importância que damos a seus encantos e suas virtudes. Pela própria lei da natureza, tanto para elas como para os filhos as mulheres estão à mercê dos juízos dos homens: não basta serem dignas de estima, precisam ser estimadas; não lhes basta ser belas, precisam agradar; não lhes basta ser sensatas, precisam ser reconhecidas como tais; sua honra não está só na conduta, mas também na reputação, e não é possível que a mulher que aceita ser mal-afamada possa porventura ser honrada. O homem, ao agir bem, depende apenas de si mesmo e pode desafiar o julgamento público; mas a mulher, ao agir bem, faz apenas metade de seu trabalho, e o que pensarem dela lhe é tão importante quanto o que efetivamente é. Disso resulta que, sob esse aspecto, o sistema de sua educação deve ser oposto ao da nossa: a opinião pública é o túmulo da virtude entre os homens e seu trono entre as mulheres.

Da boa constituição das mães depende inicialmente a dos filhos; do cuidado das mulheres depende a primeira educação dos homens; das mulheres dependem também seus costumes, suas paixões, seus gostos, seus prazeres e mesmo sua felicidade. Assim, toda a educação das mulheres deve estar relacionada com os homens; agradar-lhes, ser-lhes úteis, ser amadas e honradas por eles, educá-los quando jovens, cuidar deles quando adultos, aconselhá-los, consolá-los, tornar-lhes a vida agradável e amena: são esses os deveres das mulheres em todas as épocas e o que devemos ensinar-lhes já na infância. Se não remontarmos a esse princípio, estaremos nos afastando do objetivo e todos os preceitos que lhes dermos serão inúteis para a sua felicidade e para a nossa.

Mas, embora toda mulher queira agradar aos homens e deva querer isso, há muita diferença entre querer agradar ao homem de mérito, ao homem realmente amável, e querer agradar a esses peralvilhos que desonram seu sexo e o que imitam. Nem a natureza nem a razão podem levar a mulher a amar o que nos homens se assemelha a ela, e tampouco é adotando-lhes as maneiras que ela deve procurar que a amem.

Portanto, quando, abandonando o tom modesto e ponderado de seu sexo, elas adotam os ares desses doidivanas, renunciam a sua vocação em vez de segui-la; privam-se dos direitos que julgam usurpar. Se fôssemos diferentes, dizem, não agradaríamos aos homens. Mas mentem. É preciso ser louca para amar os loucos; o desejo de atrair essas pessoas mostra o gosto da que se entrega a ele. Se não houvesse homens frívolos, ela se apressaria a fazê-los; e as frivolidades deles são muito mais obra sua do que as suas são obra deles. A mulher que aprecia os homens de verdade e quer agradar-lhes adota meios condizentes com sua intenção. A mulher é coquete por sua condição; mas essa coqueteria muda de forma e de objeto de acordo com seus propósitos; regulemos esses propósitos pelos da natureza e a mulher terá a educação que lhe convém.

As menininhas quase já ao nascer gostam de roupas e adornos; não contentes em ser bonitas, querem que os outros as achem bonitas; vemos em seu jeitinho que esse cuidado já as ocupa; e, mal têm condições de entender o que lhes dizem, já as comandam falando-lhes do que os outros pensarão delas. O mesmo motivo, proposto muito imprudentemente aos meninos, está longe de ter a mesma influência sobre eles. Contanto que sejam independentes e se divirtam, pouco lhes interessa o que possam pensar deles. É preciso tempo e esforço para sujeitá-los à mesma lei.

De onde quer que chegue às meninas essa primeira lição, ela é ótima. Visto que, digamos assim, o corpo nasce antes da alma, o primeiro cultivo deve ser o do corpo; essa ordem é comum aos dois sexos. Mas o objeto desse cultivo é diferente: em um, o objeto é o desenvolvimento das forças; no outro, é o da graciosidade; não que essas qualidades devam ser exclusivas de cada sexo, apenas a ordem é inversa; as mulheres precisam ter força bastante para fazer tudo o que fazem com graça; os homens precisam ter habilidade bastante para fazer tudo o que fazem com facilidade.

Pela extrema falta de vigor das mulheres começa a dos homens. As mulheres não devem ser robustas como eles, mas por eles, para que os homens que delas nascerão também o sejam. Nisso os conventos, onde as pensionistas têm uma alimentação grosseira mas muitos folguedos, corridas, jogos ao ar livre e em jardins, são preferíveis à casa paterna, onde uma menina, requintadamente alimentada, sempre mimada ou repreendida, sempre sentada sob o olhar da mãe num aposento bem fechado, não ousa levantar-se, andar, falar ou ofegar e não tem um momento de liberdade para brincar, pular, correr, gritar, entregar-se à impetuosidade natural de sua idade; sempre relaxamento perigoso ou severidade mal compreendida; nunca algo de acordo com a razão. É assim que arruínam o corpo e o coração da juventude.

As meninas de Esparta exercitavam-se como os meninos nos jogos militares, não para irem guerrear e sim para um dia gerarem filhos capazes de suportar as fadigas da guerra. Não é isso que aprovo; para dar soldados ao Estado não é necessário que as mães tenham portado mosquete e se exercitado à prussiana; mas penso que em geral a educação grega era muito eficiente nessa parte. As jovens apareciam em público frequentemente, não misturadas com os rapazes, mas reunidas em grupo. Praticamente não havia uma festa, um sacrifício, uma cerimônia em que não se vissem grupos de filhas dos principais cidadãos coroadas de flores, cantando hinos, formando coros de danças, portando corbelhas, jarros, oferendas e apresentando aos sentidos depravados dos gregos um espetáculo encantador e capaz de contrabalançar o mau efeito de sua ginástica indecente. Fosse qual fosse a impressão que esse uso causasse no coração dos homens, de todo modo ele era excelente para dar ao sexo uma boa constituição na juventude, por meio de exercícios agradáveis, moderados, salutares, e para apurar e formar-lhe o gosto com o desejo contínuo de agradar, sem nunca pôr em risco seus bons costumes.

Assim que aquelas jovens se casavam, deixavam de ser vistas em público; recolhidas em suas casas, restringiam ao cuidado do lar e à família todas suas atenções. Tal é o modo de vida que a natureza e a razão prescrevem para o sexo [feminino]. Por isso daquelas mães nasciam os homens mais saudáveis, mais robustos, mais bem formados da Terra; e, apesar da má fama de algumas ilhas, entre todos os povos do mundo – sem exceção sequer dos romanos – praticamente nunca é citado algum em que as mulheres tenham sido ao mesmo tempo mais recatadas e mais amáveis e tenham unido melhor os bons costumes e a beleza do que a Grécia antiga.

Sabe-se que o conforto das vestes folgadas, que não apertavam o corpo, muito contribuía para dar-lhe, nos dois sexos, as belas proporções que vemos em suas estátuas e que ainda servem de modelo para a arte quando a natureza desfigurada deixou de oferecê-lo entre nós. De todos esses entraves góticos, dessa infinidade de ligaduras que prensam nossos membros por todo lado, eles não tinham uma sequer. Suas mulheres ignoravam o uso desses espartilhos com os quais as nossas deformam a cintura em vez de marcá-la. Não posso acreditar que tal abuso, que na Inglaterra atingiu um grau inconcebível, no fim não faça a espécie degenerar, e defendo inclusive que o atrativo que buscam nisso é de mau gosto. Não é agradável ver uma mulher partida ao meio como uma vespa: choca a vista e agride a imaginação. A esbeltez do talhe, como tudo mais, tem suas proporções, sua medida, e quando exagerada é seguramente um defeito: num corpo nu seria um defeito que saltaria aos olhos; por que num corpo vestido seria beleza?

Não ouso precisar as razões pelas quais as mulheres insistem em encouraçar-se assim: um seio que pende, um ventre que avulta etc., concordo que tudo isso desagrada muito numa pessoa de vinte anos, mas já não choca aos trinta; e como, malgrado nosso, em qualquer época precisamos ser o que apraz à natureza e que o olhar do homem não se engane, em qualquer idade esses defeitos são menos desagradáveis do que a tola afetação de uma mocinha de quarenta anos.

Tudo o que inibe e força a natureza é de mau gosto; isso é verdade tanto para os atavios do corpo como para os adornos do espírito. A vida, a saúde, a razão, o bem-estar devem vir antes de tudo; não há graciosidade sem conforto; delicadeza não é languidez e não é preciso ser enfermiça para agradar. Quem sofre desperta piedade; mas o prazer e o desejo buscam o frescor da saúde.

As crianças de ambos os sexos têm muitos passatempos em comum, e assim deve ser; não os têm igualmente quando adultas? Têm também gostos próprios que as distinguem. Os meninos procuram movimento e barulho: tambores, piões, cochezinhos; as meninas preferem o que atrai o olhar e serve de adorno: espelhos, joias, vestidos e principalmente bonecas: a boneca é o passatempo especial desse sexo; vemos aí muito claramente que sua destinação lhe determina esse gosto. O físico da arte de agradar está no vestuário; é tudo o que crianças podem cultivar dessa arte.

Observai uma menininha passar o dia em volta de sua boneca, mudar-lhe repetidamente a roupa, vesti-la e desvesti-la mil e uma vezes, procurar continuamente novas combinações de adornos bem ou mal harmonizados, não importa; os dedos não têm habilidade, o gosto não está formado, mas a inclinação já aparece; nessa eterna ocupação o tempo passa sem que ela perceba; as horas correm sem que saiba; esquece até mesmo de comer, tem mais fome de atavios do que de alimento. Mas, direis, ela embeleza sua boneca e não sua pessoa. Sem dúvida; ela vê sua boneca e não se vê, nada pode fazer para si mesma, não está formada, não tem capacidade nem força, ainda nada é, está inteira em sua boneca, aplica nela toda sua coqueteria. Não a aplicará assim para sempre: está esperando a hora de ser sua própria boneca.

Aí está, portanto, um primeiro gosto bem definido; tendes apenas de segui-lo e regulá-lo. Não há dúvida de que no fundo do coração a menininha gostaria de saber enfeitar sua boneca, de fazer para ela os laços das mangas, o fichu, o babado, as rendas; para tudo isso a fazem depender tão duramente da boa vontade de outrem que lhe seria muito mais cômodo dever tudo a sua própria industriosidade. Surge assim o motivo das primeiras lições que lhe propõem: não são tarefas que lhe prescrevem, são bondades que lhe fazem. E, de fato, quase todas as meninas detestam aprender a ler e escrever; mas, quanto a manejar a agulha, é o que sempre aprendem de bom grado. De antemão imaginam-se sendo adultas e pensam com prazer que um dia esses talentos poderão servir-lhes para embelezarem-se.

Esse primeiro caminho que se abre é fácil de seguir: a costura, o bordado, a renda vêm espontaneamente. Já a tapeçaria não lhes agrada tanto: os móveis estão muito longe delas, não estão ligados à pessoa, estão ligados a outras opiniões. Tapeçaria é passatempo de senhoras; as moças nunca o apreciarão muito.

Tais progressos voluntários facilmente se estenderão ao desenho, pois essa arte não é indiferente à de trajar-se com gosto; mas eu não gostaria que as pusessem para desenhar paisagens e muito menos, figuras. Folhagens, frutas, flores, panejamento, tudo o que servir para dar um contorno elegante ao vestuário e para elas mesmas traçar o molde de um bordado quando não encontrar um que lhe agrade – basta-lhes isso. Se, em geral, limitar os estudos a conhecimentos úteis é importante para os homens, é ainda mais importante para as mulheres, porque a vida delas, apesar de menos laboriosa, é ou deve ser mais assídua a seus cuidados e mais entrecortada por tarefas diversas, não lhes permitindo dedicar-se por opção a algum talento em prejuízo de seus deveres.

Não importa o que digam os brincalhões, o bom-senso existe igualmente nos dois sexos. Em geral, as meninas são mais dóceis do que os meninos, e mesmo devemos usar de mais autoridade com elas, como direi daqui a pouco; mas disso não decorre que devamos exigir-lhes algo cuja utilidade não possam ver; a arte das mães está em mostrá-la em tudo o que lhes prescreverem, e isso fica ainda mais fácil porque nas meninas a inteligência é mais precoce do que nos meninos. Essa regra elimina de seu sexo, bem como do nosso, não só todos os estudos ociosos que não levam a nada bom e nem mesmo tornam mais agradáveis aos outros os que os fizeram, mas também todos aqueles cuja utilidade não é própria da idade e em que a criança não consegue prevê-la numa idade mais avançada. Se não quero que pressionem um menino a aprender a ler, com mais razão ainda não quero que forcem meninas a isso antes de fazê-las sentir bem para que serve a leitura; e no modo como costumam mostrar-lhes essa utilidade seguem muito mais sua própria ideia do que a delas. Afinal de contas, qual é a utilidade de uma menina saber ler e escrever tão cedo? Terá ela de governar uma casa tão cedo? Há bem poucas que não façam mais abuso do que uso desse conhecimento fatal; e todas são um pouco curiosas demais para não o adquirirem sem ser forçadas a isso, quando tiverem tempo e oportunidade. Talvez antes de tudo devessem aprender a calcular; pois nada oferece uma utilidade mais perceptível em qualquer época, demanda uma experiência mais longa e dá tanto ensejo a erro quanto as contas. Se a menina só recebesse as cerejas de sua merenda fazendo uma operação aritmética, digo-vos que logo saberia calcular.

Conheço uma jovem que aprendeu a escrever antes de aprender a ler e começou a escrever com a agulha antes de escrever com a pena. De toda a escrita, ela inicialmente só quis fazer *Os*. Fazia continuamente *Os* grandes e pequenos, *Os* de todos os tamanhos, uns *Os* dentro de outros e sempre traçados ao contrário. Infelizmente, um dia em que estava ocupada nesse útil exercício, viu-se num espelho; e, achando que aquela postura forçada a desfavorecia, como outra Minerva jogou longe a pena e não quis mais fazer *Os*. Seu irmão não gostava mais do que ela de escrever; mas o que o desagradava era a obrigação e não a aparência que lhe dava. Encontraram outro jeito de fazê-la voltar à escrita: a menina era delicada e vaidosa, não admitia que suas irmãs se servissem de sua roupa branca; marcavam a dela e então não quiseram continuar marcando-a; foi preciso que ela mesma a marcasse: é fácil imaginar os próximos avanços.

Deveis justificar sempre as tarefas que impuserdes às meninas, mas impô-las sempre. A ociosidade e a indocilidade são os dois defeitos mais perigosos para elas, e dos quais menos nos livramos quando já os adquirimos. As meninas devem ser vigilantes e laboriosas; isso não é tudo: devem ser sujeitadas desde muito cedo. Essa infelicidade, se o for para elas, é inseparável de seu sexo; e nunca se livram dela, exceto para sofrer outras muito mais cruéis. Durante toda a vida estarão submetidas à coação mais contínua e mais rigorosa, que é a das conveniências sociais. É preciso treiná-las primeiro para a sujeição, a fim de que nunca lhes seja custosa; para domarem todas suas fantasias a fim de submeterem-nas às vontades de outrem. Se quisessem trabalhar sempre, seria preciso forçá-las algumas vezes a nada fazerem. Dissipação, frivolidade, inconstância são os defeitos que nascem facilmente de seus primeiros gostos corrompidos e sempre atendidos. Para prevenir esse abuso, ensinai-as principalmente a vencer-se. Em nossos casamentos insensatos, a vida da mulher honrada é um eterno combate contra si mesma; é justo que esse sexo compartilhe a pena dos males que nos causou.

Deveis impedir que as meninas se entediem em suas ocupações e se apaixonem por seus passatempos, como ocorre sempre nas educações habituais, nas quais, como diz Fénelon, coloca-se de um lado todo o tédio e do outro, todo o prazer. Se seguirmos as regras anteriores, o primeiro desses dois inconvenientes só ocorrerá quando as pessoas que estiverem com elas lhes desagradarem. Uma menina que gostar de sua mãe ou de sua governanta trabalhará ao lado dela o dia inteiro sem entediar-se; a simples tagarelice irá compensá-la de toda sua sujeição. Mas, se a que a dirige lhe for insuportável, colocará na mesma aversão tudo o que fizer a seu lado. É muito difícil as que não se comprazem com suas mães mais do que com qualquer outra pessoa no mundo poderem um dia ser boas; mas para avaliar seus verdadeiros sentimentos é preciso estudá-las e não confiar no que dizem; pois são bajuladoras, dissimuladas e aprendem cedo a disfarçar-se. Tampouco devemos prescrever-lhes que amem sua mãe; a afeição não surge por dever e para isso a coação não serve. O apego, os cuidados, o simples hábito levarão a mãe a ser amada pela filha, se nada fizer para atrair seu ódio. Mesmo a sujeição em que a mantém, se bem dirigida, em vez de enfraquecer esse apego somente o aumentará, porque, como a dependência é um estado natural das mulheres, as filhas sentem-se feitas para obedecer.

Justamente porque têm ou devem ter pouca liberdade, elas levam ao excesso a que lhes concedem; extremosas em tudo, entregam-se a suas brincadeiras ainda mais arrebatadamente do que os meninos; é o segundo dos inconvenientes que acabo de mencionar. Esse arrebatamento precisa ser moderado, pois é a causa de vários vícios específicos das mulheres, como, entre outros, o capricho de entusiasmar-se excessivamente, que faz uma mulher delirar hoje por algum objeto que amanhã nem sequer olhará. A inconstância dos gostos lhes é tão funesta quanto seu excesso e ambos lhes vêm da mesma fonte. Não as priveis da alegria, das risadas, da algazarra, das brincadeiras; mas impedi que se cansem de uma para correr à outra; não admitais que mesmo num único instante de sua vida deixem de ter freio. Acostumai-as a ver-se interrompidas no meio de suas brincadeiras e mandadas para outras ocupações sem reclamar. Também para isso basta o hábito, porque não faz mais do que auxiliar a natureza.

Dessa coerção habitual resulta uma docilidade de que as mulheres necessitam durante a vida toda, pois nunca deixam de estar sujeitas a um homem ou aos juízos dos homens e nunca lhes é permitido colocar-se acima desses juízos. A primeira e mais importante qualidade de uma mulher é a brandura: feita para obedecer a um ser tão imperfeito como o homem, frequentemente tão cheio de vícios e sempre tão cheio de defeitos, ela deve aprender logo cedo até mesmo a sofrer injustiça e a suportar os erros de um marido sem queixar-se; deve ser branda não por ele, mas por ela. A aspereza e a teimosia nunca fazem mais do que aumentar seus males e os maus procedimentos dos maridos; estes sentem que não é com essas armas que elas devem vencê-los. O céu não as fez insinuantes e persuasivas para tornarem-se rabugentas; não as fez fracas para serem imperiosas; não lhes deu uma voz tão suave para dizer injúrias; não lhes fez traços tão delicados para a raiva desfigurá-los. Quando se irritam, elas se descuram: muitas vezes têm razão de queixar-se, mas sempre estão erradas em ficar resmungando. Cada qual deve manter o tom de seu sexo; um marido excessivamente brando pode tornar impertinente uma mulher; mas, a menos que um homem seja um monstro, a brandura de uma mulher o reduz e cedo ou tarde vence-o.

Que as filhas sejam sempre submissas, mas as mães nem sempre sejam inexoráveis. Para tornar dócil uma jovem não é preciso torná-la infeliz; para torná-la recatada não é preciso embrutecê-la; ao contrário, não me desagradaria que às vezes a deixassem usar de uma certa habilidade, não para esquivar-se de uma punição por desobediência e sim para ser eximida de obedecer. Não está em questão tornar-lhe penosa a dependência; basta fazer com que a sinta.

A astúcia é uma capacidade natural desse sexo; e, convicto de que todas as tendências naturais são inerentemente boas e retas, sou de opinião que se cultive essa como as outras; é preciso apenas prevenir seu abuso.

Quanto à veracidade dessa consideração, remeto-me a todo observador de boa-fé. Não quero que examinemos as mulheres adultas: nossas instituições incômodas podem forçá-las a aguçar o espírito. Quero que examinemos as muito jovens, as menininhas que, digamos assim, acabam de nascer e as comparemos com os meninos da mesma idade; e, se ao lado delas estes não parecerem lentos, estouvados, atoleimados, estarei incontestavelmente equivocado. Seja-me permitido um único exemplo, extraído de toda a ingenuidade infantil.

É muito comum proibir as crianças de pedirem alguma coisa durante as refeições; pois se acredita que nunca se terá mais sucesso em sua educação do que sobrecarregando-a de preceitos inúteis – como se um pedaço disto ou daquilo não pudesse ser imediatamente concedido ou recusado[160] sem fazer uma pobre criança ficar morrendo de uma cobiça aguçada pela esperança. Todo mundo sabe da sagacidade de um menino submetido a essa lei, o qual, tendo sido esquecido à mesa, teve a ideia de pedir sal etc. Não vou dizer que pudessem atormentá-lo por haver pedido diretamente sal e indiretamente carne; a omissão era tão cruel que, mesmo que ele houvesse violado abertamente a lei e dito sem rodeios que estava com fome, não posso crer que o tivessem punido. Mas vede como procedeu, em minha presença, uma menininha de seis anos num caso muito mais difícil; pois, além de ser-lhe rigorosamente proibido pedir algo direta ou indiretamente, a desobediência não seria perdoável, pois comera de todos os pratos exceto de um, que haviam esquecido de oferecer-lhe e que ela cobiçava muito. Então, para que reparassem esse esquecimento sem poderem acusá-la de desobediência, ela passou em revista todos os pratos, avançando o dedo e falando bem alto à medida que os apontava: *Comi deste, comi deste*; mas saltou sem nada dizer o prato de que não comera, tão visivelmente que alguém percebeu e perguntou-lhe: *E desse aí, comeste? – Ah! não*, respondeu docemente a gulosinha, baixando os olhos. Não vou acrescentar nada; comparai: esta última manobra é astúcia de menina, a outra é astúcia de menino.

---

160. Uma criança torna-se importuna quando tira proveito de sê-lo; mas nunca pedirá a mesma coisa duas vezes se a primeira resposta for sempre irrevogável.

O que é bom, e nenhuma lei geral é má. Essa habilidade particular concedida ao sexo [feminino] é uma compensação muito equitativa da força que ele tem de menos; sem isso, a mulher não seria companheira do homem, seria sua escrava; é graças à superioridade dessa capacidade que ela se mantém sua igual e governa-o obedecendo-lhe. A mulher tem tudo contra si: nossos defeitos, sua timidez, sua fraqueza; a seu favor tem apenas sua arte e sua beleza. Acaso não é justo que cultive ambas? Mas a beleza não é geral; mil acidentes destroem-na, fenece com os anos, o hábito elimina-lhe o efeito. Somente o espírito é o verdadeiro recurso do sexo; não esse tolo espírito que tanto valorizam no mundo social e que é inútil para tornar feliz a vida, e sim o espírito de sua condição, a arte de tirar partido da nossa e de prevalecer-se de nossas próprias vantagens. Não sabemos quanto essa habilidade das mulheres é útil para nós mesmos, quanto encanto acrescenta à sociedade dos dois sexos, quanto serve para reprimir a impetuosidade dos filhos, quantos maridos brutais refreia, quanto conserva felizes lares que sem isso a discórdia conturbaria. Bem sei que as mulheres ardilosas e más abusam dela; mas o vício não abusa de quê? Não destruamos os instrumentos da felicidade porque os perversos às vezes os utilizam para prejudicar.

Pode-se brilhar pelo vestuário, mas só pela pessoa se pode agradar. Nossos atavios não são nós; muitas vezes, por ser rebuscados, enfeiam; e muitas vezes os que menos notamos são os que mais fazem ser notada a que os está portando. Nesse ponto a educação das jovens é um contrassenso total. Prometem-lhes adornos como recompensa, levam-nas a gostar de acessórios requintados. *Como ela está linda*, dizem-lhes quando estão muito enfeitadas. E, muito ao contrário, deveriam explicar-lhes que tanto ataviamento só serve para esconder defeitos e que o verdadeiro triunfo da beleza é brilhar por si mesma. O amor às modas é de mau gosto, porque os rostos não mudam com elas e, como a figura permanece a mesma, o que lhe assentar bem uma vez assenta-lhe bem sempre.

Se eu visse a jovem pavonear-se em seus atavios, mostraria preocupar-me com sua figura disfarçada assim e com o que poderiam pensar disso; diria: Todos esses adornos enfeitam-na demais, o que é uma pena: pensais que ela possa admitir outros mais simples? É bastante bela para dispensar isto ou aquilo? Talvez seja ela então a primeira a pedir que lhe tirem esse adereço e então julguem: é o caso de aplaudi-la, se for oportuno. Nunca a elogiaria tanto como quando estiver trajada o mais simplesmente possível. Quando ela considerar os adereços apenas como um suplemento das graças da pessoa e como uma admissão tácita de que precisa de reforço para agradar, não se sentirá orgulhosa de seu traje e sim, humilde; e se, mais engalanada que de hábito, ouvir dizerem: *Como ela está linda!*, enrubescerá de despeito.

Ademais, há figuras que necessitam de um belo vestuário, mas não há alguma que requeira ricos adereços. As galas ruinosas são vaidade da classe social e não da pessoa; devem-se unicamente ao preconceito. A verdadeira coqueteria às vezes é requintada, mas nunca é faustosa; e Juno trajava-se mais soberbamente do que Vênus. *Não conseguindo fazê-la bela, tu a fazes rica*, disse Apeles a um mau pintor que estava pintando Helena carregada de joias. Observei também que os adereços mais pomposos quase sempre anunciavam mulheres feias; não poderia haver uma vaidade mais desastrada. Dai a uma jovem que tenha bom gosto e que desdenhe a moda fitas, gaze, musselina e flores; sem diamantes, sem pompons, sem rendas[161], ela vai fazer para si um traje que a tornará cem vezes mais encantadora do que a fariam todos os trapos brilhantes da Duchapt[162].

Como o que fica bem fica bem sempre e é preciso estar sempre o melhor possível, as mulheres que entendem de vestuário escolhem o que lhes ficam bem e atêm-se a ele; e, como não o variam todo dia, ocupam-se menos com isso do que as que não sabem decidir-se. O verdadeiro cuidado com o trajar-se requer pouco toucador. As senhoritas jovens raramente têm toucadores aparatosos; o trabalho, as lições ocupam-lhes o dia; entretanto, em geral estão tão bem-postas – com exceção do ruge – quanto as senhoras, e muitas vezes com mais bom gosto. O abuso do toucador não é o que se pensa, vem muito mais do tédio do que da vaidade. Uma mulher que passa seis horas em seu toucador não ignora que não sai dele mais bem-posta do que outra que passa apenas meia hora; mas são horas tiradas da enfadonha lentidão do tempo, e mais vale distrair-se consigo do que se entendiar com tudo. Sem a toalete, o que ela faria da vida desde meio-dia até nove horas? Reunindo mulheres a seu redor, diverte-se com impacientá-las, e isso já é alguma coisa; evita a conversa a sós com

---

161. As mulheres que têm a pele bastante clara para dispensar rendas causariam muito despeito às outras se não as usassem. Quase sempre são pessoas feias que introduzem as modas, às quais as belas fazem a tolice de sujeitar-se.

162. Marie Madeleine Duchapt, "la Duchapt", a modista de maior prestígio entre a elite burguesa e a aristocracia de Paris, principalmente nos anos 1740 e 1750 [N.T.].

um marido que só vê nessa hora, e isso é muito mais; e depois vêm as modistas, os vendedores de quinquilharias, os queridos cavalheiros, os queridos autores, os versos, as canções, os folhetos; sem o toucador nunca ela reuniria tão bem tudo isso. O único proveito real que resulta da coisa é o pretexto de exibir-se um pouco mais do que quando está pronta; mas esse proveito talvez não seja tão grande quanto pensa, e as mulheres de toucador não ganham com isso tanto quanto diriam. Dai sem escrúpulo às mulheres uma educação de mulher, fazei-as amar os interesses de seu sexo, ser recatadas, saberem zelar pelo lar e ocuparem-se em sua casa; a toalete grandiosa cairá por si só e elas estarão trajadas com mais bom gosto.

A primeira coisa que as jovenzinhas observam ao crescerem é que todos esses adornos externos não lhes bastam se não os tiverem em si mesmas. Ninguém pode dar-se beleza nem tem condições de adquirir tão cedo a arte de agradar; mas já é possível tentar dar aos gestos um jeito agradável e à voz um tom sedutor, manter uma bela postura, caminhar com leveza, assumir atitudes graciosas e escolher em tudo o mais vantajoso. A voz ganha alcance, firmeza e timbre; os braços desenvolvem-se, o andar firma-se e elas percebem que, não importa como estejam vestidas, há uma arte de atrair os olhares. A partir daí já não se trata apenas de agulha e de industriosidade; novas capacidades apresentam-se e já revelam sua utilidade.

Sei que os preceptores severos querem que não se ensinem às meninas canto, dança ou qualquer uma das artes agradáveis. Acho isso engraçado: então eles querem que sejam ensinadas a quem? Aos meninos? A quem dentre os homens ou as mulheres cabe o privilégio de ter esses dons? A ninguém, responderão; as canções profanas são faltas graves; a dança é uma invenção do demônio; uma menina não deve ter outro passatempo além de seu trabalho e suas orações. Passatempos muito estranhos para uma criança de dez anos! Quanto a mim, receio muito que todas essas santinhas que são forçadas a passar a infância rezando a Deus passem a juventude em algo muito diferente e, quando casadas, compensem o melhor que puderem o tempo que pensam ter perdido quando solteiras. Estimo que devemos levar em consideração o que é adequado para a idade tanto quanto para o sexo; que uma menina não deve viver como sua avó; deve ser ativa, alegre, brincalhona, cantar e dançar quanto quiser e desfrutar todos os inocentes prazeres de sua idade; não tardará a chegar a hora de ser ponderada e assumir uma postura mais séria.

Mas a necessidade dessa mudança é mesmo real? Não será talvez mais um fruto de nossos preconceitos? Escravizando a tristes deveres as mulheres honradas, baniram do casamento tudo o que poderia torná-lo agradável aos homens. Será espantoso que a taciturnidade que eles vêm reinar em sua casa expulse-os de lá ou que não se sintam tentados a abraçar um estado tão desagradável? Por exagerar todos os deveres, o cristianismo torna-os impraticáveis e vãos; por proibir às mulheres o canto, a dança e todos os passatempos do mundo, torna-as mal-humoradas, resmungonas, insuportáveis dentro de casa. Não há outra religião em que o casamento seja submetido a deveres tão severos, e nenhuma em que um compromisso tão santo seja tão menosprezado. Tanto fizeram para impedir as mulheres de ser amáveis que tornaram indiferentes os maridos. Compreendo muito bem que isso não deveria acontecer; mas digo que tinha de acontecer, porque afinal os cristãos são homens. Quanto a mim, gostaria que uma jovem inglesa cultivasse com tanto empenho os dons que agradarão a seu futuro marido quanto uma jovem albanesa os cultiva para o harém de Ispahan. Os maridos, dirão, não se interessam muito por todos esses dons. Creio que realmente não, quando tais dons, em vez de ser utilizados para agradar-lhes, servem de chamariz para atrair para sua casa jovens impudentes que os desonram. Mas acaso pensais que uma mulher amável e sensata, adornada com tais dons e que os dedicasse a divertir seu marido, não lhe aumentaria a felicidade de viver e não o impediria, ao sair de seu gabinete com a mente exausta, de ir procurar recreações fora de casa? Alguém já viu famílias felizes reunidas assim, em que cada um sabe dar algo de si para a diversão em comum? Diga então se a confiança e a familiaridade que ali se juntam, se a inocência e a doçura dos prazeres que ali se desfrutam não compensam sobejamente o que os prazeres públicos têm de mais exuberante!

Reduziram excessivamente a artes os dons agradáveis; generalizaram-nos demais; transformaram tudo em máxima e preceito e tornaram muito tedioso para as meninas o que deve ser-lhes apenas passatempo e brincadeiras. Não imagino coisa mais ridícula do que ver um velho professor de dança ou de canto abordar com ar carrancudo meninas que só querem rir, e assumir para ensinar-lhes sua frívola ciência um tom mais pedantesco e mais magistral do que se estivesse lhes ensinando o catecismo. Por exemplo, será que a arte de cantar depende da música escrita? Não é possível tornar a voz flexível e bem ajustada, aprender a cantar com gosto e mesmo a acompanhar-se sem conhecer uma nota sequer? Acaso o mesmo tipo de canto condiz com todas as vozes? O mesmo método condiz com todas as mentes? Nunca me convencerão de que as mesmas posturas, os mesmos passos, os mesmos movimentos, os mesmos gestos, as mesmas danças sejam adequados para uma moreninha vivaz e brejeira e uma bela loira alta e de olhos lânguidos. Assim, quando vejo um professor dar a ambas exatamente as mesmas aulas, digo comigo: Esse homem segue sua rotina, mas não entende de sua arte.

Perguntam se as meninas devem ter professores ou professoras. Não sei; gostaria que não precisassem de uns nem de outras, que aprendessem livremente o que têm tanta inclinação para aprender e que não víssemos constantemente perambularem em nossas cidades tantos saltimbancos agaloados. Acho um pouco difícil acreditar que o trato com essas pessoas não seja mais prejudicial para meninas do que suas aulas lhes são úteis, e que seu jargão, seu tom, seus ares não deem às alunas o primeiro gosto pelas frivolidades – tão importantes para eles – das quais elas não tardarão a também fazer sua única ocupação.

Nas artes cujo único objeto é a recreação, tudo pode servir de professor para as meninas: o pai, a mãe, o irmão, a irmã, as amigas, a governanta, o espelho e principalmente seu próprio gosto. Ninguém deve oferecer-se para dar-lhes aula, devem ser elas a pedi-la; não se deve fazer de uma recompensa uma tarefa; e é principalmente nessas espécies de estudos que o primeiro sucesso é querer ser bem-sucedidas. Ademais, se forem absolutamente necessárias aulas formais, não vou decidir sobre o sexo dos que devem dá-las. Não sei se é preciso que um professor de dança segure a mão delicada e branca de uma jovem aluna, que a mande arregaçar a saia, erguer os olhos, estender os braços, avançar o peito palpitante; mas sei bem que por nada deste mundo eu desejaria ser esse professor.

Pela industriosidade e pelos talentos o gosto forma-se; pelo gosto o espírito abre-se imperceptivelmente para as ideias do belo em todos os gêneros e, por fim, para as noções morais referentes a elas. Essa talvez seja uma das razões de o sentimento de decência e honradez insinuar-se mais cedo nas meninas do que nos meninos; pois para acreditar que esse sentimento precoce seja obra das governantas seria preciso estar muito mal instruído sobre o curso do espírito humano. O dom de falar ocupa o primeiro lugar na arte de agradar; somente por ele é possível acrescentar novos atrativos àqueles aos quais o hábito acostuma os sentidos. É o espírito que não só vivifica o corpo, mas, de certo modo, renova-o; pela sucessão de sentimentos e ideias ele anima e varia a fisionomia; pelas palavras que inspira, a atenção mantida em suspenso sustenta durante muito tempo o mesmo interesse no mesmo objeto. Creio ser por todas essas razões que as meninas adquirem tão cedo uma tagarelice leve e agradável, que enfatizam o que dizem mesmo antes de senti-lo e que os homens logo se divertem escutando-as, antes mesmo que elas possam entendê-los; eles espreitam o primeiro momento desse entendimento para assim descobrirem o do sentimento.

As mulheres têm a língua flexível; falam mais cedo, com mais facilidade e de modo mais agradável do que os homens. Acusam-nas também de falar mais; deve ser assim, e de bom grado eu converteria em elogio essa crítica; nelas a boca e os olhos têm a mesma atividade e pela mesma razão. O homem diz o que sabe, a mulher diz o que agrada; para falar ele necessita de conhecimento e ela, de bom gosto; ele deve ter como objeto principal as coisas úteis e ela, as agradáveis. As falas de ambos devem ter como únicas formas em comum as formas da verdade.

Assim, não devemos conter a tagarelice das meninas, como a dos meninos, com esta dura pergunta: *Isso serve para quê?* e sim com esta outra, à qual não é mais fácil responder: *Que efeito isso terá?* Nessa primeira idade em que, por ainda não conseguirem discernir o bem e o mal, não são juízes de ninguém, elas precisam impor-se como lei nunca dizer algo que não seja agradável àqueles a quem falam; e o que dificulta a prática dessa regra é ela estar sempre subordinada à primeira, que é nunca mentir.

Vejo aí ainda muitas outras dificuldades, mas são de uma idade mais avançada. Por enquanto, dizer a verdade pode exigir das meninas somente dizê-la sem grosseria; e, como essa grosseria desagrada-lhes naturalmente, a educação facilmente as ensina a evitá-la. Observo em geral, no trato do mundo, que a polidez dos homens é mais prestativa e a das mulheres, mais carinhosa. Essa diferença não se deve à educação: é natural. O homem parece mais procurar servir-vos e a mulher, agradar-vos. Segue-se disso que, seja qual for o caráter das mulheres, sua polidez é menos falsa do que a nossa: simplesmente amplia o primeiro instinto delas; mas, quando um homem finge preferir meu interesse ao seu, seja qual for a demonstração com que ele enfeite essa mentira, tenho certeza absoluta de que está mentindo. Assim, ser corteses não é custoso para as mulheres e, portanto, não é custoso para as meninas aprenderem a sê-lo. A primeira lição provém da natureza; a arte tão somente a segue e determina, de acordo com nossos usos, sob que forma deve mostrar-se. Quanto à cortesia entre mulheres, é algo muito diferente: elas mostram um ar tão forçado e atenções tão frias que, incomodando-se mutuamente, não se preocupam muito em esconder esse incômodo e parecem sinceras na mentira por não tentarem disfarçá-la. Entretanto, as jovenzinhas às vezes estabelecem de verdade amizades mais sinceras. Em sua idade a alegria faz papel de boa índole; e contentes consigo estão contentes com todo mundo. É habitual também que se beijem de melhor grado e se afaguem com mais graça diante dos homens, orgulhando-se de aguçar-lhes impunemente a cobiça com a imagem dos favores que sabem fazê-los invejar.

Se não devemos permitir aos meninos perguntas inconvenientes, com mais razão ainda devemos proibi-las às meninas, cuja curiosidade satisfeita ou mal desviada tem uma consequência diferente, em vista de sua perspicácia para pressentir os mistérios que lhes ocultam e sua sagacidade para descobri-los. Mas, sem admitir suas perguntas, eu gostaria que lhes fizessem muitas, que cuidassem de fazê-las conversar, que as provocassem para treiná-las a falar com facilidade, para agilizá-las na réplica, para soltar-lhes a mente e a língua enquanto é possível sem risco. Essas conversas, sempre voltadas para a alegria, mas preparadas com arte e bem dirigidas, seriam uma diversão atraente para essa idade e poderiam levar aos corações inocentes das jovenzinhas as primeiras e talvez as mais úteis lições de moral que receberão na vida, ensinando-as, sob o atrativo do prazer e da vaidade, a quais qualidades os homens concedem realmente sua estima e em que consistem a glória e a felicidade de uma mulher honrada.

É fácil compreender que, se os meninos não têm condições de formar alguma ideia verdadeira de religião, com mais razão ainda a mesma ideia está além da concepção das meninas; justamente por isso eu gostaria de falar a elas desse assunto mais cedo; pois, se precisássemos esperar que fossem capazes de discutir metodicamente tais questões profundas, correríamos o risco de nunca as abordar. A razão das mulheres é uma razão prática que as leva a encontrar com muita habilidade os meios de chegar a um fim conhecido, mas não as leva a encontrar esse fim. O relacionamento social dos sexos é admirável. Dessa associação resulta uma pessoa moral da qual a mulher é o olho e o homem, o braço, mas com tal dependência mútua que é do homem que a mulher aprende o que precisa ver e é da mulher que o homem aprende o que precisa fazer. Se a mulher pudesse remontar aos princípios tão bem quanto o homem e o homem tivesse tanto quanto ela o espírito dos detalhes, sempre mutuamente independentes eles viveriam numa discórdia eterna e sua sociedade não poderia subsistir. Mas na harmonia que reina entre eles tudo tende para o fim em comum; não sabemos qual contribui mais; cada um segue o impulso do outro; cada um obedece e ambos mandam.

Assim como a conduta da mulher está sob controle da opinião pública, sua crença está sob controle da autoridade. Toda menina deve ter a religião de sua mãe e toda mulher casada, a do marido. Mesmo que essa religião seja equivocada, a docilidade que submete a mãe e a família à ordem da natureza anula perante Deus o pecado do erro. Sem condições de julgar pessoalmente, elas devem receber a decisão dos pais e dos maridos como a da Igreja.

Como não podem extrair somente de si a regra de sua fé, as mulheres não podem dar-lhe como limites as da evidência e da razão: deixando-se levar por mil impulsos estranhos, estão sempre aquém ou além da verdade. Sempre descomedidas, todas são libertinas ou devotas; não vemos nenhuma que saiba juntar sensatez à piedade. A origem do mal está não só no caráter exagerado de seu sexo, mas também na autoridade mal regulada do nosso: a libertinagem dos costumes leva a menosprezá-la, o terror do arrependimento torna-a tirânica, e assim sempre fazemos demais ou de menos.

Visto que a autoridade deve regular a religião das mulheres, não se trata tanto de explicar-lhes as razões que temos para crer e sim, de expor-lhes claramente o que cremos; pois a fé em ideias obscuras é a primeira fonte do fanatismo e a fé exigida para coisas absurdas leva à loucura ou à incredulidade. Não sei a que nossos catecismos incitam mais, se a ser ímpio ou fanático; mas sei bem que produzem necessariamente um ou o outro.

Primeiramente, para ensinar religião a meninas nunca a torneis um objeto de tristeza e de tormento, nunca uma tarefa ou um dever; portanto, nunca mandeis que aprendam de cor algo relacionado com ela, nem mesmo as orações. Limitai-vos a fazer regularmente as vossas em sua presença, porém sem forçá-las a assistir. Fazei-as curtas, seguindo a instrução de Jesus Cristo. Fazei-as sempre com o recolhimento e o respeito devidos; pensai que pedir ao Ser Supremo atenção para que nos escute merece que ponhamos atenção no que vamos dizer-lhe.

Meninas conhecerem tão cedo sua religião é menos importante do que a conhecerem bem e principalmente amarem-na. Quando a tornais opressiva, quando lhes descreveis Deus sempre zangado com elas, quando lhes impondes em seu nome mil deveres penosos que nunca vos veem cumprir, o que podem pensar, a não ser que saber o catecismo e orar a Deus são deveres de meninas, e desejarem ficar adultas para, como vós, livrarem-se de toda essa sujeição? O exemplo, o exemplo! Sem isso nunca conseguimos alguma coisa com as crianças.

Quando lhes explicardes artigos de fé, fazei-o em forma de instrução direta e não por perguntas e respostas. Elas sempre devem responder somente o que pensam e não o que lhes foi ditado. Todas as respostas do catecismo estão ao contrário, é o aluno que instrui o mestre; e mesmo são mentiras na boca das crianças, pois estas explicam o que não entendem e afirmam algo em que não têm condições de acreditar. Entre os homens mais inteligentes, mostrai-me os que não mentem ao recitarem seu catecismo.

A primeira pergunta que vejo no nosso é esta: *Quem vos criou e vos pôs no mundo?* A menina tem certeza de que foi sua mãe, mas responde sem hesitar que foi Deus. A única coisa que vê nisso é que a uma pergunta que mal compreende dá uma resposta que absolutamente não compreende.

Eu gostaria que um homem que conhecesse bem o funcionamento da mente das crianças resolvesse fazer um catecismo para elas. Seria talvez o livro mais útil já escrito e, em minha opinião, não seria o menos honroso para seu autor. O certo é que, se esse livro fosse bom, não se pareceria com os outros.

Tal catecismo só será bom se, com base apenas nas perguntas, a criança der por si mesma as respostas, sem aprendê-las; evidentemente, às vezes será o caso de ela perguntar também. Para mostrar o que quero dizer precisaria de uma espécie de modelo e percebo bem o que me falta para traçá-lo. Tentarei pelo menos dar uma leve ideia dele.

Imagino portanto que, partindo da primeira pergunta, nosso catecismo deveria começar mais ou menos assim:

A AMA
Te lembras de quando tua mãe era menina?
A MENINA
Não, ama.
A AMA
Por que não, se tua memória é tão boa?

A MENINA

É que eu ainda não tinha nascido.

A AMA

Então não estiveste viva sempre?

A MENINA

Não.

A AMA

Vais viver para sempre?

A MENINA

Vou.

A AMA

És jovem ou velha?

A MENINA

Sou jovem.

A AMA

E tua vovó? É jovem ou velha?

A MENINA

É velha.

A AMA

Ela já foi jovem?

A MENINA

Sim.

A AMA

Por que ela não é mais jovem?

A MENINA

É que ela envelheceu.

A AMA

Vais envelhecer como ela?

A MENINA

Não sei[163].

A AMA

Onde estão teus vestidos do ano passado?

---

163. Se em qualquer lugar onde coloquei *não sei* a menina der uma resposta diferente, é preciso desconfiar de sua resposta e pedir com cuidado que a explique.

A MENINA

Deram fim a eles.

A AMA

E por que deram fim a eles?

A MENINA

Porque ficaram muito pequenos para mim.

A AMA

E por que ficaram muito pequenos?

A MENINA

Porque eu cresci.

A AMA

Vais crescer mais ainda?

A MENINA

Ah, sim!

A AMA

E o que acontece com as meninas que crescem?

A MENINA

Elas se tornam mulheres.

A AMA

E o que acontece com as mulheres?

A MENINA

Elas se tornam mães.

A AMA

E as mães, o que acontece com elas?

A MENINA

Ficam velhas.

A AMA

Então também vais ficar velha?

A MENINA

Quando eu for mãe.

A AMA

E o que acontece com as pessoas velhas?

A MENINA

Não sei.

A AMA

O que aconteceu com teu vovô?

A MENINA

Ele morreu[164].

A AMA

E por que ele morreu?

A MENINA

Porque estava velho.

A AMA

Então, o que acontece com as pessoas velhas?

A MENINA

Elas morrem.

A AMA

E tu, quando ficares velha, o que...

A MENINA, interrompendo-a

Ai, ama, eu não quero morrer!

A AMA

Minha filha, ninguém quer morrer, mas todo mundo morre.

A MENINA

O quê?! A mamãe também vai morrer?

A AMA

Como todo mundo. As mulheres envelhecem, os homens também, e a velhice termina na morte.

A MENINA

O que devemos fazer para envelhecer bem tarde?

A AMA

Ter muito juízo enquanto somos jovens!

A MENINA

Vou ter muito juízo sempre, ama.

---

164. A menina dirá isso porque ouviu dizer; mas é preciso verificar se tem alguma ideia correta da morte, pois essa ideia não é tão simples nem está tão ao alcance das crianças quanto se pensa. No pequeno poema *d'Abel* [sic] temos um exemplo do modo como ela deve ser-lhes dada. Essa obra encantadora respira uma simplicidade deliciosa que é um alimento para conversas com crianças. [N.T.: *La Mort d'Abel* é um poema de Salomon Gessner, pintor, poeta e editor suíço (1730-1788). Seus poemas e pinturas de cunho idílico e pastoral alcançaram grande sucesso na Europa da segunda metade do século XVIII.]

A AMA
Fazes muito bem. Mas enfim, pensas que vais viver para sempre?
A MENINA
Quando eu for muito velha, muito velhinha...
A AMA
Então?
A MENINA
Bom, quando ficamos tão velhas, dizes que temos de morrer.
A AMA
Então vais morrer um dia?
A MENINA
Ai, vou.
A AMA
Antes de ti, quem estava vivo?
A MENINA
Minha mãe e meu pai.
A AMA
E antes deles, quem estava vivo?
A MENINA
A mãe e o pai deles.
A AMA
Depois de ti, quem vai viver?
A MENINA
Meus filhos.
A AMA
E depois deles, quem vai viver?
A MENINA
Os filhos deles etc.

Seguindo esse caminho, encontramos, por induções perceptíveis, um começo e um fim para a raça humana, como para todas as coisas – ou seja, um pai e uma mãe que não tiveram pai nem mãe e filhos que não terão filhos[165].

---

165. A mente não aceita a ideia de eternidade aplicada às gerações humanas. Toda sucessão numérica reduzida a ato é incompatível com essa ideia.

433

É somente após uma longa sequência de perguntas semelhantes que a primeira pergunta do catecismo está suficientemente preparada. Mas daí até a segunda resposta, que é, digamos assim, a definição da essência divina, que salto imenso! Quando esse intervalo será coberto? Deus é um espírito! E o que é um espírito? Irei embarcar o de uma criança nessa obscura metafísica da qual os homens têm tanta dificuldade para sair? Não cabe a uma menina responder essas perguntas; quando muito, cabe-lhe fazê-las. Então lhe responderei simplesmente: – *Estás me perguntando o que é Deus; não é fácil responder: não podemos ouvir nem ver nem tocar Deus; só o conhecemos por suas obras. Para julgar o que Ele é espera até saberes o que Ele fez.*

Se nossos dogmas são todos oriundos da mesma verdade, isso não os torna igualmente importantes. É indiferente para a glória de Deus que ela nos seja conhecida em todas as coisas; mas é importante para a sociedade humana e para cada um de seus membros que todo homem conheça e cumpra os deveres que a lei de Deus lhe impõe para com seu próximo e para consigo mesmo. É isso que continuamente devemos ensinar uns aos outros e sobretudo é sobre isso que os pais e as mães estão obrigados a instruir os filhos. Uma virgem ser a mãe de seu criador, ela ter dado à luz Deus ou somente um homem ao qual Deus se uniu; a substância do pai e do filho ser a mesma ou ser apenas semelhante; o Espírito proceder de um dos dois, que são o mesmo, ou de ambos conjuntamente: não vejo que a decisão dessas questões, aparentemente essenciais, seja mais importante para a espécie humana do que saber em que dia da Lua devemos celebrar a Páscoa, se devemos rezar o rosário, jejuar, abster-nos de carne, falar latim ou francês na igreja, enfeitar as paredes com imagens, dizer ou ouvir a missa e não ter mulher própria. Cada qual pense sobre tudo isso como lhe aprouver; ignoro em que pode interessar aos outros; quanto a mim, absolutamente não me interessa. Mas o que me interessa, a mim e a todos meus semelhantes, é cada qual saber que existe um árbitro da sorte dos humanos, do qual todos somos filhos, que prescreve a todos nós sermos justos, amarmos uns aos outros, sermos caridosos e misericordiosos, cumprirmos nossos compromissos com todos, mesmo com nossos inimigos e com os dele; que a aparente felicidade desta vida nada é; que depois dela há outra, na qual esse Ser Supremo será o recompensador dos bons e o juiz dos maus. Esses dogmas e os dogmas semelhantes são os que importam ensinar à juventude e deles convencer todos os cidadãos. Quem os combater merece castigo, sem dúvida alguma: é perturbador da ordem e inimigo da sociedade. Quem ultrapassá-los e quiser sujeitar-nos a suas opiniões particulares chega ao mesmo ponto por um caminho oposto: para estabelecer a ordem à sua maneira perturba a paz; em seu orgulho temerário torna-se o intérprete da Divindade, exige em seu nome as homenagens e o respeito dos homens, faz-se Deus no lugar dele tanto quanto consegue: deveria ser punido como sacrílego, quando não o punissem como intolerante.

Portanto, deixai de lado todos esses dogmas misteriosos que são para nós apenas palavras sem ideias, todas essas doutrinas bizarras cujo estudo inútil faz papel de virtudes para os que se dedicam a ele e serve para torná-los mais loucos do que bons. Mantende sempre vossos filhos no círculo estreito dos dogmas referentes à moral. Convencei-os de que para nós só é útil sabermos o que nos ensinar a agir bem. Não torneis vossas filhas teólogas e argumentadoras; ensinai-lhes das coisas do céu somente o que servir para a sabedoria humana; acostumai-as a sentir-se sempre sob o olhar de Deus, a tê-lo como testemunha de suas ações, de seus pensamentos, de sua virtude, de seus prazeres; a fazerem o bem sem ostentação, porque Ele o ama; a suportarem o mal sem reclamar, porque Ele as compensará; por fim, a serem em todos os dias de sua vida o que ficarão muito felizes de ter sido quando comparecerem diante dele. Essa é a religião verdadeira, a única que não é passível de abuso, impiedade ou fanatismo. Preguem à vontade outras mais sublimes; quanto a mim, essa é a única que reconheço.

Ademais, convém observar que, até a idade em que a razão se aclara e o sentimento nascente faz a consciência falar, para as meninas o que é bom ou mau é o que as pessoas de seu convívio assim decidiram. O que lhes ordenam é bom, o que lhes proíbem é mau e elas não devem saber mais. Isso mostra como é importante, ainda mais para elas do que para os meninos, a escolha das pessoas que devem acompanhá-las e ter alguma autoridade sobre elas. Por fim chega o momento em que começam a avaliar as coisas por conta própria, e então é hora de mudar o plano de sua educação.

Até aqui talvez eu tenha falado demais sobre isso. A que reduziremos nossas mulheres, se lhes dermos como lei apenas os preconceitos públicos? Não rebaixemos a esse ponto o sexo que nos governa e que nos honra quando não o houvermos aviltado. Existe para toda a espécie humana uma regra anterior à opinião geral. É com a inflexível orientação dessa regra que devem relacionar-se todas as outras: julga até mesmo o preconceito; e é apenas na medida em que a estima dos homens coadunar-se com ela que essa estima deve ter autoridade sobre nós.

Essa regra é o sentimento interior. Não vou repetir o que foi dito acima sobre isso; basta-me destacar que, se as duas regras não contribuírem para a educação das mulheres, ela será sempre defeituosa. O sentimento sem a opinião não lhes dará a delicadeza de alma que adorna os bons costumes com a honra do mundo; e a opinião sem o sentimento nunca fará delas mais do que mulheres falsas e desonestas, que colocam a aparência no lugar da virtude.

Assim, é importante que cultivem uma faculdade que sirva de árbitro entre as duas guias, não deixe a consciência extraviar-se e corrija os erros do preconceito. Essa faculdade é a razão. Mas ante essa palavra quantas perguntas surgem! As mulheres são capazes de um raciocínio sólido? É importante que o cultivem? Irão cultivá-lo com êxito? Esse cultivo é útil às funções que lhes são impostas? É compatível com a simplicidade que lhes convém?

As diversas maneiras de considerar e responder essas perguntas fazem com que, caindo nos excessos contrários, uns limitem a mulher a costurar e fiar em casa com suas criadas, e assim a tornam a principal criada do amo; outros, não contentes com garantir-lhe seus direitos, ainda a fazem usurpar os nossos; pois deixá-la acima de nós nas qualidades próprias de seu sexo e torná-la nossa igual em todo o restante o que é senão passar para a mulher a primazia que a natureza dá ao marido?

A razão que leva o homem a conhecer seus deveres não é muito complexa; a razão que leva a mulher a conhecer os dela é ainda mais simples. A obediência e a fidelidade que deve ao marido, o carinho e os cuidados que deve aos filhos são consequências tão naturais e tão perceptíveis de sua condição que ela não pode, sem má-fé, recusar-se a concordar com o sentimento interior que a guia nem desconhecer o dever na inclinação que ainda não está alterada.

Eu não reprovaria sem distinção que uma mulher fosse limitada unicamente aos trabalhos de seu sexo e que a deixassem numa profunda ignorância de todo o restante; mas para isso seriam necessários costumes públicos muito simples, muito saudáveis ou um modo de vida muito retirado.

Em cidades grandes e entre homens devassos, essa mulher seria seduzida muito facilmente; frequentemente sua virtude dependeria apenas das oportunidades. Neste século filosófico, ela precisa de uma virtude a toda prova; precisa saber de antemão o que podem dizer-lhe e o que deve pensar disso.

Por outro lado, submetida ao juízo dos homens, ela deve merecer sua estima; deve sobretudo obter a do esposo; deve não somente levá-lo a amar sua pessoa, mas levá-lo a aprovar-lhe a conduta; deve justificar perante o público a escolha feita por ele e fazer honrarem o marido com o respeito que tributam à mulher. Mas, como procederá para tudo isso, se ignora nossas instituições, se nada sabe de nossos usos, de nossas conveniências sociais, se não conhece a fonte dos juízos humanos nem as paixões que os determinam? Visto que depende ao mesmo tempo de sua própria consciência e das opiniões dos outros, precisa aprender a comparar essas duas regras, a conciliá-las e a preferir a primeira somente quando estiverem em oposição. Torna-se juiz de seus juízes, decide quando deve submeter-se a elas e quando deve recusá-las. Antes de rejeitar ou aceitar seus preconceitos, pesa-os; aprende a remontar à fonte, a preveni-los, a torná-los favoráveis a si mesma; tem o cuidado de nunca atrair desaprovação quando seu dever lhe permitir evitá-la. De tudo isso, nada pode ser feito sem cultivar-lhe o espírito e a razão.

Volto sempre ao princípio e ele me fornece a solução de todas as minhas dificuldades. Estudo o que existe, procuro sua causa e, por fim, vejo que o que existe é bom. Participo de uma recepção aberta a todos os amigos; o marido e a mulher fazem juntos as honras da casa. Ambos tiveram a mesma educação, ambos são igualmente corteses, igualmente providos de bom gosto e inteligência, igualmente movidos pelo mesmo desejo de receber bem todos os visitantes e de vê-los partir contentes. O marido não omite cuidados para atender a tudo: vai, vem, circula, não poupa esforços; gostaria de ser todo atenção. A mulher não sai de seu lugar; um pequeno círculo forma-se a seu redor e parece esconder-lhe o restante da reunião; entretanto, nada acontece que não perceba, ninguém sai sem ela ter-lhe falado; nada omitiu do que podia interessar a todos; nada disse a cada um que não lhe fosse agradável; e, sem perturbar a ordem, o menor do grupo é tão lembrado quanto o primeiro. A refeição é servida, todos vão para a mesa; o homem, que sabe quais pessoas se combinam melhor, irá dispondo-as de acordo com o que sabe; a mulher, sem nada saber, não se enganará: já terá lido nos olhos, nas atitudes todas as conveniências sociais e cada um se verá colocado como deseja. Não preciso dizer que ao servirem ninguém é esquecido. O dono da casa, dando a volta, poderá não ter esquecido ninguém; mas a mulher adivinha o que alguém olha com prazer e oferece-lhe; falando com seu vizinho, está atenta para a ponta da mesa; discerne quem não está comendo porque não tem fome e quem não ousa servir-se ou pedir porque é desajeitado ou tímido. Ao deixarem a mesa, cada um acredita que a mulher só pensou nele; ninguém acha que ela teve tempo de comer um único bocado; mas a verdade é que comeu mais do que todos.

Quando todo mundo foi embora, os dois comentam o que aconteceu. O homem relata o que lhe foi dito, o que disseram e fizeram aqueles com quem conversou. Se nesse ponto nem sempre a mulher é mais precisa, em compensação viu o que foi dito baixinho no outro lado da sala; sabe o que um pensou, a que se referiam certas palavras ou certo gesto; dificilmente houve alguma atitude expressiva cuja interpretação ela não tenha já pronta e quase sempre conforme com a verdade.

A mesma mentalidade que faz uma mulher das altas rodas esmerar-se na arte de receber convidados faz uma coquete esmerar-se na arte de entreter vários pretendentes. O manejo da coqueteria exige um discernimento ainda mais apurado do que o da cortesia; pois, contanto que uma mulher cortês o seja com todo mundo, sempre terá agido bem; mas com essa uniformidade desastrada a coquete logo perderia seu império; à força de querer agradar a todos os seus apaixonados, afastaria todos eles. No convívio social, os bons modos adotados para com todos os homens geralmente agradam a todos; desde que sejam bem tratados, não dão tanta atenção às preferências; mas em amor um favorecimento que não for exclusivo é uma injúria. Um homem sensível preferiria cem vezes ser maltratado sozinho a ser afagado com todos os outros, e o pior que pode acontecer-lhe é não ser distinguido. Portanto, uma mulher que quiser conservar vários apaixonados precisa convencer cada um deles de que o prefere: precisa fazê-lo na presença de todos os outros e convencendo-os do mesmo modo na presença dele.

Quereis ver um personagem embaraçado? Colocai um homem entre duas mulheres, com cada uma das quais mantém ligações secretas, e depois observai que tola figura fará. Colocai uma mulher entre dois homens na mesma situação, e seguramente o exemplo não será mais raro; ficareis maravilhado com a habilidade com que ludibriará ambos e fará cada um rir do outro. Mas, se essa mulher lhes demonstrasse a mesma confiança e assumisse com eles a mesma familiaridade, como poderiam ser enganados sequer por um instante?

Ao tratá-los igualmente não estaria manifestando que ambos têm os mesmos direitos sobre ela? Ah, ela faz muito melhor do que isso! Em vez de tratá-los do mesmo modo, finge colocar desigualdade entre eles; atua tão bem que aquele a quem lisonjeia julga que o faz por ternura e aquele a quem maltrata acredita que é por despeito. Assim cada um, contente com o que lhe cabe, a vê sempre ocupando-se dele, ao passo que na verdade ela só se ocupa de si mesma.

No desejo geral de agradar, a coqueteria sugere meios semelhantes: os caprichos não fariam mais do que rechaçar, se não fossem sabiamente manejados; e é distribuindo-os com arte que ela os torna as correntes mais fortes que prendem seus escravos.

Usa ogn' arte la donna, onde sia colte
Nella sua rete alcun novello amante;
Né con tutti, né sempre un stesso volto
Serba; ma cangia a tempo atto e sembiante[166].

A que se deve toda essa arte, se não a observações apuradas e contínuas que lhe mostram a cada instante o que se passa no coração dos homens e que a predispõem a aplicar a cada movimento secreto que percebe a força necessária para suspendê-lo ou acelerá-lo? E essa arte é aprendida? Não; nasce com as mulheres; todas a têm e os homens nunca a tiverem no mesmo grau. É uma das características distintivas do sexo. A presença de espírito, a sagacidade, as observações finas são a ciência das mulheres; a habilidade de valer-se dela é seu talento.

Assim é, e vimos por que deve ser assim. As mulheres são falsas, dizem-nos. Tornam-se falsas. O dom que lhes é próprio é a habilidade, não a falsidade; nas inclinações verdadeiras de seu sexo, mesmo quando mentem não são falsas. Por que consultais sua boca, se não é ela que deve falar? Consultai-lhes os olhos, a cútis, a respiração, o ar medroso, a resistência frouxa: essa é a linguagem que a natureza lhes dá para vos responderem. A boca sempre diz *não* e deve dizê-lo; mas o tom que lhe dá não é sempre o mesmo e esse tom não sabe mentir. Acaso a mulher não tem as mesmas necessidades que o homem, sem ter o mesmo direito de demonstrá-las? Sua sorte seria cruel demais se mesmo nos desejos legítimos ela não tivesse uma linguagem equivalente à que não

---

166. "A mulher usa de toda arte para prender em sua rede algum novo amante; não mantém o mesmo rosto sempre nem com todos: muda de atitude e de semblante quando convém." Torquato Tasso, *Jerusalém Libertada*, IV, 87 [N.T.].

ousa usar. É preciso que seu pudor a torne infeliz? Não necessita ela de uma arte de comunicar suas inclinações sem externá-las? De quanta habilidade precisa para fazer com que lhe furtem o que anseia conceder! Como lhe é importante aprender a tocar o coração do homem sem parecer que está pensando nele! Que discurso encantador é a maçã de Galateia e sua fuga desajeitada! O que ela precisará acrescentar a isso? Irá dizer ao pastor que a persegue entre os salgueiros que está fugindo com o único propósito de atraí-lo? Estaria mentindo, digamos assim, pois então não o atrairia mais. Quanto mais reservada for uma mulher, mais arte deve ter, mesmo com o marido. Sim, defendo que, mantida em seus limites, a coqueteria torna-se recatada e autêntica, e passa a ser uma lei de honestidade.

A virtude é una, disse muito bem um de meus adversários; não a decompomos para aceitar uma parte e rejeitar a outra. Quem a ama, ama-a em toda sua integridade, e recusa o coração quando pode e a boca sempre aos sentimentos que não deve ter. A verdade moral não é o que é e sim o que é bom; o que é mau não deveria existir e não deve ser confessado, principalmente quando essa confissão proporcionar-lhe um efeito que sem isso não teria. Se eu me sentisse tentado a roubar e ao dizê-lo tentasse alguém para ser meu cúmplice, declarar-lhe minha tentação não seria sucumbir a ela? Por que dizeis que o pudor torna falsas as mulheres? Acaso as que mais o perdem são mais autênticas do que as outras? Longe disso: são mil vezes mais falsas. Uma mulher só chega a esse ponto de depravação à força de vícios: conserva todos eles e reinam com a ajuda da intriga e da mentira[167]. Ao contrário, as que ainda têm vergonha, que não se orgulham de seus erros, que sabem esconder seus desejos até mesmo dos que os inspiram, essas cujas confissões eles têm mais dificuldade para arrancar são as mais autênticas, as mais sinceras, as mais constantes em todos os compromissos que assumem, aquelas em cuja palavra geralmente podemos confiar.

---

167. Sei que as mulheres que tomaram abertamente sua decisão sobre um certo ponto pretendem valorizar-se com tal franqueza e juram que, afora isso, tudo o que for digno de estima é encontrado nelas; mas também sei bem que nunca convenceram alguém, exceto os tolos. Eliminado o freio mais forte de seu sexo, o que resta para retê-las? E que honra levarão em conta depois de renunciarem à que lhes é própria? Depois de darem largas a suas paixões uma vez, já não têm interesse algum em resistir-lhes: "*Nec femina, amissa pudicitia, alia abnuerit.*" ["A mulher que perdeu o pudor nada mais recusará."] Nenhum autor conheceu o coração humano dos dois sexos melhor do que o Tácito que disse isso. [Tácito, *Annales*, IV, 3]

Que eu saiba, apenas a senhorita de l'Enclos[168] pôde ser citada como notória exceção a essas observações. Por isso a senhorita de l'Enclos foi considerada um prodígio. Menosprezando as virtudes de seu sexo, conservara as do nosso, segundo dizem: elogiam-lhe a franqueza, a retidão, a segurança de seu convívio, sua fidelidade na amizade; por fim, para completar a pintura de sua glória, dizem que se fizera homem. Tanto melhor. Mas, com todo seu alto renome, eu não teria desejado que esse homem fosse meu amigo nem minha amante.

Tudo isto não é tão despropositado quanto parece. Bem vejo para onde tendem as máximas da filosofia moderna ao ridicularizar o pudor do sexo e sua suposta falsidade; e vejo que o efeito mais seguro dessa filosofia será privar as mulheres de nosso século da pouca honra que lhes restou.

Com base nessas considerações, creio que podemos determinar em geral que espécie de cultura convém à mente das mulheres e para quais objetos devemos voltar suas reflexões já na primeira juventude.

Como eu já disse, os deveres de seu sexo são mais fáceis de ver do que de cumprir. A primeira coisa que elas devem aprender é amá-los ao considerarem seus benefícios; é o único meio de facilitá-los. Cada estado e cada idade tem seus deveres. Cada qual conhece logo os seus, desde que os ame. Honrai vosso estado de mulher e, em qualquer posição social que o céu vos coloque, sereis sempre uma mulher de bem. O essencial é sermos o que a natureza nos fez; sempre somos excessivamente o que os homens querem que sejamos.

A busca das verdades abstratas e especulativas, dos princípios, dos axiomas nas ciências, tudo o que tende a generalizar as ideias não é da alçada das mulheres; todos seus estudos devem remeter à prática; cabe a elas aplicar os princípios que o homem encontrou e cabe a elas fazer as observações que levam o homem a estabelecer os princípios. Todas as reflexões das mulheres sobre o que não se referir imediatamente a seus deveres devem tender para o estudo dos homens ou para os conhecimentos agradáveis que têm como único objeto o gosto; pois, quanto às obras de muito engenho, estão além de seu alcance; elas tampouco têm precisão e atenção suficientes para ser bem-sucedidas nas ciências exatas; e, quanto aos conhecimentos físicos, cabem àquele dos dois que é mais ativo, que anda mais, que vê mais objetos; cabe àquele que

---

168. Anne de l'Enclos ou Ninon de Lenclos, cortesã parisiense (1620-1705). Muito culta e libertária, defendia a igualdade das mulheres no relacionamento amoroso. Suas cartas falam de uma ética neo-epicurista do prazer, com o amor romântico como bem supremo [N.T.].

tem mais força e que mais a exerce avaliar as relações entre os seres sensíveis e as leis da natureza. A mulher, que é fraca e não vê o lado de fora, avalia e julga as motivações que pode mobilizar para suprir sua fraqueza, e essas motivações são as paixões do homem. Sua mecânica pessoal é mais forte do que a nossa, todas suas alavancas vão pôr em movimento o coração humano. Ela precisa ter a arte de fazer-nos querer tudo o que seu sexo não pode fazer sozinho e que lhe é necessário ou agradável; portanto, precisa estudar a fundo o espírito do homem – não abstratamente o espírito do homem em geral e sim o espírito dos homens a seu redor, o espírito dos homens a que está subordinada, seja pela lei ou pela opinião pública. Precisa aprender a descobrir os sentimentos deles através do que dizem, de suas ações, de seus olhares, de seus gestos. Através do que diz, de suas próprias ações, de seus olhares e gestos ela precisa saber dar-lhes os sentimentos que quiser, sem parecer sequer perceber isso. Eles filosofarão melhor do que ela sobre o coração humano; mas ela lerá melhor no coração dos homens. Cabe às mulheres descobrir, digamos assim, a moral experimental; cabe a nós sistematizá-la. A mulher tem mais sagacidade e o homem tem mais engenho; a mulher observa e o homem raciocina; dessa conjunção resultam a luz mais clara e a ciência mais completa que o espírito humano possa adquirir por si só: em suma, o conhecimento mais confiável de si e dos outros que estiver ao alcance de nossa espécie. E é assim que a arte pode tender continuamente a aperfeiçoar o instrumento dado pela natureza.

O mundo é o livro das mulheres; quando o leem mal, a culpa é delas ou alguma paixão as está cegando. Entretanto, a verdadeira mãe de família, longe de ser uma mulher do mundo, não está menos reclusa em sua casa do que a religiosa em seu claustro. Portanto, deveríamos fazer com as jovens que casamos o que é feito ou deve ser feito com as que colocam em conventos: mostrar-lhes os prazeres que estão abandonando antes de deixá-las renunciar a eles, para evitar que a falsa imagem desses prazeres que lhes são desconhecidos venha um dia extraviar-lhes o coração e turvar a felicidade de seu retiro. Na França as moças vivem em conventos e as mulheres casadas frequentam o mundo. Entre os antigos era exatamente o contrário: como eu já disse, as moças frequentavam muitos jogos e festas públicas; as mulheres casadas viviam retiradas. Esse uso era mais sensato e preservava melhor os bons costumes. Uma espécie de coqueteria é permitida às jovens casadouras; divertirem-se é sua grande questão. As mulheres casadas têm outras preocupações em casa e não precisam mais procurar marido; mas essa reforma não seria de seu interesse, e infelizmente elas dão o tom. Mães, pelo menos fazei de vossas filhas vossas companheiras. Dai-lhes um senso reto e uma alma honrada, depois não lhes oculteis nada que olhos castos possam olhar. O baile, os banquetes, os jogos, mesmo o teatro, tudo o que, mal visto, encanta uma juventude imprudente pode ser oferecido sem risco a olhos sadios. Quanto mais elas virem esses ruidosos prazeres, mais depressa desgostarão deles.

Já ouço o clamor que se ergue contra mim. Que jovem resiste a esse exemplo perigoso? Tão logo veem o mundo, todas perdem a cabeça; nenhuma quer deixá-lo. Pode ser; mas, antes de apresentar-lhes esse quadro enganador, acaso as preparastes bem para vê-lo sem emoção? Anunciastes-lhes exatamente os objetos que ele representa? Descrevestes-lhes exatamente como eles são? Armaste-as bem contra as ilusões da vaidade? Levastes a seu jovem coração o gosto pelos prazeres verdadeiros que não são encontrados nesse tumulto? Que precauções, que medidas tomastes para preservá-las do falso gosto que as extravia? Em vez de contrapor em seu espírito alguma coisa ao império dos preconceitos públicos, vós os alimentastes; fizestes com que elas amassem de antemão todos os frívolos passatempos que encontram. Fizestes com que, entregando-se a eles, os apreciassem ainda mais. As jovens que ingressam no mundo têm como única guia sua mãe, frequentemente mais louca do que elas e que só pode mostrar-lhes os objetos do modo que os vê. Seu exemplo, mais forte do que a própria razão, justifica-as diante de si mesmas, e para a jovem a autoridade da mãe é uma desculpa sem contestação. Quando quero que uma mãe introduza sua filha no mundo, estou supondo que ela o mostrará tal como é.

O mal começa mais cedo ainda. Os conventos são verdadeiras escolas de coqueteria, não dessa coqueteria honesta de que falei e sim da que produz todas as manias das mulheres e forma as mais extravagantes senhorinhas. Quando saem de lá para entrarem de repente em grupos sociais agitados, mulheres jovens imediatamente se sentem no lugar certo. Foram educadas para viver neles; por que nos espantar que ali se sintam bem? O que vou aventar não será dito sem medo de apresentar como uma observação um preconceito; mas parece-me que, em geral, nos países protestantes há mais apego familiar, esposas mais dignas e mães mais carinhosas do que nos países católicos; e, se assim for, não há dúvida de que essa diferença se deve em parte à educação dos conventos.

Para gostar da vida tranquila e doméstica é preciso conhecê-la; é preciso haver sentido suas doçuras já na infância. É somente na casa paterna que alguém toma gosto por sua própria casa, e toda mulher que não houver sido criada pela mãe não gostará de criar seus próprios filhos. Infelizmente, nas grandes cidades não há mais educação privada. Nelas a sociedade é tão geral e tão misturada que já não resta um recanto para as pessoas se isolarem e até em casa estão em público. De tanto viverem com todo mundo, não têm mais família e mal conhecem seus parentes, vendo-os como estranhos; e a simplicidade dos costumes domésticos vai se extinguindo juntamente com a doce familiaridade que era seu atrativo. É assim que com o leite mamam o gosto pelos prazeres do mundo e pelas máximas que nele imperam.

Impõem às jovens um aparente constrangimento para encontrarem tolos que as desposem por sua figura. Mas estudai por um momento essas jovens: sob um ar contrafeito elas disfarçam mal a cobiça que as devora, e já podemos ler-lhes nos olhos o desejo ardente de imitarem suas mães. O que cobiçam não é um marido e sim a permissividade do casamento. Para que um marido, tendo tantos recursos para passar sem ele? Mas precisam de um marido para acobertar esses recursos[169]. O recato está em seu rosto e a libertinagem está no fundo de seu coração: esse mesmo recato fingido é um sinal disso; só o afetam para poderem livrar-se dele mais depressa. Mulheres de Paris e de Londres, rogo-vos que me perdoeis. Nenhum lugar exclui os milagres; mas eu mesmo não sei de nenhum; e, se dentre vós uma única tiver a alma realmente honesta, nada entendo de vossas instituições.

Todas essas educações diversas também entregam as jovens ao gosto pelos prazeres do mundo e às grandes paixões que logo nascem desse gosto. Nas grandes cidades a depravação começa com a vida e nas pequenas começa com a razão. Jovens da província, instruídas a menosprezar a simplicidade feliz de seus costumes, apressam-se a vir para Paris partilharem da corrupção das nossas; os vícios, adornados com o belo nome de talentos, são o único objeto de sua viagem; e ao chegarem, envergonhadas por estarem tão distantes da nobre licenciosidade das mulheres daqui, não demoram a merecer também

---

[169]. O caminho do homem em sua juventude era uma das quatro coisas que o sábio não conseguia compreender; a quinta era o descaramento da mulher adúltera, "*quae comedit, et tergens os suum dicit: 'Non sum operata malum'*" ["que come e, limpando a boca, diz: 'Não agi mal'"] (Pr 30,20).

serem da capital. Onde começa o mal, em vossa opinião? Nos lugares onde é planejado ou nos lugares onde é realizado?

Não quero que da província uma mãe sensata traga sua filha a Paris para mostrar-lhe esses quadros tão perniciosos para outras; mas digo que, se assim o fizer, ou essa filha foi mal educada ou esses quadros serão pouco perigosos para ela. Com bom gosto, bom-senso e amor pelas coisas honestas, não parecerão tão atraentes quanto o são para os que se deixam seduzir por eles. Em Paris são notadas as jovens desmioladas que vêm ansiosas adquirir o tom daqui e entram na moda durante seis meses para serem vaiadas o resto da vida; mas quem nota aquelas que, desgostosas de toda essa agitação, retornam para sua província, contentes com a própria sorte depois de compará-la com a que as outras almejam? Quantas jovens esposas vi, levadas para a capital por maridos condescendentes e com liberdade para estabelecer-se aqui, desencorajá-los disso, retornarem de melhor grado do que vieram e dizer-lhes enternecidas, na véspera da partida: *Ah, voltemos para nossa cabana, lá vivemos mais felizes do que nos palácios daqui!* Não sabemos quantas pessoas honradas ainda restam que não ajoelharam diante do ídolo e desprezam seu culto insensato. Só as loucas fazem barulho; as mulheres sensatas não causam sensação.

E se, apesar da corrupção geral, apesar dos preconceitos universais, apesar da má educação das meninas, várias ainda conservam um juízo provado, como será quando esse juízo houver sido alimentado com instruções adequadas ou, falando melhor, quando não houver sido alterado por instruções viciosas? Pois tudo consiste sempre em conservar ou restabelecer os sentimentos naturais. Para isso não está em questão entediardes jovens com vossos longos sermões nem declamar-lhes vossas secas moralidades. Para os dois sexos as moralidades são a morte de toda boa educação. Lições tristes servem apenas para tornar detestados os que as dão e tudo o que dizem. Quando falamos a jovenzinhas, o que devemos não é fazê-las temer seus deveres nem agravar o jugo que lhes é imposto pela natureza. Ao expor-lhes seus deveres, sede preciso e simples; não as deixeis julgar que cumpri-los é motivo de tristeza; não vos mostreis pesaroso nem pretensioso. Tudo o que deve chegar ao coração deve partir do coração; seu catecismo de moral deve ser tão curto e tão claro quanto seu catecismo de religião, mas não deve ser tão severo. Mostrai-lhes nos mesmos deveres a fonte de seus prazeres e o fundamento de seus direitos. Será tão difícil amar para ser amada, fazer-se amável para ser feliz, fazer-se estimável para ser obedecida, honrar-se para fazer-se honrar? Como são belos esses direitos! Como são respeitáveis! Como são caros ao coração do homem quando a mulher sabe valorizá-los! Ela não precisa aguardar os anos nem a velhice para desfrutá-los. Com suas virtudes começa seu império; mal seus atrativos se desenvolvem e ela já reina pela brandura de caráter e sabe impor seu recato. Que homem insensível e bárbaro não suaviza a arrogância e não assume maneiras mais atenciosas perto de uma jovem de dezesseis anos, amável e sensata, que fala pouco, que ouve, que mostra decência nas maneiras e honestidade nas palavras, que apesar de bela não esquece seu sexo nem sua pouca idade, que pela própria timidez sabe despertar interesse e atrair para si o respeito que tem para com todo mundo?

Essas demonstrações, apesar de externas, não são frívolas; não se baseiam apenas na atração dos sentidos; partem da percepção íntima, que todos temos, de que as mulheres são os juízes naturais do mérito dos homens. Quem quer ser desprezado pelas mulheres? Ninguém no mundo, nem mesmo aquele que não quer mais amá-las. E a mim, que lhes digo verdades tão duras, acaso pensais que seus juízos me sejam indiferentes? Não; seus votos me são mais caros do que os vossos, leitores, frequentemente mais mulheres do que elas. Ao menosprezar-lhes os costumes ainda quero honrar-lhes a justiça: pouco me importa que me detestem, se forçá-las a estimarem-me.

Que coisas grandiosas faríamos com esse estímulo, se soubéssemos utilizá-lo! Infeliz o século em que as mulheres perdem a ascendência e seus juízos nada mais valem para os homens! É o último grau da depravação. Todos os povos que tiveram bons costumes respeitaram as mulheres. Vede Esparta, vede os germanos, vede Roma – Roma, a sede da glória e da virtude, se alguma vez estas tiveram uma sede no mundo. Lá as mulheres honravam os feitos dos grandes generais, lá elas choravam publicamente os pais da pátria, lá seus votos ou seus lutos eram consagrados como o mais solene juízo da República. Lá todas as grandes revoluções provieram das mulheres: por uma mulher Roma adquiriu a liberdade, por uma mulher os plebeus obtiveram o consulado, por uma mulher acabou a tirania dos decênviros, pelas mulheres Roma sitiada foi salva das mãos de um proscrito. Galantes franceses, o que teríeis dito ao ver passar aquela procissão[170], tão ridícula para vossos olhos zombeteiros? Vossas

---

170. Trata-se do cortejo de matronas romanas que foi ao acampamento dos volscos a fim de dissuadir seu general, Coriolano, (mencionados abaixo) de invadir Roma sitiada. Coriolano, aristocrata e guerreiro romano (séc. V a.C.), aliara-se aos volscos depois de exilado por divergências políticas;

vaias a teriam acompanhado. Como vemos com olhos diferentes os mesmos objetos! E talvez todos tenhamos razão. Formai esse cortejo com belas damas francesas e não conheço nada mais indecente; mas formai-o com romanas e todos tereis os olhos dos volscos e o coração de Coriolano.

Direi mais, e afirmo que a virtude não é menos favorável ao amor do que aos outros direitos da natureza, e que com ela a autoridade das namoradas não ganha menos do que a das mulheres e das mães. Não há amor verdadeiro sem entusiasmo, e não há entusiasmo sem um objeto de perfeição real ou quimérico, mas sempre existente na imaginação. Com que se inflamarão amantes para quem essa perfeição nada mais é, e que veem no que amam apenas o objeto do prazer sensual? Não, não é assim que a alma se incendeia e se entrega a esses arroubos sublimes que são o delírio dos amantes e o encanto de sua paixão. No amor tudo é só ilusão, admito; mas o que é real são os sentimentos com que ele nos anima para a beleza verdadeira, fazendo com que a amemos. Essa beleza não está no objeto que amamos: é obra de nossos erros. Ah, que importa? Acaso por isso deixamos de sacrificar a esse modelo imaginário todos os nossos sentimentos baixos? Deixamos de inundar nosso coração com as virtudes que atribuímos ao que queremos bem? Deixamos de desprender-nos da baixeza do eu humano? Onde está o amante verdadeiro que não se dispõe a imolar sua vida por sua amada? E onde está a paixão sensual e grosseira num homem que quer morrer? Se zombamos dos paladinos, é porque eles conheciam o amor e nós conhecemos somente a devassidão. Quando essas máximas romanescas começaram a tornar-se ridículas, tal mudança foi obra não tanto da razão quanto dos maus costumes.

Em qualquer século que seja, as relações naturais não mudam, a afinidade ou discordância que delas resulta permanece a mesma, os preconceitos sob o vão nome de razão só lhes mudam a aparência. Será sempre grandioso e belo reinar sobre si mesmo, ainda que seja para obedecer opiniões fantasiosas; e os verdadeiros motivos de honra sempre falarão ao coração de toda mulher judiciosa que souber buscar em seu estado a felicidade da vida. A castidade deve ser acima de tudo uma virtude deliciosa para uma bela mulher que tiver alguma elevação na alma. Enquanto vê o mundo inteiro a seus pés, ela triunfa

---

anteriormente inflexível aos pedidos de clemência, cedeu ante os rogos das matronas e o discurso de sua mãe [N.T.].

de tudo e de si mesma: ergue em seu próprio coração um trono ao qual tudo vem prestar homenagem; os ternos ou ciumentos, mas sempre respeitosos sentimentos dos dois sexos, a estima geral e a sua própria pagam-lhe continuamente em tributo de glória os combates de alguns instantes. As privações são passageiras, mas o prêmio é permanente. Que deleite para uma alma nobre o orgulho da virtude junto com a beleza! Imaginai uma heroína de romance, ela desfrutará voluptuosidades mais primorosas do que as Laís e as Cleópatras; e, quando sua beleza não existir mais, sua glória e seus prazeres ainda permanecerão; só ela saberá desfrutar o passado.

Quanto maiores e mais difíceis forem os deveres, mais perceptíveis e fortes devem ser as razões que os fundamentam. Há uma certa linguagem devota com a qual, sobre os assuntos mais graves, martelam os ouvidos das jovenzinhas sem conseguirem convencê-las. Dessa linguagem desproporcionada demais com as ideias delas e da pouca atenção que secretamente lhe dão nasce a facilidade de cederem a suas inclinações, por falta de razões para resistir-lhes mostradas nas próprias coisas. Uma jovem educada com sabedoria e piedade seguramente tem fortes armas contra as tentações; mas aquela cujo coração, ou melhor, cujos ouvidos são alimentados unicamente com o jargão da devoção infalivelmente se torna presa do primeiro sedutor esperto que abordá-la. Nunca uma pessoa jovem e bela desprezará seu corpo, nunca se afligirá de boa-fé com os grandes pecados que sua beleza provoca; nunca chorará sinceramente diante de Deus por ser objeto de cobiça; nunca poderá acreditar dentro de si que o mais doce sentimento do coração seja uma invenção de satanás. Dai-lhe outras razões interiores e para ela mesma, porque não se compenetrará dessas. Será ainda pior se, como não deixam de fazer, ditarem-lhe ideias contraditórias e, depois de humilhá-la aviltando seu corpo e seus atrativos como a imundície do pecado, em seguida mandarem que respeite como templo de Jesus Cristo esse mesmo corpo que lhe tornaram tão desprezível. As ideias excessivamente sublimes e excessivamente baixas são igualmente insuficientes e não podem associar-se: é preciso uma razão ao alcance do sexo e da idade. A consideração do dever só tem força se lhe acrescentarmos motivos que levarem a cumpri-lo.

Qua quia non liceat non facit, illa facit.[171]

Não acreditaríamos que fosse Ovídio a pronunciar um juízo tão severo.

---

171. "A que não faz porque é ilícito, essa faz". Ovídio, *Amores*, III, iv [N.T].

Portanto, se desejais inspirar nas jovenzinhas o amor aos bons costumes, sem dizer-lhes continuamente para ser recatadas dai-lhes um grande interesse em sê-lo; fazei-as sentir todo o valor do recato e fareis com que o amem. Não basta colocar esse interesse longe no futuro: mostrai-o no momento atual, nas relações de sua idade, no caráter de seus apaixonados. Descrevei-lhes o homem honrado, o homem de mérito; ensinai-as a reconhecê-lo, a amá-lo, e a amá-lo por elas mesmas; provai-lhes que, sendo amigas, esposas ou amantes, só um homem como esse pode fazê-las felizes. Trazei a virtude por meio da razão; fazei-as sentir que o império de seu sexo e todas as suas vantagens não dependem somente de sua boa conduta, de seus bons costumes, mas também dos homens; que elas têm pouca influência sobre as almas vis e baixas, e que um homem só sabe servir sua amada como souber servir a virtude. Podeis ter certeza de que então, ao descrever-lhes os costumes de nossos dias, inspirareis nelas uma repulsa sincera; ao mostrar-lhes pessoas em moda, fareis com que as menosprezem; dareis a elas distanciamento de suas máximas, aversão a seus sentimentos, desdém por suas vãs galanterias; fareis nascer-lhes uma ambição mais nobre, a de reinar sobre almas grandes e fortes – a das mulheres de Esparta, que era comandar homens. Uma mulher ousada, desavergonhada, intrigante, que só com coqueteria sabe atrair seus amantes e só com seus favores conservá-los leva-os a obedecerem-na como lacaios nas coisas servis e comuns; nas coisas importantes e graves não tem autoridade sobre eles. Mas a mulher que é ao mesmo tempo honrada, amável e ponderada, que força os seus a respeitá-la, que tem reserva e recato, enfim, que sustenta o amor com a estima, mediante um simples gesto envia-os ao fim do mundo, ao combate, à glória, à morte, aonde lhe aprouver[172]. Esse império é belo, parece-me, e vale bem a pena ser comprado. Com esse espírito Sofia foi educada, com mais cuidado do que trabalho e antes acompanhando seu gosto do que o contrariando. Agora vamos falar um pouco de sua pessoa,

---

172. Diz Brantôme que, na época de Francisco I, uma jovem que tinha um amante tagarela impôs-lhe silêncio absoluto e ilimitado, e durante dois anos inteiros ele o manteve tão fielmente que julgaram que tivesse ficado mudo devido a alguma doença. Um dia, no meio de uma reunião mundana, sua amante – que, naqueles tempos em que o amor acontecia em segredo, não era conhecida como tal – gabou-se de curá-lo imediatamente, e o fez dizendo apenas: *Falai*. Não há nesse amor algo grandioso e heroico? O que mais teria feito a filosofia de Pitágoras com todo seu fausto? Não imaginaríamos uma divindade dando ao mortal, com uma única palavra, o órgão da fala? Que mulher poderia hoje contar com um silêncio como aquele por um dia que fosse, ainda que pagasse por ele todo o preço que pudesse dar-lhe?

segundo o retrato que dela venho traçando para Emílio e segundo ele mesmo imagina a esposa que pode fazê-lo feliz.

Não canso de repetir que deixo de lado os prodígios. Emílio não o é, Sofia tampouco. Emílio é homem e Sofia é mulher: essa é toda sua glória. Na confusão dos sexos que reina entre nós, ser do seu já é quase um prodígio.

Sofia é bem-nascida e de boa índole; tem coração muito sensível e essa sensibilidade extrema às vezes leva sua imaginação a uma atividade difícil de moderar. Sua mente é menos precisa do que penetrante, o humor é fácil, porém desigual, a aparência é comum, mas agradável, a fisionomia promete uma alma e não mente; alguém pode abordá-la com indiferença, mas não, deixá-la sem emoção. Outras têm boas qualidades que lhe faltam; outras têm mais das mesmas que ela, mas nenhuma tem qualidades mais bem combinadas para formar um bom caráter. Sabe tirar proveito de seus próprios defeitos; e, se fosse mais perfeita, agradaria muito menos.

Sofia não é bela; mas a seu lado os homens esquecem as belas mulheres e as belas mulheres sentem-se descontentes consigo mesmas. À primeira vista, mal parece bonita; mas, quanto mais a vemos, mais ela se embeleza; ganha onde tantas outras perdem e não perde mais o que ganha. É possível ter olhos mais belos, uma boca mais bonita, uma figura mais impressionante; mas não é possível ter uma cintura mais bem feita, uma pele mais suave, mãos mais brancas, pezinhos mais delicados, um olhar mais doce, uma fisionomia mais tocante. Sem deslumbrar, ela interessa; encanta, e não sabemos dizer por quê.

Sofia gosta muito de vestir-se bem e entende de vestuário; é a única camareira de sua mãe; tem muito gosto para arrumar-se bem, mas detesta os trajes luxuosos; nos seus vemos sempre a simplicidade unida à elegância; não gosta do que brilha e sim, do que assenta bem. Ignora quais cores estão em moda, mas sabe perfeitamente quais a favorecem. Não há uma jovem que pareça trajada com menos estudo e cuja toalete tenha sido mais estudada: nenhuma peça da sua foi escolhida ao acaso e a arte não aparece em nenhuma. Seu vestuário é muito discreto na aparência e muito coquete na realidade: ela não proclama seus atrativos; cobre-os, mas ao cobri-los sabe fazer imaginá-los. Quem a vê diz: *Aí está uma moça discreta e recatada*; mas, quando fica a seu lado, passeia os olhos e o coração por toda sua pessoa, sem poder afastá-los, e diria que todos esses detalhes tão simples foram postos em seus lugares unicamente para serem tirados peça por peça pela imaginação.

Sofia tem talentos naturais; sente-os e não os negligenciou; mas, como não está a seu alcance empregar muita arte em cultivá-los, limitou-se a exercitar sua bonita voz em cantar com afinação e bom gosto, seus pezinhos em caminhar com leveza, facilidade e graça, em fazer saudações com desembaraço e elegância em toda espécie de situações. Ademais, não teve outro professor de canto além de seu pai nem outra professora de dança além de sua mãe; e um organista da vizinhança deu-lhe no cravo algumas aulas de acompanhamento que desde então ela tem cultivado sozinha. No início pensou apenas em fazer suas mãos destacarem-se sobre aquelas teclas pretas; em seguida achou que o som acre e seco do cravo suavizava o som de sua voz; pouco a pouco foi se tornando sensível à harmonia; por fim, ao crescer, começa a sentir os encantos da expressão e a amar a música em si. Mas é mais um gosto do que um talento; ela não sabe ler a partitura de uma ária.

O que Sofia sabe melhor e que a fizeram aprender com mais empenho são os trabalhos de seu sexo, mesmo aqueles menos lembrados, como cortar e costurar seus vestidos. Não há um trabalho de agulha que ela não saiba fazer e não faça com prazer; mas o que prefere a qualquer outro é a renda, pois é o que dá uma postura mais agradável e exercita os dedos com mais graça e leveza. Aplicou-se também em todos os detalhes do trabalho doméstico. Entende de cozinha e de despensa; sabe o preço dos alimentos e conhece suas qualidades; sabe muito bem fazer a contabilidade; serve de mordomo para sua mãe. Destinada a também ser mãe de família algum dia, governando a casa paterna ela aprende a governar a sua; pode suprir as funções dos criados e sempre o faz de bom grado.

Nunca sabemos comandar bem o que não soubermos executar; esse é o motivo de sua mãe para ocupá-la assim. Já Sofia não vai tão longe; seu principal dever é o de filha, e é o único que por enquanto pensa em cumprir. Tem em vista apenas servir a mãe e aliviá-la de uma parte de seus afazeres. É bem verdade, porém, que não cumpre todos com o mesmo prazer. Por exemplo, embora seja gulosa, não gosta da cozinha; suas miudezas têm algo que lhe dá aversão; nunca vê ali limpeza suficiente. Sobre isso, é de uma delicadeza extrema, e essa delicadeza levada ao excesso tornou-se um de seus defeitos; preferiria deixar todo o almoço queimar a manchar a manga do vestido. Pela mesma razão, nunca quis cuidar do jardim. A terra parece-lhe suja; quando vê esterco julga sentir-lhe o mau cheiro.

Ela deve esse defeito às lições de sua mãe. Segundo esta, entre os deveres da mulher, um dos primeiros é a limpeza: dever especial, indispensável, imposto pela natureza. Não há no mundo um objeto mais repugnante do que uma mulher suja, e o marido que sentir aversão por ela nunca está errado. Tanto pregou esse dever à filha já na infância, tanta limpeza exigiu-lhe em sua pessoa, em seus objetos, em seus aposentos, em seu trabalho que todas essas atenções, convertidas em hábito, ocupam uma parte bem grande de seu tempo e ainda comandam a outra; de modo que fazer bem o que fizer é para ela o segundo de seus cuidados; o primeiro é sempre fazê-lo de modo limpo.

Entretanto, tudo isso não degenerou em afetação vã nem em indolência; os refinamentos do luxo nada valem aí. Em seus aposentos só há água pura; o único perfume que conhece é o das flores e seu marido nunca respirará algum mais suave do que seu hálito. Por fim, a atenção que dá ao exterior não a faz esquecer que deve sua vida e seu tempo a cuidados mais nobres; ignora ou desdenha essa higiene corporal excessiva que suja a alma; Sofia é muito mais do que limpa, é pura.

Eu disse que Sofia era gulosa. Era gulosa naturalmente; mas tornou-se moderada por hábito e agora o é por virtude. As meninas não são como os meninos, que podemos, até certo ponto, dirigir por meio da gula. Essa inclinação não é sem consequências para o sexo [feminino] e é perigoso demais deixar que a siga. A pequena Sofia, na infância, quando entrava sozinha no gabinete da mãe, nem sempre saía sem proveito e não era de uma fidelidade a toda prova quanto aos confeitos e às balas. Sua mãe surpreendeu-a, repreendeu-a, puniu-a, obrigou-a a jejuar. Por fim, conseguiu convencê-la de que as balas estragavam os dentes e comer demais aumentava a cintura. Assim Sofia corrigiu-se; ao crescer adquiriu outros gostos que a desviaram dessa sensualidade grosseira. Tanto nas mulheres como nos homens, assim que o coração se anima a gulodice deixa de ser um vício dominante. Sofia conservou o paladar próprio de seu sexo; gosta de laticínios e de doces; gosta de massas e sobremesas, mas quase nada de carne; nunca experimentou vinho nem bebidas fortes; ademais, come de tudo com muita moderação; seu sexo, menos laborioso do que o nosso, tem menos necessidade de reparação. Em todas as coisas, gosta do que é bom e sabe saboreá-lo; também sabe contentar-se com o que não o é sem que essa privação lhe custe.

Sofia tem inteligência agradável sem ser brilhante e sólida sem ser profunda; uma inteligência sobre a qual as pessoas nada dizem, porque nunca encontram nela nem mais nem menos do que nas suas próprias. Tem sempre o que agrada aos que lhe falam, embora não muito ornamentado, de acordo com a ideia que temos do cultivo da inteligência das mulheres; pois a sua não se formou pela leitura, mas somente nas conversas com o pai e a mãe, por suas próprias reflexões e pelas observações que fez no pouco mundo que viu. É naturalmente alegre e era até mesmo traquinas na infância; mas pouco a pouco sua mãe cuidou de reprimir seus modos estouvados para evitar que em breve uma mudança súbita demais a instruísse sobre o momento que a tornara necessária. Portanto, tornou-se discreta e reservada antes mesmo da hora de sê-lo; e, agora que essa hora chegou, manter o tom que assumiu lhe é mais fácil do que seria adquiri-lo sem indicar a razão dessa mudança. É engraçado vê-la às vezes, por um resto de hábito, entregar-se a arroubos da infância e depois de repente cair em si, calar-se, baixar os olhos e enrubescer: é inevitável que o termo intermediário entre as duas idades compartilhe um pouco de cada uma.

Sofia é sensível demais para manter uma total regularidade de humor, mas também é meiga demais para que essa sensibilidade chegue a importunar os outros: faz mal somente a ela. Se disserem uma única palavra que a magoe, não se amua, mas sente o coração pesado; procura escapar dali para ir chorar. Se no meio do choro seu pai ou sua mãe chama-a de volta e diz alguma coisa, ela vai imediatamente brincar e rir, enxugando discretamente os olhos e tentando abafar os soluços.

Também não está totalmente livre de caprichos. Se pressionado demais, seu humor degenera em rebeldia e então ela está sujeita a exceder-se. Mas dai-lhe tempo para cair em si e seu modo de reparar o erro quase o converterá em mérito. Se a punirem, é dócil e submissa e vê-se que sua vergonha é causada mais pelo erro do que pelo castigo. Se nada lhe disserem, nunca deixa de repará-lo por iniciativa própria, mas tão francamente e com tão boa vontade que é impossível guardar-lhe rancor. Beijaria o chão diante do mais humilde serviçal, sem que esse rebaixamento lhe fosse minimamente penoso; e, tão logo é perdoada, sua alegria e seus afagos mostram de que peso seu bom coração se aliviou. Resumindo, ela suporta com paciência os erros dos outros e corrige de bom grado os seus. Essa é a amável índole de seu sexo antes de a termos estragado. A mulher foi feita para ceder ao homem e para suportar até mesmo sua injustiça. Nunca reduziremos meninos ao mesmo ponto; neles o sentimento interior ergue-se e revolta-se contra a injustiça; a natureza não os fez para tolerá-la.

Gravem
Pelidae stomachum cedere nescii[173].

Sofia tem religião, mas uma religião sensata e simples, com poucos dogmas e menos práticas religiosas; ou melhor, como a única prática essencial que conhece é a moral, dedica sua vida inteira a servir a Deus praticando o bem. Em todas as instruções que seus pais deram-lhe sobre o assunto, habituaram-na a uma submissão respeitosa, dizendo-lhe sempre: – *Minha filha, esses conhecimentos não são para tua idade; teu marido te instruirá quando for hora.* Ademais, em vez de longos discursos sobre a piedade, limitam-se a pregá-la dando o exemplo, e esse exemplo lhe está gravado no coração.

Sofia ama a virtude; esse amor se tornou sua paixão dominante. Ama-a porque nada é tão belo quanto a virtude; ama-a porque a virtude constitui a glória da mulher e uma mulher virtuosa parece-lhe quase igual aos anjos; ama-a como o único caminho da verdadeira felicidade e porque na vida de uma mulher desonrosa vê somente miséria, abandono, infelicidade, opróbrio, ignomínia; ama-a, por fim, como cara a seu respeitável pai e a sua terna e digna mãe: não contentes em ser felizes com sua própria virtude, querem sê-lo também com a da filha, e a primeira felicidade dela é esperança de fazer a felicidade dos pais. Todos esses sentimentos inspiram-lhe um entusiasmo que lhe eleva a alma e mantém todas as suas pequenas inclinações escravas de uma paixão tão nobre. Sofia será casta e honrada até o último suspiro; assim jurou no fundo da alma, e jurou-o numa época em que já sentia como é custoso cumprir tal juramento; jurou-o quando poderia ter revogado esse compromisso, se seus sentidos fossem capazes de dominá-la.

Sofia não tem a felicidade de ser uma francesa amável, fria por temperamento e coquete por vaidade, desejosa mais de brilhar do que de agradar, em busca da diversão e não, do prazer. A necessidade de amar é a única que a devora, vem distraí-la e perturbar-lhe o coração nas festas; perdeu sua antiga alegria; as brincadeiras agitadas já não são para ela; em vez de temer o tédio da solidão, procura-a e pensa naquele que deve suavizá-la: todos os indiferentes

---

173. "A grave cólera do filho de Peleu [Aquiles], que não sabe ceder" (Horácio, *Odes*, I, vi, 5) [N.T.].

a importunam; não precisa de uma corte e sim de um amado; prefere agradar a um único homem honrado, e agradar-lhe sempre, a suscitar em seu favor o clamor da moda, que dura um dia e no dia seguinte converte-se em vaia.

O juízo das mulheres forma-se mais cedo que o dos homens: como quase desde a infância estão na defensiva e encarregadas de um depósito difícil de guardar, necessariamente conhecem mais cedo o bem e o mal. Sofia, precoce em tudo porque seu temperamento a leva a sê-lo, também tem o juízo formado mais cedo do que outras jovens de sua idade. Isso nada tem de muito extraordinário; a maturidade não é a mesma em toda parte ao mesmo tempo.

Sofia está instruída dos deveres e dos direitos de seu sexo e do nosso. Conhece os defeitos dos homens e os vícios das mulheres; conhece também as qualidades e as virtudes contrárias e tem todas gravadas no fundo do coração. Não é possível ter uma ideia mais elevada da mulher honrada do que a que ela concebeu, e essa ideia não a assusta; mas pensa com mais complacência no homem honrado, no homem de mérito; sente que foi feita para esse homem, que é digna dele, que pode retribuir-lhe a felicidade que dele receberá; sente que saberá reconhecê-lo; a única questão é encontrá-lo.

As mulheres são os juízes naturais do mérito dos homens, assim como eles o são do mérito das mulheres; isso é de seu direito recíproco e nem uns nem outras o ignoram. Sofia conhece esse direito e utiliza-o, mas com o recato que convém para sua juventude, sua inexperiência, seu estado; julga apenas as coisas que estão a seu alcance e só as julga quando isso serve para desenvolver algum preceito útil. Só fala dos ausentes com a máxima circunspecção, principalmente se forem mulheres. Pensa que o que as torna maledicentes e satíricas é falarem de seu sexo; quando se limitam a falar do nosso são só imparciais. Portanto, Sofia se limita a isso. Quanto às mulheres, só fala delas se for para dizer as coisas boas que sabe; é uma honra que acredita dever a seu sexo; e, quanto àquelas sobre as quais nada sabe de bom para dizer, não diz absolutamente nada, e seu silêncio é entendido.

Tem pouca experiência social; mas é prestativa, atenciosa, graciosa em tudo o que faz. Uma boa índole serve-lhe melhor do que muita arte. Possui uma certa cortesia pessoal que não depende de fórmulas, não está subordinada a modas, não muda com elas, nada faz por hábito, mas provém de um autêntico desejo de agradar, e agrada. Não sabe os cumprimentos triviais nem inventa outros mais elaborados; não diz que está muito grata, que se sente muito honrada, que não se deem o incômodo etc. Pensa menos ainda em burilar frases, a uma atenção, a uma cortesia de praxe responde com uma saudação ou com um simples *agradeço-vos*; mas, dita por ela, essa palavra bem vale outras. Ante um favor verdadeiro, deixa o coração falar e o que ele encontra não é um mero cumprimento. Nunca admitiu que o uso francês a sujeitasse ao jugo de denguices como, ao passar de um cômodo para outro, apoiar a mão num braço sexagenário que ela teria muita vontade de sustentar. Quando um galante embonecado oferece-lhe esse importuno serviço, ela deixa na escada o braço prestativo e em dois saltos entra no aposento, dizendo que não é manca. De fato, embora não seja alta, nunca quis usar sapatos de saltos altos; tem pés bastante pequenos para dispensá-los.

Mantém silêncio e respeito ao lado não só das mulheres de mais idade, mas mesmo dos homens casados ou muito mais idosos do que ela; nunca aceitará um lugar melhor que o deles, exceto por obediência, e retornará a seu lugar inferior assim que puder; pois sabe que os direitos da idade vêm antes dos do sexo, porque têm a seu favor o pressuposto de sabedoria, que deve ser prezado acima de tudo.

Com os jovens de sua idade é outra coisa; ela precisa de um tom diferente para impor-lhes respeito e sabe utilizá-lo sem perder o ar recatado que lhe convém. Se eles também forem recatados e reservados, manterá de bom grado a amável familiaridade da juventude; suas conversas inocentes serão brincalhonas, mas decentes; caso se tornem sérias, ela quer que sejam úteis; se degenerarem em galanteios insípidos, logo as interromperá, porque despreza especialmente o jargão rasteiro da galanteria como muito ofensivo a seu sexo. Sabe bem que o homem que procura não usa esse jargão, e ela nunca toleraria em outro o que não convém àquele cujo caráter traz gravado no fundo do coração. A elevada opinião que tem dos direitos de seu sexo, a altivez de alma que a pureza de sentimentos lhe dá, essa energia da virtude que sente em si e que a torna respeitável a seus próprios olhos fazem-na ouvir com indignação as palavras adocicadas com que pretendem diverti-la. Recebe-as não com uma cólera aparente e sim com um aplauso irônico que desconcerta ou com um tom frio que surpreende. Se um belo Febo declama-lhe amabilidades, elogiando com muito espírito o dela, sua beleza, suas graças, o valor da felicidade de agradar-lhe, ela é bem capaz de interrompê-lo dizendo cortesmente: – *Meu senhor, temo saber de todas essas coisas melhor do que vós; se não temos nada mais interessante a dizer-nos, creio que podemos encerrar esta conversa*. Completar com uma grande reverência essas palavras e depois achar-se a vinte passos dele só lhe tomam um momento. Perguntai a vossos graciosos se é fácil desfiar por muito tempo seu palavrório para um espírito tão rebarbativo como esse.

Entretanto, não é que não goste muito de ser elogiada, contanto que seja a sério e possa acreditar que efetivamente pensam o bem que falam dela. Para alguém parecer impressionado com seu mérito precisa começar por mostrá-lo. Uma homenagem baseada na estima pode agradar seu coração altivo, mas todo gracejo galante é sempre rejeitado; Sofia não foi feita para exercitar os talentinhos de um saltimbanco.

Com tanta maturidade de juízo e formada, sob todos os aspectos, como uma filha de vinte anos, Sofia aos quinze não será tratada como criança por seus pais. Tão logo perceberem nela a primeira inquietação da juventude, antes que avance se apressarão a fazer-lhe face; dirão a ela palavras ternas e sensatas. Palavras ternas e sensatas são apropriadas para sua idade e seu caráter. Se esse caráter for como o imagino, por que seu pai não lhe falaria mais ou menos do seguinte modo?

> Agora és uma moça, Sofia, e não foi para ser sempre moça que cresceste. Queremos que sejas feliz e assim queremos por nós, porque nossa felicidade depende da tua. A felicidade de uma mulher honrada é fazer a de um homem honrado: portanto, precisas pensar em casar-te; precisas pensar desde já, pois do casamento depende a sorte da vida e nunca é cedo demais para pensar nele.
>
> Nada é mais difícil do que a escolha de um bom marido, exceto talvez a de uma boa esposa. Serás essa mulher rara, Sofia, serás a glória de nossa vida e a felicidade de nossa velhice; mas, por muito mérito que tenhas, não faltam no mundo homens que o têm ainda mais do que tu. Não há um único que não se honraria obtendo-te, e há muitos que te honrariam mais. Entre estes, é preciso encontrar um que te convenha, conhecê-lo e fazer com que te conheça.
>
> O casamento mais feliz depende de tantas afinidades que é loucura querer reunir todas. Precisamos primeiro ter certeza das mais importantes; quando as outras também estiverem presentes, nos beneficiarão; quando faltarem, passamos sem elas. A felicidade perfeita não existe na Terra, mas a maior das infelicidades, e que sempre podemos evitar, é sermos infelizes por culpa nossa.
>
> Há afinidades naturais, há as de posição social e outras relacionadas apenas com a opinião geral. Os pais são juízes das duas últimas espécies e os filhos, somente da primeira. Os casamentos feitos por au-

toridade dos pais pautam-se unicamente pelas afinidades de posição e de opinião: não são as pessoas que se casam, são as condições e os bens; mas tudo isso pode mudar; só as pessoas sempre permanecem, vão consigo mesmas a toda parte; a despeito da fortuna, é somente pelas relações pessoais que um casamento pode ser feliz ou infeliz.

Tua mãe era de alta linhagem, eu era rico; foram essas as únicas considerações que levaram nossos pais a unir-nos. Eu perdi meus bens, ela perdeu seu nome: esquecida pela família, de que lhe serve hoje ter nascido nobre? Em nossos desastres, a união de nossos corações consolou-nos de tudo; nossa conformidade de gostos levou-nos a escolher este retiro; aqui vivemos felizes na pobreza, mutuamente substituímos tudo. Sofia é nosso tesouro em comum; bendizemos o céu por haver-nos dado este e nos ter tirado todo o restante. Estás vendo, minha filha, aonde nos conduziu a Providência: as afinidades que nos casaram desapareceram; somos felizes graças àquelas que ninguém levava em conta.

Cabe aos esposos escolherem-se. A inclinação mútua deve ser seu primeiro vínculo; os olhos, os corações devem ser seus primeiros guias; pois, como seu primeiro dever depois de unidos é amarem-se e amar ou não amar não depende de nós mesmos, esse dever comporta necessariamente outro, que é começar por amarem-se antes de unirem-se. Esse é o direito da natureza, que ninguém pode revogar: os que a contrariaram com tantas leis civis levaram em conta mais a ordem aparente do que a felicidade do matrimônio e os costumes dos cidadãos. Estás vendo, minha Sofia, que não te pregamos uma moral difícil. Ela busca apenas tornar-te senhora de ti mesma e nos remetermos a ti para a escolha de teu esposo.

Depois de dizer nossas razões para deixar-te em total liberdade, é justo falar-te também das tuas para usá-la com sabedoria. Minha filha, és boa e ponderada, tens retidão e piedade, tens as aptidões que convêm a mulheres de bem e não és desprovida de atrativos; mas és pobre; tens os bens mais estimáveis e faltam-te os mais estimados. Portanto, deves aspirar apenas ao que puderes obter, e pautar tua ambição não por teus juízos nem pelos nossos e sim, pela opinião dos homens. Se fosse questão somente de uma igualdade de mérito, ignoro a que eu deveria limitar tuas expectativas; mas não as coloques acima de tua fortuna e não esqueças que ela está no lugar mais baixo. Ainda que um homem digno de ti não considere essa desigualdade um obstáculo, deves fazer então o que ele não fará: Sofia deve imitar sua mãe e só entrar para uma família que se honre com ela. Não viste nossa opulência, nasceste durante nossa pobreza; tornaste-a suave para nós e compartilhas dela sem sofrimento. Acre-

dita em mim, Sofia, não busques bens dos quais agradecemos ao céu por ter-nos livrado; só depois de perdermos a riqueza descobrimos o gosto da felicidade.
És demasiado digna de amor para não seres do agrado de ninguém e tua pobreza não é tanta que possas pesar para um homem honrado. Serás requestada, e poderás sê-lo por pessoas que não nos quererão. Se elas se mostrassem para ti tais como são, avaliarias o que valem; todo seu fausto não te impressionaria por muito tempo; mas, embora sejas judiciosa e entendas de mérito, falta-te experiência e ignoras até onde os homens podem disfarçar-se. Um pilantra astuto pode estudar teus gostos para seduzir-te e simular a teu lado virtudes que não tem. Antes que percebesses estarias perdida, Sofia, e só conhecerias teu erro para chorá-lo. A mais perigosa de todas as armadilhas, e a única que a razão não pode evitar, é a dos sentidos; se algum dia tiveres a infelicidade de cair nela, não verás mais do que ilusões e quimeras; teus olhos se fascinarão, teu juízo se turvará, tua vontade será corrompida, prezarás até mesmo teu erro; e, quando fosses capaz de reconhecê-lo, não desejarias abandoná-lo. Minha filha, é à razão de Sofia que te entrego; não te entrego à inclinação de teu coração. Enquanto mantiveres o autodomínio, sê teu próprio juiz; mas, assim que amares, deixa que tua mãe volte a zelar por ti.
Proponho-te um acordo que te mostre nossa estima e restabeleça a ordem natural entre nós. Os pais escolhem o esposo da filha e só a consultam por formalidade: esse é o costume. Entre nós, faremos exatamente o contrário: tu escolherás e nós seremos consultados. Usa de teu direito, Sofia; usa-o com liberdade e discernimento. O esposo que te convém deve ser de tua escolha e não, da nossa. Mas cabe a nós julgar se não estás enganada quanto às afinidades e se, sem saberes, não estás fazendo diversamente do que desejas. O berço, os bens, a posição social, a opinião geral não entrarão para nada em nossas razões. Deves escolher um homem honrado cuja pessoa te agrade e cujo caráter te convenha: ademais disso, seja ele quem for, nós o aceitamos como nosso genro. Suas posses serão sempre suficientes, se ele tiver braços, bons costumes e amar sua família. Sua posição social será sempre suficientemente ilustre, se ele enobrecê-la com a virtude. Ainda que o mundo inteiro nos censurasse, o que importa? Não buscamos a aprovação pública, tua felicidade nos basta.

Leitores, ignoro que efeito um discurso como esse teria sobre as jovens educadas à vossa maneira. Quanto a Sofia, poderá não responder com palavras; a vergonha e o enternecimento não a deixariam expressar-se facilmente; mas tenho certeza de que ele ficará gravado em seu coração por toda a vida e, se podemos contar com alguma resolução humana, é com a que ele a fará tomar: ser digna da estima de seus pais.

Vamos imaginar o pior e dar-lhe um temperamento ardente que lhe torne penosa uma longa espera; digo que seu juízo, seus conhecimentos, seu bom gosto, sua delicadeza e principalmente os sentimentos com que seu coração foi alimentado na infância oporão à impetuosidade dos sentidos um contrapeso que lhe bastará para vencê-los, ou pelo menos para resistir-lhes por muito tempo. Ela preferiria morrer mártir de seu estado a afligir os pais, desposar um homem sem mérito e expor-se à desgraça de um casamento mal adequado. Mesmo a liberdade que recebeu não faz mais do que lhe dar uma nova elevação de alma e torná-la mais exigente na escolha de seu senhor. Com o temperamento de uma italiana e a sensibilidade de uma inglesa, para refrear o coração e os sentidos ela tem a altivez de uma espanhola, que, mesmo buscando um amado, não encontra facilmente um que lhe pareça digno dela.

Nem todo mundo é capaz de sentir quanta energia o amor às coisas honradas pode dar à alma e quanta força pode encontrar em si mesmo quem quiser ser sinceramente virtuoso. Há pessoas para quem tudo o que é grandioso parece quimérico e que, com sua razão pobre e rasteira, nunca saberão o poder mesmo da loucura da virtude sobre as paixões humanas. A pessoas assim devemos falar somente com exemplos; tanto pior para elas se teimarem em negá-los. Se eu lhes dissesse que Sofia não é um ser imaginário, que só seu nome é invenção minha, que sua educação, seus costumes, seu caráter, mesmo sua figura realmente existiram e que sua lembrança ainda custa lágrimas a toda uma família de bem, sem dúvida não acreditariam em nada disso; mas afinal, o que arriscarei concluindo sem rodeios a história de uma jovem tão semelhante a Sofia que esta história poderia ser a sua sem causar surpresa? Creiam-na verdadeira ou não, pouco importa; se assim quiserem, terei narrado ficções; mas sempre terei explicado meu método e sempre caminharei para meus fins.

Essa jovem, com o temperamento que acabo de atribuir a Sofia, tinha ademais todas as conformidades que podiam fazê-la merecer esse nome, e deixo que o tenha. Depois da conversa que relatei, seu pai e sua mãe, considerando que os partidos não iriam oferecer-se no lugarejo onde moravam, mandaram-na passar um inverno na cidade, na casa de uma tia a quem informaram em segredo o motivo da viagem; pois a altiva Sofia portava no fundo do coração o orgulho de saber triunfar sobre si mesma; e, por mais que necessitasse de um marido, antes morreria solteira do que se decidiria a ir procurá-lo.

Para corresponder à intenção dos pais a tia apresentou-a nas casas, levou-a às reuniões sociais, às festas, mostrou-lhe o mundo, ou melhor, mostrou-a ao mundo, pois Sofia pouco se interessava por toda aquela agitação. Observaram, porém, que ela não evitava os jovens de aparência agradável que parecessem decentes e recatados. Mesmo em sua reserva, tinha uma certa arte de atraí-los que se assemelhava bastante à coqueteria; mas, depois de duas ou três conversas, cansava-se deles. Em breve, substituía aquele ar de autoridade que parecia aceitar as homenagens por uma atitude mais humilde e uma cortesia muito fria. Sempre atenta a si mesma, não lhes dava mais oportunidade de prestarem-lhe nem o menor favor: isso lhes dizia que não queria ser sua senhora.

Os corações sensíveis nunca apreciaram os prazeres ruidosos – vã e estéril felicidade das pessoas que nada sentem e julgam que atordoar a vida é desfrutá-la. Não encontrando o que buscava e sem esperança de encontrá-lo, assim, Sofia cansou da cidade. Amava ternamente seus pais, nada a compensava deles, nada conseguia fazer com que os esquecesse; voltou para junto deles muito antes da data marcada para seu retorno.

Assim que retomou suas funções na casa paterna, perceberam que mantinha a mesma conduta, mas seu humor mudara. Tinha momentos de distração, de impaciência, estava triste e pensativa, escondia-se para chorar. Inicialmente supuseram que estivesse apaixonada e sentia vergonha disso; perguntaram-lhe e ela negou. Protestou que não conhecera ninguém que pudesse tocar-lhe o coração, e Sofia não mentia.

Entretanto, sua languidez aumentava cada vez mais e sua saúde começava a alterar-se. A mãe, inquieta com essa mudança, por fim decidiu descobrir-lhe a causa. Chamou-a em particular e fez uso com ela dessa linguagem insinuante e desses afagos invencíveis que só a ternura materna sabe empregar: – *Filha minha, que carreguei em meu ventre e trago sempre no coração, verte os segredos do teu no seio de tua mãe. Quais são esses segredos que uma mãe não pode saber? Quem se condói de teus sofrimentos, quem os compartilha, quem deseja aliviá-los senão teu pai e eu? Ah, minha filha, queres que eu morra de tua dor sem conhecê-la?*

Em vez de esconder da mãe suas tristezas, o que a jovem mais queria era tê-la como consoladora e confidente; mas a vergonha a impedia de falar e o recato não encontrava uma linguagem para descrever um estado tão pouco digno dela quanto a emoção que, contra sua vontade, lhe perturbava os sentidos. Por fim, essa mesma vergonha serviu de indício para a mãe, que lhe arrancou aquelas confissões humilhantes. Em vez de afligi-la com censuras injustas, consolou-a, lamentou-a, chorou com ela; era sábia demais para apresentar-lhe como crime um mal que somente sua virtude tornava tão cruel. Mas, por que suportar sem necessidade um mal cujo remédio era tão fácil e tão legítimo? Por que ela não fazia uso da liberdade que lhe haviam dado? Por que não aceitava um marido? Por que não o escolhia? Acaso não sabia que sua sorte dependia só dela e, qualquer que fosse sua escolha, seria confirmada, visto que não poderia fazer uma escolha que não fosse honrada? Haviam-na mandado para a cidade e ela não quis ficar lá; vários partidos apresentaram-se e ela rejeitara todos. Afinal, o que estava esperando? O que queria? Que contradição inexplicável!

A resposta era simples. Se estivesse em questão apenas um socorro para a juventude, a escolha seria feita logo; mas não é tão fácil escolher um senhor para toda a vida; e, como não é possível separar as duas coisas, uma jovem precisa esperar, e muitas vezes perder a juventude, até encontrar o homem com o qual deseje passar seus dias. Era esse o caso de Sofia: necessitava de um amante, mas esse amante devia ser seu marido; e, quanto ao coração de que o seu precisava, um era quase tão difícil de encontrar quanto o outro. Todos aqueles jovens tão brilhantes só tinham com ela a conformidade da idade; todas as outras sempre lhes faltavam; seu espírito superficial, sua vaidade, seu jargão, seus costumes desregrados, suas imitações frívolas causavam-lhe aversão. Buscava um homem e só encontrava macacos; buscava uma alma e não encontrava nenhuma.

– *Como sou infeliz!* disse ela à mãe. *Tenho necessidade de amar e nada vejo que me agrade. Meu coração rejeita todos os que meus sentidos atraem. Não vejo nenhum que não excite meus desejos e nenhum que não os reprima; um gosto sem estima não pode ser duradouro. Ah, não é esse o homem de que vossa Sofia precisa! Seu modelo encantador está gravado desde muito antes na alma dela. Só a ele Sofia pode amar, só a ele fazer feliz, só com ele pode ser feliz. Prefere consumir-se e lutar continuamente, prefere morrer infeliz e livre a viver deses-*

perada ao lado de um homem a quem não amaria e que a tornaria infeliz também; mais vale deixar de existir do que existir só para sofrer.

Impressionada com essas singularidades, sua mãe achou-as bizarras demais para não suspeitar de algum mistério. Sofia não era preciosista nem ridícula[174]. Como essa delicadeza exagerada pudera convir-lhe, se já desde a infância o que mais lhe haviam ensinado era a adaptar-se às pessoas com quem tinha de viver e a fazer da necessidade virtude? Esse modelo de homem amável que tanto a encantava e que reaparecia com tanta frequência em todas suas conversas levou a mãe a conjecturar que tal capricho tinha algum outro fundamento que ela ainda ignorava, e que Sofia não dissera tudo. A desditosa, sobrecarregada com seu sofrimento secreto, só procurava desabafar. A mãe pressiona-a; ela hesita, por fim se rende e, saindo sem nada dizer, retorna um momento depois com um livro na mão. – *Compadecei-vos de vossa filha infeliz, sua tristeza é sem remédio, suas lágrimas não podem deixar de correr. Quereis saber a causa; pois bem, é esta!* diz ela, jogando o livro sobre a mesa. A mãe pega o livro e abre-o: era *As Aventuras de Telêmaco*. Primeiro ela não compreende esse enigma; à força de perguntas e de respostas obscuras, por fim entende, com uma surpresa fácil de imaginar, que sua filha era rival de Eucáris[175].

Sofia amava Telêmaco, e amava-o com uma paixão da qual nada pôde curá-la. Assim que o pai e a mãe souberam dessa mania, acharam-na engraçada e julgaram reduzi-la por meio da razão. Enganaram-se: a razão não estava toda de seu lado; Sofia também tinha a sua e sabia fazê-la valer. Foram muitas as vezes em que os silenciou utilizando contra eles seus próprios argumentos, mostrando-lhes que eles mesmos haviam causado todo o dano, que não a haviam formado para um homem de sua época; que ela precisava necessariamente adotar os modos de pensar de seu marido ou então transmitir-lhe os seus; que eles lhe haviam tornado o primeiro meio impossível devido ao modo como a criaram, e que o outro meio era precisamente o que ela buscava. – *Dai-me,* dizia, *um homem imbuído de minhas máximas ou que eu possa*

---

174. Referência à comédia de costumes *Les Précieuses ridicules*, estreada em 1659, na qual Molière satiriza o preciosismo – tendência pedantesca de priorizar a galanteria e o extremo refinamento da linguagem e do comportamento social [N.T.].

175. *Les Aventures de Télémaque*, do arcebispo e escritor François Fénelon (1651-1715), é uma continuação da *Odisseia* de Homero; narra as viagens e a educação do bravo e virtuoso Telêmaco, filho de Ulisses e Penélope, com seu preceptor Mentor. Eucáris é uma ninfa por quem o herói se apaixona [N.T.].

convencer delas, e desposo-o; mas até então, por que me repreendeis? Tende pena de mim. Estou infeliz e não, louca. Acaso o coração depende da vontade? Meu próprio pai não disse isso? É culpa minha se amo o que não existe? Não sou visionária; não quero um príncipe, não procuro por Telêmaco, sei que ele é mera ficção; procuro alguém que se pareça com ele. E por que esse alguém não pode existir, visto que eu existo, eu que sinto meu coração tão semelhante ao dele? Não, não devemos desonrar assim a humanidade; não pensemos que um homem amável e virtuoso seja só uma quimera. Ele existe, vive, talvez esteja me procurando; está procurando uma alma que saiba amá-lo. Mas quem é ele? Onde está? Ignoro: não é nenhum dos que conheci; sem dúvida não é nenhum dos que conhecerei. Ah, minha mãe, por que me tornastes a virtude amável demais? Se só a ela posso amar, a culpa é menos minha do que vossa.

Levarei esta triste narrativa até sua catástrofe? Falarei das longas discussões que a precederam? Representarei uma mãe impaciente mudando para severidade seus afagos iniciais? Mostrarei um pai irritado esquecendo seus compromissos anteriores e tratando como louca a mais virtuosa das filhas? Descreverei por fim a infeliz, ainda mais apegada a sua quimera devido à perseguição que esta a faz sofrer, caminhando a passos lentos para a morte e descendo ao túmulo no momento em que julgam arrastá-la para o altar? Não, vou afastar esses objetos funestos. Não preciso ir tão longe para mostrar com um exemplo bastante convincente, assim me parece, que, apesar dos preconceitos originários dos costumes da época, o entusiasmo pela honradez e pela beleza não é mais desconhecido das mulheres do que dos homens e que não há coisa alguma que, sob direção da natureza, não possa ser obtida delas tanto quanto de nós.

Interrompem-me aqui para perguntar-me se é a natureza que nos prescreve penarmos tanto para reprimir desejos imoderados. Respondo que não, mas que tampouco é a natureza que nos dá tantos desejos imoderados. E tudo o que não for ela é contra ela; já provei isso mil vezes.

Devolvamos a nosso Emílio sua Sofia; ressuscitemos essa jovem amável para dar-lhe uma imaginação menos viva e um destino mais feliz. Eu queria descrever uma mulher comum, e de tanto lhe elevar a alma perturbei sua razão; eu é que me desencaminhei. Voltemos atrás. Sofia tem uma boa índole numa alma comum; tudo em que supere as outras mulheres é efeito de sua educação.

Neste livro me propus a dizer tudo o que podia ser feito, deixando a cada um a escolha do que está a seu alcance no que eu possa ter dito de bom. No início, havia pensado em formar de antemão a companheira de Emílio e educá-los um para o outro e um com o outro. Mas, refletindo, achei que todos esses arranjos tão prematuros seriam mal entendidos e que era absurdo destinar duas crianças a unirem-se antes de poder saber se essa união estava na ordem da natureza e se ambos teriam as afinidades adequadas para estabelecê-la. É preciso não confundir o que é natural no estado selvagem e o que é natural no estado civil. No primeiro estado, todas as mulheres convêm a todos os homens, porque eles e elas ainda têm todos apenas a forma primitiva e comum; no segundo, como cada caráter é desenvolvido pelas instituições sociais e cada espírito recebeu sua forma própria e determinada, não apenas da educação, mas da conjunção bem ou mal ordenada da índole com a educação, só é possível juntá-los apresentando um ao outro para ver se combinam em todos os aspectos, ou pelo menos para preferir a escolha que apresentar mais dessas afinidades.

O problema é que ao desenvolver os caracteres o estado social diferencia as classes e, como uma dessas duas ordens não é semelhante à outra, quanto mais se diferenciam as condições sociais mais se confundem os caracteres. Daí os casamentos mal ajustados e todas as desordens que disso derivam; de onde vemos, por uma consequência evidente, que, quanto mais nos afastamos da igualdade, mais os sentimentos naturais se alteram; quanto mais aumenta o intervalo entre os grandes e os pequenos, mais o vínculo conjugal se afrouxa; quanto mais há ricos e pobres, menos pais e maridos há. O amo e o escravo não têm mais família, cada um deles vê apenas sua posição social.

Desejais evitar abusos e fazer casamentos felizes? Sufocai os preconceitos, esquecei as instituições humanas e consultai a natureza. Não unais pessoas que só se combinam numa determinada condição social e deixarão de combinar-se se essa condição vier a mudar, e sim, pessoas que se combinarão em qualquer situação em que se encontrem, em qualquer país onde habitem, em qualquer classe em que possam cair. Não estou dizendo que as relações convencionais sejam indiferentes no casamento, mas digo que a influência das relações naturais é tão mais forte do que a das primeiras que é somente ela que decide a sorte da vida; e que há uma determinada afinidade de gostos, de humores, de sentimentos, de caracteres que deveriam incitar um pai sábio, fosse ele príncipe, fosse ele monarca, a dar sem hesitação a seu filho a jovem com a qual ele tivesse todas essas afinidades, fosse ela nascida numa família desonesta, fosse ela filha do carrasco. Sim, afirmo que, ainda que todas as desgraças imagináveis tiverem de cair sobre dois esposos bem unidos, eles desfrutarão uma felicidade mais autêntica chorando juntos do que a que teriam em todas as boas fortunas do mundo envenenadas pela desunião dos corações.

Portanto, em vez de destinar já na infância uma esposa para meu Emílio, decidi esperar até conhecer a que lhe convém. Não sou eu que faço essa designação, é a natureza; meu trabalho é encontrar a escolha que ela fez. Digo trabalho meu e não do pai; pois confiando-me o filho ele me cede seu lugar, substitui seu direito pelo meu; sou eu o verdadeiro pai de Emílio, fui eu que o fiz homem. Teria me recusado a educá-lo se não tivessem me dado o poder de casá-lo a seu gosto, ou seja, ao meu. Apenas o prazer de fazer um homem feliz pode pagar quanto custa pôr um homem em condições de ser feliz.

Mas tampouco julgueis que para encontrar a esposa de Emílio eu tenha esperado até encarregá-lo de procurá-la. Essa busca fingida é apenas um pretexto para fazê-lo conhecer as mulheres, a fim de que sinta o valor da que lhe convém. Sofia está encontrada já há muito tempo; talvez Emílio já a tenha visto, mas só a reconhecerá quando for hora.

Embora a igualdade de condições não seja necessária para o casamento, quando essa igualdade se junta às outras afinidades dá a elas novo valor; não entra na balança com nenhuma, mas a inclina quando tudo é igual.

Um homem, exceto se for um monarca, não pode buscar uma mulher em todas as classes, porque encontrará nos outros os preconceitos que não tiver; e uma determinada jovem talvez lhe conviesse, mas não por isso a obteria. Há, portanto, máximas de prudência que devem delimitar as buscas de um pai judicioso. Não deve pretender para seu aluno um matrimônio acima de sua posição social, pois isso não depende dele. Mesmo que o pudesse, não deveria querê-lo; pois o que importa a posição social para o jovem, pelo menos para o meu? E, entretanto, ao ascender expõe-se a mil males reais que sentirá durante toda a vida. Digo inclusive que ele não deve querer compensar bens de naturezas diferentes, como a nobreza e o dinheiro, porque cada um dos dois acrescenta ao outro menos valor do que a alteração que recebe; ademais, porque nunca há concordância quanto à avaliação conjunta; por fim, porque a preferência que cada qual dá a seu lance prepara a discórdia entre duas famílias e, muitas vezes, entre dois esposos.

Também é muito diferente para a ordem do casamento o homem aliar-se acima ou abaixo de sua posição. O primeiro caso é totalmente contrário à razão; o segundo é mais conforme com ela. Como a família está ligada à sociedade apenas por seu chefe, é a posição social desse chefe que rege a da família inteira. Quando ele se casa numa classe mais baixa, não desce: eleva sua esposa; ao contrário, ao casar com uma mulher acima dele, rebaixa-a sem elevar-se. Assim, no primeiro caso há bem sem mal e no segundo há mal sem bem. Ademais, está na ordem da natureza a mulher obedecer ao homem. Assim, quando ele a escolhe numa classe inferior, a ordem natural e a ordem civil coincidem e tudo anda bem. O contrário acontece quando, casando-se acima de sua classe, o homem se vê na alternativa entre ferir seu direito ou sua gratidão e ser ingrato ou menosprezado. Então a mulher, pretendendo autoridade, torna-se tirana de seu chefe; e o senhor, transformado em escravo, considera-se a mais ridícula e mais mísera das criaturas. São assim os infelizes favoritos que os reis da Ásia honram e atormentam com sua aliança e que, segundo dizem, para dormirem com suas mulheres só ousam entrar no leito pelo pé.

Prevejo que muitos leitores, lembrando-se de que atribuo à mulher uma aptidão natural para governar o homem, agora me acusarão de contradição; entretanto, estarão enganados. Há muita diferença entre arrogar-se o direito de comandar e governar aquele que comanda. O império da mulher é um império de doçura, habilidade e complacência; suas ordens são afagos, suas ameaças são lágrimas. Ela deve reinar na casa como um ministro no Estado, fazendo que lhe comandem o que deseja fazer. Nesse sentido, é constante os melhores lares serem aqueles em que a mulher tem mais autoridade; mas, quando ela ignora a voz do chefe, quando quer usurpar-lhe os direitos e ser ela a mandar, dessa desordem sempre resultam apenas miséria, escândalo e desonra.

Resta a escolha entre as iguais e as inferiores a ele; e creio que ainda há uma restrição a ser feita sobre estas últimas; pois é difícil encontrar na escória do povo uma esposa capaz de fazer a felicidade de um homem de bem; não porque as posições sociais mais baixas sejam mais viciosas do que as mais altas, mas porque têm pouca ideia do que é belo e decente e porque a injustiça das outras classes lhes mostra justiça em seus próprios vícios.

Naturalmente o homem pouco pensa. Pensar é uma arte que ele aprende como todas as outras, e mesmo com mais dificuldade. Conheço para os dois sexos apenas duas classes realmente distintas: a das pessoas que pensam e a das pessoas que não pensam; e essa diferença provém quase unicamente da educação. Um homem da primeira das duas classes não deve casar-se na outra; pois o maior encanto dessa associação falta à sua quando, tendo esposa, fica reduzido a pensar sozinho. As pessoas que passam exatamente a vida inteira trabalhando para viver não pensam em outra coisa além de seu trabalho ou de seu interesse e toda sua inteligência parece estar no fim dos braços. Tal ignorância não prejudica a probidade nem os bons costumes; frequentemente chega a servir-lhes; muitas vezes, de tanto refletir sobre seus deveres, compõe com eles e acaba substituindo as coisas por um jargão. A consciência é o mais esclarecido dos filósofos; não é preciso conhecer *Dos Deveres* de Cícero para ser homem de bem; e a mulher mais honrada do mundo talvez menos saiba o que é honradez. Mas não é menos verdade que somente um espírito cultivado torna agradável o convívio; e para um pai de família que se compraz em sua casa é uma triste coisa ser forçado ali a ensimesmar-se e não conseguir ser entendido por ninguém.

Além disso, como uma mulher que não tiver o hábito de refletir educará seus filhos? Como discernirá o que lhes convém? Como os preparará para as virtudes que não conhece, para o mérito do qual não tem ideia alguma? Saberá apenas adulá-los ou ameaçá-los, torná-los insolentes ou medrosos; fará deles macacos amaneirados ou diabretes atoleimados, nunca boas mentes nem crianças amáveis.

Portanto, não convém a um homem que tenha uma boa educação casar com uma mulher que não a tenha nem, consequentemente, numa classe em que seria impossível tê-la. Mas eu ainda preferiria cem vezes uma jovem simples e toscamente educada a uma jovem erudita e pedante que viesse estabelecer em minha casa um tribunal de literatura que ela presidiria. Uma mulher pedante é o flagelo do marido, dos filhos, dos amigos, dos criados, de todo mundo. Das sublimes alturas de sua bela genialidade ela desdenha todos os seus deveres femininos e começa sempre por fazer-se homem à maneira da senhorita de l'Enclos. Fora de casa é sempre ridícula e muito justamente criticada, pois ninguém pode deixar de sê-lo quando sai de seu estado e não tem capacidade para aquele que deseja assumir. Todas essas mulheres de grandes talentos impressionam somente os tolos. Sempre se sabe qual é o artista ou o amigo que maneja a pena ou o pincel quando elas trabalham; sabe-se quem é o literato discreto que lhes dita em segredo seus oráculos. Toda essa charlatanice é indigna de uma mulher honrada. Ainda que tivesse talentos reais, sua pretensão os aviltaria. Sua dignidade está em ser ignorada; sua glória está na estima do marido; seus prazeres estão na felicidade da família. Leitores, é a vós que apelo, sede sinceros: o que vos dá melhor opinião sobre uma mulher ao entrardes em seus aposentos, o que vos leva a abordá-la com mais respeito: vê-la ocupada com as tarefas de seu sexo, com os cuidados do lar, no meio de roupas dos filhos, ou encontrá-la escrevendo versos em seu toucador, no meio de folhetos de toda espécie e de bilhetinhos de todas as cores? Quando houver no mundo somente homens sensatos, toda jovem letrada permanecerá solteira a vida toda.

Quaris cur nolim te ducere, Galla? diserta es[176].

Após essas considerações vem a da aparência; é a primeira a chamar a atenção e a última que deve ser feita, mas não deve ser ignorada. Parece-me que no casamento a grande beleza deve mais ser evitada do que buscada. A beleza desgasta-se rapidamente com a posse; ao cabo de seis semanas, nada mais significa para o possuidor, mas seus perigos duram tanto quanto ela. A menos que uma mulher bela seja um anjo, seu marido é o mais infeliz dos homens; e, quando não for um anjo, como impedirá que o marido esteja continuamente cercado de inimigos? Se a extrema feiura não fosse repulsiva, eu a preferiria à extrema beleza; pois, como em pouco tempo uma ou a outra é nula para o marido, a beleza torna-se um inconveniente e a feiura, uma vantagem. Mas a feiura que gera repulsa é o maior dos infortúnios; tal sentimento, em vez de atenuar-se, aumenta sem parar e converte-se em ódio. Um casamento como esse é um inferno; mais valeria estarem mortos do que unidos assim.

Desejai em tudo o meio-termo, sem excetuar nem mesmo a beleza. Uma figura agradável e gentil, que não inspire amor e sim, benevolência, é a que deveis preferir; não traz danos para o marido e essa vantagem resulta em proveito para ambos: as graças não se desgastam como a beleza; têm vida, renovam-se continuamente, e após trinta anos de casamento uma mulher honrada e graciosa agrada ao marido como no primeiro dia.

---

176. "Perguntas por que não quero casar contigo, Gala? [porque] és sabichona". Marcial, *Epigramas*, XI, 19 [N.T.].

Foram essas as reflexões que me determinaram na escolha de Sofia. Aluna da natureza, assim como Emílio, foi feita para ele, mais do que qualquer outra; será a mulher do homem. É sua igual em nascimento e em mérito, inferior em fortuna. Não encanta ao primeiro olhar, mas agrada cada dia mais. Seus maiores atrativos agem gradativamente; só se desenvolvem na intimidade do convívio e seu marido irá senti-los mais do que ninguém no mundo. Sua educação não é brilhante nem descuidada; ela tem bom gosto sem estudo, aptidões sem arte, juízo sem conhecimentos. Sua mente não sabe, mas está cultivada para aprender; é um solo bem preparado que só espera a semente para frutificar. Nunca leu outro livro além de Barrême[177] e de Telêmaco, que lhe caiu nas mãos por acaso; mas porventura uma jovem capaz de apaixonar-se por Telêmaco teria um coração sem sentimento e uma mente sem delicadeza? Adorável ignorância! Feliz aquele que destinarem a instruí-la! Não será professora do marido e sim, sua discípula; em vez de querer sujeitá-lo a seus gostos. adotará os dele. Ele a valorizará mais do que se fosse muito culta: terá o prazer de ensinar-lhe tudo. Finalmente chegou a hora de ambos se conhecerem; trabalhemos para aproximá-los.

Partimos de Paris tristes e pensativos. Esse lugar de tagarelice não é nosso centro. Emílio volta um olhar desdenhoso para a grande cidade e diz com despeito: – *Quantos dias perdidos em buscas inúteis! Ah, não é aí que está a esposa de meu coração. Meu amigo, bem o sabíeis, mas meu tempo não vos custa e meus males pouco vos fazem sofrer.* Olho-o fixamente e digo sem comover-me: – *Emílio, acreditas no que estás dizendo?* No mesmo instante ele me enlaça o pescoço, muito confuso, e abraça-me forte, sem responder. Essa é sempre sua resposta quando está errado.

Vamos pelos campos como verdadeiros cavaleiros andantes, não como os que buscam aventuras – ao contrário, fugimos delas ao deixar Paris –, mas imitando seu andar errante, desigual, ora acelerando a marcha ora avançando a passo lento. De tanto seguirdes minha prática, tereis por fim captado-lhe o espírito; e não imagino nenhum leitor ainda tão predisposto pelo uso corrente a ponto de supor-nos ambos dormitando numa boa sege de posta bem fechada, avançando sem ver coisa alguma, sem observar coisa alguma, anulando o

---

177. O *Barrême universel* ou outro livro do matemático francês François Barrême (1638-1703), considerado um dos fundadores da contabilidade [N.T.].

intervalo entre a partida e a chegada e nessa marcha veloz perdendo tempo para economizá-lo.

Os homens dizem que a vida é curta e vejo que se empenham em encurtá-la. Por não saberem empregá-la, queixam-se da rapidez do tempo, mas vejo que ele corre lento demais para seu gosto. Sempre repletos do objeto a que aspiram, veem com desprazer o intervalo que os separa dele: um gostaria de já estar no dia seguinte, outro no próximo mês, outro daqui a dez anos; nenhum quer viver hoje; nenhum está contente com a hora atual, todos acham que demora muito para passar. Quando se queixam de que o tempo corre rápido demais, estão mentindo; de bom grado pagariam pelo poder de acelerá-lo; de bom grado empregariam sua fortuna em consumir-lhes a vida inteira; e talvez não haja um único que não teria reduzido seus anos a pouquíssimas horas se tivesse o poder de suprimir de acordo com seu tédio as que lhe pesassem e de acordo com sua impaciência as que o separassem do momento desejado. Quem passa metade da vida indo de Paris a Versalhes, de Versalhes a Paris, da cidade ao campo, do campo à cidade e de um bairro a outro se veria muito atrapalhado com suas horas se não possuísse o segredo de perdê-las assim; e quem se afasta propositalmente de seus assuntos para ocupar-se procurando-os acredita ganhar o tempo que gasta a mais nisso e do qual não saberia o que fazer; ou então, ao contrário, corre por correr e vem em sege de posta com o único objetivo de voltar do mesmo modo. Mortais, nunca deixareis de caluniar a natureza? Por que vos queixais de que a vida é curta, se ela ainda não é tão curta como gostaríeis? Se dentre vós houver um único que saiba moderar seus desejos o bastante para nunca desejar que o tempo passe, não a considerará curta demais; viver e desfrutar serão para ele a mesma coisa; e, se tiver de morrer jovem, morrerá cumulado de dias.

Ainda que meu método me desse apenas essa vantagem, só por causa dela já deveria ser preferido a qualquer outro. Não eduquei meu Emílio para desejar nem para aguardar e sim para desfrutar; e, quando leva seus desejos para além do presente, não o faz com um ardor tão impetuoso que a lentidão do tempo o importune. Desfrutará não somente o prazer de desejar, mas também o de ir até o objeto que deseja; e suas paixões são tão moderadas que ele sempre está mais onde está do que onde estará.

Assim, viajamos não como correios e sim, como viajantes. Não pensamos somente nos dois termos, mas também no intervalo que os separa. A viagem em si é um prazer para nós. Não a realizamos sentados tristemente e como prisioneiross numa jaulinha bem fechada. Não viajamos com a indolência e o descanso das mulheres. Não nos privamos do ar livre nem da visão dos objetos a nosso redor nem da comodidade de contemplá-los à vontade quando bem quisermos. Emílio nunca entrou numa sege de posta e não corre de posta em posta se não estiver com pressa. Mas de que Emílio pode ter pressa algum dia? De uma única coisa: desfrutar a vida. Devo acrescentar: e fazer o bem quando puder? Não, porque desfrutar a vida é isso mesmo.

Só concebo um modo de viajar mais agradável do que a cavalo: ir a pé. A pessoa parte em seu momento, detém-se quando sente vontade, faz tanto e tão pouco exercício quanto quiser. Observa toda a região; desvia-se para a direita, para a esquerda; examina tudo o que lhe agrada; demora-se em todos os pontos de paisagem. Se vejo um rio, caminho pela margem; um bosque espesso, vou para sua sombra; uma gruta, visito-a; uma pedreira, examino os minerais. Paro em todo lugar que me apraz. Assim que me entedio, vou adiante. Não dependo de cavalos nem de postilhão. Não preciso escolher caminhos já demarcados, estradas cômodas; passo em todo lugar onde um homem pode passar; vejo tudo o que um homem pode ver; e, como dependo somente de mim; gozo de toda a liberdade de que um homem pode gozar. Se o mau tempo me detém e o tédio me invade, então recorro a cavalos. Se me cansar... Mas Emílio não se cansa; é forte; e por que se cansaria? Caso se detenha, como pode entediar-se? Para todo lugar leva com que se divertir. Entra na casa de um mestre, trabalha: exercita os braços para descansar os pés.

Viajar a pé é viajar como Tales, Platão e Pitágoras. Acho difícil compreender como um filósofo pode optar por viajar de outro modo e privar-se de examinar as riquezas em que pisa e que a terra oferece a seus olhos. Quem, sendo um pouco afeiçoado à agricultura, não deseja conhecer os produtos específicos do clima dos lugares por onde passa e o modo de cultivá-los? Quem, tendo um pouco de gosto pela história natural, pode decidir-se a passar por um terreno sem examiná-lo, por um rochedo sem tirar-lhe uma lasca, por montanhas sem herborizar, por pedras sem procurar fósseis? Vossos filósofos de salão estudam a história natural em gabinetes; possuem bugigangas; sabem nomes e não têm a mínima ideia da natureza. Mas o gabinete de Emílio é mais rico do que os dos reis; esse gabinete é a Terra inteira; cada coisa está em seu lugar: o naturalista que cuida dele traz tudo organizado numa ordem belíssima; Daubenton[178] não faria melhor.

Quantos prazeres diversos reunimos nessa agradável maneira de viajar, além da saúde que se fortalece, do humor que se alegra! Sempre vi os que viajavam em coches bons e confortáveis irem pensativos, tristes, irritados ou adoentados; e os pedestres, sempre alegres, lépidos e contentes com tudo. Como o coração sorri quando nos aproximamos do pouso! Como uma refeição muito simples parece saborosa! Com que prazer nos demoramos à mesa! Que sono bom numa cama ruim! Quem só quiser chegar pode correr em sege de posta; mas quem quiser viajar deve ir a pé.

Se, antes de termos percorrido cinquenta léguas do modo que imagino, Sofia não estiver esquecida, é porque não sou astuto ou porque Emílio é bem pouco curioso; pois, com tantos conhecimentos elementares, dificilmente não ficará tentado a adquirir outros mais. Somos curiosos na mesma proporção em que somos instruídos; ele sabe precisamente o bastante para querer aprender.

Enquanto isso, um objeto atrai outro e continuamos a avançar. Estabeleci para nosso primeiro percurso um fim distante; o pretexto é fácil: saindo de Paris, temos de procurar longe uma esposa.

Um dia, depois de nos perdermos mais do que o habitual por vales e montanhas onde parece não haver algum caminho, não sabemos mais voltar ao nosso. Pouco nos importa, todos os caminhos são bons, contanto que cheguemos; mas quem está com fome precisa chegar a algum lugar. Felizmente, encontramos um camponês que nos leva a sua cabana; comemos com muito apetite seu magro almoço. Vendo-nos tão cansados, tão esfomeados, ele nos diz: – *Se o bom Deus vos tivesse conduzido para o outro lado da colina, teríeis sido mais bem acolhidos... teríeis encontrado uma casa de paz... pessoas tão caritativas... pessoas tão boas!... Não têm melhor coração do que eu, mas são mais ricos, embora se diga que antigamente eram muito mais ricos... Não passam necessidade, graças a Deus; e toda a região serve-se do que lhes resta.*

Ante as palavras "pessoas boas", o coração do bom Emílio expande-se. – *Meu amigo,* diz ele me olhando, *vamos até essa casa cujos donos são abençoa-*

---

178. Louis Jean-Marie Daubenton (1716-1799), naturalista multidisciplinar francês, pioneiro em anatomia comparada e paleontologia [N.T.].

dos na vizinhança: gostaria muito de conhecê-los; talvez eles também gostem de conhecer-nos. Tenho certeza de que nos receberão bem: se forem dos nossos, seremos dos seus.

Depois de pedirmos indicações sobre a casa, partimos; vagamos pela mata, um aguaceiro surpreende-nos no caminho, atrasando-nos sem deter-nos. Por fim nos orientamos e no fim da tarde chegamos à casa designada. No povoado que a cerca, essa única casa, apesar de simples, tem uma certa imponência. Apresentamo-nos, pedimos hospitalidade. Levam-nos para falar com o dono; ele nos faz perguntas, mas polidamente; sem dizermos o motivo de nossa viagem, dizemos o de nosso desvio. Ele conservou de sua antiga opulência a facilidade de conhecer a posição social das pessoas por suas maneiras; quem viveu na alta sociedade raramente se engana sobre isso: com esse passaporte somos admitidos.

Mostram-nos um apartamento bem pequeno, mas muito limpo e confortável; nele acendem a lareira, encontramos lençóis e toalhas, roupas, tudo de que precisamos. – *Ora,* diz Emílio, muito surpreso, *parece até que éramos esperados! Ah, o camponês tinha toda razão! Que gentileza! Que bondade! Que previsão! E para desconhecidos! Acho que estou na época de Homero.* – *Sensibiliza-te com tudo isso,* respondo-lhe, *mas não te espantes; em todo lugar onde raramente aparecem estranhos, eles são bem-vindos; nada torna alguém mais hospitaleiro do que não precisar sê-lo com frequência: é a afluência de hóspedes que destrói a hospitalidade. No tempo de Homero quase não se viajava e os viajantes eram sempre bem recebidos. Talvez sejamos os únicos passageiros que eles viram aqui durante o ano todo.* – Não importa, diz ele; *é mesmo elogiável saber passar sem hóspedes e sempre os receber bem.*

Secos e recompostos, vamos ao encontro do dono da casa; ele nos apresenta a sua mulher; ela nos recebe não só com cortesia, mas também bondosamente. A honra de suas olhadas é para Emílio. Uma mãe, no caso em que ela está, raramente vê sem inquietude, ou pelo menos sem curiosidade, entrar em sua casa um homem com essa idade.

Apressam o jantar por amor a nós. Ao entrar na sala de jantar, vemos cinco lugares à mesa: acomodamo-nos, um continua vazio. Uma jovem entra, faz uma grande reverência e senta-se discretamente, sem falar. Emílio, ocupado com sua fome ou com suas respostas, cumprimenta-a, fala e come. O principal objetivo da viagem está tão longe de seu pensamento quanto ele mesmo se julga ainda longe do fim. A conversa gira sobre a perda de rumo dos viajantes. – *Cavalheiro*, diz-lhe o dono da casa, *pareceis-me ser um jovem amável e sensato; e isso me faz pensar que chegastes aqui, vós e vosso preceptor, exaustos e encharcados como Telêmaco e Mentor à ilha de Calipso.* – *Realmente encontramos aqui a hospitalidade de Calipso*, responde Emílio. Seu Mentor acrescenta: – *E os encantos de Eucáris*. Mas Emílio conhece a *Odisseia* e não leu *Telêmaco*; não sabe o que é Eucáris. Quanto à jovem, vejo-a enrubescer até os olhos, baixá-los para o prato e não ousar respirar. A mãe, que observa seu embaraço, faz um sinal para o pai, que então muda de assunto. Ao falar de sua solidão, ele começa imperceptivelmente a narrar os acontecimentos que o confinaram ali; os infortúnios de sua vida, a constância da esposa, os consolos que ambos encontraram em sua união, a vida amena e tranquila que levam em seu retiro, e sempre sem dizer uma palavra sobre a jovem; tudo isso forma uma narrativa agradável e tocante que é impossível ouvir sem interesse. Emílio, emocionado, enternecido, para de comer para escutar. Por fim, na passagem em que o mais honrado dos homens se alonga com mais prazer sobre o apego da mais digna das mulheres, o jovem viajante, fora de si, segura e aperta uma das mãos do marido e com a outra pega também a mão da mulher e inclina-se sobre ela arrebatadamente, banhando-a de lágrimas. A cândida vivacidade do jovem comove todo mundo; mas a moça, mais sensível do que todos a essa marca de seu bom coração, julga ver Telêmaco abalado com os infortúnios de Filotecto. Olha-o disfarçadamente para examinar-lhe melhor a figura; nada encontra que desminta a comparação. Seu ar desenvolto tem liberdade sem arrogância; as maneiras são vivazes sem estouvamento; a sensibilidade torna-lhe mais doce o olhar, mais tocante a fisionomia: vendo-o chorar, a jovem está a ponto de juntar suas lágrimas às dele. Com um pretexto tão belo, uma vergonha secreta a retém: já se censura pelas lágrimas prestes a assomar-lhe aos olhos, como se não fosse correto vertê-las por sua família.

A mãe, que desde o início do jantar não parou de observá-la atentamente, percebe seu constrangimento e salva-a mandando-a levar um recado. Um minuto depois a jovem retorna, mas tão descomposta que seu transtorno é visível aos olhos de todos. A mãe diz-lhe com brandura: – *Sofia, acalma-te; nunca deixarás de chorar as desventuras de teus pais? Tu, que és seu consolo, não deves senti-las mais do que eles mesmos.*

Ao ouvir o nome Sofia, Emílio estremece, como veríeis. Atingido por um nome tão querido, volta a si em sobressalto e lança um olhar ansioso para essa que ousa chamar-se assim. Sofia, ó, Sofia, sois vós que meu coração busca? Sois vós que meu coração ama? Observa-a, contempla-a com uma espécie de temor e desconfiança. Não vê exatamente a figura que imaginara; não sabe se a que está vendo vale mais ou menos. Estuda cada traço, espreita cada movimento, cada gesto; encontra para tudo mil interpretações confusas; daria metade da vida para que ela resolvesse dizer uma única palavra. Olha para mim, inquieto e perturbado; seus olhos fazem-me cem perguntas, cem censuras ao mesmo tempo. Parece dizer-me a cada olhar: Guiai-me enquanto é tempo; se meu coração entregar-se e estiver enganado, nem em toda minha vida me recuperarei desse engano.

Emílio é o homem do mundo que menos sabe dissimular. Como dissimularia na maior comoção de sua vida, entre quatro espectadores que o examinam e dos quais o que parece mais distraído é na verdade o mais atento? Sua confusão não escapa aos olhos penetrantes de Sofia; os seus lhe informam de sobra que o objeto é ela: vê que essa inquietude ainda não é amor; mas que importa? Ele está se ocupando dela, e isso basta: ficará muito infeliz se estiver se ocupando impunemente.

As mães têm olhos como as filhas, mais a experiência. A mãe de Sofia sorri do êxito de nossos projetos. Lê nos corações dos dois jovens; vê que é hora de firmar o do novo Telêmaco; faz sua filha falar. A filha, com sua doçura natural, responde num tom tímido que só lhe aumenta o efeito. Ao primeiro som dessa voz, Emílio rende-se: essa é Sofia, ele já não tem dúvidas. Ainda que não fosse, seria tarde demais para voltar atrás.

É então que os encantos dessa jovem feiticeira chegam-lhe ao coração em torrentes e ele começa a beber em grandes goles a poção que o embriaga. Não fala mais, não responde mais; só vê Sofia; só ouve Sofia; se ela diz uma palavra, ele abre a boca; se baixa os olhos, ele os baixa; se a vê suspirar, suspira: parece que o move a alma de Sofia. Quanto a sua mudou em poucos instantes! Não é mais a vez de Sofia tremer, é a vez de Emílio. Adeus liberdade, candura, franqueza. Confuso, embaraçado, receoso, ele já não ousa olhar ao redor, temendo que o estejam olhando. Envergonhado por revelar-se, gostaria de ficar invisível para todo mundo, a fim de se fartar de contemplá-la sem ser observado. Sofia, ao contrário, ganha confiança com o temor de Emílio; vê seu triunfo, desfruta-o.

No'l mostra già, ben che in suo cor ne rida[179].

Sua atitude não mudou; mas, apesar desse ar recatado e desses olhos baixos, seu terno coração palpita de alegria e diz-lhe que Telêmaco foi encontrado.

Se eu entrar aqui na história demasiado cândida e talvez demasiado simples dos inocentes amores de ambos, verão esses detalhes como um jogo frívolo, e estarão errados. Não se leva suficientemente em consideração a influência que a primeira ligação de um homem com uma mulher deve ter no curso das vidas dos dois. Não se vê que uma primeira impressão, tão viva como a do amor ou da inclinação que o substitui, tem longos efeitos cujo encadeamento só é percebido no passar dos anos, mas que não cessam de agir até a morte. Os tratados sobre educação dão-nos grandes palavreados inúteis e pedantescos sobre os quiméricos deveres das crianças; não nos dizem uma só palavra sobre a parte mais importante e mais difícil de toda a educação: a crise que serve de passagem da infância para o estado de homem. Se consegui tornar estes ensaios úteis sob algum aspecto, será principalmente por ter me alongado muito sobre essa parte essencial, omitida por todos os outros, e por nesse empreendimento não ter deixado falsas delicadezas me desencorajarem nem dificuldades de língua me amedrontarem. Se eu disse o que é preciso fazer, disse o que devia dizer: pouquíssimo me importa ter escrito um romance. Belíssimo romance é o da natureza humana. Se ele só é encontrado neste escrito, acaso a culpa é minha? Deveria ser a história de minha espécie? Vós que a depravais, vós é que fazeis de meu livro um romance.

Outra consideração, que reforça a primeira, é que não se trata aqui de um jovem entregue já na infância ao temor, à cobiça, à inveja, ao orgulho e a todas as paixões que servem de instrumentos para as educações comuns; trata-se de um jovem do qual este não é somente o primeiro amor, mas a primeira paixão de qualquer espécie; que dessa paixão – talvez a única que em toda sua vida sentirá vivamente – depende a última forma que seu caráter deve assumir. Firmados por uma paixão duradoura, seus modos de pensar, seus sentimentos, seus gostos vão adquirir uma consistência que não lhes permitirá mais se alterarem.

Bem imaginais que depois de um jantar como esse Emílio e eu não passamos a noite inteira dormindo. Ora essa, a simples conformidade de um nome

---

179. "Não o demonstra, embora no coração rejubile". Torquato Tasso, *Jerusalém Libertada*, IV, 33 [N.T.].

deve ter tanto poder sobre um homem sensato? Só existe uma Sofia no mundo? Todas se assemelham na alma como no nome? Todas as que verá são a sua? Está louco apaixonando-se assim por uma desconhecida com quem nunca falou? Rapaz, precisas esperar, examinar, observar. Ainda nem sequer sabes na casa de quem estás; e quem te ouvir pensará que já estás na tua.

Não é hora para lições e estas não se destinam a ser ouvidas. Somente dão ao jovem um novo interesse por Sofia, com o desejo de justificar sua inclinação. Essa semelhança de nomes, esse encontro que ele julga fortuito, mesmo minha reserva não fazem mais do que exacerbar sua vivacidade: Sofia já lhe parece estimável demais para não estar seguro de que me fará gostar dela.

De manhã, tenho certeza de que, em suas roupas de viagem desfavoráveis, Emílio procurará arrumar-se com mais cuidado. Ele não falha; mas rio de seu empenho em servir-se da roupa interior da casa. Decifro seu pensamento: leio com prazer que, preparando-se para restituições, para trocas, ele procura estabelecer uma espécie de correspondência que lhe dê o direito de enviar para a casa e de voltar a ela.

Eu esperava encontrar Sofia também um pouco mais ataviada; enganei-me. Essa coqueteria vulgar é boa apenas para aqueles a quem só desejamos agradar. A do amor verdadeiro é mais refinada; tem pretensões muito diferentes. Sofia está trajada ainda mais simplesmente do que na véspera, e mesmo mais descuidadamente, apesar de sempre com um asseio escrupuloso. Nesse descuido só não vejo coqueteria porque vejo afetação. Sofia bem sabe que uma toalete mais requintada é uma declaração; mas não sabe que uma toalete mais descuidada é outra: mostra que não se limita a agradar pela indumentária, quer agradar também pela pessoa. Ora, que importa ao amante como a amada esteja vestida, contanto que veja que se ocupa dele? Já segura de seu domínio, Sofia não se contenta em impressionar com seus atrativos os olhos de Emílio, se seu coração não for procurá-los; já não lhe basta que ele os veja, quer que os suponha. Acaso já não viu o suficiente para ser obrigado a adivinhar o restante?

É de crer que, durante nossas conversas dessa noite, Sofia e sua mãe também não permaneceram mudas; houve confissões arrancadas, instruções dadas. No dia seguinte nos reunimos bem preparados. Não faz doze horas que nossos jovens se conheceram; ainda não trocaram uma só palavra e já vemos que se entendem. Seu trato não é familiar; ele está embaraçado, tímido; os dois não se falam; seus olhos baixos parecem evitar-se e mesmo isso é um sinal de entendimento; evitam-se, mas de comum acordo; já sentem necessidade de mistério antes de se dizerem algo. Ao partirmos, pedimos permissão para virmos pessoalmente devolver o que estamos levando. A boca de Emílio pede essa permissão ao pai, à mãe, enquanto seus olhos inquietos, voltados para a filha, pedem-na com muito mais veemência. Sofia nada diz, não faz um gesto, parece nada ver, nada ouvir; mas enrubesce; e esse rubor é uma resposta ainda mais clara do que a de seus pais.

Permitem que retornemos, sem nos convidarem para ficar. Essa conduta é adequada: dá-se abrigo a passantes com problema de pouso, mas não é decente um apaixonado dormir na casa de sua amada.

Tão logo saímos dessa casa querida, Emílio pensa em nos estabelecermos nas redondezas: a cabana mais próxima já lhe parece distante demais; gostaria de dormir no fosso do castelo. Digo-lhe em tom de pena: – *Jovem estouvado, o quê? A paixão já está te cegando! Já não vês mais as boas maneiras nem a razão! Infeliz! Julgas que amas e queres desonrar tua amada! O que dirão dela quando souberem que um jovem saído de sua casa está dormindo nas redondezas? Dizes que a amas. Por isso te compete manchar sua reputação? É essa a paga da hospitalidade que seus pais te concederam? Exporás ao opróbrio aquela de quem esperas tua felicidade?* Ele responde impetuosamente: – *Ah, que importam os vãos discursos dos homens e suas suspeitas injustas? Vós mesmo não me ensinastes a não lhes dar a mínima importância? Quem sabe melhor que eu quanto honro Sofia, quanto quero respeitá-la? Minha afeição não causará sua vergonha, causará sua glória, será digna dela. Quando meu coração e minhas atenções lhe prestarem em todo lugar a homenagem que ela merece, em que posso ultrajá-la?* – *Caro Emílio,* replico abraçando-o, *estás raciocinando para ti; deves aprender a raciocinar para ela. Não compares a honra de um sexo com a do outro: eles têm princípios muito diferentes. Esses princípios são igualmente sólidos e lógicos, porque derivam igualmente da natureza, e a mesma virtude que te faz menosprezar para ti os discursos dos homens obriga-te a respeitá-los para tua amada. Tua honra está somente em ti e a dela depende de outrem. Descurá-la seria ferir a tua própria, e não te atribuirás a que deves a ti, se fores a causa de não atribuírem a ela a que lhe é devida.*

Então, explicando-lhe as razões dessa diferença, faço-o sentir que injustiça seria querer ignorá-las. Quem lhe disse que será esposo de Sofia, cujos sentimentos ele desconhece, cujo coração ou cujos pais talvez tenham assumido compromissos anteriores, de Sofia a quem não conhece e que talvez não tenha com ele nenhuma das afinidades que podem fazer feliz um casamento? Não sabe que para uma moça qualquer escândalo é uma mancha indelével que nem mesmo o casamento com quem a causou apaga? E que homem sensível quer perder a mulher que ama? Que homem honrado quer fazer uma infeliz chorar eternamente o infortúnio de haver-lhe agradado?

O jovem, assustado com as consequências que o faço prever e sempre radical em suas ideias, já acredita que nunca está suficientemente longe da casa de Sofia: aperta o passo para fugir mais rapidamente; observa a nosso redor se não estão nos ouvindo; sacrificaria mil vezes sua felicidade à honra daquela que ama; preferiria nunca mais revê-la a causar-lhe um único desprazer. É o primeiro fruto dos cuidados que tomei em sua juventude para formar-lhe um coração que saiba amar.

A questão, portanto, é encontrar um alojamento afastado, mas não muito distante. Procuramos, informamo-nos: ficamos sabendo que a duas léguas ou mais há uma cidade; vamos procurar instalar-nos lá e não nos vilarejos mais próximos, onde nossa permanência se tornaria suspeita. É lá que por fim chega o novo amante, cheio de amor, de esperança, de alegria e principalmente de bons sentimentos; e é assim que, direcionando pouco a pouco sua paixão nascente para o que é bom e honrado, imperceptivelmente predisponho todas as suas inclinações a terem o mesmo feitio.

Estou me aproximando do fim de minha carreira; já o avisto de longe. Todas as grandes dificuldades estão vencidas, todos os grandes obstáculos estão superados; não me resta mais nada difícil para fazer, exceto não estragar minha obra por apressar-me a concluí-la. Na incerteza da vida humana, devemos evitar principalmente a falsa prudência de imolar o presente ao futuro; frequentemente isso é imolar o que é ao que não será. Devemos fazer o homem feliz em todas as idades, para evitar que, depois de muitos cuidados, ele morra antes de ser feliz. E, se há uma época para desfrutar a vida, é seguramente o fim da adolescência, quando as faculdades do corpo e da alma adquiriram seu maior vigor e o homem, no meio de seu percurso, vê de mais longe os dois marcos que fazem sentir-lhe a brevidade. Se a juventude imprudente se engana, não é por querer ter prazer, é por procurar o prazer onde ele não está e, preparando para si um futuro desventurado, nem sequer sabe fazer uso do momento presente.

Considerai meu Emílio já passando dos vinte anos, bem formado, bem constituído de mente e de corpo, forte, saudável, bem disposto, sagaz, robusto, com muito bom-senso, discernimento, bondade, humanidade, com bons costumes, bom gosto, apreciador do belo, praticante do bem, livre do domínio das paixões cruéis, isento do jugo da opinião pública, mas obediente à lei da sabedoria e dócil à voz da amizade; possuidor de todos os talentos úteis e de vários talentos agradáveis, pouco interessado em riquezas, portando seus recursos na extremidade dos braços e sem temer que lhe falte pão, não importa o que aconteça. Agora o vedes embriagado por uma paixão nascente, com o coração abrindo-se para os primeiros ardores do amor: suas doces ilusões criam-lhe um novo universo de delícias e gozos; ama um objeto amável, e ainda mais amável por seu caráter do que por sua pessoa; espera, aguarda uma reciprocidade que sente ser-lhe devida.

Foi da afinidade dos corações, foi da conjunção dos sentimentos honrosos que se formou a primeira atração dos dois: essa atração deve ser duradoura. Ele se entrega com confiança e mesmo com discernimento ao mais encantador delírio, sem temor, sem tristeza, sem remorso, sem outra inquietude além daquela da qual o sentimento de felicidade é inseparável. O que pode faltar para a sua? Olhai, procurai, imaginai o que ainda lhe falta e que possa harmonizar-se com o que tem. Reúne todos os bens que podem ser obtidos conjuntamente; só é possível acrescentar algum à custa de outro; é tão feliz quanto um homem pode ser. Irei eu neste momento abreviar um destino tão doce? Irei perturbar uma voluptuosidade tão pura? Ah, todo o valor da vida está na felicidade que ele está desfrutando! O que eu poderia dar-lhe que valesse o que lhe haveria tirado? Mesmo levando ao cúmulo sua felicidade, iria destruir-lhe o maior encanto. Esperar por essa felicidade suprema é cem vezes mais doce do que alcançá-la; usufruímo-la melhor quando a esperamos do que quando a experimentamos. Ah, bom Emílio, ama e sê amado! Desfruta por muito tempo antes de possuir; desfruta ao mesmo tempo o amor e a inocência; cria teu paraíso terrestre enquanto aguardas o outro: não abreviarei esse tempo venturoso de tua vida; por ti vou alongar seu encantamento; vou prolongá-lo tanto quanto for possível. Mas, ai! É preciso que ele termine e termine em breve; mas pelo menos vou fazer com que dure para sempre em tua memória e nunca te arrependas de havê-lo desfrutado.

Emílio não esquece que temos devoluções a fazer. Assim que elas ficam prontas, tomamos cavalos, vamos a galope; esta vez, ao partir ele gostaria de já ter chegado. Quando o coração se abre para as paixões, abre-se para o tédio da vida. Se não perdi meu tempo, a sua não decorrerá inteira assim.

Infelizmente, a estrada é muito entrecortada e a região é difícil. Perdemo-nos. Ele é o primeiro a perceber isso e, sem impacientar-se, sem queixar-se, aplica toda sua atenção em reencontrar o caminho; vagueia muito tempo antes de localizar-se, e sempre com a mesma impassividade. Isso nada é para vós, mas é muito para mim, que conheço sua índole impetuosa: vejo o fruto dos cuidados que tive já desde a infância para endurecê-lo contra os golpes da necessidade.

Por fim chegamos. Recebem-nos de modo muito mais simples e mais gentil que da primeira vez; já somos velhos conhecidos. Emílio e Sofia cumprimentam-se um pouco acanhados e continuam a não se falarem: o que se diriam em nossa presença? A conversa que precisam ter não necessita de testemunhas. Passeamos no jardim; esse jardim tem como canteiros uma horta muito bem provida; como parque, um pomar coberto de grandes e belas árvores frutíferas de toda espécie, cortado em diversos sentidos por bonitos córregos, e platibandas cheias de flores. *Que belo lugar!* brada Emílio, repleto de seu Homero e sempre entusiasta; *parece que estou vendo o jardim de Alcínoo!* A jovem queria saber o que é Alcínoo e a mãe pergunta. – *Alcínoo,* digo-lhes, *era um rei da Córcira; seu jardim, descrito por Homero, é criticado pelas pessoas de bom gosto como sendo excessivamente simples e pouco ornamentado*[180]. Esse Alcínoo tinha uma filha amável que, na véspera do dia em que um estranho recebeu hospitali-

---

180. "Ao sair do palácio encontra-se um vasto jardim de quatro arpentes, murado e valado em todo o redor, plantado de grandes árvores floridas que dão peras, maçãs, romãs, e outras das mais belas espécies, figueiras de fruto muito doce e oliveiras verdejantes. Nunca durante o ano inteiro essas belas árvores ficam sem frutos: no inverno e no verão, o sopro suave do vento oeste faz simultaneamente nascer uns e amadurecer outros. Veem-se a pera e a maçã envelhecerem e secarem em suas árvores, o figo na figueira e o cacho no sarmento. A vinha inesgotável não cessa de produzir novas uvas; umas são postas a secar ao sol em um terreiro, enquanto outras são vindimadas, deixando-se na planta as que ainda estão em flor, em agraço ou começando a tomar cor. Numa das extremidades, dois canteiros, bem cultivados e cobertos de flores o ano todo, estão adornados com duas fontes; uma delas distribui-se por todo o jardim e a outra, depois de atravessar o palácio, é direcionada para um edifício erigido na cidade para suprir de água os cidadãos."
Essa é a descrição do jardim real de Alcínoo, no sétimo livro da *Odisseia*; jardim no qual, para vergonha do velho sonhador Homero e dos príncipes de seu tempo, não se veem latadas nem estátuas, cascatas ou relvados.

dade na casa de seu pai, sonhara que em breve teria um marido. Sofia, desconcertada, enrubesce, baixa os olhos, morde a língua; impossível imaginar um embaraço tão grande. O pai, que se diverte aumentando-o, toma a palavra e diz que a jovem princesa ia pessoalmente lavar a roupa interior no rio. – *Podeis acreditar*, prossegue, *que ela não teria se dignado tocar nos guardanapos sujos, dizendo que cheiravam a comida velha?* Sofia, que acusa o golpe, esquece sua timidez natural e desculpa-se com vivacidade. Seu papai bem sabe que ela teria sido a única a lavar toda a roupa miúda, se a houvessem deixado fazer isso[181], e que teria feito prazerosamente ainda mais, se assim lhe houvessem ordenado. Enquanto diz essas palavras, ela me olha furtivamente com uma inquietude da qual não posso deixar de rir ao ler em seu coração ingênuo os sobressaltos que a fazem falar. O pai tem a crueldade de acentuar esse desnorteamento perguntando-lhe em tom brincalhão por qual razão ela está falando de si e o que tem em comum com a filha de Alcínoo. Envergonhada e tremendo, ela já não ousa respirar nem olhar para alguém. Menina encantadora! A hora de fingir já passou: contra tua vontade te declaraste.

Essa pequena cena logo é esquecida ou parece sê-lo; para grande sorte de Sofia, Emílio é o único que não entendeu coisa alguma. O passeio continua e nossos jovens, que inicialmente estavam a nosso lado, têm dificuldade para acompanhar a lentidão de nossos passos; imperceptivelmente vão nos precedendo, aproximam-se um do outro, por fim ficam lado a lado e logo os vemos bem distantes a nossa frente. Sofia parece atenta e grave; Emílio fala e gesticula com ardor: a conversa não parece entediá-los. A cabo de uma larga hora vamos retornar; chamamos os dois, eles vão voltando, mas agora lentamente, e vemos que estão fazendo o tempo render. Por fim, de repente sua conversa cessa antes que possamos ouvi-los e ambos apertam o passo para nos alcançar. Emílio aborda-nos com um ar franco e afetuoso; seus olhos cintilam de alegria; entretanto, volta-os um pouco inquieto para a mãe de Sofia, a fim de ver como ela o receberá. Sofia está muito longe de comportar-se de modo tão desenvolto; ao aproximar-se, parece muito confusa por ver-se frente a frente com um rapaz, sendo que tão frequentemente esteve ao lado de outros sem embaraçar-se e sem que alguma vez isso fosse levado a mal. Apressa-se em ir para junto da

---

181. Confesso que até sou grato à mãe de Sofia por não a haver deixado estragar no sabão mãos tão suaves como as suas e que Emílio deverá beijar tantas vezes.

mãe, um pouco ofegante, dizendo algumas palavras sem importância, como para parecer que estava ali já há muito tempo.

Pela serenidade que transparece no rosto desses filhos amáveis, vemos que a conversa aliviou de um grande peso seus jovens corações. Não estão menos reservados um com a outra, mas sua reserva é menos acanhada; agora provém tão somente do respeito de Emílio, do recato de Sofia e da honradez de ambos. Emílio ousa dirigir-lhe algumas palavras, às vezes ela ousa responder, mas para isso nunca abre a boca sem olhar para os olhos da mãe. A mudança que parece mais perceptível nela é para comigo. Demonstra-me uma consideração mais solícita, olha-me com interesse, fala-me afetuosamente, está atenta para o que pode agradar-me; vejo que me honra com sua estima e que não lhe é indiferente conquistar a minha. Compreendo que Emílio lhe falou de mim; poderiam dizer que eles já conspiraram para ganhar-me: mas não é isso, e a própria Sofia não se deixa ganhar tão rapidamente. Talvez ele vá precisar mais que eu o favoreça para ela do que ela favorecer-se para mim. Casal encantador! Ao pensar que o coração sensível de meu jovem amigo me tornou muito presente na primeira conversa com sua amada, desfruto a recompensa de minha labuta; sua amizade pagou-me tudo.

As visitas reiteram-se. As conversas entre nossos jovens tornam-se mais frequentes. Emílio, embriagado de amor, julga já alcançar sua felicidade. Entretanto, não obtém o consentimento formal de Sofia: ela o escuta e nada lhe diz. Emílio conhece todo seu recato; tanta contenção não o espanta; sente que não está mal com ela; sabe que são os pais que casam os filhos; supõe que Sofia esteja esperando uma ordem dos pais e pede-lhe permissão para solicitá-la; ela não se opõe. Ele me fala do assunto; falo em seu nome e mesmo em sua presença. Como se surpreende ao saber que Sofia depende só de si mesma e para fazê-lo feliz basta que assim queira! Começa a não entender mais sua conduta. Sua confiança diminui. Alarma-se, vê-se menos adiantado do que pensava estar e é então que o mais terno amor emprega sua linguagem mais tocante para dobrá-la.

Emílio não foi feito para adivinhar o que o prejudica; se alguém não lhe disser, nunca na vida o saberá, e Sofia é orgulhosa demais para dizer-lhe. As dificuldades que a detêm seriam incentivo para alguma outra. Não esqueceu as lições de seus pais. É pobre, sabe que Emílio é rico. Quanto ele precisa fazer-se estimado por ela! Quanto mérito lhe é necessário para anular essa desigualdade! Mas, como Emílio pensaria nesses obstáculos? Acaso sabe se é rico? Pelo menos dá-se o trabalho de informar-se? Graças aos céus, não tem a menor necessidade de ser rico, sabe ser caritativo sem isso. Tira do coração e não da bolsa o bem que pratica. Dá aos infelizes seu tempo, seus cuidados, seus afetos, sua pessoa; e na estimativa de suas boas ações mal ousa dar algum valor ao dinheiro que distribui entre os indigentes.

Não sabendo em que pôr a culpa de sua desdita, atribui-a a si mesmo: pois quem se atreveria a acusar de capricho o objeto de suas adorações? A humilhação do amor-próprio aumenta as tristezas do amor recusado. Já não se aproxima de Sofia com aquela amável confiança de um coração que se sente digno do seu; fica receoso e trêmulo diante dela. Não espera mais comovê-la pela ternura, procura dobrá-la pela piedade. Às vezes sua paciência se cansa e o despeito está prestes a sucedê-la. Sofia parece pressentir esses arroubos e olha-o. Esse olhar basta para desarmá-lo e intimidá-lo: fica mais submisso do que antes.

Abalado com essa resistência obstinada e esse silêncio invencível, Emílio desafoga o coração no de seu amigo. Deposita nele as dores de um coração transpassado de tristeza; implora-lhe ajuda e conselhos. – *Que mistério impenetrável! Ela se interessa por minha sorte, não posso duvidar disso: em vez de evitar-me, gosta de estar comigo; quando chego, mostra alegria, e tristeza quando parto; recebe meus cuidados com bondade; minhas atenções parecem agradar-lhe; digna-se dar-me opiniões, às vezes até mesmo ordens. Entretanto, rejeita minhas solicitações, meus rogos. Quando me atrevo a falar de união; impõe-me silêncio imperiosamente; e, se eu acrescentar uma só palavra, deixa-me de lado imediatamente. Por qual estranha razão quer que eu seja seu sem querer nem ouvir falar de ser minha? Vós que ela preza muito, vós que ela ama e não ousará mandar calar-se, fazei-a falar; servi vosso amigo, coroai vossa obra; não torneis vossos cuidados funestos para vosso aluno: ah, o que ele deve a vós fará sua miséria, se não conseguirdes sua felicidade!*

Falo com Sofia e sem muito trabalho arranco-lhe um segredo que eu conhecia antes de ouvi-lo. Tenho mais dificuldade em obter permissão para informá-lo a Emílio; por fim a consigo e utilizo-a. Essa explicação lança-o num assombro do qual não consegue sair. Não entende nem um pouco esse melindre; não imagina o que escudos a mais ou a menos têm a ver com o caráter e o mérito. Quando lhe explico o que eles têm a ver com os preconceitos, põe-se a rir e, arrebatado de júbilo, quer partir imediatamente, ir rasgar tudo, jogar fora tudo, renunciar a tudo para ter a honra de ficar tão pobre quanto Sofia e retornar digno de ser seu esposo.

– Ora essa, digo, detendo-o e rindo por minha vez de sua impetuosidade, *essa cabeça jovem nunca vai amadurecer? E, depois de filosofar a vida inteira, nunca aprenderás a raciocinar? Como não vês que seguindo teu projeto insensato vais piorar tua situação e tornar Sofia mais intratável? Ter alguns bens a mais do que ela é uma pequena vantagem e seria uma vantagem muito grande ter-lhe sacrificado todos eles; e, se seu orgulho não pode decidir-se a dever-te o primeiro favor, como se decidiria a dever-te o outro? Se ela não consegue aceitar que um marido possa recriminá-la porque a enriqueceu, como aceitará que ele possa recriminá-la por ter empobrecido por sua causa? Ah, infeliz, treme de medo de que ela suspeite que fizeste esse projeto! Ao contrário, torna-te econômico e cuidadoso por amor a ela, para que não te acuse de querer ganhá-la pela astúcia e de sacrificar-lhe voluntariamente o que perdes por negligência.*

"*Acreditas realmente que grandes bens a assustem e que suas oposições provenham precisamente da riqueza? Não, caro Emílio; elas têm uma causa mais sólida e mais grave no efeito que tais riquezas produzem na alma do possuidor. Sofia sabe que os bens da fortuna são sempre preferidos a tudo pelos que os têm. Todos os ricos contam o ouro antes do mérito. Na parada conjunta do dinheiro e dos serviços, julgam sempre que os serviços nunca pagam o dinheiro e pensam que quem passou a vida servindo-os e comendo seu pão continua devendo-lhes. Então o que deves fazer, Emílio, para tranquilizá-la sobre seus temores? Faze com que te conheça bem; isso não é coisa de um dia. Nos tesouros de tua alma nobre, mostra-lhe com quais compensar aqueles de que tens o infortúnio de ser dotado. À custa de constância e de tempo, vence sua resistência; à custa de sentimentos nobres e generosos, força-a a esquecer tuas riquezas. Ama-a, serve-a, serve seus pais respeitáveis. Prova-lhe que essas atenções não resultam de uma paixão louca e passageira e sim, dos princípios indeléveis gravados no fundo de teu coração. Honra dignamente o mérito ultrajado pela fortuna: é o único meio de reconciliá-lo com o mérito que esta favoreceu.*"

É fácil conceber que arroubos de alegria essas palavras causam ao jovem, quanto lhe devolvem a confiança e a esperança, quanto seu coração honrado se congratula por ter de fazer, para agradar a Sofia, tudo o que faria espontaneamente se Sofia não existisse ou se não estivesse apaixonado por ela.

Por pouco que tenhais compreendido seu caráter, quem não imaginará sua conduta nessa ocasião?

Assim, vejo-me confidente de minhas duas pessoas boas e mediador de seus amores! Um belo emprego para um preceptor! Tão belo que em toda minha vida nada fiz que tanto me elevasse a meus próprios olhos e me tornasse tão contente comigo mesmo. Ademais, esse emprego não deixa de ter seus atrativos: sou bem-vindo na casa; nela confiam a mim o cuidado de manter na ordem os dois enamorados; Emílio, sempre com muito medo de desagradar, nunca foi tão dócil. A menina cumula-me de mostras de amizade que não me enganam e das quais guardo para mim apenas as que me cabem. É assim que ela se ressarce indiretamente do respeito em que mantém Emílio. Faz-lhe em mim mil afagos carinhosos que peferiria morrer a fazer nele mesmo; e ele, que sabe que não quero prejudicar seus interesses, fica encantado com meu bom entendimento com Sofia. Consola-se quando ela recusa seu braço num passeio porque prefere o meu. Afasta-se sem reclamar e dizendo-me baixinho com a voz e os olhos: *Amigo, fala em meu favor!* Seu olhar acompanha-nos com interesse; procura ler em nossos rostos nossos sentimentos e interpretar nossas palavras por meio de nossos gestos; sabe que nada do que for dito entre nós lhe é indiferente. Boa Sofia, quanto teu coração sincero fica à vontade quando, sem que Telêmaco te ouça, podes conversar com seu Mentor! Com que amável franqueza deixas que ele leia nesse terno coração tudo o que acontece ali! Com que prazer lhe mostras toda tua estima por seu aluno! Com que ingenuidade tocante deixas que adivinhe sentimentos mais doces! Com que cólera fingida afastas o importuno quando a impaciência força-o a interromper-te! Com que ressentimento encantador censuras sua indiscrição quando vem impedir-te de falar ou de ouvir-me falar bem dele e de continuares extraindo de minhas respostas algum novo motivo para amá-lo!

Conseguindo assim que o tolerassem como namorado declarado, Emílio faz valer todos os seus direitos como tais: fala, pressiona, solicita, importuna. Pouco lhe importa que lhe falem duramente, que o maltratem, contanto que o escutem. Por fim obtém, não sem dificuldade, que Sofia, por sua vez, tenha a bondade de assumir abertamente para com ele a autoridade de uma namorada, que lhe prescreva o que deve fazer, que mande em vez de pedir, que aceite em vez de agradecer, que regule o número e o tempo das visitas, que o proíba de vir até tal dia ou de ficar depois de tal hora. Tudo isso não é feito por jogo e sim, muito seriamente; e, tendo aceitado com dificuldade esses direitos, ela os utiliza com um rigor que frequentemente reduz o pobre Emílio ao arrependimento de tê-los concedido. Mas, não importa o que Sofia ordene, ele nada replica; e muitas vezes, ao sair para obedecer, olha-me com olhos jubilosos que me dizem: Bem vedes que ela se apossou de mim. Enquanto isso, a orgulhosa observa-o dissimuladamente e sorri em segredo da altivez de seu escravo.

Albani e Rafael, emprestai-me o pincel do deleite! Divino Milton, ensina minha pena grosseira a descrever os prazeres do amor e da inocência! Mas não; escondei vossas artes mentirosas perante a santa verdade da natureza. Limitai-vos a ter corações sensíveis, almas honradas; depois deixai vossa imaginação vagar sem constrangimento pelos arroubos de dois jovens enamorados que, em presença de seus pais e de seus guias, entregam-se sem inquietação à doce ilusão que os deleita e, na embriaguez dos desejos, avançando lentamente para o término, entrelaçam de flores e guirlandas o vínculo bem-aventurado que deve uni-los até o túmulo. Tantas imagens encantadoras embriagam também a mim; reúno-as sem ordem nem sequência; o delírio que me causam impede-me de interligá-las. Ah, quem, tendo um coração, não saberá pintar dentro de si o quadro delicioso das diversas situações do pai, da mãe, da filha, do preceptor, do aluno, e da cooperação de todos para a união do casal mais encantador que o amor e a virtude possam fazer feliz?

É agora que, almejando realmente agradar, Emílio começa a perceber o valor dos talentos agradáveis que adquiriu. Sofia gosta de cantar, Emílio canta com ela; e faz mais: ensina-lhe música. Ela é viva e ágil, gosta de saltar, ele dança com ela; transforma-lhe os pulos em passos, aperfeiçoa-a. Essas aulas são encantadoras; anima-as uma alegria brincalhona que suaviza o tímido respeito do amor: é permitido ao apaixonado dá-las com voluptuosidade; é permitido ser o senhor de sua senhora.

Há na casa um velho cravo todo desconjuntado; Emílio ajusta-o e afina-o; é afinador, é cravista tanto quanto marceneiro; sempre teve como lema aprender a não precisar da ajuda de outrem em tudo o que ele mesmo pudesse fazer. A casa tem uma localização pitoresca; ele desenha diversas vistas, nas quais Sofia às vezes pôs a mão e que usa para adornar o gabinete de seu pai. As molduras não são nem precisam ser douradas. Vendo Emílio desenhar, imitando-o, ela se aperfeiçoa com seu exemplo; cultiva todos os talentos e seu charme embeleza-os todos. O pai e a mãe lembram-se da antiga opulência ao verem brilhar novamente a seu redor as belas-artes, o único motivo que os levava a apreciá-la; o amor enfeitou toda sua casa; ele sozinho, sem despesas nem dificuldade, faz reinarem ali os mesmos prazeres que outrora ambos só reuniam à custa de dinheiro e de problemas.

Como o idólatra enriquece o objeto de seu culto com os tesouros que preza e adorna no altar o deus que adora, o amante, por mais que veja como perfeita sua amada, quer acrescentar-lhe continuamente novos ornamentos. A amada não precisa deles para agradar-lhe; já ele tem necessidade de adorná-la; é uma homenagem a mais que julga prestar-lhe, é um novo interesse que acrescenta ao prazer de contemplá-la. Parece-lhe que nada belo está no lugar certo quando não estiver adornando a beleza suprema. É um espetáculo tão tocante quanto cômico ver Emílio empenhado em ensinar a Sofia tudo o que sabe, sem consultar se o que quer ensinar-lhe é de seu agrado ou lhe convém. Fala-lhe de tudo, explica-lhe tudo com um afã pueril; julga que basta dizer e imediatamente ela compreenderá; imagina antecipadamente o prazer que terá em raciocinar, em filosofar com ela; considera inúteis todos os conhecimentos que não possa expor-lhe; quase enrubesce por saber algo que ela não sabe.

Assim o vemos dando uma aula de filosofia, de física, de matemática, de história, de tudo enfim. Sofia presta-se com prazer a seu zelo e procura aproveitá-lo. Como Emílio fica contente quando consegue que o deixe dar sua aula ajoelhado diante dela! Pensa que vê os céus abertos. Entretanto, essa situação, mais incômoda para a aluna do que para o professor, não é a mais propícia para a instrução. Sofia então não sabe o que fazer com os olhos para evitar os que os perseguem e, quando se encontram, a aula não caminha bem.

As mulheres não são alheias à arte de pensar, mas devem somente aflorar as ciências de raciocínio. Sofia concebe tudo e retém pouco. Seus maiores avanços são na moral e nos assuntos de gosto; da física, guarda apenas uma ideia das leis gerais e do sistema do mundo. Às vezes, em seus passeios, ao contemplarem as maravilhas da natureza, os corações inocentes e puros dos dois ousam elevar-se até seu autor: não temem sua presença, expandem-se perante ele.

Ora essa, dois amantes na flor da idade usam suas conversas a sós para falar de religião! Passam o tempo recitando seu catecismo! Para que aviltar o que é sublime? Sim, sem dúvida, recitam-no na ilusão que os fascina: veem-se perfeitos, amam-se, conversam com entusiasmo sobre o que dá um valor à virtude. Os sacrifícios que lhe fazem a tornam cara. Em ímpetos que precisam vencer, às vezes vertem juntos lágrimas mais puras do que o orvalho do céu e essas doces lágrimas encantam-lhes a vida: vivem no mais enlevado delírio que almas humanas já experimentaram. As próprias privações aumentam-lhes a felicidade e os honram perante eles mesmos com seus sacrifícios. Homens sensuais, corpos sem alma, um dia eles conhecerão vossos prazeres e a vida inteira sentirão saudade do tempo feliz em que mutuamente os recusaram!

Apesar desse bom entendimento, não deixam de ocorrer algumas desavenças e até mesmo brigas; a amada tem seus caprichos e o amante, seus rompantes; mas essas pequenas tempestades passam logo e só fortalecem a união; a experiência vai ensinando Emílio a não as temer tanto; sempre lhe são mais proveitosas as reconciliações do que prejudiciais os desentendimentos. O fruto da primeira levou-o a esperar outras; enganou-se; mas por fim, se nem sempre lhe rendem um proveito tão sensível, sempre o beneficiam por ver Sofia confirmar o interesse sincero que tem em [conservar] seu coração. Quereis saber qual é afinal esse proveito. Concordo de bom grado, ainda mais porque esse exemplo me dará oportunidade para expor uma máxima muito útil e combater uma muito funesta.

Emílio ama e, portanto, não é temerário; e é ainda mais fácil conceber que a imperiosa Sofia não é moça que lhe permita familiaridades. Como o recato tem seu fim em tudo, muito mais lhe atribuiriam um excesso de dureza do que um excesso de indulgência; e o próprio pai às vezes receia que seu extremo orgulho degenere em altivez. Nas mais secretas conversas a sós, Emílio não ousaria solicitar sequer o menor favor nem mesmo parecer almejá-lo; e, quando ela aceita dar-lhe o braço no passeio – graça que não deixa converter-se em direito –, ele mal ousa às vezes, suspirando, apertar esse braço contra seu peito. Entretanto, depois de uma longa contenção, arrisca-se a beijar-lhe furtivamente o vestido; e várias vezes é bem-sucedido o bastante para ela ter a bondade de não perceber. Um dia em que tenta tomar um pouco mais abertamente a mesma liberdade, ela resolve zangar-se. Ele teima, ela se irrita, o despeito dita-lhe algumas palavras mordazes; Emílio não as tolera sem replicar; passam o restante do dia amuados e separam-se muito descontentes.

Sofia está desconfortável. A mãe é sua confidente; como lhe esconderia sua tristeza? É sua primeira desavença; e uma desavença de uma hora é um assunto tão sério! Está arrependida de seu erro; a mãe permite-lhe que o repare, o pai ordena-lhe isso também.

No dia seguinte, Emílio, inquieto, volta à casa mais cedo do que de costume. Sofia está no gabinete de vestir da mãe; o pai também está no mesmo cômodo. Emílio entra com respeito, mas com um ar triste. Assim que o pai e a mãe o cumprimentam, Sofia volta-se e, apresentando-lhe a mão, pergunta-lhe em tom carinhoso como está. É evidente que essa bonita mão avança assim para ser beijada; ele a pega e não a beija. Sofia, um pouco envergonhada, retira-a tão graciosamente quanto consegue. Emílio, que não está acostumado com as maneiras das mulheres e não sabe para que serve um capricho, não o esquece facilmente e não se acalma tão depressa. O pai de Sofia, vendo-a embaraçada, acaba de desconcertá-la com brincadeiras. A pobre moça, confusa, humilhada, não sabe mais o que fazer e daria tudo no mundo para atrever-se a chorar. Quanto mais se contém, mais seu coração transborda; por fim, malgrado seu esforço, uma lágrima escapa. Emílio vê essa lágrima, arroja-se aos pés de Sofia, pega-lhe a mão e beija-a várias vezes, arrebatadamente. – *Palavra de honra, sois bondoso demais*, diz o pai, desatando a rir; *eu seria menos indulgente com todas essas loucuras e puniria a boca que me houvesse ofendido.* Emílio, encorajado por essas palavras, olha suplicante para a mãe e, acreditando ver um sinal de consentimento, aproxima-se tremendo do rosto de Sofia, que vira a cabeça e para salvar a boca expõe uma face de rosas. O imprudente não se contenta com isso; ela resiste brandamente. Que beijo, se não fosse roubado diante dos olhos de uma mãe!

Severa Sofia, cuidado contigo: frequentemente vão pedir-te teu vestido para beijá-lo, com a condição de o recusares de vez em quando.

Depois dessa punição exemplar, o pai sai para alguma coisa; a mãe despede Sofia com um pretexto qualquer e depois dirige a palavra a Emílio, dizendo-lhe em tom sério:

> – Meu senhor, creio que um jovem tão bem nascido, tão bem educado como vós, de bons sentimentos e bons costumes, não gostaria de retribuir com a desonra de uma família a amizade que ela lhe manifesta. Não sou melindrosa nem puritana; sei o que devemos relevar à juventude travessa; e o que permiti em minha presença vos dá uma boa prova disso. Consultai vosso amigo sobre vossos deveres; ele vos dirá qual é a diferença entre os jogos que a presença de um pai e de uma mãe autoriza e as liberdades tomadas longe deles, abusando

> de sua confiança e convertendo em armadilhas os mesmos favores que em sua presença são inocentes. Ele vos dirá, meu senhor, que o único erro de minha filha convosco foi não ter visto, já na primeira vez, o que nunca deveria permitir; ele vos dirá que tudo o que for considerado um favor torna-se um favor, e que é indigno de um homem de honra abusar da simplicidade de uma jovem para usurpar em segredo as mesmas liberdades que ela pode permitir diante de todo mundo. Pois sabemos o que o decoro pode tolerar em público; mas ignoramos onde se detém, na sombra do mistério, aquele que se constitui único juiz de suas fantasias.

Após essa justa reprimenda, dirigida muito mais a mim do que a meu aluno, essa mãe sábia sai e deixa-me admirando sua rara prudência, que não leva em conta beijarem diante dela a boca de sua filha e assusta-se por ousarem beijar seu vestido quando a sós. Refletindo sobre a loucura de nossas máximas, que sempre sacrificam à decência a honradez verdadeira, compreendo por que a linguagem é tanto mais casta quanto mais corrompidos forem os corações e por que os procedimentos são tanto mais estritos quanto mais desonestos forem os que os adotam.

Nessa ocasião, ao inculcar no coração de Emílio os deveres que eu já devia ter-lhe ditado antes, vem-me uma nova reflexão, que talvez honre mais Sofia e que, entretanto, não transmitirei a seu namorado: está claro que essa suposta altivez que lhe criticam é uma precaução muito inteligente para proteger-se de si mesma. Como tem a infelicidade de sentir-se com um temperamento inflamável, receia a primeira faísca e afasta-a com toda força. É severa não por altivez, mas por humildade. Assume sobre Emílio o domínio que teme não ter sobre Sofia; utiliza um para lutar contra o outro. Se fosse mais confiante, seria bem menos altiva. Exceto por esse último ponto, que jovem no mundo é mais cordata e mais meiga? Quem tolera com mais paciência uma ofensa? Quem mais teme fazê-la a outrem? Quem tem menos pretensões de qualquer espécie, exceto sobre a virtude? Mesmo assim, ela não é orgulhosa de sua virtude, só é orgulhosa para conservá-la; e, quando pode entregar-se sem risco à propensão de seu coração, acaricia até mesmo o namorado. Mas sua mãe prudente não dá todos esses detalhes nem mesmo ao pai: os homens não devem saber de tudo.

Em vez de parecer orgulhar-se de sua conquista, Sofia tornou-se ainda mais afável e menos exigente com todo mundo, exceto talvez com o único que produz essa mudança. O sentimento de independência já não lhe infla o nobre coração. Triunfa com modéstia numa vitória que lhe custa a liberdade. Mostra menos desenvoltura e fala mais timidamente desde que não ouças mais a palavra *namorado* sem enrubescer; mas o contentamento transparece em seu embaraço e mesmo essa vergonha não é um sentimento incômodo. É principalmente com os rapazes que ocasionalmente aparecem que a diferença de sua conduta é mais perceptível. Desde que não os teme mais, a extrema reserva que lhes demonstrava afrouxou-se muito. Com sua escolha já decidida, não tem escrúpulo em mostrar-se gentil com os indiferentes; menos exigente quanto a seus méritos desde que não lhe interessam mais, sempre os acha bastante amáveis como pessoas que nunca lhe significarão nada.

Se o amor verdadeiro pudesse usar de coqueteria, eu até acreditaria ver alguns sinais disso no modo como Sofia se comporta com eles em presença do namorado. Diria que, não contente com a ardente paixão com que o abrasa misturando primorosamente reserva e carinho, não tem pena de ainda atiçar essa mesma paixão com um pouco de inquietude; diria que, alegrando intencionalmente seus jovens hóspedes, destina para o tormento de Emílio as graças de uma jovialidade que não ousa ter com ele; mas Sofia é atenta demais, boa demais, judiciosa demais para atormentá-lo de fato. O amor e a honestidade substituem-lhe a prudência para moderar esse estimulante perigoso: sabe alarmá-lo e tranquilizá-lo precisamente quando necessário; e, se às vezes o inquieta, nunca o entristece. Perdoemos a preocupação que causa a quem ama pelo medo que sente de ele nunca estar suficientemente enlaçado.

Mas que efeito essa pequena manobra produzirá em Emílio? Sentirá ciúmes? Não sentirá? É o que precisamos examinar: digressões como essa também fazem parte do objeto de meu livro e pouco me desviam de meu assunto.

Mostrei anteriormente como, nas coisas relacionadas apenas com a opinião, essa paixão se introduz no coração do homem. Mas em amor é diferente; o ciúme então parece estar tão estreitamente ligado à natureza que fica muito difícil acreditar que não provenha dela; e o próprio exemplo dos animais, vários dos quais são ciumentos até o furor, parece estabelecer inquestionavelmente a ideia oposta. Acaso é a opinião dos homens que ensina os galos a despedaçarem-se e os touros a combaterem-se até a morte?

A aversão a tudo o que perturba e ataca nossos prazeres é um movimento natural; isso é incontestável. Até certo ponto, o desejo de possuir com exclusividade o que nos agrada ainda está no mesmo caso. Mas, quando esse desejo, tornando-se paixão, transforma-se em furor ou numa fantasia suspeitosa e triste chamada ciúme, então é diferente; essa paixão pode ser natural ou não o ser; é preciso distinguir.

O exemplo extraído dos animais foi examinado anteriormente no *Discurso sobre a desigualdade*; e, agora que o rememoro, aquele exame me parece suficientemente sólido para eu ousar remeter a ele os leitores. Às distinções que fiz naquele escrito acrescentarei apenas que o ciúme que provém da natureza está muito ligado à potência do sexo e, quando essa potência é ou parece ser ilimitada, o ciúme chega ao auge; pois então o macho, medindo seus direitos por suas necessidades, sempre verá outro macho como um concorrente importuno. Nessas mesmas espécies, as fêmeas, como obedecem sempre ao primeiro que chegar, pertencem aos machos por direito de conquista e causam entre eles combates eternos.

Ao contrário, nas espécies em que um se une com uma, em que a cópula produz uma espécie de vínculo moral, uma espécie de casamento, a fêmea, como pertence por opção sua ao macho que a adotou, comumente se recusa a qualquer outro; e o macho, tendo como garantia de sua fidelidade essa afeição preferencial, também fica menos inquieto ao ver outros machos e vive mais em paz com eles. Nessas espécies o macho compartilha dos cuidados com os filhotes; e, por uma dessas leis da natureza que não observamos sem nos enternecermos, parece que a fêmea retribui ao pai o carinho que tem pelos filhos.

Pois bem, considerando a espécie humana em sua simplicidade primitiva, é fácil ver, pela potência limitada do macho e pela moderação de seus desejos, que ele está destinado pela natureza a contentar-se com uma única fêmea; isso se confirma pela igualdade numérica de indivíduos dos dois sexos, pelo menos em nossos climas – igualdade que está longe de existir nas espécies em que a maior força dos machos reúne várias fêmeas para um único. E, embora o homem não incube como o pombo e, embora não tendo mamas para aleitar, sob esse aspecto esteja na classe dos quadrúpedes, os filhos permanecem fracos e arrastando-se no chão por tanto tempo que dificilmente a mãe e eles poderiam passar sem o apego do pai e os cuidados que disso decorrem.

Assim, todas as observações convergem para provar que o furor ciumento dos machos em algumas espécies de animais não é de forma alguma concludente com relação ao homem; e mesmo a exceção dos climas meridionais, em que a poligamia está estabelecida, confirma ainda melhor o princípio, visto que é da pluralidade de mulheres que provém a tirânica precaução dos maridos e que a percepção de sua própria fraqueza leva o homem a recorrer à coerção para eludir as leis da natureza.

Em nossos países, onde essas mesmas leis, menos eludidas sob esse aspecto, são-no num sentido contrário e mais odioso, o motivo do ciúme está mais nas paixões sociais do que no instinto primitivo. Na maioria das ligações galantes, o amante odeia seus rivais muito mais do que ama sua amada; e, se receia não ser o único favorecido, é por causa desse amor-próprio cuja origem mostrei, e nele a vaidade padece muito mais do que o amor. Por outro lado, nossas instituições desastradas tornaram as mulheres tão dissimuladas[182] e abrasaram tanto seus apetites que mal podemos contar com seu apego mais comprovado e elas já não podem manifestar preferências que as tranquilizem do medo dos rivais.

Quanto ao amor verdadeiro, é outra coisa. Mostrei no escrito já citado que esse sentimento não é tão natural como pensamos; e há muita diferença entre o doce hábito que afeiçoa o homem a sua companheira e esse ardor desenfreado que o embriaga com os atrativos quiméricos de um objeto que ele não vê tal como é. Essa paixão que respira somente exclusões e preferências só difere da vaidade porque a vaidade, exigindo tudo e nada concedendo, é sempre iníqua; ao passo que o amor, dando tanto quanto exige, é intrinsecamente um sentimento repleto de equidade. Aliás, quanto mais exigente ele for, mais crédulo é: a mesma ilusão que o causa torna-o facilmente persuasível. Se o amor é inquieto, a estima é confiante; e amor sem estima nunca existiu num coração honrado, porque toda pessoa ama no que ama somente as qualidades que lhe importam.

Tudo isso bem esclarecido, podemos dizer com toda certeza de que espécie de ciúme Emílio será capaz; pois, visto que, mal essa paixão germina no coração humano, sua forma é determinada unicamente pela educação. Emílio apaixonado e com ciúmes não será colérico, melindroso, desconfiado e sim delicado, sensível e receoso; ficará mais alarmado do que irritado; irá empenhar-se muito mais em ganhar sua amada do que em ameaçar seu rival; se puder, irá afastá-lo como a um obstáculo, sem odiá-lo como a um inimigo; se odiá-lo,

---

182. A espécie de dissimulação de que falo aqui é oposta à que lhes convém e que recebem da natureza; uma consiste em esconder os sentimentos que têm e a outra, em fingir sentimentos que não têm. Todas as mulheres do mundo passam a vida gabando-se de sua pretensa sensibilidade e sempre amam só a si mesmas.

não será pela audácia de disputar-lhe um coração a que pretende e sim pelo perigo real de perdê-lo em que o coloca; seu orgulho injusto não se ofenderá tolamente por alguém entrar em concorrência com ele; compreendendo que o direito de preferência se baseia unicamente no mérito e que a honra está no sucesso, redobrará os cuidados para tornar-se amável, e provavelmente será bem-sucedido. A generosa Sofia, aguçando-lhe o amor com alguns sobressaltos, saberá regulá-los bem e compensá-lo por eles; e os concorrentes, que só eram tolerados para pô-lo à prova, não tardarão a ser afastados.

Mas para onde me sinto imperceptivelmente arrastado? Ah, Emílio, o que é feito de ti? Acaso posso reconhecer em ti meu aluno? Quão decaído te vejo! Onde está aquele jovem formado com tanta dureza, que enfrentava os rigores das estações, que entregava o corpo aos mais rudes trabalhos e a alma tão somente às leis da sabedoria; inacessível aos preconceitos e às paixões; que só amava a verdade, só cedia à razão e só dependia de si mesmo? Agora, amolecido numa vida ociosa, deixa-se governar por mulheres; os passatempos delas são suas ocupações; as vontades delas são suas leis; uma mocinha é o árbitro de seu destino; rasteja e curva-se diante dela; o grave Emílio é joguete de uma criança!

Assim é a mudança dos cenários da vida: cada idade tem suas molas que a põem em movimento; mas o homem é sempre o mesmo. Aos dez anos, é movido por bolos; aos vinte, por uma amada; aos trinta, pelos prazeres; aos quarenta, pela ambição; aos cinquenta, pela avareza; quando correrá atrás somente da sabedoria? Feliz aquele que é conduzido a ela mesmo que não queira! Que importa qual guia utilizemos, contanto que o leve ao objetivo? Os heróis e mesmo os sábios pagaram esse tributo à fraqueza humana; e ninguém deixou de ser um grande homem por seus dedos terem quebrado fusos.

Se desejais estender para a vida inteira o efeito de uma educação bem-sucedida, prolongai durante a juventude os bons hábitos da infância e, quando vosso aluno for o que deve ser, fazei-o ser o mesmo em todas as épocas. Esse é o aperfeiçoamento final que vos falta dar a vossa obra. Principalmente por isso é importante deixar um preceptor para os moços; pois para o restante não há risco de que sem ele não saibam fazer amor. O que engana os preceptores e principalmente os pais é acreditarem que um modo de viver exclui outro e que, tão logo nos tornamos adultos, devemos renunciar a tudo o que fazíamos quando crianças. Se assim fosse, de nada serviria cuidar bem da infância, visto que seu bom ou mau uso desapareceria com ela e ao assumirmos modos de vida absolutamente diversos assumiríamos necessariamente outros modos de pensar.

Assim como apenas as doenças graves causam solução de continuidade na memória, apenas as grandes paixões a causam nos costumes. Embora nossos gostos e inclinações mudem, essa mudança, às vezes bastante brusca, é atenuada pelos hábitos. Na sucessão de nossas tendências, como numa correta degradação de cores, o artista habilidoso deve tornar imperceptíveis as passagens, confundir e misturar as tintas e, para que nenhuma se destaque, estender várias sobre todo seu trabalho. Essa regra é confirmada pela experiência; as pessoas imoderadas mudam diariamente de afeições, de gostos, de sentimentos, e sua única constância é o hábito de mudar; mas o homem regrado sempre volta a suas antigas práticas e, mesmo na velhice, não perde o gosto pelos prazeres que apreciava quando criança.

Se conseguirdes que, ao passarem para uma nova idade, os jovens não desprezem a que a precedeu, que ao contraírem novos hábitos não abandonem os antigos e continuem gostando de fazer o que é bom sem levarem em conta o tempo em que começaram, somente então tereis salvado vossa obra e estareis seguros deles até o fim de seus dias; pois a revolução que mais deveis temer é a da idade da qual cuidais agora. Como sempre temos saudades dela, dificilmente perdemos depois os gostos que conservamos então; ao passo que, quando são interrompidos, nunca mais os retomamos.

A maioria dos hábitos que julgais fazer as crianças e os jovens contraírem não são hábitos verdadeiros, porque os adquiriram à força e, seguindo-os a contragosto, só esperam uma oportunidade para livrarem-se deles. Ninguém toma gosto pela prisão à custa de permanecer preso; então o hábito, em vez de diminuir a aversão, aumenta-a. Isso não acontece com Emílio, que, nada tendo feito na infância que não fosse voluntariamente e com prazer, ao continuar agindo do mesmo modo quando homem simplesmente acrescenta o poder do hábito às doçuras da liberdade. A vida ativa, o trabalho braçal, o exercício, o movimento se lhe tornaram tão necessários que não poderia abandoná-los sem sofrer. Reduzi-lo subitamente a uma vida indolente e sedentária seria aprisioná-lo, acorrentá-lo, mantê-lo num estado violento e forçado; não tenho dúvida de que tanto seu humor como sua saúde se alterariam. Num quarto totalmente fechado ele mal consegue respirar à vontade; precisa de ar livre, de movimento, de fadiga. Mesmo aos pés de Sofia, não consegue deixar de às vezes olhar disfarçadamente para o campo e desejar percorrê-lo com ela. Mas se mantém no mesmo lugar quando é preciso; entretanto, fica inquieto, agitado, parece debater-se; mantém-se assim porque está acorrentado. Ireis dizer-me que essas são necessidades a que o submeti, sujeições que lhe criei; e tudo isso é verdade: sujeitei-o ao estado de homem.

Emílio ama Sofia; mas quais foram os primeiros atrativos que o prenderam? A sensibilidade, a virtude, o amor às coisas honradas. Amando esse amor em sua amada, como haveria de perdê-lo em si mesmo? Que preço Sofia, por sua vez, se atribuiu? O preço de todos os sentimentos que são próprios do coração de seu amante: estima pelos bens verdadeiros, frugalidade, simplicidade, desinteresse generoso, menosprezo do luxo e das riquezas. Emílio tinha essas virtudes antes de lhe serem impostas pelo amor. Portanto, Emílio está realmente mudado em quê? Tem novas razões para ser ele mesmo; é o único ponto em que está diferente do que era.

Não imagino que alguém que lê este livro com um pouco de atenção possa acreditar que todas as circunstâncias da situação em que ele está tenham se reunido assim a seu redor por acaso. É por acaso que, as cidades fornecendo tantas moças amáveis, a que lhe agrada só seja achada no fundo de um retiro distante? É por acaso que a encontra? É por acaso que os dois se combinam? É por acaso que ambos não podem viver no mesmo lugar? É por acaso que o alojamento que encontra fica tão longe dela? É por acaso que a vê tão raramente e é obrigado a esfalfar-se tanto para obter o prazer de vê-la de vez em quando? Ele está se afeminando, dizeis. Ao contrário, está se enrijecendo: precisa ser tão robusto quanto o formei para resistir aos esforços que Sofia o faz suportar.

Ele está alojado a duas largas léguas dela. Essa distância é o fole da forja; é com ela que tempero as setas do amor. Se os dois morassem porta a porta ou se ele pudesse ir vê-la sentado preguiçosamente num bom coche, iria cortejá-la muito à vontade, cortejá-la como parisiense. Teria Leandro desejado morrer por Hero, se o mar não o separasse dela?[183] Leitor, poupai-me palavras; se sois capaz de entender-me, seguireis suficientemente minhas regras em meus detalhes.

---

183. No mito grego de Hero e Leandro, os dois jovens enamorados viviam em margens opostas do Helesponto e toda noite ele atravessava o estreito a nado para encontrá-la às escondidas [N.T.].

Nas primeiras vezes que fomos visitar Sofia, utilizamos cavalos para irmos mais rápido. Achamos cômodo esse expediente e na quinta vez continuávamos a usar cavalos. Éramos esperados; a mais de meia légua da casa, avistamos pessoas no caminho. Emílio observa, seu coração dispara; aproxima-se, reconhece Sofia, apeia precipitadamente, corre, voa e está aos pés da amável família. Emílio gosta de belos cavalos; o seu é ágil, sente-se livre e foge galopando campo afora; sigo-o, alcanço-o com dificuldade, trago-o de volta. Infelizmente, Sofia tem medo de cavalos, não ouso aproximar-me dela. Emílio nada vê, mas Sofia adverte-o ao ouvido do trabalho que ele deixou seu amigo assumir. Emílio acorre muito envergonhado, segura os cavalos, fica para trás; é justo que cada um tenha sua vez. Parte primeiro para livrar-se de nossas montarias. Ao distanciar-se assim de Sofia, já não acha que cavalo seja um veículo tão cômodo. Volta sem fôlego e encontra-nos na metade do caminho.

Na viagem seguinte, Emílio não quer mais saber de cavalos. – *Por quê?* pergunto. *Temos apenas de levar um lacaio para cuidar deles.* – Ah, vamos sobrecarregar assim a respeitável família? responde ele. *Bem vedes que ela quer alimentar tudo, homens e cavalos.* – É verdade, retomo, *que eles têm a nobre hospitalidade da pobreza. Os ricos, avaros em seu fausto, alojam somente seus amigos; mas os pobres alojam também os cavalos de seus amigos.* – *Vamos a pé*, diz ele; *não tendes ânimo para isso, vós que compartilhais com tão boa vontade os fatigantes prazeres de vosso filho?* – *De muito bom grado*, respondo imediatamente; *além disso, pelo que me parece, o amor não quer acontecer com tanto estardalhaço.*

Ao nos aproximarmos, encontramos a mãe e a filha ainda mais longe do que na primeira vez. Viemos em disparada. Emílio está banhado em suor: uma mão querida digna-se passar-lhe um lenço nas faces. Haveria muitos cavalos no mundo antes que ficássemos novamente tentados a utilizá-los.

Entretanto, é bem cruel nunca podermos passar parte da noite juntos. O verão está chegando ao fim, os dias começam a ficar mais curtos. Não importa o que dissermos, nunca nos permitem ir embora à noite; e, quando não chegamos já de manhã, precisamos partir quase na mesma hora. De tanto nos queixarmos e eles se inquietarem por nós, a mãe finalmente lembra que na verdade não podem alojar-nos decentemente na casa, mas podem encontrar-nos na aldeia um lugar onde dormirmos às vezes. A essas palavras Emílio bate palmas, vibra de alegria; e Sofia, sem pensar, beija mais vezes sua mãe no dia em que ela imaginou esse expediente.

Pouco a pouco, a doçura da amizade, a familiaridade da inocência vão se estabelecendo e se firmando entre nós. Nos dias prescritos por Sofia ou por sua mãe, costumo ir com meu amigo; também às vezes deixo que vá sozinho. A confiança eleva a alma e um homem não deve mais ser tratado como criança; e em que eu teria progredido até aqui, se meu aluno não merecesse toda minha estima? Também acontece eu ir sozinho; então ele fica triste e não protesta; de que serviriam seus protestos? Além disso, sabe muito bem que não vou prejudicá-lo em seus interesses. Ademais, quer indo juntos ou separados, é fácil conceber que nenhum mau tempo nos detém, orgulhosos de chegarmos num estado em que se compadeçam de nós. Infelizmente, Sofia tira-nos essa honra e proíbe-nos de ir com tempo ruim. É a única vez que a vejo rebelar-se contra as regras que lhe dito em segredo.

Um dia em que foi sozinho e eu não o esperava antes do dia seguinte, vejo-o chegar na mesma tarde e digo-lhe, abraçando-o: *Ora, caro Emílio, voltaste para teu amigo!* Mas, em vez de corresponder a meus afagos, ele me diz, um pouco irritado: – *Não deveis pensar que volto tão cedo por minha vontade, volto a contragosto. Ela quis que eu viesse; volto por ela e não por vós.* Enternecido com essa simplicidade, abraço-o novamente, dizendo-lhe: – *Alma franca, amigo sincero, não me roubes o que me pertence. Se voltas por ela, é por mim que o dizes: teu retorno é obra dela, mas tua franqueza é obra minha, Deves guardar para sempre essa nobre candura das almas belas. Podemos deixar os indiferentes pensarem o que quiserem; mas é um crime aceitar que um amigo nos atribua o mérito do que não fizemos por ele.*

Evito rebaixar a seus olhos o valor dessa confissão encontrando nela mais amor do que generosidade e dizendo-lhe que ele quer não tanto abdicar do mérito desse retorno e mais atribuí-lo a Sofia. Mas vede como involuntariamente ele me revela o fundo de seu coração: se veio tranquilamente, devagar e sonhando com seus amores, Emílio é o namorado de Sofia; chega-se apressado, encalorado, embora resmungando um pouco, Emílio é o amigo de seu Mentor.

Por esses arranjos vedes que meu jovem está bem longe de passar a vida junto de Sofia e de vê-la tanto quanto gostaria. Uma viagem ou duas por semana limitam as permissões que recebe; e suas visitas, muitas vezes somente de metade do dia, raramente continuam no dia seguinte. Ele passa muito mais tempo esperando vê-la ou congratulando-se por tê-la visto do que realmente vendo-a. Mesmo do tempo que emprega em suas viagens, passa menos ao lado de Sofia do que se aproximando ou se afastando dela. Seus prazeres autênticos, puros, deliciosos, mas menos reais do que imaginários, avivam-lhe o amor sem afeminar-lhe o coração.

Nos dias em que não a visita, não fica ocioso e sedentário. Nesses dias ainda é Emílio: não está transformado. Quase sempre percorre os campos das redondezas, acompanha sua história natural; observa, examina as terras, o que produzem, seu cultivo; compara os trabalhos que vê com os que conhece; busca as razões das diferenças; quando considera outros métodos preferíveis aos do lugar, apresenta-os aos plantadores; se propõe um modelo de arado melhor, manda construí-lo com base em seus desenhos; se descobre uma jazida de marga, explica-lhes seu uso, desconhecido na região; muitas vezes ele mesmo põe mãos à obra; todos se espantam ao vê-lo manejar-lhes as ferramentas com mais facilidade do que eles mesmos, traçar sulcos mais profundos e mais retos do que os seus, semear de modo mais uniforme, direcionar taludes com mais inteligência. Não zombam dele como de um declamador de agricultura: veem que efetivamente a conhece. Em suma, ele estende seu zelo e seus cuidados a tudo o que é de utilidade imediata e geral; e mesmo não se limita a isso: visita as casas dos camponeses, informa-se sobre seu trabalho, suas famílias, seu número de filhos, o tamanho de suas terras, a natureza do produto, os mercados, suas capacidades, seus encargos, suas dívidas etc. Dá pouco dinheiro, sabendo que habitualmente é mal empregado, mas orienta pessoalmente seu uso e torna-o útil para eles, queiram ou não. Fornece-lhes operários e frequentemente lhes paga suas próprias jornadas para os trabalhos de que necessitam. Providencia que um conserte ou recubra sua cabana meio destruída; que outro arroteie sua terra, abandonada por falta de recursos; a outro fornece uma vaca, um cavalo, animais de toda espécie para substituir os que perdeu; dois vizinhos estão prestes a iniciar um processo judicial: ele os demove e os reconcilia; um lavrador cai doente: Emílio providencia tratamento, cuida pessoalmente dele[184]; outro sofre vexação de um vizinho poderoso: ele o protege e o recomenda; jovens pobres namoram: ele ajuda a casá-los; uma boa mulher perdeu seu filho

---

184. Cuidar de um camponês doente não é purgá-lo, dar-lhe drogas, enviar-lhe o cirurgião. Não é disso tudo que essa pobre gente necessita quando adoece; é de uma alimentação melhor e mais abundante. Jejuai vós quando tiverdes febre; mas, quando vossos camponeses a tiverem, dai-lhes carne e vinho; quase todas suas doenças são causadas pela miséria e pela exaustão: sua melhor tisana é vossa adega, seu único boticário deve ser vosso açougueiro.

querido: vai visitá-la, consola-a, não sai logo depois de entrar; não desdenha os pobres, não tem pressa de deixar os infelizes, frequentemente come na casa dos camponeses que auxilia e também aceita comer na casa dos que não precisam dele; ao tornar-se benfeitor de uns e amigo de outros, continua a ser igual a todos. Enfim, sempre faz com sua pessoa tanto bem quanto com seu dinheiro.

Às vezes direciona suas andanças para a casa venturosa; poderia esperar para avistar furtivamente Sofia, vê-la passeando sem ser visto; mas Emílio é sempre sem rodeios em sua conduta, não sabe nem quer eludir nada. Tem essa amável delicadeza que afaga e alimenta o amor-próprio com o bom testemunho de si. Cumpre rigorosamente seu desterro e nunca se aproxima o suficiente para receber do acaso o que quer dever somente a Sofia. Em compensação, vagueia com prazer pelas redondezas, procurando as marcas dos passos de sua amada, enternecendo-se com os esforços que ela empreendeu e com as caminhadas que teve a bondade de fazer para comprazê-lo. Na véspera dos dias em que deve visitá-la, ele irá a alguma fazenda vizinha encomendar uma colação para o dia seguinte. O passeio vai imperceptivelmente se direcionando para lá; entramos como por acaso; encontramos frutas, bolos, creme. A gulosa Sofia não é insensível a essas gentilezas e de bom grado elogia nossa previdência; pois sempre tenho minha parte no cumprimento, mesmo não tendo parte alguma nos cuidados que o motivam: é uma esperteza de menina para ficar menos embaraçada ao agradecer. O pai e eu comemos bolos e bebemos vinho; mas Emílio abanca-se com as mulheres, sempre à espreita para roubar algum prato de creme no qual a colher de Sofia tenha mergulhado.

A propósito de bolos, falo a Emílio de suas antigas corridas. Querem saber o que são essas corridas; explico, riem, perguntam-lhe se ainda sabe correr. *Melhor do que nunca,* responde; *ficaria muito triste se houvesse esquecido.* Alguém do grupo teria muita vontade de ver isso e não ousa dizê-lo; outra pessoa encarrega-se da proposta; ele aceita; reunimos dois ou três jovens das imediações; vamos entregar um prêmio e para imitar melhor os jogos antigos colocamos um bolo sobre a meta. Todos estão prontos, o papai dá o sinal batendo palmas. O ágil Emílio fende os ares e chega ao fim da corrida quando meus três molengões mal acabaram de dar a largada. Emílio recebe o prêmio das mãos de Sofia e, tão generoso quanto Eneias, dá presentes a todos os derrotados.

Em meio ao alarido do triunfo, Sofia atreve-se a desafiar o vencedor e gaba-se de correr tão bem quanto ele. Emílio não se recusa a entrar na arena com ela; e, enquanto ela se prepara na entrada do percurso, arregaçando o vestido dos dois lados e – mais interessada em mostrar aos olhos de Emílio pernas bem feitas do que em vencê-lo nesse combate – verifica se suas saias são suficientemente curtas, ele diz umas palavras ao ouvido da mãe; ela sorri e faz um sinal de aprovação. Então ele vai colocar-se ao lado de sua concorrente; e mal foi dado o sinal quando a vemos partir como um pássaro.

As mulheres não são feitas para correr; quando fogem, é para ser alcançadas. Corrida não é a única coisa que fazem desajeitadamente, mas é a única que fazem sem graciosidade: os cotovelos para trás e colados ao corpo dão-lhes uma postura risível e os saltos altos em que se empoleiram fazem-nas parecer gafanhotos tentando correr sem saltar.

Não imaginando que Sofia corra melhor do que outras mulheres, Emílio não se digna sair do lugar e com um sorriso zombeteiro a vê dar a largada. Mas Sofia é rápida e calça sapatos de saltos baixos; não necessita de artifícios para parecer que tem pés pequenos; avança com tal velocidade que, ao ver que ela já se distanciou tanto, ele mal tem o tempo necessário para alcançar essa nova Atalanta. Então também parte, como a águia que se lança sobre a presa; persegue-a, chega perto, por fim a alcança toda ofegante; com o braço esquerdo cinge-lhe suavemente a cintura, ergue-a como a uma pluma e, apertando contra o coração essa doce carga, termina assim a corrida, fazendo-a ser a primeira a tocar a meta; depois, bradando *Vitória de Sofia!*, dobra um joelho no chão diante dela e declara-se derrotado.

A essas ocupações diversas soma-se a do ofício que aprendemos. Pelo menos um dia por semana e sempre que o mau tempo não nos permite ir em campo, Emílio e eu vamos trabalhar na oficina de um mestre. Não trabalhamos *pro forma*, como pessoas acima dessa condição, e sim para valer e como artesãos autênticos. Quando certa vez vem ver-nos, o pai de Sofia encontra-nos em pleno trabalho e não deixa de relatar com admiração à esposa e à filha o que viu. – *Ide ver aquele moço na oficina e vereis se ele despreza a condição do pobre,* diz. Podeis imaginar se Sofia ouve com prazer essas palavras! Voltam a falar do assunto, gostariam de surpreendê-lo trabalhando. Questionam-me como por acaso; e, depois de certificarem-se de um de nossos dias, a mãe e a filha tomam uma caleça e vão à cidade nesse dia.

Ao entrar na oficina, Sofia avista no outro extremo um jovem num blusão de operário, com os cabelos descuidadamente presos e tão ocupado com o que está fazendo que não a vê; ela para e faz um sinal para mãe. Emílio, com um cinzel numa mão e o malho na outra, termina um encaixe; depois serra uma tábua e coloca uma parte dela sob o barrilete para aplainá-la. Esse espetáculo não faz Sofia rir: enternece-a, é respeitável. Mulher, honra teu chefe; é ele que trabalha por ti, que te ganha teu pão, que te sustenta: esse é o homem.

Enquanto elas estão atentas observando-o, avisto-as, puxo Emílio pela manga; ele se volta, vê as duas, larga as ferramentas e precipita-se com um grito de alegria. Depois de entregar-se a seus primeiros arroubos, faz as duas sentarem-se e retoma o trabalho. Mas Sofia não consegue permanecer sentada; levanta-se com vivacidade, percorre a oficina, examina as ferramentas, toca nas tábuas polidas, junta aparas do chão, presta atenção em nossas mãos e então diz que gosta desse ofício, porque é limpo. A peralta até mesmo tenta imitar Emílio. Com sua mão alva e frágil, empurra uma plaina sobre a tábua; a plaina desliza e não morde a madeira. Parece-me ver Amor nos ares rindo e batendo as asas; parece que o ouço gritar de alegria e dizer: *Hércules está vingado!*

Enquanto isso, a mãe faz perguntas ao mestre. – *Senhor, quanto pagais a esses rapazes?* – *Minha senhora, dou a cada um vinte sous por dia e a comida; mas, se esse rapaz quisesse, ganharia muito mais, pois é o melhor artesão da região.* – *Vinte sous por dia e a comida!* diz a mãe, olhando-nos enternecida. – *Isso mesmo, minha senhora,* confirma o mestre. Ao ouvir essas palavras, ela corre para Emílio, abraça-o, estreita-o contra o peito, vertendo lágrimas e sem conseguir dizer nada além de repetir várias vezes: – *Meu filho! Meu filho!*

Depois de passarem algum tempo conversando conosco, mas sem desviar-nos do trabalho, a mãe diz à filha: – *Vamos, já é tarde, não devemos chegar atrasadas.* Depois, aproximando-se de Emílio, dá-lhe uma palmadinha na face, dizendo: – *Pois bem, bom artesão, não quereis vir conosco?* Ele responde em tom muito triste: – *Eu me comprometi; perguntai ao mestre.* Perguntam ao mestre se pode dispensar-nos. Ele responde que não pode: – *Tenho uma encomenda urgente e que precisa ser entregue depois de amanhã. Contando com estes senhores, recusei artesãos que se apresentaram; se estes aqui me faltarem, não sei mais onde conseguir outros e não poderei entregar o trabalho no dia combinado.* A mãe nada replica; espera que Emílio fale. Ele baixa a cabeça e permanece calado. – *Senhor,* diz-lhe a mãe, um pouco surpresa com esse silêncio, *não tendes nada para dizer?* Emílio olha ternamente a moça e responde apenas estas palavras: – *Bem vedes que preciso ficar.* Com isso as senhoras vão embora e deixam-nos. Emílio acompanha-as até a porta, segue-as com o olhar enquanto pode, suspira e volta a trabalhar sem falar.

No caminho, a mãe, ofendida, fala à filha sobre a bizarrice desse procedimento: – Ora essa, era tão difícil contentar o mestre sem ser obrigado a ficar? E esse jovem tão pródigo, que espalha dinheiro sem necessidade, não sabe mais achá-lo nas ocasiões adequadas? – Ah, mamãe, responde Sofia, *Deus não permita que Emílio dê tanto poder ao dinheiro que o utilize para romper um compromisso pessoal, para violar impunemente sua palavra e fazer outro violar a dele! Sei que ele ressarciria facilmente o artesão do pequeno prejuízo que sua ausência lhe causaria; mas desse modo escravizaria sua alma às riquezas, se habituaria a colocá-las no lugar de seus deveres e a julgar que estamos dispensados de tudo, contanto que paguemos. Emílio tem outros modos de pensar e espero não ser a causa de mudá-los. Pensais que não lhe foi custoso ficar? Não vos enganeis, mamãe, foi por mim que ele ficou; vi muito bem isso em seus olhos.*

Não é que Sofia seja indulgente sobre os verdadeiros cuidados do amor; ao contrário, é imperiosa, exigente; preferiria não ser amada a ser amada moderadamente. Tem o nobre orgulho do mérito que se reconhece, se estima e quer ser honrado como honra a si. Desprezaria um coração que não sentisse todo o valor do seu, que não a amasse por suas virtudes tanto quanto e mais do que por seus atrativos; um coração que não preferisse a ela seu próprio dever e que não a preferisse a qualquer outra coisa. Não quis um amante que não conhecesse outra lei além da dela; quer reinar sobre um homem a quem não tenha desfigurado. É assim que, tendo aviltado os companheiros de Ulisses, Circe despreza-os e entrega-se apenas a ele, que não lhe foi possível mudar. Mas, à parte esse direito sagrado e inviolável, Sofia, excessivamente zelosa de todos os seus, espreita com que escrupulosidade Emílio os respeita, com que diligência realiza suas vontades, com que sagacidade as adivinha, com que prontidão chega no momento prescrito; não quer que ele se atrase nem se antecipe; quer que seja exato. Antecipar-se é preferir-se a ela; atrasar-se é negligenciá-la. Negligenciar Sofia! Isso não aconteceria duas vezes. A injusta suspeita de uma vez quase pôs tudo a perder; mas Sofia é imparcial e sabe bem reparar seus erros.

Certa tarde, somos esperados; Emílio recebeu a ordem. Vão a nosso encontro; não chegamos. O que é feito deles? Que desgraça lhes aconteceu? Ninguém de sua parte? Passam a tarde a nossa espera. A pobre Sofia julga-nos mortos; desola-se, atormenta-se, passa a noite chorando. À noite enviam um mensageiro para informar-se sobre nós e trazer notícias na manhã seguinte. O mensageiro retorna acompanhado de outro de nossa parte, que apresenta oralmente nossas desculpas e diz que estamos bem. Um momento depois, nós mesmos aparecemos. Então a cena muda; Sofia enxuga as lágrimas ou, se as verte, são de raiva. Seu coração altivo nada granjeou ao assegurar-se de que estamos vivos: Emílio está vivo e fez-se esperar inutilmente.

Ao chegarmos, ela quer ir recolher-se. Mandam que fique; precisa ficar; mas imediatamente se decide e afeta um ar tranquilo e contente que enganaria outros. O pai vem a nosso encontro e diz: – *Causastes muita aflição a vossos amigos; há aqui pessoas que não vos perdoarão facilmente.* – *Mas quem, papai?* pergunta Sofia com o sorriso mais gracioso que consegue fingir. – *Que te importa, contanto que não sejas tu?* responde o pai. Sofia não replica e baixa os olhos para seu trabalho de agulha. A mãe recebe-nos com um ar frio e formal. Emílio, embaraçado, não se atreve a abordar Sofia. Ela é a primeira a falar-lhe, pergunta-lhe como está, convida-o a sentar-se e dissimula-se tão bem que o pobre jovem, que ainda não entende a linguagem das paixões violentas, é enganado por essa impassividade e está quase a ponto de também ofender-se com ela.

Para tirá-lo do engano vou tomar a mão de Sofia, tento levá-la aos lábios como faço às vezes; ela a retira bruscamente, pronunciando a palavra *senhor* tão singularmente que esse movimento involuntário imediatamente a desmascara aos olhos de Emílio.

A própria Sofia, vendo que se traiu, refreia-se menos. Sua impassividade aparente transforma-se num menosprezo irônico. A tudo o que lhe dizem responde com monossílabos pronunciados com voz lenta e insegura, como receosa de deixar o tom de indignação transparecer demais. Emílio, meio morto de pavor, olha-a dolorosamente e tenta levá-la a fixar os olhos nos seus para melhor ler neles seus verdadeiros sentimentos. Sofia, mais irritada com sua confiança, lança-lhe um olhar que lhe tira a vontade de solicitar outro. Emílio, desarvorado e trêmulo, já não ousa falar-lhe nem olhá-la – para muita sorte sua, pois, mesmo não sendo culpado, se conseguisse suportar sua cólera ela nunca o perdoaria.

Vendo então que chegou minha vez e que é hora de explicar-me, volto até Sofia. Tomo-lhe novamente a mão, que ela agora não retira, pois está quase desmaiando. Digo-lhe brandamente: – *Cara Sofia, estamos infelizes; mas sois ponderada e justa e não nos julgareis sem ouvir-nos: escutai-me.* Ela nada diz e então falo assim:

> – Partimos ontem às quatro horas; fora-nos prescrito chegar às sete e sempre nos damos mais tempo do que o necessário, a fim de descansarmos quando estivermos perto daqui. Já havíamos percorrido três quartos do caminho quando lamentos dolorosos chegaram a nossos ouvidos; vinham de um desfiladeiro da colina, a alguma distância de nós. Acorremos ao local dos gritos; deparamos com um camponês infortunado que, voltando da cidade um pouco embriagado, caíra de seu cavalo tão pesadamente que fraturara a perna. Gritamos, chamamos por socorro; ninguém responde; tentamos colocar novamente o ferido em cima do cavalo e não conseguimos: ao menor movimento o infeliz sente dores terríveis. Decidimos amarrar o cavalo mais longe, na mata; depois, formando com nossos braços uma espécie de padiola, pomos nela o ferido e o carregamos o mais lentamente possível, seguindo suas indicações sobre o caminho que devíamos fazer para chegar a sua casa. O trajeto era longo; tivemos de descansar várias vezes. Por fim chegamos, totalmente exaustos; com triste surpresa descobrimos que já conhecíamos a casa e que aquele infeliz que carregávamos de volta com tanta dificuldade era o mesmo que nos recebera tão cordialmente no dia de nossa primeira chegada aqui. Agitados como estávamos todos, não nos havíamos reconhecido até aquele momento. "Ele tinha somente dois filhos pequenos. Sua mulher, prestes a dar-lhe um terceiro, ficou tão perturbada ao vê-lo chegar que sentiu dores agudas e daria à luz poucas horas depois. O que fazer nessa situação, em uma cabana afastada onde não podíamos contar com nenhum socorro? Emílio decidiu ir buscar o cavalo que havíamos deixado no bosque, montá-lo e ir à rédea solta procurar um cirurgião na cidade. Deu o cavalo ao cirurgião; e, não conseguindo encontrar tão prontamente uma enfermeira, retornou a pé com um serviçal, depois de enviar-vos um mensageiro, enquanto eu, atrapalhado, como podeis imaginar, entre um homem com uma perna quebrada e uma mulher em trabalho de parto, preparava na casa tudo quanto podia prever que seria necessário para o socorro a ambos.
>
> Não vos contarei os pormenores do restante; não é isso que está em questão. Eram duas da madrugada antes de nenhum de nós dois termos um momento de descanso. Por fim, antes do amanhecer voltamos para nosso alojamento aqui perto, onde ficamos aguardando a hora de vosso despertar para relatar-vos nosso acidente.

Calo-me sem acrescentar nada. Mas, antes que alguém fale, Emílio aproxima-se de sua amada, ergue a voz e diz-lhe com mais firmeza do que eu teria esperado: – *Sofia, sois o árbitro de minha sorte, como bem sabeis. Podeis fazer-me morrer de dor; mas não espereis que me fareis esquecer os direitos da humanidade: são para mim mais sagrados do que os vossos e nunca renunciarei a eles por vós.*

Ao ouvir essas palavras, Sofia, em vez de responder, levanta-se, passa um braço por seu pescoço, dá-lhe um beijo na face; depois, estendendo-lhe a mão com uma graciosidade inimitável, diz: – *Emílio, toma esta mão: ela é tua. Sê, quando quiseres, meu esposo e meu senhor; procurarei merecer essa honra.*

Assim que ela o beijou, o pai, encantado, bate palmas gritando *bis, bis*; e Sofia, sem fazer-se rogada, dá-lhe imediatamente dois beijos na outra face; mas quase no mesmo instante, assustada com tudo o que acaba de fazer, foge para os braços da mãe e esconde no seio materno o rosto abrasado de vergonha.

Não vou descrever nosso júbilo conjunto; todo mundo pode senti-lo. Depois do almoço, Sofia pergunta se seria muito longe para irmos visitar aqueles pobres doentes. Sofia assim deseja e é uma boa ação. Aqui vamos nós: os encontramos em duas camas separadas: Emílio havia mandado trazer uma; encontramos a seu redor pessoas para ajudá-los: Emílio havia providenciado isso. Mas ambos estão tão em desordem que sofrem tanto pelo desconforto quanto por seu estado. Sofia pede um avental da boa mulher e vai acomodá-la melhor em sua cama; em seguida faz o mesmo com o homem; sua mão suave e leve sabe encontrar tudo o que os machuca e fazer seus membros doloridos descansarem mais relaxados. Quando ela se aproxima ambos já sentem alívio; parece que adivinha tudo o que os incomoda. Essa jovem tão delicada não se choca com a sujeira nem com o mau odor e sabe dar-lhes fim sem recorrer a ninguém e sem atormentar os doentes. Essa que vemos sempre tão recatada e às vezes tão desdenhosa, essa que por nada no mundo teria tocado com a ponta do dedo a cama de um homem muda de posição o ferido e ajeita-o sem nenhum escrúpulo, deixando-o numa situação mais confortável para poder permanecer assim por muito tempo. O zelo da caridade vale bem o recato; ela faz o que faz com tanta ligeireza e habilidade que ele se sente aliviado quase sem ter percebido que o tocaram. A mulher e o marido bendizem juntos a jovem amável que os serve, que os lastima, que os consola. É um anjo do céu que Deus lhes envia, tem a aparência e a graça de um anjo, tem sua doçura e bondade. Emílio, comovido, contempla-a em silêncio. Homem, ama tua companheira. Deus está dando-a a ti para consolar-te em teus penares, para aliviar-te em tuas dores: essa é a mulher.

O recém-nascido é batizado. Os padrinhos são os dois namorados, que no fundo do coração anseiam por dar em breve a mesma missão a outros. Aspiram ao momento desejado; acreditam que já estão chegando a ele; todos os escrúpulos de Sofia estão eliminados, mas vêm os meus. Eles ainda não chegaram onde pensam; é preciso que cada um tenha sua vez.

Certa manhã em que ambos não se viram há dois dias, entro no quarto de Emílio com uma carta na mão e digo-lhe, olhando-o fixamente: – *O que farias se te informassem que Sofia morreu?* Ele dá um grande grito, levanta-se batendo as mãos e, sem dizer uma só palavra, mira-me com um olhar desatinado. – *Responde,* prossigo com a mesma tranquilidade. Então, irritado com minha impassividade, aproxima-se com os olhos inflamados de raiva; e, detendo-se com uma postura quase ameaçadora, responde: – *O que eu faria?... Não sei; mas o que sei é que nunca na vida veria novamente quem tivesse me informado isso.* – *Tranquiliza-te,* respondi sorrindo; *ela está viva, está bem, pensa em ti e somos esperados esta tarde. Mas vamos dar um passeio e conversaremos.*

A paixão que o obceca não lhe permite mais se entregar, como antes, a conversas puramente racionais: é preciso utilizar essa mesma paixão para interessá-lo em prestar atenção a minhas lições. Foi o que fiz com aquele preâmbulo terrível; agora tenho certeza de que me escutará:

> Precisamos ser felizes, querido Emílio; esse é o fim de todo ser sensível; foi o primeiro desejo que a natureza imprimiu em nós e o único que nunca nos abandona. Mas onde está a felicidade? Quem o sabe? Todos a procuram e ninguém a encontra. Utilizamos a vida perseguindo-a e morremos sem tê-la alcançado. Meu jovem amigo, quando ao nasceres peguei-te no colo e, tomando o Ser Supremo como testemunha do compromisso que ousei contrair, dediquei meus dias à felicidade dos teus, acaso eu mesmo sabia a que estava me comprometendo? Não; sabia apenas que te fazendo feliz tinha certeza de ser feliz também. Fazendo por ti essa busca útil, tornava-a comum a nós dois. Enquanto ignoramos o que devemos fazer, a sabedoria consiste em permanecer na inação. De todas as máximas, essa é a de que o homem mais necessita e a que menos sabe seguir. Procurar a felicidade sem saber onde ela está é expor-se a fugir dela, é correr tantos riscos contrários quantos caminhos houver para nos extraviarmos. Mas saber não agir não é inerente a todo mundo. Na inquietação em que o anseio pelo bem-estar nos mantém, preferimos enganar-nos per-

seguindo-o a nada fazer para buscá-lo; e depois de sairmos do lugar onde podemos conhecê-lo não sabemos mais retornar.

Com a mesma ignorância tentei evitar o mesmo erro. Ao cuidar de ti decidi não dar um passo inútil e impedir-te de dá-lo. Mantive-me no caminho da natureza, esperando que ela me mostrasse o da felicidade. Sucedeu que era o mesmo e que sem perceber eu o seguira. Sê minha testemunha, sê meu juiz; nunca te contestarei. Teus primeiros anos não foram sacrificados aos que viriam a seguir; desfrutaste todos os bens que a natureza te dera. Dos males a que te sujeitou e dos quais não pude preservar-te, sentiste apenas os que podiam endurecer-te contra os outros. Nunca sofreste algum que não fosse para evitar um maior. Não conheceste o ódio nem a escravidão. Livre e contente, permaneceste justo e bom; pois o sofrimento e o vício são inseparáveis e o homem só se torna mau quando é infeliz. Possa a lembrança de tua infância prolongar-se até tua velhice! Não receio que algum dia teu bom coração se lembre dela sem bendizer um pouco a mão que a governou.

Quando entraste na idade da razão, preservei-te da opinião dos homens; quando teu coração se tornou sensível, protegi-te do império das paixões. Se houvesse podido prolongar essa tranquilidade interior até o fim de tua vida, teria posto em segurança minha obra e serias sempre tão feliz quanto um homem pode ser; mas, querido Emílio, por mais que enrijecesse tua alma no Estige, não pude torná-la invulnerável a tudo: desponta um inimigo novo que ainda não aprendeste a vencer e do qual não pude salvar-te. Esse inimigo és tu mesmo. A natureza e a fortuna haviam te deixado livre. Podias aguentar a miséria; podias suportar as dores do corpo e desconhecias as da alma; não estavas preso a nada além da condição humana e agora estás preso a todos os vínculos que criaste; ao aprender a desejar te tornaste escravo de teus desejos. Sem que nada mude em ti, sem que nada te ofenda, sem que nada atinja teu ser, quantas dores podem atacar tua alma! Quantos males podes sentir sem estares doente! Quantas mortes podes sofrer sem morrer! Uma mentira, um erro, uma dúvida podem levar-te ao desespero.

Vias no teatro os heróis, entregues a dores extremas, fazerem ressoar no palco seus gritos insensatos, afligirem-se como mulheres, chorarem como crianças e assim merecerem os aplausos do público. Lembra-te do escândalo que te causavam aquelas lamentações, aqueles brados, aquelas queixas por homens dos quais se deviam esperar apenas atos de constância e de firmeza. Ora essa, dizias indignado, são esses os exemplos que nos dão para seguirmos, os modelos que nos oferecem para imitarmos? Acaso receiam que o homem não seja suficientemente pequeno, suficientemente infeliz, suficientemente fraco se além de tudo não vierem incensar sua fraqueza sob a falsa imagem da virtude? Meu jovem amigo, doravante sê mais indulgente com o teatro: agora te tornaste um de seus heróis.

Sabes sofrer e morrer: sabes suportar a lei da necessidade nos males físicos; mas ainda não impuseste leis aos apetites de teu coração; e é de nossas afeições, bem mais do que de nossas necessidades, que nasce o tumulto de nossa vida. Nossos desejos são longos, nossa força é quase nula. O homem está preso por seus anelos a mil coisas e por ele mesmo não está preso a nada, nem mesmo a sua própria vida; quanto mais aumenta seus vínculos, mais multiplica seus sofrimentos. Tudo tão somente passa pelo mundo: tudo o que amamos irá escapar-nos cedo ou tarde, e nos prendemos a tudo como se devesse durar eternamente. Que pavor ante a simples suspeita da morte de Sofia! Acaso acreditaste que ela viveria para sempre? Na sua idade ninguém morre? Ela terá de morrer, meu filho, e talvez antes de ti. Quem sabe se neste exato momento está viva? A natureza te sujeitara a uma única morte e tu te sujeitas a uma segunda; estás em risco morrer duas vezes.

Submisso assim a tuas paixões desregradas, vais ser sempre digno de compaixão! Sempre privações, sempre perdas, sempre sobressaltos; não desfrutarás nem mesmo o que te for deixado. O receio de perder tudo te impedirá de possuir algo; por ter desejado seguir apenas tuas paixões, nunca conseguirás satisfazê-las. Sempre buscarás a tranquilidade e ela sempre fugirá diante de ti; serás miserável e te tornarás mau. E, tendo como única lei teus desejos desenfreados, como poderias não ser mau? Se não podes suportar privações involuntárias, como hás de impor-te as voluntárias? Como saberás sacrificar ao dever tua inclinação e resistir a teu coração para escutares a razão? Tu que já não queres mais ver quem te informasse da morte de tua amada, como verias quem quisesse tirá-la de ti viva, quem ousasse dizer-te: Ela morreu para ti, a virtude separa-te dela? Se necessitas a todo custo viver com Sofia, quer seja casada ou não, quer sejas livre ou não, quer ela te ame ou te odeie, quer a concedam a ti ou a recusem, não importa: tu a queres, precisas possuí-la a qualquer preço. Dize-me então qual crime detém quem adota como únicas leis os anelos de seu coração e não sabe resistir a nada que deseja.

Meu filho, não há felicidade sem coragem nem virtude sem luta. A palavra virtude vem de força: a força é a base de toda virtude. A virtude só é própria de um ser fraco por sua natureza e forte por sua vontade; é tão somente nisso que consiste o mérito do homem justo; e, embora chamemos Deus de bom, não o chamamos de virtuoso, porque para agir bem Ele não precisa esforçar-se. Para explicar-te essa palavra tão profanada aguardei que estivesses em condições de entender-me. Enquanto nada custa praticar a virtude, não temos muita necessidade de conhecê-la. Essa necessidade surge quando as paixões despertam; já surgiu para ti.

Ao educar-te com toda a simplicidade da natureza em vez de preconizar-te deveres penosos, preservei-te dos vícios que tornam penosos esses deveres; tornei-te a mentira menos odiosa do que inútil; ensinei-te menos a dar a cada um o que lhe pertence do que a te preocupares apenas com o que é teu; mais te fiz bom do que virtuoso. Mas quem é somente bom só permanece bom enquanto tiver prazer em sê-lo: a bondade rompe-se e perece sob o choque das paixões humanas; o homem que é apenas bom só é bom para si.

Mas o que é o homem virtuoso? É aquele que sabe vencer suas afeições; pois então segue sua razão, sua consciência; cumpre seu dever; mantém-se na ordem e nada consegue afastá-lo dela. Até agora só eras livre na aparência; tinhas apenas a liberdade precária de um escravo a quem nada foi ordenado. Agora sê livre de fato; aprende a te tornares teu próprio senhor; comanda teu coração, Emílio, e serás virtuoso.

Essa é, portanto, outra aprendizagem a ser feita, e essa aprendizagem é mais penosa do que a primeira; pois a natureza nos liberta dos males que nos impõe ou nos ensina a suportá-los, mas nada nos diz sobre os que provêm de nós; abandona-nos a nós mesmos; deixa-nos, vítimas de nossas paixões, sucumbir a nossas dores vãs e ainda nos vangloriarmos de lágrimas que deveriam causar-nos vergonha.

Essa é a primeira paixão. Talvez seja a única digna de ti. Se souberes regê-la como homem, será a última: subjugarás todas as outras e obedecerás somente a da virtude.

Sei muito bem que essa paixão não é criminosa; é tão pura como as almas que a sentem. A honradez formou-a, a inocência alimentou-a. Venturosos amantes! Para vós os encantos da virtude só aumentam os do amor; e o doce vínculo que vos espera é o prêmio tanto de vosso recato quanto de vosso apego. Mas dize-me, homem sincero, essa paixão tão pura vem te subjugando menos? Vens te tornando menos escravo dela? E se amanhã deixasse de ser inocente, amanhã mesmo a sufocarias? Agora é o momento de testares tuas forças; quando é preciso empregá-las já é tarde. Essas provas perigosas devem ser feitas longe do perigo. Não é diante do inimigo que alguém se exercita para o combate: prepara-se antes da guerra e apresenta-se já bem preparado.

É um erro dividir as paixões em permitidas e proibidas para entregar-se às primeiras e recusar-se às outras. Todas são boas quando as mantemos sob nosso domínio; todas são más quando nos deixamos dominar por elas. O que nos é proibido pela natureza é estendermos nossos apegos para além de nossas forças; o que nos é proibido pela razão é querermos o que não podemos obter; o que nos é proibido pela consciência não é sermos tentados e sim, deixar-nos vencer pelas tentações. Ter ou não ter paixões não depende de nós, mas reinar sobre elas depende de nós. Todos os sentimentos que dominamos são legítimos; todos os que nos dominam são culpados. Um homem não é culpado por amar a mulher de outro, se mantiver essa desventurada paixão submissa à lei do dever; é culpado por amar sua própria mulher a ponto de imolar tudo a seu amor.

Não esperes de mim longos preceitos de moral; tenho apenas um para dar-te e ele abrange todos os outros. Sê homem; recolhe teu coração dentro dos limites de tua condição. Estuda e conhece esses limites; por estreitos que sejam, o homem não é infeliz enquanto se confinar neles; só é infeliz quando quer ultrapassá-los; só o é quando, em seus desejos insensatos, coloca no rol dos possíveis o que não é possível; é infeliz quando esquece seu estado de homem para forjar-se estados imaginários, dos quais sempre recai no seu. Os únicos bens cuja privação é penosa são aqueles a que acreditamos ter direito. A impossibilidade evidente de obtê-los distancia-os; anelos sem esperança não atormentam. Um mendigo não é atormentado pelo desejo de ser rei; um rei só quer ser Deus quando julga não ser mais homem.

As ilusões do orgulho são a fonte de nossos maiores males; mas a contemplação da miséria humana sempre torna moderado o homem sábio. Ele se mantém em seu lugar; não se agita para deixá-lo; não utiliza inutilmente suas forças para desfrutar o que não pode conservar; e, empregando todas em possuir bem o que tem, é efetivamente mais poderoso e mais rico em tudo o que deseja menos do que nós. Eu, ser mortal e perecível, irei criar-me laços eternos neste mundo onde tudo muda, onde tudo passa e do qual desaparecerei amanhã? Ah, Emílio, ah, meu filho! perdendo-te, o que me restaria de mim? E, entretanto, é necessário que eu aprenda a perder-te, pois quem sabe quando me serás tirado?

Portanto, se queres viver feliz e sabiamente, prende teu coração somente à beleza que nunca perece: que tua condição delimite teus desejos, que teus deveres venham antes de tuas inclinações; amplia para as coisas morais a lei da necessidade; aprende a perder o que te pode ser tirado; aprende a deixar tudo quando a virtude assim ordenar, a te colocares acima dos acontecimentos, a desprenderes teu coração sem que estes o despedacem, a seres corajoso na adversidade para nunca seres miserável, a seres firme em teu dever para nunca seres delinquente. Então serás feliz apesar da fortuna e

> sábio apesar das paixões. Então encontrarás na posse mesmo dos bens frágeis uma voluptuosidade que nada poderá perturbar; possuirás esses bens sem que eles te possuam e sentirás que o homem, a quem tudo foge, só desfruta o que sabe perder. Não terás, é bem verdade, a ilusão dos prazeres imaginários; tampouco terás as dores que são seu fruto. Ganharás muito com a troca, pois essas dores são frequentes e reais e esses prazeres são raros e vãos. Vencedor de tantas opiniões enganadoras, também o serás da que dá um valor tão grande à vida. Passarás a tua sem tumulto e a terminarás sem temor; dela te desprenderás como de todas as coisas. Que outros, tomados de horror, pensem que ao deixá-la deixam de ser; conhecedor de seu nada, crerás que começas. A morte é o fim da vida do homem mau e o início da vida do justo.

Emílio escuta-me com uma atenção mesclada de inquietude. Teme alguma conclusão sinistra para esse preâmbulo. Pressente que, ao mostrar-lhe a necessidade de exercitar a força da alma, quero submetê-lo a esse duro exercício; e, como um ferido que treme ao ver o cirurgião aproximar-se, julga já estar sentindo na ferida a mão dolorosa mas salutar que a impede de putrefazer-se.

Inseguro, perturbado, ansioso por saber onde quero chegar, em vez de responder ele me interroga, mas temeroso. – *O que preciso fazer?* pergunta-me quase tremendo e sem ousar erguer os olhos. – *O que precisas fazer é deixar Sofia*, respondo em tom firme. – *Que estais dizendo?* brada exaltado. *Deixar Sofia! Deixá-la, enganá-la, ser um traidor, um velhaco, um perjuro!* ... – Ora essa, replico interrompendo-o, *é de mim que Emílio tem medo de aprender a merecer tais nomes?* – Não, continua ele com a mesma impetuosidade, *nem de vós nem de outro; saberei conservar vossa obra apesar de vós; saberei não os merecer.*

Eu já esperava por essa primeira fúria; deixo-a passar sem reagir. Se eu não tivesse a moderação que lhe preconizo, bem gostaria de recomendá-la! Emílio conhece-me bem demais para julgar-me capaz de exigir dele algo que seja errado, e sabe que agiria mal deixando Sofia, no sentido que dá a essa palavra. Assim, finalmente fica esperando que eu me explique. Retomo então meu discurso:

> Acaso pensas, querido Emílio, que um homem, em qualquer situação em que esteja, possa ser mais feliz do que tens sido nos últimos três meses? Se assim pensas, desengana-te. Antes de desfrutar os prazeres da vida esgotaste a felicidade que proporcionam. Não há nada além do que já sentiste. A ventura dos sentidos é passageira;

nela o estado habitual do coração sempre perde. Desfrutaste mais pela expectativa do que nunca desfrutareis na realidade, A imaginação que adorna o que desejamos abandona-o na posse. Afora o único ser existente por si mesmo, só é belo o que não existe. Se esse estado pudesse perdurar para sempre, terias encontrado a felicidade suprema. Mas tudo o que diz respeito ao homem ressente-se de sua caducidade; tudo é finito, tudo é transitório na vida humana; e, ainda que o estado que nos faz felizes durasse sem cessar, o hábito de desfrutá-lo nos tiraria seu gosto. Se nada muda externamente, o coração muda; a felicidade nos deixa ou nós a deixamos.

Durante teu delírio transcorria o tempo que não medias. O verão está terminando, o inverno aproxima-se. Mesmo que pudéssemos continuar nossas caminhadas numa estação tão rude, nunca o permitiriam. Precisamos, contra nossa vontade, mudar de modo de vida; este nosso não pode continuar. Vejo em teus olhos impacientes que tal dificuldade não te detém: o consentimento de Sofia e teus próprios desejos sugerem-te um meio fácil de evitares a neve e não teres mais de fazer viagens para ir vê-la. O expediente é cômodo, sem dúvida; mas, chegando a primavera, a neve derrete e o casamento permanece; é necessário pensar nele para todas as estações do ano.

Queres desposar Sofia, e nem faz cinco meses que a conheces! Queres desposá-la não porque ela te convém, mas porque te agrada; como se o amor nunca se enganasse acerca das afinidades e os que começam amando-se nunca acabassem odiando-se! Ela é virtuosa, bem sei; mas isso basta? Basta ser pessoas honradas para ajustarem-se bem? O que coloco em dúvida não é sua virtude; é seu caráter. Acaso o de uma mulher mostra-se em um dia? Sabes em quantas situações é preciso tê-la visto para conhecer a fundo sua índole? Quatro meses de apego respondem-te por toda a vida? Talvez dois meses de ausência façam-na esquecer-te; talvez algum outro só espere que te afastes para apagar-te do coração dela; quando voltares talvez a encontres tão indiferente quanto até agora a viste sensível. Os sentimentos não dependem dos princípios; ela pode continuar muito honrada e deixar de amar-te. Inclino-me a crer que será constante e fiel; mas quem te responde por ela e quem lhe responde por ti, enquanto não vos tiverdes posto à prova? Esperareis para fazer essa prova até que ela vos seja inútil? Esperareis para conhecer-vos até não poderdes mais separar-vos?

Sofia ainda não tem dezoito anos; tu pouco passaste dos vinte e dois; essa é a idade do amor, mas não do casamento. Que pai e que mãe de família! Ah, para saber criar crianças esperai pelo menos até deixardes de sê-lo! Sabes de quantas jovenzinhas as fadigas da gravidez suportadas antes da idade enfraqueceram a compleição, arruinaram a saúde, abreviaram a vida? Sabes quantas crianças permaneceram sempre enfermiças e fracas por não ter sido nutridas num corpo suficientemente formado? Quando a mãe e o filho crescem ao mesmo tempo e a substância necessária para o crescimento de cada um deles é compartilhada, nenhum dos dois tem o que a natureza lhe destinava; como é possível que ambos não sofram com isso? Ou conheço muito mal Emílio ou ele preferirá ter mais tarde uma mulher e filhos robustos a satisfazer sua impaciência à custa da vida e da saúde deles.

Falemos de ti. Ao aspirar ao estado de esposo e de pai, refletiste bem sobre seus deveres? Ao te tornares chefe de família vais tornar-te membro do Estado. E o que é ser membro do Estado? Tu sabes? Estudaste teus deveres de homem, mas conheces os de cidadão? Sabes o que é governo, leis, pátria? Sabes a que preço te é permitido viver e por quem deves morrer? Julgas que aprendeste tudo e ainda nada sabes. Antes de ocupares um lugar na ordem civil, aprende a conhecê-la e a saber que posição te convém nela.

Emílio, precisas deixar Sofia. Não estou dizendo abandoná-la; se fosses capaz disso, para ela seria muita sorte não ter se casado contigo; precisas deixá-la para voltares digno dela. Não sejas vaidoso a ponto de crer que já a mereces. Ah, quanto te falta fazer! Vai, Emílio, cumprir essa nobre tarefa; vai aprender a suportar a ausência; vai conquistar o prêmio da fidelidade, para que retornando possas te honrares com alguma coisa diante dela e pedires sua mão, não como uma graça e sim, como uma recompensa.

Ainda inexperiente em lutar contra si mesmo, ainda não acostumado a desejar uma coisa e querer outra, o jovem não se rende; resiste, discute. Por que recusaria a felicidade que o espera? Demorar a aceitar a mão que lhe é oferecida não seria desdenhá-la? Que necessidade há de afastar-se dela para instruir-se sobre o que deve saber? E, ainda que isso fosse necessário, por que não lhe deixar em laços indissolúveis a prova segura de seu retorno? Que ele seja seu esposo, e estará pronto para seguir-me; que estejam unidos, e a deixará sem receio...

– *Ambos se unirem para se separarem, Emílio, que contradição! É bonito um amante poder viver sem sua amada, mas um marido nunca deve deixar a esposa sem necessidade. Para sanar teus escrúpulos vejo que teus adiamentos precisam ser involuntários: é preciso que possas dizer a Sofia que a deixas contra tua vontade. Pois bem, te contento e, como não obedeces a razão, reconhece outro senhor. Não esqueceste o compromisso que assumiste comigo. Emílio, precisas deixar Sofia; eu exijo.*

Ao ouvir isso ele baixa a cabeça, cala-se, reflete por um momento e depois, olhando-me com firmeza, pergunta: – *Quando partimos?* – Daqui a oito dias, respondo; *precisamos preparar Sofia para essa partida. As mulheres são mais fracas, devemos-lhes precauções; e, como essa ausência não é para ela um dever como para ti, tem direito de suportá-la com menos ânimo.*

Estou muito tentado a prolongar até a separação de meus dois jovens o diário de seus amores; mas já há muito tempo venho abusando da indulgência dos leitores, abreviemos para terminar de uma vez. Ousará Emílio levar para junto da namorada a mesma segurança que acaba de mostrar ao amigo? De minha parte, creio que sim; é da própria autenticidade de seu amor que ele deve tirar essa segurança. Ficaria mais confuso em sua presença se lhe custasse menos deixá-la; iria deixá-la como culpado e esse papel é sempre embaraçoso para um coração honesto; mas, quanto mais o sacrifício lhe custar, mais o honrará aos olhos da que o torna penoso. Não receia que ela se engane sobre o motivo que o determina. Parece dizer-lhe em cada olhar: Ah, Sofia, lê em meu coração e sê fiel; não tens um amante sem virtude.

A altiva Sofia, por sua vez, tenta suportar com dignidade o golpe imprevisto que a atinge. Esforça-se para parecer não senti-lo; mas, assim como Emílio, não tem a honra do combate e da vitória; por isso sua firmeza resiste menos. Chora, geme sem querer e o temor de ser esquecida amarga a dor da separação. Não é na presença do amado que chora, não é a ele que manifesta seus receios; preferiria sufocar a deixar escapar um suspiro em sua presença; sou eu que recebo suas queixas, que vejo suas lágrimas, a quem finge tomar como confidente. As mulheres são astutas e sabem disfarçar-se: quanto mais ela se rebela em segredo contra minha tirania, mais se empenha em lisonjear-me; sente que sua sorte está em minhas mãos.

Consolo-a, tranquilizo-a, respondo-lhe por seu namorado, ou melhor, por seu esposo; juro-lhe que, se guardar-lhe a mesma fidelidade que Emílio lhe guardará, dentro de dois anos ele o será. Ela me estima o bastante para acreditar que não desejo enganá-la. Sou fiador de cada um dos dois para o outro. Seus corações, sua virtude, minha probidade, a confiança de seus pais, tudo os tranquiliza. Mas contra a fraqueza de que serve a razão? Separam-se como se nunca mais fossem ver-se.

É então que Sofia se lembra das tristezas de Eucáris e julga-se realmente no lugar dela. Não deixemos esses amores fantasiosos despertarem durante a ausência. – *Sofia, digo-lhe um dia, fazei uma troca de livros com Emílio. Dai-lhe vosso* Telêmaco *para que ele aprenda a igualá-lo; e ele vos dê o* Spectateur, *que gostais de ler. Estudai ali os deveres das mulheres honradas e pensai que dentro de dois anos esses deveres serão os vossos.* A troca agrada a ambos e dá-lhes confiança. Por fim chega o triste dia; temos de nos separarmos.

O digno pai de Sofia, com quem combinei tudo, abraça-me ao receber meu adeus; depois, chamando-me à parte, diz-me estas palavras, em tom grave e um pouco enfático: – *Fiz tudo para contentar-vos; sabia que estava tratando com um homem de honra. Só me resta para dizer-vos o seguinte: Lembrai-vos de que vosso aluno firmou seu contrato de casamento na boca de minha filha.*

Que diferença na atitude dos dois amantes! Emílio, impetuoso, ardente, agitado, forra de si, dá gritos, verte torrentes de lágrimas sobre as mãos do pai, da mãe, da filha, abraça soluçando todas as pessoas da casa e repete mil vezes as mesmas coisas com uma desordem que em qualquer outra ocasião causaria riso. Sofia, apática, pálida, com os olhos sem brilho e o olhar triste, permanece parada, nada diz, não chora, não enxerga ninguém, nem mesmo Emílio. Em vão ele lhe segura as mãos, estreita-a nos braços; ela continua imóvel, insensível a suas lágrimas, a seus afagos, a tudo o que ele faz: para ela Emílio já partiu. Como esse objeto é mais comovente do que a lamentação importuna e as queixas ruidosas de seu namorado! Ele percebe isso, sente isso, desola-se: levo-o dali quase arrastando-o; se o deixar ficar mais um momento, não quererá mais partir. Regozijo-me por ele levar consigo essa triste imagem. Se algum dia ficar tentado a esquecer o que deve a Sofia e eu fizer com que a recorde tal como a viu no momento da partida, muito alienado há de estar seu coração se eu não o levar de volta a ela.

Sobre as viagens

Perguntam se é bom os jovens viajarem e discutem muito sobre isso. Se formulassem a questão de modo diferente e perguntassem se é bom os homens terem viajado, talvez não discutissem tanto.

O abuso de livros mata a ciência. Julgando saber o que tivermos lido, julgamo-nos dispensados de aprendê-lo. O excesso de leitura serve apenas para criar presunçosos ignorantes. Entre todos os séculos de literatura, não há um em que os homens tenham lido tanto como este e nenhum onde soubessem menos; de todos os países da Europa, não há nenhum onde se imprimam tantas histórias, tantos relatos de viagens como na França, e nenhum onde a índole e os costumes das outras nações sejam menos conhecidos! Haver tantos livros faz-nos deixar de lado o livro do mundo; e, se ainda o lemos, cada qual se atém a sua página. Ainda que a pergunta *[Como] alguém pode ser persa?*[185] me fosse desconhecida, ouvindo-a eu adivinharia que vem de um país onde mais imperam os preconceitos nacionais e do sexo que mais os propaga.

Um parisiense acredita que conhece os homens e conhece apenas os franceses; em sua cidade, sempre cheia de estrangeiros, olha cada estrangeiro como um fenômeno extraordinário que não tem igual no restante do Universo. É preciso ter visto de perto os burgueses dessa grande cidade, é preciso ter vivido entre eles para acreditar que com tanto espírito se possa ser tão estúpido. O mais bizarro é que cada um deles leu talvez dez vezes a descrição do país que tanto vai maravilhar um habitante seu.

Ter de decifrar ao mesmo tempo os preconceitos dos autores e os nossos para chegar à verdade é demais. Passei minha vida lendo relatos de viagem e nunca encontrei dois que me dessem a mesma ideia do mesmo povo. Comparando com o que lera o pouco que podia observar, acabei deixando de lado os viajantes e lamentando o tempo que destinara a instruir-me lendo-os, convencido de que em matéria de observações de toda espécie não devemos ler, devemos ver. Isso seria válido nessa ocasião, mesmo que todos os viajantes fossem sinceros, dissessem somente o que viram ou em que acreditam e encobrissem a verdade somente com as cores falsas que ela assume a seus olhos. Como será quando também for preciso desenredá-la de suas mentiras e de sua má-fé?

Deixemos, portanto, o recurso dos livros que nos são elogiados aos que foram feitos para contentar-se com eles, assim como a arte de Raymond Lulle[186], esse recurso é bom para ensinar a tagarelar sobre o que não se sabe. É bom para treinar Platões de quinze anos a filosofarem em rodinhas e para instruir

---

185. Frase de parisienses relatada na Carta XXX por um dos personagens de *Cartas Persas*, romance epistolar em que Montesquieu (1689-1755) satiriza a vida política, social e religiosa da França dos séculos XVII e XVIII [N.T.].

186. Raymond Lulle (Maiorca, c. 1232-1315), franciscano empenhado na conversão dos infiéis, autor de obras teológicas, filosóficas e científicas. Rousseau provavelmente se refere a *Ars magna*, obra complexa que retoma tratados anteriores e baseia-se em figuras geométricas para demonstrar a harmonia das três ordens do Universo [N.T.].

os presentes sobre os usos do Egito e das Índias fiando-se em Paul Lucas ou Tavernier[187].

Considero uma máxima incontestável que quem viu apenas um povo não conhece os homens, só conhece as pessoas com quem conviveu. Assim, a mesma pergunta sobre as viagens pode ser feita também desta outra maneira: Basta que um homem bem educado conheça apenas seus compatriotas, ou é importante que conheça os homens em geral? Aqui já não cabem discussão nem dúvida. Vede como às vezes a solução de uma questão difícil depende do modo de apresentá-la.

Mas para estudar os homens é preciso percorrer a Terra inteira? É preciso ir ao Japão observar os europeus? Para conhecer a espécie é preciso conhecer todos os indivíduos? Não; há homens que se parecem tanto que não vale a pena estudá-los separadamente. Quem viu dez franceses viu todos. Embora não se possa dizer o mesmo dos ingleses e de alguns outros povos, entretanto é certo que cada nação tem seu caráter próprio e específico, que é apreendido por indução, não da observação de apenas um de seus membros e sim de vários. Quem houver comparado dez povos conhece os homens, como quem viu dez franceses conhece os franceses.

Para instruir-se não basta percorrer os países; é preciso saber viajar. Para observar é preciso ter olhos e dirigi-los para o objeto que se quer conhecer. Há muitas pessoas que as viagens instruem ainda menos do que os livros, porque, ignorando a arte de pensar, na leitura pelo menos sua mente é guiada pelo autor e nas viagens nada sabem ver por si mesmas. Outras não se instruem porque não querem instruir-se: seu objeto é tão diferente que esse não as impressiona; só por grande acaso alguém vê com exatidão o que não se preocupa em olhar. De todos os povos do mundo, o francês é o que mais viaja; mas, voltado apenas para seus usos, confunde tudo o que não se assemelhar a eles. Há franceses em todos os cantos do mundo. Não há um país onde encontremos mais pessoas que já viajaram do que a França. Apesar disso, de todos os povos da Europa o que mais os visita é o que menos os conhece.

---

187. Paul Lucas (1664-1737), explorador francês, autor de três livros de viagens; apesar do grande sucesso de público, a veracidade de seus relatos e mapas foi questionada pelos estudiosos da época e reconhecida só muito posteriormente. Jean-Baptiste Tavernier (1605-1689), pioneiro francês do comércio com a Índia, autor de um livro sobre suas seis viagens comerciais à Turquia, Pérsia e Índia [N.T.].

O inglês também viaja, mas de outra maneira; esses dois povos têm forçosamente de ser opostos em tudo. A nobreza inglesa viaja, a nobreza francesa não viaja; a plebe francesa viaja, a plebe inglesa não viaja. Essa diferença me parece honrosa para os últimos. Os franceses quase sempre têm algum plano de seu interesse ao viajarem; mas os ingleses não vão buscar fortuna nas outras nações, a não ser pelo comércio e com as mãos cheias; quando viajam, é para gastarem seu dinheiro nisso e não para viverem de expedientes; são orgulhosos demais para irem arrastar-se fora de sua terra. Isso também os leva a instruir-se melhor em outros países do que os franceses, que têm na cabeça um objetivo totalmente diferente. Entretanto, os ingleses também têm seus preconceitos nacionais, inclusive mais do que ninguém; mas esses preconceitos se devem menos à ignorância do que à paixão. O inglês tem os preconceitos do orgulho e o francês, os da vaidade.

Como os povos menos cultos geralmente são os mais sábios, os que viajam menos viajam melhor; porque, estando menos avançados que nós em nossas buscas frívolas e menos ocupados com os objetos de nossa vã curiosidade, dão total atenção ao que é verdadeiramente útil. Além dos espanhóis não conheço outros que viajem dessa maneira. Enquanto um francês corre entre os artistas de um país, um inglês manda desenharem-lhe alguma antiguidade e um alemão leva seu álbum à casa de todos os cientistas, o espanhol estuda em silêncio o governo, os costumes, a polícia, e dos quatro é o único que ao voltar para casa extrai do que viu alguma observação útil para seu país.

Os antigos viajavam pouco, liam pouco, escreviam poucos livros; e entretanto, no que nos resta deles é que se observam uns aos outros melhor do que observamos nossos contemporâneos. Sem remontar aos escritos de Homero – o único poeta que nos transporta para as regiões que descreve –, não podemos recusar a Heródoto a honra de haver pintado os costumes em sua *História*, embora ela seja composta mais de narrações do que de reflexões, melhor do que o fazem todos nossos historiadores ao sobrecarregarem seus livros com retratos e caracteres. Tácito descreveu os germanos de sua época melhor do que qualquer escritor já descreveu os alemães de hoje. Incontestavelmente, os que são versados em história antiga conhecem melhor os gregos, os cartagineses, os gauleses, os persas do que qualquer povo de nossos dias conhece seus vizinhos.

É preciso admitir também que, com as características originais dos povos desvanecendo-se dia a dia, pela mesma razão torna-se mais difícil apreendê-las. À medida que as raças se misturam e os povos se confundem, vemos desaparecerem pouco a pouco aquelas diferenças nacionais que outrora imediatamente saltavam aos olhos. Outrora cada nação permanecia fechada em si mesma; havia menos comunicação, menos viagens, menos interesses comuns ou opostos, menos laços políticos e civis entre um povo e outro, não tantas dessas intrigas régias denominados negociações, nada de embaixadores itinerantes ou residentes; as grandes navegações eram raras; havia pouco comércio de longa distância; e o pouco que havia era feito pelo próprio príncipe, que utilizava estrangeiros, ou por pessoas sem valor, que não ditavam o tom a ninguém e não aproximavam as nações. Agora há cem vezes mais laços entre a Europa e a Ásia do que havia antigamente entre a Gália e a Espanha: a Europa sozinha era mais dispersa do que a Terra inteira hoje.

A isso acrescentemos que os povos antigos, quase todos se vendo como autóctones ou originários de seu próprio país, ocupavam-no há tempo suficiente para terem perdido a memória dos séculos remotos em que seus ancestrais se estabeleceram nele e para terem dado ao clima tempo para criar-lhes impressões duradouras; ao passo que, entre nós, após as invasões dos romanos as recentes emigrações dos bárbaros misturaram tudo, confundiram tudo. Os franceses de hoje já não são aqueles grandes corpos louros e brancos de outrora; os gregos já não são aqueles belos homens feitos para servir de modelos para a arte; mesmo a figura característica dos romanos mudou, assim como sua índole; os persas, originários da Tartária, perdem dia a dia sua feiura primitiva, graças à mistura do sangue circassiano; os europeus já não são gauleses, germanos, iberos, alóbroges: todos são citas que degeneraram de modos diversos quanto à figura e mais ainda quanto aos costumes.

É por isso que as antigas distinções entre raças, as qualidades do ar e do terreno marcavam de um povo para outro os temperamentos, as figuras, os costumes, os caracteres mais fortemente do que em nossos dias, nos quais a inconstância europeia não dá a nenhuma causa natural tempo para criar suas impressões e, derrubando as florestas, drenando os pântanos, cultivando a terra mais uniformemente, embora pior cultivada, já não deixa, nem mesmo no aspecto físico, a mesma diferença de uma terra para outra e de um país para outro.

Talvez com reflexões como essas nos apressaríamos menos a ridicularizar Heródoto, Ctésias e Plínio por haverem representado os habitantes de diversos países com traços originais e diferenças marcantes que não lhes vemos mais. Precisaríamos reencontrar os mesmos homens para reconhecermos neles as mesmas figuras. Para que houvessem permanecido os mesmos seria preciso que nada os tivesse mudado. Se pudéssemos observar simultaneamente todos os homens que existiram, como duvidar de que os veríamos mais variados de um século para outro do que os vemos hoje de uma nação para outra?

Ao mesmo tempo que se tornam mais difíceis, as observações são feitas de modo mais negligente e pior; essa é outra razão do pouco sucesso de nossas pesquisas na história natural do gênero humano. A instrução obtida das viagens está relacionada com o objeto que leva a empreendê-las. Quando esse objeto é um sistema filosófico, o viajante sempre vê somente o que quer ver; quando esse objeto é o interesse, absorve toda a atenção dos que se dedicam a ele. O comércio e as artes, que misturam e confundem os povos, também os impedem de estudarem-se. Quando eles sabem que lucro um pode obter com o outro, o que mais têm para saber?

É útil ao homem conhecer todos os lugares onde pode viver, a fim de em seguida conhecer aqueles onde pode viver mais confortavelmente. Se cada qual bastasse a si mesmo, não lhe importaria conhecer mais do que a extensão do país que pode mantê-lo. O selvagem, que não necessita de ninguém e não cobiça nada no mundo, não conhece e não procura conhecer outros países além do seu. Se for forçado a espraiar-se para subsistir, foge dos lugares habitados pelos homens; só ataca animais e só necessita deles para alimentar-se. Mas, quanto a nós, para quem a vida civil é necessária e que não podemos mais viver sem comer homens, o interesse de cada um de nós consiste em frequentar os países onde encontrar mais homens para devorar. É por isso que tudo aflui a Roma, Paris, Londres. É sempre nas grandes capitais que o sangue humano se vende mais barato. Assim só conhecemos as cidades muito populosas, e todas as cidades muito populosas se parecem.

Dizem que temos sábios que viajam para instruir-se; é um equívoco: os sábios viajam por interesse, como os outros. Os Platões, os Pitágoras já não existem ou, se existirem, é bem longe de nós. Nossos sábios sempre viajam por ordem da corte; são expedidos, custeados, pagos para verem este ou aquele objeto, que com absoluta certeza não é um objeto moral. Devem todo seu tempo a esse objeto único; e são honestos demais para roubarem seu dinheiro. Se, em qualquer país que for, curiosos viajam às próprias custas, nunca é para estudarem os homens, é para informá-los. Não é de conhecimento que necessitam e sim, de ostentação. Como em suas viagens aprenderiam a libertar-se do jugo da opinião pública? É por ela que as fazem.

Há muita diferença entre viajar para ver lugares e para ver povos. O primeiro objeto é sempre o dos curiosos, o segundo é para eles só acessório. Quem quer filosofar deve fazer exatamente o contrário. A criança observa as coisas enquanto ainda não pode observar os homens. O homem deve começar por observar seus semelhantes e depois observar as coisas, se tiver tempo.

Portanto, tirar do fato de viajarmos mal a conclusão de que as viagens são inúteis é raciocinar erroneamente. Mas, reconhecida a utilidade das viagens, conclui-se que convêm a todo mundo? Longe disso; ao contrário, convêm somente aos homens tão firmes sobre si mesmos que ouçam as lições do erro sem deixar-se seduzir e vejam o exemplo do vício sem deixar-se arrastar por ele. As viagens impelem a índole para sua inclinação e terminam de tornar bom ou mau o homem. Quem retorna de correr o mundo é ao voltar o que será durante toda a vida; e mais voltam maus do que bons, porque partem mais homens com inclinação para o mal do que para o bem. Os jovens mal educados e mal conduzidos contraem em suas viagens todos os vícios dos povos que frequentarem e nenhuma das virtudes de que esses vícios vêm mesclados; mas todos aqueles de bom caráter, cuja boa índole foi bem cultivada e que viajam com a real intenção de instruírem-se retornam melhores e mais sábios do que partiram. Assim viajará meu Emílio; assim viajara aquele jovem digno de uma época melhor, cujo mérito a Europa surpresa admirou, que por seu país morreu na flor da idade, mas merecia viver e cujo túmulo, adornado apenas com suas virtudes, esperava para receber honras que uma mão estrangeira nele semeasse flores.

Tudo o que é feito por uma razão deve ter suas regras. Vistas como uma parte da educação, as viagens também devem tê-las. Viajar por viajar é vaguear, é vagabundear; viajar para instruir-se é ainda um objeto vago demais: a instrução que não tiver um objetivo determinado nada é. Quero dar ao jovem um interesse evidente em instruir-se, e esse interesse bem escolhido definirá também a natureza da instrução. Essa é sempre a sequência do método que procurei pôr em prática.

Agora, depois de considerar-se por suas relações físicas com os outros seres, por suas relações morais com os outros homens, resta-lhe considerar-se por suas relações civis com os concidadãos. Para isso é preciso que comece por estudar a natureza do governo em geral, as diversas formas de governo e, por fim, o governo específico sob o qual nasceu, para saber se lhe convém viver nele; pois, por um direito que nada pode derrogar, todo homem, ao tornar-se maior e senhor de si, também se torna senhor de rescindir o contrato que o liga à comunidade, deixando o país no qual está estabelecido. Somente se fixar residência nele após a idade da razão presume-se que confirma tacitamente o compromisso assumido por seus ancestrais. Adquire o direito de renunciar a sua pátria, bem como à sucessão paterna; todavia, como o lugar de nascimento é uma dádiva da natureza, quem renuncia a ele cede algo de si. Por rigoroso direito, em qualquer lugar onde nascer, todo homem permanece livre, por sua conta e risco, a menos que se submeta voluntariamente às leis para adquirir o direito de ser protegido por elas.

Assim, eu lhe diria, por exemplo: *Até agora viveste sob minha direção, não eras capaz de governar a ti mesmo. Mas te aproximas da idade em que as leis, confiando-te a disposição de teus bens, tornam-te senhor de tua pessoa. Vais te encontrares sozinho na sociedade, dependente de tudo, até mesmo de teu patrimônio. Tens em vista te estabeleceres; essa intenção é louvável, é um dos deveres do homem; mas antes de te casares precisas saber que homem queres ser, em que desejas passar tua vida, que medidas queres tomar para garantir teu pão e o de tua família; pois, embora não se deva fazer desse assunto a preocupação principal, é preciso pensar nisso uma vez. Queres cair na dependência dos homens que desprezas? Queres estabelecer tua fortuna e fixar teu estado por meio de relações civis que continuamente te colocarão à mercê de outrem e para escapares dos velhacos te forçarão a te tornares velhaco também?*

Depois lhe descreverei todos os meios possíveis de valorizar seus bens, seja no comércio, nos cargos ou nas finanças; e mostrarei que não há algum que não o faça correr riscos, que não o coloque numa situação precária e dependente e não o force a regular seus costumes, seus sentimentos, sua conduta pelo exemplo e pelos preconceitos de outrem.

Direi a ele que há outro meio de empregar seu tempo e sua pessoa: entrar para a tropa, ou seja, alugar-se a preço muito baixo para ir matar pessoas que não nos fizeram mal algum. Esse ofício goza de grande estima entre os homens e eles têm extraordinário apreço pelos que são bons só nisso. Aliás, em vez de dispensar-te dos outros recursos, torna-os ainda mais necessários; pois também faz parte da honra desse estado levar à ruína os que se devotam a ele. É bem verdade que nem todos se arruínam; até mesmo está entrando imperceptivelmente em moda enriquecer-se nele como nos outros; mas duvido que ao explicar-te como os que o conseguem agem para isso, eu te dê vontade de imitá-los.

Saberás também que, nesse mesmo ofício, já não se trata de coragem nem de valor, a não ser talvez diante das mulheres; que, ao contrário, o mais rasteiro, o mais baixo, o mais servil é sempre o mais festejado; que, se resolveres levar a sério teu trabalho, serás desprezado, odiado, talvez expulso ou pelo menos oprimido por privilégios de teus camaradas e suplantado por todos eles porque serviste nas trincheiras enquanto eles serviam nos toucadores [das mulheres].

Não há dúvida de que nenhum desses empregos apetecerá a Emílio. – *Ora essa*, me dirá, *acaso esqueci os jogos de minha infância? Perdi os braços? Minha força se esgotou? Não sei mais trabalhar? Que me importam todos vossos belos empregos e todas as tolas opiniões dos homens? A única glória que conheço é ser bondoso e justo; a única felicidade que conheço é o homem viver independente com quem ama, ganhando diariamente apetite e saúde com seu trabalho. Todas essas dificuldades de que me falais não me dizem respeito. O único bem que quero é um pedacinho de terra em algum canto do mundo. Empregarei toda minha avareza em fazê-lo render e viverei sem inquietude. Sofia e meu campo, e serei rico.*

– *Sim, meu amigo, para a felicidade do homem sábio bastam uma mulher e um campo que seja seu; mas esses tesouros, apesar de modestos, não são tão comuns quanto pensas. Já encontraste o mais raro; falemos do outro.*

"*Um campo que seja teu, querido Emílio! E em qual lugar o escolherás? Em qual canto do mundo poderás dizer: aqui sou meu senhor e senhor do terreno que me pertence? Sabemos em quais lugares é fácil enriquecer, mas quem sabe onde é possível abster-se de ser rico? Quem sabe onde o homem pode viver independente e livre sem ter de prejudicar ninguém e sem recear que o prejudiquem? Acreditas que seja tão fácil encontrar o lugar onde seja sempre permitido ser um homem honrado? Se há algum meio legítimo e seguro de subsistir sem intrigas, sem negócios, sem dependência, concordo que é viver do trabalho das mãos, cultivando seu próprio campo; mas onde fica o Estado em que seja possível dizer: a terra que estou pisando é minha? Antes de escolheres esse lugar venturoso, certifica-te bem de que nele encontrarás a paz que buscas; verifica que um governo violento, uma religião perseguidora, costumes perversos não irão perturbar-te. Põe-te a salvo dos impostos desmedidos que devorariam o fruto de teu labor, dos processos sem fim que consumiriam teus fundos. Faze de modo que vivendo com retidão não tenhas de cortejar intendentes, seus substitutos, juízes, clérigos, vizinhos poderosos, velhacos de toda espécie sempre prontos a atormentar-te se os negligenciares. Põe-te a salvo principalmente das vexações dos grandes e dos ricos; lembra que em toda parte as terras deles podem confinar com a vinha de Nabot*[188]. *Se para tua infelicidade um homem influente comprar ou construir uma casa perto de tua cabana, garantes que ele não encontrará algum pretexto para invadir tua propriedade a fim de engordar a dele ou que não verás, talvez amanhã mesmo, todos teus recursos ser engolidos por uma larga estrada? E se conservares crédito para evitar todos esses inconvenientes, mais vale conservares também tuas riquezas, pois guardá-las não te será mais custoso. A riqueza e o crédito escoram-se mutuamente; um sempre se sustenta mal sem o outro.*

Tenho mais experiência do que tu, querido Emílio; vejo melhor a dificuldade de teu projeto. Entretanto, ele é belo, é honesto e de fato te faria feliz: empenhemo-nos em executá-lo. Tenho uma proposta a fazer-te: dediquemos os dois anos que tomamos até teu retorno a escolher na Europa um recanto onde possas viver feliz com tua família, a salvo de todos os perigos de que acabo de falar-te. Se formos bem-sucedidos, terás encontrado a verdadeira felicidade que tantos outros procuram inutilmente e não lamentarás o tempo gasto. Se não tivermos sucesso, ficarás curado de uma quimera; te consolarás de uma desventura inevitável e te submeterás à lei da necessidade."

Não sei se todos os meus leitores perceberão até onde vai levar-nos essa busca assim proposta; mas sei bem que, se no retorno de suas viagens, iniciadas e prosseguidas com esse objetivo, Emílio não voltar versado em todos os assuntos de governo, costumes públicos e máximas de Estado de toda espécie, ele ou eu temos de ser totalmente pobres – de inteligência, ele e de discernimento, eu.

O direito político ainda está por nascer e é presumível que nunca nascerá. Grotius, o mestre de todos nossos eruditos nessa parte, não é mais do que uma criança e, o que é pior, uma criança de má-fé. Quando ouço colocarem Grotius

---

188. Cf. 1Rs 21,1-16 [N.T.].

nas nuvens e cobrirem Hobbes de execração, vejo quantos homens sensatos leem ou compreendem esses dois autores. A verdade é que seus princípios são exatamente similares; diferem apenas pelas expressões. Diferem também pelo método. Hobbes apoia-se em sofismas e Grotius, em poetas; todo o restante é comum a ambos.

O único moderno capaz de criar essa grande e inútil ciência teria sido o ilustre Montesquieu. Mas ele não se interessou em tratar dos princípios do direito político; limitou-se a tratar do direito positivo dos governos estabelecidos; e nada no mundo difere mais do que esses dois estudos.

Entretanto, quem quiser avaliar sensatamente governos do modo como existem é obrigado a reunir ambos: precisa saber o que deve haver para bem avaliar o que há. A maior dificuldade para esclarecer essas importantes matérias é interessar um particular em discuti-las, em responder estas duas perguntas: Que me importa? O que posso fazer nisso? Tornamos nosso Emílio capaz de responder ambas.

A segunda dificuldade provém dos preconceitos da infância, das máximas em meio às quais fomos criados e, principalmente, da parcialidade dos autores, que, sempre falando da verdade com que não se importam, pensam apenas em seus interesses, dos quais não falam. Mas o povo não dá cátedras nem pensões nem postos acadêmicos: imaginai como os direitos dele devem ser estabelecidos por essa gente! Fiz com que também essa dificuldade fosse nula para Emílio. Ele mal sabe o que é governo; a única coisa que lhe importa é encontrar o melhor. Seu projeto não é escrever livros; e, se porventura escrevê-los, não será para cortejar as potências e sim para estabelecer os direitos da humanidade.

Resta uma terceira dificuldade, mais especiosa do que sólida e que não quero resolver nem propor: basta-me que ela não assuste meu zelo; é claro que, em pesquisas dessa espécie, grandes talentos são menos necessários do que um sincero amor à justiça e um respeito verdadeiro pela verdade. Portanto, se as matérias de governo podem ser tratadas equitativamente, em minha opinião é no caso que aqui temos ou nunca.

Antes de observar é preciso estabelecer regras para as observações: é preciso elaborar uma escala para representar nela as medidas que forem coletadas. Nossos princípios de direito político são essa escala. Nossas medidas são as leis políticas de cada país.

Nossos elementos serão claros, simples, extraídos imediatamente da natureza das coisas. Serão formados pelas questões discutidas entre nós e que só converteremos em princípios quando estiverem suficientemente resolvidas.

Por exemplo, remontando primeiramente ao estado de natureza, examinaremos se os homens nascem escravos ou livres, associados ou independentes; se se reúnem voluntariamente ou forçados; se porventura a força que os reúne pode formar um direito permanente, pelo qual essa força anterior obrigue, mesmo quando é sobrepujada por outra, de modo que desde a força do rei Nenrode[189] – que, dizem, submeteu a ela os primeiros povos –, todas as outras forças que destruíram aquela tenham se tornado iníquas e usurpadoras e os únicos reis legítimos sejam os descendentes de Nenrode ou seus herdeiros; ou então se, vindo a cessar essa primeira força, a força que a suceder obriga por sua vez e anula a obrigação da outra, de modo que o indivíduo só seja obrigado a obedecer enquanto for forçado a isso e fique desobrigado tão logo possa fazer resistência – direito que, segundo parece, pouco acrescentaria à força e não seria mais do que um jogo de palavras.

Examinaremos se não se pode dizer que toda doença vem de Deus e se disso decorre que seja um crime chamar o médico.

Examinaremos também se em boa consciência somos obrigados a entregar nossa bolsa a um bandido que a exige na estrada, mesmo quando poderíamos escondê-la; pois afinal a pistola que ele tem na mão também é um poder.

Se nessa ocasião a palavra *poder* significa outra coisa que não um poder legítimo e, portanto, sujeito às leis das quais recebe seu ser.

Supondo que se rejeite o direito da força e se aceite o da natureza ou a autoridade paterna como princípio das sociedades, averiguaremos a medida dessa autoridade, como está fundamentada na natureza, se tem outra razão além da utilidade para o filho, sua fraqueza e o amor natural que o pai tem por ele; se, quando a fraqueza do filho cessar e sua razão amadurecer, este não se torna o único juiz natural do que convém para sua conservação e, portanto, senhor de si e independente de qualquer outro homem, mesmo de seu pai; pois há ainda mais certeza de que o filho ama a si mesmo do que há certeza de que o pai ama o filho.

---

189. Gn 10,8-12 [N.T.].

Se, falecendo o pai, os filhos são obrigados a obedecer ao primogênito ou a algum outro que não terá por eles o carinho natural de um pai; e se, de geração em geração, haverá sempre um único chefe, ao qual toda a família seja obrigada a obedecer. Nessa circunstância, investigaríamos como a autoridade poderia porventura ser compartilhada e com que direito haveria no mundo inteiro mais de um chefe que governasse o gênero humano.

Supondo que os povos se houvessem formado por livre-escolha, distinguiremos então o direito do fato; e indagaremos se, tendo assim se subordinado a seus irmãos, tios ou parentes não por serem obrigados, mas porque assim quiseram, esse tipo de sociedade não faz parte da associação livre e voluntária.

Passando em seguida para o direito de escravidão, examinaremos se um homem pode legitimamente se alienar para outro, sem restrição, sem reserva, sem qualquer espécie de condição; ou seja, se pode renunciar a sua pessoa, a sua vida a sua razão, a seu eu, a toda moralidade em suas ações e, em suma, cessar de existir antes de morrer, apesar de a natureza que o encarrega imediatamente de sua própria conservação e apesar de sua consciência e sua razão prescreverem-lhe o que deve fazer e do que deve abster-se.

E se há alguma reserva, alguma restrição no ato de escravidão, discutiremos se esse ato não se torna então um verdadeiro contrato, no qual cada um dos dois contratantes, não tendo nessa qualidade um superior em comum[190], permanecem seus próprios juízes quanto às condições do contrato e, consequentemente, ambos livres nessa parte e senhores de rompê-lo tão logo se julguem lesados.

E, portanto, se um escravo não pode alienar-se sem reserva a seu amo, como um povo pode alienar-se sem reserva a seu chefe? E, se o escravo permanece juiz da observância do contrato por seu amo, como o povo não permanecerá juiz da observância do contrato por seu chefe?

Forçados assim a voltar atrás e considerando o sentido da palavra coletiva *povo*, investigaremos se para estabelecê-lo não é preciso um contrato, pelo menos tácito, anterior a esse que supomos.

---

190. Se tivessem um superior em comum, ele só poderia ser o soberano; e então o direito de escravidão, fundamentado no direito de soberania, não seria o princípio deste.

Visto que antes de eleger um rei o povo já é um povo, o que o constituiu assim, se não o contrato social? Portanto, o contrato social é a base de toda sociedade civil e é na natureza desse ato que deve ser buscada a da sociedade que ele forma.

Averiguaremos qual é o teor desse contrato e se não pode ser enunciado aproximadamente por esta fórmula: "Cada um de nós coloca em comum seus bens, sua pessoa, sua vida e todo seu poder, sob a direção suprema da vontade geral, e recebemos coletivamente cada membro como parte indivisível do todo".

Suposto isso, para definir os termos de que necessitamos observaremos que, em vez da pessoa particular de cada contratante, esse ato de associação produz um corpo moral e coletivo, composto de tantos membros quantos votos tiver a assembleia. Essa pessoa pública toma em geral o nome de *corpo político*, que seus membros denominam *Estado* quando é passivo, *soberano* quando é ativo, *potência* quando comparado com seus semelhantes. Quanto aos membros propriamente ditos, coletivamente tomam o nome de *população* e pessoalmente se denominam *cidadãos* enquanto membros da *cidade* ou participantes da autoridade soberana, e *súditos* enquanto subordinados a essa mesma autoridade.

Observaremos que esse ato de associação contém um compromisso recíproco do público e dos particulares e que cada indivíduo, contratante consigo mesmo, digamos assim, acha-se engajado em duas relações: como membro do soberano com relação aos particulares e como membro do Estado com relação ao soberano.

Observaremos também que, como ninguém é obrigado pelos compromissos que assumiu apenas consigo mesmo, a deliberação pública que pode obrigar todos os súditos para com o soberano, por causa das duas diferentes relações sob as quais cada um deles é considerado, não pode obrigar o Estado para consigo mesmo. Isso mostra que a única lei fundamental propriamente dita que há ou pode haver é o pacto social. Isso não significa que o corpo político não possa, sob certos aspectos, contrair compromisso com outrem; pois com relação ao estrangeiro ele se torna um ser simples, um indivíduo.

Não tendo as duas partes contratantes – ou seja, cada particular e o público – nenhum superior em comum que possa julgar suas desavenças, examinaremos se cada um deles permanece senhor de romper o contrato quando lhe aprouver, ou seja, renunciar por sua vez a ele tão logo se sinta lesado.

Para esclarecer essa questão observaremos que, segundo o pacto social, como o soberano só pode agir por vontades comuns e gerais, também seus atos só podem ter objetos gerais e comuns; de onde se conclui que um particular não pode ser lesado diretamente pelo soberano sem que todos o sejam, o que é impossível, visto que seria querer prejudicar a si mesmo. Assim o contrato social nunca necessita de outro fiador além da força pública, porque a lesão pode provir somente dos particulares; e então isso não faz com que sejam liberados de seu compromisso e sim, punidos por haverem-no violado.

Para decidir bem todas as questões análogas, atentaremos para nos lembrarmos sempre de que o pacto social é de uma natureza particular e própria somente dele, na medida em que o povo contrata somente consigo mesmo, ou seja, o povo coletivamente como soberano com os particulares como súditos – condição que constitui todo o artifício e o jogo da máquina política e a única que torna legítimos, racionais e isentos de perigo compromissos que sem isso seriam absurdos, tirânicos e sujeitos a gigantescos abusos.

Tendo os particulares se subordinado apenas ao soberano e sendo a autoridade soberana nada além da vontade geral, veremos como obedecendo ao soberano cada homem obedece a si mesmo e como é mais livre no pacto social do que no estado de natureza.

Depois de compararmos a liberdade natural com a liberdade civil quanto às pessoas, compararemos, quanto aos bens, o direito de propriedade com o direito de soberania, o âmbito particular com o âmbito eminente. Se é no direito de propriedade que se fundamenta a autoridade soberana, esse é o direito que ela deve respeitar mais: deve vê-lo como inviolável e sagrado enquanto for um direito particular e individual; tão logo for considerado comum a todos os cidadãos, está sujeito à vontade geral e essa vontade pode anulá-lo. Assim, o soberano não tem direito algum de tocar nos bens de um particular nem de vários; mas pode legitimamente apoderar-se dos bens de todos, como foi feito em Esparta na época de Licurgo, ao passo que a abolição das dívidas por Sólon foi um ato ilegítimo.

Visto que nada além da vontade geral obriga os súditos, investigaremos como essa vontade se manifesta, por quais sinais temos certeza de reconhecê-

-la, o que é uma lei e quais são as verdadeiras características da lei. Esse assunto é totalmente novo: a definição de lei ainda está por fazer.

No momento em que considera em particular um ou vários de seus membros, a população divide-se. Forma-se entre o todo e sua parte uma relação que os torna dois seres separados, dos quais a parte é um e o todo, menos essa parte, é outro. Mas o todo menos uma parte não é o todo; portanto, enquanto essa relação subsistir, não há mais todo e sim, duas partes desiguais.

Ao contrário, quando todo a população estatui algo sobre toda a população, está levando em consideração ela mesma; e, caso se forme uma relação, é do objeto inteiro sob um ponto de vista com o objeto inteiro sob outro ponto de vista, sem divisão do todo. Então o objeto sobre o qual se estatui algo é geral e a vontade que estatui também é geral. Examinaremos se há alguma outra espécie de ato que possa ser chamado de lei.

Se o soberano só pode falar por meio de leis e se a lei nunca pode ter um objeto que não seja geral e referente igualmente a todos os membros do Estado, conclui-se que o soberano nunca tem o poder de estatuir algo sobre um objeto particular; e entretanto, como para a conservação do Estado é importante que se decida também sobre as coisas particulares, investigaremos como isso pode ser feito.

Os atos do soberano somente podem ser atos de vontade geral, leis; em seguida, para a execução dessas mesmas leis são necessários atos determinantes, atos de força ou de governo; e eles, ao contrário, só podem ter objetos particulares. Assim o ato pelo qual o soberano estatui que será eleito um chefe é uma lei, e o ato pelo qual, executando a lei, se elege esse chefe é tão somente um ato de governo.

Temos aqui, portanto, um terceiro aspecto sob o qual o povo reunido pode ser considerado: como magistrado ou executor da lei que promulgou como soberano[191]. Examinaremos se é possível o povo despojar-se de seu direito de soberania para com ele revestir um homem ou vários; pois, como o ato de eleger não é uma lei e nesse ato o povo não é soberano, não se entende como então ele pode transferir um direito que não tem.

---

191. A maioria dessas questões e propostas são extraídas do Tratado do Contrato Social, por sua vez extraído de uma obra maior que empreendi sem consultar minhas forças e abandonei há muito tempo. O pequeno tratado que destaquei dela e cujo sumário apresento aqui será publicado à parte.

Como a essência da soberania consiste na vontade geral, tampouco se entende como é possível garantir que uma vontade particular estará sempre em concordância com essa vontade geral. É mais presumível que frequentemente será oposta a ela; pois o interesse privado tende sempre para as preferências e o interesse público, para a igualdade; e, ainda que essa concordância fosse possível, bastaria que não fosse necessária e indestrutível para que o direito soberano não pudesse resultar dela.

Averiguaremos se, sem violar o pacto social, os chefes do povo, sob qualquer nome que sejam eleitos, porventura podem ser outra coisa que não os oficiais do povo, aos quais este ordena que façam executar as leis; se esses chefes não devem prestar contas de sua administração e se eles mesmos não estão subordinados às leis que estão encarregados de fazer observar.

Se o povo não pode alienar seu direito supremo, pode cedê-lo temporariamente? Se não pode adotar um senhor, pode adotar representantes? Essa questão é importante e merece discussão.

Se o povo não pode ter soberano nem representantes, examinaremos como ele mesmo pode promulgar suas leis; se deve ter muitas leis; se deve mudá-las com frequência; se é fácil um povo numeroso ter seu próprio legislador;

Se o povo romano não era um povo numeroso;

Se há povos numerosos é bom.

Das considerações precedentes conclui-se que há no Estado um corpo intermediário entre os súditos e o soberano; e esse corpo intermediário, formado de um ou vários membros, é encarregado da administração pública, da execução das leis e da manutenção da liberdade civil e política.

Os membros desse corpo denominam-se *magistrados* ou *reis*, ou seja, governadores. Considerado quanto aos homens que o compõem, o corpo inteiro chama-se *príncipe*, e considerado por sua ação chama-se *governo*.

Se considerarmos a ação do corpo inteiro agindo sobre si mesmo, ou seja, a relação do todo com o todo ou do soberano com o Estado, podemos comparar essa relação com a dos extremos de uma proporção contínua, da qual o governo dá o termo intermediário. O magistrado recebe do soberano as ordens que dá ao povo; e, tudo equilibrado, seu produto ou seu poder tem o mesmo grau do produto ou do poder dos cidadãos, que de um lado são súditos e do outro, soberanos. Não é possível alterar algum dos três termos sem romper imediatamente a proporção. Se o soberano quiser governar, se o príncipe quiser dar leis ou se o súdito recusar-se a obedecer, a desordem sucede à regra e o Estado desagregado cai no despotismo ou na anarquia.

Suponhamos que o Estado seja composto de dez mil cidadãos. O soberano só pode ser considerado coletivamente e em conjunto; mas cada particular tem, como súdito, uma existência individual e independente. Assim, o soberano está para o súdito como dez mil estão para um; ou seja, cada membro do Estado tem somente a décima milésima parte da autoridade soberana, embora esteja totalmente sujeito a ela. Se a população for composta de cem mil homens, a situação dos súditos não muda e cada um deles continua sob todo o domínio das leis, ao passo que seu sufrágio, reduzido a um centésimo de milésimo, tem dez vezes menos influência na redação delas. Assim, enquanto o súdito continua a ser sempre um, a relação do soberano aumenta na razão do número de cidadãos. De onde se conclui que, quanto mais o Estado cresce, mais a liberdade diminui.

Sendo assim, quanto menos as vontades particulares tiverem a ver com a vontade geral – ou seja, os costumes com as leis –, mais a força repressora deve aumentar. Por outro lado, como a grandeza do Estado proporciona aos depositários da autoridade pública mais tentações e meios para abusarem dela, quanto mais força o governo tiver para conter o povo, mais força o soberano também deve ter para conter o governo.

Dessas duas relações decorre que a proporção contínua entre o soberano, o príncipe e o povo não é uma ideia arbitrária e sim, uma consequência da natureza do Estado. Decorre também que, sendo fixo um dos extremos, ou seja, o povo, todas as vezes que a razão dupla aumentar ou diminuir, a razão simples também aumenta ou diminui – o que é impossível sem que o termo intermediário também mude todas as vezes. A consequência que podemos extrair disso é que não há uma constituição de governo única e absoluta e sim, deve haver tantos governos de naturezas diferentes quantos Estados de tamanhos diferentes houver.

Se quanto mais numerosa é a população menos os costumes têm a ver com as leis, examinaremos se, por uma analogia bastante evidente, não se pode dizer também que quanto mais numerosos forem os magistrados, mais fraco é o governo.

Para esclarecer essa máxima, distinguiremos na pessoa de cada magistrado três vontades essencialmente diferentes: primeiramente, a vontade própria do indivíduo, que tende apenas para seu proveito particular; em segundo lugar, a vontade conjunta dos magistrados, que se relaciona unicamente com o proveito do príncipe; essa vontade, que pode ser chamada de vontade de corpo, é geral com relação ao governo e particular com relação ao Estado do qual o governo faz parte; em terceiro lugar, a vontade do povo ou vontade soberana, que é geral, tanto com relação ao Estado considerado como o todo como com relação ao governo considerado como parte do todo. Numa legislação perfeita, a vontade particular e individual deve ser quase nula; a vontade de corpo própria do governo, muito subordinada; e, consequentemente, a vontade geral e soberana é a regra de todas as outras. Ao contrário, de acordo com a ordem natural, essas diferentes vontades se tornam mais ativas à medida que vão se concentrando; a vontade geral é sempre a mais fraca, a vontade de corpo ocupa o segundo lugar e a vontade particular é preferida a tudo; de modo que cada um é primeiramente ele mesmo, depois magistrado e depois cidadão – gradação diretamente oposta à que a ordem social exige.

Isso posto, suporemos o governo nas mãos de um único homem. Temos então a vontade particular e a vontade de corpo perfeitamente reunidas e esta, consequentemente, no mais alto grau de intensidade que possa alcançar. E, como é desse grau que depende o uso da força e como a força absoluta do governo, por ser sempre a do povo, não varia, decorre que o governo mais ativo é o de um único.

Ao contrário, unamos o governo à autoridade suprema, tornemos príncipe o soberano e magistrados os cidadãos: então a vontade de corpo, perfeitamente confundida com a vontade geral, não terá mais atividade do que ela e deixará a vontade particular em toda sua força. Assim o governo, sempre com a mesma força absoluta, estará em seu mínimo de atividade.

Essas regras são incontestáveis e outras considerações servem para confirmá-las. Vê-se, por exemplo, que os magistrados são mais ativos em seu corpo do que os cidadãos no dele e que, portanto, a vontade particular tem naquele muito mais influência. Pois quase sempre cada magistrado está encarregado de alguma função particular do governo; ao passo que cada cidadão tomado separadamente não desempenha nenhuma função da soberania. Por outro lado, quanto mais o Estado cresce, mais sua força real aumenta, embora não aumente na razão de seu crescimento; mas, se o Estado permanecer o mesmo, por mais que os magistrados se multipliquem, o governo não adquire por isso mais força real, porque é depositário do Estado, que estamos supondo sempre igual. Assim, com essa pluralidade a atividade do governo diminui sem que sua força possa aumentar.

Depois de constatarmos que o governo se afrouxa à medida que os magistrados se multiplicam e que, quanto mais numerosa for a população, mais a força repressiva do governo deve aumentar, concluiremos que a relação dos magistrados com o governo deve ser o inverso da relação dos súditos com o soberano; ou seja, quanto mais o Estado cresce, mais o governo deve estreitar-se, de tal modo que o número de chefes diminua na razão do aumento da população.

Em seguida, para fixar com denominações mais precisas essa diversidade de formas observaremos, em primeiro lugar, que o soberano pode confiar o depósito do governo a toda a população ou à maior parte da população, de modo que haja mais cidadãos magistrados do que cidadãos simples particulares. Dá-se a essa forma de governo o nome de *democracia*.

Ou então ele pode concentrar o governo nas mãos de um número menor, de modo que haja mais simples cidadãos do que magistrados; e essa forma de governo leva o nome de *aristocracia*.

Por fim, ele pode concentrar todo o governo nas mãos de um magistrado único. Essa terceira forma é a mais comum e denomina-se *monarquia* ou governo régio.

Observaremos que todas essas formas, ou pelo menos as duas primeiras, são passíveis de mais e de menos e têm mesmo uma grande latitude. Pois a democracia pode abarcar todo o povo ou restringir-se à metade. A aristocracia, por sua vez, pode de metade da população restringir-se indeterminadamente até os menores números. Mesmo a realeza às vezes admite uma divisão, seja entre pai e filho, seja entre dois irmãos ou de algum outro modo. Em Esparta havia sempre dois reis e o Império Romano chegou a ter oito imperadores ao mesmo tempo, sem que se pudesse dizer que o império estivesse dividido. Há um ponto no qual cada forma de governo se confunde com a seguinte; e, sob três denominações específicas, o governo realmente pode conter tantas formas quantos cidadãos tiver o Estado.

Há mais: como cada um desses governos pode, sob certos aspectos, subdividir-se em diversas partes, cada uma administrada de um modo, dessas três formas combinadas pode resultar uma infinidade de formas mistas, cada uma delas multiplicável por todas as formas simples.

Em todas as épocas se discutiu muito sobre a melhor forma de governo, sem levar em conta que cada uma é a melhor em certos casos e a pior em outros. Quanto a nós, se nos diferentes Estados o número de magistrados[192] deve ser o inverso do número de cidadãos, concluiremos que em geral o governo democrático convém aos Estados pequenos; o aristocrático, aos medianos e o monárquico, aos grandes.

É seguindo o fio de nossas pesquisas que chegaremos a saber quais são os deveres e os direitos dos cidadãos e se é possível separar uns dos outros; o que é a pátria, em que precisamente ela consiste e de que modo cada qual pode saber se tem uma pátria ou se não tem nenhuma.

Depois de assim considerarmos cada espécie de sociedade civil em si mesma, nós as compararemos para observar suas diversas relações: umas sociedades grandes, outras pequenas; umas fortes, outras fracas; atacando-se, ofendendo-se, entredestruindo-se e, nessa ação e reação contínuas, produzindo mais miseráveis e custando a vida a mais homens do que se todos eles tivessem conservado sua liberdade inicial. Examinaremos se não foi feito demais ou muito de menos na instituição social; se os indivíduos, sujeitos às leis e aos homens enquanto as sociedades conservam entre si a independência da natureza, não ficam expostos aos males das duas condições sem lhes obterem os proveitos, e se não existir sociedade civil no mundo não seria melhor do que haver várias. Acaso não é essa condição mista que participa de ambas e não assegura nenhuma, *per quem neutrum licet, nec tanquam in bello paratum esse, nec tanquam in pace securum?*[193] Não é essa associação parcial e imperfeita que produz a tirania e a guerra? E a tirania e a guerra não são os maiores flagelos da humanidade?

Por fim, examinaremos como se buscou sanar esses inconvenientes por meio das ligas e confederações, que, deixando a cada Estado o domínio no interior, armam-no no exterior contra todo agressor injusto. Pesquisaremos como é possível estabelecer uma boa associação federativa, o que pode torná-

---

192. Convém lembrar que aqui me refiro somente a magistrados supremos ou chefes da nação; os outros são apenas seus substitutos nesta ou naquela parte.

193. "Pela qual nada é permitido, nem estar preparado na guerra nem seguro na paz" (Sêneca, *De tranquillitate animi*, cap. I) [N.T.].

-la duradoura e até que ponto o direito da confederação pode estender-se sem prejudicar o da soberania.

O abade de Saint-Pierre havia proposto uma associação de todos os Estados europeus para manter entre eles uma paz perpétua. Essa associação era viável? E, supondo que houvesse sido estabelecida, é presumível que houvesse durado?[194] Essas investigações levam-nos diretamente a todas as questões de direito público que podem acabar de esclarecer as do direito político.

Por fim, colocaremos os verdadeiros princípios do direito da guerra e examinaremos por que os que Grotius e os outros apresentaram são falsos.

Não me surpreenderia que, no meio de todas nossas argumentações, meu rapaz, que tem bom-senso, interrompesse-me dizendo: Parece que estamos construindo nosso edifício com madeira e não com homens, de tão exatamente que alinhamos cada peça com a regra! É verdade, meu amigo, mas lembra que o direito não se dobra às paixões dos homens e que nós dois tratávamos de estabelecer os verdadeiros princípios do direito político. Agora que já assentamos as fundações, vem examinar o que os homens construíram em cima delas e verás belas coisas!

Então o mando ler *Telêmaco* e continuar seu caminho; procuramos a venturosa Salento e o bom Idomeneu que os infortúnios tornaram sábio. No caminho, encontramos muitos Protesilaus e nenhum Filocles. Adrasto, rei dos dauníacos, também não é inencontrável. Mas deixemos os leitores imaginarem nossas viagens ou fazê-las em nosso lugar, com um *Telêmaco* na mão; e não lhes sugeriremos aplicações aflitivas que o próprio autor afasta ou faz a contragosto.

Ademais, como Emílio não é rei e não sou Deus, não nos atormentamos por não podermos imitar Telêmaco e Mentor no bem que faziam aos homens; ninguém sabe melhor do que nós manter-se em seu lugar e menos deseja sair dele. Sabemos que a mesma tarefa é dada a todos; que aquele que amar com todo o coração o bem e praticá-lo com todo seu poder cumpriu-a. Sabemos que Telêmaco e Mentor são quimeras. Emílio não viaja como homem ocioso e pratica mais o bem do que se fosse príncipe. Não seríamos mais benfazejos se fôssemos reis. Se fôssemos reis e benfazejos, involuntariamente faríamos para

---

194. Desde quando escrevi isto, as razões a favor foram expostas no resumo daquele projeto; as razões contrárias, pelo menos as que me pareceram sólidas, serão encontradas na compilação de meus escritos, na sequência deste mesmo resumo.

um bem verdadeiro mais males do que julgaríamos fazer. Se fôssemos reis e sábios, o primeiro bem que desejaríamos fazer a nós mesmos e aos outros seria abdicarmos da realeza e voltarmos a ser o que somos.

Já disse o que torna as viagens infrutíferas para todo mundo. O que as torna ainda mais infrutíferas para a juventude é a maneira como a fazem realizá-las. Os preceptores, mais interessados em divertirem-se do que em instruí-la, levam-na de cidade em cidade, de palácio em palácio, de círculo social em círculo social; ou, se forem cultos e letrados, fazem-na passar o tempo percorrendo bibliotecas, visitando antiquários, folheando velhos documentos, transcrevendo velhas inscrições. Em cada país eles se ocupam de outro século; é como se se ocupassem de outro país; de modo que, depois de percorrerem dispendiosamente a Europa, entregues à frivolidade ou ao tédio, retornam sem haver visto algo que possa interessar-lhes nem aprendido algo que possa ser-lhes útil.

Todas as capitais se parecem; nelas todos os povos se misturam, todos os costumes se confundem; não é lá que se deve ir estudar as nações. Em meu modo de ver, Paris e Londres são a mesma cidade. Seus habitantes têm alguns preconceitos diferentes, mas estes não os têm menos do que aqueles e todas suas máximas práticas são as mesmas. Sabemos que espécies de homens devem juntar-se nas cortes. Sabemos quais costumes o amontoamento da população e a desigualdade das posses devem produzir em toda parte. Tão logo me falam de uma cidade composta de duzentas mil almas, já sei como se vive nela. O que eu saberia a mais visitando-a não vale o trabalho de ir aprendê-lo.

É nas províncias distantes, onde há menos movimento e menos comércio, para as quais os estrangeiros viajam menos, cujos habitantes deslocam-se menos, mudam menos de fortuna e de condição, que devemos estudar a índole e os costumes de uma nação. Vede de passagem a capital, mas ide longe observar o país. Os franceses não estão em Paris, estão em Touraine; os ingleses são mais ingleses em Mércia[195] do que em Londres e os espanhóis, mais espanhóis na Galícia do que em Madri. É nessas grandes distâncias que um povo se caracteriza e se mostra tal como é, sem mistura; é nelas que os bons e os maus

---

195. Reino anglo-saxão da alta Idade Média, extinto no início do século X; situava-se na atual região das Midlands, centro da Inglaterra [N.T.].

efeitos do governo mais se fazem sentir, assim como a medida dos arcos é mais exata na ponta de um raio maior.

As relações necessárias dos costumes com o governo foram tão bem expostas em *O Espírito das Leis* que o melhor a fazer para estudar tais relações é recorrer a essa obra. Mas, em geral, há duas regras fáceis e simples para avaliar a bondade relativa dos governos. Uma é a população. Em todo país que se despovoa o Estado tende para a ruína; e o país que mais se povoa, mesmo sendo o mais pobre, é infalivelmente o mais bem governado[196].

Mas para isso é preciso que tal povoamento seja um efeito natural do governo e dos costumes; pois, se fosse feito por meio de colônias ou por outras vias acidentais e passageiras, esses remédios então comprovariam o mal. Quando Augusto promulgou leis contra o celibato, essas leis já mostravam o declínio do Império Romano. É preciso que a boa qualidade do governo leve os cidadãos a casarem-se, e não que a lei os obrigue a isso; devemos examinar não o que é feito à força, pois a lei que combate o temperamento é eludida e torna-se vã, e sim, o que é feito por influência dos costumes e por tendência natural do governo; pois somente esses meios têm um efeito constante. A política do bom abade de Saint-Pierre consistia em sempre buscar um pequeno remédio para cada mal específico, em vez de remontar à fonte comum a eles, e ver que a única possibilidade era curar todos ao mesmo tempo. Não se trata de cuidar separadamente de cada úlcera que surge no corpo do doente e sim, depurar a massa do sangue que produz todas elas. Dizem que na Inglaterra há prêmios para a agricultura; não preciso de mais nada: isso me prova que ela não brilhará lá por muito tempo.

A segunda marca da bondade relativa do governo e das leis também provém da população, mas de outra maneira, ou seja, de sua distribuição e não, de sua quantidade. Dois Estados iguais em tamanho e em número de homens podem ser muito desiguais em força; e o mais poderoso dos dois é sempre aquele cujos habitantes estiverem distribuídos mais igualmente no território; o que não tiver cidades tão grandes, e que consequentemente brilha menos, sempre derrotará o outro. São as cidades grandes que esgotam um Estado e constituem sua fraqueza: a riqueza que produzem é uma riqueza aparente e ilusória; é muito dinheiro e pouco efeito. Dizem que para o rei da França

---

196. Conheço uma única exceção a essa regra: a China.

a cidade de Paris vale uma província; mas creio que lhe custa várias; que sob mais de um aspecto Paris é mantida pelas províncias e que a maior parte dos rendimentos delas são depositados nessa cidade e ali permanecem, sem nunca retornarem para o povo nem para o rei. É inconcebível que, nesta época de calculadores, não haja um que saiba ver que a França seria muito mais poderosa se Paris fosse eliminada. A má distribuição da população não só é desvantajosa para o Estado como é mais ruinosa do que o próprio despovoamento, porque o despovoamento dá um produto nulo e o consumo mal entendido dá um produto negativo. Quando ouço um francês e um inglês, muito orgulhosos da grandeza de suas capitais, discutirem qual delas, se Paris ou Londres, tem mais habitantes, para mim é como se disputassem qual das duas populações tem a honra de ser a mais mal governada.

 Estudai um povo fora de suas cidades: só assim o conhecereis. Ver a forma aparente de um governo, maquilada pelo aparelho administrativo e pelo jargão dos administradores, nada vale se não estudarmos também sua natureza pelos efeitos que ele produz no povo e em todos os graus da administração. Como a diferença entre a forma e o fundo está distribuída entre todos esses graus, é somente abarcando todos eles que percebemos essas diferenças. Em certo país, é pelas manobras dos subdelegados que começamos a sentir o espírito do ministério; em outro, precisamos ver os membros do parlamento ser eleitos para julgarmos se é verdade que a nação é livre; em qualquer país que seja, é impossível que quem viu apenas as cidades conheça o governo, visto que seu espírito nunca é o mesmo na cidade e no campo. Mas é o campo que faz o país e é a população do campo que faz a nação.

 Esse estudo dos diversos povos em suas províncias distantes e na simplicidade de sua índole original proporciona uma observação geral muito favorável a minha epígrafe e muito consoladora para o coração humano: é que, observadas assim, todas as nações parecem valer muito mais; quanto mais se aproximam da natureza, mais a bondade predomina em seu caráter; é somente se fechando nas cidades, é somente se alterando à força de cultura que elas se depravam e transformam em vícios agradáveis e perniciosos alguns defeitos mais grosseiros do que malfazejos.

 Dessa observação resulta um novo proveito da maneira de viajar que proponho: permanecendo pouco tempo nas grandes cidades, onde reina uma horrível devassidão, os jovens ficam menos expostos a contraí-la, e entre homens mais simples e grupos sociais menos numerosos conservam juízos mais seguros, gostos mais sadios, costumes mais honrados. Mas esse contágio não é um risco para meu Emílio: ele tem todo o necessário para proteger-se. Entre todas as precauções que tomei para isso, conto muito com o apego que traz no coração.

Não se sabe mais qual é o poder do amor verdadeiro sobre as inclinações dos jovens, porque, não o conhecendo melhor do que eles, os que os governam os desviam dele. Entretanto, um jovem precisa amar ou ser devasso. É fácil impressionar pelas aparências. Irão citar-me mil jovens que, dizem, vivem muito castamente sem amor; mas citem-me um homem feito, um homem de verdade que afirme ter passado assim sua juventude e que seja de boa-fé. Em todas as virtudes, em todos os deveres, busca-se apenas a aparência; quanto a mim, busco a realidade, e estou enganado se para consegui-la houver outros meios além dos que proponho.

A ideia de fazer Emílio apaixonar-se antes de fazê-lo viajar não é invenção minha. Foi-me sugerida pelo fato seguinte:

Eu estava em Veneza, de visita na casa do preceptor de um jovem inglês. Era inverno e estávamos em volta da lareira. O correio entrega ao preceptor suas cartas. Ele as lê e depois relê uma em voz alta para seu aluno. Estava em inglês e não compreendi nada; mas, durante a leitura, vi o jovem rasgar seus belíssimos manguitos bordados e jogá-los no fogo um depois do outro, tão silenciosamente quanto podia, para que ninguém percebesse. Surpreso com esse capricho, olho seu rosto e julgo ver emoção; mas os sinais externos das paixões, apesar de bastante semelhantes em todos os homens, têm diferenças nacionais que facilmente podem enganar. Os povos têm diferentes linguagens no rosto, bem como na boca. Aguardo o fim da leitura e depois, mostrando ao preceptor os pulsos nus de seu aluno, que entretanto os escondia como podia, digo-lhe: *Pode-se saber o que significa isso?*

Ao ver o que acontecera, o preceptor pôs-se a rir e abraçou o aluno com um ar de satisfação; e, depois de obter seu consentimento, deu-me a explicação que eu queria.

– *Os manguitos que o Sr. John acaba de rasgar*, disse-me ele, *são um presente que uma senhora desta cidade lhe deu há não muito tempo. Mas sabei que o Sr. John está prometido em seu país a uma senhorita pela qual tem muito amor e que merece ainda mais. Esta carta é da mãe de sua amada e vou traduzir-vos o parágrafo que causou o estrago que testemunhastes.*

"Lucy não larga os manguitos de *lord* John. *Miss* Betty Roldham veio ontem passar a tarde com ela e quis a toda força trabalhar no manguito. Sabendo que hoje Lucy se levantara mais cedo do que de costume, fui ver o que estava fazendo e encontrei-a ocupada em desmanchar tudo o que *miss* Betty fizera ontem. Ela não quer que haja em seu presente nem um único ponto feito por outra mão que não a sua."

O Sr. John saiu um momento depois para buscar outros manguitos e eu disse ao preceptor: – *Vosso aluno tem uma índole excelente; mas dizei-me a verdade: a carta da mãe de Lucy não foi arranjada? Não é um expediente que criastes contra a senhora dos manguitos?* – *Não*, respondeu-me; *a coisa é real; não usei de tanta arte em meus cuidados; usei de simplicidade e zelo, e Deus abençoou meu trabalho.*

A reação daquele jovem não se apagou de minha memória: não deixaria de produzir alguma coisa numa cabeça tão imaginativa como a minha.

É hora de terminar. Vamos devolver *lord* John para *miss* Lucy, ou seja, Emílio para Sofia. Ele lhe leva, com um coração não menos terno do que antes de partir, uma mente mais esclarecida, e leva para seu país o proveito de haver conhecido os governos por todos seus vícios e os povos por todas suas virtudes. Até mesmo cuidei para que em cada nação ele se ligasse a algum homem de mérito por um acordo de hospitalidade à moda dos antigos, e não me desagradará que cultive essas amizades com uma troca de cartas. Além de poder ser útil e de ser sempre agradável, ter correspondentes nos países distantes é uma excelente precaução contra o império dos preconceitos nacionais, que, atacando-nos durante a vida toda, cedo ou tarde têm alguma influência sobre nós. Nada é mais adequado para eliminar-lhes essa influência do que o relacionamento desinteressado com pessoas sensatas que estimamos: não tendo esses preconceitos e combatendo-os com os delas, dão-nos meios para contrapor continuamente uns aos outros e assim nos preservarmos de todos. Não é a mesma coisa nos relacionarmos com estrangeiros em nosso país e no seu. No primeiro caso, eles sempre têm pelo país onde vivem uma complacência que os leva a disfarçar como o veem ou que os leva a vê-lo favoravelmente enquanto estão no nosso; quando voltam para casa, diminuem essa complacência, e estão sendo justos. Gostaria muito que o estrangeiro que eu consultasse houvesse visitado meu país, mas só lhe pediria sua opinião estando no país dele.

Depois de empregar quase dois anos em percorrer alguns dos Estados grandes da Europa e muitos pequenos; depois de aprender as duas ou três línguas principais; depois de ver neles o que há de realmente interessante, seja em história natural, em governos, em artes ou em homens, Emílio, devorado pela impaciência, avisa-me que nosso término está próximo. Então lhe digo: – *Pois bem, meu amigo, estás lembrado do principal objeto de nossas viagens; viste, observaste: por fim, qual é o resultado de tuas observações? O que decides?* Ou me enganei em meu método ou ele deve responder-me mais ou menos assim:

– O que decido? Permanecer como me fizestes ser e não acrescentar voluntariamente nenhum outro grilhão ao que a natureza e as leis me impõem. Quanto mais examino a obra dos homens em suas instituições, mais vejo que, de tanto quererem ser independentes, tornam-se escravos e gastam sua própria liberdade em vãos esforços para garanti-la. Para não ceder à torrente das coisas criam mil amarras; depois, quando querem dar um passo, não conseguem e espantam-se por estar presos a tudo. Parece-me que para ficarmos livres nada temos de fazer; basta não querermos deixar de sê-lo. Fostes vós, meu mestre, que me fizestes livre ao ensinar-me a ceder à necessidade. Venha ela quando lhe aprouver, deixo-me levar sem coação; e, como não quero combatê-la, não me agarro a nada para reter-me. Em nossas viagens averiguei se encontraria algum pedaço de chão onde eu pudesse ser absolutamente meu; mas em qual lugar entre os homens deixamos de depender de suas paixões? Depois de examinar bem tudo, descobri que mesmo meu desejo era contraditório; pois, mesmo que eu não tivesse de ligar-me a qualquer outra coisa, estaria ligado pelo menos à terra onde me estabelecesse; minha vida estaria presa a essa terra como a das dríades estava presa a suas árvores; descobri que, como império e liberdade são duas palavras incompatíveis, eu só podia ser dono de uma cabana se deixasse de ser dono de mim.

"Hoc erat in votis: modus agri non ita magnus"[197].

Lembro-me de que meus bens foram a causa de nossas buscas. Vós me prováveis muito solidamente que eu não podia conservar ao mesmo tempo minha riqueza e minha liberdade; mas, quando queríeis que eu fosse ao mesmo tempo livre e sem necessidades, queríeis duas coisas incompatíveis, pois só passando a depender da

---

197. "Este era meu pedido: um pedaço de terra, não tão grande" (Horácio, *Sátiras*, II, 6, 1) [N.T.].

natureza eu poderia livrar-me da dependência dos homens. Então o que farei com a fortuna que meus pais me deixaram? Começarei por não depender dela; afrouxarei todos os laços que me prendem a ela. Se a deixarem comigo, ficará comigo; se a tirarem de mim, não me arrastarão junto. Não me atormentarei para segurá-la e permanecerei firme em meu lugar. Rico ou pobre, serei livre. Não serei livre num certo país, numa certa região; serei livre na Terra inteira. Para mim todos os grilhões da opinião geral estão quebrados; conheço apenas os da necessidade. Aprendi a carregá-los desde que nasci e vou carregá-los até a morte, pois sou homem; e por que não poderia carregá-los sendo livre, visto que sendo escravo também teria de carregá-los, mais os da escravidão?

Que me importa minha condição no mundo? Que me importa onde eu esteja? Em toda parte, onde houver homens, estou na casa de meus irmãos; em toda parte onde não houver, estou em minha casa. Enquanto puder permanecer independente e rico, tenho posses para viver, e viverei. Quando minhas posses me sujeitarem, abandonarei-as sem tristeza; tenho braços para trabalhar, e viverei. Quando meus braços me falharem, viverei se me derem de comer, morrerei se me abandonarem; mesmo que não me abandonem, morrerei também; pois a morte não é uma pena da pobreza e sim, uma lei da natureza. Em qualquer momento em que a morte chegar, desafio-a: nunca me surpreenderá fazendo preparativos para viver; nunca me impedirá de ter vivido.

É isso que decido, meu pai. Se eu fosse sem paixões, seria, em meu estado de homem, independente como o próprio Deus, visto que, desejando apenas o que é, nunca teria de lutar contra o destino. Pelo menos tenho somente um grilhão; é o único que portarei sempre e posso orgulhar-me dele. Então, vamos, dai-me Sofia e serei livre.

– Meu querido Emílio, fico muito feliz por ouvir saírem de tua boca palavras de homem e ver o que teu coração sente. Esse desinteresse excessivo não me desagrada em tua idade. Diminuirá quando tiveres filhos, e então serás precisamente o que deve ser um bom pai de família e um homem ponderado. Antes de tuas viagens eu já sabia qual seria seu efeito; sabia que ao olhar de perto nossas instituições ficarias muito longe de depositar nelas a confiança que não merecem. Em vão aspiramos à liberdade sob a salvaguarda das leis. Leis! Onde as há, e onde são respeitadas? Em toda parte viste reinar com esse nome tão somente o interesse particular e as paixões dos homens. Mas as leis eternas da natureza e da ordem existem. Substituem a lei positiva para o homem sábio; estão escritas no âmago de seu coração pela consciência e pela razão; é a elas que deve submeter-se para ser livre; e o único escravo é quem age mal, porque sempre age a contragosto. A liberdade não está em alguma forma de governo, está no coração do homem livre; ele a leva consigo para todo lugar. O homem vil leva sempre consigo a escravidão. Um seria escravo em Genebra e o outro, livre em Paris.

Se eu te falasse dos deveres do cidadão, talvez me perguntasses onde está a pátria e julgarias que me confundirias. Entretanto estarias enganado, meu caro Emílio; pois quem não tem uma pátria tem pelo menos um país. Há sempre um governo e simulacros de leis sob os quais ele vem vivendo tranquilo. Que importa que o contrato social não tenha sido observado, se o interesse particular protegeu-o como a vontade geral teria feito, se a violência pública preservou-o das violências particulares, se o mal que viu praticar levou-o a amar o que era bom, e se nossas próprias instituições fizeram-no conhecer e detestar as iniquidades delas mesmas? Ah, Emílio, onde está o homem de bem que nada deva a seu país? Quem quer que seja, deve-lhe o que há de mais valioso para o homem: a moralidade de suas ações e o amor à virtude. Nascido no fundo de um bosque ele teria vivido mais feliz e mais livre; mas, nada tendo a combater para seguir suas inclinações, teria sido bom sem mérito, não teria sido virtuoso, e agora sabe ser virtuoso apesar de suas paixões. A simples aparência da ordem leva-o a conhecê-la, a amá-la. O bem público, que para os outros serve de mero pretexto, é para ele um motivo real. Aprende a lutar consigo mesmo e a vencer-se, a sacrificar seu interesse ao interesse comum. Não é verdade que não obtém proveito algum das leis; elas lhe dão coragem para ser justo, mesmo entre os maus. Não é verdade que não o tornaram livre: ensinaram-no a reinar sobre si mesmo.

Portanto, não digas: que me importa onde eu esteja? Importa estares onde possas cumprir todos os teus deveres; e um desses deveres é o apego ao lugar onde nasceste. Teus compatriotas protegeram-te quando criança, deves amá-los sendo homem. Deves viver no meio deles, ou pelo menos num lugar de onde possas ser-lhes tão útil quanto conseguires e onde saibam ir buscar-te se porventura precisarem de ti. Há certas circunstâncias em que um homem pode ser mais útil aos concidadãos fora de sua pátria do que se vivesse em seu seio. Então ele deve escutar apenas seu zelo e suportar sem queixas o exílio; mesmo esse exílio é um de seus deveres. Mas tu, meu bom Emílio, a quem nada impõe esses sacrifícios dolorosos, que não escolheste o triste emprego de dizer a verdade aos homens, deves ir viver no meio deles, cultivar sua amizade numa convivência agradável, ser seu benfeitor, seu modelo: teu exemplo lhes será mais proveitoso do que todos os nossos livros, e o bem que te verão praticar há de motivá-los mais do que todas as nossas argumentações vãs.

Com isso não estou te exortando a ir viver em grandes cidades; ao contrário, um dos exemplos que os bons devem dar aos outros é o da vida patriarcal e campestre, a primeira vida do homem, a mais tranquila, mais natural e mais agradável para quem não tiver o coração corrompido. Meu jovem amigo, venturoso o país onde não é preciso ir buscar a paz num deserto! Mas onde fica esse país? Um homem benfeitor satisfaz mal sua inclinação no meio das cidades, onde quase não encontra para quem exercer seu zelo, a não ser para intrigantes e velhacos. A acolhida que elas dão aos vadios em busca de fortuna acaba de devastar o país, que, ao contrário, deveria ser repovoado à custa das cidades. Todos os homens que se retiram da grande sociedade são úteis precisamente porque se retiram dela, visto que todos os seus vícios provêm de ser populosa demais. São úteis também porque podem levar de volta aos lugares desertos a vida, a cultura e o amor a seu estado primitivo. Enterneço-me ao pensar quantos benefícios, de seu retiro simples, Emílio e Sofia podem espalhar ao redor, quanto eles podem revigorar o campo e revivescer o zelo extinto do aldeão desafortunado. Parece que vejo a população multiplicando-se, os campos fertilizando-se, a terra cobrindo-se de uma nova beleza, a multidão e a abundância transformando os trabalhos em festas, os gritos de alegria e as bênçãos elevando-se do meio dos jogos rústicos em torno do casal amável que os reanimou. Chamam de quimera a idade de ouro, e será sempre uma quimera para quem tiver o coração e o gosto estragados. Nem sequer é verdade que sintam falta dela, pois esse sentimento é sempre inútil. Então o que seria preciso para fazê-la renascer? Uma única coisa, mas impossível, seria amá-la.

Ela já parece renascer ao redor da habitação de Sofia; não fareis mais do que concluir juntos o que seus dignos pais começaram. Mas, querido Emílio, que uma vida tão agradável não te faça detestar os deveres penosos, se porventura te forem impostos; lembra-te de que os romanos passavam do arado para o consulado. Se o príncipe ou o Estado chamar-te para o serviço da pátria, deixa tudo para ires cumprir, no posto que te designarem, a honrosa função de cidadão. Se essa função te for pesada, há um meio honesto e eficaz de te libertares dela: cumpri-la com integridade bastante para que não te deixem nela por muito tempo. Aliás, nem precisas temer que um desses encargos venha a estorvar-te; enquanto houver homens desta época, não é a ti que irão buscar para servir o Estado."

E não me é permitido descrever o retorno de Emílio para junto de Sofia e o fim de seus amores, ou melhor, o início do amor conjugal que os une! Amor baseado na estima que dura tanto quanto a vida, nas virtudes que não desaparecem com a beleza, nas afinidades de caráter que tornam amável o convívio e prolongam na velhice o encanto da primeira união. Mas todos esses detalhes poderiam agradar sem ser úteis; e até aqui só me permiti detalhes agradáveis cuja utilidade me pareceu visível. Deveria deixar essa regra no fim de minha vida? Não; e também sinto que minha pena está cansada. Fraco demais para trabalhos de tão longo fôlego, abandonaria este, se estivesse menos avançado; para não o deixar imperfeito é hora de encerrá-lo.

Finalmente vejo raiar o mais encantador dos dias de Emílio e o mais feliz dos meus; vejo o coroamento de meus cuidados e começo a saborear seu fruto. O digno casal une-se por elos indissolúveis; seus lábios pronunciam e seus corações confirmam juramentos que não serão vãos: são esposos. Ao voltarem do templo, eles se deixam levar; não sabem onde estão, aonde vão, o que os outros fazem a seu redor. Não ouvem, respondem com palavras confusas, seus olhos toldados não veem mais nada. Ah, delírio! Ah, fraqueza humana! O sentimento de felicidade derruba o homem, ele não é bastante forte para suportá-lo.

Pouquíssimas pessoas sabem, num dia de casamento, adotar um tom adequado com os recém-casados. A decência triste de uns e a fala atrevida de outros parecem-me igualmente deslocadas. Eu acharia melhor que deixassem esses jovens corações recolherem-se em si mesmos e entregarem-se a uma agitação que tem um certo encanto, em vez de distraí-los tão cruelmente para entristecê-los com um falso decoro ou para embaraçá-los com brincadeiras de mau gosto que, ainda que pudessem agradar-lhes em qualquer outra hora, indiscutivelmente lhes são importunas num dia como esse.

Vejo meus dois jovens, na doce languidez que os perturba, não escutarem nenhuma das frases que lhes dizem. Eu, que quero que se usufrua de todos os dias da vida, deixarei que percam um tão precioso? Não; quero que o desfrutem, que o saboreiem, que tenha para eles suas voluptuosidades. Arranco-os da multidão indiscreta que os derrota e, levando-os para passear longe, chamo-os de volta a si mesmos falando-lhes sobre eles. Não é só a seus ouvidos que quero falar, é a seus corações; e não ignoro qual é o único assunto de que podem ocupar-se neste dia.

– *Meus filhos,* digo-lhes, tomando ambos pela mão, *três anos atrás vi nascer essa chama viva e pura que hoje faz vossa felicidade. Ela foi aumentando sem cessar; vejo em vossos olhos que está no último grau de veemência; agora só pode enfraquecer-se.* Leitores, estais vendo o arrebatamento, a irritação, os juramentos de Emílio, o ar desdenhoso com que Sofia solta sua mão da minha e as ternas declarações que os olhares de ambos fazem mutuamente de adorarem-se até o último suspiro? Deixo-os agir assim e depois volto a falar.

– Já pensei muitas vezes que, se fosse possível prolongar no casamento a felicidade do amor, teríamos o paraíso na Terra. Até hoje nunca se viu isso. Mas, se tal coisa não for totalmente impossível, vós dois sois muito dignos de dar um exemplo que não tereis recebido de ninguém e que poucos esposos saberão imitar. Meus filhos, quereis que eu vos diga um meio que imagino para isso e que acredito ser o único possível?"

Eles se olham sorrindo e zombam de minha simplicidade. Emílio agradece-me muito por minha receita, dizendo-me que acredita que Sofia tem uma melhor e que, de sua parte, a dela lhe basta. Sofia aprova e parece igualmente confiante. Entretanto, em meio a seu ar caçoísta julgo distinguir um pouco de curiosidade. Examino Emílio; seus olhos ardentes devoram os atrativos da esposa; é a única coisa de que está curioso e todos os meus argumentos não o atrapalham. Sorrio por minha vez, dizendo comigo: daqui a pouquinho saberei tornar-te atento.

A diferença quase imperceptível entre esses movimentos ocultos marca uma diferença muito característica nos dois sexos e muito oposta aos preconceitos recebidos: geralmente os homens são menos constantes do que as mulheres e cansam antes que elas do amor feliz. A mulher pressente de longe a inconstância do homem e inquieta-se[198]; é o que a torna também mais ciumenta. Quando o homem começa a esfriar, ela, forçada para não o perder a retribuir-lhe todas as atenções que ele teve outrora para agradar-lhe, chora, humilha-se por sua vez, e raramente com o mesmo sucesso. Carinho e cuidados conquistam corações, mas não os recuperam.

Volto a minha receita contra o arrefecimento do amor no casamento.

– Ela é simples e fácil, prossigo; *consiste em continuar a ser amantes depois de ser esposos. – De fato,* diz Emílio, rindo do segredo, ela não nos será penosa.

---

198. Na França, as mulheres desapegam-se primeiro; e assim deve ser, porque, sendo pouco sensuais e desejando apenas homenagens, quando um marido deixa de oferecê-las não se ocupam mais de sua pessoa. Nos outros países, ao contrário, o marido é o primeiro a desprender-se; isso também deve ser assim, porque as mulheres, fiéis, mas inconvenientes, ao importuná-los com seus desejos causam-lhes aversão a elas. Essas verdades gerais podem sofrer muitas exceções; mas agora acredito que são verdades gerais.

– Mais penosa para vós, que falais, do que porventura pensais. Peço-vos que me deis tempo para explicar-me.

"Os elos que tentamos estreitar demais se rompem. É o que acontece com o do matrimônio quando queremos dar-lhe mais força do que deve ter. A fidelidade que impõe aos dois esposos é o mais santo de todos os direitos; mas o poder que dá a cada um deles sobre o outro é excessivo. Coação e amor não se combinam, e o prazer não se deixa comandar. Não vos ruborizeis, Sofia, e não penseis em fugir. Não permita Deus que eu pretenda ofender vosso recato! Mas se trata do destino de vossos dias. Por um objeto tão importante, admiti entre um esposo e um pai palavras que de outros não toleraríeis.

"O que sacia não é tanto a posse quanto a sujeição, e um homem tem um apego muito mais duradouro à concubina sustentada por ele do que à esposa. Como puderam transformar em dever as mais ternas carícias e em direito as mais doces provas de amor? É o desejo mútuo que constitui o direito; a natureza não conhece outro. A lei pode restringir esse direito, mas não pode estendê-lo. A volúpia é tão doce por si mesma! Deve ela receber da triste coerção a força que não terá conseguido obter de seus próprios atrativos? Não, meus filhos, no casamento os corações estão unidos, mas os corpos não estão escravizados. Deveis um ao outro fidelidade e não, complacência. Cada um de vós só pode ser do outro, mas só deve ser do outro na medida em que lhe aprouver.

"Portanto, se é verdade, Emílio, que queríeis ser amante de tua mulher, que ela seja sempre senhora de ti e de si; sê amante feliz, mas respeitoso; deves obter tudo do amor sem nada exigir do dever, e os menores favores não devem ser para ti direitos e sim, graças. Sei que o pudor evita os consentimentos formais e pede para ser vencido; mas, com delicadeza e amor verdadeiro, pode o amante enganar-se sobre a vontade secreta? Ignora quando o coração e os olhos concedem o que a boca finge recusar?

"Que cada um de vós, sempre senhor de sua pessoa e de suas carícias, tenha o direito de concedê-las ao outro de acordo com sua própria vontade. Lembrai-vos sempre de que, mesmo no casamento, o prazer só é legítimo quando o desejo é compartilhado. Não receeis, meus filhos, que essa lei vos mantenha afastados; ao contrário, ela vos tornará mais atentos a comprazer-vos mutuamente e evitará a saciedade. Limitados unicamente um ao outro, a natureza e o amor vos aproximarão o bastante."

Ante esses argumentos e outros semelhantes, Emílio zanga-se, protesta; Sofia, envergonhada, cobre os olhos com seu leque e nada diz. O mais descontente dos dois talvez não seja o que mais se queixa. Insisto impiedosamente; faço Emílio enrubescer de sua falta de delicadeza; torno-me fiador de Sofia, de que de sua parte ela aceita o acordo. Provoco-a para falar; é claro que ela não ousa desmentir-me. Emílio, inquieto, consulta os olhos de sua jovem esposa; vê que, no meio do embaraço, eles estão tomados de uma turvação voluptuosa que o tranquiliza contra o risco da confiança. Ajoelha-se a seus pés, beija arrebatadamente a mão que ela lhe estende e jura que, com exceção da fidelidade prometida, renuncia a todo e qualquer direito sobre ela. – *Querida esposa, diz-lhe, sê o árbitro de meus prazeres como és o árbitro de meus dias e de meu destino. Mesmo que tua crueldade houvesse de custar-me a vida, entrego-te meus direitos mais caros. Não quero dever nada a tua complacência, quero receber tudo de teu coração.*

Meu bom Emílio, tranquiliza-te: a própria Sofia é generosa demais para deixar-te morrer vítima de tua generosidade.

À noite, prestes a despedir-me, digo-lhe no tom mais grave que me é possível: – *Lembrai-vos ambos de que sois livres e de aqui não estão em questão deveres conjugais; crede em mim, nada de falsa deferência. Emílio, queres ir comigo? Sofia te permite.* Emílio, furioso, desejará socar-me. – *E vós, Sofia, o que dizeis? Devo levá-lo comigo?* A mentirosa, enrubescendo, dirá que sim. Doce e encantadora mentira, que vale mais do que a verdade!

No dia seguinte... A imagem da felicidade não deleita mais os homens: a corrupção do vício depravou-lhes o coração tanto quanto o gosto. Já não sabem sentir o que é comovente nem ver o que é amável. Vós que para pintar a voluptuosidade sempre imaginais apenas amantes felizes nadando no seio das delícias, quão imperfeitas ainda são vossas pinturas! Mostrais apenas a metade mais grosseira; os mais doces encantos da voluptuosidade não estão nelas. Quem de vós nunca viu dois jovens esposos, unidos sob bons auspícios, saindo do leito nupcial e trazendo em seus olhares langorosos e castos tanto a embriaguez dos doces prazeres que acabam de desfrutar como a amável segurança da inocência e a certeza, que então os encanta tanto, de passarem juntos o restante de seus dias? Esse é o objeto mais fascinante que pode ser oferecido ao coração do homem; essa é a verdadeira pintura da voluptuosidade: cem vezes a vistes sem reconhecê-la; vossos corações empedernidos já não são capazes de apreciá-la. Sofia, feliz e tranquila, passa o dia nos braços de sua mãe carinhosa; é um descanso muito bom depois de passar a noite nos de um esposo.

No dia seguinte a esse, já percebo alguma mudança de cenário. Emílio quer parecer um pouco descontente; mas por entre essa afetação observo uma solicitude tão terna e mesmo tanta submissão que não auguro nada muito desagradável. Quanto a Sofia, está mais alegre do que na véspera, vejo brilhar em seus olhos um ar satisfeito; é encantadora com Emílio; faz-lhe quase denguices que já não o deixam contrariado.

Essas mudanças são pouco perceptíveis, mas não me escapam: inquieto-me, interrogo Emílio a sós; fico sabendo que, para grande tristeza sua e apesar de toda sua insistência, na noite passada tiveram de dormir em camas separadas. A imperiosa apressou-se a fazer uso de seu direito. Conversamos para um esclarecimento. Emílio queixa-se amargamente, Sofia brinca; mas por fim, vendo-o prestes a zangar-se para valer, lança-lhe um olhar cheio de doçura e amor e, apertando minha mão, pronuncia esta única palavra, mas num tom que toca a alma: *Ingrato!* Emílio é tão bobo que não entende nada disso. Já eu entendo; afasto Emílio e falo a sós com Sofia.

– *Percebo a razão desse capricho*, digo-lhe. *Não poderíeis ser mais delicada nem empregá-lo mais fora de propósito. Querida Sofia, tranquilizai-vos: quem vos dei é um homem, não receeis tratá-lo como tal; tivestes as primícias de sua juventude; ele não as esbanjou com ninguém, conservou-as para vós por muito tempo.*

Menina querida, preciso explicar-vos minha intenção na conversa que nós três tivemos anteontem. Talvez a tenhais entendido meramente como uma arte de economizar vossos prazeres para torná-los duradouros. Ah, Sofia, ela teve outro objetivo, muito mais digno de meus cuidados. Ao tornar-se vosso esposo, Emílio tornou-se vosso chefe; cabe-vos obedecer, como quis a natureza. Entretanto, quando a mulher se assemelha a Sofia, é bom que o homem seja conduzido por ela; essa também é a lei da natureza; e é para dar-vos tanta autoridade sobre seu coração quanto seu sexo lhe dá sobre vossa pessoa que vos fiz árbitro de seus prazeres. Isso vos custará privações penosas; mas reinareis nele se souberdes reinar em vós; e o que já aconteceu mostra-me que essa arte tão difícil não está acima de vossa coragem. Reinareis muito tempo pelo o amor, se tornardes raros e preciosos vossos favores, se souberdes valorizá-los. Se quereis ver vosso marido constantemente a vossos pés, mantende-o sempre a alguma distância de vossa pessoa. Mas em vosso rigor colocai recato e não, capricho; que ele vos veja reservada e não, fantasiosa; evitai que ao não cansar seu amor o leveis a duvidar do vosso. Fazei-vos amada por vossos favores e respeitada por vossas recusas; que ele preze a castidade de sua mulher sem ter de queixar-se de sua frieza. É assim, minha filha, que ele vos concederá sua confiança, escutará vossas opiniões, vos consultará em seus negócios e nada resolverá sem deliberar convosco. É assim que podeis chamá-lo de volta à razão quando ele se desencaminhar, reconduzi-lo com uma doce persuasão, tornar-vos amável para vos tornardes útil, empregar a coqueteria em benefício da virtude e o amor em proveito da razão.

Com tudo isso, não penseis que essa mesma arte possa servir-vos sempre. Por mais precaução que tomeis, o gozo desgasta os prazeres, e o amor antes de todos os outros. Mas, quando o amor perdurou muito tempo, um doce hábito preenche seu vazio e o atrativo da confiança sucede aos arrebatamentos da paixão. Os filhos formam entre os que lhes deram o ser um vínculo não menos doce e frequentemente mais forte do que o próprio amor. Quando deixardes de ser a amante de Emílio, sereis sua mulher e sua amiga; sereis a mãe de seus filhos. Então, em lugar de vossa primeira reserva, estabelecei entre vós a maior intimidade: basta de camas separadas, basta de recusas, basta de caprichos. Tornai-vos de tal modo sua metade que ele não consiga mais passar sem vós e no momento em que vos deixar sinta-se longe de si mesmo. Vós que tão bem fizestes os encantos da vida doméstica reinarem na casa paterna, fazei-os reinar também na vossa. Todo homem que se sente bem em sua casa ama sua mulher. Lembrai que, se vosso esposo viver feliz em seu lar, sereis uma mulher feliz.

Quanto ao presente, não sejais tão rigorosa com vosso amante; ele merece mais condescendência e vossos receios o ofenderiam; não poupeis mais tão arduamente sua saúde à custa de sua felicidade, e desfrutai a vossa. Não se deve ficar à espera do fastio nem repelir o desejo; não se deve recusar por recusar e sim para valorizar o que se concede.

Em seguida, reunindo-os, eu disse diante dela a seu jovem esposo: – *Todos temos de suportar o jugo que nos tivermos imposto. Mereces que o teu te seja suavizado. Acima de tudo, sacrifica às graças e não imagines que amuando te tornes mais amável. Não é difícil fazer as pazes e cada um imagina facilmente as condições. O acordo é firmado com um beijo.* Depois disso, digo a meu aluno: – *Querido Emílio, um homem tem durante toda a vida necessidade de conselho e de guia. Fiz o melhor que pude para cumprir até agora esse dever para contigo; aqui termina minha longa tarefa e começa a de outro. Hoje estou abdicando da autoridade que me confiaste e doravante teu governante é este."*

Pouco a pouco o primeiro delírio se acalma e deixa-os desfrutar em paz os encantos de seu novo estado. Ditosos amantes! Dignos esposos! Para honrar suas virtudes, para descrever sua ventura seria preciso escrever a história da vida de ambos. Quantas vezes, contemplando neles minha obra, sinto-me tomado de um arrebatamento que faz palpitar meu coração! Quantas vezes junto suas mãos nas minhas, bendizendo a Providência e suspirando com ardor! Quantos beijos dou nessas duas mãos que se estreitam! Com quantas lágrimas de alegria eles me sentem banhá-las! Compartilhando meus arroubos, os dois também se comovem. Seus respeitáveis pais desfrutam mais uma vez sua própria juventude na juventude de seus filhos; recomeçam, digamos assim, a viver neles, ou melhor, conhecem pela primeira vez o valor da vida: maldizem suas antigas riquezas que na mesma idade os impediram de desfrutar um destino tão encantador. Se há felicidade no mundo, é preciso ir buscá-la no retiro onde vivemos.

Após alguns meses, uma manhã Emílio entra em meu quarto e diz, abraçando-me: – *Meu mestre, felicitai vosso filho: ele espera ter em breve a honra de ser pai. Ah, quantos cuidados vão ser impostos a nosso zelo e quanto precisaremos de vós! Deus não permita que depois de educardes o pai eu vos deixe educar também o filho. Deus não permita que um dever tão sagrado e tão doce seja porventura cumprido por outro que não eu, ainda que eu tivesse de escolher para ele tão acertadamente quanto escolheram para mim! Mas sede o mestre dos mestres jovens. Aconselhai-nos, governai-nos; seremos dóceis: enquanto eu viver, necessitarei de vós. Necessito de vós mais do que nunca, agora que começam minhas funções de homem. Cumpristes as vossas; guiai-me para imitar-vos; e descansai, que já é tempo.*